10일 속성 플랜

시대에듀

TESAT

테셋 초단기 완성

Always with you

사람이 길에서 우연하게 만나거나 함께 살아가는 것만이 인연은 아니라고 생각합니다.
책을 펴내는 출판사와 그 책을 읽는 독자의 만남도 소중한 인연입니다.
(주)시대고시기획은 항상 독자의 마음을 헤아리기 위해 노력하고 있습니다.
늘 독자와 함께하겠습니다.

TESAT
Test of Economic Sense And Thinking

머 / 리 / 글

사회 전반적으로 경제가 차지하는 비중이 나날이 높아져 가고 있다. 전통적인 경제 영역에 해당하는 기업의 가치는 더더욱 주가 중심으로 평가받고 있으며, 사람의 가치 또한 인적 자본으로, 사회적 가치 또한 사회적 자본으로 지칭되고, 금전적으로 환산되어 계산되기 일쑤이다. 이러한 상황에서 경제 전반의 이해력을 갖춘 인재에 대한 사회적 수요 또한 함께 증대되고 있다. 어쩌면 국가공인 경제이해력시험인 TESAT이 태동하게 된 가장 근원적인 배경도 여기에 있는 게 아닌가 싶다.

TESAT은 단순히 경제학원론에 나와 있는 내용들을 바탕으로 한 이론적이며 학술적인 형태의 시험이 아니라, 실제 복잡다기한 형태로 전개되고 있는 경제 현상을 올바로 이해하고 활용할 수 있는지를 평가하는 종합경제이해력검증시험이다. TESAT은 기업과 관련된 경제적 현상을 이해하는 데 필요한 필수 지식이라 할 수 있는 회계 및 재무 관련 기초 지식을 시험 범위에 포함시키고 있으며, 교과서적인 경제 내용이 아니라 현실 경제에서 진화되고 있는 내용을 인지하고 있는지 여부를 확인하기 위해 시사경제 및 국제경제 흐름을 확인하는 문제를 다수 출제하고 있다. 이 역시 TESAT의 기본 취지가 현실 경제의 이해에 두고 있음을 다시 한 번 확인시켜 주는 대목이라 할 것이다.

TESAT은 2010년 11월 정부로부터 국가공인시험으로 인정받은 이후 지금까지 매년 6회씩의 시험을 개최하여 진행되어 왔다(2021년부터는 연 8회 시행). 국가공인 이후 TESAT은 주요 증권사, 은행사 등의 금융회사를 비롯하여 오일뱅크, DB그룹 등 국내 주요 기업들의 신입사원 평가에 활용되어 왔으며, 일부 기업들의 경우에는 과장 및 부장 승진시험 자료로 활용되고 있다. 최근에는 주요 대학들의 상경 계열 졸업시험으로 TESAT이 대체되기도 하였다. 학점은행제를 활용해 학사, 전문학사를 취득하려는 학생들은 TESAT으로 17~20학점의 경영학점을 취득할 수 있게 되었다.

본서는 TESAT을 준비하기 위해 필요한 핵심개념들을 제시하고, 이러한 핵심개념을 다양한 문제 속에서 인지하고 활용할 수 있는 기회를 폭넓게 제공하기 위해 유관 도서들에 비해 가능한 다양한 문제를 수록하기 위해 노력하였다. 또한, 실전모의고사 문제를 총 4회 출제하여 확실하게 최종점검할 수 있도록 구성하였다.

본서는 TESAT이 문제은행 형태로 중요개념들을 반복하여 출제하고 있다는 시험의 특성과 더불어 단순 이론보다는 이론을 활용한 현실적용 문제를 많이 풀어보는 것이 고득점의 관건이라는 데서 기획됐다. 많은 수험생이 본서를 통해 오늘날 우리 사회에서 가장 요구되는 인재상 중 하나인 경제이해력을 갖춘 인재로 평가받을 수 있는 기회에 조금이나마 보탬이 되기를 기원한다.

세종시 연구실에서
박정호 씀

TESAT 소개

- TESAT(Test of Economic Sense And Thinking)은 시장경제에 대한 지식과 이해도를 측정하는 경제 지력과 사고력을 테스트하는 국가공인 경제이해력검증시험입니다.
- 한국경제신문이 주관하는 시험으로 2010년 11월 정부로부터 '국가공인' 민간자격시험으로 인정받았습니다.
- 객관식 5지선다형으로 출제되고 정기시험은 연 8회(1, 2, 3, 5, 7, 8, 9, 11월)에 걸쳐 시행됩니다.
- 국내 경제·경영학과 교수, 민간 경제연구소 연구위원, 한국경제신문 논설위원들이 출제에 참여해 문제의 완성도가 높은 시험입니다.

⋮⋮⋮ 시험일정 및 시험규정

2021 TESAT 시험일정(1년에 총 8회 시험 실시)

회 차	접수기간	시험일자	성적발표일
제63회	12월 22일~01월 04일	01월 16일(토)	01월 22일(금)
제64회	01월 19일~02월 08일	02월 20일(토)	02월 26일(금)
제65회	02월 23일~03월 08일	03월 20일(토)	03월 26일(금)
제66회	04월 20일~05월 03일	05월 15일(토)	05월 21일(금)
제67회	06월 22일~07월 05일	07월 17일(토)	07월 23일(금)
제68회	07월 20일~08월 02일	08월 14일(토)	08월 20일(금)
제69회	08월 17일~08월 30일	09월 11일(토)	09월 17일(금)
제70회	10월 19일~11월 08일	11월 20일(토)	11월 26일(금)

※ TESAT 시험접수는 한국경제신문 경제교육연구소 홈페이지(온라인 신청)에서 가능하며, 상기 일정은 주관처의 사정에 따라 변경될 수 있습니다.

⋮⋮⋮ TESAT 시험규정

준비물	입실시간	시험시간
수험표 신분증 컴퓨터용 싸인펜	시험시작 30분 전까지	오전 10:00~11:40 (100분)

⋮⋮⋮ 자격 및 발급

응시자격	제한 없음
성적 유효기간	2년 (유효기간 내에만 성적표 재발급 및 성적확인 가능)
성적표 발급	기간 : 시험 시행일로부터 약 2주 후 방법 : 온라인 발급 발급비용 : 최초 1매 무료(두 번째부터는 1매당 500원)

TESAT 출제기준 및 평가방법

1. TESAT의 출제영역과 영역별 문항 수 및 배점(시험시간 : 100분)

영역 / 기능		지식이해	적 용	분석 추론 종합 판단	문항수 및 배점
경제 이론	기초일반	20	10	–	(20×3) + (10×4) = 100
	미 시				
	거 시				
	금 융				
	국 제				
시사 경제	정책(통계)	20	10	–	(20×3) + (10×4) = 100
	상식(용어)				
	경영(회사법, 회계, 재무)				
응용복합 (추론 판단)	자료해석	–	–	20	20×5 = 100
	이슈분석				
	의사결정(비용편익분석)				
합 계		3점×40문항 = 120점	4점×20문항 = 80점	5점×20문항 = 100점	총 80문항 / 300점

2. TESAT 점수에 따른 등급 및 경제이해력 수준

S급 270~300점
- 경제이해력이 탁월
- 복잡한 경제정보를 정확하게 이해할 수 있음
- 이를 근거로 주어진 경제상황에서 독자적으로 의사결정을 내릴 수 있고, 찬반 논쟁이 있는 경제이슈에 대해 자신의 의견을 설득력 있게 제시할 수 있음

1급 240~269점
- 경제이해력이 매우 우수
- 복잡한 경제정보 대부분을 이해할 수 있음
- 이를 근거로 주어진 경제상황에서 독자적으로 의사결정을 내릴 수 있고, 찬반 논쟁이 있는 경제이슈에 대해 자신의 의견을 소신 있게 제시할 수 있음

2급 210~239점
- 경제이해력이 우수
- 일반적인 경제정보를 정확하게 이해할 수 있음
- 이를 근거로 주어진 경제상황에서 독자적으로 의사결정을 내릴 수 있고, 찬반 논쟁이 있는 경제이슈에 대해 자신의 의견을 제시할 수 있음

3급 180~209점
- 경제이해력이 보통
- 일반적인 경제정보를 대부분 이해할 수 있음
- 이를 근거로 약간의 도움을 받는다면 주어진 경제상황에서 의사결정을 내릴 수 있고, 찬반 논쟁이 있는 경제이슈에 대해 자신의 의견을 제시할 수 있음

4급 150~179점
- 경제이해력이 약간 미흡
- 주위의 도움을 받아 일반적인 경제정보를 이해할 수 있음
- 이를 근거로 주어진 경제상황에서 상사의 지도 감독 아래 간단한 의사결정을 내릴 수 있음

5급 120~149점
- 경제이해력이 미흡
- 주위의 조언을 상당히 받아 일반적인 경제정보를 이해할 수 있음
- 이를 근거로 주어진 경제상황에서 상사의 지속적인 지도 감독 아래 간단한 의사결정을 내릴 수 있음

등급 외 120~미만

이 책의 구성과 특징

(2등급 취득을 위한) TESAT 빈출문제분석

가장 많이
빈출된 문제
★★★★★

1. 가격과 거래량의 변화 – 실생활의 경제 환경의 변화가 가격과 거래량에 어떠한 영향을 미치는지 예측할 수 있는 능력을 확인하는 문제
2. 수요의 변화와 수요의 변화 구분 – 수요량의 변화와 수요의 변화가 어떻게 다른지 구분할 수 있는 능력을 확인하는 문제
3. 공급량의 변화와 공급의 변화 구분 – 공급량의 변화와 공급의 변화가 어떻게 다른지 구분할 수 있는 능력을 확인하는 문제
4. 수요의 가격탄력성 – 수요의 가격탄력성의 의미와 탄력성에 영향을 미치는 요인에 대해 이해하고 있는지 여부
5. 가격통제정책(최고가격제, 최저가격제) – 시장 기능에 의해 형성된 가격이 시장 상황에 적합하지 않을 경우 인위적인 가격 통제정책을 도입하는 데 이로 인해 시장에 미치는 일련의 요인들에 대해 이해하고 있는지 여부

■ 기출 유형 철저 분석!

빈출문제를 분석·정리하여 학습방향 설정이 가능하도록 구성

---

1 합리적 의사결정이 필요한 원인

(1) 희소성

① 인간의 욕망은 무한한 데 비하여 욕망을 충족시켜 줄 수 있는 자원은 한정되어 있다는 사실을 의미한다. 기본적인 경제 문제를 해결하는 데 있어서 합리적 의사결정이 필요한 이유는 바로 희소성에 기인한다.
② 희소하다는 것은 자원의 절대적인 양에도 영향을 받지만, 사용할 수 있는 양이 절대적으로 적은 상태를 의미하는 것이 아니라, 우리가 실제로 사용할 수 있는 양보다 더 많이 갖기를 원하는 상태를 의미하기도 한다.

> 예 알래스카에 있는 에어컨에 비해 사우디아라비아에 있는 에어컨의 수는 훨씬 많을 것이다. 하지만 알래스카에서는 에어컨이 희소하다고 말하지는 않는다. 그것은 희소성은 절대적인 양에 관련된 것이 아니라, 실제로 우리가 사용하고자 하는 양보다 물건이 더 있는지 여부에 의해 결정된다.

• 경제재 – 희소성의 원칙에 의해서 선택을 해야 하는 재화
• 자유재 – 희소하지 않아서 경제적 가치가 없는 재화

■ 단골 출제 핵심이론만 담아!

시험에 단골로 출제되는 핵심이론만 담아 효율적으로 단기간 마무리가 가능하도록 구성

최신 기출분석문제

01 다음 중 우상향하는 자동차 공급 곡선을 좌측으로 수평이동하게 하는 원인으로 알맞은 것은?(단, 다른 조건은 일정하다)

① 원자재 가격 상승 ② 대체제 가격 상승

■ 기출이 답!

매 장마다 최신 기출분석문제를 수록해 시험의 패턴과 최신 유형에 대응

TAST 01 실전모의고사

01 다음 재화 중에서 버스와 전철과 같은 조합이 아닌 것은?
① 빵과 버터
② 돼지고기와 닭고기
③ 사이다와 콜라
④ 버터와 마가린
⑤ 연필과 샤프

■ 마지막은 실전처럼!

4회분의 실전모의고사로 실제 시험에서 더 높은 점수를 받을 수 있도록 구성

10일 학습 플랜 및 빈출도

Part 1. 경제이론

순서	10일 학습 플랜	내용	빈출도
합리적 의사결정을 위한 학문 – 경제학	1일차	기회비용, 매몰비용	★★★★★
		한계의 개념 이해 / 3대 경제문제 / 경제재와 자유재의 차이	★★★☆☆
수요 · 공급 이론		가격과 거래량의 변화 / 수요량의 변화와 수요의 변화 구분 / 공급량의 변화와 공급의 변화 구분 / 수요의 가격탄력성 / 가격통제정책(최고가격제, 최저가격제)	★★★★★
		보완재, 대체재 / 열등재, 정상재 / 수요의 소득탄력성 / 수요의 교차 탄력성	★★★★☆
시장이론	2일차	시장의 종류에 따른 특성 이해(독점시장, 과점시장, 완전경쟁시장, 독점적 경쟁시장)	★★★★★
		가격차별 정책 / 게임이론	★★★☆☆
시장실패		시장실패의 원인구분 / 독과점 / 공공재(비배제성, 비경합성) / 외부효과(부정적 외부효과, 긍정적 외부효과) / 정보의 비대칭성(도덕적 해이와 역선택)	★★★★★
		정부실패	★★★☆☆
분배이론		10분위 분배율 / 로렌츠곡선 / 지니계수	★★★★★
국민소득	3일차	GDP / GDP의 종류 / GDP와 GNP의 차이점 / GDP를 바탕으로 도출할 수 있는 경제 지표들	★★★★★
총수요 · 총공급 모델과 인플레이션		총수요, 총공급 곡선	★★★★★
		시장 상황의 변화 이해	★★★☆☆
경기지수와 고용통계		경기 관련 지수 / 고용통계분류기준 / 고용통계분류기준을 바탕으로 한 통계지표 산출 / 실업의 원인 구분 문제	★★★★★
		경기변동 / 경제성장 / 실업의 종류	★★★☆☆
화폐 · 재정정책 · 통화정책		재정정책 / 통화정책 / 재정정책과 통화정책의 차이점	★★★★★
		금리의 종류 및 역할	★★★☆☆
환율	4일차	환율이 경제에 미치는 영향	★★★★★
		환율제도 / 환율결정이론(구매력평가설, 이자율평가설)	★★★☆☆
국제수지		국제수지표의 분류 체계 / 환율과 국제수지표의 관계	★★★★★
		J-곡선효과	★★★☆☆
무역이론		절대우위론과 비교우위론 / 최신 무역 이슈	★★★★★
		보호무역과 자유무역의 차이 / 보호무역의 주요 수단(관세, 보조금, 수입할당제 등)	★★★☆☆

Part 2. 시사경제

상식(용어)	5일차	시사용어 개념	★★★★★
회사법		회사의 종류 / 회사 구성요소 / 주주의 의의	★★★☆☆
회계		재무제표의 개념 / 재무제표 구성 / 재무비율	★★★☆☆
재무		PER, PBR 개념 / 주요 재무분석 개념	★★★★★
		레버리지분석 / 재무제표분석	★★★☆☆
금융시장과 상품		주식과 채권의 개념 / 신종 금융상품의 구분	★★★★★

부록 실전모의고사

제1회 실전모의고사	6일차	실전모의고사 80문제	
제2회 실전모의고사	7일차	실전모의고사 80문제	
제3회 실전모의고사	8일차	실전모의고사 80문제	
제4회 실전모의고사	9일차	실전모의고사 80문제	
총 복습	10일차		

TESAT
초단기 완성

Contents

Test of Economic Sense And Thinking

Part 1. 경제이론

● 제1편 경제기초

　제1장　합리적 의사결정을 위한 학문 – 경제학　3

● 제2편 미시경제

　제1장　수요 · 공급 이론 · · · · · · · · · · · · · 23
　제2장　시장이론 · · · · · · · · · · · · · · · · 49
　제3장　시장실패 · · · · · · · · · · · · · · · · 66
　제4장　분배이론 · · · · · · · · · · · · · · · · 86

● 제3편 거시경제

　제1장　국민소득 · · · · · · · · · · · · · · · · 103
　제2장　총수요 · 총공급 모델과 인플레이션　123
　제3장　경기지수와 고용통계 · · · · · · · · 140
　제4장　화폐 · 재정정책 · 통화정책 · · · · · 161

● 제4편 국제경제

　제1장　환 율 · · · · · · · · · · · · · · · · · 179
　제2장　국제수지 · · · · · · · · · · · · · · · · 192
　제3장　무역이론 · · · · · · · · · · · · · · · · 205

Part 2. 시사경제

● 제1편 상 식

　제1장　상식(용어) · · · · · · · · · · · · · · · 227

● 제2편 경 영

　제1장　회사법 · · · · · · · · · · · · · · · · · 257
　제2장　회 계 · · · · · · · · · · · · · · · · · 275
　제3장　재 무 · · · · · · · · · · · · · · · · · 296
　제4장　금융시장과 상품 · · · · · · · · · · · 318

부 록

　제1회　실전모의고사 · · · · · · · · · · · · · 345
　제2회　실전모의고사 · · · · · · · · · · · · · 377
　제3회　실전모의고사 · · · · · · · · · · · · · 407
　제4회　실전모의고사 · · · · · · · · · · · · · 441

　제1회　실전모의고사 정답 및 해설 · · · · 472
　제2회　실전모의고사 정답 및 해설 · · · · 482
　제3회　실전모의고사 정답 및 해설 · · · · 493
　제4회　실전모의고사 정답 및 해설 · · · · 504

필승! PASS

당신의 꿈을 응원합니다

제1편
경제기초

CONTENTS

제1장 합리적 의사결정을 위한 학문 – 경제학

합리적 의사결정을 위한 학문 - 경제학

(2등급 취득을 위한) TESAT 빈출문제분석

가장 많이 빈출된 문제
★★★★★

1. 기회비용
   실생활의 여러 사례 속에서 기회비용의 개념을 활용해 합리적인 의사결정을 도출할 수 있는 능력을 보유하였는지 묻는 문제

2. 매몰비용
   실생활의 여러 사례 속에서 매몰비용을 고려하여 불합리한 의사결정을 도출하는 과오를 피할 수 있는지 여부를 묻는 문제

빈출된 문제
★★★

1. 한계의 개념 이해
   경제적 의사결정 과정과 주요 경제 개념에 등장하는 '한계'라는 개념이 정확히 무엇을 의미하는지 확인하는 문제

2. 3대 경제 문제
   실생활의 경제 현상이 3대 경제 문제 중에서 어느 문제에 해당하는지에 대해 명확히 이해하고 있는지 여부를 묻는 문제

3. 경제재와 자유재의 차이
   실생활 속에서 마주치는 여러 재화 중에서 경제재와 자유재를 구분할 수 있는지에 대한 문제

1 합리적 의사결정이 필요한 원인

(1) 희소성

① 인간의 욕망은 무한한 데 비하여 욕망을 충족시켜 줄 수 있는 자원은 한정되어 있다는 사실을 의미한다. 기본적인 경제 문제를 해결하는 데 있어서 합리적 의사결정이 필요한 이유는 바로 희소성에 기인한다.

② 희소하다는 것은 자원의 절대적인 양에도 영향을 받지만, 사용할 수 있는 양이 절대적으로 적은 상태를 의미하는 것이 아니라, 우리가 실제로 사용할 수 있는 양보다 더 많이 갖기를 원하는 상태를 의미하기도 한다.

> 예 알래스카에 있는 에어컨에 비해 사우디아라비아에 있는 에어컨의 수는 훨씬 많을 것이다. 하지만 알래스카에서는 에어컨이 희소하다고 말하지는 않는다. 그것은 희소성은 절대적인 양에 관련된 것이 아니라, 실제로 우리가 사용하고자 하는 양보다 물건이 더 많은지 여부에 의해 결정된다.

- 경제재 – 희소성의 원칙에 의해서 선택을 해야 하는 재화
- 자유재 – 희소하지 않아서 경제적 가치가 없는 재화

여기서 주의해야 할 점은 경제재와 자유재는 고정된 것이 아니라, 자유재였던 것이 경제재로 바뀌기도 하고, 반대로 경제재였던 것이 자유재로 바뀌기도 한다는 점이다. 예를 들어, 물은 자유재였다. 하지만 환경오염과 산업화 등으로 인해서 더 이상 물은 자유재가 아니게 되었다.

2 기본적인 경제 문제

(1) 무엇을 생산할 것인가?

희소한 생산요소를 어느 곳에 얼마나 배분하여 어떤 재화나 서비스를 얼마만큼 생산할지를 결정

(2) 어떻게 생산할 것인가?

생산요소를 어떻게 결합하여 재화나 서비스를 생산할 것인지 그 생산방법의 선택

(3) 누구에게 분배할 것인가?

생산 기여도에 따른 분배 또는 일정량의 배분 등 생산물의 배분방식 결정

무엇을 생산할 것인가와 어떻게 생산할 것인가는 효율성을 고려한 판단을 요구하지만, 누구에게 분배할 것인가는 효율성과 형평성을 함께 고려해야 하는 경제 문제라는 점에 차이가 있다.

3 합리적 의사결정을 위한 도구들

(1) 기회비용

① 여러 가지 대안 중 한 가지를 선택할 때 포기한 대안 중에서 가장 큰 경제적 가치

② 기회비용은 사람마다 느끼는 비용이 다르기 때문에 주관적이고 상대적인 개념

③ 기회비용 = 명시적 비용 + 암묵적 비용

(2) 매몰비용

① 이미 발생하여 회수가 불가능한 비용으로 미래의 비용이나 편익에 아무런 영향을 미치지 못하는 비용

② 비용이 합리적으로 지출되었는지, 비합리적으로 지출되었는지와는 상관없이 매몰비용은 전혀 고려 대상이 아니다.

※ 참고 : 기회비용(Opportunity Cost) vs. 매몰비용(Sunk Cost)

기회비용(Opportunity Cost)	매몰비용(Sunk Cost)
포기한 것의 가치로 나타낸 선택한 것의 가치	일단 지출이 확정되어 더 이상 회수가 불가능한 비용
합리적 의사결정 시 고려 비용	합리적 의사결정과 무관한 비용
경제적 비용은 기회비용과 관련됨	기회비용과의 구별이 중요

(3) MR = MC

한계수익(Marginal Revenue)은 우리가 어떤 행위를 하나 더 할 경우에 추가적으로 얻는 편익을 말한다. 반대로 한계비용(Marginal Cost)은 우리가 어떤 행위를 하나 더 할 경우에 추가적으로 드는 비용을 말한다. 예를 들면 내가 햄버거를 한 개 더 먹을 때 느끼는 만족이 한계수익이라면, 햄버거를 한 개 더 사기 위해 지불해야 하는 값이 한계비용이다. 기업이 컴퓨터를 한 대 더 생산함으로써 버는 수입이 한계수익이며, 컴퓨터를 한 대 더 생산하는 데 드는 비용이 한계비용이다. 이윤을 극대화하기 위해서는 다음과 같은 한계비용과 한계수익을 고려하여 의사결정을 수립해야 한다.

① MR > MC

만약 어떤 활동을 추가로 하나 더 할 때의 한계수익이 한계비용보다 크다면, 그 활동을 더 해야 한다. 박진호 학생의 아버지가 다니시는 자동차 회사가 자동차를 한 대 더 생산함으로써 버는 한계수익이 1,000만 원이고 한계비용이 900만 원이라고 하자. 이러한 경우 자동차를 한 대 더 생산한다면 100만 원의 순편익(즉, 이윤)을 늘릴 수 있다. 따라서 이 회사는 자동차를 한 대 더 생산해야 한다. 이러한 논리를 적용한다면, 우리는 한계수익이 한계비용보다 단 1원이라도 크다면 이 회사는 자동차 생산을 늘려야 한다는 것을 알 수 있다. 그럼으로써 순편익은 증가하기 때문이다.

② MR < MC

만약 한계수입이 한계비용보다 작다면, 그 활동을 줄여야 한다. 이 회사가 자동차를 한 대 더 생산할 때 버는 한계수입이 1,000만 원이고 한계비용이 1,100만 원이라고 하자. 이 회사가 자동차를 한 대 더 생산한다면 100만 원의 순편익을 상실한다. 반대로 이 회사는 자동차 생산을 한 대 줄임으로써 순편익을 늘릴 수 있다. 한계비용이 한계수입보다 단 1원이라도 크다면 이 회사는 자동차 생산을 줄임으로써 순편익을 증가시킬 수 있다.

㉠ 한계(Margin)란 특정 경제행위를 한 단위 추가로 수행한다는 의미이다.

㉡ 따라서 한계수입(MR)과 한계비용(MC)은 특정 경제행위를 한 단위 추가할 때 발생하는 수입과 비용을 각각 의미한다.

㉢ 한계수입과 한계비용이 같아지는 수준에서 경제활동이 이루어져야 경제주체의 만족이 극대화된다.

 예시

편의점에서 아르바이트를 하는 사람이 있다고 하자. 아르바이트의 보수는 시간당 2,000원이다. 즉 한 시간당 일하면 얻게 되는 한계수입이 2,000원이다. 아르바이트생은 시간이 길어질수록 피곤함이라는 비용이 더욱 커진다. 아르바이트 시간에 따른 피곤함의 정도를 화폐단위로 측정했을 때 다음과 같다고 가정하자.

근무시간	1시간	2시간	3시간	4시간	5시간	6시간	7시간	8시간
보 수	2,000	4,000	6,000	8,000	10,000	12,000	14,000	16,000
총 피곤함	400	1,600	3,600	6,400	10,000	14,400	19,600	25,600
한계수입	2,000	2,000	2,000	2,000	2,000	2,000	2,000	2,000
한계피곤함 (한계비용)	400	1,200	2,000	2,800	3,600	4,400	5,200	6,000

위와 같은 상황에서 가장 합리적인 선택은 한계수입과 한계비용이 동일한 3시간 동안 일하는 것이다. 만약 아르바이트생이 한 시간 추가로 일한다면, 얻게 되는 수입은 2,000원이지만, 2,800원의 비용을 지불하게 되어 손해가 된다.

최신 기출분석문제

01 다음 중 '자원의 희소성'에 대해 옳지 않은 것은?

① 동일한 자원이라도 시대나 장소에 따라 달라질 수 있다.
② 사람의 욕구에 비해 자원이 부족하다는 의미이다.
③ 경제 문제의 근본적 발생 원인이 된다.
④ 해당 자원의 절대적인 양이 적다면 그 자원은 희소하다고 볼 수 있다.
⑤ 합리적 의사결정이 필요한 이유는 자원의 희소성 때문이다.

해설　희소성은 상대적인 개념으로 자원의 절대적인 양에 따라 결정되는 것이 아니라 인간의 욕구에 비해
자원이 상대적으로 부족할 때 나타난다. 자원의 절대적인 양이 적더라도 해당 자원에 대한 사람들의
욕구가 더 적다면 그 자원은 희소한 상태에 놓였다고 볼 수 없다.

정답 ④

02 소담이는 졸업을 앞두고 A, B, C 회사에 지원하여 모두 합격하였다. A사는 3,500만 원,
B사는 4,000만 원, C사는 3,000만 원의 연봉을 제시했고, 소담이는 B사에 입사하기로
했다. B사 입사에 대한 기회비용은 얼마인가?

① 3,000만 원
② 3,500만 원
③ 4,000만 원
④ 6,500만 원
⑤ 7,500만 원

해설　기회비용이란 선택가능한 대안 중 하나의 대안을 선택함으로써 포기해야 하는 대안 중 가장 가치가
큰 대안을 의미한다. 따라서 B사를 선택한 것에 대한 기회비용은 나머지 A, C 회사가 제시한 연봉
중 가장 높은 A사가 제시한 연봉인 3,500만 원이 된다.

정답 ②

03   기회비용에 관한 설명 중 옳지 않은 것은?

① 기회비용은 여러 대안 가운데 선택되지 않은 차선의 대안이다.

② 동일 대학, 동일 학과에 진학하는 학생들의 기회비용은 모두 같다.

③ 성적이 좋음에도 불구하고 대학 진학을 포기하는 것은 진학에 따르는 기회비용이 너무 크기 때문이다.

④ 어느 생산자가 보유하고 있는 기계의 매각이 불가능할 경우, 그 기계의 기회비용은 0이다.

⑤ 경제 문제에서 기회비용과 편익을 고려하여 의사결정을 하면 합리적인 결과를 얻을 수 있다.

해설   ② 동일 대학, 동일 학과에 진학하더라도 개인에 따라 포기한 가치가 다르다.
　　　④ 기계의 매각이 불가능하다면 기계 대신 선택할 수 있는 대안이 없으므로 기회비용은 0이다.

정답 ②

04   다음을 읽고 합리적인 주장을 한 사람을 모두 고르면?

> 상지네 가족은 여가활동으로 등산을 제일 좋아한다. 그런데 이번 주말에는 큰 비가 온다는 일기예보를 듣고, 영화표를 예매하였다. 단, 이 영화표는 환불되지 않는다. 그러나 일기예보와 달리 주말의 날씨가 매우 화창하였다. 그래서 등산과 영화 관람의 선택을 놓고 가족 간에 다음과 같은 대화가 이루어졌다.
> • 아버지 : 영화표를 구입한 돈이 허비되지 않게 극장에 꼭 가야 해.
> • 어머니 : 우리 가족은 등산을 좋아하니 산에 가자.
> • 상화 : 영화표를 구입한 돈을 문제 삼지 말고, 둘 가운데 뭐가 더 좋은지만을 생각해요.
> • 상지 : 등산을 위해 쓴 돈이 없으니 등산을 포기해도 되잖아요.

① 아버지, 상화　　　　　　　② 어머니, 상화

③ 아버지, 상지　　　　　　　④ 어머니, 상지

⑤ 상화, 상지

해설   매몰비용(Sunk Cost)이란 이미 지불되어 현재로서는 회수할 수 없는 비용을 말한다. 영화표 구입에 쓴 돈은 매몰비용이므로, 현재의 의사결정에서는 고려하지 않는 것이 합리적이다.

정답 ②

01 다음의 글에서 1년 동안 자동차를 사용한 것에 대한 홍길동의 기회비용은?

> 홍길동은 연초에 2,000만 원을 일시불로 주고 승용차를 구입하여 일 년간 타고 다니다가 연말에 이 차를 1,200만 원을 받고 팔았다. 홍길동이 만일 자동차를 사지 않았더라면 이 돈을 은행에 연리 5%로 예금했을 것이다.

※ 자동차의 운행에 따르는 연료비나 각종 세금, 그리고 승용차를 구입하지 않았을 때의 교통비 등은 무시한다.

① 2,100만 원
② 2,040만 원
③ 900만 원
④ 840만 원
⑤ 800만 원

> 기회비용은 어떤 선택에 따른 비용(명시적 비용)과 그 선택으로 인해 포기된 차선의 선택이 가지는 가치(묵시적 비용)를 합한 것이다. 홍길동이 1년 동안 자동차를 구입함으로써 포기한 명시적 비용은 800만 원이다. 그리고 자동차 구입을 하지 않았다면 2,000만 원을 은행에 넣어 100만 원의 이자 수입을 얻을 수 있을 것이므로 기회비용은 900만 원이 된다.

02 다음 표는 A국과 B국이 부존자원을 효율적으로 사용할 때 생산 가능한 자동차와 비행기의 조합을 보여준다. 예를 들어 A국이 부존자원을 효율적으로 사용할 경우 자동차 12대와 비행기 2대를 만들 거나, 자동차 8대와 비행기 4대를 만들 수 있다. 기회비용에 대한 다음 설명 중 맞는 것은?

A국		B국	
자동차 대수	비행기 대수	자동차 대수	비행기 대수
16	0	12	0
12	2	9	2
8	4	6	4
4	6	3	6
0	8	0	8

① 자동차 한 대 더 생산하는 것의 기회비용은 두 나라가 동일하다.
② 비행기 한 대 더 생산하는 것의 기회비용은 두 나라가 동일하다.
③ 비행기 한 대 더 생산하는 것의 기회비용은 A국이 B국보다 작다.
④ 자동차 한 대 더 생산하는 것의 기회비용은 A국이 B국보다 작다.
⑤ A국이 자동차를 많이 생산할수록 자동차 생산의 기회비용이 증가한다.

> 기회비용은 특정 선택으로 인해 포기한 내용을 바탕으로 계산된다. 따라서 자동차 생산의 기회비용은 자동차를 생산하기 위해 포기한 비행기 대수를 통해서 계산된다.
> 그런데 위의 도표에서 양국 모두 자동차 생산이 증가함에 따라 비행기 생산이 일정한 비율로 감소하므로 기회비용은 생산량에 상관없이 일정하다. 비행기만을 생산하면 양국이 동일하게 8대를 생산하지만 자동차만을 생산하는 경우 A국이 더 많이 생산하므로, A국은 B국에 비해 자동차 생산의 기회비용이 낮고, 비행기 생산의 기회비용이 높다. 구체적으로, A국의 경우에는 자동차를 4대 더 생산할 때마다 포기한 비행기가 2대이므로 자동차 한 대 생산의 기회비용은 비행기 0.5대이고, B국의 경우에는 자동차를 3대 더 생산할 때마다 포기하는 비행기는 2대이 므로 자동차 한 대 생산의 기회비용은 비행기 2/3대이다(A국의 비행기 한 대 생산의 기회비용은 자동차 2대이고, B국의 비행기 한 대 생산의 기회비용은 자동차 3/2대이다).

03 다음 글을 읽고 물음에 답하시오.

> 장화와 홍련은 몇 달 전에 인기그룹 '서방신기' 콘서트의 입장권을 한 장에 10만 원씩 주고 구입
> 했다. 그런데 장화와 홍련의 친구인 콩쥐가 같은 날 같은 시각에 열리는 또 다른 인기그룹 '슈퍼
> 시니어' 콘서트의 공짜표가 있으니 함께 가자고 했다. '수퍼시니어' 콘서트 입장권은 원래 5만
> 원이며, 장화와 홍련이 이 공연으로부터 얻는 편익은 각각 6만 원이다. 한편, '서방신기' 콘서트
> 입장권을 공연 전에 환불하면 8만 원을 받을 수 있다.

장화는 콩쥐의 제안에도 불구하고 '서방신기' 콘서트를 보러 가기로 했다. 장화의 선택에 따르는
기회비용은?

① 0원   ② 10만 원
③ 11만 원   ④ 14만 원
⑤ 16만 원

> 장화가 '서방신기' 콘서트를 선택함으로써 포기한 것이 무엇인지를 생각하면 된다. 장화는 '슈퍼시니어' 콘서트
> 관람에서 얻을 수 있는 편익 6만 원과 '서방신기' 콘서트 입장권을 환불받아 얻을 수 있는 8만 원을 포기했다.
> 따라서 장화의 기회비용은 모두 14만 원이다(장화가 '서방신기' 콘서트 입장권을 사기 위해 이미 지출한 10만
> 원은 장화의 선택에서 더 이상 고려되지 않는 매몰비용이다).

04 다음 자료에서 밑줄친 ㉠과 ㉡의 임대료 산정으로 옳은 것은?

> 고담시의 땅부자 씨는 커피 전문점을 열 수 있는 점포를 소유하고 있다. 고담시에는 이 점포를
> 빌려 커피 전문점을 열려는 사람들이 많이 있으며, 이들이 다른 직장에 취업을 하면 월 300만
> 원의 임금을 받는다. 현재 땅부자 씨 점포 주변에 지하철역이 새로 생긴다는 소문이 있다. 점포의
> 월 임대료 수입을 극대화하려는 땅부자 씨는 부동산 컨설팅 업체로부터 다음의 정보를 얻었다.
> – 옆 동네에서 영업 중인 커피 전문점은 매월 400만 원의 임대료를 내고 있다.
> – 땅부자 씨의 점포를 빌려 커피 전문점을 열었을 때 판매 수입에서 재료비와 인건비를 뺀 금액
> 은 ㉠ 지하철역이 생기지 않으면 월 800만 원, ㉡ 지하철역이 생기면 월 1,000만 원으로 예상
> 된다.

	㉠	㉡		㉠	㉡
①	100만 원	300만 원	②	400만 원	400만 원
③	400만 원	600만 원	④	500만 원	700만 원
⑤	800만 원	1,000만 원			

땅부자 씨의 점포를 빌려 커피 전문점을 운영하려는 의향을 가진 사람들은 커피 판매 금액에서 재료비와 인건비를 뺀 금액(A)에서 다시 임대료(B)를 뺀 금액(A − B)이 300만 원 이상일 경우에만 땅부자 씨의 점포를 빌릴 것이다. 그런데 땅부자 씨의 점포를 빌리려는 사람들이 많이 있으므로, 임대료 수입을 극대화하려는 땅부자 씨는 (A − B)가 300만 원이 되도록 임대료(B)를 책정할 수 있다. 따라서 A가 800만 원일 때에는 500만 원(800만 원 − 300만 원)의 임대료를 책정하고, A가 1,000만 원일 때에는 700만 원(1,000만 원 − 300만 원)의 임대료를 책정하게 된다.

05 다음은 월요일 국어와 사회, 수학 시험을 위해 철수가 주말에 공부할 경우 얻게 되는 점수표이다. 주말 9시간이 주어졌을 때 가장 효율적으로 시간을 할애한 것은?

구 분	국 어	사 회	수 학
6시간	90	87	77
5시간	82	80	69
4시간	72	73	60
3시간	60	63	50
2시간	48	51	40
1시간	30	38	25
0시간	15	25	10

	국 어	사 회	수 학
①	3시간	3시간	3시간
②	4시간	3시간	2시간
③	2시간	3시간	4시간
④	1시간	3시간	5시간
⑤	5시간	3시간	1시간

한계의 개념을 활용한 실생활 문제이다. 소비자들은 재화와 서비스를 1단위 더 소비할 때 추가적으로 효용이 증가하게 된다. 위의 사례에서는 1시간을 추가로 투여하여 가장 많은 점수 향상을 가져올 수 있는 과목에 투자하는 것이 가장 합리적인 방법이다. 이러한 판단 아래 처음 1시간을 국어에 투자할 경우 15점, 사회에 투자할 경우 13점, 수학에 투자할 경우 15점을 얻을 수 있다. 이때 국어와 수학의 경우, 첫 1시간 추가에 대하여는 동일하게 15점을 획득할 수 있다. 그러나 국어를 선택할 경우에는 그 다음 추가 1시간을 국어에 투여하면 18점이 오르는 반면 수학을 선택할 경우에는 추가 1시간 투여하면 15점 상승만이 가능하므로 가장 먼저 시간을 투여할 곳은 국어이다. 다음 1시간은 국어에 추가 투자하여 18점을 얻는 것이 가장 높은 효용(점수)을 얻을 수 있는 선택이며, 3번째 시간은 15점이 오르는 수학을 선택하는 것이 합리적이다. 이러한 과정을 거쳐 최종 9시간을 선택할 경우 국어 4시간, 사회 3시간, 수학 2시간이 가장 효율적인 선택이다.

05 ② **정답**

06 철수는 자신이 소유하고 있는 오피스에서 한 달에 200만 원의 임대수익을 올렸다. 그러다 자신이 직접 그 오피스에 공부방을 차렸다. 다음 중 기회비용 관점에서 옳은 것은?

① 철수가 오피스를 사용하는 비용은 월 200만 원이다.

② 철수는 자신의 오피스를 사용하기 때문에 오피스를 사용하는 비용은 0이다.

③ 철수는 자신의 오피스를 사용하기 때문에 다른 사람보다 공부방 운영비용이 덜 든다.

④ 철수는 자신의 오피스를 사용하지만 다른 사람보다 공부방 운영비용이 많이 든다.

⑤ 위의 보기 중 맞는 답이 없다.

> 철수는 월 200만 원씩 소득을 얻을 수 있었던 오피스를 자신이 사용하게 됨에 따라 월 소득 200만 원을 포기하게 된다. 따라서 자신이 운영하는 공부방에 드는 월 200만 원을 기회비용으로 포함해야 한다.

07 다음은 경제학의 3대 문제를 언급한 것이다. 세 가지 경제 문제와 바르게 연결한 것을 고르면?

> (가) 무엇을 생산할까?   (나) 어떻게 생산할까?   (다) 누구에게 분배할까?

> a. 계획경제체제에서는 정부가 이 경제 문제를 결정한다.
> b. 분업과 특화의 확대는 이 경제 문제와 관련되어 있다.
> c. 소득세의 누진세율 적용, 사회복지제도는 이 경제 문제와 관련되어 있다.

① (가) – a, (나) – b, (다) – c

② (가) – a, (나) – c, (다) – b

③ (가) – b, (나) – a, (다) – c

④ (가) – c, (나) – b, (다) – a

⑤ (가) – c, (나) – a, (다) – b

> a. 계획경제체제는 정부의 계획과 통제에 의해서 경제 문제를 해결한다.
> b. 분업과 특화는 생산성을 높이기 위해 고안된 방식으로, 이는 생산방식과 관련된 문제이다.
> c. 소득세의 누진세율 적용은 부자에게 높은 세율을 부과하는 것을 의미하며, 사회복지제도는 사회적 형평성을 제고하기 위한 제도이므로 (다)와 관련된 내용이다.

08 다음 학생들의 의문사항에 대해 적절한 대답이라고 볼 수 있는 것은 무엇인가?

> 인경 학생 : 선생님. 어제 아버지가 그러셨는데, 돼지 한 마리를 잡을 경우 삼겹살이 목살보다 많이 나온다고 합니다. 그런데 왜 식당에 가면 삼겹살이 목살보다 더 비싸게 팔리는 거죠?
>
> 세희 학생 : 저도 궁금증이 있습니다. 저희 사촌들은 각각 알래스카와 호주로 각각 이민을 갔는데요. 두 곳 모두 놀러 가 봤는데, 호주에는 에어컨을 정말 많이 파는데도 에어컨이 비싸게 팔리고, 알래스카에서는 에어컨을 찾아보기 힘들지만 상대적으로 싸게 파는 모습을 본 적이 있습니다. 왜 이런 현상이 생기는 거죠?
>
> 지환 학생 : 맞아요. 386 컴퓨터는 이제 주변에서 정말 찾아보기 힘들거든요. 대신 펜티엄 컴퓨터는 주변에서 흔히 볼 수 있습니다. 그런데도 왜 펜티엄 컴퓨터가 더 비쌀까요?

① 재화의 존재량이 재화의 가격을 결정한다.
② 재화의 효용은 재화의 다양성에 의해 결정된다.
③ 재화의 선택 기준은 재화의 수량에 의해 결정된다.
④ 재화의 가격은 재화의 상대적인 희소성에 의해 결정된다.
⑤ 재화에 대한 사람들의 욕망은 재화의 수량에 반비례한다.

> 희소성에 대한 의미를 도모하고자 하는 문제로, 재화의 절대적 양이 적다 하더라도 해당 재화에 대한 사람들의 욕구가 더 적다면 그 재화는 희소한 상태에 놓였다고 보기 힘들다. 또한 재화가 상대적으로 많다 하더라도 재화의 양보다 사람들의 욕구가 더 많다면 그 재화는 희소한 재화라고 볼 수 있다.

09 甲은 영화를 관람하는 데 20,000원의 가치를 느낀다. 영화관람권을 5,000원에 구입하였지만 영화관에 들어가기 전에 분실하였다. 영화관람권을 5,000원에 다시 구입하고자 한다. 이 시점에서의 매몰비용과 영화관람권 재구입에 따른 기회비용은 각각 얼마인가?(단, 분실된 영화관람권의 재발급이나 환불은 불가능하다)

	매몰비용	기회비용
①	5,000원	5,000원
②	5,000원	10,000원
③	10,000원	5,000원
④	10,000원	15,000원
⑤	20,000원	5,000원

기회비용은 의사결정에 따라 발생하거나 발생하지 않을 수 있는 비용이고, 매몰비용은 의사결정에 무관하게 이미 발생한 비용이다. 갑이 분실한 영화관람권 5,000원은 현재 영화관람권의 재구입 여부에 대한 의사결정과 무관하여 매몰비용에 해당한다. 그리고 영화관람권 재구입에 따라 발생 여부가 결정되는 기회비용은 영화관람권의 가격인 5,000원이다. 한편 영화관람권을 재구입하지 않는 경우 기회비용은 영화관람을 하지 않아 포기하게 되는 영화관람의 가치 2만 원이다. 그래서 합리적인 소비자는 기회비용이 최소가 되도록 선택하므로 갑은 영화관람권을 재구입한다.

10 다음 중 경제의 3대 문제 중 '무엇을 생산할 것인가'와 관련된 문제는 무엇인가?

> ㄱ. 물류업체가 어떤 물건을 주로 배송할 것인지를 결정하는 문제
> ㄴ. 기업이 주주들에게 이윤을 얼마나 배당할 것인지를 결정하는 문제
> ㄷ. OO전자에서 내년에 생산할 LCD 모니터를 몇 인치 모니터로 생산할지를 결정하는 문제
> ㄹ. 자동차 회사가 공장 자동화를 추진할 것인지, 고용을 더 늘릴 것인지를 결정하는 문제

① ㄱ, ㄷ   ② ㄱ, ㄹ
③ ㄴ, ㄷ   ④ ㄴ, ㄹ
⑤ ㄷ, ㄹ

ㄱ. 물류업체에게는 배송이 생산활동이며, 창고업체에게는 재화를 저장하는 것이 생산활동에 해당한다. 따라서 어떤 물건을 배송할 것인지는 무엇을 생산할 것인가와 관련된 문제이다.
ㄴ, ㄹ. ㄴ은 누구에게 분배할지의 문제이며, ㄹ은 어떻게 생산할지의 문제이다.

11 다음 기업활동을 소개한 기사 글 속에서 유추할 수 있는 사실로 가장 적절한 것은?

> 1989년 닛산 자동차의 영국 공장은 부품 제조업자들이 제대로 부품을 납품하지 못해 상당한 어려움을 겪었다. 다른 영국 기업들 같으면 관계를 청산하였겠지만, 신의를 중시했던 닛산은 기술자 팀을 부품 제조업자들에 파견하여 생산 과정의 개선을 도왔다. 그래서 마침내 닛산이 새로운 자동차를 시장에 내놓을 무렵, 닛산의 부품 제조업자들은 영국에서 제일 높은 생산 능력을 가진 기업들로 변신되어, 닛산의 생산성 향상에 매우 큰 기여를 하였다.

① 윤리적 가치와 경제적 이윤 극대화의 추구는 서로 모순되지 않는다.
② 인기에 영합하는 기업은 경제의 주역이 될 수 없다.
③ 경쟁에서 살아남기 위해서는 지속적인 혁신이 요구된다.
④ 기업은 불법적인 경제행위로 부당 이득을 추구해서는 안 된다.
⑤ 기업은 이윤 추구를 목적으로 경제활동을 하는 경제주체이다.

> 기업이 추구하는 이윤극대화를 달성하는 방법이 물질적으로 측정되는 것만을 중시하는 것이 아니며, 단기간의 성과에 치중하는 것을 중시하는 것이 아니라는 사실을 확인할 수 있는 제시문이다. 닛산은 신의를 지키는 것과 같은 기업경영윤리를 중시하였고, 이것이 기업이 가진 무형의 자산이 되었다. 하청업체와의 장기적인 신뢰 관계를 형성하여, 기업의 이윤을 높이는 원동력으로 변모한 것이다. 이러한 경제윤리는 성공적인 기업들이 추구하는 고차원적인 경영전략이 될 수 있다.

12 다음 A에 나타난 선택의 원리와 B에 대한 답을 가장 바르게 짝지은 것은?

> A 일부 운동선수들은 대학에 진학하지 않고 고등학교 졸업 후 곧바로 프로로 진출한다. 프로 운동선수는 우리에게 즐거움을 주지만 생활에 없어서는 안 될 중요한 존재라고는 보기 힘들다. 반면, 경찰관, 학교 선생님, 청소부 아저씨, 군인 등은 우리의 안녕과 복지를 위해서 반드시 필요한 존재임에도 불구하고 유명 운동선수보다 낮은 급여를 받고 있다. B 왜 이러한 연봉의 차이가 발생하는가?

	(A)	(B)
①	공짜 점심은 없다.	효율성의 차이
②	비교우위가 있는 쪽을 선택한다.	효율성의 차이
③	기회비용을 고려한 선택이다.	희소성의 차이
④	매몰비용은 고려할 필요가 없다.	희소성의 차이
⑤	교환은 거래 당사자들의 이익을 증진시킨다.	형평성의 차이

고등학교를 졸업하고 곧바로 프로로 진출하는 것은 기회비용 때문이다. 프로 운동선수는 연봉을 많이 받지만, 대학 진학을 할 경우 이를 포기해야 하기 때문이다. 하지만 프로 선수들은 경찰, 군인, 청소 아저씨가 우리에게 가져다주는 실질적인 가치를 가져다주지는 않는다. 그럼에도 그들이 높은 연봉을 받는 이유는 희소성의 차이 때문이다.

13 다음과 같은 상황에서 '매경TEST' 수업을 듣기로 결정하였을 때, (가), (나)의 기회비용을 바르게 연결한 것은?

> 당신이 듣고 싶은 수업은 '매경TEST'와 '한경TESAT' 이렇게 두 가지가 있다. 이 둘 중에서 하나 만 선택해야 한다고 가정하자.
> (가) '매경TEST'와 '한경TESAT' 두 수업 각각의 수강료로 20만 원을 지불해야 한다.
> (나) '매경TEST' 수강료는 20만 원이나 '한경TESAT' 수강료는 무료이다.

	(가)	(나)
①	한경TESAT	한경TESAT
②	한경TESAT	한경TESAT + 20만 원
③	한경TESAT	매경TEST + 한경TESAT
④	한경TESAT + 20만 원	한경TESAT
⑤	매경TEST + 한경TESAT	한경TESAT

(가)에서 '매경TEST'와 '한경TESAT' 무엇을 듣던 20만 원의 수강료를 지불해야 하므로, '매경TEST' 수업을 듣기 위해 포기해야 하는 것은 '한경TESAT'에 불과하다. (나)에서는 '매경TEST'를 듣기 위해 포기해야 하는 것에는 '한경TESAT' 말고도 현금 20만 원도 포함되므로, (나)의 기회비용은 '한경TESAT + 20만 원'이다.

14 다음 대화들에 공통적으로 나타난 경제 개념으로 가장 적절한 것은?

〈대화 1〉
철수 : 영수야, ㈜동방전자보다 ㈜서방전기의 주가 상승률이 더 높을 것 같으니 네가 가
진 ㈜동방전자의 주식을 팔고 ㈜서방전기의 주식을 사는 게 좋지 않을까?
영수 : 야, 그렇긴 하지만, 지금 ㈜동방전자의 주식을 팔면 손해가 300만 원이 넘어. 조
금 더 기다려 볼래.

〈대화 2〉
감독 : 가르시아 선수는 몸 상태가 너무 안 좋아서 내일 경기에 출전시키기 어렵겠습니다.
구단주 : 무슨 소리야. 내일같이 중요한 경기에서 한 방 보여 달라고 그 많은 돈을 주었는데.

〈대화 3〉
동수 : 엄마, 나 이거 정말 맛이 없어서 안 먹을래.
엄마 : 얘야, 이게 얼마나 비싼 재료로 만든 음식인데, 맛이 없더라도 한번 먹어 봐.

① 희소성   ② 한계비용
③ 외부효과   ④ 매몰비용
⑤ 경제적 이윤

〈대화 1〉의 영수, 〈대화 2〉의 구단주, 〈대화 3〉의 엄마는 모두 과거의 의사결정에 의해 발생한 손실 또는 비용을 현재의 의사결정과정에서 고려하고 있다. 경제학자들은 이러한 손실 또는 비용은 이미 발생하여 회복 또는 회수를 할 수 없는 비용이라는 뜻에서 '매몰비용(Sunk Cost)'이라고 부른다.

15 다음 사례에서 갑의 선택과 관련된 설명으로 옳은 것을 〈보기〉에서 모두 고른 것은?(단, 이익과 손실은 모두 금전적인 것이며, 기간은 1년으로 제한한다)

> 현재 갑은 을 소유의 제빵기계를 1억 원에 빌려서 사용하고 있다. 그런데 어느날 을이 찾아와 두 가지 새로운 제안을 하였다. 갑이 이 기계를 구입할 의사가 있으면 2억 원에 팔겠다는 것과 리스를 원하면 보증금 없이 월 50만 원을 받겠다는 것이다. 물론 계속 지금과 같이 1억 원에 빌려서 사용해도 무방하다고 하였다. 갑이 알아보니 금리는 연 5%이고 기계값 상승률이 연 4%가 될 것이라고 한다. 갑은 현재 여유자금이 없어서 기계를 살 경우 1억 원을 대출받아야 한다.

│보 기│
ㄱ. 리스보다 1억 원을 주고 빌려서 사용하는 비용이 더 크다.
ㄴ. 기계를 사는 것이 리스보다 비용을 줄일 수 있다.
ㄷ. 1억 원에 빌려서 사용하는 것이 가장 합리적이다.
ㄹ. 리스로 전환하면 편익보다 비용이 더 크다.

① ㄱ, ㄴ　　　　　　　　　　　　② ㄱ, ㄷ
③ ㄴ, ㄷ　　　　　　　　　　　　④ ㄴ, ㄹ
⑤ ㄷ, ㄹ

ㄱ. 기계를 리스할 경우 연간 600만 원(50만 원 × 12)의 비용이 발생한다. 한편 1억 원을 주고 빌려서 사용할 경우 1억 원의 기회비용은 1억 원 대여에 대한 이자비용으로 금리 연 5%인 500만 원에 해당한다. 따라서 리스를 이용하는 경우의 비용이 보다 크다.

ㄴ. 기계를 구입할 경우에는 부족한 자금 1억 원에 대한 대출이자 500만 원을 부담하는 대신 기계값 상승률 연 4%, 즉 2억 원의 4%에 해당하는 금액인 800만 원의 이익이 기대된다. 따라서 기계 구입 시 300만 원의 이익이 발생한다. 이에 반해 기계를 리스할 경우 연간 600만 원의 비용이 발생하므로 구입이 리스보다 유리하다.

ㄷ. 1억 원에 빌려서 사용할 경우 연간 500만 원의 기회비용이 발생하지만, 1억 원을 대출받아 구입할 경우 300만 원의 이익이 발생하므로 가장 합리적인 대안으로 평가할 수 없다.

ㄹ. 1억 원에 기계를 빌려서 사용하는 방식의 경우 1억 원의 기회비용은 금리 연 5%에 해당하는 500만 원이지만, 리스로 전환하는 경우에는 매월 50만 원씩 연간 600만 원의 비용부담을 해야 한다. 따라서 리스로 전환하면 편익(500만 원)보다 비용(600만 원)이 더 크다.

PART **01**

제2편
미시경제

CONTENTS

제1장 수요·공급 이론

제2장 시장이론

제3장 시장실패

제4장 분배이론

(2등급 취득을 위한) TESAT 빈출문제분석

가장 많이 빈출된 문제
★★★★★

1. **가격과 거래량의 변화** – 실생활의 경제 환경의 변화가 가격과 거래량에 어떠한 영향을 미치는지 예측할 수 있는 능력을 확인하는 문제

2. **수요량의 변화와 수요의 변화 구분** – 수요량의 변화와 수요의 변화가 어떻게 다른지 구분할 수 있는 능력을 확인하는 문제

3. **공급량의 변화와 공급의 변화 구분** – 공급량의 변화와 공급의 변화가 어떻게 다른지 구분할 수 있는 능력을 확인하는 문제

4. **수요의 가격탄력성** – 수요의 가격탄력성의 의미와 탄력성에 영향을 미치는 요인에 대해 이해하고 있는지 여부

5. **가격통제정책(최고가격제, 최저가격제)** – 시장 기능에 의해 형성된 가격이 시장 상황에 적합하지 않을 경우 인위적인 가격 통제정책을 도입하는 데 이로 인해 시장에 미치는 일련의 요인들에 대해 이해하고 있는지 여부

빈출된 문제
★★★

1. **보완재, 대체재** – 특정 재화의 가격이 변화함에 따라 보완관계 내지 대체관계에 놓여 있는 재화의 거래량에 어떠한 영향을 미치게 되는지 이해하고 있는지 확인하는 문제

2. **열등재, 정상재** – 소득의 증가 여부가 수요에 미치는 영향에 따라 재화를 구분할 수 있는지 확인하는 문제

3. **수요의 소득탄력성** – 재화에 따라 수요의 소득탄력성이 어떻게 달라지는지 인지하고 있는지 여부

4. **수요의 교차탄력성** – 특정 재화의 가격이 변했을 때, 다른 재화의 수요량에 어떠한 영향을 미치는가에 따라 재화를 구분할 수 있는지 여부

안심Touch

1 수요(Demand)

(1) 개 념

일정기간 동안 소비자가 재화·서비스를 구매하고자 하는 욕구(계획)를 수요라고 하며, 이는 필요와는 달리 구매하고자 하는 특정의 재화와 서비스를 위해 지불해야 하는 가격을 연관시킨 개념으로서, 일정기간에 걸쳐 측정되므로 유량개념이다.

(2) 수요의 법칙

① 개 념

수요의 법칙은 사람들이 특정 재화나 서비스의 가격이 변화함에 따라 그에 대한 수요량을 어떻게 변화시키는지를 설명하는 법칙이다. 즉, 특정 재화나 서비스의 가격 변화와 그에 따른 수요량의 변동은 서로 역(逆)의 관계에 있다는 것이 수요의 법칙이다.

② 수요곡선

수요곡선은 수요량이 가격에 의해 어떻게 영향을 받는지를 보여준다. 수요의 법칙에 의하면 가격이 상승함에 따라 수요량이 감소한다. 따라서 수요곡선은 우하향한다.

(3) 수요·수요량 결정 요인

① 가격의 변화로 인한 변동을 '수요량의 변화'라고 하며, 수요곡선상의 이동으로 나타난다.
② 가격 이외의 변화로 인한 변동을 '수요의 변화'라고 하며, 수요곡선 자체의 이동으로 나타난다.

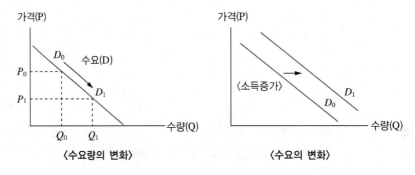

〈수요량의 변화〉　　　　　　〈수요의 변화〉

③ '수요의 변화'를 결정하는 변수로는 소득, 관련재의 가격, 미래의 가격변동에 대한 예상, 소득분포, 기호, 인구(소비자의 수) 등이 있다. 이들 결정변수 등 어느 하나라도 변하면 수요곡선은 이동한다. 가격은 '수요량의 변화' 요인이다.

요 인	영 향
가 격(P)	• 수요량의 변화요인(수요곡선상의 변화요인) • 일반적으로 가격과 수요량은 반비례관계(수요의 법칙) • 기펜재 : 가격과 수요량이 비례관계(수요의 법칙 예외)
소 득	• 정상재 : 소득 증가 시 수요가 증가 • 열등재 : 소득 증가 시 수요가 감소
관련재의 가격	• 대체재 : 관련재 가격 상승 시 수요가 증가 • 보완재 : 관련재 가격 상승 시 수요가 감소
미래의 가격변동에 대한 예상	• 미래에 가격 상승이 예상되면 현재 수요는 증가
소득분포	• 소득분배상태에 따라 수요 변동
기호 · 선호	• 기호 · 선호가 증가하면 수요 증가
인구(소비자 수)	• 인구가 증가하면 수요 증가

2 공급(Supply)

(1) 개 념

일정기간 동안 생산자가 재화 · 서비스를 판매하고자 하는 욕구(계획)를 말하며, 이는 능력(생산력)이 뒷받침된 개념이다. 공급은 일정기간에 걸쳐 측정되므로 유량개념이며, 실제 판매량이 아니라 의도된 양이다.

(2) 공급의 법칙

① 개 념

공급 법칙이란 다른 조건이 불변일 때, 어느 재화의 가격이 상승하면 그 재화의 공급량이 증가하는 법칙을 말한다. 즉, 공급의 경우에는 가격과 공급량 사이에 정(正)의 관계가 존재한다.

② 공급곡선

공급곡선은 공급량이 가격에 의해 어떻게 영향 받는지를 보여준다. 공급의 법칙에 의하면 가격이 상승함에 따라 공급량은 증가한다. 따라서 공급곡선은 우상향한다.

(3) 공급 · 공급량 결정요인

① 가격의 변화로 인한 변동을 '공급량의 변화'라고 하며, 공급곡선상의 이동으로 나타난다.

② 가격 이외의 변화로 인한 변동을 '공급의 변화'라고 하며, 공급곡선 자체의 이동으로 나타난다.

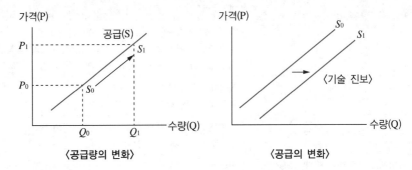

〈공급량의 변화〉   〈공급의 변화〉

③ '공급의 변화'를 결정하는 변수로는 관련재의 가격, 미래의 가격변동에 대한 예상, 기업의 목표 변화, 기술 진보 등이 있다. 이들 결정변수 등 어느 하나라도 변하면 공급곡선은 이동한다. 가격은 '공급량의 변화' 요인이다.

요 인	영 향
가격(P)	• 공급량의 변화요인(공급곡선상의 변화요인) • 일반적으로 가격과 공급량은 비례관계(공급의 법칙)
관련재의 가격	• 대체재 : 관련재 가격 상승 시 공급이 증가 • 보완재 : 관련재 가격 상승 시 공급이 감소
미래의 가격변동에 대한 예상	• 미래에 가격 상승이 예상되면 현재 공급은 감소
기업의 목표 변화	• 극대화 또는 매출액 극대화 전략 등에 따라 변동

3 시장의 균형

(1) 균형의 의미

어떤 상태가 달성되면 새로운 교란요인이 없는 한 그대로 유지되는 상태를 균형이라 하며, 이를 시장에 적용하면 수요와 공급이라는 상반된 힘이 서로 맞아 떨어진 상태를 의미한다. 즉, 일반적으로 우하향의 수요곡선과 우상향의 공급곡선이 교차하는 한 점에서 균형이 달성된다.

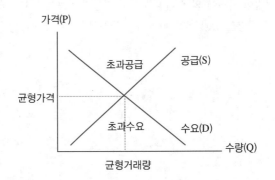

균형가격보다 낮은 가격에서는 초과 수요가 발생한다. 초과 수요는 현재의 가격에서 수요량이 공급량보다 클 때에 일어난다. 한편 균형가격보다 높은 가격에서는 초과 공급이 발생한다. 초과 공급은 초과 수요와는 반대로 현재의 가격에서 공급량이 수요량보다 더 클 때 일어난다.

(2) 시장 가격의 역할

시장경제체제 하에서 가격은 생산자와 소비자 모두에게 신호의 역할을 한다. 높아진 가격은 생산자들에게 더 많이 생산하고, 소비자들에게는 구매량을 줄이라는 신호를 보낸다. 이러한 신호 작용을 통해서 일시적인 비균형 상태도 자유로운 시장에서는 가격의 신속한 변동에 따라 균형으로 돌아가게 된다.

4 시장 균형의 이동

(1) 수요의 변동

수요증가로 수요곡선이 우측으로 이동하면 균형가격은 상승하고 균형거래량도 증가하는 반면, 수요감소로 수요곡선이 좌측으로 이동하면 균형가격은 하락하고 균형거래량도 감소한다.

(2) 공급의 변동

공급증가로 공급곡선이 우측으로 이동하면 균형가격은 하락하고 균형거래량은 증가하며, 공급감소로 공급곡선이 좌측으로 이동하면 균형가격은 상승하고 균형거래량은 감소한다.

(3) 수요와 공급의 동시변동

수요와 공급이 모두 증가하면 균형거래량은 증가하나 균형가격의 변화는 수요곡선과 공급곡선의 이동 폭에 따라 달라진다.
① 수요의 증가분이 공급의 증가분보다 큰 경우에는 균형가격은 상승하고, 균형거래량이 증가한다.
② 공급의 증가분이 수요의 증가분보다 큰 경우에는 균형가격은 하락하고, 균형거래량이 증가한다.
③ 수요의 증가분과 공급의 증가분이 동일한 경우에는 균형가격은 변하지 않고, 균형거래량만 증가한다.

5 시장 균형의 효율성

(1) 시장에 의한 자원배분 – 소비

소비자가 어떤 재화의 추가적인 한 단위에 대하여 지불할 용의가 있는 금액과 시장 가격의 차이를 소비자잉여라고 하며, 가격이 하락할 때 소비자잉여는 증가한다. 시장은 한 사회에서 그 자원을 가장 소중하게 생각하는 사람에게 자원을 배분한다.

(2) 시장에 의한 자원배분 – 생산

공급자가 어떤 재화의 추가적인 1단위에 대하여 최소한 받고자 하는 금액과 그 재화의 시장 가격의 차이를 생산자잉여라고 하며, 가격이 상승할 때 생산자잉여는 증가한다. 시장은 한 사회에서 가장 낮은 비용으로 생산할 수 있는 사람에게 생산을 맡긴다.

(3) 시장의 자원배분과 사회적잉여

사회적잉여란 소비자잉여와 생산자잉여의 합으로서 사회 전체적인 이득을 측정하는 지표이다. 자유로운 시장에서 생산되고 소비되는 재화의 수량은 소비자잉여와 생산자잉여의 합을 극대화하는 수량이다. 즉, 완전경쟁시장의 자원배분상태는 더 이상의 개선이 불가능한 상황이기 때문에 '시장의 자원배분은 효율적이다'라는 후생경제학 제1정리를 충족하게 된다.

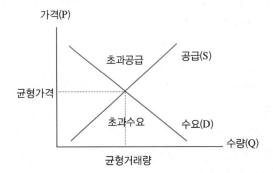

6 탄력성(Elasticity ; ε)

특정변수(원인)가 변했을 때 이에 따른 종속변수(결과)의 반응의 정도를 알고자 할 때 사용하는 개념을 탄력성이라고 하며, 이를 수식으로 나타내면 다음과 같다.

$$탄력성(\varepsilon) = \frac{반응(결과)변화율(\%)}{자극(원인)변화율(\%)} = \frac{종속변수의\ 변화율(\%)}{독립변수의\ 변화율(\%)}$$

7 수요의 가격탄력성

(1) 개 념

어느 재화의 가격이 변할 때, 그 재화의 수요량이 얼마나 변하는지를 나타내는 지표가 수요의 가격탄력도로서, 가격이 1% 변할 경우, 수요량이 몇 % 변화하는지를 의미한다. 예를 들어 수요의 가격탄력성이 5%라고 하면, 이는 가격이 1% 하락할 때, 수요량이 5% 상승한다는 것을 의미한다. 이를 수식으로 나타내면 다음과 같다.

$$\varepsilon = - \frac{수요량의\ 변화율(\%)}{가격의\ 변화율(\%)} = - \frac{\triangle Q / Q}{\triangle P / P} = - \frac{\triangle Q}{\triangle P} \times \frac{P}{Q}$$

수식에 음(−)의 부호를 붙인 이유는 가격과 수요량은 서로 반대 방향으로 움직이므로 (−)의 값을 갖게 된다. 따라서 이를 양(+)의 부호로 바꾸기 위한 의미이다.

① 탄력적 수요($\varepsilon > 1$)란 상품의 가격 변화율보다 해당 상품의 수요량 변화율이 더 큰 경우를 의미하며, 일반적으로 귀금속 등과 같은 사치재 물품이 탄력적 수요를 갖는다.

② 비탄력적 수요($\varepsilon < 1$)란 상품의 가격 변화율보다 해당 상품의 수요량 변화율이 더 작은 경우를 의미하며, 일반적으로 소금 등과 같은 필수재 물품이 비탄력적 수요를 갖는다.

(2) 수요곡선에 따른 특이한 탄력성

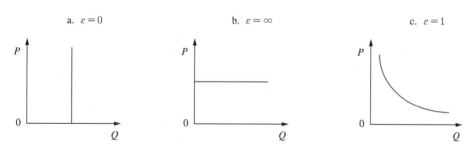

a. 수요곡선이 수직인 경우 : 가격이 아무리 변해도 수요량의 변화가 없으므로, 수요의 가격탄력성은 0이다.

b. 수요곡선이 수평인 경우 : 수요량이 아무리 변해도 가격이 변화가 없으므로, 수요의 가격탄력성은 무한대가 된다.

c. 수요곡선이 직각쌍곡선인 경우 : 수요곡선이 직각쌍곡선인 경우에는 수요의 가격탄력성이 항상 1이다. 이는 해당 상품의 가격이 얼마이든지 간에 그 상품을 구입하기 위해 항상 일정 금액을 지불한다는 것을 의미한다.

(3) 수요의 가격탄력성을 결정하는 요인

① **대체재의 정도** : 대체재가 많을수록 탄력적이며, 적을수록 비탄력적이다. 예를 들어, 국내교통수단은 많은 대체재가 있어 가격에 민감하게 반응하지만, 해외교통수단은 대체재가 적어 가격이 변화했다고 해서 수요량을 조절하기가 쉽지 않다.

② **지출비중** : 상품의 가격이 소득에서 차지하는 비중이 크면, 탄력적이고, 비중이 작으면, 비탄력적이다. 고가의 제품인 TV, 자동차 등은 가격에 민감하게 반응하지만, 껌과 같은 것은 상대적으로 가격 변화에 둔감하다.

③ **필수재 여부** : 생활하는 데 있어 반드시 필요한 재화의 경우에는 가격이 변하더라도 구매하지 않을 수 없기 때문에 상대적으로 사치재에 비해 수요의 가격탄력성이 작다.

④ **측정기간** : 측정기간이 장기일수록 탄력적이며, 단기일수록 비탄력적이다. 단기에는 특정 재화의 가격이 올랐더라도, 대체할 만한 다른 재화를 찾을 시간이 부족하여 수요량을 조절하지 못하지만, 시간이 지나면 사람들이 가격 변화에 대응할 수 있는 방법을 찾기 때문이다.

⑤ **상품의 정의** : 탄력성을 조사하는 상품의 범위를 좁게 설정할수록 탄력적이며, 넓게 설정할수록 비탄력적이다.

(4) 수요의 가격탄력성과 기업의 매출극대화 전략의 관계

① 비탄력적인 경우

> 가격 상승 → 가계의 지출액 증가, 기업의 판매수입 증가
> 가격 하락 → 가계의 지출액 감소, 기업의 판매수입 감소

② 탄력적인 경우

> 가격 상승 → 가계의 지출액 감소, 기업의 판매수입 감소
> 가격 하락 → 가계의 지출액 증가, 기업의 판매수입 증가

③ 단위탄력적인 경우

> 가격변화에 상관없이, 가계의 지출액과 기업의 판매수입은 항상 일정하다.

8 수요의 소득탄력성

① 수요의 소득탄력성이란 소득변화에 따른 수요의 변화 정도를 측정하는 척도를 말한다.

$$\varepsilon_m = \frac{\text{수요량의 변화율(\%)}}{\text{소득의 변화율(\%)}} = \frac{\dfrac{\triangle Q}{Q}}{\dfrac{\triangle M}{M}} = \frac{\triangle Q}{\triangle M} \times \frac{M}{Q}$$

② 수요의 가격탄력성과 달리 수요의 소득탄력성은 부호에 따라 재화의 성격을 구분한다.

$\varepsilon_m > 0 \rightarrow$ 정상재 : 소득이 증가함에 따라 그 수요가 증가하는 재화

$\varepsilon_m < 0 \rightarrow$ 열등재 : 소득이 증가할 때 오히려 수요가 감소하는 재화

> ※ 정상재와 열등재는 개인 선호도에 따라 같은 재화라도 다르게 나타날 수 있는 상대적인 개념이다. 교통수단이 택시와 버스만 있다고 가정할 경우, 평소 버스를 주로 이용하는 A가 소득의 증가로 택시 이용을 늘린다면 A에게 택시는 정상재이다. 하지만 소득이 증가함에도 불구하고 택시 수요가 감소한다면 택시는 열등재라 할 수 있다.

9 수요의 교차탄력성

① 수요의 교차탄력성이란 한 재화(Y재)의 가격이 변화할 때 다른 재화(X재) 수요량의 변화 정도를 측정하는 척도이다.

$$\varepsilon_{XY} = \frac{X재\ 수요량의\ 변화율(\%)}{Y재\ 가격\ 변화율(\%)} = \frac{\dfrac{\triangle Q_X}{Q_X}}{\dfrac{\triangle P_Y}{P_Y}} = \frac{\triangle Q_X}{\triangle P_Y} \times \frac{P_Y}{Q_X}$$

② 수요의 교차탄력성은 부호에 따라 두 재화 간의 관계를 알 수 있게 해준다.

㉠ $\varepsilon_{XY} > 0 \rightarrow$ 대체재
- 서로 경쟁관계에 있는 재화
- 한 재화의 가격이 상승하면 경쟁관계에 있는 재화의 수요 증가

㉡ $\varepsilon_{XY} < 0 \rightarrow$ 보완재
- 재화를 따로 소비하는 것보다 함께 소비할 때 더 큰 만족을 주는 재화
- 보완관계에 있는 두 재화 중 한 재화의 가격이 상승하면 다른 재화의 수요는 감소

> ※ 다른 조건이 일정할 때 커피 가격이 상승한 경우 홍차의 수요가 증가했다면 두 재화는 대체관계에 있는 것이다. 반면 커피의 가격이 상승해서 설탕 수요가 줄었다면 두 재화는 보완관계에 있다고 생각할 수 있다.

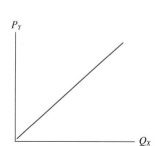

(a) 대체재

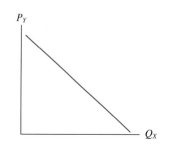

(b) 보완재

10 최고가격제

생필품 등이 절대적으로 부족한 경우, 정부가 물가를 안정시키고 소비자를 보호할 목적으로 가격상한을 설정하는 것을 말한다.

일반적으로 시장 균형가격보다 낮은 수준에서 가격을 정하며 공공요금의 인상률 제한, 아파트 임대료 규제 등 소비자 보호를 위한 각종 가격규제가 '최고가격제'의 좋은 예이다.

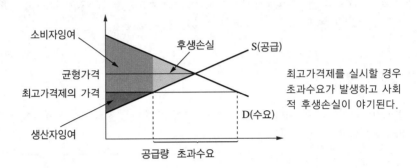

최고가격제를 실시할 경우 초과수요가 발생하고 사회적 후생손실이 야기된다.

11 최저가격제

정부가 하한가격을 설정하는 것으로, 기준가격 이하로 가격을 내리지 못하도록 하는 제도이다. 일반적으로 최저가격제도가 실효성을 거둘 수 있기 위해서는 시장균형가격보다 높게 설정되어야 한다. 저임금 근로자의 최소한의 생활 보장을 위해 최저임금 수준을 정하고, 사용자에게 최소한 그 이상의 임금을 지급하도록 법으로 강제하는 '최저임금제'가 대표적인 예이다.

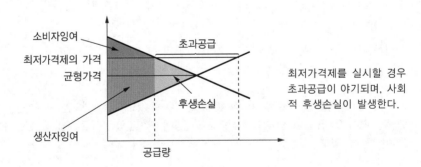

최저가격제를 실시할 경우 초과공급이 야기되며, 사회적 후생손실이 발생한다.

최신 기출분석문제

01 다음 중 우상향하는 자동차 공급 곡선을 좌측으로 수평이동하게 하는 원인으로 알맞은 것은?(단, 다른 조건은 일정하다.)

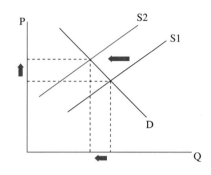

① 원자재 가격 상승　　　　　② 대체재 가격 상승
③ 기술 진보　　　　　　　　④ 보조금 증가
⑤ 보완재 가격 하락

해설　공급 곡선을 좌측으로 이동시키는 원인으로는 원자재 가격 상승, 대체재 가격 하락, 보완재 가격 상승, 기술 후퇴, 보조금 감소 등이 있다.

정답 ①

02 커피와 빵은 완전보완재 관계이다. 커피의 가격을 3% 인하해 판매했을 때 발생할 현상으로 옳은 것은?

① 빵의 균형가격은 하락한다.
② 빵의 수요는 감소할지 증가할지 알 수 없다.
③ 커피의 판매수입이 감소할지 증가할지는 알 수 없다.
④ 커피 가격에 대한 빵 수요의 교차탄력성은 1보다 크다.
⑤ 커피의 판매가 너무 많이 증가하면 빵의 판매는 감소하게 된다.

해설　판매수입을 가격과 판매개수의 곱이라 할 때, 이 문제에서는 커피의 탄력성을 알 수 없기 때문에 판매량이 늘더라도 수입이 증가했는지 감소했는지 알 수 없다.
① 빵의 수요 증가로 균형가격은 상승한다.
② 커피 가격이 인하되면 커피의 수요량이 증가하므로 보완재인 빵의 수요가 증가한다.
④ 커피 가격에 대한 빵 수요의 교차탄력성은 완전보완재이므로 0보다 작다.

정답 ③

03 가격탄력성에 대한 (가)와 (나)의 생각을 나타낸 그래프로 바르게 짝지어진 것은?(단, 다른 조건은 일정하다)

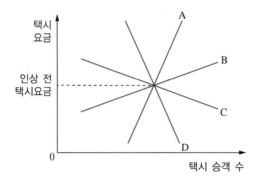

최근 택시요금 인상을 둘러싸고 정부와 택시기사들 사이에 의견이 첨예하게 대립되고 있다.
가. 정부당국은 택시요금이 인상되면 택시기사의 수입이 증가할 것이라는 입장이다.
나. 택시기사들은 손님이 줄어 오히려 수입이 감소할 것이라는 입장이다.

① 가 : A, 나 : B   ② 가 : B, 나 : C
③ 가 : C, 나 : A   ④ 가 : C, 나 : D
⑤ 가 : D, 나 : C

해설 택시요금이 높아질수록 택시수요는 감소한다. 정부당국의 입장과 택시기사의 입장 모두 이를 전제로 하고 있다. 따라서 수요곡선은 가격과 수요량이 음(−)의 관계에 있는 C 또는 D의 모습을 보일 것이다.

정부당국의 입장대로 택시기사의 임금이 증가하려면 택시요금 인상으로 인한 택시 승객 감소율이 택시요금 인상률보다 작아야 한다. 즉 택시 수요량에 해당하는 가로축의 변동 분이 택시요금에 해당하는 세로축의 변동 분보다 작아야 하므로 수요곡선은

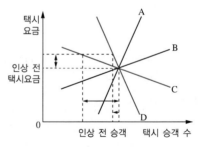

가파른 모양을 띠게 된다. 따라서 정부는 D의 수요곡선을 전제했을 것이라고 추측할 수 있다. 이는 수요가 비탄력적인 경우에 해당한다.

택시기사의 입장대로 택시기사의 수입이 감소하려면 택시요금 인상으로 인한 택시승객 감소율이 택시요금 인상률보다 커야 한다. 즉 택시 수요량에 해당하는 가로축의 변동 분이 택시 요금에 해당하는 세로축의 변동 분보다 커야 하므로 수요곡선은 완만한 모양을 띠게 된다. 따라서 택시기사는 C의 수요곡선을 전제로 추측한 내용들이다. 이는 수요의 가격탄력성이 탄력적인 경우에 해당한다.

정답 ⑤

04 그림은 어떤 재화의 가격과 판매 수입을 나타낸 것이다. E에서 A~D 방향으로의 변화에 대한 옳은 설명을 〈보기〉에서 고른 것은?

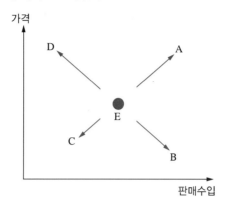

┌─ 보 기 ───┐

가. 대체재의 가격이 상승할 때, A방향으로 이동한다.

나. 새로운 기업의 시장 진입이 증가하고 수요의 가격탄력성이 1보다 작을 때, B방향으로 이동한다.

다. 보완재의 가격이 하락할 때, C방향으로 이동한다.

라. 생산원료의 가격이 상승하는 경우 수요의 가격탄력성이 1보다 크다면 D방향으로 이동한다.

└───┘

① 가, 나   ② 가, 라

③ 나, 다   ④ 나, 라

⑤ 다, 라

해설 제시된 그래프에서 A는 가격이 상승하고 판매수입이 증가한 경우, B는 가격은 하락하고 판매 수입은 증가한 경우, C는 가격이 하락하고 판매수입이 감소한 경우, D는 가격은 상승하고 판매수입은 감소한 경우이다.

가. 대체재의 가격이 상승하면 해당 재화의 수요가 증가하므로 그 결과 가격이 상승하여 A방향으로 이동한다.

라. 원료 가격이 상승하면 공급이 감소하고 이에 따라 해당 재화의 가격은 상승한다. 가격이 상승할 때 수요의 가격탄력성이 탄력적이면 판매 수입은 오히려 감소하므로 D방향으로 이동한다.

나. 새로운 기업이 시장에 진입하면 공급의 증가에 따라 가격이 하락하는데, 이 때 수요의 가격탄력성이 1보다 작으면 기업의 판매수익은 하락하므로 C방향으로 이동한다.

다. 보완재의 가격이 하락하면 해당 재화의 수요곡선 자체가 우측으로 이동하여 가격과 수요량 모두 증가한다. 따라서 A방향으로 이동한다.

정답 ②

05 다음은 최고가격제와 최저가격제에 대한 설명들이다. 다음 설명 중에서 맞는 내용을 고르면?

> 가. 최고가격을 균형가격 이하로 책정하면 상품의 배분이 비효율적으로 이루어진다.
> 나. 최고가격을 균형가격 이하로 책정하면 만성적인 초과수요가 발생하고 암시장이 나타날 수 있다.
> 다. 암시장은 일반적으로 최저가격제에서 나타난다.
> 라. 최고가격을 균형가격보다 낮게 책정하면 시장 수급에는 아무 영향이 없다.
> 마. 최저임금제는 미숙련노동자의 취업을 용이하게 만든다.

① 가, 나
② 가, 다
③ 라, 마
④ 가, 다, 라
⑤ 가, 나, 라

해설 (다) 일반적으로 최고가격제에서 나타난다.
(라) 최고가격을 균형가격 이하로 형성할 경우 시장의 거래량이 줄어드는 효과가 있다.
(마) 최저임금제를 도입할 경우 인건비가 상승하기 때문에 숙련공 위주로 취업이 용이해지는 구조가 형성된다.

정답 ①

06 '닭고기 값 떨어질 듯'이라는 제목의 신문 기사 속에 포함되어 있을 것으로 추정되는 타당한 요인들을 〈보기〉에서 고른 것은?

> **보기**
> 가. 닭고기 사육두수 점차 증가 추세
> 나. 수입 닭고기에 대한 무관세 조치 중단
> 다. 오리고기 소비 눈에 띄게 증가
> 라. 경기 회복세, 정부 예상보다 강한 것으로 밝혀져

① 가, 나   ② 가, 다
③ 나, 다   ④ 나, 라
⑤ 다, 라

해설 시장에서 가격은 수요와 공급이 일치하는 점에서 형성된다. 한 재화의 가격은 또 연관재의 가격에 따라 등락하기도 한다. 한 재화의 가격이 하락함에 따라 다른 한 재화의 수요가 감소하는 경우 두 재화를 대체재라고 한다. 냉동 요구르트와 아이스크림은 대체재로 볼 수 있다. 반대로 한 재화의 가격이 하락함에 따른 다른 한 재화의 수요가 늘어나는 경우 두 재화를 보완재라고 한다. 승용차와 휘발유, 컴퓨터와 소프트웨어는 보완재다. 문제에서 닭고기 값이 떨어지는 경우는 닭고기에 대한 수요가 줄거나, 공급이 늘거나, 대체재 소비가 늘어날 때다. 닭 사육두수가 증가하면 공급이 늘어나 닭고기 값은 떨어지며, 대체재인 오리고기 소비가 크게 늘어나면 상대적으로 닭고기 수요가 줄어 닭고기 값은 약세를 띤다.

정답 ②

07 소비자에게 주택 매매 시장의 주택과 주택 전월세 시장의 주택은 서로 대체재 관계에 있다. 주택 매매가격이 향후 정체 또는 하락할 것이라는 전망으로 주택매매 수요가 감소하였다. 이로 인한 주택 전월세 시장의 변화를 바르게 나타낸 것은?

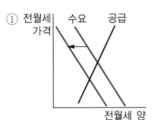

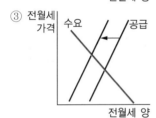

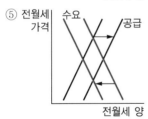

⑤ 전월세 가격

해설 전월세 시장 주택의 대체재인 주택 매매시장의 주택 가격이 하락하거나 정체한다는 전망이 나오게 되면 주택을 구입하려고 하는 사람들은 주택을 구매하기보다는 전월세를 찾게 될 것이다. 수요 증가는 수요곡선을 오른쪽으로 이동시킨다.

정답 ②

01 X재 가격이 내리자 Y재에 대한 수요는 증가하고, Z재에 대한 수요는 감소하였다. 또한 소득이 증가하면서 Y재에 대한 수요는 감소하고, Z재에 대한 수요는 증가하였다. 다음 중 이런 사실을 통해 추론할 수 없는 것은?

① X재와 Y재는 보완재이다.　　　　　② X재와 Z재는 대체재이다.

③ Y재와 Z재의 독립재이다.　　　　　④ Y재는 열등재이다.

⑤ Z재는 정상재이다.

> X재 가격의 하락은 X재의 수요량을 증가시켜 보완재인 Y재의 수요도 증가시키는 반면, 대체관계인 Z에 대한 수요는 감소시킨다. 따라서 주어진 조건만으로는 Y재와 Z재의 관계를 추론할 근거는 없다.

02 다음 글에 대한 옳은 설명을 〈보기〉에서 고른 것은?

> 1970년대에는 값비싼 TV를 가정에 장만한 사람들이 그리 많지 않았고, 대부분의 가정에서는 라디오를 통해 세상과 소통하였다. 그 후 사람들의 소득이 증가하면서 TV 소비는 늘어난 반면 라디오 소비는 오히려 줄어들었다.

┤ 보 기 ├
ㄱ. TV은 정상재이고 라디오는 열등재이다.
ㄴ. 소득 증가는 TV 공급을 감소시키는 요인이다.
ㄷ. 소득 증가는 라디오 가격을 상승시키는 요인이다.
ㄹ. 소득 증가는 TV 가격을 상승시키는 요인이다.

① ㄱ, ㄴ　　　　　　　　　　　② ㄱ, ㄹ

③ ㄴ, ㄷ　　　　　　　　　　　④ ㄴ, ㄹ

⑤ ㄷ, ㄹ

> 설문을 통해 알 수 있는 내용으로는 수요와 관련된 사항이 전부이다. 재화의 소득 증가에 따라 소비 증가 여부를 통해 우리는 정상재 또는 열등재인지 여부를 알 수 있다. 소득 증가로 라디오 수요가 감소했으므로 라디오 수요곡선은 좌측이동하며, 이에 따라 라디오 가격은 하락한다.

03 공급의 변화와 관련된 다음 설명 중 옳지 않은 것은?

① 단위당 일정액의 보조금을 지급하면 공급이 증가한다.
② 가격상승이 예상되면 공급이 감소한다.
③ 신기술개발로 생산비가 하락하면 공급이 증가한다.
④ 생산 면에서의 대체재 가격이 상승하면 공급이 증가한다.
⑤ 기업의 목표가 매출극대화로 변화하면 공급이 증가한다.

> X재와 Y재가 동일한 공간에서 생산될 수 있다면 X재와 Y재는 생산 면에서 대체재 관계이다. 생산 면에서 대체재인 Y재의 가격이 상승하면 생산자는 Y재의 생산을 증가시킨다. 그 결과 X재 가격에는 변화가 없지만 X재 생산은 감소하여 X재 공급곡선은 좌측으로 이동한다. 즉 공급이 감소한다. 한편 기업의 목표가 이윤극대화에서 매출극대화로 변화하면 일반적으로 생산량이 증가하므로 공급곡선이 우측으로 이동한다.

PART 1

PART 2

부록

04 다음 그림은 X재 시장에서 균형점 a → b로의 변화가 Y재, Z재 시장에 준 영향을 나타낸 것이다. 이 재화들 간의 관계로 옳은 분석을 〈보기〉에서 고른 것은?

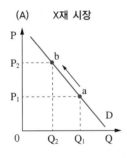
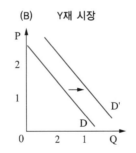
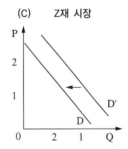

┌─ 보 기 ─────────────────────────────────┐
ㄱ. X재와 Y재는 대체 관계이다.
ㄴ. X재에 소비세를 부과하면 Y재의 수요는 증가한다.
ㄷ. Y재와 Z재는 보완 관계이다.
ㄹ. Z재의 가격 하락은 X재의 수요를 감소시킨다.
└──────────────────────────────────────┘

① ㄱ, ㄴ   ② ㄱ, ㄷ
③ ㄴ, ㄷ   ④ ㄴ, ㄹ
⑤ ㄷ, ㄹ

그래프 〈A〉는 X재의 가격 상승으로 X재 수요가 감소했음을 보여준다. 그래프 〈B〉는 X재 시장에서 X재 가격 상승의 결과로 Y재 수요가 증가했음을 보여주는데, 이를 통해 X재와 Y재가 대체 관계임을 알 수 있다(ㄱ). 따라서 X재에 소비세를 부과하여 가격상승효과가 나타나면 Y재의 수요는 증가한다(ㄴ). 그래프 〈C〉는 X재 가격 상승의 결과로 Z재 수요가 감소했음을 보여주는데, 이를 통해 X재와 Z재가 보완 관계임을 알 수 있다. 따라서 Z재 가격이 하락하면 Z재 수요 증가와 더불어 X재 수요도 증가할 것이다(ㄹ). Y재와 Z재의 관계에 대해서는 알 수 없다(ㄷ).

05 다음 중 수요 또는 공급의 변동을 가져오는 요인으로 볼 수 없는 것은?

① 전망의 변화
② 인구의 변화
③ 소득의 변화
④ 가격의 변화
⑤ 관련재의 가격 변화

가격의 변화는 수요량 또는 공급량의 변동을 가져오는 요인이지만, 다른 보기의 내용은 수요 또는 공급의 변동을 가져오는 요인들이다.

06 아래 내용은 기후변화에 따른 농산물 가격변동에 관한 기사의 일부이다. 이를 통해 추론할 수 있는 것이 아닌 것은?

라니냐로 콜롬비아에서는 홍수가 발생, 교통이 단절되면서 원두가 선적되지 못해 아라비카 원두 값이 전년동기대비 61.9% 올랐다. 호주 퀸즐랜드에 내린 폭우는 석탄 가격을 42% 상승시켰다. 또 동남아 폭우로 고무 값은 78.8% 상승했으며 인도에서는 몬순기후 확대로 양파 값이 5배나 올라 만모한 싱 총리 정권이 위기에 처하기도 했다. 더군다나 이 같은 상품가 인상은 식품 가격 인상으로 이어져 애그플레이션 우려를 자아내고 있다. 유엔 식량농업기구(FAO)에 따르면 12월 식품가격지수는 214.7로 전월에 비해 4.3%를 상승했다. 이전 애그플레이션이 풍미했던 2008년 6월의 213.5를 넘는 수치다. 인도·중국 등에게 식품가 인상은 인플레 압박을 가중시켜 이미 경제적 위협으로까지 진보하고 있다.

① 추가적인 가격 상승에 대한 기대가 반영되면 농산물 가격은 더욱 가속화될 수 있다.
② 홍수와 같은 기후변동은 총공급곡선을 좌상방으로 이동시킨다.
③ 고무 값의 상승에 따라 인공고무의 수요가 증가할 것이다.
④ 원두 값의 상승에 따라 홍차의 수요가 감소할 것이다.
⑤ 천연고무의 가격 상승 등과 원자재 가격 폭등은 비용 인상 인플레이션을 야기한다.

원두 값의 상승은 커피 값의 상승을 가져온다. 커피 값의 상승은 대체재인 홍차의 수요를 증가시킬 것이다. 이처럼 원유 가격 상승 등과 같은 원자재 가격 폭등은 비용 인상 인플레이션을 야기해 세계적으로 물가 관리에 대한 관심이 고조될 수 있다.

07 다음 글의 밑줄 친 (가), (나)에 대한 설명으로 옳은 내용을 〈보기〉에서 고른 것은?

> A국은 옥수수를 이용한 석유 대체 에너지의 사용을 촉진시키기 위해 옥수수 재배에 (가) 보조금을 지급하는 정책을 시행하기로 결정하였다. 그 결과 옥수수 생산은 증가하였고 (나) 가격도 상승하였다.

┤보 기├
ㄱ. (가)로 인해 옥수수 공급량이 증가하였다.
ㄴ. (가)로 인해 옥수수 시장의 거래량이 증가하였다.
ㄷ. (나)는 옥수수의 수요량이 증가하였기 때문이다.
ㄹ. (나)는 옥수수의 공급보다 수요의 변동 폭이 더 크기 때문이다.

① ㄱ, ㄴ ② ㄱ, ㄷ
③ ㄴ, ㄷ ④ ㄴ, ㄹ
⑤ ㄷ, ㄹ

보조금 지급 정책은 옥수수의 공급을 증가시키며, 석유 대체 에너지 사용 촉진 정책에 따라 옥수수의 수요도 증가한다. 수요와 공급이 모두 증가할 때, 가격이 상승하기 위해서는 공급보다 수요의 변동 폭이 더 커야 한다. 한편 공급의 증가는 가격 이외 요인의 변동으로 공급곡선 자체가 이동한 것을 말하며, 공급량 증가는 가격변화로 인한 공급곡선상 변화를 말하므로, 공급과 공급량은 다르다는 점에 유념해야 한다. 보기 ㄱ의 경우 (가)와 같은 보조금 제도로 인한 공급 변화는 가격 이외의 제도적인 변화로 인한 것으로 공급의 증가이지, 가격 자체가 변화된 공급량의 증가는 아니다.

08 국내 영화 시장의 균형이 시장 원리에 따라 결정될 경우, 시장 균형점이 (가)에서 (나)로 이동할 수 있는 요인으로 옳은 것은?

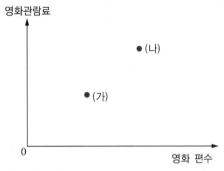

① 외국 영화의 수입 물량이 늘어났다.
② 정부가 국산 영화 제작비에 대한 지원을 확대하였다.
③ 국산 영화 제작비가 늘어 영화관람료가 인상되었다.
④ 한류(韓流) 열풍에 따라 국산 영화의 제작 수량이 늘어났다.
⑤ 주5일 근무제의 확대 실시에도 불구하고 임금은 인상되었다.

> (가)에서 (나)로 가는 것은 수요(수요곡선이 우측으로 이동)가 증가할 때 가능하며, 수요의 증가분이 공급의 변화분보다 클 경우에도 나타날 수 있다. 주5일 근무제의 확대 실시에도 불구하고 임금이 인상되면, 여가 수요가 증가함을 예측할 수 있다. ②, ④는 공급곡선의 우측이동을, ③은 공급곡선의 좌측이동을 의미한다.

09 그림은 지난 4개월 동안 스마트폰 시장에서의 가격과 거래량을 보여주고 있다. 이에 대한 다음 설명 중 옳은 것을 고르면?

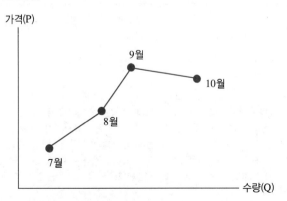

ㄱ. 스마트폰 시장에서의 총거래액이 8월과 비교하여 9월에 증가하였다.

ㄴ. 무선인터넷 요금 하락은 7월에서 8월까지의 변화를 초래할 수 있다.

ㄷ. 스마트폰 제조업체의 다변화는 8월에서 9월까지의 변화를 초래할 수 있다.

ㄹ. 무선인터넷 요금 하락과 스마트폰 제조업체의 다변화는 9월에서 10월까지의 변화를 초래할 수 있다.

① ㄱ, ㄴ   ② ㄱ, ㄹ

③ ㄴ, ㄷ   ④ ㄱ, ㄴ, ㄹ

⑤ ㄴ, ㄷ, ㄹ

ㄱ. 8월에 비해 9월은 균형가격이 상승하고, 균형거래량도 증가하였기 때문에 총거래액 또한 증가하였다.

ㄴ. 무선인터넷 요금이 하락하면 데이터 요금에 대한 부담을 갖던 고객들이 이전보다 부담감을 덜 수 있기 때문에 스마트폰의 수요가 증가한다. 수요가 증가하면 거래량은 증가하고, 가격은 상승한다.

ㄷ. 스마트폰 제조업체가 다변화되면 이전에 비해 스마트폰 공급이 증가하게 된다. 공급의 증가는 가격 하락과 거래량 증가를 동반하기 때문에 8월에서 9월까지의 변화를 설명할 수 없다.

ㄹ. 9월에서 10월까지의 변화 특징은 거래량 증가와 가격 하락인데, 무선인터넷 요금 하락으로 인한 수요 증가분이 스마트폰 제조업체의 다변화로 인한 공급 증가분보다 작은 경우에 가능한 현상이다.

10 금융위기로 인해 한때 크게 하락하였던 국제 유가가 최근에 다시 상승하고 있다. 하지만 최근의 국제유가는 가격 상승 요인이나 예상에 비해서는 다소 안정을 찾고 있다고 한다. 이러한 원인을 분석한 다음 ㉠~㉢에 대해 바른 설명은 무엇인가?

㉠ 원유시추 기술의 발전으로 원유 생산이 크게 증가하였다.

㉡ 원유를 대체하는 태양광, 풍력발전 등에 대한 활발한 투자 효과가 나타나고 있다.

㉢ 원유 생산 국가를 둘러싼 국지적 분쟁이 감소하여 유가안정에 한몫을 하였다.

① ㉠ : 공급 감소, ㉡ : 공급 증가, ㉢ : 수요 감소

② ㉠ : 수요 증가, ㉡ : 수요 감소, ㉢ : 공급 증가

③ ㉠ : 공급 증가, ㉡ : 수요 감소, ㉢ : 공급 증가

④ ㉠ : 공급 증가, ㉡ : 수요 감소, ㉢ : 수요 감소

⑤ ㉠ : 수요 감소, ㉡ : 공급 증가, ㉢ : 공급 증가

㉠은 생산 증가에 따른 공급 증가 요인이며, ㉡은 원유 대체재의 공급 증가에 따라 원유에 대한 수요가 감소한 것에 해당되고, ㉢은 원유 공급에 영향을 미치는 가격 이외 요인으로서의 공급 증가 요인에 해당된다.

11 다음 그림은 수요의 가격탄력성이 매우 다른 종류의 두 재화를 나타낸 것이다. 적절한 추론을 〈보기〉에서 모두 고른 것은?

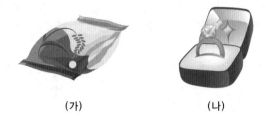

(가)　　　　　　　　　(나)

┤보 기├

ㄱ. 성수기 콘도 이용 가격이 비수기에 비해 높은 이유를 설명하는 데는 (가) 수요의 가격탄력성이 (나) 수요의 가격탄력성보다 더 적합하다.

ㄴ. 공연장의 객석이 비어 있음에도 불구하고 공연기획사가 관람료를 깎아주지 않는 이유를 설명하는 데는 (가) 수요의 가격탄력성이 (나) 수요의 가격탄력성보다 더 적합하다.

ㄷ. 백화점이 구두 가격을 할인한 결과, 구두 판매에 따른 수입이 늘어나는 이유를 설명하는 데는 (나) 수요의 가격탄력성이 (가) 수요의 가격탄력성보다 더 적합하다.

① ㄱ
② ㄱ, ㄴ
③ ㄴ, ㄷ
④ ㄱ, ㄷ
⑤ ㄱ, ㄴ, ㄷ

ㄱ. 성수기와 비수기의 콘도 이용 가격이 다른 것은 가격 차별화에 해당한다. 가격 차별화는 총판매 수입을 극대화하기 위해 수요의 가격탄력성을 고려하여 소비층, 시간, 장소에 따라 가격을 서로 다르게 매기는 전략이다. 성수기에는 콘도에 대한 수요가 높아서 비싼 가격에도 불구하고 이용객이 줄지 않는데 이는 콘도 이용에 대한 수요의 가격탄력성이 비탄력적이기 때문이다. 따라서 (가)의 가격탄력성과 관련이 있다.

ㄴ. 공연기획사가 가격을 인하하더라도 관람객이 크게 증가하지 않을 것으로 판단하였다. 즉, 수요의 가격탄력성이 비탄력적이라고 보았기 때문에 관람료를 깎아 주지 않을 것이다. 그러므로 (가)의 가격탄력성과 관련되어 있다.

ㄷ. 수요의 가격탄력성이 탄력적인 상품의 경우, 가격을 인하할 때 총판매 수입이 증가하게 된다. 왜냐하면 가격 인하율보다 수요량의 증가율이 크기 때문이다. 따라서 (나)의 가격탄력성과 관련이 있다.

12 그림은 A재화 가격 변화에 따른 각 재화의 수요량 변화를 나타낸 것이다. 이에 대한 설명으로 옳지 않은 것은?

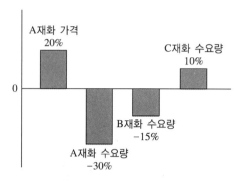

① A재화의 가격이 상승하면 A재화의 총판매 수입은 감소한다.
② A재화의 수요가 증가하면 A재화의 총판매 수입은 증가한다.
③ A재화의 공급이 증가하면 A재화의 총판매 수입은 감소한다.
④ A재화의 공급이 증가하면 B재화의 총판매 수입은 증가한다.
⑤ A재화의 가격이 상승하면 C재화의 총판매 수입은 증가한다.

A재화는 수요의 가격탄력성이 3/2이므로, 탄력적인 재화라고 할 수 있다.
③ A재화의 공급이 증가하면 A재화의 가격이 하락하고, 이에 따라 A재화의 수요량이 증가한다. 그런데 A재화의 수요의 가격탄력성이 탄력적이므로 가격 하락률보다 수요 증가율이 더 커진다. 따라서 총판매 수입은 증가할 것이다.
① A재화의 가격이 상승하면, A재화의 총판매 수입은 감소할 것이다.
② A재화의 수요가 증가하면, 가격이 상승하고 판매량은 늘어나므로 총판매 수입은 증가할 것이다.
④ A재화의 공급이 증가하면 A재화의 가격이 하락하므로 A재화의 수요량은 증가한다. 그럴 경우 A재화와 보완재 관계에 있는 B재화의 수요가 증가하므로 B재화의 총판매 수입은 증가하게 될 것이다.
⑤ A재화의 가격이 상승하면 A재화의 수요량이 감소하고, A재화와 대체재 관계에 있는 C재화의 수요가 증가하게 된다. 따라서 C재화의 총판매 수입은 증가한다.

13 다음 지문에서 제시하고 있는 현상을 바르게 설명한 것은?

> 동일한 물건이라고 하더라도, 장소에 따라서 가격이 달라진다. 등산로 입구에 위치한 편의점에서의 생수 가격과 산 정상에서의 생수 가격은 차이가 크다. 입구의 편의점에서는 500원이면 살 수 있는 생수를 산 정상에서는 2,000원에 파는 경우도 있다. 이러한 현상은 야구장에서도 목격된다. 야구장 밖의 편의점에서는 싸게 파는 생수를 경기 도중에 야구장 안에서 구입하려고 하면 가격이 비싸진다.

① 등산객이나 야구 관람객은 가격에 대해 탄력적으로 소비할 것이다.
② 생수를 대신할 다른 재화가 많이 있을 것이다.
③ 생수의 수요곡선은 수평에 가까운 형태일 것이다.
④ 생수 공급자의 시장 진입이 용이할 것이다.
⑤ 생수의 가격을 올리면 공급자의 판매 수입은 증가할 것이다.

> 산 정상이나, 경기장 내부는 제한된 공간으로 소비자들이 비탄력적인 수요 행태를 보이고 있다. 소비가 비탄력적인 경우 공급자는 가격 인상을 통해서 판매 수입을 증가시킬 수 있다.

14 다음은 신문 기사의 제목을 보고 두 사람이 보인 반응이다. 윤영과 대영의 주장으로 보아 쌀의 수요·공급 곡선을 바르게 짝지은 것은?

> 윤 영 : 우리가 늘 먹는 주식인 쌀은 가격이 내려도 그 소비량은 변화가 거의 없다. 그러니 가격이 폭등락하지.
>
> 대 영 : 쌀은 봄에 어느 정도 생산할지를 결정해서 파종을 하기 때문에 중간에 시장의 가격이 변화했다고 해서 추가적으로 생산량을 늘리기 어렵다. 그러니 가격이 폭등락해도 대처하기 어렵지.

	윤 영	대 영
①	탄력적인 수요곡선	비탄력적인 수요곡선
②	탄력적인 수요곡선	비탄력적인 공급곡선
③	탄력적인 수요곡선	탄력적인 공급곡선
④	비탄력적인 수요곡선	비탄력적인 공급곡선
⑤	비탄력적인 수요곡선	탄력적인 공급곡선

> 쌀의 수요의 가격탄력성이 비탄력적이라는 사실을 보여주는 내용을 윤영이 언급한 것이며, 대영은 쌀의 공급의 가격탄력성이 비탄력적이라는 것을 보여주고 있다.

15 아래의 표와 그래프는 교차탄력성과 재화의 관계를 나타낸 것이다. 이에 대한 설명으로 적절한 것은?

A재화와 다른 재화의 교차탄력성					
B	C	D	E	F	G
0.9	1.3	−0.7	0	−1.3	2.1

교차탄력성 > 0

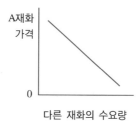

교차탄력성 < 0

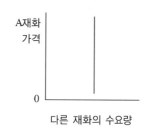

교차탄력성 = 0

① A재화와 교차탄력성이 (+)인 재화는 서로 보완 관계에 있다.

② A재화 가격이 오를 때, D재화의 수요량은 증가한다.

③ A재화 가격이 내릴 때, 수요량 변화는 B재화가 C재화보다 크다.

④ A재화 가격이 변화할 때, 수요량 변화가 가장 큰 것은 E재화이다.

⑤ 두 상품 간의 대체 관계가 클수록 교차탄력성은 클 것이다.

⑤ 대체재인 경우 교차탄력성은 양(+)의 값을 가진다. 또한 민감하게 반응할수록 교차탄력성의 절댓값이 크므로, 교차탄력성이 클수록 대체관계가 밀접해진다.

① 교차탄력성은 'X재 수요량의 변화율 / Y재 가격의 변화율'이다. 교차탄력성이 +이면 대체재, −이면 보완재, 0이면 독립적 관계에 있는 재화에 해당한다.

② A재화와 D재화의 교차탄력성은 −0.7로 음의 값을 가지므로, A가격이 상승할 때 D의 수요는 감소한다.

③ A재화의 가격 상승 시 D재화 수요량이 증가한다는 것은 교차탄력성의 절댓값이 크다는 것으로 다른 재화의 가격에 민감하게 반응한다는 것을 의미한다. A의 B에 대한 교차탄력성의 절댓값은 0.9이며, C에 대한 교차탄력성의 절댓값은 1.3이므로 B보다는 C가 A의 가격에 대해 수요량 변화가 더욱 민감하게 일어날 것이다.

④ 교차탄력성의 절댓값이 가장 큰 재화를 고르면 된다. G가 2.1로 가장 크다.

16 다음 글은 정부의 가격 통제 정책에 관한 것이다. 정부의 가격 정책 중 그 성격이 다른 것은?

> 원칙적으로 시장 가격에 의한 자원 배분이 바람직하나, 때로는 시장의 상황이 바람직한 상황이라고 판단되지 않을 때가 있다. 이때 정부가 나서서 가격을 규제하는 정책을 시행하게 된다.

① 이자율 상한제를 정한 경우
② 매년 최저임금을 책정하는 경우
③ 버스 요금을 규제하는 경우
④ 아파트 임대료 상한제를 시행하는 경우
⑤ 휴가철에 휴양지 요금을 규제하는 경우

> 최저임금제는 최저가격제의 일종이다. 나머지 ①, ③, ④, ⑤는 모두 최고가격제의 사례에 해당한다.

17 정부가 최저임금제를 80만 원으로 설정하여 실시하고 있다고 하자. 이에 대한 옳은 분석만을 〈보기〉에서 있는대로 고른 것은?(단, 노동시장에서 임금은 노동의 수요와 공급에 의해서만 결정된다)

임금(만 원)	50	60	70	80	90
노동수요량(명)	600	500	400	300	200
노동공급량(명)	200	300	400	500	600

┤보 기├
가. 200명의 실업자가 발생할 것이다.
나. 최저임금제가 실시되기 전 시장의 균형 임금은 70만 원이다.
다. 단기적으로 취업자의 평균임금이 상승할 것이다.
라. 최저임금제 적용 여부와 관련 없이 임금 결정에서는 수요 법칙과 공급 법칙이 적용되지 않는다.

① 가, 나 　　　　　　　　② 나, 라
③ 다, 라 　　　　　　　　④ 가, 나, 다
⑤ 가, 다, 라

> 문제에서 80만 원 이하로는 임금을 책정할 수 없게 규정되었으므로, 실질적으로 임금 80만 원으로 인상된 효과와 동일하다. 최저임금제가 실시되기 이전에는 수요와 공급에 의해서 임금이 70만 원에서 형성되었으므로 수요와 공급의 법칙이 적용됨을 알 수 있다.

시장이론

(2등급 취득을 위한) TESAT 빈출문제분석

가장 많이 빈출된 문제
★★★★★

1. 시장의 종류에 따른 특성 이해(독점시장, 과점시장, 완전경쟁시장, 독점적 경쟁시장)
   시장에 따라 어떠한 상이한 특성을 보이고 있는지에 대해 구분할 수 있는지 여부를 확인하는 문제

빈출된 문제
★★★

1. 가격차별 정책
   일상생활에서 목격할 수 있는 가격차별 정책의 특성을 이해하는지 여부와 각각의 가격차별 정책의 특징을 구분하는지 여부를 묻는 문제

2. 게임이론
   게임이론의 주요 개념과 실생활의 여러 사례를 게임이론으로 분석할 수 있는 능력을 갖추었는지 확인하는 문제

1 시장이론의 기초

(1) 시장의 개념

일반적으로 시장은 재화와 서비스의 거래가 이루어지는 구체적인 장소를 의미하나, 경제학에서는 훨씬 넓은 의미로 재화 및 서비스의 거래가 이루어지는 추상적인 메커니즘을 시장으로 정의한다.

(2) 시장의 구분

시장 형태는 기업 수, 진입장벽의 존재 여부, 가격지배력, 재화의 동질성 여부 등에 따라 완전경쟁, 독점, 독점적 경쟁, 과점의 4가지로 구분된다.

구 분	완전경쟁시장	불완전경쟁시장		
		독 점	독점적 경쟁	과 점
공급자의 수	다 수	하 나	다 수	소 수
상품의 질	동 질	동 질	이 질	동질, 이질
시장 참여	항상 가능	불가능	항상 가능	어려움
가격 통제력	없 음	큼	작 음	작 음
비가격 경쟁	없 음	없 음	매우 강함	강 함
시장의 예	주식 시장	전 력	주유소, 약국	이동통신

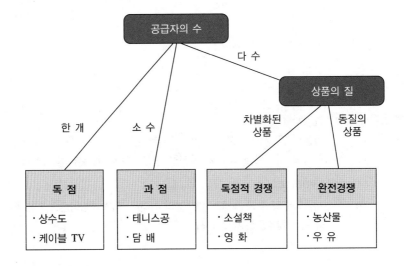

② 완전경쟁시장

(1) 개 념

완전경쟁시장이라고 부르는 시장의 형태는 수요자와 공급자의 수가 대단히 많아서 개별 수요자나 공급자가 개별수요를 합한 시장수요와 개별공급을 합한 시장공급이 만나서 결정되는 균형가격에 전혀 영향을 미치지 못하는 경우이다.

(2) 완전경쟁시장 성립조건

① 다수의 수요자와 공급자
② 재화의 동질성
③ 자원의 완전이동성
④ 완전한 정보

③ 독점시장

(1) 개 념

독점시장은 공급자가 유일한 경우이다. 그런 까닭에 독점공급자는 자신의 공급곡선과 시장 수요곡선이 일치하는 균형가격과 균형거래량을 받아들이기보다는 시장 수요곡선을 토대로 가격과 생산량을 어떻게 정할 것인가에 관심을 두게 된다. 하지만 독점기업이라 하더라도 시장의 거래량과 가격 모두를 맘대로 정할 수는 없으며, 거래량이나 가격 둘 중 하나만을 자신들이 원하는 바대로 결정할 수 있다.

(2) 독점시장의 원인

① 제품 생산에 필요한 중요한 생산요소를 특정 기업이 소유하고 있는 경우
② 정부에 의해 설정된 독점
③ 자연독점에 의한 독점

(3) 독점기업의 목적

독점시장에서 활동하는 독점기업 역시 기업의 목적은 이윤극대화이다. 따라서 독점기업은 자신의 이윤을 극대화하기 위해 일반적으로 완전경쟁하의 기업보다 생산량을 줄이게 되며, 가격은 더 올리게 된다. 이것은 생산량을 늘리면 결국 가격이 하락하여 이윤이 줄어들 것이기 때문에 자신의 이윤을 극대화시키기 위해 더 비싼 가격에 물건을 판매하기 위한 방편이다. 독점기업의 이러한 생산 방식으로 인해서 사회 전체의 후생은 떨어지게 되고, 이것이 바로 정부가 독점기업을 관리, 감독하는 이유이다.

(4) 독점기업의 가격차별

가격차별이란 동일한 재화에 대하여 서로 다른 가격을 설정하는 것을 의미한다. 기업이 가격차별을 실시하는 이유는 독점이윤을 증대시키기 위한 것이다. 가격차별이 가능하기 위해서는 소비자를 특성에 따라 구분할 수 있어야 하며, 상이한 시장 간에 전매가 불가능하며, 시장분리에 소요되는 비용보다 시장의 분리를 통해 얻을 수 있는 수입이 커야 한다.

① 제1급 가격차별

제1급 가격차별이란 상품과 사람을 모두 구분하여 다른 가격을 부과하는 매우 강력한 형태의 독점으로서 완전가격차별이라고도 한다. 모든 상품에 대해 그 단위에 대한 최대한의 지불용의만큼의 가격을 부과하는 가격설정방식으로서 모든 소비자잉여가 가격차별적 독점자에게 귀속된다. 한편, 수요곡선이 한계수입(MR)곡선과 일치하므로 생산량은 완전경쟁과 동일하여 자원배분의 효율성이 제고된다.

② 제2급 가격차별

제2급 가격차별이란 상품을 덩어리로 구분하여 다른 가격을 부과하는 방식이다. 가격차별을 실시하지 않는 경우보다 생산량이 증가한다. 소비자잉여의 상당 부분이 독점기업의 이윤으로 귀속된다. 제1급 가격차별에 비해 현실적이며, 대량구매할인 등과 같이 실제로 제2급 가격차별의 사례를 관찰할 수 있다.

③ 제3급 가격차별

소비자들의 특징에 따라 시장을 몇 개로 분할하여 각 시장에서 서로 다른 가격을 설정하는 것을 말한다. 일반적으로 가격차별이라고 하면 제3급 가격차별을 의미한다. 수요가 탄력적인 시장에서는 낮은 가격을, 수요가 비탄력적인 시장에서는 높은 가격을 설정한다. 따라서 가격차별을 실시하면 수요가 탄력적인 집단은 유리해지고, 수요가 비탄력적인 집단은 불리해진다.

4 과점시장

(1) 개 념

과점시장은 공급자가 소수여서 독점시장과 동일한 자의적인 가격정책을 실시할 수는 없지만 소수의
공급자들 간에 담합 가능성이 존재한다.

(2) 발생원인

① 일반적인 진입장벽
② 기존기업의 전략적 진입장벽

(3) 특 징

① 기업 간의 상호의존성

과점은 소수의 기업이 지배하는 시장이므로 기업 간 상호의존성이 매우 높아 '협조와 이기심' 간의
갈등관계에 놓이게 된다. 즉, 전체적으로는 협조를 하여 독점기업처럼 행동하는 것이 가장 유리하
지만, 각자의 이익을 우선시하려는 이기심의 유인으로 하나의 기업처럼 행동하기 어렵다.

② 비가격경쟁

과점기업들은 시장점유율을 증대시키기 위하여 광고, 제품차별화 등을 통한 치열한 비가격경쟁을
한다.

③ 비경쟁행위

과점기업들은 경우에 따라서는 담합이나 카르텔 등을 통하여 기업 간 경쟁을 제한함으로써 비경쟁
행위를 하는 경향이 있다.

5 독점적 경쟁시장

(1) 개 념

독점적 경쟁시장은 수많은 공급자들이 동일하지는 않지만 유사한 상품을 공급하고 있는 시장구조이
다. 대표적인 예로 출판사, 영화사, 음반사 등을 들 수 있다. 독점적 경쟁시장에서 각 기업은 자기 회
사에서 만들어 낸 상품에 대해서는 독점적 생산자이지만, 밀접한 대체재를 생산하는 수많은 기업들과
경쟁해야만 한다.

(2) 특 징

① 이질적 상품
② 진입과 퇴거의 자유
③ 비가격적 경쟁

최신 기출분석문제

01 현실 경제에서는 완전경쟁시장보다는 과점시장이 많이 존재하는데 이런 과점시장에서 나타날 수 있는 상황으로 가장 거리가 먼 것은?

① 담합이나 카르텔과 같은 비경쟁행위의 가능성이 있다.

② 높은 진입장벽이 존재한다.

③ 개별 기업의 전략적 행동은 나타나지 않는다.

④ 비가격 경쟁이 치열하다.

⑤ 가격이 신축적이지 못하고 자원이 비효율적으로 사용된다.

해설 과점(Oligopoly)은 비슷하거나 동일한 상품을 공급하는 소수의 공급자가 존재하는 시장구조다. 과점시장에서 경쟁하는 기업들은 상대 기업의 전략에 따라 자신의 최적전략을 취하게 된다. 이 과정에서 담합과 카르텔이 발생하기도 한다. 기업은 이윤 극대화를 위해 가격 경쟁 이외에 광고 등 비가격 경쟁을 통해 시장점유율을 높이려 한다. 따라서 가격이 신축적으로 변하지 못하고 자원이 비효율적으로 사용된다.

정답 ③

02 그림은 A ∼ C 시장의 상태를 표현하고 있다. 이에 대한 옳은 설명을 〈보기〉에서 고른 것은?

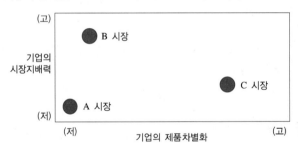

보기

ㄱ. A시장에 속한 기업은 B, C시장에 속한 기업보다 가격결정력이 약하다.

ㄴ. B시장보다 A시장에서 담합이 발생하기 쉽다.

ㄷ. B시장의 진입장벽이 A, C시장의 진입장벽보다 상대적으로 높다.

ㄹ. C시장에 속한 기업이 제품차별화에 성공할수록 시장 지배력은 약해진다.

① ㄱ, ㄴ

② ㄱ, ㄷ

③ ㄴ, ㄷ

④ ㄴ, ㄹ

⑤ ㄷ, ㄹ

해설 A시장은 완전경쟁시장, B시장은 과점시장, C시장은 독점적 경쟁시장에 가깝다. 과점시장은 기업 간 의사결정이 서로 의존적이라는 특성이 있기 때문에 담합이 발생할 여지가 크다. 한편, 독점적 경쟁시장에서 단기적으로는 제품의 차별화에 성공할수록 개별기업의 시장지배력은 높아진다.

정답 ②

03 독점기업에 대한 다음의 설명 중 타당하지 않은 것은?

① 독점기업의 한계수입은 가격에 미치지 못한다.
② 독점가격은 수요의 가격탄력성이 높을수록 높아진다.
③ 독점기업은 시장을 분할하여 가격차별을 시행할 수 있다.
④ 독점기업이 공급하는 생산량은 완전경쟁시장에서의 공급량에 비해 적다.
⑤ 독점기업에 대한 법인세 부과는 그 기업의 공급량에 영향을 주지 못한다.

해설

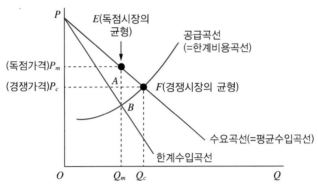

독점시장은 공급자가 하나만 존재하는 시장이다. 독점기업은 우하향의 시장수요곡선에 대응하여 가격과 생산량을 결정한다. 그러나 우하향의 시장수요곡선의 경우, 그 한계수입곡선이 가격을 나타내는 수요곡선보다 아래에 있으므로 한계비용과 한계수입이 교차하는 독점 균형생산량에서는 결과적으로 가격이 한계수입보다 크다. 이는 가격을 나타내는 수요곡선과 시장공급을 나타내는 독점기업의 한계생산비용곡선이 교차해 균형가격과 균형공급량을 결정하는 완전경쟁시장에 비해 생산량은 적고 가격은 높다는 것을 의미한다. 법인세는 일반적으로 기업이 획득한 이윤에 대해 세금을 매기는 것이다. 그러므로 기업은 세후 이윤을 극대화하기 위해 한계수입과 한계비용이 일치하도록 할 것이며, 이때에 독점기업의 수요곡선과 한계비용곡선에는 변함이 없다. 그러므로 독점기업은 법인세를 부과한다고 해도 생산량에 대한 의사결정에는 변함이 없다. 그리고 가격차별의 경우, 영화감상에 대해 볼 때, 학생과 일반인의 경우 수요곡선은 상이하다. 이와 같이 시장의 분할이 가능한 경우 독점기업은 가격차별을 한다. 시장의 수요곡선이 탄력적일수록 한계비용과 가격과의 격차는 더 줄어든다.

정답 ②

04 다음은 시장형태에 따른 특징을 설명한 것이다. 각 내용과 시장형태를 바르게 나열한 것은 어느 것인가?

> A : 전형적인 예로 주유소, 미용실, 식당 등을 들 수 있다.
> B : 모든 기업은 완전히 동질적인 재화를 생산한다.
> C : 기업 간 상호의존성이 매우 높다.
> D : 직접적인 경쟁압력을 받지 않는다.

	A	B	C	D
①	독점적 경쟁시장	완전경쟁시장	과점시장	독점시장
②	완전경쟁시장	독점시장	과점시장	독점적 경쟁시장
③	과점시장	독점시장	독점적 경쟁시장	완전경쟁시장
④	독점적 경쟁시장	과점시장	독점시장	완전경쟁시장
⑤	독점시장	독점적 경쟁시장	완전경쟁시장	과점시장

해설 • 독점기업은 직접적인 대체재가 존재하지 않고, 경쟁상대가 없으므로 직접적인 경쟁압력을 받지는 않는다.
• 독점적 경쟁시장은 독점의 요소와 경쟁적인 요소가 동시에 존재하는 시장형태이다.
• 과점시장이 다른 시장형태와 구분되는 가장 핵심적인 특징은 기업의 수가 소수이므로 기업 간 상호의존성이 매우 높다는 점이다.

정답 ①

05 다음 보기의 빈칸에 들어갈 말로 적절하게 연결된 것은?

> (㉠)이란 상품의 구입량에 따라 가격에 차별을 두는 것을 의미한다. 가격차별을 실시하지 않는 경우보다 생산량이 증가하며, 소비자잉여의 상당부분은 독점이윤으로 귀속된다.
> (㉡)이란 생산자인 기업이 수요자의 가격탄력성을 완벽히 파악하고 있어, 각 개별 소비자에게 모두 다른 가격을 부과하는 것을 말하며, 이를 (㉢)이라고 하기도 한다.

	㉠	㉡	㉢
①	1급 가격차별	2급 가격차별	완전 가격차별
②	1급 가격차별	3급 가격차별	완전 가격차별
③	2급 가격차별	1급 가격차별	완전 가격차별
④	2급 가격차별	3급 가격차별	완전 가격차별
⑤	3급 가격차별	2급 가격차별	완전 가격차별

해설 차례대로 2급 가격차별, 1급 가격차별, 완전 가격차별이다.

정답 ③

출제예상문제

01 다음은 독점과 경쟁에 관한 경제학적 진술들이다. 이 언급들 중 논리적으로 전혀 옳지 않은 주장을 하는 사람은?

① 기수 : 독점기업은 한계비용과 한계수입이 일치하는 지점에서 생산량을 결정하지 않기 때문에 독점이 생길 경우 비효율성이 발생해.

② 철수 : 완전경쟁시장에서 개별 생산자나 소비자가 가격에 영향을 미칠 수 없는 것은 생산자와 소비자의 수가 많기 때문이야.

③ 만수 : 경우에 따라 과점시장이 완전경쟁시장보다 경쟁이 치열해질 수 있으니까 그럴 땐 정부에서 과열을 막기 위한 조치를 취할 필요도 있다고 봐.

④ 종수 : 독점적 경쟁시장의 기업들은 자신의 차별성을 이용해 시장지배력을 행사하기도 해.

⑤ 준수 : 장기적으로 완전경쟁시장의 기업들은 경제적 이윤을 얻기 어려워.

---

① 시장의 형태와 상관없이 한계수입과 한계비용이 일치하는 수준으로 경제활동의 수준을 결정할 경우 이윤극대화를 달성할 수 있다.

② 완전경쟁시장에서 개별 수요자와 공급자가 가격에 영향을 미치지 못하는 이유는 다수의 수요자와 공급자가 있다는 사실뿐만 아니라 거래되는 재화가 동질의 재화이며, 시장에 대한 정보가 완벽하게 제공된다는 점 등이 추가적으로 필요하다.

③ 과점은 담합할 가능성과 경쟁사를 제거하고 시장을 독점할 가능성이 있다. 만약 과점시장의 기업이 시장을 독점하기 위해 제품을 원가 이하에 판매할 경우 시장경쟁은 일반적인 경쟁시장보다 더욱 치열해질 수 있다.

④ 독점적 경쟁은 동일하지 않지만 유사한 상품을 공급하고 있는 시장구조를 말한다. 소설 출판이나 영화제작, 음반 제작과 같은 시장을 독점적 경쟁시장이라고 할 수 있다.

⑤ 완전경쟁시장에서 기업은 초과이윤을 얻을 수 없다.

02 다음 〈보기〉와 같은 조건을 충족하는 시장에 대한 설명 중 옳은 것은?

┤보 기├
- 수많은 수요자와 공급자가 존재한다.
- 동질적인 상품이 거래된다.
- 시장에의 진입과 탈퇴가 자유롭다.

① 시장 지배력이 가장 강하게 나타난다.
② 소비자잉여는 모두 기업에 귀속된다.
③ 소비자의 다양한 기호를 충족시킬 수 있다.
④ 경쟁 기업의 시장 전략에 민감하게 반응한다.
⑤ 개별 기업이 직면하는 수요곡선은 완전탄력적이다.

〈보기〉의 조건을 충족시키는 시장은 완전경쟁시장에 해당한다. 완전경쟁시장에서는 개별 기업이 1원이라도 더 높은 가격을 받으면 소비자가 다른 기업 제품을 선택하기 때문에 수요곡선은 완전탄력적이다.

03 공급자의 완전가격차별 실시에 대한 다음 설명 중 옳지 않은 것은?

① 독점의 경우보다 사회 전체의 후생이 감소한다.
② 소비자의 선호에 대한 정보를 공급자가 모두 알고 있다.
③ 소비자마다 가격이 다르게 정해질 수 있다.
④ 소비자잉여가 모두 사라지게 된다.
⑤ 소비자 선호를 파악하는 데도 비용이 든다.

완전가격차별제는 개별 소비자 모두에게 다른 가격을 매길 수 있다. 따라서 공급자가 소비자의 선호에 따라 상품의 가격을 다르게 제공한다. 공급량은 완전경쟁시장의 경우와 같고, 소비자의 잉여는 모두 공급자에게 귀착돼 소비자 잉여가 사라지게 된다. 사회 전체 후생은 완전경쟁시장의 경우와 같다. 독점의 경우 완전경쟁시장보다 공급량이 줄어들고 이로 인해 사회후생 손실이 발생해 사회 전체의 후생이 감소한다.

04 다음 중 자연독점시장에 대한 설명으로 올바르지 않은 것은?

① 핵심기술에 대한 특허권 보유 등 필수 생산요소의 독점으로 인하여 발생한다.

② 고정비용이 크기 때문에 독점기업이 공급하는 것이 더 효율적인 시장을 말한다.

③ 사업의 성격상 누구나 쉽게 경영할 수 없는 대형 사업이 대부분이다.

④ 전기, 가스, 수도, 철도 등이 대표적인 예이다.

⑤ 독점에 따른 비효율성을 줄이기 위해 가격을 규제한다.

> 상수도나 전기, 가스, 철도 등 대규모 자본이 소요되고 누구나 쉽게 경영할 수 없는 대형 사업으로 인해 형성된 독점시장을 자연독점이라고 한다. 특허 등 생산요소의 독점으로 발생하는 것이 아니다.

05 다음 〈보기〉 중 완전가격차별화를 바르게 설명한 것끼리 짝지은 것은?

┤ 보 기 ├─

가. 소비자잉여를 기업이 모두 가져간다.

나. 여름철의 전기료 누진제도 여기에 해당된다.

다. 비행기의 1등석과 2등석 구분이 전형적인 사례이다.

라. 독점의 이윤극대화 가격보다 사회후생의 손실이 크다.

마. 소비자 선호에 대한 정보를 기업이 모두 알고 있어야 한다.

① 가, 다   ② 가, 라

③ 가, 마   ④ 나, 라

⑤ 나, 마

> 완전가격차별화 전략이란 개별 소비자가 해당 재화에 지불할 의사가 있는 가격 수준으로 각각 가격을 차별화하여 설정하므로 거래에 참여한 소비자의 잉여가 0원이 된다.

06 다음의 독점에 대한 설명 중 틀린 것만 고르면?

> ㉠ 공급곡선은 평균가변비용곡선의 최저점보다 위에 있는 한계비용곡선이다.
> ㉡ 장기균형을 완전경쟁의 장기균형과 비교하면 독점기업은 완전경쟁기업에 비해 과잉시설을 보유하며 생산에 참여한다.
> ㉢ 독점기업은 가격차별을 하는 경우 상대적으로 더 탄력적으로 반응하는 시장에 낮은 가격을 부과함으로써 이윤을 극대화할 수 있다.
> ㉣ 이윤을 극대화하기 위하여 한계비용과 한계수입이 일치하는 점에서 생산량을 결정한다.
> ㉤ 완전경쟁기업과 마찬가지로 독점기업도 가격이 평균비용보다 낮으면 조업을 중단한다.

① ㉠, ㉡　　　　　　　　　　　　　② ㉠, ㉤
③ ㉡, ㉢　　　　　　　　　　　　　④ ㉡, ㉣
⑤ ㉢, ㉤

> ㉠ 독점기업의 경우 시장수요가 주어지면 그에 맞추어 이윤극대화 생산량과 가격을 결정하기 때문에 각각의 가격에서 공급하고자 하는 양이 유일하게 결정되지 않는다. 즉, 공급곡선이 독점기업에는 존재하지 않는 것이다.
> ㉤ 단기에는 가격이 평균비용보다 낮더라도 평균가변비용보다 높다면 손실을 보더라도 생산을 하는 것이 유리하다. 왜냐하면 가변비용을 모두 회수하고도 고정비용의 일부를 회수할 수 있기 때문이다.

07 다음 자료에서 ㈜동풍의 이윤이 증가할 수 있는 경우를 〈보기〉에서 모두 고른 것은?

폐쇄경제인 '바람의 나라'에서는 두 기업 ㈜동풍과 ㈜서풍이 선풍기를 생산하고 있다. 아래의 선풍기에 대한 수요곡선은 점 A는 두 기업이 각각 15,000대의 선풍기를 생산하여 대당 15,000원의 가격에 판매하고 있는 현재의 상황을 나타낸다. 점 B는 독점사업자에 의해 선풍기가 생산될 경우의 판매량과 가격을 나타낸다. 선풍기 생산에 드는 비용은 대당 5,000원으로 두 기업이 같다.

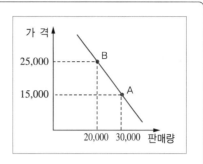

┤보 기├

ㄱ. ㈜동풍이 ㈜서풍을 합병하였다.

ㄴ. ㈜서풍의 생산량이 공장 화재 때문에 10,000대로 줄었다.

ㄷ. ㈜동풍과 ㈜서풍이 각각 4,000대씩 생산량을 줄이기로 합의하였다.

ㄹ. 정부는 공해 감축을 위해 ㈜동풍과 ㈜서풍의 생산량을 각각 12,000대씩으로 제한하였다.

① ㄱ

② ㄱ, ㄴ

③ ㄱ, ㄴ, ㄷ

④ ㄱ, ㄴ, ㄹ

⑤ ㄱ, ㄴ, ㄷ, ㄹ

ㄱ. 합병 전에는 각 기업의 이익이 150,000,000원 수준이지만, 합병 이후에는 400,000,000원으로 증가한다. 따라서 합병이 가능하다. 그러므로 ㈜동풍의 이익이 증가한다.

ㄴ. 화재로 ㈜서풍의 생산 여력이 줄었기 때문에 동풍의 시장 지위 내지 판매 용이성이 높아진다.

ㄷ. 20,000대까지 생산을 줄일 경우에는 이익이 증가할 수 있으므로 양사가 협의하여 감산할 수 있다.

ㄹ. 15,000대씩 생산하는 과점에서 정부 규제로 생산량을 줄이게 되어도 이익은 증가한다.
독점생산량인 20,000대까지는 선풍기의 총생산량이 감소할수록 선풍기 생산업체들의 총이윤이 증가한다. 이는 기업이 자발적으로 생산량 감축을 합의하든, 재해에 의하든, 정부의 규제에 의하든 마찬가지이다.

08 다음은 독점과 기술혁신에 관한 견해이다. 옳은 견해만을 고른 것은?

> ㉠ 경쟁의 압력이 존재하지 않기 때문에 기술혁신을 위하여 노력할 인센티브가 없다.
>
> ㉡ 초과이윤을 기반으로 대규모 R&D 투자가 가능하기 때문에 일부 산업에서는 오히려 독점의 경우가 기술혁신을 촉진한다.
>
> ㉢ 특허권 획득으로 독점이 발생하는 경우에는 특허를 취득하기 위한 노력이 기술개발을 촉진시키기 때문에 사회후생 증대에 기여한다.

① ㉠, ㉡   ② ㉠, ㉢
③ ㉡, ㉢   ④ ㉠
⑤ ㉠, ㉡, ㉢

> 실증적인 연구에 따르면 완전경쟁과 독점 중 어느 경우에 기술혁신이 더 잘 이루어지는지에 대한 명확한 결론을 내리기 어렵다고 한다.

09 다음은 독점에서 나타나는 특징 중 하나이다. 이를 가리키는 개념은 무엇인가?

> 독점기업들은 완전경쟁기업들과 같은 경쟁압력에 직면하지 않게 되고 이에 따라 경영자나 노동자 모두 최대한의 능력을 발휘하지 않음으로써 발생하는 비효율성이 있으며, 발생하는 경우 평균비용곡선이 상방으로 이동하기 때문에 사회적으로 볼 때 후생손실이 발생한다.

① X-비효율성
② 역선택
③ 외부효과
④ 공유지의 비극
⑤ 무임승차자의 문제

> X-비효율성이 발생하면 단위당 생산비가 높아지므로 평균비용곡선과 한계비용곡선이 모두 상방으로 이동하여, 사회적 관점에서 볼 때 후생손실이 발생한다.
> 무임승차자의 문제란 개인들은 공공재 생산비는 부담하지 않으면서 생산이 이루어지면 최대한 이용하려는 형태를 의미한다. 무임승차자의 문제가 발생하는 근본적인 원인은 소비에 있어서 배제할 수 없는 공공재의 고유한 특성에 기인한다.

10 유통업체들이 다음과 같은 가격경쟁을 벌이는 이유에 대한 설명으로 틀린 것은?

> 신세계 이마트의 12개 생필품 가격 인하 선언으로 촉발된 대형마트 업계의 가격인하 전쟁이 불붙고 있다. 롯데마트는 14일 "이마트가 신문에 가격을 내리겠다고 광고한 상품에 대해서는 단돈 10원이라도 더 싸게 판매하겠다"고 발표했다. 홈플러스도 가격에서 밀리지 않겠다고 밝혔다. 이에 맞서 이마트는 15일 추가 가격인하 품목을 공개하겠다며 재반격에 나선다. '빅3' 대형마트 간 자존심을 건 가격인하 경쟁이 본격화하고 있는 것이다. 지난주 이마트의 가격인하 방침 발표 후 일부 품목의 가격은 일주일 새 40% 넘게 떨어졌다.
>
> ─○○신문 2010년 1월 15일자─

① 우리나라 대형마트 시장은 과점 상태에 있다.
② 기업들이 납품가격보다 더 낮게 판매가격을 낮추는 경우는 없다.
③ 대형 유통업체의 가격경쟁이 소비자들에게는 이득이 된다.
④ 대형 유통업체의 가격경쟁은 상품을 납품하는 중소 공급업체에 피해를 주기도 한다.
⑤ 과점기업이라도 공정한 가격 경쟁을 하면 초과이윤이 없는 상태까지 완전경쟁 상태와 유사해진다.

제시문은 현재 우리나라에게 대표적으로 과점시장의 형태를 취하고 있는 대형마트에 대한 내용이다. 대형마트는 과점시장을 형성하고 있지만, 반드시 초과이윤을 얻고 있다고 볼 수 없다. 대형마트끼리 충분히 경쟁의 유인이 발생하게 되면, 초과이윤이 없는 상태에 도달할 수 있다. 이 과정에서 소비자들은 이득을 취하게 된다. 하지만 지나친 경쟁은 영세한 납품 업체들에게 피해를 주기도 하며, 때로는 납품가격보다 더 낮은 가격에 판매하는 등의 저가정책을 추진하기도 한다.

11 다음 중 독점의 원인으로 보기 어려운 것은?

① 규모의 경제
② 특허기술의 보유
③ 밀접한 대체재의 존재
④ 특정 생산요소의 독점적 소유
⑤ 정부에 의한 신규 사업자 진입제한

규모의 경제로 평균비용이 낮으면 가격경쟁력이 있어 자연독점이 되기 쉽다. 그리고 특허기술, 생산요소의 독점, 정부의 진입제한은 높은 진입장벽을 형성한다. 그러나 밀접한 대체재가 존재하면 소비자는 독점기업이 생산하는 재화와 유사한 효용을 주면서도 저렴한 재화를 구매할 것이므로 독점력이 약해진다.

12 독점기업은 동일한 제품에 대해 가격차별화를 실시하는 경우가 많다. 이 현상에 관한 설명 중에서 올바른 것은 무엇인가?

① 한국통신에서 실시하는 심야요금 할인제는 가격차별화 제도가 아니다.
② 이동전화 요금은 일반적으로 기본료와 사용료로 구분되는데 이러한 요금제는 가격차별화 제도가 아니다.
③ 가격차별화제도가 있는 경우 재판매가 가능하기 때문에 원칙적으로 성공할 수 없다.
④ 덜 가격탄력적인 시장보다 더 가격탄력적인 시장에 더 낮은 가격을 부과한다.
⑤ 독점기업에 의한 가격차별화는 일반적으로 효율성을 저하시킨다.

> 심야요금 할인제와 같은 가격차별제도는 독점기업의 생산량을 증가시켜 자중손실을 줄이므로 효율성을 개선시킨다. 그러나 가격차별제도는 수요의 가격탄력도가 다른 시장에 대한 식별이 쉽고, 시장 간 재판매장벽이 있어야 성립한다. 그래서 수요의 가격탄력도가 높은 시장은 낮은 가격, 낮은 시장은 높은 가격을 책정한다. 한편 기본료와 사용료를 구분하는 이부가격제도는 2급 가격차별제도의 일종으로 가격을 사용료인 한계비용만큼 책정하되 기본료를 최대 소비자잉여만큼 부과하는 형태이다.

13 가격차별에 관한 다음 설명 중 옳은 것은?

① 1급 가격차별과 완전가격차별은 서로 다른 개념이다.
② 2급 가격차별의 경우, 어느 두 구매자가 서로 상당히 다른 양을 산다하더라도 그들이 지불하는 단위당 가격은 항상 동일하다.
③ 3급 가격차별의 경우, 한 구매자가 지불하는 단위당 가격은 그가 얼마를 사느냐에 따라 언제나 달라진다.
④ 3급 가격차별의 경우, 수요의 가격탄력성이 높은 소비자는 수요의 가격탄력성이 낮은 소비자에 비해 더 낮은 가격을 지불한다.
⑤ 1급 가격차별의 경우, 그 시장에서 발생하는 소비자잉여는 극대화되지만 생산자잉여는 항상 0이 된다.

> • 1급 가격차별은 완전가격차별로 소비자잉여를 전부 독점기업에 귀속시켜 생산자잉여는 극대가 되지만 소비자잉여가 없다.
> • 2급 가격차별은 구매량이 클수록 가격을 낮추는 가격차별로 서로 다른 구매량에 적용되는 단위당 가격이 달라 소비자가 지불하는 가격은 구매량에 따라 다르다.
> • 3급 가격차별은 수요의 가격탄력도가 높은 시장에 낮은 가격, 낮은 시장에 높은 가격을 매기는 가격차별이다.

14 **자연독점에 대한 설명으로 가장 적절한 것은?**

① 생산량이 증가할수록 자연독점기업의 평균비용은 증가한다.

② 자연독점기업이 부과할 가격을 한계비용과 일치하도록 규제한다면 이 독점기업은 양(+)의 이윤을 얻고, 경제적 효율성을 달성한다.

③ 자연독점기업이 부과할 가격을 평균비용과 일치하도록 규제한다면 이 독점기업의 이윤은 0이 되고 자원 배분의 비효율성이 초래된다.

④ 자연독점기업이란 생산에 필요한 자연자원을 독점하는 기업을 말한다.

⑤ 규제완화정책으로 자연독점시장에 여러 기업이 진입하여 서로 경쟁하도록 하면 개별 기업의 평균비용은 하락하게 된다.

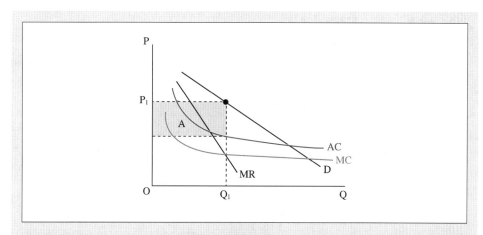

자연독점기업은 생산량이 증가할수록 평균비용이 하락하는 규모의 경제에 의하여 형성된 독점기업이다. 자연독점기업은 이윤극대화를 추구하기 위해 한계비용과 한계수입이 동일한 지점인 Q_1 수준으로 생산하여 P_1에 판매하게 된다. 그렇게 되면 독점기업의 이윤은 $P_1 \times Q_1$의 수익에서 비용인 $AC \times Q_1$을 차감한 부분인 A 영역이 된다. 이러한 상황에서 평균비용(AC)이 하락할 때 한계비용(MC)은 평균비용보다 작으므로, 자연독점기업에게 가격을 평균비용과 일치하도록 규제하면 Q_1(가격이 한계비용과 한계수입이 동일한 이윤극대화 지점)이 아닌 곳에서 생산된다. 이는 자원배분의 비효율성(과소생산)을 초래한다. 이때 만일 가격을 한계비용과 같도록 규제하면 가격이 평균비용보다 낮아 기업에게 손실이 발생하고 장기적으로 자연독점기업은 퇴출하게 된다. 한편 자연독점시장에 여러 기업이 진입하게 하면 경쟁으로 비용이 높아져 개별기업의 평균비용이 상승한다.

시장실패

**가장 많이
빈출된 문제
★★★★★**

1. 시장실패의 원인구분
   실생활의 여러 사례 중 시장실패 요인은 무엇인지, 또 이를 구분할 수 있는지
   확인하는 문제

2. 독과점
   독과점에 해당하는 실생활 사례를 판단하는 능력과 독과점을 해결하는 방법을
   알고 있는지 확인하는 문제

3. 공공재(비배제성, 비경합성)
   배제성과 경합성에 의거하여 재화를 구분할 수 있는지, 이중 공공재를 구분할
   수 있는지를 확인하는 문제

4. 외부효과(부정적 외부효과, 긍정적 외부효과)
   실생활의 여러 사례 속에서 외부효과가 유발되는 사건을 구분할 수 있는 능력
   과 외부효과를 해결하는 방법론에 대해 알고 있는지 확인하는 문제

5. 정보의 비대칭성(도덕적 해이와 역선택)
   실생활 사례 중에서 도덕적 해이와 역선택 중 어디에 해당하는지 구분할 수
   있는 능력을 묻는 문제

**빈출된 문제
★★★**

1. 정부실패
   정부실패의 원인과 정부실패를 막기 위한 대책은 무엇인지를 물어보는 문제

1 시장실패

(1) 개 념

독과점, 공공재, 외부성이 존재하는 경우 시장가격은 그 재화의 가격을 제대로 반영하지 못하게 되는데, 이를 시장실패라고 한다. 자세히 설명하자면 현실에서는 시장의 여러 가지 제약으로 자원배분 및 소득분배를 시장기구에 맡길 경우 최적의 자원배분 및 균등한 소득분배를 실현하지 못하는 상태가 발생하는데 이를 '시장실패'라고 한다. 따라서 시장실패가 발생할 경우 효율적인 자원배분을 달성하지 못하므로 정부가 개입할 필요가 있다.

(2) 대표적인 원인

① 독과점

기업이 서로 담합하여 가격이나 생산량을 조절하는 시장이다. 독과점 기업들은 가격을 올리려는 의도로 생산량을 줄여 자원의 과소배분을 초래하고, 품질 개선 노력이 이루어지지 않아 자원의 비효율적 배분이 초래된다.

② 공공재

비용을 지불하지 않고 이용하는 무임승차를 유발한다. 이러한 공공재는 비경합성과 비배제성을 동시에 가지고 있는 특성이 있다.

③ 외부효과

어떤 경제주체의 소비나 생산행위가 시장을 거치지 않고(가격 지불 없이) 제3자에게 의도하지 않은 혜택(긍정적 외부효과)이나 손해(부정적 외부효과)를 발생시키는 것이다.

④ 정보의 부족

경제주체 사이에 정보가 비대칭적으로 분포함에 따라 나타나는 현상으로 역선택이나 도덕적 해이 등의 문제가 발생하게 된다.

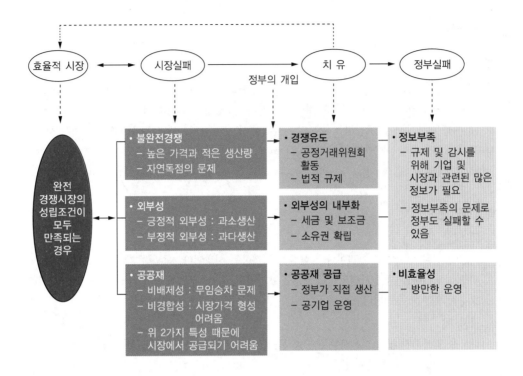

2 독과점에 의한 시장실패

(1) 개 념

시장이 독점시장, 독점적 경쟁시장, 과점시장 등과 같이 불완전한 구조를 갖고 있어 자원이 효율적으로 배분되기 어려운 경우 시장실패가 발생하기도 한다. 예를 들어 독점기업이 존재하는 산업에서 높은 이윤이 발생할 경우 새로운 기업들이 시장에 진입하여 생산량을 늘린다면 사회적으로 이익이 증가할 수 있을 것이다. 그러나 독점기업 자신만이 보다 많은 이윤을 획득하기 위해 다른 기업들이 해당 산업에 진입하지 못하도록 높은 진입장벽을 설치하면 시장기능이 제대로 작동하지 못해 시장실패를 초래할 수도 있다. 이를 해결하기 위해서는 독과점 기업에 조세를 중과하거나, 신규기업의 참여를 유도한다든가, 독과점기업이 생산하는 생산물의 가격을 정부가 결정한다든가, 수입을 자유화하는 등의 방안이 있다.

(2) 독과점으로 인한 시장실패 해결책

① 독과점 규제
② 독점 기업의 국유화
③ 자유방임

③ 공공재

(1) 개 념

공공재란 비용을 부담한 사람 이외에 모든 사람이 공동으로 사용하는 재화나 서비스를 말한다. 대표적인 예로 도로, 치안, 가로등, 공원 등이 여기에 해당한다.

① 공공재의 특성

　㉠ 비배제성 : 타인을 소비로부터 배제시킬 수 없는 특성을 말한다. 가로등이나 국방 서비스 등은 누구 한 사람에게 그 혜택을 누리지 못하게 배제할 수 없다. 비배제성은 공공재를 생산하는 데 있어서 발생하는 비용을 부담하지 않으려는 행동을 보이게 된다.

　　비배제성으로 인해 개인들은 생산비를 부담하지 않으면서도 이용할 수 있기 때문에 이는 무임승차자의 문제를 유발시킨다. 때문에 비배제성을 띠는 재화의 경우에는 자신의 선호 정도를 축소해서 표출하려는 경향도 보인다.

　㉡ 비경합성 : 한 사람이 더 많은 소비를 한다고 해서 다른 사람이 덜 소비해야 하는 것은 아닌 특성을 말한다. 즉 새로운 소비자가 추가로 진입한다 하더라도 기존의 소비자에게 영향을 미치지 않는 것을 말한다.

구 분		경합성	
		있 음	없 음
배제성	있 음	사용재(사적재) 예 아이스크림, 유료도로	요금재(클럽재) 예 영화, 유선방송
	없 음	공유 자산 예 공유지, 바다 속의 물고기	공공재 예 공원, 가로등

④ 정보의 비대칭성

(1) 기초 개념

① 정보 비대칭성의 의의

　경제적인 이해관계가 있는 당사자들 사이에 정보수준의 차이가 존재하는 상황을 정보 비대칭성이라고 하며, 이는 감추어진 특성과 감추어진 행동의 상황으로 구분된다.

② 감추어진 특성의 상황

　거래당사자 중에서 일방이 상대방의 특성에 대하여 잘 모르고 있는 상황 즉, 거래당사자들 사이에 정보수준에 차이가 있는 경우를 의미하며, 이러한 상황에서 발생하는 문제로 역선택이 있다.

③ 감추어진 행동의 상황

거래당사자 모두에게 영향을 미치는 어느 일방의 행동을 상대방이 관찰할 수 없거나 통제불가능한 상황을 의미하며, 이러한 상황에서 발생하는 문제로 도덕적 해이와 주인-대리인 문제가 있다.

(2) 역선택

① 개 념

역선택이란 감추어진 특성의 상황에서 정보수준이 낮은 측이 사전적으로 바람직하지 못한 상대방과 거래할 가능성이 높아지는 현상을 의미하며, 그 예로 중고차시장에서 거래되는 자동차의 품질에 대한 정보격차가 존재하는 경우 나쁜 품질의 중고차만 거래되는 현상을 들 수 있다.

② 해결방안

㉠ 신호 : 정보를 가지고 있는 측이 상대방에게 적극적으로 정보를 알리는 행동을 통해서 역선택을 방지하는 방법이다. 신호를 사용하여 역선택을 방지하는 방법의 예시로는 취업할 때 여러 자격증을 제출하여 자신이 우수한 인재라는 사실을 알려주는 행위 등을 들 수 있다.

㉡ 선별 : 선별은 정보를 갖지 못한 측에서 역선택에서 벗어나기 위해 적극적으로 상대방의 숨겨진 특성을 알아내려는 방법이다. 보험회사가 가입자들에게 건강진단서를 제출할 것을 요청하는 행위 등이 여기에 해당한다.

㉢ 정부의 역할 : 정부는 모든 당사자들이 강제적으로 거래에 참가하도록 하는 거래 강제 및 정보흐름을 촉진할 수 있는 정보정책(예 성능표시 의무화, 허위·과장광고 규제) 등을 통해 역선택의 문제를 해결하고자 한다.

㉣ 신용할당 : 금융기관이 이자율을 인상할 경우 신용상태가 좋지 않은 기업만 차입하려고 할 것이므로 신용할당을 통해 신용상태가 좋지 않은 기업에 대출하는 현상이 벌어지게 된다. 이러한 역선택이 발생할 때, 신용할당을 통해서 신용상태가 건전한 기업들에게 자금을 분배하여 역선택을 해결하는 방식이다.

(3) 도덕적 해이

① 개 념

감추어진 행동의 상황에서 어떤 계약이 이루어진 이후에 정보를 가진 측이 바람직하지 못한 행동을 하는 현상을 의미하며, 그 예로 보험 가입 이후에 보험가입자의 태도가 바뀌어 사고발생확률이 높아지는 것 등을 들 수 있다.

② 해결방안

   ㉠ 기초공제제도 : 각종 상해보험에서 사고 발생 시 손실의 일부분을 가입자에게 부담시킴으로써 본인이 사고를 내지 않도록 경각심을 갖게 하는 방식이다.

   ㉡ 규제제도 : 사외이사제도, 감사제도 등을 통한 감시제도를 활용하여 대리문제를 해결하는 방법이다.

   ㉢ 유인구조 : 주인-대리인 문제와 같은 도덕적 해이 문제가 유발하는 것을 방지하기 위해 경영자에게 주주를 위해 일하도록 스톡옵션 같은 유인을 제시하여 도덕적 해이를 방지한다.

구 분	역선택	도덕적 해이
비대칭정보의 발생시점	계약 이전	계약 이후
비대칭정보의 유형	숨겨진 특성	숨겨진 행동
해결방안	정보의 구입, 신호, 선별, 강제보험 등	유인설계 (공동보험, 성과급 지급 등)

5 외부효과

(1) 개 념

외부효과란 생산자나 소비자가 어떤 경제행위를 수행할 때 해당 경제행위에 참여하지 않는 제3자에게 의도하지 않게 이익이나 손해를 가져다줌에도 불구하고 그에 대한 대가나 벌칙을 받지 않는 경우를 말한다. 이러한 외부효과가 존재하면 사회적 비용과 사적 비용이 서로 다르기 때문에 시장 기구에 의한 자율적인 자원배분은 이루어지지 않는다. 이러한 외부효과는 외부경제와 외부불경제로 구분한다.

① 외부경제

외부경제란 쉽게 말해 '이로운 외부효과'로 어떤 경제행위가 제3자에게 이익을 가져다주지만 시장에서 정당하게 대가를 받지 못한 경우를 말한다. 이러한 외부경제가 발생하면 사적 비용이 사회적 비용보다 커서 사적 생산량은 사회적 산출량보다 작다.

② 외부불경제

외부불경제는 어떤 경제행위가 타인에게 경제적 손실을 주었으나, 시장에서 정당한 대가를 지불하지 않는 경우를 말한다.

③ 외부효과의 해결책

   ㉠ 보조금과 조세 부과

   ㉡ 정책적 규제 : 정부가 정책적으로 특정 경제행위를 규제하는 방법이 있다. 예를 들어, 환경오염의 경우 오염허가권을 발행하여 이를 보유하는 경제주체만이 오염물질을 배출할 수 있도록 하는 제도이다.

   ㉢ M&A : 외부효과를 일으키는 기업들이 합병을 하게 되면 외부효과가 내부화되어 해결되는 경우가 있다.

6 정부실패

(1) 개 념

정부는 이러한 시장실패를 해결하기 위해서 시장에 개입한다. 정부의 시장 개입이 항상 성공하는 것은 아니다. 때로는 정부 개입이 시장실패를 보완하기보다는 오히려 시장의 효율성을 떨어뜨리는 결과를 초래하기도 한다. 이러한 현상을 우리는 '정부실패'라 한다. 다시 말해 정부실패란 정부의 각종 규제나 정책이 목표를 달성하지 못하는 것을 말한다.

(2) 정부실패의 원인

① 불완전한 지식과 정보
② 반응에 대한 통제 불가능
③ 공익을 도외시한 관료 개인의 이익 추구
④ 정책적 효과가 발생하는 시차 문제

(3) 정부실패의 대책

① 제도의 개혁
② 공기업의 민영화
③ 관료 사회의 개혁
④ 시민운동

최신 기출분석문제

01 재화 서비스를 경합성과 재화성에 따라 분류한 표이다. 다음 설명 중 틀린 것은?

구분	경합성	비경합성
배제성	Ⓐ	Ⓑ
비배제성	Ⓒ	Ⓓ

① Ⓐ에는 일반적 재화가 포함된다.
② Ⓑ에 해당하는 재화는 공유지의 비극 현상이 나타난다.
③ Ⓒ에는 혼잡한 무료도로 등이 포함된다.
④ Ⓒ와 Ⓓ에서는 무임승차 문제가 나타날 수 있다.
⑤ Ⓓ에서는 시장실패가 일어날 가능성이 높다.

해설 Ⓐ는 사적 재화, Ⓑ는 자연독점, Ⓒ는 공유자원, Ⓓ는 공공재가 해당한다. 공유지의 비극은 소유권이 설정되어 있지 않은 공유자원을 구성원의 자율에 맡길 경우 과다하게 사용되어 고갈될 위험에 처할 수 있다는 것으로, 공유지의 비극이 나타나기 쉬운 재화는 배재성은 없으나 경합성이 있는 Ⓒ이다. Ⓒ에 포함되는 재화로는 목초지나 바다어장이 있다. Ⓑ에는 케이블 TV, 막히지 않는 유료도로가 포함된다.

 정답 ②

02 다음 중 해결하려는 문제의 성격이 다른 하나는?

① 주부 현아는 보험에 가입하기 위해 병원에서 진단서를 끊어서 제출했다.
② 은행원 채린이는 대출을 승인하기 전에 빌리려는 사람의 신용정보를 조회했다.
③ 고등학생인 수지는 장래에 더 좋은 기업에 취직하기 위해 대학 진학을 선택했다.
④ 대학생 윤아는 소개팅을 하기 전 주선자에게 상대에 대해 이것저것 물어보았다.
⑤ 자산운용사에 다니는 지은이는 정해진 월급을 받는 대신 수익의 일정 비율을 받기로 했다.

해설 ⑤ 월급 체계의 변경은 거래 체결 뒤에 유발될 수 있는 도덕적 해이를 방지하기 위한 노력의 일환이다.
① 보험 가입 전에 바람직하지 않은 거래 대상자와의 거래를 차단하기 위한 노력이므로 역선택 방지를 위한 선별에 해당한다.
② 신용정보를 통해 대출 회사가 용이한 대상자인지를 확인하기 위한 노력이므로 선별에 해당한다.
③ 역선택의 상황을 해결하기 위해 정보를 보유한 사람들이 취할 수 있는 방식으로 신호가 있다. 취업 시장에서 자격증, 좋은 학점 취득 등은 신호에 해당한다.
④ 역선택의 상황을 해결하기 위해 소개팅 직전에 상대방에 대한 자세한 정보를 물어보는 것은 선별에 해당한다.

정답 ⑤

03 정부가 시장에 개입할 근거로 거리가 먼 것은?

① 외부효과 ② 정보의 비대칭성
③ 공공재의 무임승차 ④ 독과점 기업의 증가
⑤ 일시적인 수요 초과

해설 시장실패란 시장이 자유롭게 가능하도록 맡겨 둘 경우 효율적인 자원배분을 달성하지 못하는 상황을 말한다. 시장실패 요인에는 독과점 기업의 시장지배력, 외부효과, 공공재의 무임승차, 정보의 비대칭성 등이 있다. 일시적인 수요 초과는 시장실패의 요인이 아니며, 시장에서 공급확대로 초과수요 현상을 해결할 수 있다.

정답 ⑤

04 다음의 사례가 설명하고 있는 경제적 개념에 해당하는 적절한 예는?

> A아파트 주민들은 최근 엘리베이터를 탈 때마다 애완견의 소변 냄새로 고생을 하고 있다. 애완견을 기르는 주민들이 애완견을 데리고 엘리베이터를 탈 때, 관리를 소홀히 하여 이런 문제가 발생한 것이다. 애완견을 기를 때 주의해야 할 점 등을 안내문 형태로 아파트 곳곳에 부착했지만 상황이 개선되지 않자 아파트 주민들은 회비를 걷어 엘리베이터 안에 CCTV를 설치해 감시하기로 했다.

① 자동차보험에 가입한 후 과속을 자주 하게 되었다.
② 공공장소에서의 흡연 때문에 인근 주민들이 고통을 받고 있다.
③ 중고 자동차를 구입했는데 가격에 비해 성능이 좋지 못하다.
④ 영화관에서 판매하는 팝콘과 콜라는 지나치게 비싼 경향이 있다.
⑤ 최근 개발된 로봇 기술은 한국 산업의 곳곳에 긍정적인 영향을 크게 미쳤다.

해설 위의 지문의 예시는 외부효과로 인한 시장실패의 사례를 보여준다. 외부효과에 따른 시장실패를 막을 수 있는 수단에는 정부의 직접적 규제, 세금 부과, 보조금 지급, 당사자 간 협상 등이 있다. 문제에서 ②번은 부정적 외부효과, ⑤번은 긍정적 외부효과의 한 예이다. ①번과 ③번은 경제주체들이 가진 정보에 차이가 있는 정보의 비대칭에서 초래되는 현상이다.

정답 ②

출제예상문제

01 시장경제의 결점을 보완하기 위해 정부의 개입이 필요한 경우가 있다. 다음의 사례 중 정부 개입이 가장 불필요한 것은 어느 것인가?

① 독점시장처럼 경쟁여건이 갖추어지지 않아 시장실패가 발생하는 경우
② 환경오염처럼 제3자에게 피해를 주는 외부성이 존재하는 경우
③ 부동산 가격상승으로 일반 국민들의 상대적 박탈감이 증대되는 경우
④ 소외 계층을 돕기 위해 정부가 복지 정책을 실시할 필요가 있을 경우
⑤ 안정화와 관련하여 실업을 해소하고 물가안정과 성장촉진이 필요한 경우

> 부동산 가격이 많이 올라 일반 국민들이 '상대적 박탈감을 느낀다는 사실만으로 정부가 시장에 개입하는 것을 정당화할 수는 없다.

02 다음 중 시장실패에 해당하지 않는 것은?

① 정보의 비대칭성
② 창조적 파괴
③ 공공재
④ 외부경제
⑤ 가격의 경직성

> 창조적 파괴는 경제학자 조셉 슘페터가 기술의 발달에 경제가 얼마나 잘 적응해 나가는지를 설명하기 위해 제시했던 개념으로 자본주의의 역동성의 원인을 설명하기 위한 표현이었다. 따라서 시장실패에 해당하는 내용이 아니다.

[03~04] 다음은 시장에서 종종 발생하는 특정 경제현상에 대한 설명이다. 이와 관련된 질문들에 답하시오.

> ㉠ 경제주체의 어떤 경제활동은 다른 경제주체에 부정적 영향을 미치지만 그것이 시장가격에 반영되지 않을 수도 있다.
>
> ㉡ 이윤을 극대화하기 위해 다른 기업의 시장 진입을 제한하고, 상품의 공급량을 조절하여 시장가격을 인상하려는 기업이 존재한다.
>
> ㉢ 다수의 소비자가 재화를 소비하더라도 개별 소비량이 감소하지 않고 가격을 지불하지 않은 소비자를 재화의 소비로부터 배제시키는 것이 어려운 재화가 존재한다.

03 위와 같은 경제 현상의 공통적인 특징을 〈보기〉에서 모두 고른 것은?

> ┤보 기├
>
> 가. 정부실패에 해당된다.
> 나. 정부의 시장 개입을 반대하는 근거로 작용한다.
> 다. 시장 기능만으로는 자원 배분이 최적으로 달성되지 않는다.
> 라. 시장 기능에 의한 자원 배분은 사회적 최적 생산량보다 많거나 적게 생산된다.

① 가, 나   ② 가, 다
③ 나, 다   ④ 나, 라
⑤ 다, 라

> ㉠, ㉡, ㉢은 모두 시장실패를 설명하는 사례로 정부개입이 필요하다는 논거로 활용된다. ㉠은 공해 등 환경 문제, ㉡은 독과점 문제, ㉢은 공공재 문제를 지적하고 있다.

04 위의 경제현상을 해결하기 위한 정책 사례를 바르게 연결한 것은?

	㉠	㉡	㉢
①	탄소세	공정거래 규제	정부 공급
②	환경부담금	정부 지원	정부 공급
③	공정거래 규제	탄소세 도입	정부 지원
④	정부 공급	환경분담금	공정거래 규제
⑤	정부 지원	공정거래 규제	탄소세

㉠의 예로 특정 경제주체가 공해를 많이 일으키는 것을 해결하는 정책으론 이산화탄소를 배출하는 석유, 석탄 등 각종 화석에너지 사용량에 따라 부과하는 세금인 탄소세가 있다.
㉡의 기업이 초래하는 문제는 공정거래 규제를 통해 바로잡을 수 있다.
㉢의 문제는 대가를 지불하지 않은 사람들의 이용을 배제할 수 없기 때문에 재화와 서비스가 너무 적게 생산되는 것이다. 이를 무임승차문제(Free Rider Problem)라 하는데 이는 정부 공급이 해결책이 된다.

05 지난 정부와 한나라당은 외국어고등학교를 사교육의 주범으로 지목하고 자립형사립고나 국제고 등으로 전환하는 방안을 추진한 바 있다. 외국어 고교와 사교육 문제에 대한 다음의 설명 중 경제적 시각으로 볼 때 잘못된 것은?

① 정부는 사교육 열풍이 시장실패의 사례라고 보고 있다.
② 고등교육은 공공재이기 때문에 정부가 적극 개입해야 한다.
③ 우리나라는 양질의 교육에 대한 초과수요 상태에 있다.
④ 외국학교의 분교를 허가하지 않는 것은 일종의 진입장벽이다.
⑤ 공교육은 경쟁이 제한적이기 때문에 교육의 질이 떨어질 가능성이 크다.

교육은 비배제성, 비경합성을 띤 공공재라기보다는 더 많이 소비 되는 게 바람직한 가치재다. 우리나라는 평준화와 외국학교 분교설립 불허 등의 정책 때문에 양질의 교육에 대해 초과수요 상태다. 사회가 다품종 소량생산 시대로 가면서 다양하고 수준 높은 교육에 대한 수요가 높아지고 있는데도 평준화 정책이 유지되고 있다.

06 다음은 경제원론 강의시간에 있었던 교수와 학생 간 대화 내용의 일부이다. 옳은 답을 한 학생을 모두 고른 것은?

교수 : 시장에 의한 자원 배분이 효율적이지 않다면 자원이 적재적소에 배분되지 않아 낭비될 수 있는데 그러한 사례와 특징을 각각 제시해 봅시다.
갑　 : 과점 산업에 대해서는 정부가 담합 여부를 조사하기도 합니다.
을　 : 오염물질의 경우 정부가 보조금을 지급하여 문제를 해결 하는 것이 최선의 방책이라고 생각합니다.
병　 : 동네 공원은 시장에 맡겨둘 경우 충분히 공급되지 못하는 문제가 발생합니다.
정　 : 과일나무는 사회적 편익이 개인적 편익보다 커서 과잉 재배의 문제가 발생합니다.

① 갑, 을　　　　　　　　② 갑, 병
③ 을, 병　　　　　　　　④ 을, 정
⑤ 병, 정

을 : 오염물질은 시장 균형 산출량이나 사회적 최적치보다 많기 때문에 억제해야 한다. 따라서 보조금을 지급하는
　　것이 아니라 조세를 부과하여 생산과정에 추가적인 부담이 발생하도록 한다.

정 : 과일나무는 사회적 편익이 개인적 편익보다 큰 상태로 이는 과소 재배 상황을 말한다.

07　다음은 시장의 실패와 정부의 실패에 대한 설명이다. ㉠ ~ ㉤을 잘못 해석한 것은?

> 일반적으로 ㉠ 시장은 자원을 효율적으로 배분하지만, 그렇지 않은 경우가 발생하기도 하는데
> 이를 ㉡ 시장의 실패라 한다. 시장의 실패는 ㉢ 정부가 시장에 개입하는 근거를 제공한다. 그러
> 나 정부 개입이 ㉣ 오히려 문제를 더 악화시키는 경우가 있다. 이를 ㉤ 정부실패라 한다.

① ㉠을 위해서는 가격 기능이 원활하게 작동해야 한다.

② 비행기회사의 소음 공해는 ㉡에 해당하는 예다.

③ 정부가 가로등을 공급하는 것은 ㉢에 해당하는 예다.

④ 정보 부족은 ㉣의 원인 가운데 하나다.

⑤ ㉤을 극복하기 위해서는 더 큰 정부 조직이 필요하다.

> 시장 기능이 원활히 작동하지 못할 경우에는 정부에서 이를 조정하기 위해 직접 개입하게 된다. 하지만 정부의
> 역할이 항상 성공적인 것은 아니다. 관료주의, 정보의 비대칭성, 정책적 적시성 부족 등의 원인으로 인해서 정부의
> 시장 개입이 오히려 상황을 더욱 악화시키는 경우도 있는데 이를 정부실패라고 한다. 정부실패가 발생할 경우
> 보다 더 크게 정부가 개입하는 것은 올바른 정책으로 볼 수 없다.

08　다음 중 역선택의 설명으로 틀린 것은?

① 악화가 양화를 구축하는 현상의 현대적 해석으로 볼 수 있다.

② 품질보증은 역선택을 줄이는 효과가 있다.

③ 자격증 취득은 역선택에 대비한 행동이다.

④ 이자율 대신 신용할당을 이용하는 경우 역선택을 완화할 수 있다.

⑤ 화재보험에서 손실의 일부만을 보전해주는 것은 역선택을 피하기 위함이다.

> 화재보험에서 손실의 일부만을 보장해주면 건물주는 화재보험에 가입한 이후에도 화재가 발생하지 않도록 노력할
> 것이므로 도덕적 해이를 방지하는 장치이다. 한편 주조화폐의 명목가치가 고정되어 주조화폐의 금 함유량을 줄임
> 으로써 악화가 만연하여 적정 금 함유량을 유지하는 양화는 사라지는 역선택이 발생한다. 그리고 이자율이 높으면
> 대출금을 상환하지 못할 위험이 높은 차입자가 더 대출을 받으려 하는 역선택이 나타난다. 하지만 신용할당을
> 하면 담보가치가 확실하여 상환위험이 없는 차입자에게만 대출을 하려 해서 역선택이 방지된다. 게다가 자격증의
> 취득이나 품질보증은 정보우월자가 정보열등자에게 품질우수성에 대한 정보를 전달하는 신호발송의 사례이다.

09 도덕적 해이 문제를 해결하거나 완화시키는 방안으로 가장 적절하지 않은 것은?

① 보험회사가 사고 시 보험가입자에게 손실의 일부만을 보상해주는 공동보험제도를 채택한다.

② 고용주가 근로자에게 시장균형임금보다 높은 임금을 지급한다.

③ 보험회사가 손실액 중 일정금액까지는 보험가입자에게 부담시키는 기초공제제도를 도입한다.

④ 임금지급방식을 고정급에서 성과급으로 전환한다.

⑤ 생명보험회사가 소정의 건강검진을 통과한 사람에게만 보험상품을 판매한다.

> 생명보험회사의 건강검진은 건강보험 가입 전에 보험가입자의 건강상태를 확인하여 역선택을 방지하려는 선별행
> 위이다. 한편 공동보험제도, 기초공제제도는 보험사고의 피해액을 보험가입자에게 전가시켜 도덕적 해이를 방지
> 하는 방법이다. 그리고 효율적 임금은 근로자가 태만하게 일하여 해고될 경우 기회비용을 크게 하여 근무태만을
> 방지하는 역할을 한다. 게다가 성과급제도는 일한 만큼 보수를 받으므로 고정급에 비해 근무태만을 예방한다.

10 아래의 내용에 대한 설명 중 옳은 것은?

> 중고차시장에서 중고차를 팔려는 사람은 자신이 팔려는 차가 질이 좋은지 아니면 질이 나쁜지
> 알고 있지만, 사려는 사람은 이를 알지 못한다고 하자. 하지만 중고차의 절반은 질이 좋은 차이
> 고, 절반은 질이 나쁜 차라는 것을 시장 참여자들 모두가 알고 있다. 질이 좋은 차를 가지고 있는
> 사람들은 적어도 300만 원을 받고자 하며, 질이 나쁜 차를 가지고 있는 사람들은 적어도 200만
> 원을 받고자 한다. 사려는 사람들은 질이 좋은 차에 320만 원까지, 질이 나쁜 차에 240만 원까지
> 지불할 의사가 있다.

① 역선택의 예라 할 수 있다.

② 균형에서 질이 좋은 차든, 질이 나쁜 차든 전혀 거래가 이루어지지 않는다.

③ 균형에서 질이 나쁜 차는 절대 거래되지 않는다.

④ 질이 좋은 중고차의 경우, 사려는 사람은 320만 원까지 지불할 의사가 있고, 팔려는 사람은 300만
원에 내놓을 의사가 있기 때문에, 균형에서 거래가 이루어지며 그 가격은 300만 원과 320만 원
사이에서 결정된다.

⑤ 균형에서 질이 좋은 차든, 질이 나쁜 차든 모두 거래된다.

> 중고차시장은 전형적인 역선택이 유발되는 시장이다. 중고차의 품질을 구별할 수 없는 상황에서 중고차를 사려는
> 사람이 제공할 수 있는 가격은 평균 가격에 해당하는 280만 원일 것이다. 이 가격에는 성능이 좋은 차를 가진
> 사람은 팔 의사가 없다. 따라서 중고차시장에는 좋은 차는 없고 나쁜 차만 남는 상황이 된다.

11 다음과 같은 현상이 벌어지는 이유에 대한 설명으로 틀린 것은?

> 은행들은 기업의 신용평가에 따라 그 평가가 낮은 기업에 대해서는 높은 금리를 요구하고, 신용 등급이 높은 기업에 대해서는 상대적으로 낮은 금리를 적용한다. 그러나 많은 경우 신용평가가 낮은 기업에 대해서는 높은 금리를 요구하기보다 대출을 거부하는 경우가 많다. 이러한 형태를 신용할당이라고 한다.

① 금리를 높이는 경우 역선택 문제로 인해 은행의 기대수익이 낮아질 수 있다.

② 일정 금리 이상을 요구할 때 안정적인 투자를 선호하는 기업들이 투자를 포기할 가능성이 커진다.

③ 대출시장에서의 정보가 완전하다면 신용할당이 생기지 않는다.

④ 신용할당이 존재할 때 은행의 대출공급곡선은 후방굴절형태를 갖는다.

⑤ 금리가 높아질수록 위험이 높은 기업들이 대출을 받게 되는 경향이 높아지는 것을 도덕적 해이라고 한다.

> 금리가 높아지면 상대적으로 위험이 높은 기업들만 대출을 받게 되는 현상이 벌어지는데, 이는 감추어진 특성에 따른 것이므로 역선택이라 할 수 있다. 이러한 금융시장에서의 역선택을 해결하는 방법 중 하나가 바로 신용할당 이다.

12 다음 신문기사를 통해 유추해 볼 수 있는 경제학의 개념은?

> 감사원은 최근 특별 조사를 통해 시간 외 근무를 하지 않고 시간 외 근무 수당을 청구한 공무원 00명을 적발하여 관련기관에 징계를 요청하였다. 조사 결과 이들은 운동 또는 회식 후에 시간 외 대장에 기재하는 행위, 실제 시간 외 근무를 하는 자에게 부탁하는 행위 등을 통해 부당이득을 챙겨온 것으로 밝혀졌다.

① 역선택   ② 도덕적 해이

③ 코즈 정리   ④ 공유지의 비극

⑤ 희소성

> 문제의 상황은 거래 상대방의 행동을 정확히 관찰할 수 없어서 발생하는 문제인 '도덕적 해이'와 관련된다. 공유지 의 비극이란 소유권이 없는 공유지 또는 공유자원이 과다소비로 인해 고갈되는 현상을 의미한다.

13 밑줄 친, ㉠, ㉡ 재화의 성격을 아래 그림을 통해 판단하고자 할 때, 그 변화 방향을 바르게 나타낸 것은?

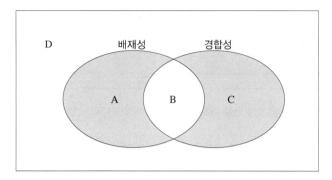

> • 공동소유자원이란 재산권이 확립되어 있지 않기 때문에 누구든지 마음대로 사용할 수 있는 자원을 의미한다. 소유자가 정해져 있지 않은 ㉠ 호수의 물고기, 생수의 취수원이 되는 지하수 등은 공동소유자원의 대표적 예라고 할 수 있다. 어느 한 사람이 공동소유자원을 많이 사용할 수록 다른 사람의 사용량은 감소할 수밖에 없기 때문이다.
> • 새로운 교량이나 터널이 완공되고 요금을 받고 이용하도록 조치를 취하자, 아무도 이용하지 않았다. 하지만 점차적으로 시내 교통량이 증가함에 따라 사람들이 돈을 주고서라도 ㉡ 유료도로를 이용하고자 하였다. 지금은 더욱 시내 교통량이 증가하여 이 유료도로들 역시 혼잡한 상황에 놓이게 되었다.

	㉠	㉡
①	A → B	A → D
②	C → B	A → B
③	C → B	A → D
④	D → A	A → B
⑤	D → A	A → D

㉠은 누구나 사용할 수 있는 상태에서는 배제성이 없었지만, 소유권을 인정함으로써 배제성이 생겼다. 이는 소유권을 인정하기 이전뿐 아니라 이후에도 어느 한 사람의 토지 사용이 다른 사람의 토지를 사용할 수 있는 기회를 박탈하므로 모두 경합성이 있다. ㉡을 전혀 상용하지 않았던 시기에는 없던 경합성이 생겼다. 이는 자동차가 없었던 시기뿐 아니라 자동차가 증가한 시기에도 통행료를 지불하지 않고 고속도로를 사용할 수 없으므로 두 시기 모두 배제성은 있다.

14 다음 자료에 대한 적절한 설명을 〈보기〉에서 모두 고른 것은?

> 영희와 철수는 우리나라의 기업 문화에 대한 과제물을 공동으로 준비하고 있다. 선생님은 영희와 철수의 공동 과제물에 대하여 두 사람에게 각각 다른 점수를 주기보다는 동일한 점수를 줄 계획이다.

┤ 보 기 ├

가. 영희가 자신의 점수만을 위하여 과제물을 준비하더라도 영희가 작성한 부분은 철수의 점수에 영향을 준다.
나. 두 사람이 개별적으로 과제를 수행하는 것에 비하여 무임승차의 문제가 적다.
다. 두 사람의 과제물은 점수 획득에 있어서 두 사람 사이에 경합성을 가지지 않는다.
라. 두 사람의 과제물은 점수 획득에 있어서 두 사람 사이에 배제성을 가진다.

① 가, 나
② 가, 다
③ 나, 다
④ 나, 라
⑤ 다, 라

가. 영희가 자기 점수만을 위해 과제물을 준비하더라도 그 과제물에 주어지는 점수는 철수와 영희에게 동일하게 주어진다. 따라서 영희가 작성한 부분은 철수의 점수에 영향을 미치게 된다.
다. 두 사람 중 한 사람이 높은 점수를 얻더라도 다른 사람이 그 점수를 얻지 못하는 것이 아니다. 따라서 과제물의 점수는 두 사람에게 있어 경합성을 가지지 않는다.
나. 두 사람이 개별적으로 과제를 수행할 경우 자신의 노력에 따라 자신의 학점이 부과되는 방식으로 가장 무임승차효과가 적은 방식이다.
라. 점수는 두 사람이 동일한 점수를 받는 방식으로 부여되므로 특정인을 배제하는 배제성을 가진다 할 수 없다.

15 다음 사례에 대한 옳은 분석을 〈보기〉에서 모두 고른 것은?

> 갑과 을은 같은 아파트의 위층과 아래층에 살고 있다. 갑이 집의 러닝머신을 사용하여 운동을 할 경우 을은 소음으로 고통에 시달리는데, 이를 금액으로 환산하면 매월 30만 원에 해당한다. 갑은 아래층 을의 동의를 받지 못하면 집에서 운동을 할 수가 없다. 갑이 집에서 운동을 하지 못할 경우에는 집 앞의 스포츠센터에서 매월 40만 원의 비용을 부담하고 운동하려 한다. 어디에서 운동을 하든지 갑이 느끼는 만족도는 40만 원으로 일정하다. 갑은 집에서 운동하는 것에 대해 을과 협상하려고 한다. 단, 주어진 조건만 고려한다.

─┤보 기├─

가. 집에서 러닝머신을 사용하는 갑의 운동은 외부 경제를 발생시킨다.
나. 갑이 을에게 매월 35만 원을 지불하고 집의 러닝머신을 이용하는 것은 갑에게 이익이다.
다. 매월 31만 원을 지불하겠다는 갑의 제안을 을이 수용할 때, 갑과 을의 이익의 합계는 10만 원이다.
라. 협상 타결 시 얻게 되는 갑과 을의 이익의 합계는 갑이 스포츠센터 이용 시 얻게 되는 갑과 을의 이익의 합계보다 크다.

① 가, 나　　　　　　　　　　② 나, 다
③ 나, 라　　　　　　　　　　④ 가, 다, 라
⑤ 나, 다, 라

가. 갑이 집의 러닝머신을 사용하여 운동을 할 경우 아래층에 사는 을이 소음으로 고통 받게 되므로 외부불경제가 발생하고 있음을 알 수 있다.
나. 갑이 을에게 매월 35만 원을 지불하면 갑은 스포츠센터를 이용하지 않아도 되므로 5만 원의 이익이 발생한다.
다. 갑이 매월 31만 원을 지불할 때 갑은 스포츠센터를 이용할 때에 비해 9만 원의 이익을 얻게 된다. 을은 또 소음으로 인한 고통에 해당하는 30만 원을 제외하고 1만 원의 이익을 얻게 된다.
라. 협상이 타결되기 위해 갑이 지불한 금액은 최소 30만 원, 최대 40만 원이다. 이 범위 내에서 얼마든지 갑과 을의 이익의 합계는 늘 10만 원이다. 갑이 40만 원을 주고 스포츠센터를 이용할 경우, 갑과 을 모두 이익이 없어 협상 타결 시에 비해 이익이 줄어들게 된다.

16 다음의 신문기사를 통해 알 수 있는 사실이 아닌 것은?

> 버락 오바마 미국 전 대통령은 건강잡지 '멘스 헬스'와 회견에서 탄산음료세 부과는 검토해 보아야 하는 아이디어라고 생각한다며, 미국 청소년들이 청량음료를 너무 많이 마신다는 점은 의심의 여지가 없다고 말했다.

① 청량음료가 소비에 있어 외부불경제를 발생시킨다고 오바마 전 대통령은 생각했다.
② 탄산음료세는 외부불경제의 비효율성을 시정하기 위해 도입하려는 것이다.
③ 청량음료의 사적 한계편익이 사회적 한계편익보다 작을 것으로 판단된다.
④ 외부성이 문제가 되는 것은 시장기구를 통하지 않고, 다른 경제주체에게 의도하지 않은 손익 / 비용을 발생시키기 때문이다.
⑤ 외부성의 발생은 시장실패를 유발한다.

> 위 경우는 소비에 있어 외부불경제가 발생한 경우로서, 사적 한계편익이 사회적 한계편익보다 큰 경우이다. 참고로 실증연구에 따르면 탄산음료와 비만 간에는 높은 상관관계가 나타나고 있으며, 미국에서는 비만 퇴치와 관련해 정크 푸드와 탄산음료에 과세하자는 주장이 오래전부터 제기 돼왔다.

17 다음 중 정보의 비대칭 문제가 초래하는 도덕적 해이 현상으로 보기 어려운 것은?

① 근로자가 시간 외 근무를 하지 않고도 근무를 한 것처럼 근로일지에 기입하는 행위
② 생명보험에 가입하고 난 후에 사고 발생 빈도가 높은 행위를 적극적으로 하는 경우
③ 근로자가 근무시간에 주식투자를 하는 행위
④ 사고차량을 무사고차량으로 위장 한 후에 중고차시장에 파는 행위
⑤ 안정적인 자산운영을 위해 자금을 위탁한 소비자 의도와 달리 고위험 자산에 투자하는 자산운용사의 행위

> 거래 당사자 간 정보의 비대칭성 문제는 거래 이전에 거래 상대방의 유형을 알 수 없어서 잘못된 상대방과 거래함으로써 발생하는 '역선택' 문제와 거래 이후에 거래 상대방의 행동을 정확히 관찰 할 수 없어서 발생하는 '도덕적 해이'의 문제가 있다. 문제에서의 ④의 행위는 감춰진 특성 때문에 발생하는 역선택 문제이다.

18 다음 글의 ㉠ ~ ㉤에 대한 설명으로 옳지 않은 것은?

> 정보화는 빠르게 진행됨에 따라 생산요소의 중심이 ㉠ <u>노동과 자본</u>에서 지식과 정보로 이동하고 있다. 지식과 정보는 무형재이기 때문에 ㉡ <u>배제성</u>과 ㉢ <u>경합성</u>이 없는 ㉣ <u>공공재</u>의 속성을 가지기도 한다. 또한 지식과 정보의 파급효과는 생산의 외부성을 가져온다. ㉤ <u>이러한 외부성을 갖는 지식과 정보는 사회적으로 필요한 만큼 공급되지 못한다. 개발비용은 많이 들지만 그것이 가져온 사회적 혜택에 대한 보상을 개발자가 충분하게 받지 못하기 때문이다.</u>

① ㉠을 제공한 대가를 받는 것은 분배활동이다.
② ㉡은 없고 ㉢만 있는 재화는 남용되는 경향이 있다.
③ ㉡은 있으나 ㉢이 없는 재화의 예로는 공해상의 물고기를 들 수 있다.
④ ㉣에서 발생하는 무임승차는 시장실패를 초래한다.
⑤ ㉤을 통해 경제주체는 경제적 유인에 반응함을 설명할 수 있다.

---

③ 공해상의 물고기는 다른 사람들이 잡지 못하도록 강제할 방법이 없다는 점에서 비배제성을 지닌다. 그러나 누군가가 잡아버리면 다른 사람들이 잡을 수 있는 양이 줄어든다는 점에서 경합성을 지니고 있다.
① 노동에 대한 대가는 임금, 자본에 대한 대가는 이자라고 한다.
② 공해상의 물고기가 남용되기 쉬운 대표적인 예이다. 그래서 어족을 관리하기 위해서 국제 협약 등을 통해 제약을 가하고 있다.
④ 무임승차는 시장실패의 사례 중 하나이다.
⑤ 보상이 충분하지 않아 개발자가 사회적으로 충분하게 공급하지 않는 경우를 말한다. 따라서 경제적 유인이 충분했다면 개발자가 좀 더 많이 공급을 할 것이다.

분배이론

**가장 많이
빈출된 문제**
★★★★★

1. 10분위 분배율
   10분위 분배율의 수치가 분배 정도에 대해 어떠한 의미를 제시하는지 여부를 묻는 문제

2. 로렌츠곡선
   로렌츠곡선을 통해 특정 국가의 분배 상태가 어떠한지 해석할 수 있는지 여부를 묻는 문제

3. 지니계수
   지니계수의 수치가 분배 정도에 대해 어떠한 의미를 제시하는지 여부를 묻는 문제

1 분배이론

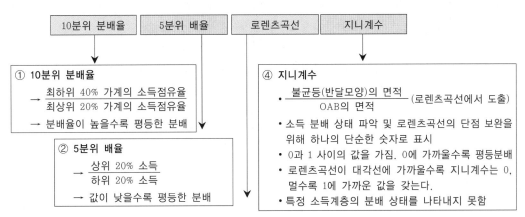

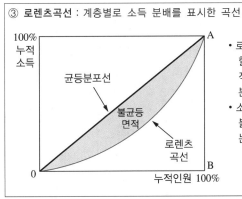

③ **로렌츠곡선** : 계층별로 소득 분배를 표시한 곡선

- 로렌츠곡선이 대각선에 접근할수록 평등한 분배 상태, 직각에 근접할수록 불평등 분배상태
- 소득별 분배 상태를 한눈에 볼 수 있으나, 비교하고자 하는 수만큼 그려야 하는 단점

(1) 10분위 분배율(Decile Distribution Ratio)

10분위 분배율은 최상위 20% 소득계층의 소득점유율에 대한 최하위 40% 소득계층의 소득점유율의 비율을 말한다.

$$10분위\ 분배율 = \frac{최하위\ 40\%\ 소득계층의\ 소득점유율}{최상위\ 20\%\ 소득계층의\ 소득점유율}$$

10분위 소득분배율은 세계적으로 가장 널리 사용되는 소득분배측정 방법이다. 그것은 10분위 분배율은 측정하기가 간단하면서도 소득분배정책의 주 대상이 되는 하위 40%계층의 분배상태를 직접 나타낼 수 있고, 또 이를 상위계층의 소득분배상태와 비교할 수 있게 한다는 점에서 커다란 장점을 갖고 있기 때문이다. 10분위 분배율은 값이 클수록 소득분배가 균등해진다는 것을 나타낸다. 이론적으로는 0과 2 사이의 값을 가질 수 있지만, 실제로는 1을 넘는 경우가 거의 없다. 흔히 10분위 분배율이 0.55 이상이면 소득분배가 아주 양호하고, 0.35 이하이면 소득분배가 불균등한 것으로 평가한다.

$$(불균등)\ 0 \leq 10분위\ 분배율 \leq 2\ (균등)$$

(2) 5분위 배율

5분위 배율은 전체 가구를 소득의 크기에 따라 정렬한 후 가구들을 5등분하고 소득 수준이 가장 높은 5등급(상위 20%)의 평균 소득을 가장 낮은 1등급(하위 20%)의 평균 소득으로 나눈 비율을 말한다. 모든 사람의 소득이 같다면 최상위 20%의 소득 점유율과 최하위 20%의 소득 점유율이 같을 것이고 이때 5분위 배율은 1이 된다. 5분위 분배율이 점차 커지면 최하위 20% 계층의 소득대비 최상위 20% 계층의 소득이 높다는 것으로, 소득의 양극화가 확대되는 것으로 볼 수 있다.

$$5분위\ 배율 = \frac{최상위\ 20\%\ 소득점유율}{최하위\ 20\%\ 소득점유율}$$

(3) 로렌츠곡선

① 개 념

10분위 분배율과 5분위 배율 이외에도 소득 불균등 정도를 나타내는 대표적인 지표로 로렌츠곡선과 지니계수를 들 수 있다. 로렌츠곡선이란 횡축은 원점을 기준으로 전 인구를 하위 소득자부터 소득액 순으로 배열한 후 누적인구 백분율을 나타내고, 종축에는 그들이 차지하고 있는 소득금액의 누적 백분비를 표시한 것이다. 로렌츠곡선 위의 점 A, B 및 C는 소득액 순으로 누적 인구의 몇 %가 전체 소득의 몇 %를 차지하고 있는가를 나타낸다. 점 A는 소득액 하위 25%인구가 전체 소득의 12%를, 점 B는 소득액 하위 50% 인구가 전체 소득의 25%를, 점 C는 소득액 하위 75%의 인구가 전체 소득의 50%를, 그리고 점 D는 소득액 하위 90%의 인구가 전체 소득의 75%를 차지한다는 것을 의미한다.

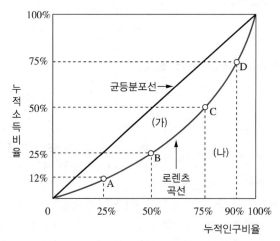

로렌츠곡선은 대각선에 가까울수록 소득분배가 평등하며, 로렌츠곡선이 아래로 처질수록 소득분배는 불균등하다. 모든 사람의 소득이 동일하다면 로렌츠곡선은 대각선의 형태로 나타난다.

② 한 계

로렌츠곡선은 몇 가지 특징을 갖고 있는데 먼저 로렌츠곡선은 누적백분율로 표현된 것이기 때문에 항상 증가하는 증가함수라는 특징을 갖고 있다. 또한 한 나라의 로렌츠곡선을 다른 시점에서 측정 하거나 동일 시점에서 다른 나라들의 로렌츠곡선을 비교하는 경우 서로 교차할 수 있다. 이런 경우에는 불평등의 정도를 비교할 수 없으며, 교차하지 않을 경우에 한해 소득분배의 불평등 정도를 비교할 수 있다. 또한 로렌츠곡선은 소득분배에 관해 단지 서수적 평가기준을 제공할 뿐이다.

(4) 지니계수

① 개 념

로렌츠곡선이 소득분배 상태를 그림으로 한눈에 볼 수 있어 어느 한 국가나 사회의 소득분배 상태가 얼마나 균등한지 알 수 있지만, 하나의 숫자로 표시할 수 없기 때문에 여러 나라의 소득분배 상태를 비교할 수 없다는 단점이 있다. 또한 로렌츠곡선이 교차하면 두 국가의 소득분배 상태를 비교할 수 없다. 이러한 단점을 감안하여 이탈리아 통계학자인 지니는 소득분배 상태를 객관적으로 비교할 수 있도록 지니계수를 고안했다. 지니계수는 로렌츠곡선과 균등분포선 사이의 면적을 균등분포선이 그래프상에서 만드는 삼각의 면적으로 나눈 것이다.

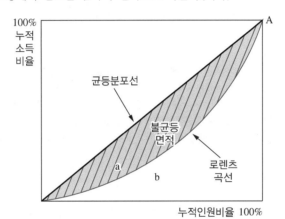

로렌츠곡선이 45도 대각선에 가까울수록 해당 사회는 더 평등한 상태에 놓여 있다고 말할 수 있다. 따라서 45도 대각선과 실제의 로렌츠곡선 사이의 면적이 얼마나 큰가에 따라 불평등한 정도를 측정할 수 있는데, 이를 이용한 것이 지니계수이다.

$$\text{지니계수} = \frac{\text{빗금친 렌즈모양의 면적}}{\text{45도선이 이루는 직각삼각형의 면적}} = \frac{a}{a+b}$$

지니계수는 0과 1 사이의 값으로 표현되며, 그 값이 1에 가까워질수록 불평등해진다는 사실을 알 수 있다. 지니계수가 어느 정도여야 한 사회의 소득분배가 균등한지에 대한 엄밀한 기준은 없으나 일반적으로 0.4 이상이면 불균등한 것으로 본다. 체너리(H.B. Chenery) 등은 지니계수가 0.5 이상이면 고(高)불균등, 0.5~0.4이면 중(中)불균등, 그리고 0.4 미만이면 저(低)불균등으로 분류하였다.

$$\text{(균등) } 0 \leq \text{지니계수} \leq 1 \text{ (불균등)}$$

최신 기출분석문제

01 소득 불평등을 나타내는 다음 용어에 대한 설명 중 옳지 않은 것은?

> • 지니계수 • 10분위 분배율 • 로렌츠곡선

① 지니계수가 0이면 완전불평등, 1이면 완전평등을 의미한다.
② 로렌츠곡선은 대각선에 가까울수록 소득분배가 평등하다는 의미이다.
③ 10분위 분배율은 중간계층의 소득을 잘 반영하지 못하는 단점이 있다.
④ 10분위 분배율이 2에 가까워질수록 소득 분포가 고르다는 것을 의미한다.
⑤ 10분위 분배율은 하위 40% 계층의 소득을 분자로, 상위 20% 계층의 소득을 분모로 해서 나온 수치다.

해설 10분위 분배율, 로렌츠곡선, 지니계수 등은 분배 정도를 측정하기 위해 쓰이는 개념이다. 10분위 분배율은 수치가 낮을수록 소득분배가 불공평하다. 로렌츠곡선은 가로축에는 소득액으로 정렬한 가계 숫자의 비율을, 세로축에는 이들의 누계소득 점유율을 표시한 선이다. 대각선이면 모든 가계의 소득이 동일하다는 뜻이다. 소득분배가 불공평해질수록 로렌츠곡선이 볼록해진다. 지니계수는 가계의 소득이 같은 완전평등 상황에서는 0, 1가구만이 소득을 올리는 완전불평등에서는 1이라는 값을 각각 가진다.

정답 ①

02 다음은 우리나라의 지니계수 추이를 나타낸 그래프다. 시장소득은 가계가 임금·배당·이자 형태로 획득한 소득을 뜻하고, 가처분소득은 세금을 빼고 정부 지원금을 더한 것으로 각 가계가 실제 쓸 수 있는 소득을 말한다. 그래프에 대한 해석 가운데 옳지 않은 것은?

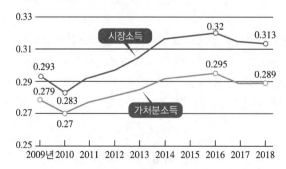

한국의 지니계수

① 10년 전에 비해 우리나라의 소득 불균형 정도가 심화되었다.

② 2015년 이후 소득 분배의 불균형이 지속적으로 악화되고 있다.

③ 사회 양극화가 심화되는지는 이 그래프로 정확히 알 수 없다.

④ 가처분소득 지니계수가 시장소득 지니계수보다 낮은 것은 정부의 소득 재분배 정책 때문으로 볼 수 있다.

⑤ 2016년 지니계수가 높은 것은 글로벌 금융위기의 여파로 국내 실업률이 높아진 때문으로 추측할 수 있다.

해설 지니계수는 0에 가까울수록 소득분포가 평등하다. 2016년 이후 지니계수가 낮아지고 있으므로 소득 분배의 불균형이 완화되고 있다고 할 수 있다.

정답 ②

03 (가), (나)는 갑국의 조세 수입 비중 변화와 소득 분배 지표 변화를 나타낸 것이다. 이에 대한 옳은 설명을 〈보기〉에서 고른 것은?

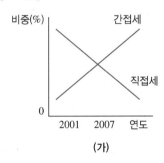

(가)

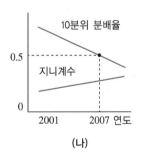

(나)

| 보 기 |

ㄱ. 조세 부담의 역진성은 2001년보다 2007년에 완화되었다.

ㄴ. 소득 불평등 상태는 2001년에 비해 2007년에 완화되었다.

ㄷ. 2007년에는 상위 20% 계층의 소득이 하위 40% 계층 소득의 2배이다.

ㄹ. (가)의 변화가 (나)의 변화를 초래하는 하나의 원인으로 작용했을 것이다.

① ㄱ, ㄴ ② ㄱ, ㄷ ③ ㄴ, ㄷ ④ ㄴ, ㄹ ⑤ ㄷ, ㄹ

해설 지니계수는 0과 1 사이의 값이며 작을수록 소득분배가 평등한 반면, 10분위 분배율은 0과 2 사이의 값이며 클수록 소득분배가 평등하다. 직접세의 비중이 낮아지고, 간접세의 비중이 높아지고 있는 추세를 통해 조세 부담이 역진성이 강화되었음 추론할 수 있으며, 소득 분배의 불평등성이 강화되는 추세의 한 원인으로 작용하였을 것이다.

정답 ⑤

04 A국가의 올해 지니계수가 작년보다 낮아졌다고 한다. 이에 대한 설명으로 옳은 것은?

① 올해 노동소득분배율이 하락했다.

② 올해 10분위분배율이 작년보다 작아졌다.

③ 올해 1인당 국민소득이 작년보다 훨씬 커졌다.

④ 생산가능곡선이 오른쪽으로(바깥쪽으로) 이동했다.

⑤ 로렌츠곡선이 소득분배균등선(45도선)에 가까워졌다.

해설 문제에서 지니계수가 작년보다 낮아졌다고 했으므로 소득분배가 평등해진 것이다. 이는 로렌츠곡선이 45도선에 가까워진 것을 의미하며, 이 경우 10분위 분배율은 작년보다 커져야 한다. 한편 노동소득분배율은 국민소득에서 노동소득이 차지하는 비율을 의미하는데 이를 통해 계층 간 소득 격차는 파악하기 어렵다.

정답 ⑤

05 하우스 푸어(House Poor) 현상과 관련한 다음 설명 중 옳은 것은?

① 기업들의 과도한 부동산 투자가 빚어낸 현상이다.

② 부동산 경기가 활성화되면 하우스 푸어의 고충은 더욱 가중된다.

③ 주택담보대출금의 만기연장 중단이 하우스 푸어의 고충을 줄여줄 수 있다.

④ 하우스 푸어로 인한 경제문제를 해결하기 위해서는 국내 금융기관들이 대출금리를 올려야 한다.

⑤ 기준금리 인상과 금융기관의 원금 분할상환 요구는 하우스 푸어의 가처분소득을 감소시킨다.

해설 하우스 푸어는 말 그대로 '번듯한 집을 갖고 있는데도 가난한 사람'을 뜻하는 시사용어다. 집은 있지만 무리한 대출과 이자 및 세금 부담으로 인해 실질적 소득이 줄어 빈곤하게 사는 사람들을 가리킨다. 주로 아파트를 갖지 않고 있던 중산층이었다가 부동산 상승기에 무리하게 대출을 받아 내 집 마련에 성공했지만, 부동산 가격이 하락하면서 분양가보다 낮은 가격으로 내놓아도 팔리지 않고 매달 막대한 이자를 감수하고 있는 '아파트를 가진 빈곤층'이다. 하우스 푸어는 개인들의 과도한 부동산 투자가 빚어낸 현상이며(①) 부동산 경기 불황으로 고충이 가중되고 있다(②). 주택담보대출 만기가 연장되지 않고, 금융회사들이 대출금리를 올리면 하우스 푸어의 가처분소득이 줄어들고 이자부담이 커져 고통이 더해진다(③, ④).

정답 ⑤

출제예상문제

01 '중산층'을 정확하게 규정하는 것은 생각처럼 쉽지 않다. 다음 설명 중 가장 거리가 먼 것은?

① 소득 수준이 최저 생계비의 2배에서 2.5배에 속하는 계층을 말한다.

② 소득 3 ~ 7분위에 속하면서 전문대 이상의 학력을 가진 사람을 말한다.

③ 사회 전체 가구 중 중위 소득의 50 ~ 150%에 해당하는 소득을 올리는 가구를 말한다.

④ 서울 강남 등에 주택을 보유하고 있으면서 40% 소득세율 구간의 소득을 올리는 사람을 말한다.

⑤ 먹고 살아갈 충분한 소득이 있고 퇴근길에 영화를 보거나 피자 한 판을 사는데 부담을 느끼지 않는 정도의 소득을 올리는 계층을 말한다.

> 중산층에 대해 학술적으로 명확히 규명되어 있는 정의는 없으나, 보통 소득 수준이 최저생계비의 2 ~ 2.5배에 달하는 계층을 중산층으로 본다. 경제협력개발기구(OECD)는 중간 값 소득의 50 ~ 150%에 해당하는 소득을 올리는 가구로 보고 있다. 가구별 소득분배를 기준으로 삼기도 한다. 일반적으로 10분위 분류에서 4 ~ 7분위 또는 3 ~ 7분위, 5분위 분류에서는 2 ~ 4분위에 속한 사람들을 중산층이라 할 수 있다. 미국은 가구당 연소득이 2만 9,000 ~ 7만 7,000달러로 2 ~ 4분위에 속한 계층으로 본다. 강남에 주택을 보유하고 있는지 여부가 중산층을 결정하는 기준일 수는 없다.

02 국세청이 발행한 '2018년 국세통계연보'에서, 상위 20%의 근로자가 하위 20%의 근로자보다 4.8배 많은 임금을 받은 것으로 나타났다. 이것은 근로자 간의 임금 격차가 상당히 높은 것으로서, 소득의 불균형도를 나타내는 지표로 인용되기도 한다. 그런데 좀 더 정확하고 포괄적인 지표로서 누적소득분포를 이용하여 소득분배 불균형을 측정하는 기준으로 널리 사용되는 지수가 있다. 다음 중 무엇인가?

① 지니(Gini)계수

② 피셔(Fisher)지수

③ 허핀달(Herfindal)지수

④ 파레토(Pareto)지수

⑤ 솔로우(Solow)지수

- 지니계수는 가로축에 인구의 누적백분율을, 세로축에 저소득층부터 소득의 누적백분율을 놓고 곡선을 그려서 계산 할 수 있다. 지니계수는 누적소득분포를 이용한 것으로 소득분배 불균형을 측정하는 기준으로 널리 사용되고 있다.
- 피셔지수는 실질 경제성장률을 측정할 때 쓰는 지표이다.
- 허핀달지수는 산업에서 집중도를 알아보는 지표이다.
- 솔로우지수는 경제성장 모델에서 기술진화를 측정하는 지표의 하나이다.

03 다음은 A국과 B국의 로렌츠곡선이다. 이에 관해 잘못 설명한 것은?

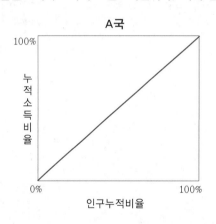 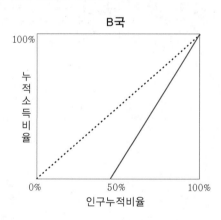

① 로렌츠곡선은 그 나라의 소득 불평등도를 나타낸다.
② A국은 국민들의 소득이 균등하게 배분되어 있다고 말할 수 있다.
③ B국의 경우, 하위 50% 계층은 소득이 없다.
④ A국의 지니계수가 B국의 지니계수보다 높은 값을 갖는다.
⑤ A국의 10분위 분배율은 2, B국의 10분위 분배율은 0이다.

로렌츠(Lorenz)곡선은 인구 누적비율과 소득의 누적점유율 간의 관계를 표현한 것이다. 가로축은 인구의 누적백분율을, 세로축은 저소득층부터의 소득의 누적 백분율이다. 이 로렌츠곡선을 통해 지니계수를 구할 수 있다. 지니계수가 0에 가까울수록 소득분배가 평등하며, 1에 가까울수록 소득분배구조가 불평등하다. 위의 그래프의 경우 B국은 인구의 50%는 거의 소득이 없으며 나머지 50%가 국가의 부를 다 소유하고 있다. 그러나 B국의 지니계수가 A국보다 높다고 할 수 있다.

04 다음 표는 전체 인구 4명씩으로 구성된 작은 두 섬나라의 소득 분포를 보여준다. 이에 대한 설명으로 옳은 것은?

해당인구	1명	1명	1명	1명
섬나라A 소득(달러)	10	11	30	49
섬나라B 소득(달러)	5	10	40	45

① A국의 국내총생산(GDP)이 B국의 GDP보다 많다.
② A국과 B국의 소득 분배 공평성 정도는 같다.
③ 하위 50%의 소득점유율은 A국이 B국보다 낮다.
④ A국과 B국의 로렌츠곡선을 그리면 서로 교차한다.
⑤ A국 국민이 느끼는 소득불평등도가 B국 국민보다 더 크다.

① A국의 GDP는 10 + 11 + 30 + 49 = 100이며, B국의 GDP는 5 + 10 + 40 + 45 = 100으로 동일하다.
② 하위 50%의 소득점유율은 A국이 21(10 + 11)%로 B국 15(5 + 10)%보다 높다. 그러나 하위 75%의 소득점유율은 A국은 51(10 + 11 + 30)%로, B국보다 55(5 + 10 + 40)%보다 낮다. 따라서 두 국가의 로렌츠 곡선을 그린다면 겹치게 된다. 따라서 두 국가 간의 형평성 정도를 단순비교하기 어렵다.
③ 하위 50%의 소득점유율은 A국이 21(10 + 11)%로 B국 15(5 + 10)%보다 높다.
④ 하위 50%의 소득점유율은 A국이 B국보다 높으나 하위 75%의 소득점유율은 A국은 51(10 + 11 + 30)%로, B국보다 55(5 + 10 + 40)%보다 낮다. 두 국가의 로렌츠 곡선을 그린다면 겹치게 된다.
⑤ 소득분배지수의 결과와 실제 국민들이 느끼는 체감 불평등도는 직접적인 관계가 없다. 국민들의 경우에는 소득불평등의 결과뿐만 아니라 과정 등에 대해서도 함께 평가하기 때문이다.

05 다음 중 소득별 계층 비중을 분석한 내용으로 옳은 것을 〈보기〉에서 모두 고른 것은?

┌ 보 기 ┐
갑자 : 2005년과 비교했을 때, 2020년 중산층이 줄어들면서 빈곤층과 상류층의 비중이 각각 커지고 있는 것은 우리나라의 양극화가 심해졌음을 의미해.
을순 : 갑자의 말에 비추어 볼 때 2005년 대비 2020년의 10분위 분배율은 커졌다고 할 수 있어.
병자 : 소득 불평등도를 나타내는 지니계수 역시 2020년이 2005년보다 커졌을 거야.
정희 : 이처럼 양극화가 심해진 것은, 우리나라의 급속한 고령화 문제도 중요한 요인의 하나로 작용했을 거야.
※ 참고 : 10분위 분배율 = 하위 40% 계층의 누적소득/상위 20% 계층의 누적소득

① 갑자, 을순, 병자
② 갑자, 을순, 정희
③ 갑자, 병자, 정희
④ 을순, 병자, 정희
⑤ 갑자, 을순, 병자, 정희

2005년에 빈곤층과 상류층이 늘어났다는 사실은 소득의 양극화가 진행되었다는 사실을 의미한다. 10분위 분배율의 경우 높은 수치가 나오면 소득격차가 줄어들었다는 것을 의미하며, 지니계수는 수치가 높게 나올수록 소득격차가 커졌다는 사실을 의미한다.

06 소득분배의 불평등도를 측정하는 수단에 대한 설명으로 옳은 것은?

① 지니계수는 그 계수의 값이 클수록 소득분배는 평등하다.

② 로렌츠곡선에서 불평등면적이 0이면 지니계수는 1이 된다.

③ 십분위 분배율은 그 값이 높을수록 불평등한 분배를 의미한다.

④ 앳킨슨지수에서는 불평등성을 얼마나 싫어하는지의 정도를 나타내는 지표가 매우 중요한 의미를 갖는다.

⑤ 로렌츠곡선은 소득분배상태를 기수적으로 나타낸다.

> ① 지니계수의 경우에는 값이 작을수록 소득분배가 균등한 상태이다.
> ② 지니계수는 균등분배선과 로렌츠곡선으로 둘러싸인 불평등면적을 분자에 두고 계산한다. 따라서 불평등면적이 0이면 지니계수도 0이다.
> ③ 10분위 분배율의 경우에는 값이 클수록 소득분배가 균등한 상태이다.
> ⑤ 로렌츠곡선은 불평등 정도를 구체적으로 수치로 구분하지는 못하며, 불평등에 따른 순위만 구분할 수 있다.

07 표에 대한 옳은 설명을 〈보기〉에서 모두 고른 것은?

지 표 \ 연 도	2011	2012	2013	2014	2015	2016	2017	2018
A 10분위 분배율	0.566	0.587	0.507	0.496	0.504	0.497	0.514	0.532
B 지니계수	0.291	0.283	0.316	0.320	0.317	0.319	0.312	0.306

┤보 기├

ㄱ. A는 모든 소득 계층의 소득 분배 상태를 하나의 숫자로 나타낸다.

ㄴ. A와 B는 소득 분배 상태를 나타내는 상호 보완적인 지표들이다.

ㄷ. 2012년이 가장 균등한 소득 분배를 보여준다.

ㄹ. 하위 소득 계층의 분배 상태는 전반적으로 개선되고 있다.

① ㄱ, ㄴ   ② ㄱ, ㄷ

③ ㄴ, ㄷ   ④ ㄴ, ㄹ

⑤ ㄷ, ㄹ

> 지니계수는 0과 1 사이의 값이며 작을수록 소득분배가 평등한 반면, 10분위 분배율은 0과 2 사이의 값이며 클수록 소득분배가 평등하다.
> ㄱ. 10분위 분배율은 상위 20% 계층과 하위 40% 계층의 소득을 비교하는 것이기 때문에 모든 계층의 소득 분배 상태를 나타낸다고 볼 수 없다.
> ㄹ. 10분위 분배율을 통해 추론해 볼 때, 2018년까지는 하위 소득 계층의 분배 상태가 전반적으로 개선되었다고 볼 수 없다. 2013년 이후 불평등했던 소득 분포의 개선이 조금 있었지만, 2018년까지도 2011년의 분배 수준도 달성하지 못했다는 사실에 아직까지는 전반적인 개선을 논할 형편이 아니라고 판단할 수 있다.

08 다음 중 소득분배 불평등도를 측정하는 방법이 아닌 것은?

① 지니계수　　　　　　　　　　② 앳킨슨지수
③ 십분위 분배율　　　　　　　　④ 엥겔지수
⑤ 로렌츠곡선

> 엥겔지수는 총생계비 중에서 음식물에 대한 지출이 차지하는 비중을 나타내므로 소득분배 불평등도와는 무관하다.

09 어느 경제의 로렌츠곡선이 아래의 그림과 같이 주어져 있다면 10분위 분배율의 값은?

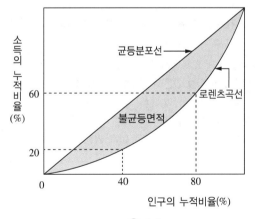

① 0.2　　　　　　　　　　　　② 0.3
③ 0.4　　　　　　　　　　　　④ 0.5
⑤ 0.8

> 10분위 분배율은 최상위 20%의 소득점유율 분에 최하위 40%의 소득점유율의 비율로 나타낼 수 있다. 따라서 설문에서의 10분위 분배율은 '20 / 40 = 0.5'로 산출할 수 있다.

10 한 나라 국민의 50%에 해당하는 사람들은 소득이 전혀 없고, 나머지 50%에 해당하는 사람들에게 는 모두 200만 원씩의 소득이 있다면 지니계수의 값은?

① 0.2 ② 0.3

③ 0.4 ④ 0.5

⑤ 0.8

설문의 내용을 로렌츠곡선으로 표현하면 다음과 같으며, 이를 통해 지니계수를 구할 수 있다.

$$지니계수 = \frac{\alpha}{\alpha + \beta} = \frac{1}{2}$$

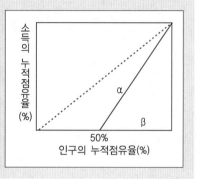

11 다음은 어느 신문기사의 일부이다. 기사 내용 중 괄호 안에 들어갈 용어로 적절한 것은?

식료품 가격이 빠르게 오르면서 우리나라에서는 (   )이/가 오르는 기현상까지 나타나고 있다. 가계의 최종 소비 지출 가운데 식료품비 지출이 차지하는 비중을 뜻하는 (   )은/는 소득 수준이 낮을수록 높게 나타난다. 한국도 1991년 21.6%였다가 2007년에는 11.5%까지 떨어졌지만 그 이후 다시 올라 2018년에는 13.4%를 기록했다. 2017년 13.5%에 비해서는 소폭 떨어졌지만, 장기적으로 보면 2000년(13.8%) 이후 가장 높은 수준이다.

① 지니계수

② 엥겔지수

③ 10분위 분배율

④ 앳킨슨지수

⑤ 5분위 분배율

엥겔지수는 19세기 독일의 통계학자 엥겔이 발견한 법칙으로 가계의 소비지출에서 차지하는 식료품비의 비중을 말한다. 통상적으로 소득수준이 높아지면 하락하고 생활형편이 나빠지면 올라간다.

12 다음은 각 나라의 지니계수를 보여 주고 있다. 〈보기〉에서 옳은 설명을 모두 고른 것은?

> A국가 : 0.75   B국가 : 0.28   C국가 : 0.45
>
> D국가 : 0.92   E국가 : 0.15

┤보 기├

가. D국가의 소득이 가장 균등하게 분배되어 있다.
나. E국가의 로렌츠곡선은 A국가에 비해서 완전균등분배선에 근접해 있다.
다. B국가와 C국가의 로렌츠곡선은 서로 교차할 수 있다.

① 가, 나   ② 가, 다
③ 가, 나, 다   ④ 다
⑤ 나, 다

지니계수는 로렌츠곡선이 교차하는 경우 국가 간의 소득분배균등도를 비교할 수 없는 한계를 해결하고자 도입한
측정지표이다. 그래서 로렌츠곡선이 교차하여도 소득분배의 균등도를 측정하는데 문제가 없다. 한편 지니계수는
로렌츠곡선이 완전균등분배선과 같을 경우 0으로서 소득분배가 완전균등하다. 따라서 지니계수가 작을수록 소득
분배균등도가 크므로 E국가의 소득분배가 가장 균등하다. 그러므로 E국가는 다른 국가들에 비해 로렌츠곡선이
완전균등분배선에 가장 근접해 있다.

13 소득분배의 불평등도를 측정하는 지표들에 대한 설명 중 옳은 것을 모두 고르면?

> 가. 로렌츠곡선은 한 국가의 모든 가계를 가장 저소득층부터 배열했을 경우의 누적 인구비율과
> 누적 소득의 점유비율을 그래프로 그린 것이다.
> 나. 지니계수는 0에 가까울수록 불평등의 정도가 심한 것으로 평가된다.
> 다. 두 국가의 로렌츠곡선이 서로 다르더라도 지니계수가 동일해질 수도 있기 때문에 추가적으로
> 십분위 분배율을 사용한다.

① 가
② 가, 나
③ 나, 다
④ 가, 다
⑤ 가, 나, 다

지니계수는 0에 가까울수록 소득분배균등도가 커진다. 그리고 로렌츠곡선의 모양이 달라도 불균등면적이 같으면
지니계수는 같아질 수 있어 보충적으로 다른 분배지표들을 이용한다.

14 소득분배에 관한 다음 설명 중 옳지 않은 것은?

① 소득의 계층적 분배문제는 시장기구에 의해 해결하기 힘들다.

② 생산성의 변화는 소득의 기능적 분배에 영향을 준다.

③ 임금이 상승하면 노동의 분배 몫은 항상 증가한다.

④ 지니계수의 값이 증가했다는 것은 소득의 계층별 분배가 악화되었음을 나타낸다.

⑤ 앳킨슨지수에는 상대적 불평등 기피도가 명시적으로 도입되었다.

소득의 기능적 분배는 시장에서 각 생산요소의 한계생산에 따른 소득분배이다. 그리고 생산요소 간 완전대체관계에서는 임금이 상승하면 노동고용량이 0이 되어 노동소득이 없을 수도 있다. 소득의 계층적 분배는 시장가격에 의해 해결되지 못한다. 지니계수가 클수록 소득분배불균등은 커진다. 그리고 앳킨슨지수는 사회의 후생에 관한 가치판단을 반영하는 균등분배대등소득을 이용하므로 상대적 불평등 기피도를 보여준다. 불평등 기피도가 클수록 균등분배대등소득은 작아진다.

PART **01**

제3편
거시경제

CONTENTS

제1장 국민소득

제2장 총수요·총공급 모델과 인플레이션

제3장 경기지수와 고용통계

제4장 화폐·재정정책·통화정책

국민소득

**가장 많이
빈출된 문제**
★★★★★

1. GDP
   GDP에 포함되는지 경제활동인지 여부를 묻는 문제와 GDP의 한계점 등을
   이해하고 있는지 여부

2. GDP의 종류
   명목GDP, 실질GDP, 잠재GDP 등 일련의 GDP 개념을 구분할 수 있는지 여부

3. GDP와 GNP의 차이점
   두 지표상의 집계의 차이점을 이해하고 있는지 여부

4. GDP를 바탕으로 도출할 수 있는 경제 지표들
   GDP 디플레이터, 1인당 GDP 등을 통해 추가적으로 확인할 수 있는 내용들을
   이해하고 있는지를 확인하는 문제

1 국민소득

국민경제의 전반적인 상황을 파악하기 위해서 경제학에서는 다양한 경제지표와 지수들을 가공하여 사용하고 있다. 수많은 경제지표 지수들이 모두 각각의 의미를 담고 있지만 이 중 가장 중요하고 다양하게 활용될 수 있는 경제지표는 당연히 GDP로 대표되는 국민소득이라 할 수 있다.

(1) GDP

① GDP의 정의

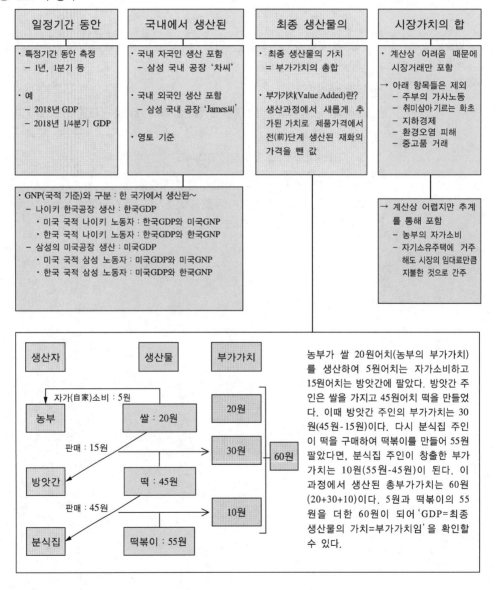

일정기간 동안	국내에서 생산된	최종 생산물의	시장가치의 합
· 특정기간 동안 측정 – 1년, 1분기 등 · 예 – 2018년 GDP – 2018년 1/4분기 GDP	· 국내 자국인 생산 포함 – 삼성 국내 공장 '차씨' · 국내 외국인 생산 포함 – 삼성 국내 공장 'James씨' · 영토 기준	· 최종 생산물의 가치 = 부가가치의 총합 · 부가가치(Value Added)란? 생산과정에서 새롭게 추가된 가치로 제품가격에서 전(前)단계 생산된 재화의 가격을 뺀 값	· 계산상 어려움 때문에 시장거래만 포함 → 아래 항목들은 제외 – 주부의 가사노동 – 취미삼아 기르는 화초 – 지하경제 – 환경오염 피해 – 중고품 거래

· GNP(국적 기준)와 구분 : 한 국가에서 생산된~
 – 나이키 한국공장 생산 : 한국GDP
  · 미국 국적 나이키 노동자 : 한국GDP와 미국GNP
  · 한국 국적 나이키 노동자 : 한국GDP와 한국GNP
 – 삼성의 미국공장 생산 : 미국GDP
  · 미국 국적 삼성 노동자 : 미국GDP와 미국GNP
  · 한국 국적 삼성 노동자 : 미국GDP와 한국GNP

→ 계산상 어렵지만 추계를 통해 포함
 – 농부의 자가소비
 – 자기소유주택에 거주해도 시장의 임대료만큼 지불한 것으로 간주

농부가 쌀 20원어치(농부의 부가가치)를 생산하여 5원어치는 자가소비하고 15원어치는 방앗간에 팔았다. 방앗간 주인은 쌀을 가지고 45원어치 떡을 만들었다. 이때 방앗간 주인의 부가가치는 30원(45원 - 15원)이다. 다시 분식집 주인이 떡을 구매하여 떡볶이를 만들어 55원 팔았다면, 분식집 주인이 창출한 부가가치는 10원(55원 - 45원)이 된다. 이 과정에서 생산된 총부가가치는 60원(20+30+10)이다. 5원과 떡볶이의 55원을 더한 60원이 되어 'GDP=최종생산물의 가치=부가가치임'을 확인할 수 있다.

② GDP의 한계

　　㉠ 계산상의 한계 – 경제생활에 유용한 것이라도 통계적으로 확인되지 못한 것이라면 재화와 서비스 계산에서 제외된다(예 가사활동, 자원봉사활동).

　　㉡ 복지 수준 반영의 한계 – 삶의 질이나 국민복지 수준의 정확한 반영 불가능

　　㉢ 소득 분배 상황 파악의 한계 – GDP는 총량 개념이므로 소득 분배 상황이나 빈부 격차에 대한 정보를 주지 못한다.

　　㉣ 여가 생활 파악의 한계 – 후생 수준을 향상시키는 국민의 여가 생활을 반영하지 못한다.

③ GDP를 보완하는 다양한 지표

　　㉠ 인간개발지수(HDI ; Human Development Index)는 유엔개발계획(UNDP)이 각 국가의 실질 국민소득, 교육수준, 문맹률, 평균수명 등 여러 가지 인간의 삶과 관련된 지표를 조사해 각국의 인간발전 정도와 선진화 정도를 평가한 지수이다. 일반적으로 HDI가 0.900점 이상이면 선진국으로 본다. UN에서 지난 1990 ~ 2015년까지의 자료를 종합하여 발간한 2016년 자료에 따르면 우리나라는 종합 18위에 해당한다.

　　㉡ 환경지속성지수(ESI ; Environmental Sustainability Index)는 현재의 환경·사회·경제 조건을 바탕으로 지속가능한 성장을 할 수 있는 국가역량을 개량화해 비교하는 국제 평가지수로, 국가가 환경파괴를 유발하지 않고 경제성장을 이룩할 수 있는 능력을 지표화한 것이다. 환경오염 정도뿐만 아니라 과학기술 능력, 민주화 수준, 국민소득, 보건상태, 국제적 공헌도 등 '삶의 질'을 종합적으로 평가한다.

　　㉢ 세계가치조사(World Values Survey)는 후생수준을 객관적 지표로 측정하지 않고 주관적 평가를 지수화해 알아보는 방식이다. 이 조사는 1981년에 처음 실시되었고, 전 세계의 사회학자들에 의해 실시되고 있다. 최근 발표된 2010 ~ 2014년 세계가치조사에서 한국은 조사대상 59개국 중 23위에 해당한다.

④ 실제GDP와 잠재GDP

　　㉠ 개념 : 실제GDP란 한 나라 안에서 실제로 생산된 모든 최종생산물의 시장가치를 의미하며, 잠재GDP는 한 나라에 존재하는 노동과 자본 등의 모든 생산요소를 정상적으로 고용할 경우 달성 가능한 최대의 GDP를 의미한다.

　　㉡ GDP갭 : GDP갭이란 실제GDP와 잠재GDP의 차이로 다음과 같이 정의되며, 측정된 값에 따라 경기 상황을 다음과 같이 분석할 수 있다.

$$GDP갭 = 실제GDP - 잠재GDP$$

GDP갭 < 0	GDP갭 > 0
실업존재 → 총수요 증대 필요성	경기과열 → 총수요 억제 필요성

Ⅰ. 생산국민소득 = Ⅱ. 분배국민소득 = Ⅲ. 지출국민소득

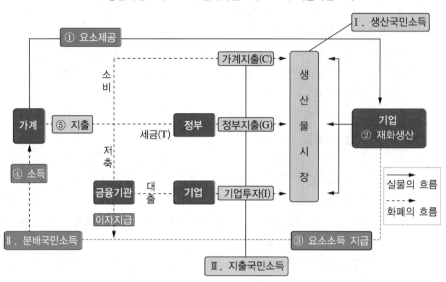

⑤ 명목GDP와 실질GDP

㉠ 개 념

명목GDP는 해당 연도의 시장가격으로 계산한 국내총생산을 말한다. 다른 연도와 비교하여 경제가 실질적으로 얼마나 변동했는가를 알고자 할 때는 명목GDP보다는 실질GDP가 더 적절한 지표이다. 실질GDP는 재화와 서비스의 생산 가치를 불변가격으로 계산한 국내총생산을 말한다. 여기서 불변가격이란 실질GDP를 계산하기 위한 기준 연도의 시장가격을 말한다. 실제 계산 사례를 살펴보자. 아래의 도표들은 2017년을 기준 연도로 설정해서 계산한 명목GDP와 실질GDP이다.

가격과 생산량				
연 도	떡볶이 가격	떡볶이 생산량	햄버거 가격	햄버거 생산량
2017	1	10	2	5
2018	2	15	3	10
2019	3	20	4	15

연 도	명목GDP
2017	떡볶이 1원 × 떡볶이 10개 + 햄버거 2원 × 햄버거 5개 = 20원
2018	떡볶이 2원 × 떡볶이 15개 + 햄버거 3원 × 햄버거 10개 = 60원
2019	떡볶이 3원 × 떡볶이 20개 + 햄버거 4원 × 햄버거 15개 = 120원

연 도	실질GDP
2017	떡볶이 1원 × 떡볶이 10개 + 햄버거 2원 × 햄버거 5개 = 20원
2018	떡볶이 1원 × 떡볶이 15개 + 햄버거 2원 × 햄버거 10개 = 35원
2019	떡볶이 1원 × 떡볶이 20개 + 햄버거 2원 × 햄버거 15개 = 50원

위의 계산 과정에서도 확인할 수 있듯이 명목GDP는 재화와 서비스의 가치를 그 해의 가격으로 계산한 것이며, 실질GDP는 기준 연도 가격으로 계산한 값이다. 따라서 실질GDP는 가격 변화의 영향을 받지 않으므로 실질GDP의 변동은 생산량의 변동만을 표현한다. 따라서 실질GDP는 한 경제의 재화와 서비스 생산의 지표로 볼 수 있다. 또한 실질GDP는 재화와 서비스를 재화와 서비스를 생산하여 얼마만큼 국민들의 욕구를 충족시키는 능력을 갖추고 있는지를 보여주고 있다고 할 수 있다.

⑥ GDP와 GNP

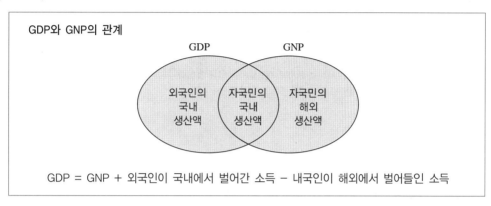

GDP와 GNP의 관계

GDP   GNP

외국인의 국내 생산액 / 자국민의 국내 생산액 / 자국민의 해외 생산액

GDP = GNP + 외국인이 국내에서 벌어간 소득 − 내국인이 해외에서 벌어들인 소득

2 국민소득을 활용한 기타 경제지표들

(1) GDP 디플레이터

GDP 디플레이터는 기준 연도의 물가수준 대비 현재 물가수준을 측정한다.

$$GDP\ deflator = \frac{명목GDP}{실질GDP} \times 100$$

(2) 경제성장률

경제성장률은 각 경제활동 부분이 만들어낸 부가가치가 얼마나 증가했는지를 통해서 측정할 수 있다.

$$GDP\ 성장률 = \frac{금년도\ 실질GDP - 전년도\ 실질GDP}{전년도\ 실질GDP} \times 100$$

01 거시경제의 투자와 관련된 설명으로 옳지 않은 것은?

① 투자지출은 소비지출에 비해 GDP에서 차지하는 비중이 대체로 낮다.

② 투자세액공제는 기업의 투자를 촉진시키는 효과가 있다.

③ 재고의 변화는 자본스톡에는 영향을 주지 못하기 때문에 투자로 간주되지 않는다.

④ 투자는 변동성이 심해 경기변동을 초래하는 중요한 요인으로 간주된다.

⑤ 금융시장에서의 불확실성의 증가는 투자를 저해한다.

해설 사후적 투자는 사전적 투자에 재고투자를 합한 것이다. 재고투자란 재고의 증가로서 국민소득계정상 투자에 포함되므로 국내총생산의 구성요소가 된다.

정답 ③

02 다음 중 한국의 GDP가 늘어나는 경우가 아닌 것은?

① 미국인이 한국에 체류하면서 한국계 기업에서 근무한다.

② 미국 기업이 한국에 공장을 지어 컴퓨터를 생산한다.

③ 한국에서 생산한 중간재가 미국에 수출됐다.

④ 철수의 집 가격이 2억원에서 3억원으로 올랐다.

⑤ 중고차 매매상이 중고차를 2,000만원에 사서 2,300만원에 팔았다.

해설 GDP는 한 나라에서 일정 기간에 생산된 모든 최종 재화와 서비스의 시장가치다. GDP는 총생산, 총소득, 총지출의 세 측면에서 파악할 수 있는데 총지출의 경우 소비(C), 투자(I), 정부지출(G), 순수출(NX)로 구성된다. 미국 기업이 한국 공장에서 컴퓨터를 생산하거나 미국인이 한국에서 근무하며 소득을 얻으면 GDP가 증가한다. 중간재를 별도로 사용해 부가가치를 생산하면 GDP가 증가한다. 중고차 매매상인이 중고차를 2,000만원에 사서 300만원의 이익을 남기고 팔았다면 소유권 이전에서 발생하는 서비스 생산이므로 이는 GDP에 포함된다. 단순한 주택 가격 상승은 GDP 증가를 초래하지 않는다.

정답 ④

03 다음 중 국민계정상 금년 중 재고에 대한 설명으로 틀린 것은?

① 재고 상품을 팔면 GDP가 증가한다.
② 재고가 늘어나면 투자가 늘어난다.
③ 재고 상품을 팔면 투자가 감소한다.
④ 재고 상품을 팔면 소비가 증가한다.
⑤ 보통 경기가 좋지 않으면 재고가 늘어난다.

해설 ① GDP 계산과정에서 포함하는 것은 단순히 생산 여부만을 바탕으로 판단하며 판매 여부와는 무관하다. 따라서 생산되었으나 판매되지 않은 재고는 투자로 분류하여 GDP에 포함된다. 그러므로 재고상품이 판매되었다고 해서 GDP가 증가하지는 않는다.
② 투자에는 설비투자, 건설투자, 재고투자가 있다. 그 중 재고투자란 재고품을 증가시키는 투자활동 또는 재고의 증가분을 말한다. 따라서 재고가 늘어나면 재고투자가 증가하는 것이므로 투자가 증가한다.
③ 재고를 팔면 재고의 증가분이 감소하게 되므로 재고투자가 감소하며 투자도 감소한다.
④ 재고의 판매는 해당 기간 GDP 산정에는 포함되지 않지만, 소비에는 포함된다.
⑤ 보통 경기가 좋지 않으면 소비가 감소하므로 재고가 늘어난다.

※ **국민계정**
국민경제 전체의 관점에서 재화와 서비스의 거래, 그리고 자금의 흐름을 체계적으로 연결해 기록한 통계체계

정답 ①

04 한 나라의 모든 생산요소를 활용해서 물가상승을 유발하지 않으면서 실현할 수 있는 최대 생산 능력을 잠재GDP라고 한다. 다음 중 잠재GDP가 달성된 상태와 가장 연관이 깊은 개념은?

① 인플레이션   ② 자연실업률
③ 대외의존도   ④ 소비자 물가지수
⑤ GDP 디플레이터

해설 ② 어느 나라 경제든 경제가 완전고용 상태에 있더라도 실업률은 절대 0%가 되진 못한다. 좀 더 나은 직장을 찾기 위해 자발적으로 실업 상태인 사람들과 사양산업으로 인해 일자리를 잃는 사람들이 있기 때문이다.
이처럼 경제의 산출량과 고용이 사실상 완전고용 수준을 유지하고 있는 중에서도 지속되는 실업률을 자연실업률(Natural Rate of Unemployment) 또는 정상실업률이라고 한다. 잠재GDP 또는 잠재산출량(Potential Output)은 실업률이 자연실업률 상태에 있을 때의 산출량을 나타낸다.
③ 대외의존도는 한 국가의 경제에서 무역이 얼마만큼의 비중을 차지하는가를 표시하는 지표로 총공급(=총수요) 중 수입과 수출 등 대외부문이 차지하는 비중이다. 즉 대외의존도 = (수출 + 수입) ÷ 총공급 × 100으로 구할 수 있다. 대외의존도가 높으면 경기가 다른 나라의 경기흐름에 의해 큰 영향을 받게 된다.
⑤ GDP 디플레이터는 명목GDP를 실질GDP로 나눠 100를 곱한 것으로 물가수준을 나타내는 지표다.

정답 ②

05 다음에서 연간 GDP 계산에 포함되는 금액은 얼마인가?

> 가. 수입상 사장인 찬희는 연간 20억 원어치의 커피 원두를 수입한 후 가공해 25억 원에 별다방에 공급했다.
>
> 나. 국수가게를 하는 병철은 올해 생산된 700만 원 상당의 밀가루를 구입해 10%는 가족 식생활에 사용하고, 나머지를 가지고 연 4,330만 원의 매출을 올렸다.
>
> 다. 이발소를 운영하는 성규는 매년 3,000원짜리 샴푸를 100통, 1,000원짜리 비누를 100개 구입해 사용하는데, 손님이 연평균 3,600명이다. 이발요금은 1만 원이다.

① 5억 7,860만 원   ② 5억 8,000만 원
③ 20억 740만 원   ④ 25억 8,600만 원
⑤ 25억 9,340만 원

해설 GDP는 1년 동안 국내에서 생산된 재화와 서비스의 시장가치 합계다. 수입한 재화는 GDP 계산에서 제외한다. 커피 원두 가공으로 인한 부가가치 5억원만 GDP에 포함된다. 밀가루의 90%는 추가 가공해 최종적으로 국수 4,330만 원어치가 팔렸다. 따라서 GDP엔 국수 4,330만 원과 10%의 밀가루, 즉 70만 원이 포함된다. 이발소의 부가가치는 연간 이발료 3,600만 원에서 샴푸와 비누 사용료 30만 원 + 10만 원 = 40만 원을 뺀 3,560만 원이다.

샴푸와 비누는 매년 같은 양을 사용한다고 했으므로 재고품 여부에 관계없이 GDP에 포함시켜야 한다. 따라서 GDP는 5억 원 + 4,330만 원 + 70만 원 + 3,560만 원 + 40만 원 = 5억 8,000만 원이다.

정답 ②

출제예상문제

01 다음 중 국내총생산(GDP)에 포함되지 않는 것은?

① 택배요금
② 아파트 월세
③ 부동산 가격 상승에 따른 자본 이득
④ 대중목욕탕에서 안마를 받고 지불한 요금
⑤ 예금 이자

> 단순한 부동산 가격 상승에 따른 자본이득의 경우는 아무런 생산과정이 발생하지 않았으므로 이것 자체로는 GDP에 포함되지 않는다.

02 국내총생산에 관한 〈보기〉의 설명 중 옳은 것을 모두 고르면?

> ─┤보 기├─
> ㄱ. 투자의 변동성은 소비의 변동성보다 작다.
> ㄴ. 소비 침체는 경상수지 흑자 요인이 된다.
> ㄷ. 판매되지 않은 재고는 국내총생산의 일부이다.
> ㄹ. 수출은 국내총생산의 구성 항목이므로 국내총생산보다 클 수 없다.

① ㄱ, ㄴ   ② ㄱ, ㄷ
③ ㄴ, ㄷ   ④ ㄴ, ㄹ
⑤ ㄷ, ㄹ

> ㄱ. 국내총생산(GDP)의 지출항목은 소비, 정부지출, 투자, 순수출(= 수출 – 수입)로 구성된다. 이 중 소비는 가장 안정적인 모습을 보여 다른 항목에 비해 변동성이 작은 반면 투자는 가장 변동성이 큰 항목이다.
> ㄴ. 경상수지가 흑자를 기록했다는 것은 그 나라가 생산한 것보다 국내에서 적게 지출하였다는 것을 의미하므로 일반적으로 소비 침체와 같은 내수 부진과 더불어 나타나는 경우가 많다(예를 들어 외환위기 기간 동안 극도로 위축되었던 내수는 우리나라가 큰 폭의 경상수지 흑자를 기록하는 한 요인이 되었다).

ㄷ. 일정 기간에 생산된 품목이 그 해에 소비 또는 판매가 되지 않았다 해도 그 품목에 대한 시장가치를 매겨 지출 국민소득 측면에서 측정할 수 있으므로 재고항목도 해당 연도의 GDP에 포함된다.

ㄹ. 순수출은 GDP보다 클 수 없지만 수출 자체는 GDP보다 클 수 있다. 이는 수출입이 중간재까지 포함하여 측정되기 때문이다(이러한 경우는 무역을 중심으로 성장해 온 나라에서 찾아 볼 수 있는데, 싱가포르가 그 한 예이다).

03

지난 3년간 성춘향은 매월 50만 원의 월급을 받으며 이몽룡의 집에서 가정부로 일해왔다. 그동안 두 사람 간의 정이 쌓여 금년 1월 1일 이몽룡과 성춘향은 결혼을 하였다. 성춘향은 여전히 이몽룡의 집안일을 돌보고 있다. 다음 중 이들의 결혼이 국민경제에 미친 영향으로 타당한 것은?

① 성춘향이 실직했으므로 실업자가 늘어난다.

② 성춘향이 두 사람을 위해서 일을 하므로 국내총생산이 600만 원 증가한다.

③ 국내총생산은 변화가 없다.

④ 국내총생산이 600만 원 감소한다.

⑤ 이몽룡이 더 이상 성춘향에게 돈을 지급하지 않으므로 저축이 600만 원 증가한다.

④ 결혼 전 국민소득의 계정에 계산되던 성춘향의 소득 600만 원이 결혼을 하면서 사라지므로 국내총생산 600만 원이 감소된다.

① 성춘향이 가정부로 일하던 때는 취업자의 신분이었다가 전업주부가 되면서 그녀는 비경제활동인구로 분류된다. 따라서 실업자 수에는 영향을 주지 않는다(취업자, 실업자가 아닌 사람을 비경제활동인구로 분류함).

⑤ 이몽룡이 성춘향에게 더 이상 돈을 지불하지 않는다고 해서 저축이 그만큼 증가하는지는 알 수 없다.

04

국민소득계정에서 투자로 간주될 수 없는 항목은?

① 자동차회사의 공장 증설

② 제철소의 원자재 재고 증가

③ 컴퓨터회사의 직원 주택 건설

④ 통신회사 직원들의 주식 매입

⑤ 중국음식점의 중국산 식기 수입

국민소득계정에서 투자는 크게 설비투자, 건설투자, 재고변화 등으로 나뉜다. 공장 증설이나 주택 건설은 건설투자에 해당된다. 우리 경제의 전체 투자수요를 측정하는 것이 목적이므로 투자에 사용된 재화가 해외에서 생산된 경우도 포함된다. 따라서 식당의 식기 수입도 설비투자로 간주된다.

④ 주식매입은 '주식투자'로 불리기도 하지만, 실질적인 재화나 서비스와 상관없는 금융자산 거래이므로 부가가치를 측정하는 국민소득계정의 투자에는 포함되지 않는다.

05 다음 자료는 어느 나라의 국민소득통계이다. 이 나라의 국내총생산(GDP)은?

- 민간소비지출 : 270
- 민간설비투자 : 50, 민간건설투자 : 80, 재고변화 : −10
- 정부지출 : 40
- 수출 : 250, 수입 : 150

---

① 500   ② 530
③ 540   ④ 550
⑤ 830

GDP = 민간소비지출 + 민간투자(설비투자 + 건설투자 + 재고변화) + 정부지출 + 순수출(= 수출 − 수입)
∴ GDP = 270 + (50 + 80 − 10) + 40 + (250 − 150) = 530

---

06 다음 중 GDP와 관련하여 발생할 수 없는 현상은?

① 수입품을 가공하여 수출한 규모가 큰 A국은 GDP가 수출보다 작았다.
② 순해외자산을 보유하고 있는 B국은 GNP가 GDP보다 컸다.
③ C국은 D국에 비해 GDP가 컸지만 1인당 GDP는 작았다.
④ 외국과의 교역이 전혀 없는 E국의 투자가 GDP보다 컸다.
⑤ F국의 실질GDP가 증가했으나 명목GDP는 감소했다.

---

④ 외국과의 교역이 전혀 없는 국가에서는 그 해에 생산한 모든 재화를 하나도 소비하지 않고 투자에 사용하는
   경우에도 투자가 GDP와 같아질 수 있을 뿐이며, GDP보다 클 수는 없다.
①, ②, ⑤는 현실적으로 가능하며, 각각 싱가포르, 쿠웨이트, 일본에서 발생한 적이 있다.
③ GDP 총액은 C국보다 D국이 많다 하더라도, C국의 인구가 D국 인구에 비해 월등히 많다면 1인당 GDP는
   C국보다 D국이 보다 높을 수 있다.

---

07 프로야구 원년 최고 스타 박철순은 1982년 연봉으로 2,400만 원을 받았다. 다음의 표를 이용해 박철순의 연봉을 2003년 이승엽의 연봉 6억 3,000만 원과 비교하는 옳은 방법은?

연 도	1982	……	2000	……	2003
소비자물가지수	43.2	……	100	……	110.7

① 2,400만 원을 6억 3,000만 원×0.432와 비교한다.

② 2,400만 원×110.7을 6억 3,000만 원과 비교한다.

③ 2,400만 원을 6억 3,000만 원$\times \dfrac{43.2}{110.7}$와 비교한다.

④ 2,400만 원×43.2를 6억 3,000만 원과 비교한다.

⑤ 2,400만 원을 6억 3,000만 원$\times \dfrac{110.7}{43.2}$과 비교한다.

> 1982년에 받은 박철순의 연봉을 2003년의 이승엽의 연봉과 비교하려면 이승엽의 연봉을 1982년 수준으로 변환하든지 박철순의 연봉을 2003년 수준으로 바꾸어야 한다.
> **1982년 기준 이승엽의 연봉**
> 이승엽의 연봉×(박철순 시대의 물가지수 ÷ 이승엽 시대의 물가지수)

08 기술진보와 세금인하가 동시에 발생했을 때 실질GDP와 물가수준에 미치는 영향은?

① 실질GDP는 증가할 것이나, 물가수준은 상승할지 하락할지 알 수 없다.

② 실질GDP는 감소할 것이나, 물가수준은 상승할지 하락할지 알 수 없다.

③ 실질GDP가 증가할지 감소할지 알 수 없으나, 물가수준은 상승한다.

④ 실질GDP가 증가할지 감소할지 알 수 없으나, 물가수준은 하락한다.

⑤ 실질GDP는 증가하고 물가수준은 상승한다.

> 기술진보는 총공급을 증가시키는 반면 세금 인하는 총수요를 증가시킨다. 즉, 기술진보는 실질GDP를 증가시키고 물가를 하락시키는 요인인 반면 세금인하는 실질GDP를 증가시키고 물가도 상승시키는 요인으로 작용한다.

09 다음 자료에서 추론할 수 있는 내용으로 옳지 않은 것은?

> (가) 정부 부문이 존재하지 않는 개방 경제에서는 아래의 관계가 균형 상태에서 성립한다.
> - 국내총생산 = 소비 + 투자 + 수출 - 수입
> - 순수출 = 수출 - 수입
> - 저축 = 국내총생산 - 소비
>
> (나) 그림은 A국과 B국의 저축과 투자 추이를 나타내고 있으며, A국과 B국 모두 항상 균형 상태에 있다.
>
>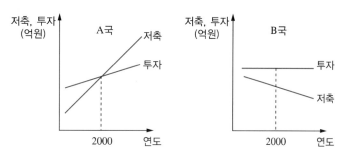

① 투자와 순수출을 합한 값은 저축과 같다.

② A국에서 2000년의 수출과 수입은 같았을 것이다.

③ A국에서 2000년 이후 순수출은 증가하고 있었을 것이다.

④ B국의 순수출은 계속 감소하고 있었을 것이다.

⑤ B국에서 저축과 투자의 차이가 점점 커지는 이유는 B국 기업의 해외 투자가 늘어난 데 있다.

---

⑤ 투자 총액은 일정금액을 유지하고 있기 때문에 해외투자가 증가와는 무관하다.

(가)에 주어진 세 가지 식을 이용하면 '저축 - 투자 = 순수출'의 관계가 성립한다. 이 공식을 통해 그래프를 해석하면 A국에서는 순수출이 꾸준히 증가한 반면 B국에서는 순수출이 계속 감소하였음을 알 수 있다. 또한 A국의 경우, 2000년도에 저축과 투자가 일치하므로 순수출이 '0'이었음을 추론할 수 있다.

10 다음 글을 읽고 물음에 답하시오.

> (가) 국내총생산(GDP)은 어느 시점의 가격을 기준으로 하느냐에 따라 크기가 달라진다. 명목 GDP는 재화와 서비스가 생산되어 거래되는 시점을 기준으로 측정하는 반면, 실질GDP는 특정 연도를 기준으로 측정한다.
>
> (나) 국민총소득(GNI)은 그 나라 국민이 일정 기간 동안 벌어들인 소득을 측정하는 지표로, 국내 총생산에 국민이 해외에서 벌어들인 소득을 더하고 외국인이 그 나라 안에서 벌어들인 소득을 뺀 금액이다. 이런 점에서 명목 변수로 따지자면 GNI는 국민총생산(GDP)과 같다. 그러나 국민의 실질적인 생활수준을 측정하는 지표로는 실질GNI를 사용한다. 왜냐하면 실질GNI는 교역 조건의 변화에 따른 무역에서의 손실 또는 이익을 반영하기 때문이다.
>
> (다) 서영이는 열쇠고리를 생산하여 모두 수출한 후 그 대금으로 오렌지를 수입한다. 작년에는 서영이가 열쇠고리 10개를 수출하여 받은 돈으로 오렌지 2상자를 수입하였다. 그러나 올해는 오렌지 가격이 2배로 상승하여 열쇠고리 10개를 수출했지만 오렌지를 1상자밖에 수입할 수 없었다.

10₋₁ 위에 대한 옳은 설명을 〈보기〉에서 고른 것은?

> ┤보기├
> ㄱ. 실질GDP가 변하지 않더라도 명목GDP는 늘어날 수 있다.
> ㄴ. 어느 시점의 가격을 기준으로 하더라도 GNP와 GNI는 동일하다.
> ㄷ. 박지성이 영국 프리미어 리그에서 벌어들인 소득은 실질GNI를 늘린다.
> ㄹ. 우리나라 기업이 해외 공장에서 생산량을 늘리면 실질GDP가 증가한다.

① ㄱ, ㄴ   ② ㄱ, ㄷ
③ ㄴ, ㄷ   ④ ㄴ, ㄹ
⑤ ㄷ, ㄹ

> ㄱ. 실질GDP가 변하지 않더라도 물가가 상승하면 명목GDP는 늘어난다.
> ㄴ. GNI와 GNP는 명목 변수로는 동일하지만, 실질 변수로는 교역 조건의 변화에 따른 무역에서 손익이 발생할 수 있어 차이가 생긴다.
> ㄷ. 국민이 해외에서 벌어들인 소득은 GNI에 포함된다. 따라서 박지성의 소득은 명목GNI와 실질GNI를 늘린다.
> ㄹ. 우리나라 기업의 해외 생산은 우리나라 GDP에서 제외된다.

10₋₂ (다)에 나타난 수출입 가격 변화의 결과에 대한 옳은 설명을 〈보기〉에서 고른 것은?

┤보 기├
ㄱ. 실질GDP가 변하지 않았다.
ㄴ. 명목GDP가 감소했다.
ㄷ. 실질GNI가 감소했다.
ㄹ. 명목GNP가 감소했다.

① ㄱ, ㄴ ② ㄱ, ㄷ
③ ㄴ, ㄷ ④ ㄴ, ㄹ
⑤ ㄷ, ㄹ

서영의 생산에 관련된 경제활동은 변함이 없다. 즉, 열쇠고리를 10개를 생산했다. 또한 제시문에서 열쇠고리의 가격은 변하지 않았음을 유추할 수 있다. 따라서 실질GDP와 명목GDP는 모두 변함이 없다. 또한 서영의 생산은 국내에서 이루어졌으므로 명목GNP도 명목GDP와 같이 변함이 없다. 그러나 서영은 같은 양의 열쇠고리를 수출했지만 수입 가격의 상승과 같은 교역 조건의 변화로 올해는 지난해보다 오렌지를 절반밖에 수입하지 못해 무역에서 손실이 발생했다. 따라서 실질GNI는 감소했다.

11 GDP에 대한 다음 설명 중 옳은 것을 모두 고르면?

가. 2018년에 생산되어 재고로 보유되다가 2019년에 판매된 재화의 가치는 2019년 GDP에 포함된다.
나. 부동산 중개업자가 2002년에 지어진 아파트의 2019년 매매 중개로 받은 수수료는 2019년 GDP에 포함된다.
다. 2019년 들어 학교 교육에 실망한 부모들이 직장을 그만 두고 집에서 자식을 가르치면 2019년 GDP는 감소한다.
라. 홍수 피해를 복구하는 데 들어간 비용은 GDP에 포함된다.
마. 한국의 자동차 회사가 2019년에 미국에서 생산하여 한국에서 판매한 자동차의 가치는 한국의 2019년 GDP에 포함된다.

① 가, 나 ② 가, 라
③ 나, 다 ④ 가, 다, 라
⑤ 나, 다, 라

가. 2018년에 생산된 재고는 2018년에 국내총생산에 포함되었으므로 2019년에 판매가 되었다고 해서 2019년에도 국내총생산에 포함시키면 국내총생산이 이중 계산되는 문제가 있다. 그래서 재고는 생산연도의 국내총생산에만 포함시킨다.

나. 서비스는 공급연도에 소비되는 특성이 있다. 그래서 2002년에 건축된 아파트라 할지라도 중개서비스는 2019년에 발생하였으므로 중개수수료는 2019년에 포함된다.

다. 직장을 그만두면 그만큼 생산이 줄어든다. 2019년에 퇴사하면 2019년의 생산이 감소하므로 2019년의 국내총생산은 감소한다.

라. 홍수피해 복구를 위한 재화와 서비스가 생산되고 소비되므로 복구비용은 국내총생산을 증가시킨다. 그래서 국내총생산은 삶의 질을 정확히 반영하지 못하는 한계를 지닌다.

마. 국내총생산은 생산지역주의를 바탕으로 한다. 그래서 미국에서 생산한 자동차는 미국의 국내총생산에 포함된다.

12 민간투자에 대한 설명으로 가장 옳지 않은 것은?

① 생산에 필요한 공장부지는 설비투자에 포함된다.

② 신축주택은 건축투자에 포함된다.

③ 원자재 및 중간재, 최종재로 팔리지 않은 재화를 재고투자라 한다.

④ 소득과 이자율에 무관한 투자를 독립투자라 한다.

⑤ 소득수준에 따라 변하는 투자를 유발투자라 한다.

설비투자는 기계설비 등을 말하며, 공장부지와 같은 토지는 최종생산물이 아니므로 민간투자에 포함되지 않는다. 한편 신축주택은 민간투자 중 건축투자로 분류되고, 재고로 남은 최종재나 중간투입물은 모두 민간투자 중 재고투자로 분류된다.

13 국민소득계정에서 투자에 포함되지 않는 것은?

① 상품 재고의 증가

② 기업의 새 기계구입

③ 기존의 다른 기업 인수

④ 기업의 새 컴퓨터 구입

⑤ 신축주택에 대한 소비자 지출

민간투자는 설비투자, 건축투자 그리고 재고투자로 구성된다. 기업 간 인수합병은 자본재가 증가하는 것이 아니라 기존의 자본재에 대한 소유권의 이전에 불과하여 투자에 포함되지 않는다. 한편 신축주택은 주거서비스를 생산하는 자본재로 분류하여 건축투자에 포함된다.

14 양을 방목하는 농가가 양털을 양모가공업체에 1만 원에 팔고, 양모가공업체는 가공된 양모를 양모의류 제조업체에 5만 원에 판다고 하자. 이 양모의류는 다시 백화점에 20만 원에 팔리고, 이 의류는 최종소비자에게 25만 원에 팔린다고 하자. 이 경우 양을 방목하는 농가에 의해 창출된 GDP는 얼마인가?

① 1만 원

② 4만 원

③ 5만 원

④ 9만 원

⑤ 10만 원

> 양을 방목하는 농가는 1만 원에 양털을 양모가공업체에게 판매하므로 이 단계에서 창출된 부가가치는 1만 원이다.

15 넥센타이어는 타이어 40개를 생산해 400만 원에 판매하였고, 만도는 에어컨 10대를 생산해 300만 원에 판매하였다. 현대자동차는 이들을 구입해 자동차를 10대 생산한 다음 이들 중 5대를 1억 원에 판매하고 나머지 5대 1억 원어치는 재고로 갖고 있다. 현대자동차가 판매대금 1억 원 중 4,000만 원을 임금으로 지급하였다면 GDP로 계산되는 금액은?

① 1억 5,300만 원

② 1억 6,000만 원

③ 2억 원

④ 2억 4,000만 원

⑤ 2억 4,700만 원

> GDP는 일정 기간 한 나라 안에서 생산된 모든 최종 재화와 서비스의 시장가치다. 이처럼 GDP에는 최종재만을 포함시키기 때문에 타이어나 에어컨과 같은 중간재는 포함되지 않는다. 따라서 GDP에는 자동차 10대만(판매여부와 상관없이 생산여부를 기준으로 함)이 포함되어 2억 원이 계산된다.

16 다음 그림은 우리나라의 GDP(국내총생산)와 GNP(국민총생산) 간 관계를 나타낸 것이다. (A) ~ (C)에 해당하는 사례를 옳게 연결한 것을 〈보기〉에서 고른 것은?

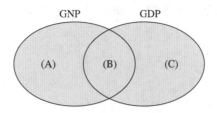

┤보 기├

가. (A) – 미국 월스트리트에 있는 증권사에서 근무하는 한국인의 임금
나. (A) – 국내기업이 국내에서 생산한 TV를 중국에 수출하고 받은 대금
다. (B) – 일본 국적의 유학생이 한국에서 아르바이트를 하고 받은 급여
라. (C) – 국내 프로축구 K리그에 진출한 브라질 출신 외국 선수의 연봉

① 가, 나   ② 가, 라
③ 나, 다   ④ 나, 라
⑤ 다, 라

국민소득 지표 중 GDP(국내총생산)는 영토를 중심으로 한 개념이고 GNP(국민총생산)는 국적을 중심으로 한 개념이라는 차이점을 바탕으로 판단해야 한다.
A : 자국민의 해외생산액 – 가
B : 자국민의 국내생산액 – 나
C : 외국인의 국내생산액 – 다, 라

17 중국에 소재한 한 기업이 2018년에 반도체를 생산하였다. 이 반도체를 미국 소재 컴퓨터 제조기업이 2019년에 수입하여 컴퓨터에 내장한 뒤, 같은 해에 그 컴퓨터를 한국으로 수출하였다. 한국의 어느 대학생이 이 컴퓨터를 2019년에 구입하였다. 이상의 거래로 인해 각국의 2019년 국민소득계정에 나타난 변화의 설명으로 옳은 것은?

한 국			중 국		미 국	
소비지출	순수출	GDP	순수출	GDP	순수출	GDP

① (증가, 감소, 불변), (증가, 불변), (증가, 증가)

② (증가, 감소, 증가), (증가, 증가), (불변, 불변)

③ (불변, 불변, 불변), (증가, 불변), (증가, 증가)

④ (증가, 감소, 불변), (증가, 증가). (불변, 증가)

⑤ (증가, 감소, 알 수 없음), (증가, 불변), (증가, 불변)

---

(1) 지문의 문구해석

"중국에 소재한 한 기업이 2018년에 반도체를 생산하였다. 이 반도체를 미국 소재 컴퓨터 제조기업이 2019년에 수입하여" → 중국이 2018년에 생산한 반도체는 2018년의 중국의 GDP 중에 재고투자에 포함된다.

"이 반도체를 미국 소재 컴퓨터 제조기업이 2019년에 수입하여 컴퓨터에 내장한 뒤, 같은 해에 그 컴퓨터를 한국으로 수출하였다" → 중국은 미국으로 수출하여 순수출이 증가하고, 미국은 반도체를 컴퓨터의 부품으로 수입하여 컴퓨터를 한국에 수출하여 순수출이 증가하고 컴퓨터의 생산으로 미국의 GDP는 증가한다.

"한국의 어느 대학생이 이 컴퓨터를 2019년에 구입하였다" → 한국인이 컴퓨터를 수입하여 소비하므로 한국의 소비지출은 증가하며 순수출은 감소한다. 그리고 한국 내에서 아무런 생산이 없으므로 한국의 GDP는 불변이다.

(2) 문제풀이

• 중국은 2018년의 반도체 생산으로 재고투자가 증가해서 2018년의 GDP는 증가하나, 2019년에 미국으로 반도체를 수출하여 순수출이 증가한 만큼 재고투자가 감소해서 2019년의 GDP는 불변이다.

• 미국은 중국으로부터 반도체를 수입하여 일단은 순수출이 감소하나 반도체를 부품으로 고부가가치인 컴퓨터를 생산하여 한국으로 수출하므로, 부가가치만큼 GDP가 증가하고 순수출도 증가한다.

• 한국은 아무런 생산을 하지 않으므로 GDP는 불변이고 수입품을 소비하므로 소비지출은 증가하고 순수출은 감소한다.

18 표에서처럼 어떤 경제는 복숭아와 옷 두 재화만 생산하고 있다. 2019년의 명목GDP와 실질GDP의 값들이 순서대로 바르게 표시된 것은?(단, 기준연도는 2018년)

구 분	복숭아		옷	
	가 격	수 량	가 격	수 량
2018년	20	10	40	20
2019년	30	20	50	40

① 명목 : 1,000, 실질 : 1,300
② 명목 : 1,500, 실질 : 1,300
③ 명목 : 1,500, 실질 : 2,000
④ 명목 : 2,600, 실질 : 1,300
⑤ 명목 : 2,600, 실질 : 2,000

명목GDP = 각 재화의 "비교연도의 가격 × 비교연도의 수량"의 합계
= 복숭아 가격 30 × 복숭아 수량 20 + 옷 가격 50 × 옷 수량 40 = 2,600
실질GDP = 각 재화의 "기준연도의 가격 × 비교연도의 수량"의 합계
= 복숭아 가격 20 × 복숭아 수량 20 + 옷 가격 40 × 옷 수량 40 = 2,000

총수요 · 총공급 모델과 인플레이션

(2등급 취득을 위한) TESAT 빈출문제분석

**가장 많이
빈출된 문제**
★★★★★

1. 총수요, 총공급곡선
   시장 상황의 변화가 물가와 국민소득에 미치는 영향을 예측할 수 있는지 여부를
   묻는 문제

빈출된 문제
★★★

1. 시장 상황의 변화 이해
   정부지출, 조세, 통화정책의 변화 등이 금리, 물가, 국민소득에 미치는 영향을
   이해할 수 있는지 여부를 묻는 문제

1 총수요곡선

(1) 총수요곡선의 개념

총수요는 '총'이란 표현에서 보듯이 한 나라 안에서 생산된 재화나 서비스를 사려고 하는 수요를 모두 더한 것이다.

2 총수요곡선의 이동

(1) 소비지출의 변동

소비를 줄이고 저축을 늘릴 경우, 각 물가수준에서 재화와 서비스의 수요량이 적어지므로 총수요곡선은 왼쪽으로 이동한다. 반대로 저축을 덜하고 소비지출을 늘릴 경우 주어진 물가수준에서 재화와 서비스의 수요량이 증가하여 총수요곡선은 오른쪽으로 이동한다.

(2) 정부구입의 변동

정부지출을 줄일 경우 각 물가수준에서 재화와 서비스의 수요량이 감소하므로 총수요곡선이 왼쪽으로 이동한다. 반면 정부 지출이 증가할 경우 각 물가수준에서 재화와 서비스의 수요량이 증가하여 총수요곡선은 오른쪽으로 이동한다.

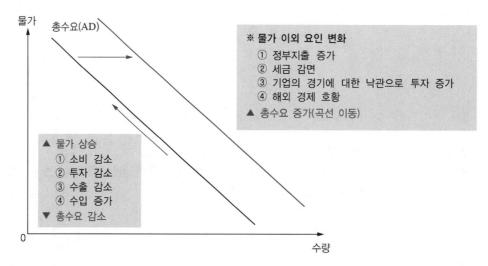

3 총공급곡선

(1) 총공급곡선의 개념

한 시장에서 생산자가 생산하려고 하는 양을 시장의 공급이라고 한다면, 한 나라의 모든 생산자들이 생산하려고 하는 재화와 서비스의 총량을 총공급이라고 한다. (단기)총공급곡선도 한 시장의 공급곡선과 같이 우상향한다.

(2) 총공급곡선의 도출

한 나라의 공급을 형성하는 생산 수준을 결정하는 것은 무엇인가? 노동력, 자본 및 자원 보유량, 기술 수준, 사람들의 일하려는 의욕 등이 경제 내의 총공급을 결정하는 데 중요한 역할을 할 것이다.

① 생산요소 : 새로운 생산기술이 개발되거나, 노동의 생산성이 높아지거나 또는 자본 수준이 증가할 때 총공급 수준은 증가할 수 있다. 그리고 사람들의 일하려는 의욕이 증가하거나 교육이나 훈련을 통하여 일과 관련된 기술을 높이게 될 때에도 총공급 수준은 크게 증가될 수 있을 것이다.

② 임금 : 임금 역시 생산 수준을 결정하는 데 중요한 고려 요소이다. 예를 들어 임금이 증가하고 상품 가격이 그대로 있으면, 생산비용의 증가로 이윤이 줄어들게 되어 기업이 생산수준을 낮출 수도 있다. 반대로 임금이 하락하면 기업의 생산수준이 높아질 수도 있는 것이다.

③ 원자재 가격 : 원자재 등의 생산요소의 경우에 있어서도 마찬가지이다. 원자재 가격의 상승은 비슷한 이유로 기업의 생산수준을 줄이게 될 것이다.

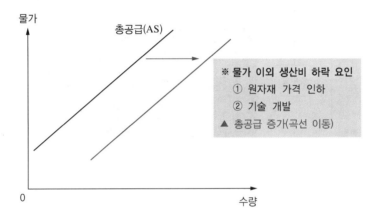

4 총수요 총공급 균형의 결정

(1) 총수요 총공급 균형의 의미

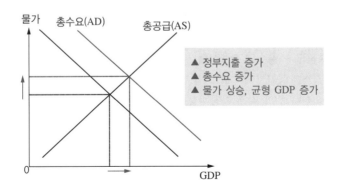

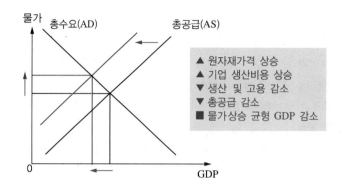

(2) 총수요 총공급의 불균형

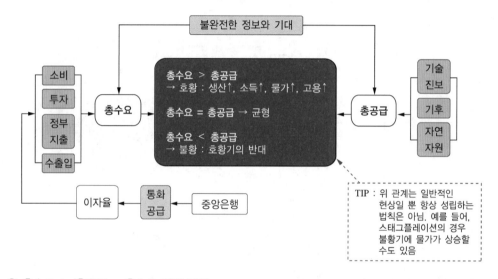

① 총수요 > 총공급 – 총수요 억제 정책

경제의 적정성장을 실현하기 위하여 민간설비투자, 재고투자, 정부지출, 개인소비지출 등 수요전체의 신장을 적당히 통제하는 정책을 총수요 정책이라고 부른다. 특히 국제수지의 균형과 물가 상승의 억제를 목적으로 총수요를 억압하는 재정·금융정책을 총수요억제책이라고 한다. 이들의 수단으로서는 △ 세율 인상, △ 정부지출 축소, △ 통화량 감소, △ 이자율 인상 등이 있다.

② 총수요 < 총공급 – 총수요 확대정책

총수요 확장정책은 공급보다 수요가 감소하여 경기가 위축될 때 세율 인하, 정부지출 증대, 통화량 증가, 이자율 인하 등과 같은 확장재정·금융정책을 통하여 총수요 증대를 도모하는 정책이다.

5 인플레이션의 원인

(1) 수요 견인 인플레이션

총수요가 증가하여 인플레이션이 발생하는 것을 말한다. 총수요가 증가할 경우 총수요곡선이 오른쪽으로 이동하며, 원래 물가수준에서는 초과수요가 발생하므로 물가가 상승하는 것이 수요 견인 인플레이션이다.

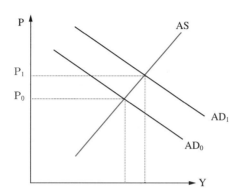

① 수요 견인 인플레이션은 통화량 증가, 확대금융정책, 정부지출의 증가, 독립적인 민간투자 등을 들수 있다.

② 고전학파의 견해

   ⊙ 고전학파는 통화량의 증가가 인플레이션을 유발하는 원인이라고 보았다.

   ⓛ 화폐수량설($MV = PY$)에 의할 경우에 화폐의 유통속도(V)와 거래량(Y)이 비교적 일정할 경우 통화량(M)의 증가는 물가(P) 인상을 유발한다.

   ⓒ 고전학파들은 인플레이션은 언제나 화폐적인 현상이기 때문에 화폐 이외의 다른 요인에 의해서는 지속적인 물가인상은 불가능하다고 본다.

(2) 비용 인상 인플레이션

비용 인상에 의해 인플레이션이 발생하는 것을 말한다. 대표적인 요인으로는 노동자의 과도한 임금인상, 기업의 이윤 인상, 석유 파동 등이 해당한다.

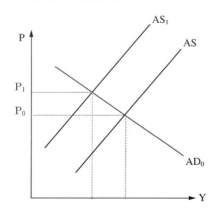

① 비용 인상 인플레이션의 경우 물가 상승과 함께 생산량이 줄어들므로, 경기침체가 함께 나타나는 스태그플레이션(Stagflation)이 발생한다.

② 석유파동과 같은 공급충격은 지속적으로 발생하는 것이 아니기 때문에 지속적인 비용 인상 인플레이션은 불가능하다.

③ 비용 인상 인플레이션의 경우 생산요소 가격이 상승함에 따라 유발되지만, 다른 생산요소 비용과는 달리 임금인상은 예외일 수 있다. 즉, 임금이 상승하더라도 노동생산성증가율이 임금상승률보다 같거나 크다면 비용 인상 인플레이션은 발생하지 않을 수 있다.

(3) 혼합형 인플레이션

혼합형 인플레이션은 수요와 공급 측 요인 모두에 의해서 물가 상승의 원인이 작용하는 경우를 말한다.

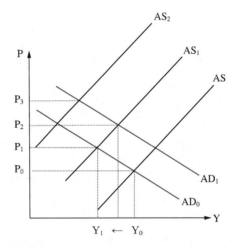

이처럼 수요측 인플레이션과 공급측 인플레이션 요인이 함께 작용하는 경우 지속적으로 물가 상승이 유발된다.

6 인플레이션의 영향과 대책

(1) 예상하지 못한 인플레이션의 영향

① 빈부 격차 심화

인플레이션은 빈부 격차를 심화시킬 수 있다. 인플레이션이 발생하면 땅이나 건물, 재고 상품과 같은 실물의 가치는 물가와 함께 상승하는 경향이 있지만, 화폐 가치는 하락한다. 주택이나 건물을 가지고 있지 않은 서민들이나 봉급생활자들은 화폐 가치 하락으로 실질 소득이 감소하게 된다. 따라서 인플레이션이 발생하면 빈부 격차가 심화될 가능성이 있다.

② 투기 분위기 형성

인플레이션이 발생하면 사람들은 열심히 일하고 아껴 저축하기보다는 토지나 기존에 만들어진 건물 구입 등의 비생산적인 투기에 관심을 갖게 된다. 이는 사회 전반적인 근로의욕 저하나 생산을 위한 투자 활동의 위축을 초래하여 결국 국민 경제의 건전한 성장을 저해하게 된다.

③ 국제수지 악화

인플레이션이 발생하면 외국 상품에 비해 상대적으로 자국 상품의 가격이 비싸지게 되기 때문에 사람들은 상대적으로 싼 수입품을 더 많이 찾게 되어 수입이 증가하게 된다. 반면, 국내 물가의 상승은 수출품의 가격의 상승으로 이어져 외국 소비자의 수요가 감소하여 수출이 줄어들 것이다. 결국 수출은 감소하고 수입은 증가함으로써 국제수지가 악화된다.

④ 인플레이션 조세

정부가 통화량을 증발할 경우, 물가 상승이 유발되어 정부부채의 부담을 감소시키게 된다. 하지만 국민의 경우에는 화폐가치가 이전보다 하락하여 마치 모든 사람에게 조세를 부과한 것과 같은 결과를 보이게 된다.

(2) 예상된 인플레이션의 영향

예상된 인플레이션의 경우 각 개별 경제주체들이 이미 인플레이션 유발에 대비를 할 수 있기 때문에 명목변수에만 영향을 미칠 뿐이지, 실질임금이나 실질이자율 등의 실질변수에는 거의 영향을 주지 못한다.

① 소득재분배 미발생

인플레이션이 완전하게 예상되면 채권자들은 피셔효과에 의해 채무자에게 실질이자율에 예상인플레이션율을 합한 만큼의 명목이자율을 요구함으로써 물가상승에 따른 손실을 보전한다. 따라서 채권와 채무자 간의 소득의 재분배가 발생하지 않는다.

② 메뉴비용 발생

인플레이션이 발생하면 기업은 상품의 가격이 바뀌었다는 사실을 알리기 위해 메뉴판을 바꾼다던지, 가격이 표기된 포장지를 교체하기 위해 추가적인 비용을 지불해야 하는데, 이를 메뉴비용이라고 한다.

③ 구두창비용의 발생

금융자산을 가진 사람들은 손실을 피하기 위해 분주하게 움직여야 하는데, 이때 발생하는 기회비용을 구두창비용이라고 한다.

최신 기출분석문제

01 다음 중 한 나라의 총수요를 증가시키는 요인을 모두 고르면?

> 가. 이웃국가의 정부지출의 증가
> 나. 중앙은행의 기준금리 인하
> 다. 소득세 인상
> 라. 환율 하락

① 가, 나
② 가, 다
③ 나, 다
④ 나, 라
⑤ 다, 라

해설 총수요는 가계소비, 기업투자, 정부지출, 순수출의 합으로 구성된다. 이웃국가가 정부지출을 늘리면 수출이 증가하고, 중앙은행의 기준금리 인하 역시 투자를 진작시켜 총수요를 증가시킨다. 소득이 높을수록 가계소비가 커지며, 환율이 오르면 수출이 증가하여 총수요가 증가한다.

정답 ①

02 물가수준에서 기업전체가 생산하는 재화의 공급량을 나타내는 총공급곡선을 좌측으로 이동시키는 요인이 아닌 것은?

① 임금의 상승
② 원자재 가격의 상승
③ 국제유가의 하락
④ 기업에 대한 보조금 감소
⑤ 법인세율의 인상

해설 국제유가의 하락은 총공급곡선을 우측으로 이동시킨다.

정답 ③

03 최근 원유가격 상승이 국내 경제에 미치는 효과를 분석한 내용이다. 다른 조건에 변화가 없다면 다음 설명 중 가장 옳지 않은 것은?

① 경기침체와 물가 상승이 동시에 나타날 수 있다.
② 국내 원유수요의 가격탄력도가 낮다면 경상수지가 악화될 수 있다.
③ 생산비용이 상승하여 단기 총공급곡선을 왼쪽으로 이동시킬 수 있다.
④ 경기를 부양시키려는 정책은 물가를 더 상승시킬 수 있다.
⑤ 원유가격 상승의 영향은 단기필립스곡선 상의 이동으로 설명될 수 있다.

해설 유가상승과 같은 불리한 공급충격이 발생하면 단기총공급곡선은 좌측이동($AS_1 \rightarrow AS_2$)하며 경제는 새로운 단기총공급곡선과 총수요곡선이 만나는 점으로 이동($A \rightarrow B$)하여 균형을 이룬다. 이때 경기는 후퇴($Y_1 \rightarrow Y_2$)와 인플레이션($P_1 \rightarrow P_2$)이 동시에 발생한다. 이는 필립스곡선 자체가 우상방으로 이동($PC_1 \rightarrow PC_2$)하는 결과를 만들어 필립스 곡선이 제시하는 인플레이션과 실업률 간의 역의 관계가 항상 안정적인 것만은 아님을 의미한다.

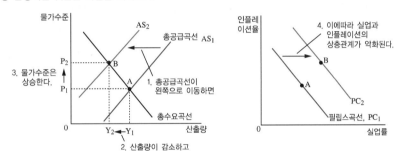

또한 국내 원유수요의 가격탄력도가 비탄력적일수록 수입액이 커져 경상수지는 더욱 악화된다. 정부가 경기를 부양하려고 확장적 정책을 사용하면 총수요의 증가로 물가는 더욱 상승한다.

정답 ⑤

04 예상된 인플레이션이 발생한 경우에 나타나는 현상으로 볼 수 없는 것은?

① 인플레이션에 따른 새로운 메뉴 비용이 든다.
② 채권자와 채무자 간에 부와 소득의 재분배가 발생한다.
③ 상대가격의 왜곡으로 자원배분의 비효율성이 초래된다.
④ 화폐 보유의 기회비용 상승에 따라 현금 보유를 줄이기 위해 노력한다.
⑤ 실물자산 선호가 증가하면서 금융 저축이 감소한다.

해설 인플레이션이란 물가가 지속적으로 상승하는 현상이다. 인플레이션이 예상되면 명목이자율이 예상 인플레이션율만큼 상승하므로 실질이자율이 변하지 않아 채권자와 채무자 간의 부와 소득의 재분배는 일어나지 않는다. 인플레이션이 예상되면 명목이자율이 상승하므로 화폐 보유의 기회비용이 상승하므로 사람들은 현금 보유를 줄이게 된다. 기업은 가격표 작성 비용인 메뉴 비용이 발생한다.

정답 ②

01 물가 상승이 지속되는 상황에서 정책 당국이 일반적으로 취할 수 있는 선택이 아닌 것은?

① 공공요금 인상을 억제한다.
② 금리인상을 검토한다.
③ 원화 약세를 유도한다.
④ 수입관세를 낮춘다.
⑤ 유통구조 개선에 나선다.

> 원화가 약세를 보이면, 즉 원화가치가 하락하면 해외에서 수입하는 제품의 국내 판매가격이 높아진다. 따라서 원화 약세 정책은 물가안정과는 반대되는 정책이다.

02 경기침체를 우려한 정부가 정부지출을 늘렸지만 기대했던 승수효과가 나타나지 않았다. 다음 중 그 원인이라고 보기 어려운 것은?

① 물가가 상승하였다.
② 소비자들의 한계소비성향이 높다.
③ 이자율이 상승하였다.
④ 외국상품의 수입이 증가하였다.
⑤ 소득세율이 높다.

> 경기 부양을 위해 정부지출 규모를 증가시켰음에도 불구하고 소기의 성과가 나타나지 않은 이유는, 정부지출 증가가 시중자금 규모를 축소시켜 이자율의 상승을 유도함으로써 민간투자 내지 소비 등이 위축되기 때문이다. 또는 정부지출은 물가상승을 유발할 수 있다. 이 역시 민간의 투자 내지 소비를 위축할 수 있는 요인이며, 이로 인해 상대적으로 저렴한 해외 물품에 대한 수요가 증가하여 수입이 증가하는 형태를 유도할 수 있다. 이 역시 정부지출이 승수효과를 유발하지 못하는 요인이다. 소득세율이 높은 경우에도 가계들이 추가적인 소비 내지 투자를 증가시킬 수 있는 가처분소득 자체가 줄어들어 승수효과가 떨어진다. 하지만 소비자들의 한계소비성향이 높을 경우 이는 정부지출 증가의 승수효과를 높여주는 요인이 된다.

03 최근 세계경제 불황 여파로 국제 원자재가격이 떨어지고 있다고 한다. 다음 중 우리나라 경제에 미치는 영향이라고 볼 수 없는 것은?

① 생산 원가를 절감시켜 줌으로써 상품 가격 인하라는 연쇄적인 결과가 나타날 수도 있다.

② 원자재 수출국의 경기가 나빠지면서 한국의 해외건설 사업이 타격받을 수도 있다.

③ 원자재의 해외 의존도가 높은 한국으로서는 교역 조건이 다소 호전될 수도 있다.

④ 스태그-디플레이션(Stag-deflation) 현상이 우려된다.

⑤ 수출이 증가하면서 순수출도 증가한다.

> 원자재 가격이 하락하면 당연히 생산원가가 줄어들고 기업들이 상품가격을 낮출 수 있는 여지가 생겨 제품의 가격경쟁력이 높아진다. 이는 교역조건을 다소 개선시키는 효과를 가져다 줄 수 있다. 하지만 세계 경제가 불황인 만큼 수출이 증가하리라 보기는 어렵다.

04 소비자물가지수를 계산할 때 다음 보기 중 어떠한 상황일 경우 커피가 녹차보다 큰 가중치를 부여 받는가?

① 소비자들이 녹차보다 커피를 많이 구매한다.

② 커피가 녹차보다 비싸다.

③ 커피 생산비용이 녹차 생산비용보다 높다.

④ 보통의 소비자들이 구매하기에 커피가 녹차보다 쉽다.

⑤ 커피의 가격 변동폭이 녹차의 가격 변동폭보다 크다.

> 소비자물가지수는 일상생활 중에서 소비자들이 주로 구입하는 상품 및 서비스를 바탕으로 측정되는 물가지수로 소비자지출액을 가중치 자료로 사용하기 때문에 소비자가 많이 구매하는 제품일수록 큰 가중치를 부여한다.

[05 ~ 06] 다음 제시문을 읽고 물음에 답하시오.

짐바브웨에서는 계란 3개를 사려면 1,000억 짐바브웨 달러가 필요하다. 맥주 한 잔을 마시려면 2,000만 달러짜리 지폐 1,000장 3묶음을 내놓아야 한다. 빵 덩어리를 사려면 아예 부피 큰 돈 자루가 필요하다. 아마 이 가격표는 지금도 계속 바뀌고 있을 것이다. 무가베 대통령이 2000년 지배층인 백인들에게서 농지를 무상으로 빼앗아 무상 분배하는 것으로 개혁정책의 막을 올리면서 이 같은 결과는 예견되기도 했다. 무가베 정권은 농지를 몰수한 다음엔 외국기업 보유주식 과반수를 반납하라고 명령하고 이를 거부하면 바로 체포하는 방법으로 외국인을 내쫓았다. 국내에 물자가 부족해지자 물자를 갖고 있는 국민들에게 강제로 물건을 내놓게 했고 그 결과 물자는 부족하고 물건 값은 더욱 치솟게 되었다. 이렇게 되자 이번에는 물건 값을 지정 가격 이하로만 팔도록 명령했고 그 결과 기업들이 줄지어 도산하면서 그나마 공급도 끊어졌다. 인플레이션율이 2억% 이상으로 뛰어오르면서 정부는 더 이상의 물가 계산도 포기했다. 화폐가치는 거의 매달 수백분의 1로 떨어지고 있다. 2006년 이후 2번의 화폐 개혁을 했으나 모두 실패했다.

05 이 나라와 비슷한 치명적 물가 상승을 경험했던 나라와 시기에 대한 다음의 보기 중 사실과 다른 것은?

① 1920년대 초반 독일　　　　　② 1990년대 후반 터키
③ 1930년대 초반 미국　　　　　④ 1940년대 후반 헝가리
⑤ 1980년대 남미 국가

위의 제시문의 내용은 하이퍼인플레이션에 대한 것으로 하이퍼인플레이션은 대부분 전쟁이나 혁명 등 사회가 크게 혼란한 상황 또는 정부가 재정을 지나치게 방만하게 운영해서 통화량을 대규모로 공급할 때 발생한다. 미국은 대공황 직후인 1930년대에 경기가 계속 침체에 빠져 심각한 디플레이션을 겪었다.

06 이 같은 물가폭등 현상은 대부분 동일한 원인을 갖고 있고 경과도 비슷하게 진행된다. 이에 대한 다음의 설명 중 틀린 것은?

① 상품의 퇴장 현상이 나타나며 경제는 물물교환에 의해 유지된다.
② 정부가 재정확대 정책을 장기간 지속했을 때도 이런 현상이 나타난다.
③ 화폐 액면단위를 변경시키는 디노미네이션을 도입하는 경우가 많다.
④ 대부분의 경우 정부가 대중영합 정책을 시행하면서 발생한다.
⑤ 석유 등 자원 고갈이 원자재 가격 급등을 초래했기 때문이다.

짐바브웨 인플레이션은 화폐적인 현상이지, 공급이 부족하여 유발된 인플레이션이 아니다. 따라서 ⑤의 경우 석유 등 자원고갈이 원자재 가격 급등을 초래한 것은 비용 측면의 인플레이션으로 짐바브웨 상황과 다르다.

07 통화 증가에 따른 인플레이션은 소득재분배를 유발한다. 다음 중 인플레이션의 소득재분배 효과를 제대로 설명한 것끼리 묶은 것은?

> 가. 예상치 못한 인플레이션이 있을 경우 차입자는 이익을 보고 대여자는 손해를 본다.
> 나. 인플레이션은 재화의 상대가격을 변화시킴으로써 경제구성원들 간에 소득재분배를 유발한다.
> 다. 인플레이션은 국민으로부터 화폐를 발행하는 정부로 소득이 이전되는 것과 같은 결과를 초래한다.
> 라. 인플레이션은 화폐환상을 일으켜 일상 거래에서의 계산을 왜곡시킴으로써 소득을 재분배한다.

① 가
② 가, 나
③ 가, 다
④ 가, 나, 다
⑤ 가, 나, 다, 라

> 인플레이션이 화폐환상을 일으키는 것은 맞지만 모든 제품의 가격이 일률적으로 오르는 것이기 때문에 화폐환상 자체로 소득재분배가 이뤄지지는 않는다. 인플레이션은 소득재분배를 유발하지만, 통화량의 증발은 모든 재화와 용역이 동시에 동일한 비율로 오른다면 재화와 용역의 상대가격 변화가 없다. 따라서 경제의 왜곡현상은 나타나지 않을 것이다. 그러나 실제로는 모든 재화와 용역들의 가격이 동시에 동일한 비율로 오르는 것이 아니라 시차를 두고 각기 다른 비율로 오르면서 그 영향이 각기 다르다.

08 다음 중 화폐의 유통속도와 관련하여 옳은 설명을 모두 고른 것은?

> 가. 신용카드의 사용량이 늘어나면, 화폐유통속도가 늘어난다.
> 나. 다른 여건이 동일할 때, 물가가 상승하면 화폐유통속도는 감소한다.
> 다. ATM의 보급으로 민간의 화폐보유량이 감소하면, 화폐유통속도는 감소한다.
> 라. 현금 인출 수수료의 인상은 화폐유통속도를 증가시킨다.
> 마. 통화량이 일정한 상태에서, 물가가 상승하고 국민소득이 증가하면, 화폐유통속도는 증가한다.

① 가, 다
② 가, 라
③ 가, 마
④ 나, 라
⑤ 나, 마

가. 신용카드가 보급되면 민간의 화폐보유 수요가 줄어들지만 지급결제수단이 많아지는 것이므로 유통속도를 증가시키는 요인이 되고 있다.

나. 화폐교환방정식에 따르면 다른 조건이 일정할 때 물가가 상승하면 화폐유통속도 또한 증가하게 된다.

다. ATM의 보급은 민간의 화폐보유량을 증가시키는 요인이다. 이에 따라 화폐유통속도는 감소한다.

라. 현금 인출 수수료 인상은 거래비용 증가를 뜻한다. 거래비용 증가로 현금보유가 증가하며 이에 따라 화폐유통속도는 감소한다.

마. 화폐유통속도의 경우에는 통상적으로 상관습과 금융인프라 등의 영향을 가장 크게 받고 있으며, 일시적으로 물가가 상승할 경우 거래 수행시에 보다 많은 화폐가 필요하기 때문에 더 많은 화폐가 거래되어 화폐유통속도가 증가하게 된다.

09

다음은 학생들이 인플레이션의 해악에 대해 발표한 내용들이다. 다음 발표 학생 중에서 성격이 다른 해악에 대해 발표한 자는 누구인가?

재호 : 인플레이션에 직면한 경제주체들은 현금보유를 줄이는 과정에서 은행을 더 자주 방문해야 하는 등의 노력에 대해 시간을 투자하고 불편을 감수해야 한다. 이러한 과정에서 시간과 노력의 낭비, 그리고 자원배분의 왜곡을 구두창비용이라고 한다.

태호 : 인플레이션율이 높을수록 가격표와 가격목록 등을 더 자주 변동시켜야 하는데, 이러한 과정에서 다양한 비용이 발생하며 자원의 생산적인 활용을 가로막는다. 이와 같은 과정에서 발생하는 다양한 비용들을 메뉴비용이라고 한다.

태경 : 메뉴비용에 직면한 기업들은 가격변화의 횟수를 감소시키게 되는데, 이로 인해 인플레이션은 상대가격을 왜곡시킨다. 상대가격의 왜곡으로 소비자들의 결정이 왜곡되고, 시장이 자원을 최선의 용도에 배분할 수 없게 된다.

신기 : 인플레이션은 자본이득을 과다평가하고 부당하게 과다한 세금을 부과하여, 인플레이션은 저축에서 발생하는 소득에 대한 세금부담을 증가시킨다. 이로 인해 세후 실질이자율이 하락하면 저축이 감소하고 이는 장기성장잠재력을 하락시킨다.

동욱 : 인플레이션이 나타나는 경우 채권의 실질가치하락에 대한 충분한 보상이 이루어지지 못하게 되어, 채무의 실질가치를 하락시켜 채권자로부터 채무자에게로 사람들의 능력, 필요, 의사와는 무관히 부를 자의적으로 재분배한다.

① 재 호　　　　② 태 호
③ 태 경　　　　④ 신 기
⑤ 동 욱

동욱 학생이 발표한 내용은 예상하지 못한 인플레이션이 발생시키는 추가적 비용이다. 예상하지 못한 추가적 비용으로는 부의 자의적인 재분배 이외에 불확실성 증대 등이 있다. 불확실성이 증대되는 경우 위험기피자들의 후생이 감소하고, 이러한 경우 부의 자의적인 재분배의 문제가 더욱 심각해진다.
구두창 비용(재호), 메뉴비용(태호), 상대가격의 왜곡(태명), 조세부담증가로 인한 저축감소(신기) 등은 인플레이션의 발생 여부에 대한 예상과 무관하게 발생하는 비용이다.

10 다음 경제 현상의 발생 원인과 결과를 옳게 짝지은 것을 〈보기〉에서 모두 고른 것은?

- 물가가 지속적으로 하락하는 현상을 말한다.
- 수요 측면에서 발생하기도 하고 공급 측면에서 발생하기도 한다.
- '경제의 저혈압'이라고도 한다.

┌ 보 기 ┐

	원 인	결 과
ㄱ.	생산성 향상	실질임금 상승
ㄴ.	소비감소	기업과 금융 기관의 부실화
ㄷ.	석유파동	투기 성행
ㄹ.	통화량감소	기업의 이윤 및 투자의욕 증대
ㅁ.	수출 감소	부채의 실질 가치 감소

① ㄱ, ㄴ 　　　　　　② ㄴ, ㄷ
③ ㄴ, ㄹ 　　　　　　④ ㄷ, ㅁ
⑤ ㅁ, ㄹ

> 설명에 해당하는 경제현상은 디플레이션이다.
> ㄱ. 디플레이션은 생산성이 향상됨에 따라 발생할 수 있으며, 이때 명목임금이 고정된 상태에서 물가가 하락하게 되므로 실질임금은 오히려 상승하는 효과가 있다.
> ㄴ. 디플레이션은 소비감소에 의해 발생하기도 한다. 소비감소에 의해 발생하는 경우, 이는 결국 재고 증가에 따른 기업 활동 침체 및 금융 기관의 부실화를 초래할 수 있다.

11 다음 중 인플레이션과 관련한 설명으로 옳지 않은 것은?

① 인플레이션이 예상되면 개인들은 필요한 내구재를 미리 사두는 경향이 있다.
② 인플레이션이 예상되거나 발생되었을 때 개인들이 미리 사두면 인플레이션은 더욱 심화된다.
③ 인플레이션은 사회 구성원 사이에 소득이나 부(富)를 재분배하기도 한다.
④ 폐쇄경제에서 완전고용 상태일 때에 총수요가 총공급을 초과하면 초과수요는 전부 인플레이션으로 나타난다.
⑤ 중앙은행은 인플레이션을 진정시키기 위해 국공채를 사들이기도 한다.

> 인플레이션이란 물가의 지속적인 상승을 말한다. 물가가 오르면 실물자산을 갖고 있는 사람이 이득을 본다. 이로 인해 월급자나 이자 수입 생활자 등은 소득의 감소를 겪게 된다. 완전고용 상태에서 생산하기를 원하는 총수요가 총생산능력을 초과하면 초과수요는 전부 물가 상승으로 전가된다. 인플레이션이 발생하면 중앙은행은 통화량을 줄여 물가를 낮추고자 하는데 국공채를 매각하는 공개시장조작 정책은 시중의 통화량을 줄여 물가를 낮출 수 있다.

12 예상치 못한 인플레이션의 경제적 효과로 적절하지 않은 설명은?

① 금융자산 보유자에 비해서 실물자산 보유자에게 상대적으로 이득이 된다.

② 자원배분의 왜곡으로 경제성장이 저해될 수 있다.

③ 고정금리 금융 채무자에게 이득이 된다.

④ 화폐의 가치저장 기능이 약화된다.

⑤ 국제수지가 개선된다.

> 인플레이션이 발생하게 되면 국내 재화가 외국 재화에 비해 비싸지므로, 수입이 늘고 수출이 줄어 국제수지가 악화된다.

13 물가와 총수요의 관계에 대해서 학생들이 토론을 하고 있다. 옳은 설명을 한 학생들을 모두 모은 것은?

> 영진 : 물가가 오르면 사람들이 보유하고 있는 자산의 실질가치가 줄어들잖아. 따라서 소비가 줄면서 총수요가 감소하지.
> 정현 : 물가가 오르면 총수요가 증가할 수도 있어. 물가가 오르면 사람들이 화폐 수요를 줄이니까 이자율이 하락하면서 투자가 증가하잖아.
> 철수 : 물가가 오르면 국내 수출품의 가격경쟁력이 약해지니까 수출이 줄어들면서 총수요가 감소하지.
> 경미 : 개별 상품의 수요곡선이 우하향하니까 물가와 총수요의 관계를 나타내는 총수요곡선도 우하향하지.

① 경미

② 철수, 경미

③ 영진, 철수

④ 영진, 정현, 철수

⑤ 모두 옳다

> 영진 : 물가 상승할 경우 자산의 실질가치가 줄어들기 때문에 민간 소비가 감소하여 총수요가 줄어들게 된다.
> 철수 : 국내 물가 상승은 수출 상품의 경쟁력이 저하되면서 수출이 감소해 총수요에 악영향을 미친다.
> 정현 : 물가 상승은 총수요 감소의 요인이다.
> 경미 : 총수요곡선이 우하향하는 것은 개별수요곡선의 합이 총수요곡선이기 때문이지, 개별 상품의 수요곡선이 우하향하여 물가와 총수요의 관계를 나타내는 총수요곡선이 우하향하는 것은 아니다.

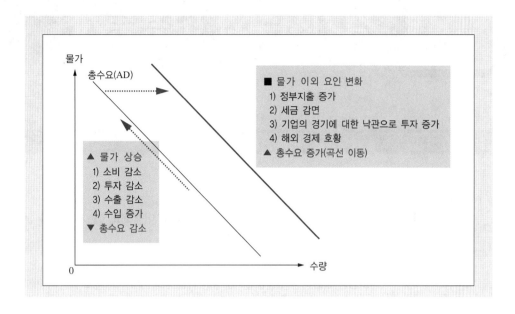

14 다음 그래프에서 점 A는 어떤 나라의 2019년 경제 예상을 나타내고, 점 B는 경제 실제를 나타낸 것이다. 실제가 예상과 달리 나타나게 된 원인으로 적절한 것은?

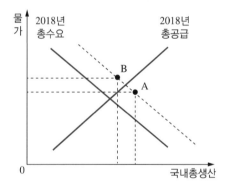

① 수출 증가

② 유가 상승

③ 이자율 하락

④ 가계의 소비 증가

⑤ 기업의 설비 투자 증가

2019년의 경제 실제가 예상과 다르게 나타나게 된 원인은 총공급이 예상과 달리 감소하였기 때문이다. 유가 상승은 생산비를 증가시켜 총공급의 감소를 초래한다. ① 수출 증가는 당연히 총수요의 증가를 가져오게 되고, ③의 이자율 하락은 민간 소비와 민간투자를 증가시켜 총수요의 증가를, ④의 가계의 소비 증가는 민간소비에 해당하기 때문에 총수요의 증가를, ⑤의 기업의 설비 투자 증가의 경우도 민간 투자와 관련 있기 때문에 총수요의 증가를 초래한다.

경기지수와 고용통계

**가장 많이
빈출된 문제
★★★★★**

1. 경기 관련 지수
   각종 경기 관련 지수의 특징과 차이점 등을 이해하고 있는지 여부를 묻는
   문제

2. 고용통계분류기준
   고용통계를 작성하는 분류기준들이 어떻게 되는지 이해하고 있는지 여부를
   실생활 속의 사례를 통해 물어보는 문제

3. 고용통계분류기준을 바탕으로 한 통계지표 산출
   주요 고용통계분류기준을 바탕으로 다양한 고용 통계지표를 구성할 수 있는지
   여부를 묻는 문제

4. 실업의 원인 구분 문제
   실업의 발생 원인에 따라 분류할 수 있는지를 묻는 문제

**빈출된 문제
★★★**

1. 경기변동
   주요 경기변동 주기와 발생 원인을 이해하고 있는지 여부를 묻는 문제

2. 경제성장
   주요 경제성장의 원인과 관련 이론에 대해 개괄적으로 숙지하고 있는지 여부를
   묻는 문제

3. 실업의 종류
   실업이 유발된 이유가 무엇인지에 따른 분류 체계를 묻는 문제

1 GDP

GDP는 각 부분의 경제활동은 물론 소비, 투자, 수출 등의 수요 동향까지도 살펴볼 수 있는 종합적인 지표라고 할 수 있다. 따라서 국민총생산이 증가하면 고용이 증가하고 실업이 감소하게 되어 있다. 하지만 GDP 통계는 당해 연도 또는 분기가 끝난 후 보통 2개월 이상이 경과한 후에야 추계가 가능하기 때문에 이를 통해 현재의 경기상황을 신속하게 판단하거나 장래의 경기흐름을 예측하기가 어렵다.

2 월별 경제지표들

앞에서 GDP가 신속한 경제 상황에 대한 정보를 주지 못한다는 단점을 갖고 있다는 사실을 보완하는 데는 월별로 발표되는 경제지표들이 가장 유용한 대안이 될 것이다. 대표적인 종류로는 다음과 같은 것들이 있다.

(1) 소비활동 관련 지표

도소매판매액지수, 소비재출하지수, 소비재수입액 등이 있다.

(2) 투자활동 관련 지표

건설 활동을 나타내는 건축허가면적, 시멘트출하량 등과 설비투자동향을 나타내는 국내기계 수주액, 기계류 수입액, 기계류 수입허가액 등이 있다.

(3) 생산활동 관련 경제지표

산업생산지수를 중심으로 생산자출하지수, 생산자제품재고지수, 제조업 생산능력지수 및 가동률지수 등이 있다.

3 산업생산지수

광업, 제조업, 전기 가스업을 대상으로 일정기간 중에 이루어진 산업 생산활동의 수준을 나타내는 지표로서 전체 경기의 흐름과 거의 유사하게 움직이는 대표적인 동행지표이다. 동 지수는 경기동향을 파악할 때 GDP와 함께 핵심적인 지표로 사용되고 있으나, 최근에는 서비스 부분이 전체 경제에서 차지하는 비중이나 역할이 증대되면서 서비스 부분이 제외되어 있는 산업생산지수만으로는 경기동향을 파악하기가 점차 어려워지고 있다.

▲ 경기종합지수(CI ; Composite Index)

(1) 의 미

앞에서 언급한 각종 경제지표들은 경제활동의 한 측면만을 나타내고 있기 때문에 전체 경기동향을 파악하기 위해서는 종합적인 지표가 필요하다. 이에 따라 세계 각국에서는 경기동향을 민감하게 반영하는 주요 개별 경제지표들을 선정한 후 이들 지표를 가공, 합성한 종합경기지표를 개발해 쓰고 있다. 우리나라에서도 CI는 국민경제의 각 부문을 대표하고 경기 대응성이 높은 각종 경제지표들을 선정한 후 이를 가공, 종합하여 작성하고 있다.

(2) 계산 방법

경기종합지수는 또한 기준순환일에 대한 시차 정도에 따라 비교적 가까운 장래의 경기동향을 예측하는 선행지수, 현재의 경기상태를 나타내는 동행지수, 경기의 변동을 사후에 확인하는 후행지수의 3개 군으로 구분하여 계산된다.

〈경기종합지수(CI) 구성지표〉

선행종합지수	동행종합지수	후행종합지수
1. 구인구직비율 2. 재고순환지표(제조업) 3. 소비자기대지수 4. 국내기계수주액(선박제외, 실질) 5. 자본재수입액(실질) 6. 건설수주액(실질) 7. 종합주가지수(월평균) 8. 총유동성(Lf, 실질, 말잔) 9. 장단기금리차 10. 순상품교역조건	1. 비농가취업자 수 2. 산업생산지수 3. 제조업가동률지수 4. 건설기성액(실질) 5. 서비스업활동지수(도소매업 제외) 6. 도·소매업판매액지수 7. 내수출하지수 8. 수입액(실질)	1. 이직자 수(제조업) 2. 상용근로자 수 3. 생산자제품재고지수 4. 도시가계소비지출(전가구) 5. 소비재수입액 6. 회사채유통수익률

자료 : 통계청

(3) 장 점

CI는 전월에 대한 증감률을 보여주어 경기가 상승하고 있는지, 경기가 하강하고 있는지 그 증감률의 크기에 의해 경기변동의 진폭까지도 알 수 있으므로 동 지수를 통하여 경기변동의 방향, 국면 및 전환점은 물론 변동속도까지도 동시에 분석할 수 있는 장점이 있다.

5 기업실사지수(BSI ; Business Survey Index)

(1) 의 미

경기종합지수 등이 기존의 경제관련지표들을 가공하여 간접적으로 산출하는 데 반해 기업실사지수는 기업활동의 실적, 계획 및 경기동향에 관한 기업가의 의견을 직접 조사하여 이를 지수화한 것이다. 우리나라에서는 한국은행, 산업은행, 전경련 등 7개 기관에서 기업실사조사를 하고 있다.

(2) 계산방법

설문조사결과에 의거해서 지수를 작성하는 방법인데, 전월 대비 또는 전분기 대비 증가, 감소 또는 불변 등의 변동방향을 파악해서 증가를 예상한 업체 수에서 감소를 예상한 업체수를 차감한 후 이를 전체 응답업체 수로 나누어 계산한다. 현재 우리나라에서는 한국은행을 비롯한 전경련, 대한상공회의소, 무역협회 등 여러 기관에서 월 또는 분기별로 기업경기실사지수를 작성하고 있다.

$$BSI = \frac{긍정적\ 응답업체\ 수 - 부정적\ 응답업체\ 수}{전체\ 응답업체\ 수} \times 100 + 100$$

(3) 해 석

기업실사지수가 100 이상인 경우 경기를 긍정적으로 보는 업체가 부정적으로 보는 업체 수에 비해 많다는 것을 의미하며, 100 미만의 경우에는 그 반대를 나타낸다. 기업실사지수는 다른 경기지표와는 달리 재고나 설비투자판단, 고용수준판단 등과 같은 주관적, 심리적 요소까지도 조사가 가능하다는 장점이 있다. 반면에 기업가의 예상이나 계획은 항상 유동적이고, 사후적으로 볼 때 계획집행의 차질 등에 따라 어느 정도 오차가 생기는 것은 불가피하므로 기업실사지수를 이용해서 경기를 분석한 경우 이러한 점을 감안해야만 한다.

6 소비자동향지수(CSI ; Consumer Sentiment Index)

(1) 의 미

소비자동향지수는 소비자의 소비지출 계획 및 경기에 대한 인식을 조사하는 것으로 1946년 미국 미시간대학교에서 최초로 작성하였으며, 그 이후 세계 각국에서 소비자동향지수를 편제하여 공표하고 있다.

(2) 계산방법

조사항목은 소비자의 현재 경제상황에 대한 판단, 향후 경제상황에 대한 전망, 향후 소비지출에 대한 계획 등과 관련된 17개 항목으로 구성되어 있으며, 성별, 연령별, 주거지역별, 업종별, 직업별, 학력별, 소득계층별로 구분하여 조사하고 있다. 기업경기실사지수가 경기에 대한 응답이 좋음, 보통, 나쁨 세 가지로 이루어는 데 반해 소비자동향지수는 매우 좋아짐, 약간 좋아짐, 변동 없음, 약간 나빠짐, 매우 나빠짐 등 다섯 가지로 구성되어 있어 정도에 따라 상이한 가중치를 부여한다.

$$CSI = \frac{(\text{매우 좋음} \times 1.0 + \text{약간 좋음} \times 0.5 - \text{약간 나쁨} \times 0.5 - \text{매우 나쁨} \times 1.0)}{\text{전체 응답 소비자 수}} \times 100 + 100$$

(3) 해 석

소비자동향지수는 위와 같은 산식으로 계산되며 0에서 200까지의 값을 갖는데, 동 지수가 100을 초과한 경우 긍정적인 답변을 한 소비자가 부정적인 답변을 한 소비자보다 많다는 것을 의미하며 100 미만인 경우는 그 반대를 의미한다.

7 경기변동

(1) 개 념

경기변동이란 총체적인 경제활동수준이 주기적으로 상승과 하강을 반복하는 현상을 의미한다. 특히 경기하강은 경제에 많은 어려움을 유발하기 때문에 경기변동은 경제학자들의 주요 관심사가 되고 있다.

(2) 특 징

① 총체적 현상

경기변동은 경제전반의 총체적인 변화로, GDP 등과 같은 특정한 경제변수만의 변동을 의미하는 것이 아니다.

② 공행성

경기변동은 몇몇 산업부문 혹은 몇 개의 변수들에만 국한되는 것이 아니라 확장국면, 수축국면이 거의 모든 부문 및 변수에서 동시적으로 발생한다.

③ 지속성

확장국면 혹은 수축국면이 한번 시작되면 상당기간 동안 지속적으로 나타난다.

④ 반복성

경기변동이 반드시 일정간격으로 나타나는 현상은 아니지만 반복적으로 일어나며 수축국면과 확장국면이 반복되는 전형적인 패턴을 가지고 있다.

(3) 경기변동의 국면 및 주기

경기변동은 일반적으로 호황 – 후퇴 – 불황 – 회복의 4국면으로 구분되며, 경기변동이 어느 정도 크게 일어나고 있는지는 주기와 진폭을 보면 알 수 있다.

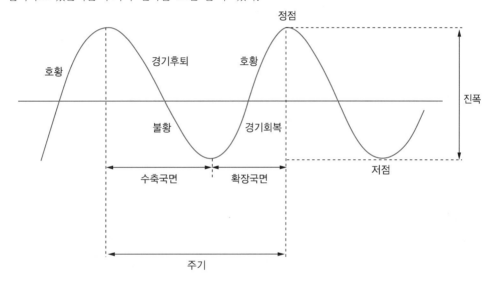

(4) 경기변동의 주기와 발생원인

종 류	주 기	발생원인
키친파동	40개월	재고투자
쥬글러파동	9 ~ 10년	설비투자
콘드라티에프파동	40 ~ 60년	기술혁신, 전쟁
건축순환	17 ~ 18년	건축투자
쿠즈네츠파동	20 ~ 25년	경제성장률 변화

8 고용통계

고용통계는 한 나라의 노동력 규모와 취업자 및 실업 상황을 파악하기 위해 이용된다. 이를 위해서는 국가 전체의 인구 규모보다는 생산활동에 참여가 가능한 인구의 규모를 측정하고 이 중에서 다시 경제활동에 참여할 의사가 있는 사람과 없는 사람을 구분하는 것이 중요하다. 현재 고용통계에서는 노동가능인구, 경제활동인구, 취업자, 실업자 등을 기준으로 고용 현황을 집계하고 있다.

9 고용통계 분류 기준

(1) 노동가능인구

노동가능인구란 노동 투입이 가능한 '15세 이상 인구'로 정의하는데 이는 단순히 노동 가능성 여부를 나타내는 기준이다. 노동가능인구는 고용통계에서 가장 광의의 분류 기준으로 우리나라 전체 인구를 크게 노동가능인구와 노동가능 제외 인구로 구분한다. 단, 15세 이상 인구이지만 경제활동에 참여하여 노동력을 제공할 수 없는 군인과 수감자는 노동가능인구에서 제외된다. 따라서 노동가능 제외인구는 15세 미만의 인구에 군인 및 수감자가 추가된 수로 집계된다.

> 인구 = 노동가능인구 + 노동가능 제외인구

(2) 경제활동인구

노동가능인구는 경제활동 참가 의사를 기준으로 다시 두 그룹으로 분류한다. 이들 중 적극적으로 경제활동 참가의사를 표현한 사람을 경제활동인구, 그렇지 않은 사람을 비경제활동인구로 분류한다.

> 노동가능인구 = 경제활동인구 + 비경제활동인구

① 경제활동인구

　노동가능인구 중에서 일에 종사하고 있거나 취업을 하기 위하여 구직활동 중에 있는 사람을 경제활동인구라고 한다.

② 비경제활동인구

　㉠ 전업 주부, 학교에 다니고 있는 학생, 일을 할 수 없는 고령자 및 심신장애자, 자발적으로 자선사업이나 종교 단체에 관여하는 사람 등은 비경제활동인구로 분류된다.

ⓛ 구직단념자는 비경제활동인구로 분류되는데 원래 취업의사와 일할 능력은 있으나

- 적당한 일거리가 없을 것 같아서(전공, 경력, 임금수준, 근로조건)
- 지난 4주간 이전에 구직하여 보았지만 일거리를 찾을 수 없어서
- 자격이 부족하여(교육, 기술 경험 부족, 나이가 너무 어리거나 많다고 고용주가 생각할 것 같아서) 등의 노동시장적 사유로 인해 지난 4주간에 구직활동을 하지 않은 자 중에서 지난 1년 내 구직경험이 있었던 인구로, 향후 노동시장에 유입될 가능성이 있는 잠재인력이라는 점에서 중요한 의미를 가진다.

(3) 취업자 vs 실업자

경제활동인구는 경제활동에 참가의사를 밝히고 취업이 된 취업자와 그렇지 못한 실업자로 구분된다.

① 취업자

조사대상 주간에 수입을 목적으로 1시간 이상 일한 사람이 포함되는데, 여기에는 동일가구 내 가구원이 운영하는 농장이나 사업체의 수입을 위하여 주당 18시간 이상 일한 무급가족종사자 그리고 직업 또는 사업체를 가지고 있으나 일시적인 병 또는 사고, 연가, 교육, 노사분규 등의 사유로 일하지 못한 일시 휴직한 사람도 해당한다.

② 실업자

조사대상 주간을 포함한 지난 4주간 수입이 있는 일을 하지 않았고 적극적으로 구직활동을 하였으며, 일이 주어질 경우 즉시 일을 할 수 있었던 사람이 해당한다. 이는 통상 우리가 실업자로 생각하는 것과는 좀 다른 개념이다. 통상적으로는 단순히 직장이 없는 것처럼 보이는 모든 사람들을 실업자라고 하는데 경제학에서는 일할 의사가 있음에도 직업을 구하지 못한 사람을 말한다. 이는 다시 일할 의사와 직장을 구할 능력도 있지만 스스로 실업자가 된 경우와 일한 의사가 있지만 일자리를 얻지 못하여 실업자가 된 경우로 나눌 수 있다.

경제활동인구 = 취업자 + 실업자

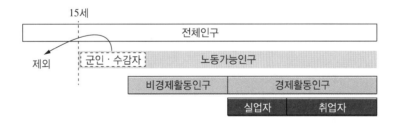

③ 실업률

실업률은 경제활동인구 중에서 실업자가 차지하는 비율을 나타내는 것인데, 경제활동인구조사 결과 중에 가장 관심이 높은 지표이다.

$$실업률(\%) = \frac{실업자\ 수}{경제활동인구(=\ 취업자\ +\ 실업자)} \times 100(\%)$$

④ 고용률

고용률은 만 15세 이상 인구 중에서 취업자가 차지하는 비율을 나타낸다.

$$고용률(\%) = \frac{취업자\ 수}{15세\ 이상\ 인구} \times 100(\%)$$

⑤ 경제활동참가율

15세 이상 인구 중에서 경제활동인구가 차지하는 비율을 나타낸다.

$$경제활동참가율(\%) = \frac{경제활동인구}{15세\ 이상\ 인구} \times 100(\%)$$

⑥ 청년실업률

청년실업률이란 15세부터 29세에 해당하는 청년층의 실업률을 의미한다.

$$청년실업률(\%) = \frac{15 \sim 29세\ 실업자\ 수}{15 \sim 29세\ 경제활동인구} \times 100(\%)$$

(4) 실업의 종류

일반적으로 경기적 실업이 0으로 감소하면 실업률이 0보다 커도 완전고용이라고 한다. 즉, 경제 내에 마찰적 실업과 구조적 실업만 있고 경기적 실업이 없는 상태를 완전고용이라고 하며, 이때 실업률을 자연실업률이라고 부른다.

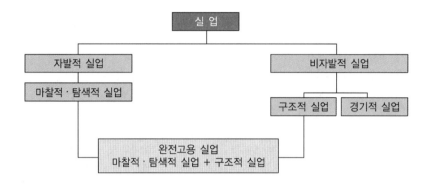

(5) 필립스곡선

실업률이 낮으면 임금상승률이 높고 실업률이 높으면 임금상승률이 낮다는 반비례 관계를 도출해냈다. 이때 얻어지는 곡선을 '필립스곡선(Phillips Curve)'이라 한다. 최근에는 임금상승률과 실업률의 관계보다 물가상승률과 실업률의 관계로 보는 것이 일반적이다.

① 인플레이션율(π)과 실업률(u) 사이에는 역의 상관관계(Trade-off)가 존재한다. 따라서 두 가지를 동시에 해결하는 것은 불가능하다는 사실을 제시해 주고 있다.

② 인플레이션율과 실업률 사이의 역의 상관관계를 반영한 곡선으로 우하향하는 형태를 띤다.

③ 완전고용과 물가안정이라는 두 가지 정책목표를 동시에 달성하기 어렵다. 즉, 실업과 인플레이션 중 어느 하나를 개선하기 위해서는 반드시 다른 하나의 희생이 따른다.

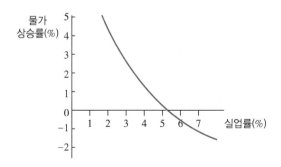

최신 기출분석문제

01 경기흐름을 판단하는 주요 지표의 하나로 기업실사지수(BSI)라는 것이 있다. 다음의 설명 중 옳지 않은 것은?

① 0에서 200까지 값을 가진다.
② 100 이상은 경기를 긍정적으로 보는 업체가 많다는 뜻이다.
③ 100 미만은 경기를 부정적으로 보는 업체가 많다는 뜻이다.
④ 주관적 요소보다는 객관적 지표를 이용해 경기를 진단하는 방법이다.
⑤ '{(긍정적 응답 − 부정적 응답) / 전체응답} × 100 + 100'으로 구한다.

해설 경기종합지수(CI) 등이 기존의 경제관련지표들을 가공하여 간접적으로 산출하는 데 반해 기업실사지수(BSI)는 기업 활동의 실적, 계획 및 경기동향에 관한 기업가의 의견을 직접 조사하여 이를 지수화한 것이다. 우리나라에서는 한국은행, 산업은행, 전경련 등 7개 기관에서 기업실사조사를 하고 있다. 설문조사결과에 의거해서 지수를 작성하는 방법인데, 전월 대비 또는 전분기 대비 증가, 감소 또는 불변 등의 변동방향을 파악해서 증가를 예상한 업체 수에서 감소를 예상한 업체수를 차감한 후 이를 전체 응답업체 수로 나누어 계산한다. 현재 우리나라에서는 한국은행을 비롯한 전경련, 대한상공회의소, 무역협회 등 여러 기관에서 월 또는 분기별로 기업실사지수를 작성하고 있다. BSI와 비슷한 심리지표로는 소비심리를 파악해 볼 수 있는 소비자동향지수(CSI)가 있다. CSI는 소비자기대지수와 평가지수로 나뉘는데 소비자기대지수는 6개월 후의 경기, 생활형편, 소비지출 등에 대한 심리를 현재와 비교한 것이며 소비자평가지수는 현재를 6개월 전과 비교해 나아졌는지 나빠졌는지를 평가한 것이다.

정답 ④

02 경기변동에 대한 설명으로 적절하지 않은 것은?

① 경기변동을 판단하는 지표로 경기종합지수가 있다.
② 정책실패는 경기변동에 영향을 주지 않는다.
③ 세계화로 인하여 국가 간 경기변동의 패턴이 유사해지고 있다.
④ 미래의 경제 상황에 대한 소비자나 기업의 예상은 경기변동에 영향을 줄 수 있다.
⑤ 과소소비나 과잉투자도 경기변동의 원인이 될 수 있다.

해설 정책은 경기변동에 영향을 끼치므로, 정책실패 역시 경기변동의 요인이 될 수 있다.

정답 ②

03 다음 중 실업자의 범위에 포함되는 것은?

① 민희의 어머니는 전업주부이다.

② 수민이의 옆집 형은 취직을 포기했다.

③ 석원이는 대학 입학시험을 준비하는 고등학교 3학년 학생이다.

④ 강호네 첫째형은 대학 졸업을 앞두고 여러 기업에 입사지원서를 넣고 있다.

⑤ 정현이네 큰누나는 다니던 회사를 그만두고 더 나은 직장을 알아보고 있다.

해설 전업주부, 취직을 아예 포기한 사람, 재학 중인 학생은 비경제활동인구로 분류되어 실업자로 분류되지 않는다. ④번 보기의 학생은 아직 졸업 전이기 때문에 비경제활동인구에 해당한다. 직장을 그만두고 새 직장을 찾고 있는 사람은 실업자다.

비경제활동인구	경제활동인구	
	취업자	실업자
• 전업 주부 • 학교에 다니는 학생 • 일을 할 수 없는 고령자 및 심신장애자 • 자발적 자선사업자 • 종교단체에 관여하는 사람 • 구직단념자 등	조사대상 주간에 수입을 목적으로 1시간 이상 일한 사람	조사대상 주간을 포함한 지난 4주간 수입이 있는 일을 하지 않았고 구직활동을 적극적으로 하였으며 일이 주어질 경우 즉시 일을 할 수 있는 사람

정답 ⑤

04 다음 중 마찰적 실업으로 볼 수 있는 경우는?

① 시중의 통화량이 부족해 기업들의 투자가 위축되어 실업이 발생하였다.

② 스마트폰이 등장하면서 MP3플레이어 제조회사들이 어려워져 실업이 발생하였다.

③ 건설현장 근무자들은 겨울철이 되자 일자리가 없어 쉬고 있다.

④ 더 좋은 직장을 찾기 위해 헤드헌터의 정보를 기다리고 있다.

⑤ 총수요의 부족으로 실업이 발생했다.

해설 마찰적 실업 또는 탐색적 실업이란 새로운 일자리를 탐색하거나 이직을 하는 과정에서 일시적으로 발생하는 실업을 의미한다. 마찰적 실업은 경기침체로 인해 발생한 비자발적 실업이 아닌 자발적 실업이며 이는 경기 변동 과정에서 발생하는 경기적 실업이나 특정 산업의 침체 등으로 발생하는 구조적 실업과는 구분된다. ①, ⑤는 경기적 실업, ②는 구조적 실업, ③은 계절적 실업에 해당한다.

정답 ④

05 어느 나라의 15세 이상 생산가능인구는 4,000만 명, 비경제활동인구는 1,000만 명, 취업자 수가 2,400만 명이라고 할 때 고용률과 실업률을 각각 구하면?

① 고용률 : 60% — 실업률 : 20%

② 고용률 : 59% — 실업률 : 20%

③ 고용률 : 58% — 실업률 : 20%

④ 고용률 : 57% — 실업률 : 30%

⑤ 고용률 : 56% — 실업률 : 30%

해설 고용률은 생산가능인구 중에 취업자가 차지하는 비율을 뜻한다. 생산가능인구 4,000만 명, 취업자 2,400만 명이므로 고용률을 구하면 60%다. 실업률은 경제활동인구에 대한 실업자 수의 비율이다. 생산가능인구 4,000만 명, 비경제활동인구가 1,000만 명이므로 경제활동인구는 3,000만 명이다. 실업자 600만 명을 경제활동인구 3,000만 명으로 나누면 실업률은 20%다.

정답 ①

01 경기종합지수에서 경기동행지수를 구성하는 변수가 아닌 것은?

① 내수출하지수

② 기계수주액

③ 비농가취업자수

④ 수입액

⑤ 건설기성액

기계수주액이 많아질수록 앞으로 경기가 좋아질 것이 예상되므로 기계수주액은 경기선행지수이다.

선행종합지수	동행종합지수	후행종합지수
1. 구인구직비율 2. 재고순환지표(제조업) 3. 소비자기대지수 4. 국내기계수주액(선박제외, 실질) 5. 자본재수입액(실질) 6. 건설수주액(실질) 7. 종합주가지수(월평균) 8. 총유동성(Lf, 실질, 말잔) 9. 장단기금리차 10. 순상품교역조건	1. 비농가취업자 수 2. 산업생산지수 3. 제조업가동률지수 4. 건설기성액(실질) 5. 서비스업활동지수(도소매업 제외) 6. 도·소매업판매액지수 7. 내수출하지수 8. 수입액(실질)	1. 이직자 수(제조업) 2. 상용근로자 수 3. 생산자제품재고지수 4. 도시가계소비지출(전가구) 5. 소비재수입액 6. 회사채유통수익률

02 경기종합지수에서 다음 중 경기선행지수에 속하지 않는 것은?

① 건설수주액

② 제조업가동률지수

③ 종합주가지수

④ 소비자기대지수

⑤ 장단기금리차

제조업가동률지수는 경기가 좋아지면 공장의 가동률이 높아지므로 경기동행지수이다.

03 다음 중 경제침체에 선행하여 나타날 것으로 예상되는 현상은 어느 것인가?

① 실업보험 신청자가 감소한다.
② 장단기 금리 차이가 증가한다.
③ 재고가 감소한다.
④ 은행이 신규대출을 줄인다.
⑤ 주식가격이 상승한다.

④를 제외한 나머지는 모두 호황에 선행하여 나타날 수 있는 현상들이다. 예를 들어 불황이 시작될 때 기업은 판매가 감소하며, 의도하지 않은 재고가 발생하는 것을 관찰하게 되고, 이에 따라 생산을 급격하게 줄여 대응함으로써 본격적인 불황이 시작된다.

경기침체 선행 현상	경기호황 선행 현상
실업보험 신청자 증가	실업보험 신청자 감소
재고 증가	재고 감소
주가 하락	주가 상승
장단기 금리차 축소	장단기 금리차 확대
신규대출 증대	신규대출 감소
실업률 증대	실업률 감소

04 다음은 우리나라가 경기종합지수를 산출할 때 사용하는 경제지표들이다. 이중 후행종합지수에 속하지 않는 것은?

① 소비재수입액   ② 회사채유통수익률
③ 상용근로자 수   ④ 생산자제품재고지수
⑤ 산업생산지수

산업생산지수는 공장에서 생산이 늘어나면 경기가 좋아지고 반대로 생산실적이 부진하면 경기가 나빠지기 때문에 경기동행지수에 속한다.

05 다음 기사를 읽고 바른 예측을 한 것은?

> 한국은행은 정기적으로 기업경기전망을 조사한 결과를 발표한다. 최근 조사에서는 제조업의 업황 전망 기업경기실사지수(BSI)가 107로 나타났고, 비제조업의 내년 업황 전망 BSI는 올해 실적치와 같은 96으로 나타났다고 발표했다.

① 제조업체들이 내년 경기를 비교적 밝게 보고 있는 것으로 파악된다.
② 제조업체들이 내년 경기를 비교적 비관적으로 보고 있는 것으로 파악된다.
③ 비제조업체들은 내년 경기를 비교적 밝게 보고 있는 것으로 파악된다.
④ 제조업체들의 예측이 맞는다면 제조업의 실업이 증가할 것이다.
⑤ 비제조업체들의 예측이 맞는다면 비제조업의 실업이 감소할 것이다.

> 기업경기실사지수(BSI)란 경기동향에 대한 기업인들의 판단·예측·계획의 변화추이를 관찰하여 지수화한 지표이다.

06 다음 보기에 제시되어 있는 내용에 부합하는 경기지수는?

> 지난해 12월의 소비심리가 전월에 비해 조금 더 살아난 것으로 조사되었다. 통계청이 28일 발표한 12월 소비자 전망 조사 결과에 따르면 앞으로 6개월 후의 소비동향을 나타내는 소비자기대지수는 106.6으로 전월의 106.0에 비해 0.6포인트 높아졌다.
> 소비자기대지수는 지난해 4월 100.1로 100을 넘어선 후 103.9, 7월 105.0, 9월 106.0 등으로 완만한 상승세를 보이다가 10월 들어 전월보다 2.0포인트 떨어졌으나 11월에 다시 상승세로 돌아섰다. 기대지수를 분야별로 보면 경기에 대한 기대가 121.5로 전월의 120.9보다 높아져 경기를 낙관하는 소비자가 소폭 늘었으며, 내구소비재지출은 1.4포인트 오른 93.5, 외식, 오락, 문화생활 관련 지출은 1포인트 오른 94.5를 각각 기록했다.

① BSI
② CI
③ CSI
④ GDP
⑤ DI

> 소비자동향지수는 소비자의 소비지출 계획 및 경기에 대한 인식을 조사하는 것으로 1946년 미국 미시간대학교에서 최초로 작성하였으며, 그 이후 세계 각국에서 소비자동향지수를 편제하여 공표하고 있다.

07 아래 표의 내용을 바탕으로 Ⓐ에 들어갈 경제지표를 고르면?

구 분	2013	2014	2015	2016	2017	2018
물가상승률	2.3	4.1	2.7	3.6	3.6	2.8
실업률	4.4	4.0	3.3	3.6	3.7	3.8
(Ⓐ)	6.7	8.1	6.0	7.2	7.3	6.6

① 경기종합지수
② 비농가취업자 수
③ 종합주가지수
④ 소비자기대지수
⑤ 경제고통지수

⑤ 경제고통지수 – 국민이 피부로 느끼는 경제적인 삶의 질을 수치로 나타낸 것으로 미국의 경제학자 오쿤이 착안했다. 물가상승률(인플레이션율)과 실업률을 합해 계산한다.
① 경기종합지수 – 주요 경제지표의 움직임을 지수형태로 나타낸 경기 지표
② 비농가취업자 수 – 전체 취업자 중 농가 부분의 취업자를 제외한 취업자 수
③ 종합주가지수 – 증권시장에서 형성되는 개별주가를 총괄적으로 묶어 전체적인 주가를 나타내는 지표
④ 소비자기대지수 – 앞으로 6개월 후의 소비자 동향을 나타내는 심리지수

08 다음과 같은 방식으로 조사되는 경기지수는 무엇인가?

> 한국은행이 전국 30개 도시의 2,500가구를 대상으로 우편조사에 의한 자계기입방식과 미회수 가구에 대한 전화 인터뷰 조사를 병행하여 현재와 미래(6개월 간)의 생활 형편에 대한 평가, 향후 1년 간의 가계수입전망, 향후 6개월 동안의 소비지출, 목적별 소비지출전망, 부동산 및 승용차 구입계획을 조사하여 작성한다.

① BSI
② CI
③ CSI
④ GDP
⑤ DI

③ CSI(소비자동향지수)란 장래의 소비지출계획이나 전기전망에 대한 소비자들의 설문조사 결과를 지수로 환산해 나타낸 지표이다.
① BSI – 기업체 CEO를 대상으로 체감경기를 각각 전시점과 현재시점을 대비하여 호전(증가), 악화(감소) 또는 불변으로 표시하게 한 뒤 이를 지수화한 것을 말한다.
② CI – 경기종합지수로 주요 경제지표의 움직임을 지수형태로 나타낸 경기 지표
④ GDP – 일정기간 동안 특정 국가에서 새로이 생산된 최종생산물의 시장가치
⑤ DI – 경기동향지수, 경기확산지수라고도 한다. 경기종합지수와 함께 흔히 사용된다. 경기동향지수는 경기종합지수와는 달리 경기변동이 진폭이나 속도는 측정하지 않고 변화방향만을 파악한다.

09 다음 설명을 바탕으로 설명에 부합하는 대표적인 경기지수를 바르게 연결한 것은?

> (가) 생산, 투자, 고용, 수출 등 경기의 움직임을 잘 반영한다고 간주되는 개별경제지표들의 추이를 경기변동이론이나 과거의 경험적인 사실 등에 비추어 종합적으로 판단하는 것이다.
> (나) 경제 각 부문의 동향을 잘 반영해 주는 개별경제지표를 선정한 후 이를 통계적으로 가공 종합한 경기지표로, 전반적인 경기의 움직임을 분석하는 방법을 말한다.
> (다) 기업가나 소비자와 같은 경제주체들의 경기에 대한 판단, 전망 및 계획 등이 국민경제에 중대한 영향을 미친다는 경험적인 사실에 바탕을 두고 각 경제주체들을 대상으로 한 설문조사 결과에 의거하여 전반적인 경기동향을 파악하는 방법이다.

① (가) – GDP, (나) – CI, (다) – BSI
② (가) – CI, (나) – GDP, (다) – BSI
③ (가) – CI, (나) – BSI, (다) – GDP
④ (가) – BSI, (나) – CI, (다) – GDP
⑤ (가) – BSI, (나) – GDP, (다) – CI

> 경기의 움직임을 파악하는 개별경제지표 중 가장 대표적인 것으로는 GDP 통계를 들 수 있다. 경기 상황을 판단하고 장래의 경기흐름을 예측하기 위한 경기분석 방법 중 설문조사방법으로는 BSI(기업경기실사지수), CSI(소비자동향지수) 등이 있다. CI는 우리나라의 대표적인 종합경기지표로 각종 경제지표들의 전월대비증감률을 합성하여 작성한다.

10 다음 중 실업률에 영향을 미치는 항목만 묶은 것은?

> ㄱ. 올림픽 우승으로 병역미필인 국가 야구대표 선수들이 공익근무요원으로 근무하게 됐다.
> ㄴ. 원정화 간첩 사건으로 인해 일부 의무복무 사병들이 군복을 벗고 교도소에 수감될 것으로 보인다.
> ㄷ. 파출부 일을 보던 주부가 일이 끊겨 집에서 쉬고 있다.
> ㄹ. 농부가 14세인 자신의 아들을 학교를 그만두게 하고 가사 일을 돕도록 했다.

① ㄱ, ㄴ
② ㄱ, ㄷ
③ ㄴ, ㄷ
④ ㄴ, ㄹ
⑤ ㄷ, ㄹ

> ㄱ에서 국가대표 야구선수는 경제활동인구에 포함되나 공익근무요원은 경제활동인구에서 빠진다. 따라서 야구선수가 공익요원으로 바뀔 경우 실업률 계산에서 분모가 작아지므로 실업률은 올라가게 된다. ㄷ의 경우 파출부는 경제활동인구에 속하지만 가정주부는 경제활동인구에 속하지 않으므로 ㄱ과 마찬가지로 실업률은 올라간다.

11 다음 중 일반적인 필립스곡선에 나타나는 실업률과 인플레이션의 관계에 대해 가장 거리가 먼 설명은?

① 장기적으로는 인플레이션과 실업률 사이에 특별한 관계가 없다.

② 실업률을 낮추기 위하여 확장적인 통화정책을 사용하는 경우 인플레이션이 일어난다.

③ 단기적으로는 인플레이션율과 실업률이 반대방향으로 움직이는 경우가 대부분이다.

④ 인플레이션에 대한 높은 기대 때문에 인플레이션이 나타난 경우에도 실업률은 하락한다.

⑤ 원자재 가격이 상승하는 경우 실업률이 감소하지 않더라도 인플레이션이 심화된다.

④ 장기적으로는 인플레이션과 실업률 사이에 특별한 관계가 없다.

정부가 통화량을 증가시키면 물가가 상승한다. 또 적어도 단기적으로는 실업률이 낮아진다. 이와 같은 인플레이션과 실업의 단기 상충관계를, 이 관계를 처음으로 관찰한 경제학자(A.W.Phillips)의 이름을 따 필립스곡선관계라고 한다.

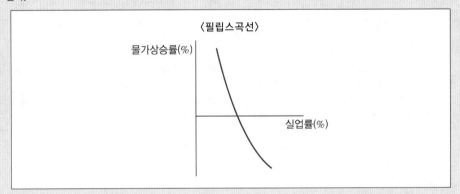

인플레이션율(π)과 실업률(u) 사이에는 역의 상관관계(Trade-off)가 존재한다. 따라서 두 가지를 동시에 해결하는 것은 불가능하다는 사실을 제시해 주고 있다. 인플레이션율과 실업률 사이의 역의 상관관계를 반영한 곡선으로 우하향하는 형태를 띤다. 완전고용과 물가안정이라는 두 가지 정책목표를 동시에 달성하기 어렵다. 즉, 실업과 인플레이션 중 어느 하나를 개선하기 위해서는 반드시 다른 하나의 희생이 따른다.

12 다음 보기 중에서 실업률이 상승할 것으로 예상되는 경우는?

① 수출 증가　　　　　　　　② 통화량 증가

③ 실업보험 확충　　　　　　④ 경제 성장

⑤ 취업정보망 확대

실업보험이 잘 구축되어 있는 국가의 국민들은 실업 상태에 놓인다 하더라도 생계에 문제가 생긴다든가 하는 일이 발생하지 않게 된다. 따라서 사람들이 실업에 대한 걱정을 상대적으로 덜하게 되기 때문에 실업을 피하려는 노력을 치열하게 하지 않게 된다. 따라서 실업률이 상승할 수 있는 요인이다. 나머지는 실업이 줄어드는 요인이다.

13 다음 그림의 ( ) 안에 해당하는 사람으로 옳은 것을 〈보기〉에서 모두 고른 것은?

┤보 기├

ㄱ. 실직 뒤에 구직 노력을 포기한 삼촌

ㄴ. 교통사고를 당해 휴직을 하고 있는 고모부

ㄷ. 아빠 가게에서 무보수로 경리를 보고 있는 누나

ㄹ. 일거리가 적어 일주일에 하루만 일하는 이웃집 아저씨

	A	B			A	B
①	ㄱ	ㄴ, ㄷ, ㄹ		②	ㄱ, ㄷ	ㄴ, ㄹ
③	ㄴ, ㄷ	ㄱ, ㄹ		④	ㄴ, ㄹ	ㄱ, ㄷ
⑤	ㄱ, ㄴ, ㄷ	ㄹ				

> 실직 뒤에 구직 노력을 포기하면 비경제활동인구에 속한다. 아빠 가게에서 무보수로 일하는 사람도 취업자에 속한다.

14 다음의 글에 나타난 실업에 대한 설명으로 타당하지 않은 것은?

> 근로자들이 마음에 드는 일자리를 얻기 위해 옮겨 다니는 과정에서 발생하는 실업

① 마찰적 실업이라고 불린다.

② 완전고용 상태에서도 나타난다.

③ 일반적으로 실업보험 급여는 이러한 실업을 늘린다.

④ 정부의 실직자 재훈련 및 직장 알선 노력 등으로 낮아질 수 있다.

⑤ 경기가 나쁠수록 증가한다.

> ⑤ 경기가 나빠져서 나타나는 실업을 '경기적 실업'이라고 한다.
> ① 박스의 글은 마찰적 실업에 대한 내용이다.
> ②, ③, ④ 모두 마찰적 실업에 대한 내용이다.

15 우리나라는 1997년 말 시작된 외환위기로 대량 실업을 경험하였다. 이와 가장 유사한 성격의 실업은?

① 내가 근무하던 중소기업에서는 계속 근무해 주기를 원했지만 월급을 더 많이 주는 대기업을 찾기 위해서 사표를 냈다.

② 내가 가진 기능은 타이핑인데 타자수를 원하는 직장이 거의 없어서 직장을 구할 수 없다.

③ 나를 비롯한 많은 사람들이 일자리를 찾고 있지만, 현재 직장이 있는 사람들조차 해고당하는 실정이니 당분간은 취업이 어려울 것 같다. 경기가 좋아져야 취업이 가능할 것 같다.

④ 해수욕장에서 장사를 하는 나는 여름 한 철에만 영업을 하고 겨울에는 쉬고 있다.

⑤ 나는 대학을 졸업하고 직장 없이 유학을 준비하고 있다.

> 1997년 말 외환위기로 인한 대량 실업은 '경기적 실업'이다. ①은 자발적 실업, ②는 구조적 실업, ④는 계절적 실업, ⑤는 비경제활동인구이다.

16 한 경제의 취업자 수는 90만명이라고 한다. 이 경제의 실업률은 10%이고, 노동가능인구는 200만명이라고 한다. 이 경제의 경제활동참가율은?

① 33.3%   ② 50%

③ 66.7%   ④ 85%

⑤ 90%

> '경제활동인구＝취업인구＋실업인구', '실업률＝(실업인구 / 경제활동인구 × 100(%))'
> '실업률 10%＝실업인구 / (90만 명＋실업인구)', 실업인구＝10만 명, 경제활동인구＝10만 명＋90만 명＝100
> ∴ 경제활동참가율(%)＝(경제활동인구 / 노동가능인구)×100(%)＝100만 명 / 200만 명 × 100(%)＝50%

17 다음 중 경제활동인구에 포함되지 않는 것은?

① 실망노동자

② 파트타임 일자리를 구하고 있는 주부

③ 중소기업에 취업한 장애인

④ 건강상 이유로 1년간 휴직한 취업자

⑤ 부모가 운영하는 식당에서 주당 2시간 유급으로 일한 대학생

> 경제활동인구는 일할 능력과 일할 의사가 있는 인구이다. 실망노동자는 일할 의사가 없으므로 경제활동인구에 포함되지 않는다. 그러나 일자리를 구하는 주부는 일할 의사가 있어 경제활동인구 중 실업자에 해당하고, 취업한 장애인, 휴직한 근로자 그리고 주당 1시간 이상 보수를 위해 일하는 대학생은 경제활동인구 중 취업자에 해당한다.

화폐 · 재정정책 · 통화정책

(2등급 취득을 위한) TESAT 빈출문제분석

**가장 많이
빈출된 문제
★★★★★**

1. 재정정책
   재정정책의 효과와 주요 수단 및 한계점에 대해 이해하고 있는지 여부를 묻는 문제

2. 통화정책
   통화정책의 주요 수단이 무엇인지 이해하고 통화정책을 통해 기대하는 정책적 효과가 무엇인지 확인하는 문제

3. 재정정책과 통화정책의 차이점
   통화정책과 재정정책의 차이점을 숙지하고 있는지 여부를 묻는 문제

**빈출된 문제
★★★**

1. 금리의 종류 및 역할
   금리가 경제활동에 있어 어떠한 영향을 주는지에 대해 이해하고 있는지 여부를 물어보는 문제와 일상생활에서 접하는 주요 금리 용어에 대해 숙지하고 있는지 여부를 묻는 문제

① 통화량

(1) 의 미

자국 내 유통되는 돈의 총량을 말한다. 경제 규모에 비해 시중에 돈이 너무 많이 풀려 있으면 그 가치가 떨어져 물가가 지속적으로 오르고, 지나치게 적으면 금리가 오르고 생산자금이 부족해져 경제활동이 위축되기도 한다.

(2) 통화지표

현재 통용되는 대표적인 통화지표에는 현금통화, M1, M2가 있다. 통화량과 유사하게 사용되는 것으로 '유동성(Liquidity)'이란 것이 있다. 유동성이란 한 자산을 다른 자산으로 쉽게 바꿀 수 있는 정도를 나타낸다. 일반적으로 화폐를 유동성이 가장 높은 자산이라고 생각할 수 있다.

- 본원통화 : 화폐발행액 + 지급준비예치금
- 협의통화(M1) : 민간보유현금 + 요구불예금 및 수시입출식 저축성예금(MMF 포함)
- 광의통화(M2) : M1 + 정기예적금, 실적배당형 상품(수익증권 등), 금융채(만기 2년 이상 금융상품 제외)
- 총유동성(M3) : M2 + 만기 2년 이상 정기예적금 및 금융채, 장기금전신탁, 보험계약준비금 등 은행 및 비은행 금융기관의 금융상품

② 금 리

(1) 개 념

금리는 돈의 값으로, 시중자금 사정을 나타내는 지표이다. 돈이 수요에 비해 많이 풀려 있으면 금리는 떨어지고, 필요액보다 돈의 양이 적으면 금리는 올라간다. 예금이나 대출과 같이 거래 당사자 간 계약에 의해 결정되는 금리, 금융기관 간 초단기대차(貸借)에 적용되는 콜금리, 국고채 및 회사채 유통수익률 등의 시장금리가 있다.

(2) 지표금리

시장의 실세이자율을 가장 잘 반영하는 금리를 말하며, 시중의 유동성을 가늠하는 척도가 된다. 우리나라에서는 국고채(3년물)와 회사채 금리가 주로 사용된다.

(3) 콜금리

은행·보험·증권업자 간에 30일 이내 초단기로 빌려 주고받는 데 적용되는 금리로, 통상 콜금리는 1일물 금리를 의미한다. 콜금리는 한국은행의 콜금리 목표수준에 크게 영향을 받는다. 경기과열로 물가가 상승할 것 같으면 콜금리를 높여 시중자금을 흡수하고, 경기가 위축될 것 같으면 콜금리를 낮춰 경기활성화를 꾀한다.

(4) 리보금리

런던금융시장에서의 은행 간 대출금리로, 주요 은행들이 런던시간으로 오전 11시경에 고시한 금리를 평균한 값이며 세계적으로 국제금융시장에서의 기준금리로 통용된다.

3 경제정책

(1) 재정정책

정부는 경기가 과열되거나 침체된 경우 정부지출이나 조세를 변화시켜서 총수요에 영향을 주고 이를 통해 경기를 조절하는데, 이를 재정정책이라고 한다. 경기가 침체된 경우 정부는 정부구매지출을 늘려 총수요를 증대시킨다. 1930년대 전 세계를 휩쓴 대공황을 극복하기 위해 실시된 미국의 뉴딜정책은 재정정책의 좋은 예다. 뉴딜정책은 미국 정부가 테네시 강 유역의 대규모 댐 건설 등을 통해 재정지출을 확대하여 총수요를 증대시킴으로써 경기 침체를 극복하고자 한 것이다.

(2) 경기변동과 재정제도

① 자동안정화장치

자동안정화장치란 경기변동에 따라 자동적으로 정부지출 또는 조세수입이 변화하여 경기의 진폭을 완화시키는 재정제도이다. 이러한 자동안정화장치의 예로는 누진세제도, 실업보험 등이 있다.

② 재정적 견인

재정적 견인이란 완전고용국민소득 달성을 위한 총수요증가가 조세증가 때문에 억제되는 현상을 말한다.

③ 정책함정

정책함정이란 경기가 불황일 때 균형재정을 추구함으로써 경기가 더욱 더 불황에 빠지는 현상을 의미한다.

(3) 수 단

재정정책의 수단으로는 정부지출과 조세가 있다. 정부는 경제가 침체되어 있을 때에 정부지출을 늘리거나 과세를 줄이는 팽창적인 정책을 통해 총수요를 확대시켜 경제활동을 진작시킨다. 반면, 경제가 과열되어 있을 때에는 정부지출을 줄이거나 과세를 늘리는 긴축적인 재정정책을 통해 총수요를 줄이는데, 이렇게 함으로써 경제활동을 진정시킬 수 있다.

(4) 효 과

① 효 과

확대재정정책의 실시로 정부지출이 증가하면 IS곡선과 AD곡선이 우측으로 이동하므로 균형국민소득은 증가하고, 이자율과 물가는 상승한다. 반면 긴축재정정책은 IS곡선과 AD곡선을 좌측으로 이동시키므로 균형국민소득을 감소시키고, 이자율과 물가를 하락시킨다.

② **구축효과와 구입효과**

  ㉠ **구축효과**

정부가 지출을 늘리는 확장적 재정정책을 실시하면 총수요가 증대되고 경제의 움직임은 활발해진다. 경제활동이 활발해지고 소득이 증가하면 사람들은 더 많은 화폐를 필요로 한다. 돈을 필요로 하는 사람이 늘어나면 돈을 구하기 어려워지고 이자율이 올라간다.

한편, 정부가 지출을 늘리려면 예산보다 돈이 더 필요해진다. 정부는 부족한 돈을 자금시장에서 빌리게 되며, 이것은 자금의 수요가 증가하는 효과를 가져 오기 때문에 이자율이 올라간다. 이 과정을 더 구체적으로 설명하면 다음과 같다. 정부는 지출하는 데 필요한 돈을 국채를 발행해서 조달하게 되고, 채권의 공급이 늘어나면서 채권가격이 떨어지고, 이자율은 올라가는 것이다. 이자율이 올라가면 기업의 투자가 감소할 것이다. 기업이 투자를 하기 위해서는 돈을 필요로 한다. 그런데 이자율이 올라갔기 때문에 돈을 빌리는 비용이 커져 투자를 줄인다. 기업이 돈을 빌리지 않고 자기 돈으로 투자해도 마찬가지다. 돈의 투자에 지출하는 기회비용이 커졌기 때문이다. 이처럼 정부지출이 늘어나면 총수요가 늘어나지만 이자율이 올라가기 때문에 기업 투자가 위축되어 총수요는 다시 감소하는 것을 구축효과(Crowding-out Effect)라고 한다.

  ㉡ **구입효과**

구입효과란 정부지출증가가 국민소득을 증가시키고, 그에 따라 투자가 더욱 증가되는 효과를 지칭한다.

4 통화정책

(1) 개 념

중앙은행은 국민경제의 안정적 성장을 실현하기 위해 경기가 지나치게 과열되거나 침체되는 경우 통화량이나 이자율을 조절하는 정책을 사용하는데, 이를 통화정책이라고 한다. 중앙은행이 통화공급을 늘리면 시중에서 돈을 구하기 쉬워지기 때문에 이자율이 내려간다. 이자율이 하락하면 기업 투자가 늘어날 것이다. 또한 빚을 지고 있는 가계의 이자 부담이 줄어들고, 내구재에 대한 할부 구매 등 소비를 증가시키는 효과가 있다.

국내 이자율이 낮아지면 높은 이자 수익을 얻기 위해 국내 자본이 해외로 이동한다. 해외 투자를 위해 원화를 달러로 환전하려는 수요가 늘어나면서 원·달러 환율이 올라간다. 환율의 상승은 수출을 늘리고 수입을 줄인다. 이 모든 상황은 총수요를 자극하는 것으로 해석할 수 있다. 결론적으로 중앙은행이 통화량을 늘리면 이자율이 낮아지고 기업 투자, 민간 소비, 순수출이 늘어나 총수요가 확대된다. 이런 이유로 통화정책을 총수요관리정책이라고 부르는 것이다.

(2) 수 단

① **공개시장조작**

공개시장조작이란 중앙은행이 금융기관을 상대로 하여 국채를 사고파는 것을 통해 이자율이나 통화량을 조절하는 것을 의미한다. 중앙은행이 국채를 파는 경우 시중 통화량이 줄어들어 경제가 위축되지만, 매입하는 경우 시중 통화량이 증가하여 경제가 활성화된다.

② 재할인율정책

재할인율이란 일반은행이 중앙은행으로부터 현금을 차입할 때 지불하는 이자율이다. 재할인은 원래 고객에게 대출하면서 받은 상업어음을 중앙은행에 담보로 제시하고 돈을 차입받는다는 의미에서 비롯되었다. 그러나 은행이 자신의 차용증서를 쓰고 이를 담보로 중앙은행으로부터 융자를 받는 경우도 재할인율이라는 용어를 사용하고 있다. 재할인율이 내려(올라)가면 일반은행은 중앙은행으로부터 차입을 늘릴(줄일) 것이다. 이는 통화가 공급(환수)되는 것으로 통화량이 증가(감소)하는 것을 의미한다.

③ 지급준비정책

본래 지급준비제도는 금융기관의 적정유동성 확보 및 예금자 보호 등을 목적으로 도입된 제도였으나 금본위제도에서 관리통화제도로 이행한 1930년대 이후에는 통화량을 조절하는 강력한 수단으로 인식되고 있다. 지급준비율의 인상은 시중 통화량의 감소를 가져오며, 지급준비율의 인하는 시중 통화량의 증가를 가져온다.

④ 통화정책의 수단 – 선별적 정책수단

선별적 정책수단이란 정책효과가 국민경제의 어떤 특정부문에만 선별적으로 미치는 정책수단을 말한다. 선별적 정책수단은 은행의 대출에 대해 통화당국이 직접 개입하여 통화량이나 이자율을 조절하는 정책을 말한다.

5 재정정책과 금융정책의 시차

(1) 시차의 구분

① 내부시차

내부시차란 정책당국 내부에서 발생한 시차를 말하는데, 인식시차와 실행시차로 구분된다.
㉠ 인식시차 : 정책당국이 경제 상태를 인식하는 데 소요되는 시차를 말한다.
㉡ 실행시차 : 정책당국이 경제정책을 수립・시행하는 데 소요되는 시차를 말한다.

② 외부시차

외부시차란 경제정책이 실제로 효과를 나타낼 때까지의 시차를 말한다.

(2) 재정정책과 금융정책의 시차

일반적으로 내부시차는 금융정책이 더 짧고, 외부시차는 재정정책이 더 짧다. 그러므로 내부시차와 외부시차를 합한 전체적인 시차는 어떤 것이 더 짧은지 말하기 어렵다.

구 분		재정정책	금융정책
내부시차	인식시차	별 차이 없음	별 차이 없음
	실행시차	정부지출을 변화시키기 위해서는 예산편성이, 조세변화는 국회의 동의가 필요하여 실행시차가 길다.	중앙은행이 독립적으로 통화량을 변화시킬 수 있기 때문에 실행시차가 짧다.
외부시차		외부시차가 짧다.	여러 단계의 전달경로를 거쳐야 하기 때문에 시차가 길다.

최신 기출분석문제

01 중앙은행이 은행에 대한 지급준비율을 올릴 때 예상되는 효과로 옳은 것은?

① 저축률이 하락할 것이다.

② 경상수지가 개선될 것이다..

③ 통화량이 증가할 것이다.

④ 인플레이션이 심화될 것이다.

⑤ 기업의 투자가 감소할 것이다.

해설 은행이 고객으로부터 받은 예금 중에서 중앙은행에 의무적으로 적립해야 하는 비율인 지급준비율을 올리면 중앙은행에 적립해야 할 돈이 많아져 시중 유동성을 흡수하게 되고 국내이자율이 상승한다. 국내이자율이 상승하면 저축률은 증가하며, 해외자금의 유입으로 환율이 하락하여 수출이 감소하고 수입이 증가하여 경상수지가 악화된다. 지급준비율을 올리면 통화승수가 작아지므로 통화량이 감소 하는데 통화량이 감소하여 이자율이 상승하면 민간소비와 민간투자가 감소하므로 총수요곡선이 좌측 으로 이동하여 국민소득은 감소하고 물가는 하락한다.

정답 ⑤

02 다음 내용이 설명하는 이론은?

> 가. 기존 주류경제학의 주장과는 크게 다른 대안적인 화폐 및 재정·통화정책의 이론을 제시하면서 크게 주목받고 있다.
> 나. 통화정책이란 결국 재정정책을 위한 화폐발행에 지나지 않기 때문에 통화정책은 재정정책 의 하위분야이다.
> 다. 화폐는 정부의 강제력에 따라 발행·유통되기 때문에 정부는 얼마든지 발행할 수 있다.

① 화폐수량설   ② 현대통화이론

③ 세이의 법칙   ④ 유동성선호설

⑤ 현금잔고수량설

해설 현대통화이론이란 발권력(통화 주권)을 가진 정부는 파산하지 않기 때문에 재정적자와 국가부채에 대 한 걱정 없이 정부지출을 확대해도 된다는 주장을 담은 거시경제이론이다.

정답 ②

03 통화정책의 전달 경로를 아래와 같이 표현할 때, 통화량 증대를 통해 국민소득을 증가시키고자 하는 정책이 더 효과적으로 되기 위한 조건으로 맞는 것을 〈보기〉에서 고르면?

> 통화량 변화 → 이자율 변화 → 투자 변화 → 유효수요 변화 → 국민소득 변화

─┤보 기├─
ㄱ. 한계소비성향이 클수록 정책 효과가 크다.
ㄴ. 유동성함정에 놓여 있을 때 정책 효과가 크다.
ㄷ. 투자함수의 기울기가 완만할수록 정책 효과가 크다.
ㄹ. 경제가 완전고용에 가까울수록 정책 효과가 크다.

① ㄱ, ㄴ   ② ㄱ, ㄷ
③ ㄱ, ㄹ   ④ ㄴ, ㄷ
⑤ ㄷ, ㄹ

해설 중앙은행이 시중 통화량을 증가시키면 이자율이 감소하고 기업 혹은 개인에게 대출에 대한 부담을 줄여줌으로써 기업 혹은 개인의 투자가 늘어난다. 이때에 투자함수의 기울기가 완만할수록 그 효과는 더 크다. 투자함수의 기울기가 완만하다는 말은 가파르다는 말에 비해 이자율의 변화에 따른 투자수요량의 변화가 더 크다는 의미를 지닌다. 또한 투자가 늘어나면 국민소득이 증대하고, 소비증대도 국민소득의 증대 효과를 가져 온다. 이때에도 한계소비성향이 클수록 국민소득의 증대에 따른 소비증대의 효과가 크다. 한계소비성향은 추가소득 중에서 저축되지 않고 소비되는 금액의 비율을 의미한다. 유동성 함정에 놓여 있을 때에는 추가 통화량의 투입이 모두 화폐수요에 흡수되기 때문에 통화정책의 효과는 극히 미미하다. 경제가 완전고용에 가까울 때에도 통화량 증대는 더 이상의 수요를 창출하지 못하고 물가 상승만을 초래하기 때문에 국민소득 증가의 효과는 미미하다.

정답 ②

04 경기침체를 극복하기 위해 정부가 선택하는 재정정책과 금융정책에 관한 설명으로 옳은 것은?

① 금융정책은 재정정책에 비해 직접적이고 확실한 효과를 가져온다.

② 국채발행을 통해 정부가 자금을 조달할 경우 시중 이자율은 하락한다.

③ 개방수준이 높고 변동환율제도 아래의 경제일수록 금융정책의 효과가 크다.

④ 재정지출 확대를 국채가 아닌 한국은행 차입금으로 할 경우 구축효과가 일어난다.

⑤ 통화를 아무리 많이 공급해도 투자와 소비가 늘지 않는다면 유동성 함정에 빠졌다고 할 수 있다.

해설 경제학자인 케인스에 따르면 경기침체는 수요의 부족에서 비롯된다. 따라서 경기를 부양시키려면 수요를 부추기는 정책이 필요한데 여기엔 크게 재정정책과 금융정책이 있다. 재정정책은 정부가 씀씀이를 늘리는(정부 지출을 확대하는) 방법이 동원된다. 금융정책은 이자율을 낮추거나 통화량을 늘려 기업이나 가계가 투자와 소비를 많이 하도록 유도하는 방법이 쓰인다. 하지만 통화를 아무리 많이 공급해도 기업이나 가계가 향후 경기 전망을 나쁘게 보고 있다면 투자와 소비가 늘지 않는데 이를 유동성 함정(Liquidity Trap)이라고 한다.

문제에서 재정정책은 자금을 직접 투입해 수요를 부추기는 까닭에 금융정책에 비해 직접적인 경기부양을 기대할 수 있다. 정부가 국채를 발행하면 시중의 자금을 흡수해 이자율이 상승한다. 개방수준이 높거나 변동환율제를 채택한 경우에는 나라경제가 외국과 밀접히 연관돼 있어 금융정책 효과는 작게 나타난다. 또 정부 지출 확대에 필요한 자금을 국채 발행이 아닌 한국은행 차입금에 의존할 경우 정부가 투자 등에 쓰일 민간의 자금을 빨아들이지 않아 구축효과(Crowding-out Effect)는 발생하지 않는다.

정답 ⑤

05 리카도등가정리에 대한 설명으로 옳은 것은?

① 정부지출의 재원조달 방식이 조세이든 국채이든 상관없이 경제에 미치는 영향에 아무런 차이가 없다는 이론이다.

② 소비이론 중 절대소득가설에 기초를 두고 있다.

③ 국채발행이 증가하면 이자율이 하락한다.

④ 소비자들이 유동성 제약에 직면한 경우 이 이론의 설명력은 더 커진다.

⑤ 경제활동인구 증가율이 1보다 큰 경우 등가정리가 성립하기 어렵다.

해설 리카도등가정리란 정부지출이 고정된 상태에서 조세를 감면하고 국채발행을 통해 지출재원을 조달하더라도 경제적 실질변수에는 아무런 영향을 미칠 수 없다는 것이다.
② 소비이론 중 항상소득가설이나 생애주기가설에 기초를 두고 있다.
③ 국채가 발행되면 정부저축이 감소하는 만큼 민간저축이 증가하므로 경제전체의 총저축이 변하지 않고 이자율과 민간투자도 변하지 않는다.
④ 유동성 제약에 직면해 있는 경우 조세를 감면하고 국채를 발행하면 소비가 증가하므로 국채발행을 통한 정부지출이 더 효과적이다.
⑤ 경제활동인구 증가율이 0보다 큰 경우 등가정리가 성립하기 어렵다.

정답 ①

출제예상문제

01 다음 중 시중의 통화량을 결정하는 경제주체는?

① 중앙은행
② 중앙은행, 예금자
③ 일반은행, 예금자
④ 중앙은행, 일반은행
⑤ 중앙은행, 일반은행, 예금자

> 시장에 참가하는 모든 경제주체가 통화량 결정에 참여한다고 할 수 있다. 통화량은 (본원통화 × 통화승수)로 결정된다. 여기서 통화승수는 지급준비율과 현금통화비율에 의해 결정되며, 중앙은행은 본원통화와 법정지급준비율을 결정하고, 일반은행과 예금자는 현금통화비율을 통해 각각 시중의 통화량에 영향을 미친다.

02 유동성 함정에 대한 설명으로 옳지 않은 것은?

① 유동성 함정의 대표적인 사례는 1930년대 미국의 대공황기이다.
② 중앙은행이 통화량을 늘려도 이자율이 하락하지 않아 통화정책의 효과가 나타나지 않는 상태이다.
③ 유동성 함정은 일반적으로 경기가 극심한 침체기에 발생한다.
④ 화폐수요의 이자율 탄력성이 무한대이다.
⑤ 물가상승에 대한 압력이 크다.

> 유동성 함정은 경기가 침체될 때 나타나므로 디플레이션에 대한 우려가 발생한다. 유동성 함정의 대표적인 사례는 1930년 미국의 대공황기와 1990년대 일본 경제의 장기 침체가 해당한다. 유동성 함정 구간에서는 민간이 화폐를 보유하고 금융시장에 유통시키지 않으므로 화폐의 유통속도가 감소하여 통화량이 감소한다. 이때 중앙은행이 통화량을 증가시킬 목적으로 본원통화를 증가시켜도 이를 민간이 계속 보유하려 하므로 현금이 금융시장에서 빠져나간다. 유동성 함정 구간에서는 이자율의 미세한 변화에 대하여 사람들의 화폐수요가 매우 민감한 반응을 하기에 때문에 화폐수요의 이자율 탄력성이 무한대이다.

03 다음 그림은 한때 우리나라의 기준금리 변동 추이를 나타낸 것이다. 이에 대한 옳은 분석을 〈보기〉에서 고른 것은?

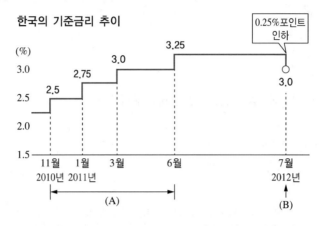

| 보 기 |

가. (A) 시기에는 기준금리 인상을 통한 확장적인 통화정책이 시행되었다.
나. (A) 시기의 통화정책은 가계 대출 증가와 부동산 가격 상승의 요인이 된다.
다. (B) 시기에 중앙은행은 통화정책의 초점을 경기부양에 두었다.
라. (B) 시기의 통화정책은 기업의 자금 조달 비용을 감소시키는 요인이 된다.

① 가, 나　　　　　　　　　　　② 가, 다
③ 나, 다　　　　　　　　　　　④ 나, 라
⑤ 다, 라

(B) 시기에 한국은행은 기준금리를 낮추어 기업의 자금 조달 비용을 감소시킴으로써 투자 증대와 경기활성화를 유도하고 있다. 반면 (A) 시기에는 기준금리 인상을 통한 긴축적인 통화정책이 시행되었다. (A) 시기에는 금리가 상승해 이자 부담이 커지므로 가계 대출은 감소한다.

04 다음 중 통화량 증감의 변화가 다른 방향으로 나타난 것은?

① 미국 중앙은행이 본원통화의 규모를 늘렸다.
② 중앙은행이 은행에 대한 지급준비율을 인상했다.
③ 중앙은행이 정책 목표 금리인 기준금리를 인상했다.
④ 원화가치의 안정을 위해 달러화의 매도개입을 시도하였다.
⑤ 미국 대공황기(1929~1933)에 은행 파산이 이어지면서 사람들이 은행예금보다 현금을 더 선호하게 되었다.

본원통화 규모를 늘리고 지급준비금 규모가 그대로라면 시중의 통화량은 늘어난다. 중앙은행이 은행에 대한 지급준비율을 인상하면 중앙은행에 맡기는 돈의 비율이 높아지므로 시중의 통화량은 감소하고, 중앙은행이 기준 금리를 인상하면 대출이 줄어들기 때문에 역시 통화량이 감소한다. 달러화의 매도 역시 달러를 팔고 원화를 사들이는 일이기 때문에 시중에는 원화가 감소한다. 사람들이 은행예금보다 현금을 더 선호하면 은행에 보유하는 예금의 크기 줄어들게 되므로 대출이 감소하여 통화량이 감소하게 된다.

05 다음 중 팽창적인 통화정책의 전달경로로 옳은 것은?

① 화폐공급증가 → 이자율상승 → 투자감소 → 총수요감소 → 국민소득감소
② 화폐공급증가 → 이자율상승 → 투자감소 → 총수요감소 → 국민소득감소
③ 화폐공급증가 → 이자율하락 → 투자감소 → 총수요증가 → 국민소득증가
④ 화폐공급증가 → 이자율하락 → 투자증가 → 총수요증가 → 국민소득증가
⑤ 화폐공급증가 → 이자율하락 → 투자증가 → 총수요감소 → 국민소득감소

통화량이 시중에 공급되면 이는 이자율의 하락을 가져온다. 따라서 싼 값에 돈을 빌릴 수 있게 되어 투자환경이 개선된다. 이는 다시 투자 증가로 이어져, 총수요를 증가시키고, 국민소득을 증가시키는 방식으로 전개된다.

06 경기가 불황일 때 정부는 여러 가지 수단을 통해 경기회복을 시도한다. 정부가 시행할 수 있는 다음 여러 수단 중 성격이 다른 하나는?

① 운하를 건설한다.
② 공무원 채용인원을 늘린다.
③ 공무활동을 위해 필요한 사무용품 구매를 서두른다.
④ 지방자치단체 주관으로 낡은 하수관을 새로 교체한다.
⑤ 경기활성화를 위해 국민 1인당 24만 원의 현금을 격려금으로 지급한다.

재정지출 확대나 감세, 금리인하 등의 정책은 불황일 때 시행되는 정책이다. 대표적인 재정지출 확대 방법으로는 사회간접자본(SOC) 확충, 공무원 채용 확대, 정부재정 조기 지출 등이 있다. 따라서 운하를 건설하는 것이나 공무원 채용인원을 늘리는 것, 하수관을 교체하는 등의 행위는 재정정책에 해당한다. 하지만 현금으로 격려금을 지급하는 것은 감세정책과 동일한 효과를 가져다준다고 볼 수 있다.

07 미국에서 발생한 1929년 대공황의 원인에 대해 통화론자들(Monetarists)은 통화량의 감소에도 불구하고 정부가 금본위제를 고수하기 위해 금융긴축정책을 썼기 때문이라고 주장하고 있다. 대공황의 원인에 대한 다음 설명 중 경제논리에 맞지 않는 것은?

① 은행위기가 발생하면 일반인들의 현금선호경향이 강해지기 때문에 통화량이 감소한다.

② 통화량이 감소하면 일반적으로 디플레이션 현상이 나타날 수 있다.

③ 금본위제의 유지를 위해서는 금 유출을 막아야 하고 이를 위해 고금리 정책을 유지해야 한다.

④ 통화량 감소와 고금리 정책은 달러화 가치하락을 초래하여 순수출을 감소시킨다.

⑤ 1920년대 말 증시과열을 막기 위한 통화 증가율 억제정책이 단초를 제공했다.

> 1920 ~ 1930년대 당시는 금본위제였으므로 달러화 가치의 변동은 없었다. 달러화 공급(통화량 증가)이 수요만큼 늘어나지 않으면 달러화 가치가 상승해 미국 상품의 가격경쟁력이 떨어지고 따라서 순수출이 감소한다. 하지만 고금리정책을 추구할 경우 달러에 대한 수요가 증가한다.

08 경기침체를 극복하기 위한 정부정책을 둘러싸고 다음과 같은 내용의 토론이 벌어졌다. 이들 가운데 케인지언으로 분류될 수 있는 사람을 제대로 고른 것은?

> 민수 : 경제정책이 결정되기 위해서는 여러 부처 간의 협의를 거쳐야 하기 때문에 시간이 많이 걸리게 되고 적절한 시기를 놓치는 경우가 많다.
>
> 희숙 : 소득·소비 감소의 악순환이 계속된다면 정부가 손 놓고 있을 수는 없다. 소비를 늘릴 수 있도록 정부지출을 늘리는 등 적극 개입해야 한다.
>
> 현정 : 정부지출을 늘리면 재정적자가 발생하고 이로 인해 구축효과가 발생할 가능성이 커지기 때문에 정부의 역할에 대한 너무 큰 기대는 금물이다.
>
> 현호 : 정부정책은 상황에 대한 정부의 재량적 판단보다는 일정한 원칙을 정해놓고, 이를 준수하는 방향으로 시행되는 것이 옳은 방향이다.
>
> 기철 : 중앙은행이 통화 공급을 과도하게 늘렸던 것이 거품을 만들었다. 그런데 또 금리를 낮추고 돈을 푼다는 것이 옳은 것인지 모르겠다.

① 민 수　　　　　　　　② 희 숙

③ 현 정　　　　　　　　④ 현 호

⑤ 기 철

> 케인지언은 정부가 경제성장을 위해 적극적으로 개입해야 한다고 주장한다. 재정정책 수단으로는 감세보다 정부지출을, 통화정책 수단으로는 통화량보다 이자율을 강조했다.

09 다음은 노벨경제학상 수상자인 밀턴 프리드먼 교수가 쓴 '화폐 경제학(Money Mischief)'의 한 구절이다. 이 글이 주장하는 내용과 가장 관련이 적은 것은?

> 알코올 중독과 인플레이션 사이의 유사성은 처방에서도 발견된다. 알코올 중독에 대한 처방은 말하기 간단하다. 즉, 금주이다. 그러나 이 처방은 실행하기 어렵다. 그 이유는 나쁜 효과가 먼저 나타나고 좋은 효과가 나중에 나타나기 때문이다. 금주를 결행하는 알코올 중독자는 처음에는 심한 거부반응 통증을 느끼다가 점차 한잔 마시고 싶은 욕구를 느끼지 않는 행복한 상태로 된다. 인플레이션도 마찬가지다. 화폐증가율 감소에 따른 처음의 효과로 경제성장 둔화, 일시적인 실업 증대가 나타난다. 1 ~ 2년이 지나서야 비로소 인플레이션의 진정, 건전한 경제, 비인플레이션적 성장 촉진과 같은 좋은 효과들이 나타나기 시작한다.

① 경기침체를 극복하기 위해서는 정부가 재정지출을 확대해 총수요를 적극적으로 늘려야 한다.

② 인플레이션은 언제 어디서나 화폐적 현상으로, 인플레이션을 야기하는 유일한 주요 원인은 통화량의 과도한 증가이다.

③ 다수의 사람들은 인플레이션에 대해 싫어하지 않는다. 인플레이션의 열망이 대중인기주의자들을 열광시키고 은의 자유화 지지운동을 일으킨 적도 있다.

④ 알코올 중독자가 다음날 아침 '해장술'의 유혹을 물리칠 수 없듯이 경기침체기에 정부 당국자는 화폐증발을 더욱 가속화시키고 싶은 유혹을 느낀다.

⑤ 인플레이션이 대단한 파괴력을 발휘하는 이유 중 하나는 이것이 발생할 경우 이익을 얻는 편과 손해를 보는 편이 생겨 사회가 승자와 패자로 양분되기 때문이다.

프리드만은 정부가 추진할 수 있는 경제정책 중에서 재정정책보다는 통화정책을 중시하는 통화주의자였다. 그는 통화정책을 추구하여 정부가 인플레이션을 억제하기 위해 노력해야 한다고 주장하였다.

10 정부가 국채 발행을 통하여 재정지출을 늘리고, 중앙은행이 이 국채를 공개시장에서 모두 매입하였다. 그 결과 예상되는 현상을 〈보기〉에서 모두 고르면?

┤보 기├

ㄱ. 실업률이 하락한다.　　　　　　　ㄴ. 경제성장률이 하락한다.

ㄷ. 물가상승률이 둔화된다.　　　　　ㄹ. 실질 국채금리는 변화하지 않는다.

① ㄱ, ㄴ　　　　　　　　　　　　② ㄱ, ㄹ

③ ㄴ, ㄷ　　　　　　　　　　　　④ ㄴ, ㄹ

⑤ ㄷ, ㄹ

정부가 재정지출을 증가시키면 단기적으로 경제성장률이 상승하고 실업률이 하락하며, 물가상승률은 높아진다. 한편 정부가 발행한 국채를 중앙은행이 모두 매입함에 따라 시장에서 유통되는 국채의 양은 변화가 없으므로 실질 국채금리는 변화하지 않는다.

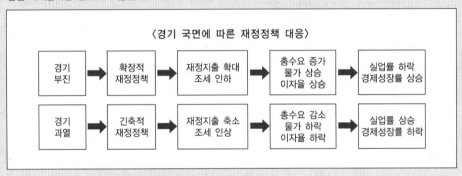

11 통화량과 관련된 다음 설명 중 옳지 않은 것은?

① 한국은행이 채권을 매각하였다면 본원통화가 감소된다.

② 은행들이 지급준비율을 낮게 유지할수록 통화승수는 감소한다.

③ 금융시장 불안으로 사람들이 예금에 비해 현금보유비율을 높인다면 통화량은 감소한다.

④ 지급준비금이 부족한 은행이 한국은행으로부터 긴급대출지원을 받을 때 적용되는 금리를 재할인금리라고 한다.

⑤ 은행들의 지급준비율이 100%로 규제되었다면 본원통화와 통화량은 동일하다.

중앙은행이 무엇이든지 매각하면 매각대금이 중앙은행으로 흡수되어 본원통화가 감소한다. 그리고 지급준비율이 낮을수록 은행의 대출규모가 커지므로 통화승수는 커진다. 한편 현금보유비율이 높아지면 은행이 대출할 재원인 예금규모가 작아져서 통화승수가 낮아지므로 통화량이 감소한다. 만약에 지급준비율이 100%이면 시중은행이 예금을 전액 지급준비금으로 보유하고 대출(신용창조)을 할 수가 없으므로 본원통화와 통화량이 같다.

12 다음 중 화폐 공급량을 증가시키는 요인으로 볼 수 없는 것은?

① 중앙은행의 공개시장매입
② 정부의 중앙은행차입 증가
③ 필요지급준비율의 인하
④ 국제수지의 흑자 증가
⑤ 민간의 현금통화비율 상승

> 중앙은행이 공개시장에서 채권을 매입하거나 국제수지 흑자의 증가로 외환시장에서 외환을 매입하면 매입대금의 지불로 본원통화가 증가한다. 그리고 정부가 중앙은행에서 차입하면 본원통화가 증가한다. 한편 필요지급준비율을 인하하면 통화승수가 커져 통화량이 증가한다. 그러나 민간의 현금통화비율이 상승하면 통화승수가 작아져서 통화량이 감소한다.

13 다음 중 통화량의 감소를 가져오는 것은?

① 중앙은행이 재할인율을 인하하였다.
② 국내은행의 초과지급준비율이 상승하였다.
③ 중앙은행이 법정지급준비율을 인하하였다.
④ 국내은행이 국제금융시장에서 외화자금을 차입하였다.
⑤ 중앙은행이 공개시장조작을 통해 국공채를 매입하였다.

> 은행들이 초과지급준비율을 인상하면 대출규모를 축소하므로 통화승수가 작아져서 통화량이 감소한다. 그러나 중앙은행의 재할인율을 인하하면 시중은행의 중앙은행으로부터 차입이 증가하고, 시중은행이 빌린 외화자금을 환전하면서 통화량이 증가한다. 또한 중앙은행이 공개시장에서 국공채를 매입하면 매입대금이 방출되어 통화량이 증가한다.

14 다음은 금융정책의 수단에 관한 표현이다. 가장 옳지 않은 것은?

① 지불준비율정책은 다른 수단에 비하여 즉각적인 효과를 기대할 수 있다.
② 공개시장조작은 화폐시장 및 증권시장 등 공개시장에서 단기증권을 매매하여 통화를 조절하는 것이다.
③ 재할인율정책은 중앙은행의 대출금리를 조절하기도 하는데 이를 공금리 정책이라고도 한다.
④ 공개시장조작은 선진국보다는 후진국에서 많이 사용되고 있다.
⑤ 중앙은행이 재할인율을 증가시킬 경우 시중의 통화량은 감소하게 된다.

> 공개시장조작은 신뢰할 만큼 대규모의 채권시장이 조성되어야만 유효하므로 후진국보다는 선진국에서 많이 사용된다. 재할인율은 중앙은행이 일반은행에 적용하는 대출금리로 재할인율이 상승하면 시중은행이 중앙은행으로부터 차입규모가 줄면서 통화량이 감소한다. 지불준비율은 중앙은행이 일괄적으로 적용하므로 효과가 신속하다.

15 구축효과(Crowding-out Effect)를 설명하는 것은?

① 정부 지출이 증가하면 민간 부문의 투자가 감소하는 것
② 정부의 민간부문에 대한 통제를 강화하는 것
③ 시중의 명목금리는 실질금리와 예상 인플레이션율의 합계와 같다는 것
④ 재정지출의 확대가 경제의 자유경쟁을 감소시키는 경향이 있는 것
⑤ 정부가 지출을 늘렸을 때에, 지출 금액보다 많은 수요가 창출되는 것

> 구축효과란 재정지출을 늘리기 위해 재원이 필요한 정부는 채권발행을 통해 자금을 마련하게 된다. 채권발행으로 인해 채권가격은 하락, 반대로 금리는 상승하는데 금리상승은 소비와 투자의 감소를 가져오게 된다. 즉 총수요 진작을 위해 정부지출을 늘렸으나 총수요의 구성항목인 소비와 투자가 줄어드는 효과이다.

PART **01**

제4편
국제경제

CONTENTS

제1장 환 율
제2장 국제수지
제3장 무역이론

(2등급 취득을 위한) TESAT 빈출문제분석

**가장 많이
빈출된 문제
★★★★★**

1. 환율이 경제에 미치는 영향
   환율 등락이 수출과 수입뿐만 아니라 국민 경제에 미치는 제반 영향을 이해하고
   있는지 여부를 묻는 문제

**빈출된 문제
★★★**

1. 환율제도
   고정환율제도와 변동환율제도의 차이점을 이해하고 있는지 여부를 묻는 문제

2. 환율결정이론(구매력평가설, 이자율평가설)
   다양한 환율결정이론의 근거와 장단점을 명확히 숙지하고 있는지 여부를 묻는
   문제

1 환율의 기초개념

(1) 정 의

환율이란 자국화폐와 외국화폐의 교환비율이다. 즉, 일국이 세계시장에서 자국의 상품 또는 화폐를 교환할 수 있는 비율을 의미한다.

(2) 종 류

① 명목환율

일국의 통화가 외국의 통화와 교환되는 비율을 의미하며, 명목환율이 상승한다는 것은 자국 화폐의 가치가 외국화폐에 비해 상대적으로 하락한다는 것을 의미한다.

$$e = \frac{\text{동가의 자국화폐(₩)}}{\text{외국화폐1단위(\$)}} = \text{외국화폐의 상대적 가치}$$

② 실질환율

일국의 상품이 외국의 상품과 교환되는 비율을 의미하며, 실질환율이 상승한다는 것은 자국 상품의 가격이 외국상품에 비해 상대적으로 하락하여 수출경쟁력이 상승한다는 것을 의미한다.

$$e = \frac{\text{외국상품의 가격}}{\text{자국상품의 가격}} = \frac{e\,P^f}{P} = \text{자국화폐로 측정한 외국상품의 상대적 가치}$$

2 환율제도

(1) 고정환율제도

국가 간에 약속된 환율을 유지하기 위하여 각국의 중앙은행이 환율유지에 대해 책임지고 통화량을 관리하는 제도이다. 이러한 경우 국제수지 불균형이 발생할 수 있으며, 이로 인한 통화량 변동을 막기 위해 반대방향의 매매로서 불태화정책(중화정책)을 실시하기도 한다.

(2) 변동환율제도

외환시장의 수요와 공급에 의해 환율이 자유롭게 조정되며, 환율의 조정을 통해 외환시장은 항상 균형을 이루는 제도이다. 이 제도 하에서 국제수지는 항상 균형이 성립하며 국내통화량은 대외적 요인과 독립적으로 관리될 수 있다.

① 환율 결정의 기타 요인

㉠ 통화량 : 우리 경제의 통화량 증가율이 다른 나라 경제보다 높을 경우 물가 상승으로 우리 돈의 가치가 외국 돈보다 떨어져 환율이 높아질 것으로 예상하고, 또 우리나라의 경제성장률이 다른 나라보다 높을 경우에는 생산물량이 확대되고 우리 경제의 신뢰도가 높아질 것이므로 우리 돈의 가치가 높아져 환율이 떨어질 것으로 예상된다.

ⓛ 중앙은행의 외환시장 개입 : 중앙은행이 외환시장에서 그 나라 통화를 대가로 하여 다른 나라의 통화를 매입하게 되면 외환시장에서 그 나라의 통화는 공급이 늘어나고 상대국의 통화는 수요가 증대되어 단기적으로 그 나라 통화의 약세를 유도할 수 있게 된다.

ⓒ 물가 : 우리나라의 물가가 외국보다 많이 오르게 되면 우리나라의 물건 가격이 상승하여 수출경쟁력이 약화되는 반면 수입수요는 증대된다. 따라서 외환의 수요가 많아져 우리나라 돈의 가치도 떨어지게 된다.

ⓔ 이자율 변동 : 우리나라 이자율이 상승할 경우 우리 돈으로 표시된 은행예금, 채권 등 금융자산의 예상수익률도 높아지게 된다.

(3) 환율제도의 비교

구 분	고정환율제	변동환율제
조정변수	통화량은 조정변수(내생변수) 환율은 정책변수(외생변수)	환율은 조정변수(내생변수) 통화량은 정책변수(외생변수)
가격의 안정성으로 인한 무역과 투자의 증가	○	×
대외균형의 자동적 달성과 통화정책의 자주성	×	○
가격기능의 활용과 비교우위의 실현	×	○
환투기의 가능성과 규모	가끔, 일방향적, 대규모	빈번, 양방향, 소규모
통화정책의 규율	규율이 강함 디플레이션 발생 가능성	규율이 약함 인플레이션 발생 가능성

(4) 국제통화제도

① 금본위제도 – 고정환율제도

금본위제도란 각국이 자국통화와 금과의 교환비율을 고정시키는 제도로서, 1870 ~ 1914년 사이에 실시되었다.

② 브레튼우즈체제 – 조정가능 고정환율제도

2차 세계대전 종전직전인 1944년 각국의 대표들이 브레튼우즈에서 협정을 체결함으로써 탄생하였다. 각국은 자국통화의 환율을 1%의 범위 내에서 조정 가능하였다는 점 등이 특징이었다.

③ 킹스턴체제 – 변동환율제도

1976년 자메이카의 킹스턴에서 열린 IMF회의에서 브레튼우즈체제 붕괴 이후 현존하는 통화체제를 인정함에 따라 킹스턴체제가 성립하였다. 킹스턴체제하에서는 회원국들에게 독자적인 환율제도를 선택할 수 있는 재량권을 부여하였다.

3 환율이론

(1) 구매력평가설

① 구매력평가설의 이해

㉠ 기본가정

동일한 재화 또는 동일한 상품묶음은 하나의 가격으로 거래되어야 한다. 이러한 일물일가의 법칙은 장기의 완전정보와 완전한 차익거래를 전제로 한다.

㉡ 절대적 구매력평가설

(명목)환율의 절대적 수준은 양국의 물가수준에 의해서 결정된다. 즉, 양국에서 동일한 상품묶음이 동일한 가격에 거래된다면 $P = e\,P^f$ 가 성립되어야 한다. 이를 환율에 대해 정리하면 다음과 같다.

$$e \,=\, \frac{P}{P^f}\,(P : \text{국내물가},\ P^f : \text{해외물가})$$

㉢ 상대적 구매력평가설

(명목)환율의 변화율은 양국의 물가의 변화율(인플레이션율)에 의하여 결정된다.

환율상승률 = 자국의 물가상승률 − 외국의 물가상승률

㉣ 구매력평가설의 한계

• 일물일가의 법칙의 한계 : 국가 간 무역장벽의 존재, 수송비 등 거래비용의 존재, 자유경쟁으로부터의 이탈 등으로 인해 일물일가의 법칙이 성립하지 못할 수 있다.

• 비교역재의 존재 : 비록 차익거래가 완벽하여 교역재 간의 일물일가의 법칙이 성립하는 수준에서 환율이 성립되더라도, 물가수준의 결정에는 교역재뿐만 아니라 비교역재도 포함되기 때문에 환율수준이 반드시 물가수준의 비율과 일치할 이유가 없다.

• 지수의 문제 : 각국의 물가지수를 구성하는 상품묶음의 구성이 상이하기 때문에 물가수준을 비교하는 과정에서 문제가 발생할 수 있다.

(2) 이자율평가설

① 개 요

이자율평가설은 양국 간의 명목이자율 차이와 환율의 기대변동률과의 관계를 설명하는 이론이다. 구매력평가설이 경상수지의 관점에서 환율을 설명하는 이론임에 비해, 이자율평가설은 자본수지의 관점에서 환율을 설명하는 이론으로 일물일가의 법칙을 금융시장에 적용한 것으로 볼 수 있다.

② 구 분
- ⊙ 유위험이자율평가설 : 환율의 기대변화율이 양 국가의 명목이자율의 차이와 같아야 한다는 이론이다.
  - 국내투자의 기대수익률 : 국내의 명목이자율
  - 해외투자의 기대수익률 : 외국의 명목이자율 + 환율의 예상변화율
- ⓒ 무위험이자율평가설 : 현물환율 대비 선물환율의 할증률이 양 국가의 명목이자율의 차이와 같아야 한다는 이론이다. 현물환율은 현재시점의 환율을 의미하며, 선물환율이란 미래 특정 시점의 양국 통화 간의 교환거래에 적용될 환율을 현재시점에 약정한 환율을 말한다. 선물환을 이용할 경우 대상통화를 미리 약정된 가격에 매입할 수 있기 때문에 무위험 상태로 매입하거나 매도할 수 있다.

③ 환율변화의 요인

환율상승요인	환율하락요인
국내이자율 하락	국내이자율 상승
해외이자율 상승	해외이자율 하락
환율상승의 기대	환율하락의 기대
통화공급의 증대	통화공급의 감소
통화수요의 감소	통화수요의 증대
소득의 감소	소득의 증대

④ 평 가
자본통제와 같은 제도적 제약이 존재하거나 거래비용으로 인해 국가 간 자본이동성이 완전하지 못하면 이자율평가설이 성립하지 않는다.

4 환율변화가 경제에 미치는 영향

구 분	환율하락(원화 절상)	환율상승(원화 절하)
수 출	수출상품가격 상승(수출 감소)	수출상품가격 하락(수출 증가)
수 입	수입상품가격 하락(수입 증가)	수입상품가격 상승(수입 감소)
국내 물가	수입원자재가격 하락(물가 안정)	수입원자재가격 상승(물가 상승)
외자도입기업	원화환산 외채감소 (원금상환부담 경감)	원화환산 외채증가 (원금상환부담 증가)

최신 기출분석문제

01 변동환율제 아래에서 환율의 변동과 관련한 다음 설명 중 가장 틀린 것은?

① 원화 환율이 오르면 물가가 상승하기 쉽다.

② 원화 환율이 오르면 수출업자가 유리해진다.

③ 원화 환율이 오르면 외국인의 국내 여행이 많아진다.

④ 변동환율제 아래에서는 환율이 기본적으로 외환시장에서의 수요와 공급에 의해 결정된다.

⑤ 변동환율제 아래에서 국가 간 자본거래가 활발하게 이루어진다면 독자적인 통화정책을 쓸 수 없다.

해설 고정환율제를 고수하는 국가의 경우 환율을 일정한 수준으로 유지하기 위해서 독자적인 통화정책을 수행하지 못하게 되지만, 변동환율제도의 경우 환율을 고정시키기 위해 통화정책을 변동할 필요가 없으므로 자유로운 통화정책이 가능하다. 변동환율제 아래에서 자유로운 외환 거래가 가능하기 때문에 이자율 등의 변화에 따라 외화의 유출입이 크게 영향을 받는다. 예를 들어 이자율이 낮아지면, 자본이 빠져나가고 그 결과 환율이 상승하면서 순수출을 늘어난다. 반면 고정환율제에서 이자율을 낮추면 국내 총수요가 늘어나고 자본이 해외로 빠져나가면서 국제수지가 적자를 기록한다.

정답 ⑤

02 다음 중 자국의 통화가치가 상승하는 경우는?

① 수출이 감소하였다.

② 정부가 재정지출을 확대하였다.

③ 중앙은행이 통화공급량을 증가시켰다.

④ 해외 자본이 국내에서 외국으로 빠져나갔다.

⑤ 국내 여행자들의 해외 여행 수요가 증가하였다.

해설 정부가 재정지출을 늘리면 대체로 경기가 부양되고 이로 인해 국내 화폐에 대한 수요가 증가하여 자국 통화가치가 상승할 수 있다.

정답 ②

03 한국은행이 물가상승을 우려하여 콜금리 목표치를 인상하는 경우 환율 및 수입에 미칠 영향은?

① 환율 하락과 수입 증가
② 환율 상승과 수입 증가
③ 환율 하락과 수입 감소
④ 환율 상승과 수입 감소
⑤ 환율과 수입에 변화 없음

해설 금리인상은 곧 수익률의 인상을 의미한다. 이 경우 더 높은 수익을 좇아 외국 자본이 국내에 유입된다. 이것은 외환시장에서 달러와 같은 외국 돈의 공급이 늘고 한국 돈의 상대적 가치가 증가하므로 환율은 하락한다. 환율 하락은 수입의 증가를 초래한다.

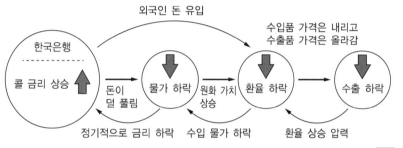

정답 ①

04 다음 중 환율을 상승시키는 요인이 아닌 것은?

① 국내 이자율의 하락
② 내국인의 해외여행 증가
③ 외국인 주식투자 자금의 국내 유입
④ 경기 호황에 따른 설비투자의 확대
⑤ 정부의 외환시장 개입으로 달러 매수

해설 외국인의 주식투자 자금이 국내로 유입되면 외환 공급의 증가 요인으로 자국 화폐의 상대적 가치가 커지면서 환율은 하락한다. 국내 이자율 하락은 외환 공급의 감소로 환율 상승의 요인이 된다. 내국인의 해외여행 증가는 외환 수요의 증가로 환율이 상승한다. 정부의 외환시장 개입으로 달러 매수가 늘어나면 외환 수요 증가 요인이다. 따라서 자국 화폐의 상대적 가치는 작아지면서 환율은 상승한다. 설비투자의 확대는 관련 원자재·중간재 수입 증가에 따른 외환 수요의 증가로 환율이 상승한다.

정답 ③

01 다음 그래프처럼 원·1달러 환율이 상승 추세일 때 이익을 보게 될 사람은?

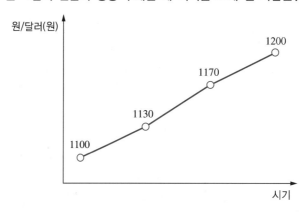

원/달러(원)

1200

1170

1130

1100

시기

① 미국으로 해외여행을 계획 중인 한국인
② 수출을 늘리려고 노력하고 있던 수출업자
③ 미국에서 자동차를 수입하여 판매하는 수입업자
④ 3박4일 제주도 여행을 계획하고 있는 내국인
⑤ 미국에 있는 자녀에게 달러를 송금하고 있는 학부모

> 원·달러 환율이 상승하게 되면 수출업자는 이익을 보고 수입업자나 해외 관광객 등은 손해를 보게 된다.

02 원·달러 환율 전망에 대한 두 전문가의 의견이 다음과 같을 때, 각각에 이어질 말로 옳은 것은?

> • A 경제학자 : 한동안 달러화의 약세가 계속될 것으로 전망됩니다. 그러므로 ….
> • B 경제연구소장 : 현 시점은 원·달러 환율의 최저점이라 생각됩니다. 따라서 ….

① A : 미국산 물품의 수입을 서두르는 것이 좋습니다.
② A : 달러 외채 상환에 대한 부담은 가중될 것입니다.
③ B : 보유하고 있는 달러는 지금 원화로 환전하는 것이 현명합니다.
④ B : 미국 여행을 계획하고 있다면 조금 더 기다려보는 것이 좋겠습니다.
⑤ B : 달러로 수입대금을 지급해야 하는 기업은 하루 빨리 처리해야 합니다.

A는 원화의 강세를 예측하고 있다. 이처럼 원화 평가 절상이 이루어지면 수출업체엔 손해인 반면 수입업체엔 이득이다. 따라서 미국산 물품의 수입은 가능한 한 늦추는 게 이익이다(①). 또 달러화 부채를 많이 가진 업체는 원화 환산 빚 부담이 줄어든다(②). 반면 B는 원화 평가 절하를 예측하고 있다. 즉 원화 환율이 오르면 수출엔 이익이고 수입엔 손해다. 달러 부채를 가진 업체들도 부담이 늘어난다. 따라서 달러 보유를 유지하거나 (③) 미국 여행은 원화 값이 비싼 지금 가는 게 현명하다(④). 달러로 수입대금을 결제해야 하는 기업이라면 당장 대금을 지급하는 게 이익이다(⑤).

03 신문에 아래와 같은 제목의 기사가 연재되었다. 앞으로 일어날 수 있는 경제현상으로 적절하지 않은 것은?

- 유로화 달러에 대해 초강세! 환율 1유로당 1.62달러로 올라
- 국제 석유가격 급등, 배럴당 140달러 돌파
- 원화 환율 급락, 달러당 900원대 깨져

① 유럽인들이 미국으로 쇼핑을 떠날 것이다.
② 한국의 수출 경쟁력은 미국보다 유럽에서 상대적으로 강해질 것이다.
③ 자녀를 미국으로 유학 보낸 학부모들의 학비 부담이 커질 것이다.
④ 국내 주유소의 석유 판매 가격이 상승할지 하락할지는 정확히 알 수 없다.
⑤ 한국의 1인당 국민소득(GDP) 3만 달러 시대가 앞당겨질 것이다.

③ 달러당 원화가 하락했으므로, 1달러를 사는 데 종전보다 더 적은 원화가 든다. 따라서 유학비 부담이 줄어들 것이다.
① 유로화가 달러에 대하여 강세라는 것은 유로화의 가치가 달러화의 가치보다 상대적으로 높아졌다는 의미이다. 즉 1유로로 살 수 있는 달러의 양이 늘었다는 것이다. 유럽인들의 미국여행 비용은 종전보다 저렴해질 것이므로 미국여행이 증가할 것이다.
② 유로화가 달러화에 비하여 상대적으로 더 비싸졌으므로 우리나라 수출업체의 상품은 미국에서보다는 유럽에서 더욱 가격경쟁력이 높아졌을 것이다.
④ 국제 석유의 달러화 가격이 급등했으나, 달러화에 대한 원화 가치가 상승하여 1원으로 살 수 있는 달러가 많아졌으므로, 국내 주유소의 석유판매가격은 국제석유가격 상승 정도와 원화가치의 상승 정도에 따라 달라질 것이다.
⑤ 달러당 원화환율이 하락했다는 것은 1달러로 살 수 있는 원화가 줄었다는 것으로, 원화의 달러화에 대한 상대적 강세를 의미한다. 따라서 종전과 같은 크기의 GDP라도 달러로 환산하면 종전보다 규모가 커질 것이다.

04 다음의 경제행위 중 외환 수요가 발생하는 경우가 아닌 것은?

① 상품의 수입
② 내국인의 해외이주 증가
③ 외국 증권회사의 국내 진출
④ 한국인의 미국관광 증가
⑤ 한국 사람이 미국 기업의 주식을 매입하는 경우

외국 증권회사가 국내에 진출할 때는 자국 통화를 갖고 들어와 원화로 교환해야 하므로 이는 외화 공급이 늘어나는 경우에 해당한다.

05 다른 여건이 동일한 상황에서 한국은행이 기준금리를 종전의 3%에서 2%로 1%포인트 인하하고, 미국이 2%에서 1.5%로 0.5%포인트 인하하였다면, 단기적으로 달러화에 대한 원화의 환율은 어떤 변화를 보일까?(단, 물가는 고려하지 않는다)

① 환율이 하락한다.
② 환율에는 영향을 미치지 않는다.
③ 환율이 상승하게 된다.
④ 원화의 공급량에 따라 달라진다.
⑤ 알 수 없다.

종전에는 기준금리가 한국 3%, 미국 2%로 금리 차이는 1%포인트다. 양국이 금리를 인하한 후에는 한국 2%, 미국 1.5%로 0.5%포인트 차로 줄어든다. 금리 차이가 1%포인트에서 0.5%포인트로 줄어들면 그만큼 투자자들이 한국에서 이탈해 미국으로 갈 가능성이 커진다.

06 다음 중 한국 원화환율의 하락을 초래하는 요인으로 볼 수 없는 것은?

① 한국 이자율의 상승
② 글로벌 달러 유동성의 부족
③ 한국 조선업체의 수출 증가
④ 한국 경제의 건실한 성장 지속
⑤ 한국 금융기관에 대한 외국자본의 투자

한국 이자율이 상승하면 채권 투자 등의 수익률이 높아질 수 있기 때문에 외국 투자자금이 들어올 가능성이 있다. 글로벌 달러 유동성이 부족해지면 달러화에 대한 수요가 많아지고 국내에 투자된 외국 투자자금이 해외로 빠져나갈 가능성이 높다.

07 고정환율제도를 채택하고 있는 나라가 통화가치의 상승 압력이 있는 상황에서 환율을 일정하게 유지하려고 할 때 어떠한 일이 발생하는가?

① 중앙은행이 국내통화를 사들이면서 그 결과로 외화보유액이 감소한다.
② 중앙은행이 국내통화를 팔고 그 결과로 외화보유액이 감소한다.
③ 중앙은행이 국내통화를 사들이면서 그 결과로 외화보유액이 증가한다.
④ 중앙은행은 국내통화를 팔고 그 결과로 외화보유액이 증가한다.
⑤ 중앙은행은 외국통화를 구매해야 하지만, 그 결과로 외화보유액이 감소한다.

국내 통화가치의 절상압력이 있다는 것은 국내통화에 대한 수요가 많거나 외국통화(달러화)의 공급이 많다는 의미다. 이 경우 환율을 일정하게 유지하려면 국내통화를 팔고 외국통화를 사들여야 한다. 그 결과로 외환보유액이 증가한다.

08 외환시장에서 자국화폐의 가치상승이 예상되는 경우에 대한 설명으로 가장 옳은 것은?

① 외환수요곡선과 외환공급곡선이 모두 이동하지 않는다.
② 외환수요곡선이 왼쪽으로 이동하고 외환공급곡선은 오른쪽으로 이동한다.
③ 외환수요곡선과 외환공급곡선이 모두 오른쪽으로 이동한다.
④ 외환수요곡선과 외환공급곡선이 모두 왼쪽으로 이동한다.
⑤ 외환수요곡선은 오른쪽으로 이동하고, 외환공급곡선은 이동하지 않는다.

환율은 수요 공급의 변화에 따라 변화한다. 자국화폐가치가 상승하기 위해서는 환율이 하락해야 한다. 이러한 환율 하락은 외환공급의 증가 내지 외환수요의 감소가 유발할 때 발생한다. 따라서 외환수요곡선이 왼쪽으로 이동하고 외환공급곡선은 오른쪽으로 이동하는 경우에 해당한다.

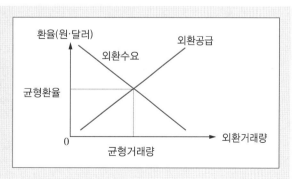

09 A국은 변동환율제도를 채택하고 있고 자본시장이 완전히 개방되어 있다. 다음의 상황들이 발생할 경우 그 결과로 나타나는 환율의 변화방향이 다른 것은?

① 국내 물가 하락

② 해외 경기 침체

③ 내국인의 해외여행 위축

④ 해외에서 대규모 차관도입

⑤ 무역수지 흑자 증가

② 해외 경기가 침체될 경우, 수출이 줄면서 외환의 공급도 감소하여 환율은 상승한다.
① 국내 물가가 하락하면 수출이 증가하여 외환의 공급이 증가한다.
③ 해외여행의 위축으로 외환의 수요가 감소하여 환율은 하락한다.
④, ⑤ 무역수지가 흑자거나 해외차관도입으로도 외환의 공급이 증가한다. 이 경우 환율은 하락한다.

10 다음 중 나머지 경우와 다른 방향으로 대미 달러 환율에 영향을 미치는 것은?

① 국내기업에 의한 해외직접투자가 증가한다.

② 정부가 외환시장에 개입하여 달러화를 매도한다.

③ 경상수지 흑자폭 증가세가 지속된다.

④ 외국인 관광객들의 국내 지출이 큰 폭으로 증가한다.

⑤ 외국인 투자자들이 국내 주식을 매수하는 추세가 지속된다.

① 국내기업이 해외직접투자를 하면 자본유출로 외환의 수요가 증가해 환율이 상승한다.
② 정부가 외환시장에서 달러를 매도하면 달러의 공급이 증가하고,
③, ④, ⑤ 경상수지 흑자가 커지거나 외국인 관광객들의 국내 지출이 증가하거나 외국인 투자자들의 국내 주식의 매수(매입)가 증가하면 수출과 자본유입이 늘면서 외환의 공급이 증가해 환율은 하락한다.

11 다음 중 원화가치를 하락시키는 요인을 모두 고르면?

> ㄱ. 국내기업의 해외부동산 취득 확대
> ㄴ. 국내 자동차 산업의 자동차 수출 증가
> ㄷ. 국내 주식시장으로 해외 자본의 급격한 유입
> ㄹ. 원유가격 상승으로 원유수입금액의 급격한 증가

① ㄱ, ㄹ　　　　　　　　　　　② ㄴ, ㄷ
③ ㄴ, ㄹ　　　　　　　　　　　④ ㄷ, ㄹ
⑤ ㄱ, ㄴ, ㄷ

> 원화가치의 하락은 환율상승을 뜻한다. 국내기업이 해외부동산을 취득하려고 자본유출이 증가하거나 수입액이
> 증가하면 외환의 수요가 증가해서 환율이 상승한다. 거꾸로 국내기업의 수출이 증가하거나 해외자본이 유입되면
> 외환의 공급이 증가해서 환율이 하락한다.

12 환율(원 · 달러) 변동에 대한 설명으로 옳은 것은?

> ㄱ. 국내물가가 상승하면 국내산 재화의 가격이 올라 상대적으로 값이 싸진 외국제품의 수입이
> 　　증대되고, 이에 따라 외환수요가 늘어 환율이 하락한다.
> ㄴ. 국내 실질이자율이 상승하면 원화표시 금융자산의 예상수익률이 상승하고, 이에 따라 원화표
> 　　시 금융자산에 대한 수요가 증가하면서 외국자금의 유입이 증가하여 환율이 하락한다.
> ㄷ. 환율이 상승하면 수출이 감소하고, 수입은 증가하여(경상수지악화), 수출기업이 위축되면서
> 　　경제성장이 둔화되고 실업이 증가한다.
> ㄹ. 환율이 상승하면 수입원자재가격이 상승하고 외화부채를 가진 기업의 부담이 커지고 국내
> 　　물가가 상승한다.

① ㄱ, ㄷ　　　　　　　　　　　② ㄴ, ㄷ
③ ㄱ, ㄹ　　　　　　　　　　　④ ㄴ, ㄹ
⑤ ㄱ, ㄴ

> ㄱ. 국내물가가 상승하면 상대적으로 저렴한 수입품에 대한 수요가 증가해서 외환의 수요가 증가하므로 환율이
> 　　상승한다.
> ㄷ. 환율이 상승하면 수출이 증가하고 수입이 감소하여 수출기업은 흥왕하고 총수요의 증대로 국민소득이 증가하
> 　　여 실업이 감소한다.

CHAPTER 02 국제수지

(2등급 취득을 위한) TESAT 빈출문제분석

가장 많이 빈출된 문제
★★★★★

1. 국제수지표의 분류 체계
국제수지표의 분류 체계가 어떠한 방식으로 구분되는지 이해하고 있는지 여부를 묻는 문제

2. 환율과 국제수지표의 관계
환율 변화가 국제수지에 어떠한 영향을 미치는지를 이해하고 있는지 묻는 문제

빈출된 문제
★★★

1. J-곡선효과
환율 변화가 국제수지에 어떻게 영향을 미치는지를 설명하는 J-곡선효과의 개념을 이해하고 있는지 여부를 묻는 문제

1 국제수지

- '국제수지가 흑자' – 대상 기간 중 나라 안으로 들어온 외화가 나라 밖으로 나간 외화보다 많았음을 의미
- '국제수지가 적자' – 대상 기간 중 나라 안으로 들어온 외화가 나라 밖으로 나간 외화보다 적음을 의미

① 국제수지의 특성
  ㉠ 이익 중심 평가
     '한 나라의 거주자와 다른 나라에 있는 비거주자'는 경제주체들을 그들의 국적에 따라 구분하지 않고, 경제활동에 있어서의 이익의 중심(The Center of Interest)이 어디에 있느냐를 기준으로 구분한다.
  ㉡ 유량 개념
     한 시점에서의 축적된 양을 가리키는 저량(Stock) 개념이 아니고 GDP와 같은 유량(Flow) 개념이다. 현재 우리나라의 국제수지표는 한국은행이 월별로 작성하여 1년 단위로 종합한다.
  ㉢ 표기되는 거래의 범위
     '모든 경제적 거래'란 재화와 서비스의 이동뿐 아니라 자본의 이동을 포함한 일체의 대외거래를 포괄한다는 의미다.

② 국제수지표의 세부 항목
   국제수지표는 크게 경상수지와 자본·금융계정으로 나뉜다. 재화와 서비스를 외국과 사고파는 거래는 경상수지, 외국과 자본을 주고받는 거래는 자본·금융계정에 해당한다. 국제수지표에는 경상수지와 자본·금융계정 이외에도 '오차 및 누락'이 있다. 오차 및 누락은 단순히 통계상의 불일치를 메워주는 역할을 한다. 중앙은행이 국제수지 불균형을 바로잡기 위해 사용할 수 있는 대외자산의 증감을 기록하던 준비자산증감은 자본·금융계정에 편입되었다.

국제수지	경상수지	재화나 서비스 거래
	자본·금융계정	자본을 주고받는 행위, 준비자산
	오차 및 누락	통계상 불일치

경상수지	상품수지	수 출	• 통화당국이 대외준비자산으로 보유하는 금 이외의 모든 금의 수출입
		수 입	
	서비스수지	운 송	• 승무원을 포함한 운송장비의 임대차
		여 행	• 여행자가 해외 체류기간 등 취득한 재화와 서비스(유학,연수,일반 여행 포함)
		통 신	• 전화 등 통신서비스와 우편 및 배달서비스
		보 험	• 수출입 상품에 대한 보험
		지적재산권 등	• 무형자산의 사용료를 기록
		사업서비스	• 상품 및 서비스 거래와 관련한 중개수수료, 승무원을 포함하지 않은 수송 장비의 임대차

		정부서비스	• 공공부분에서 제공하는 복지, 안전, 환경, 재정, SOC 구축 등 다양한 사회서비스
		기 타	• 금융서비스, 정보서비스, 오락서비스, 건설서비스 등
	본원소득수지	급료 및 임금	• 거주자와 외국에 1년 이내 단기로 머물면서 일한 대가와 비거주자에게 지급한 돈의 차이
		투자소득	• 직접투자소득 : 경영참여 등 영속적인 이해관례를 목적으로 한 대외 투자(배당과 대부투자에 따른 이자)
			• 증권투자소득 : 투자자본의 가치증가, 이윤획득을 목적으로 한 주식 및 채권투자(주식 및 채권투자의 배당과 이자)
			• 기타투자소득 : 직접투자와 증권투자에 속하지 않는 대출/차입, 무역신용 등에 대한 이자의 수취 및 지급
	이전소득수지		• 대외 송금, 식량 등 무상원조, 국제기구 출연금
자본·금융계정	자본수지 (자본계정)	자본이전	해외 이주비나 채무면제
		비생산·비금융자산	토지, 지하자원 등 비생산유형자산 취득 및 처분
	금융계정	직접투자	• 경영참여 등 영속적인 이익을 위한 대외투자 • 해외 부동산 취득(별장, 주택) • 주식 구입이나 자금 대여
		증권투자	투자자본의 가치 증가 또는 이윤획득만을 목적으로 한 대외투자
		파생금융상품	파생금융상품 거래에서 발생한 손익
		기타투자	현금거래, 무역신용 등
		준비자산	중앙은행의 대외자산

② 환율과 경상수지

환율의 변화는 원화의 가치변동을 의미하므로 수출과 수입에 영향을 미친다. 환율이 상승하면 원화의 가치가 하락하면서 수출가격은 하락하고 수입가격은 상승하여, 수출이 증가하고 수입이 감소한다. 반면, 환율이 하락하면 원화의 가치가 상승하므로 수출가격이 상승하고 수입가격이 하락하여, 수출은 감소하고 수입은 증가한다.

- 환율의 상승 − 수출가격의 하락 − 수출의 증가 − 경상수지(+)
- 환율의 상승 − 수입가격의 상승 − 수입의 감소 − 경상수지(+)
- 환율의 하락 − 수출가격의 상승 − 수출의 감소 − 경상수지(−)
- 환율의 하락 − 수입가격의 하락 − 수입의 증가 − 경상수지(−)

3 J-곡선효과

(1) 의 미

J-곡선효과란 환율이 상승한 후 수개월 정도의 단기간 동안에는 경상수지가 오히려 악화되었다가 그 후 점차 개선되는 현상을 말한다.

(2) 특 징

① 환율이 상승하면 가격 변화는 즉시 일어난다. 즉, 수출품의 국제가격은 즉시 하락하고 수입품의 국내가격은 즉시 상승한다. 그러나 수량 변화, 즉 수출물량과 수입물량이 가격변화에 따라 변화하는 데는 상당한 시간이 걸린다. 따라서 단기적으로 마샬 러너 조건이 충족하지 못할 가능성이 매우 높다.

② 이와 같이 환율의 상승이 단기간에는 경상수지를 악화시켰다가 시간이 지나면서 경상수지를 개선시키므로 시간에 따라 경상수지가 움직이는 모양이 J와 같음을 알 수 있다. 때문에 이를 J-곡선효과라고 한다.

최신 기출분석문제

01 다음 중 우리나라 국제수지표에 기록되는 거래가 아닌 것은?

① 국내기업이 상품을 외국에 수출
② 내국인이 해외여행 중 지역특산품을 구입
③ 내국인이 해외여행을 위해 국내 은행에서 외화를 매입
④ 내국인이 해외 증시에 상장된 외국기업 주식에 투자해 배당금을 수취
⑤ 내국인이 해외 증시에 상장된 외국기업의 주식을 매입

해설 국내에서 외화를 매입하는 것은 국제수지표 기재사항이 아니다.

정답 ③

02 경상수지의 결정요인에 대한 다음의 설명 중 가장 옳지 않은 것은?

① 민간저축 증가는 투자수요를 유발한다.
② 수요 증가는 경상수지의 악화를 유발할 수 있다.
③ 정부지출 증가는 재정수지와 경상수지를 함께 악화시킬 수 있다.
④ 정부저축 증가는 투자수요에 반영될 수 없다.
⑤ 민간저축 증대는 경상수지를 개선시킬 수 있다.

해설 경상수지는 민간저축, 투자수요 그리고 정부저축으로 표시될 수 있다. 이 중 정부저축은 조세수입과 정부지출의 차이를 말한다. 민간저축 및 정부저축의 증가는 경상수지를 개선시킬 수 있으며, 투자수요 증가는 민간저축, 정부저축 또는 경상수지의 적자에 반영될 수 있다. 재정수지 적자는 경상수지 적자를 초래할 수 있으며 민간저축과 정부저축의 증가는 투자수요에 반영될 수 있다.

정답 ④

03 〈보기〉에서 우리나라의 자본수지 흑자에 기여하는 거래와 경상수지 적자를 초래하는 거래를 바르게 고른 것은?

┌─┤보 기├───┐

ㄱ. 외국인의 국내 주식 투자

ㄴ. 한국 전자회사가 아일랜드에 TV 공장 설립

ㄷ. 국내 외국인 노동자들이 임금을 본국의 가족에게 송금

ㄹ. 중·고등학교 학생들의 조기 호주 유학

ㅁ. 한국 가수들의 중국 공연

ㅂ. 한국 자동차회사가 런던 금융시장에서 채권 발행

└──┘

	자본수지 흑자	경상수지 적자
①	ㄱ, ㄹ	ㄴ, ㅁ
②	ㄱ, ㅁ	ㄴ, ㄷ
③	ㄱ, ㅂ	ㄷ, ㄹ
④	ㄴ, ㄹ	ㄷ, ㅁ
⑤	ㅁ, ㅂ	ㄱ, ㄷ

해설 국제수지는 자본거래 및 경상거래로 구성된다. ㄱ, ㅂ은 자본수지 흑자, ㄴ은 자본수지 적자, ㄷ, ㄹ은 경상수지 적자, ㅁ은 경상수지 흑자를 나타낸다.

정답 ③

01 경상수지에 대한 다음 설명 중 옳지 않은 것은?

① 경상수지 흑자는 투자가 저축을 초과했음을 의미한다.

② 경상수지는 실질환율(Real Exchange Rate)의 영향을 받는다.

③ 국내 통화가치를 절하시켜도 경상수지는 초기엔 악화될 수 있다.

④ 외국 투자자에 대한 이자, 배당금의 지급은 경상수지를 악화시킨다.

⑤ 다른 조건이 동일한 상황에서 국내 경기가 좋아지면 경상수지가 악화된다.

① 경상수지는 GDP에서 총지출액을 뺀 것과 같다. 경상수지 적자는 생산액보다 지출액이 더 많다는 것을 의미하는 셈이다. 이 경우 외국으로부터 그만큼 돈을 차입해 재화를 구입해야 한다.

②, ③ 경상수지는 실질환율의 영향을 받는다. 하지만 국내통화 가치가 하락해도 단기적으로 경상수지는 악화될 수 있다. 수출 가격의 하락을 반영해 수출 물량이 증가하는 데 시간이 걸리기 때문이다.

④ 헷갈리기 쉬우나, 외국인 투자자에 대한 이자지급과 외국인 투자자에 대한 배당금 지급은 자본수지가 아닌 경상수지의 적자 요인이다.

⑤ 민간저축의 감소, 재정적자, 투자지출 증가 등은 경상수지 악화 요인이다. 또 국내 경기가 좋아지면 그만큼 외국에서 생산된 재화와 서비스에 대한 수요가 늘어나므로 경상수지 악화 요인으로 작용한다.

02 다음의 기사를 읽고 이뤄진 토론에서 잘못된 발언을 한 사람은?

한국은행에 따르면 5월 경상수지 흑자 규모는 36억 1,000만 달러로 전달에 비해 18억 8,000만 달러 증가했다. 상품수지 흑자 규모는 17억 5,000만 달러로 전달과 비슷했다. 수출은 470억 5,000만 달러로 전년동기 대비 0.6% 감소했고 수입도 448억 달러로 1.1% 줄었다.

반면 서비스수지 흑자는 건설서비스 수입 증가와 여행수지 흑자에 힘입어 전달 5억 5,000만 달러에서 15억 9,000만 달러로 증가했다. 소득수지는 전달 4억2,000만 달러 적자에서 3억 4,000만 달러 흑자로 바뀌었다. 배당소득 적자폭이 1억 3,000만 달러로 크게 줄어든 반면 이자소득은 4억 9,000만 달러 흑자를 낸 때문이다. 금융계정은 국내기업의 해외 직접투자가 늘어나면서 30억 6,000만 달러 유출로 전환했다.

① 찬규 : 상품 수출과 수입이 모두 줄어 이른바 불황형 흑자라고 할 수 있어.
② 현태 : 서비스수지가 사상 최대의 흑자를 보인 것은 우리나라를 찾은 여행객이 크게 늘어난 덕분이기도 해.
③ 미영 : 지식재산권에 대한 로열티를 많이 지급한 것은 상품수지 개선의 발목을 잡았던 것 같아.
④ 승호 : 소득수지는 경상수지의 구성항목이지.
⑤ 상희 : 소득수지가 흑자로 돌아선 것은 우리나라 사람들이 해외에서 받은 급료가 늘어난 것도 한 몫 했기 때문이야.

> 지식재산권은 상품수지가 아니라 서비스수지이다.

03 다음 중 국제수지 경상계정의 변화를 초래하는 경우가 아닌 것은?

① 외국인이 국내 시장에서 쇼핑을 하였다.
② 한국인이 실리콘밸리 주식에 투자한 대가로 배당을 받았다.
③ 한국으로 여행 오는 외국인이 국내 항공사를 이용하였다.
④ 한국인이 미국에서 새로 사업을 벌이기 위해 공장 부지를 매입하였다.
⑤ 국제기구에 원조자금을 송부하였다.

> ④ 해외 공장 부지를 매입하면 자본수지의 변화를 초래한다.
> ①은 상품수지, ②는 소득수지, ③은 서비스수지, ⑤는 경상이전수지에 해당하는 것으로 모두 국제수지에 해당한다. 국제수지는 일정 기간 동안 한 나라와 외국 간 모든 경제적 거래를 기록한 것으로 크게 경상수지와 자본·금융계정으로 구분된다. 경상수지는 △상품수지 △서비스수지 △소득수지 △경상이전수지로 구성된다. 상품수지는 상품의 수출과 수입의 차이다. 서비스수지는 해외여행, 유학·연수, 운수서비스 등과 같은 서비스 거래의 수입과 지출 차이다. 소득수지는 임금, 배당금, 이자처럼 투자의 결과로 발생한 수입과 지급의 차이다. 경상이전수지는 기부금, 정부의 무상원조 등 대가없이 주고받은 거래액의 차이 등이다. 자본수지는 외국인의 국내주식 채권 매입, 우리나라 기업의 해외 직접투자 등에 따라 발생하는 자본의 유출입차를 나타내는 항목이다.

04 국제수지와 외환보유액에 대한 다음 설명 중 옳지 않은 것은?

① 교포 친척 간 송금, 자선단체 기부금 등의 수입과 지급 차이는 국제수지표에서 이전수지 항목에 계상된다.

② 외환보유액은 정부나 한국은행이 국제수지 흑자 등으로 늘어난 시중의 외환을 직접 매입하지 않더라도 증가할 수 있다.

③ 외환보유액은 각종 요인으로 인한 외환시장 충격에 안전판 역할을 하고 국가신인도를 높여주는 역할을 한다.

④ 종합수지는 실물거래 결과를 합한 것이다. 따라서 자본거래를 제외한 것이기 때문에 불완전하다.

⑤ 외환보유액은 국가 경제위기 등에 대비한 보험적 성격이 있는 만큼 보유에 따른 일정 수준의 비용 부담이 불가피하다.

> ④ 경상수지와 자본수지를 합쳐 종합수지라고 하는데, 장·단기 자본거래를 종합한 자본수지를 포함한 개념이다. 따라서 자본거래를 제외한 것이라는 사실은 잘못된 것이다.
> ② 외환보유액은 정부나 중앙은행이 보유한 외화 현금과 쉽게 현금화시킬 수 있는 외화자산을 뜻한다.

05 국제수지와 환율에 대한 다음 설명 중 옳지 않은 것은?

① 국제수지는 경제적 거래의 형태에 따라 크게 경상수지와 자본수지로 나눌 수 있다.

② 개방경제의 총수요에는 순수출이 포함된다.

③ 명목환율은 서로 다른 나라 화폐 간의 교환비율이다.

④ 실질환율은 우리나라에서 생산된 재화 한 단위가 다른 나라에서 생산된 재화 몇 단위와 교환되는 지를 나타내는 척도이다.

⑤ 국민소득계정 항등식에 의하면, 국내저축이 국내투자보다 크면 순수출은 항상 0보다 작다.

> 개방경제의 국민소득항등식은 '총저축 = 투자 + 순수출'이다. 그래서 국내저축이 국내투자보다 크면 순수출은 양수이다.

06 우리나라 국제수지에 관한 다음 설명 중 타당한 것은?

① 유학생에 대한 송금 증가는 자본수지 적자 요인이다.

② 상품수지와 서비스수지는 동시에 적자를 기록할 수 없다.

③ 외국인의 국내 채권보유 증가는 자본수지 적자 요인이다.

④ 국내기업의 해외 건설공사 증가는 경상수지 적자 요인이다.

⑤ 외국인에 대한 주식배당금의 해외 송금은 경상수지 적자 요인이다.

⑤ 외국인에 대한 주식배당금은 경상수지 중 소득수지에 해당된다.
① 유학생에 대한 송금 증가는 경상수지 적자 요인이다.
② 상품수지와 서비스수지 간에 유지되어야 하는 항등식은 없다.
③ 외국인의 국내 채권보유 증가는 해외자금이 국내로 유입되므로 자본수지 흑자 요인이다.
④ 해외 건설공사로부터 얻게 되는 임금 및 이익의 증가는 경상수지 흑자 요인이다.

07 우리나라의 무역수지를 개선시킬 것으로 기대되는 것은?

① 국제 원자재 가격이 급등하고 있다.

② 외국인의 국내 주식 투자가 증가하고 있다.

③ 소비 침체로 경제성장률이 둔화되고 있다.

④ 주택자금 대출 수요 증가로 금리가 상승하고 있다.

⑤ 외국 물가에 비해 국내 물가가 빠르게 상승하고 있다.

③ 소비 침체로 경제성장률이 둔화되면 수입도 줄어들게 되므로, 무역수지는 개선될 것이다.
①, ④, ⑤ 국제 원자재 가격 상승, 금리 상승, 국내 물가의 상대적인 상승은 무역수지를 악화시키는 요인이다.
② 외국인의 국내 주식 투자 증가는 직접적으로 무역수지와 관련이 없지만, 환율을 하락시키는 경우 무역수지를 악화시키는 요인이 된다.

08 다음 그래프에 대한 옳은 설명을 〈보기〉에서 모두 고른 것은?

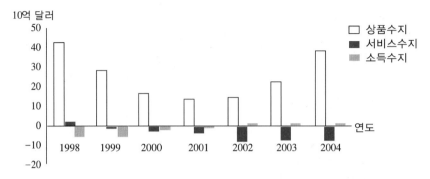

┤보 기├

가. 경상수지의 추이를 주요 항목별로 제시하고 있다.

나. 교역 상대국과의 무역 마찰과 국내 물가 상승이 우려된다.

다. 외국인의 국내 투자보다 내국인의 해외 투자가 줄어들고 있다.

라. 대체로 운수, 여행, 통신, 보험, 지적 재산권 사용료 등의 수출이 수입보다 많다.

---

① 가, 나   ② 가, 다

③ 나, 다   ④ 나, 라

⑤ 다, 라

나. 상품수지, 서비스수지, 소득수지를 더한 경상수지는 지속적으로 흑자를 유지하고 있다. 이것은 국제 교역의 결과가 그 나라 경제활동에 유리하게 작용했다는 것이고, 수년 간 이런 현상이 지속되면 무역 상대국은 만성 무역적자에 불만을 가지게 되어 두 나라 간에 무역 마찰이 생길 가능성이 커지게 된다. 또한 국내 경제활동이 활발하고, 수출이 원활히 이루어진다는 것은 총수요 증가를 뜻하며, 이것은 국내 물가를 상승시키게 된다.

다. 외국인의 국내 투자와 내국인의 해외 투자는 투자수지인데, 투자수지는 자본수지에 해당한다. 그래프에서 제시된 것은 경상수지이기 때문에 투자수지는 알 수 없다.

라. 운수, 여행, 통신, 보험, 지적 재산권 사용료 등은 서비스수지에 포함되는데 제시된 그래프에서 해가 갈수록 적자 폭이 커지는 것으로 보아 서비스의 수출보다 수입이 더 많았다고 봐야 한다.

09 다음은 일정기간 동안에 발생한 우리나라와 외국 간의 거래 내역이다. 우리나라의 경상수지와 자본수지를 바르게 나타낸 것은?(해당 금액은 국제수지표에 반영된 금액이다)

> • 외국 모델이 국내 광고에 출연하였다. – 1억 달러
> • 외국 펀드가 국내 빌딩을 구입하였다. – 2억 달러
> • 재외 동포 2세들이 국내 대학에 입학하였다. – 1억 달러
> • 국내 전자회사가 중국에 휴대폰을 수출하였다. – 1억 달러
> • 국내 자동차회사가 미국에 공장을 설립하였다. – 2억 달러

	경상수지	자본수지
①	균 형	1억 달러 흑자
②	1억 달러 적자	2억 달러 흑자
③	1억 달러 흑자	균 형
④	2억 달러 흑자	1억 달러 적자
⑤	2억 달러 흑자	균 형

외국모델의 국내 광고 출연은 소득수지 1억 달러 유출(−), 외국 펀드의 국내 빌딩 구입은 자본수지 2억 달러 유입 (+), 재외 동포들의 국내 대학 입학은 서비스수지 1억 달러 유입(+), 중국에 휴대폰 수출은 상품수지 1억 달러 유입(+), 국내 자동차 회사의 미국 공장의 설립은 자본수지 2억 달러 유출(−), 따라서 국제수지 합계는 경상수지 1억 달러 흑자, 자본수지는 균형을 이루고 있다.

10 다음을 근거로 한 추론으로서 옳지 않은 것은?

> 2005년 초부터 급등세를 보인 국제 유가가 2004년에 이어 두 자릿수 상승률을 기록하였다. 2004년 유가 상승은 중국 등 신흥 개도국의 고성장에 따른 수요 증가가 주요 원인이었던 반면, 2005년 유가 급등은 테러와 기상 이변 등 공급 차질이 주요 원인이었다.

① 유가 상승은 우리나라의 경상수지를 악화시키는 요인이었을 것이다.
② 세계 원유 소비량의 증가율은 2004년이 2005년보다 높았을 것이다.
③ 유가 상승은 우리나라의 물가상승률을 높이는 요인이었을 것이다.
④ 우리나라의 수출 증가율은 2004년이 2005년보다 낮았을 것이다.
⑤ 세계 경제의 성장률은 2004년이 2005년보다 높았을 것이다.

①, ③ 유가 상승은 원유 수입국인 우리나라의 경상수지를 악화시키고, 물가상승률을 높이게 된다.
② 수요 증가와 공급 차질은 가격에 미치는 영향이 동일하지만 소비량에 미치는 효과는 반대이다. 따라서 2004년의 원유 소비 증가율은 2005년보다 높았을 것이다.
④, ⑤ 2004년 원유 소비량 증가율이 2005년보다 높았다면, 세계 경제성장률과 우리나라 수출 증가율도 2004년이 2005년보다 높았을 것이다.

[11 ~ 12] 다음 글을 읽고 물음에 답하시오.

외환보유액은 급격한 자본유출, 국가적인 프로젝트 등 유사 시에 대비하기 위한 국가의 최종적인 대외지급 준비자산이다. 최근 외환보유액이 1,500억 달러를 넘어서자 우리나라 형편에 비해 지나치게 많은 게 아닌가라는 의문이 제기되었다. 외환도 희소자원이므로 외환보유액이 지나치게 많아서도 안 되고 또 지나치게 적어서도 안 된다.

11 외환보유액이 늘어나게 되는 직접적 요인이 아닌 것은?

① 무역수지 흑자 ② 해외 근로자의 국내 송금 증가
③ 외국인의 국내 주식보유 증가 ④ 외국인직접투자 증가
⑤ 해외여행 및 유학의 증가

해외여행 및 유학의 증가는 외환보유액의 감소요인이다.

12 외환보유액의 적정수준을 결정하는 요소로서 타당성이 가장 적은 것은?

① 환율제도 ② 연간 수입액의 규모
③ 국제투기자금의 규모 ④ 국내 저축의 규모
⑤ 외환보유의 기회비용

④ 국내 저축규모는 적정 외환보유 수준과 별 관계가 없다.
① 환율변동이 외환수급의 불균형 조정에 도움이 되므로 고정환율제보다 변동환율제가 외환보유 동기를 그만큼 감소시킨다.

(2등급 취득을 위한) TESAT 빈출문제분석

가장 많이
빈출된 문제
★★★★★

1. 절대우위론과 비교우위론
   절대우위의 개념과 비교우위의 개념을 구분하고, 특정 국가가 어느 항목에
   비교우위를 갖고 있는지와 이를 계산할 수 있는지 여부를 묻는 문제

2. 최신 무역 이슈
   FTA를 비롯한 최신 글로벌 무역 이슈에 대해 숙지하고 있는지 확인하는 문제

빈출된 문제
★★★

1. 보호무역과 자유무역의 차이
   보호무역과 자유무역의 주요 특징을 이해하고 있는지 묻는 문제

2. 보호무역의 주요 수단(관세, 보조금, 수입할당제 등)
   주요 보호무역 수단들의 의미와 특징을 구분할 수 있는지 여부를 묻는 문제

1 절대우위론과 비교우위론

(1) 절대우위론

① 개념 및 측정

각국이 절대적으로 생산비가 낮은 재화생산에 특화하여 그 일부를 교환함으로써 상호이익을 얻을
수 있다는 이론으로 동일한 재화를 더 적은 노동의 투입으로 생산할 수 있을 때, 또는 동일한 노동
으로 더 많은 양을 생산할 수 있을 때 그 산업에 절대우위를 가진다고 측정한다.

② 기여 및 문제점

절대우위론은 자유무역의 근거를 최초로 제시하였으나, 한 나라가 두 재화생산에 있어서 모두 절대
우위 혹은 모두 절대열위에 있는 경우에도 무역이 발생하는 현상은 설명하지 못하는 한계가 있다.

(2) 비교우위론

① 개념 및 측정

한 나라가 두 재화생산에 있어서 모두 절대우위 혹은 절대열위에 있더라도 양국이 상대적으로 생산
비가 낮은 재화생산에 특화하여 무역을 할 경우 양국 모두 무역으로부터 이익을 얻을 수 있다는
이론으로 한 재화를 생산하기 위해 포기하여야 하는 다른 재화의 양이 적을 때 그 산업에 비교우위
를 가진다고 평가한다.

② 비교우위의 발생 원인

㉠ 상이한 기술 : 리카르도는 각국의 산업에서의 상이한 기술에 의해 생산성의 차이가 발생하고 이
러한 생산성의 상대적 격차가 비교우위의 원인이 된다고 생각하였다.

㉡ 상이한 부존 자원 : 헥셔–올린 정리에 따르면, 각국은 자국에 풍부하게 부존된 자원을 집약적으
로 사용하는 산업에 우위를 가진다고 한다. 즉, 중국처럼 노동이 풍부한 국가는 노동을 많이
사용하는 산업에 비교우위를 가지고 미국처럼 자본이 풍부한 국가는 자본을 많이 사용하는 산
업에 비교우위를 가지게 된다는 것이다.

㉢ 선호의 차이 : 국가 간 선호의 차이도 국가 간 상대가격을 차이나게 하는 원인이 될 수 있다.

㉣ 특화의 역사와 학습효과 : 한 국가가 한 상품을 오랫동안 생산하다 보면 이른바 학습효과가 발
생하여 비교우위를 가지게 될 수 있다. 예를 들어 스위스가 시계산업에 우위를 가지는 것은 이
러한 특화의 역사와 학습효과가 중요하게 작용한 대표적인 예이다.

③ 무역의 이익

㉠ 소비가능영역의 확장 : 각국이 우위에 있는 산업에 특화하여 자유로운 교역을 한다면, 교역 이
전보다 소비할 수 있는 재화의 양이 증가한다. 즉, 소비가능영역이 확장된다.

㉡ 제품의 차별화 : 국제무역을 통해 다양한 상품을 소비할 수 있게 되는 것도 중요한 이익 중 하나
이다.

㉢ 독점적 왜곡의 제거 : 무역이 개시되면 자국의 산업이 독점이었던 국가의 진입장벽이 제거되면
서 독점적 왜곡을 제거할 수 있게 된다.

㉣ 새로운 아이디어와 기술의 전파 : 국제무역을 통해 기술의 전파가 더욱 빨라지고 다양한 지식을
얻을 수 있는 등의 이득이 있다.

(3) 비교우위와 기회비용

다음 표는 A, B 두 나라에서 스마트폰과 명품의류를 한 단위씩 생산하는 데 소요되는 노동투입량을 나타낸다(단, 양국은 동일한 생산요소인 노동만을 가지고 있으며, 시간당 임금도 동일하다고 가정한다. 따라서 투입노동시간은 곧 생산비와 같다).

상품 국 가	스마트폰	명품의류
A	8시간	9시간
B	12시간	10시간

A국은 두 상품 모두 더 적은 비용으로 생산할 수 있기 때문에 두 재화 모두 절대우위를 가지고 있다. 이 경우 절대우위론에서는 무역이 발생하지 않는다. 그러나 비교우위론에 따르면 무역이 발생할 수 있는데, 이를 설명하려면 위 표를 기회비용의 개념으로 나타내는 것이 편리하다.

A국이 스마트폰 한 개를 더 생산하기 위해서는 명품의류 0.88(8/9)개를 포기해야 하고, B국에서는 1.2(12/10)개를 포기해야 한다. 한편, A국이 명품의류 한 개를 더 생산하기 위해선 스마트폰 1.125(9/8)개를 포기한 반면, B국은 0.83개(10/12)를 포기해야 한다.

기회비용 국 가	스마트폰 1단위	명품의류 1단위
A	명품의류 0.88	스마트폰 1.125
B	명품의류 1.20	스마트폰 0.833

스마트폰 생산에 있어서는 A국의 기회비용이 더 작고, 명품의류 생산에 있어서는 B국의 기회비용이 더 작다. 따라서 A국은 스마트폰 생산에, B국은 명품의류 생산에 비교우위가 있다.

(4) 특화와 무역이익

최초에 A국과 B국은 모두 스마트폰과 명품의류 1단위씩 생산하고 있다고 가정하고 비교우위에 의한 특화와 무역의 이익을 설명해보자. 기회비용이 상대적으로 더 작은 경쟁력 있는 상품에만 전념해 생산하는 것을 특화라고 한다. 따라서 A국은 비교우위에 있는 스마트폰 생산에 17시간을 모두 투입하고, B국은 22시간을 모두 명품의류 생산에 투입한다. 이 경우 A국은 스마트폰 2.125(= 17/8)단위를 생산할 수 있고, B국은 명품의류 2.2(= 22/10)단위를 생산할 수 있다. 이때 A국과 B국이 두 재화를 1:1로 교환하게 되면 교역 전에 비해 A국은 스마트폰 0.125단위를, B국은 명품의류 0.2단위를 추가로 소비할 수 있다. 무역의 이익이 발생한 것이다.

구 분	교역 전		특화 후		교역 후	
상품 국 가	스마트폰	명품의류	스마트폰	명품의류	스마트폰	명품의류
A	1단위	1단위	2.125	0	1.125	1
B	1단위	1단위	0	2.2	1	1.2

(5) 교역조건

위의 경우 교역조건은 스마트폰 1단위당 명품의류 1단위였다. 그렇다면 A국이 무역에 응할 최소의 기준은 어떻게 될까 생각해 보자. A국은 스마트폰 1단위를 주고, 명품의류를 0.88단위(스마트폰 1단위의 기회비용)보다 많이 받는다면 무역의 이익이 발생한다. A국이 생산할 경우 발생하는 기회비용 이상의 가치를 보상받았기 때문이다. 반면 B국은 스마트폰 1단위를 받고 명품의류를 1.20보다 적게만 주면 기회비용보다 더 많이 받게 되는 셈이다. 따라서 스마트폰 1 단위로 나타낸 교역조건은 명품의류 0.88단위보다 크고, 1.20보다 작다. 한편, 명품의류 1단위 생산으로 나타낸 교역조건은 스마트폰 0.83단위보다 크고 1.125단위보다 작다(교역조건을 나타낼 때 어떤 상품을 기준으로 하는가를 주의).

2 제품수명주기이론

한 제품의 수명주기는 개발상품, 성숙상품, 표준화상품의 세 단계로 이루어지며, 각 단계마다 이 제품 생산에 필요한 생산요소의 투입이 변동하고, 요소부존도에 따라서 생산국도 변동한다는 것이다.

(1) 신제품단계

어떤 제품의 개발단계에서는 고도기술을 가진 고급노동력에 의해서 소규모, 실험적으로 생산되며, 일단 개발이 성공하면 높은 소득의 소비자들을 대상으로 하는 소규모 생산이 이루어진다. 이 단계에서는 제품을 개발하는 선진국만이 제품을 생산·수출한다.

(2) 성숙단계

대량생산이 이루어지는 단계로서 신제품 개발국뿐만 아니라 여타 선진국도 생산을 시작한다. 이 단계에서는 해당 제품이 점차 대량생산됨에 따라서 노동비용이 제품개발 선진국보다 상대적으로 더 저렴한 여타 선진국들이 경쟁력을 갖게 되어 신제품 개발국의 비교우위는 점차 사라지고 모방제품을 생산하는 여타 선진국들의 수출이 증가한다.

(3) 표준화단계

이 단계에서는 생산기술이 완전히 표준화되어 미숙련노동자들에 의한 대량생산이 가능한 단계이다. 노동집약적인 제품생산으로 인해 임금이 저렴한 개발도상국이 비교우위를 갖게 되어 오히려 후진국에서 선진국으로 수출이 이루어진다. 이 이론은 제품수명주기에 따라 비교우위와 무역의 방향이 변하는 현상과 산업 내 무역을 잘 설명할 수 있다는 장점이 있다.

3 무역정책

(1) 자유무역주의

자유무역주의란 무역에 대한 국가의 간섭을 배제하고 자유로운 대외 거래를 해야 한다는 주장을 의미한다. 자유무역주의자들은 각국이 비교우위의 원리에 따라 완전한 자유무역을 하게 되면 세계 경제 전체의 생산량을 극대화시킬 수 있고, 모든 나라의 후생이 커질 것이라고 주장한다. 반면 보호무역정책을 실시하게 되면 자원이 비효율적으로 배분되기 때문에 보호 조치를 취한 국가뿐만 아니라 전 세계의 생산 및 후생이 감소할 것이라고 주장한다. 이밖에도 자유무역을 하면 규모의 경제 효과, 생산유발효과, 고용 및 소득유발효과, 국내 부족 원자재 확보, 국내 산업의 경쟁력 제고, 국민 생활의 질적 향상 등이 가능해진다고 주장한다.

(2) 보호무역주의

① 보호무역주의의 취지

보호무역주의는 자유무역 이론에 대한 비판에서 출발한다. 자유무역 이론은 생산요소의 완전이동성, 외부효과 무시 등의 비현실적인 가정을 하기 때문에 시장실패를 도외시한다는 비판을 받기도 한다. 또 자본이 풍부하고 기술이 발달된 선진국은 공업 부문에 특화해 지속적으로 고도의 공업화를 달성할 수 있는 반면, 개발도상국이나 후진국은 농업 부문에 특화할 수밖에 없어서 공업화의 기회를 박탈당할 수도 있다. 또한 농산품의 상대가격 하락은 교역 조건을 악화시키고, 자유무역은 선진국에게만 유리하게 작용하여 세계의 빈부 격차를 점점 더 확대시킬 수 있다는 비판을 받기도 한다.

② 보호무역론의 근거

㉠ 실업의 방지 : 자유로운 무역이 국내의 실업을 증가시키는 원인이 된다는 주장을 하는 경우가 있으나, 실제 국제무역은 한 국가의 자원을 비효율적인 분야로부터 보다 효율적인 분야로 재배분해 주는 역할만을 할 뿐이다. 따라서 결국 비교우위가 없는 산업에서 비교우위가 있는 산업으로 고용이 재편되는 과정에서 오히려 더 많은 일자리가 창출될 가능성이 크다.

㉡ 국가 안보에 따른 우려 : 국가 안보에 대한 정당한 우려가 있는 경우에는 주요산업이나 식량 등에 대한 보호가 필요하다는 주장이 설득력을 얻는다. 하지만 이러한 주장을 하는 사람들이 대부분 해당 산업의 종사자들이며 이러한 정책이 가지는 기회비용을 고려하여 신중하게 접근해야 한다.

③ 유치산업보호론

미성숙한 산업의 경우에는 일정기간 외국의 경쟁압력으로부터 보호할 필요가 있다는 주장이다. 이러한 주장은 보호받는 기간 동안 해당산업은 학습효과와 규모의 경제를 통해 경쟁력을 갖출 수 있어서 결국엔 모두에게 이로운 결과를 만들 수 있다는 것이다. 그러나 이러한 주장의 타당성을 인정한다고 하더라도 ① 어떤 산업이 유망유치산업인지 선별하기가 어렵다는 문제, ② 유치산업 선정 시에 로비나 정치적인 압력이 작용할 수 있다는 문제, ③ 유치산업으로 선정된 산업은 계속 보호의 틀 속에 안주하려는 경향이 있다는 문제 등이 발생할 수 있다.

〈보호무역론의 근거〉

실업의 방지	자유로운 무역이 국내의 실업을 증가시키는 원인이 된다는 주장
국가 안보에 대한 우려	국가 안보에 대한 정당한 우려가 있는 경우에는 주요산업이나 식량 등에 대한 보호가 필요하다는 주장
유치산업보호론	미숙한 단계에 있는 산업을 외국의 경쟁압력으로부터 보호할 필요가 있다는 주장
협상의 수단	무역조치들은 국가 간의 약속을 안정적으로 유지시켜 주는 협상의 수단으로서 유용성이 있다는 주장

❹ 보호무역을 위한 정책수단

(1) 관 세

① 관세장벽

관세는 수입품에 일정 비율의 세금을 부과하는 것으로, 무역규제의 여러 방식 중 가장 흔하게 사용되는 방법으로서, 수입품의 국제가격보다 국내가격을 비싸게 유지함으로써 국내 산업을 보호하는 것을 주된 목적으로 하는 경우가 많다.

② 관세의 종류

종 류	내 용
반덤핑관세	외국 기업이 고의로 싼 가격에 수출하고 있다는 의심, 즉 덤핑을 하고 있다는 의심이 가는 경우 부과되는 관세
상계관세	다른 나라 정부가 자국 기업들에게 지급하는 보조금의 효과를 상쇄하려는 목적으로 부과되는 관세
보복관세	상대국의 자국상품에 대한 관세부과에 대항하기 위해 부과하는 관세
긴급관세	국내산업의 보호를 위하여 긴급한 조치가 필요하거나, 긴급히 특정상품의 수입을 억제하기 위하여 특정수입품에 대해 부과하는 고율의 관세
재정관세	국가의 관세수입을 증대시키기 위하여 부과하는 관세
보호관세	국내산업을 보호하기 위하여 부과하는 관세

(2) 수입할당제

① 개 념

수입할당제란 어떤 상품에 대해 수입할 수 있는 최대한의 양을 정해 놓고 그 이하로 수입하는 것만을 허락하는 제도로서, 수입량을 직접 줄이는 효과를 목표로 한다.

② 평 가

동일한 양을 수입하는 관세를 부과하든 수량할당을 부과하는 교역량이나 가격과 사회후생에는 아무런 차이가 없다. 다만, 관세의 경우 일정부분이 관세수입으로 정부에 귀속되지만, 수입할당제 하에서는 그 크기만큼을 수입업자가 초과이득으로 취하게 된다.

(3) 수출자율규제

① 개 념

수입하는 나라의 정부가 수출하는 나라의 정부 또는 기업에게 압력을 가해 자율적으로 수출물량을 줄이도록 유도하는 정책으로서 국제기관의 간섭을 피할 수 있기 때문에 선진국에서 종종 이용한다.

② 효 과

수출자율규제는 표면적인 차이점에도 불구하고 그 효과는 수입할당과 거의 동일하다. 다만 수입할당의 경우 수입업자가 얻는 초과이득이 수출자율규제에서는 외국의 수출업자에게 귀속된다.

(4) 비관세 무역장벽 또는 회색지역조치

넓은 의미에서의 비관세 무역장벽에는 수입할당제나 수출자율규제정책이 모두 포함되지만 좁은 의미에서의 비관세 무역장벽에는 비공식적이고 은밀한 방법으로 무역을 규제하는 조치들이 주로 포함된다. 예를 들어, 각국의 환경관련 규정이나 보건관련 규정들이 현실적으로 수입을 까다롭게 만드는 역할을 할 수 있는데 이러한 규정들이 비관세 무역장벽 또는 회색지역조치의 대표적인 예이다.

최신 기출분석문제

01 A국과 B국은 자동차와 옷을 생산하고 있다. 이 두 나라가 자동차와 옷을 생산하기 위해 필요한 단위 노동 투입량은 다음과 같다.

구 분	A국	B국
자동차	50	40
옷	80	30

생산요소가 노동밖에 없다고 보고 다음 보기의 설명 중 옳은 것은?

① A국은 두 상품에 대해 절대우위를 가지고 있다.

② A국은 옷에 대해 비교우위를 가지고 있다.

③ A, B국이 무역을 한다면 B국은 자동차를 수입할 것이다.

④ A, B국이 무역을 한다면 A국은 두 상품을 모두 수입해야 한다.

⑤ 어느 국가도 비교우위를 갖지 않는다.

해설 비교우위론이란 생산비 절대액이 중요한 것이 아니라 자국의 생산품 중에서 상대적으로 생산비가 적게 들어가는 상품에 생산요소를 모두 투입하고 다른 상품은 외국에서 수입해 쓰면 무역을 하는 두 나라가 모두 이익을 얻는다는 것이다. 〈보기〉에서 B국은 자동차, 옷 두 상품 모두 투입노동량이 A국보다 적기 때문에 A국에 대해 절대우위를 갖는다. 절대우위론에 의하면 이들 두 나라 사이에는 무역이 일어날 수 없다. 그러나 비교위우론에 의하면,

〈비교우위〉

구 분	A	B
자동차	50/80	40/30
옷	80/50	30/40

A국과 B국의 비교우위 수치를 비교하면, A국은 자동차 생산에 투여된 기회비용이 5/8이며, B국은 4/3이다. 따라서 A국은 자동차 생산에 비교우위를 갖고 있다. 옷의 경우에는 A국의 옷 생산에 투여된 기회비용은 8/5이지만, B국의 옷 생산에 투여된 기회비용은 3/4이므로 옷 생산에 있어서는 B국이 비교우위에 있다. 따라서 A국은 상대적으로 생산비가 적게 들어가는 자동차에 특화하고 B국은 옷에 특화해 서로 무역을 하게 된다.

정답 ③

02 이상기후 등의 영향으로 세계적으로 농작물 작황이 좋지 않아 국제 곡물가격이 급등하였다. 이러한 상황에서 쌀, 밀 등 주요 곡물 생산국들이 곡물의 자국 내 수급을 안정시키기 위해 취할 수 있는 정책들로 바르게 묶은 것은?

> 가. 수입관세 인상   나. 수출관세 인상
> 다. 수출보조금 지급   라. 수출쿼터제 실시
> 마. 수입쿼터제 확대

① 가, 나   ② 가, 마
③ 나, 다   ④ 나, 라
⑤ 나, 다, 라

해설 자국 내 수급을 안정시키려면 수입을 늘리거나 수출을 제한하는 정책을 펼쳐야 한다. 이러한 정책 목표 아래 수입을 증가시킬 수 있는 요인으로는 수입관세를 줄이거나 수입쿼터제를 철폐하는 것이다. 또 수출을 억제하려면 수출관세를 올리거나 수출 물량을 일정 규모 이내로 제한하는 수출쿼터제를 실시하면 된다. 수출상품에 주어지는 수출보조금은 수출 확대를 겨냥한 것이다.

정답 ④

03 거주자와 비거주자 간의 다음 거래 중 경상수지 항목에 계상되지 않는 거래는?

① 상품의 수출과 수입
② 외국인이 우리나라에서 여행하면서 지급한 외화
③ 외국에 사는 친척이 생일을 축하한다며 보내온 송금
④ 우리나라 기업이 외국에 투자해서 벌어오는 소득
⑤ 외국인이 국내 주식을 사기 위해서 들여온 자금

해설 일정기간 동안 한 나라의 거주자와 비거주자 사이에 발생한 상품·서비스, 자본 등의 모든 경제적 거래에 따른 수입과 지급의 차이를 국제수지라 하며 이를 체계적으로 분류해 정리한 것이 국제수지표 다. 경상수지는 재화와 서비스를 주고받는 거래(경상거래)의 결과로 벌어들인 외화와 지급한 외화의 차이를 가리킨다. 준비자산은 중앙은행이 국제수지 불균형 보전 등을 위해 언제든지 사용가능한 대외 자산(외환보유액)이다.

이 가운데 경상수지는 다시 상품 수출입의 결과인 상품수지, 운수, 여행, 통신, 보험 등 서비스거래의 결과인 서비스수지, 노동과 투자의 대가(임금 및 이자)인 소득수지, 아무런 대가 없이 제공되는 무상 원조, 교포송금 등의 결과인 경상이전수지로 나뉜다.

문제에서 ①~④는 경상수지 항목인 반면 외국인의 국내 주식 투자자금은 경상수지가 아니라 자본수 지다. 자본수지엔 외국인이 국내에 투자한 돈과 내국인이 외국에 투자한 돈의 차이인 투자수지와 해 외이주비, 특허권·저작권·상표권 등의 취득과 처분에 따른 대외거래인 기타자본수지를 포함한다.

정답 ⑤

04 전반적으로 물가가 급등하고 있을 때 정부가 쓸 수 있는 정책이 아닌 것은?

① 관세인하 ② 수입억제

③ 제한적인 가격규제 ④ 자국 통화가치 상승 유도

⑤ 경쟁적 시장질서 도입

해설 물가가 오르는 이유는 크게 두 가지로 나누어 설명할 수 있다. 하나는 총수요가 늘어나는 경우다. 총수요가 늘어나는데 총공급이 제자리일 경우 가격은 뛰게 된다. 이를 수요견인 인플레이션(Demand-pull Inflation)이라고 한다. 또 하나는 총공급이 줄어들거나 원자재 가격의 상승 등으로 비용이 상승하는 경우다. 기후가 나빠 배추 작황이 부진해 배추값이 오르거나 국제 원유가격이 상승할 경우 역시 물가가 뛰게 된다. 이를 비용인상 인플레이션(Cost-push Inflation)이라고 부른다.

따라서 물가를 잡기 위한 정부의 정책은 수요를 억제하거나 공급을 늘리는 데 초점이 맞춰지고 있다. 관세인하는 수입을 늘림으로써 경쟁을 촉진, 물가를 낮추는 역할을 한다. 경쟁적 시장질서의 도입도 마찬가지다. 또 자국 통화가치를 올리는 것(환율 하락)도 수입가격을 낮춰 물가에는 도움이 된다. 정부가 직접 특정 상품이나 서비스의 최고가격을 정해 규제할 수도 있다.

반면 수입억제는 시장의 경쟁 강도를 낮춰 물가 억제에는 도움이 되지 않는다.

정답 ②

01 A국과 B국 두 나라는 각각 양파와 시계를 생산한다. A국은 양파 1kg 생산에 100명이, 시계 한 개를 생산하는 데는 150명의 인원이 필요하다. B국은 양파 1kg 생산에 90명, 시계 한 개 생산에는 80명의 인원이 필요하다. 두 나라에 각각 4,000명의 투입 가능한 인력이 있다고 할 때 비교우위에 의한 생산을 옳게 계산한 것은?

상품 국가	양 파	시 계
A	100명	150명
B	90명	80명

① A국 양파 40kg, B국 시계 40개
② A국 양파 40kg, B국 시계 50개
③ A국 시계 26개, B국 양파 44kg
④ A국 시계 44개, B국 양파 26kg
⑤ A국 양파 44kg, B국 시계 50개

〈비교우위〉

구 분	양 파	시 계
A	100/150	150/100
B	90/80	80/90

A국의 경우에는 양파 생산의 기회비용이 2/3이며, B국의 경우에는 양파 생산의 기회비용이 9/8이므로 두 국가 중 A국이 양파 생산에 비교우위를 갖고 있다. 반대로 시계의 경우에는 A국이 3/2이며, B국이 8/9이므로 B국이 비교우위가 있다. 따라서 A국은 양파에 특화하고, B국은 시계생산에 특화하여 생산할 경우, A국은 4,000명의 인원이 양파 생산에 투여될 경우 100명당 1kg이므로 총 40kg을 생산하게 된다. B국은 4,000명의 인원을 시계 생산에 투여할 경우 80명당 시계 한 개를 생산하므로 총 생산되는 시계는 50개에 해당한다.

02 다음이 설명하는 기구의 용어로 옳은 것은?

> 미국의 통상 문제를 다루는 합의제 기관으로, 미국에 수입된 상품이 자국 산업에 피해를 주는지를 살펴 조치를 취하는 기구이다. 이 위원회의 판정에 따라 실질적인 수입 제한 조치가 이루어지면서 최근 한국, 미국 사이 무역 분쟁의 중심이 되고 있다.

① ITC   ② ISO
③ ISS   ④ ILO
⑤ WHO

> ① ITC(International Trade Commission)는 미국 국제무역위원회이다. 주로 정부 보조금을 받거나 덤핑으로 미국에 수출된 외국 상품이 미국 관련업계에 피해를 줬는지 여부를 판정하는 일을 담당하는 미국 정부기구이다. 미국 상무부가 먼저 외국 수입품에 대해 덤핑 및 상계관세율을 매기면 ITC는 이 수입품으로 인해 미국 업계가 피해를 입었는지 여부만을 예비 및 최종판정을 통해 두 차례에 걸쳐 판정하게 된다. 최근 미국의 보호무역주의가 나타나면서 주목받는 기구이다.
> ② ISO는 국제 표준화기구의 약자이며, 이는 지적 활동이나 과학·기술·경제활동 분야에서 세계 상호간의 협력을 위해 1946년에 설립한 국제기구를 말한다.
> ③ ISS는 지구 상공에 건설되어 각종 우주실험과 관측 등의 임무를 수행할 수 있는 대형 구조물이다.
> ④ ILO는 노동 문제를 다루는 국제연합의 전문기구이다.
> ⑤ WHO는 보건·위생 분야의 국제적인 협력을 위하여 설립한 UN(United Nations : 국제연합) 전문기구이다.

03 정부는 수입물가 급등세를 진정시키기 위해 2008년 8월부터 밀가루, 알루미늄, 견사(명주실) 등 37개 수입원자재 품목과 아크릴로니트릴 저밀도·고밀도폴리에틸렌 폴리프로필렌 등 석유화학제품 원료 4종의 관세를 연말까지 없애기로 했다. 이처럼 품목 수량 기간을 정해놓고 한시적으로 관세를 없애거나 낮은 관세율을 매기는 제도를 무엇이라 하는가?

① 자유무역협정(FTA)   ② 긴급할당관세
③ 상계관세   ④ 세이프가드
⑤ 임시투자세액공제

> ② 긴급할당관세는 특정 수입 제품에 대해 일정기간 동안 한시적으로 관세를 없애거나 낮추는 제도이다. 주로 국내 물가안정을 위해 사용한다.
> ① 국가 간 상품의 자유로운 이동을 위해 모든 무역 장벽을 완화하거나 제거하는 협정이다.
> ③ 타국 수출상품의 가격경쟁력이 높은 경우, 수입국이 국내의 산업경쟁력을 유지하기 위하여 부과하는 관세를 의미한다.
> ④ 특정 품목의 수입이 급증하여 국내 업체에 심각한 피해 발생 우려가 있을 경우, 수입국이 관세인상이나 수입량 제한 등을 통하여 수입품에 대한 규제를 할 수 있는 무역장벽의 하나이다.
> ⑤ 경기가 좋지 않을 때 기업투자를 촉진시키기 위하여 기업의 설비투자금액 중 일부를 소득세 또는 법인세에서 공제해주는 제도이다.

04 경제학자 폴 크루그먼(Paul Krugman)은 경제 성장에 기여하는 것은 노동, 자본, 기술인데, 동아시아 경제의 성장은 그 중 자본과 노동의 양적 투입 증가에 의존한 성장이었으며 기술 발전의 역할이 미미했다고 평가한 바 있다. 이러한 크루그먼의 주장을 검증하기 위해 필요한 이론적 도구는 무엇인가?

① 신무역이론
② 전략적 무역이론
③ 내생성장이론
④ 외생성장이론
⑤ 성장회계

⑤ 위와 같은 폴 크루그먼의 설명을 확인하기 위해서는 성장회계가 필요하다. 성장회계는 경제 성장의 요인을 분석하는 작업 중 하나로 한 경제의 성장률을 노동, 자본, 총요소생산성 등의 기여도로 분해해 각 요인별 기여도를 계산하는 것이다.
① 신무역이론에서는 산업조직이론과 국제무역이론을 결합하여 산업의 특성이 국제무역패턴을 일으킨다는 학설이다.
② 전략적 무역이론은 기업이 상대 기업의 생산량과 가격 중 어느 것을 조건으로 행동하고 있는가에 따라 또는 참여의 자유나 직접 투자의 존재에 따라 그 효과가 크게 달라진다는 내용이다.
③ 내생성장이론은 실물자본 이외에 인적자본, 지식자본을 포함시켜 분석하기도 하고, 축적된 실물자본이 외부성을 갖는 것으로 가정한다.
④ 외생성장이론이란 별도의 개념은 없다.

05 다음 중 자유무역협정을 옹호하는 논리가 아닌 것은?

① 무역이 행해진다는 것은 교역 쌍방이 모두 이득을 보고 있기 때문이다.
② 무역으로 인해 숙련 노동자의 임금이 더 상승한다.
③ 무역으로 인해 특화가 가능해지고 비용이 하락한다.
④ 무역으로 다양한 상품의 선택이 가능해진다.
⑤ 무역으로 인해 시장이 커진다.

자유무역협정(FTA)은 관세, 보조금 등 무역장벽을 대폭 낮춰 무역을 활발하게 하는 것이다. 따라서 FTA를 옹호하는 논리는 무역의 장점을 부각시키는 것이어야 한다. 무역이 활발해진다고 해서 숙련 노동자의 임금이 더 상승하는 것은 아니다.

06 사람들은 우유를 마시기 위해 아파트에서 젖소를 기르지 않고, 커피를 마시기 위해 커피 농장을 소유하지 않는다. 나 자신의 특성과 능력을 고려해 가장 잘 할 수 있는 일을 선택하여 그것에서 얻은 소득으로 우유와 커피를 사먹는다. 이러한 사실을 설명하는 내용으로 다음 중 옳은 것은?

① 비교우위에 따른 특화이며 분업과 교환을 통한 사회적 협동이다.
② 절대우위에 따른 특화이며 분업과 교환을 통한 사회적 협동이다.
③ 젖소를 기르는 사람들은 모두 우유를 좋아하며 커피농장을 소유한 사람도 모두 커피를 좋아한다.
④ 누구든 자본이 충분하면 커피 농장을 소유하면서 젖소도 기를 것이다.
⑤ 국내 시장과 국제무역은 이 같은 사회적 분업의 논리가 다르다.

> 국내시장이나 국제무역이나 이 같은 사회적 분업의 논리는 똑같이 적용된다. 자신의 특성과 능력을 고려해 가장 잘할 수 있는 일을 선택해 특화시키고 그 소득으로 우유와 커피를 사먹는다면 비교우위에 따른 특화라고 볼 수 있다. 이것이 분업과 교환을 통한 사회적 협동이다.

07 우리나라는 미국을 비롯한 여러 나라들과 자유무역협정(FTA)을 동시다발적으로 체결하려고 노력하고 있다. 다음 중 자유무역협정 체결로 나타날 수 있는 현상이 아닌 것은?

① 국내외 산업 간 경쟁이 심화된다.
② 소비자 선택의 폭이 커지고, 후생이 증대된다.
③ 국내 제도가 선진화 되고 투명성이 높아질 수 있다.
④ 일자리 증감이나 국내 물가에는 별 영향을 주지 않는다.
⑤ 관세장벽이 제거되어 무역기회를 확대시키고 부의 창출에 기여한다.

> FTA가 체결되면 관세가 낮아지거나 없어지기 때문에 수입품 가격이 싸진다. 소비자 입장에서는 상품 선택 폭이 넓어져 후생이 증대된다고 할 수 있다.

08 타잔은 한 시간에 물고기 5마리를 잡고 바나나 100개를 딸 수 있다. 타잔을 따라다니는 원숭이 치타는 한 시간에 물고기 8마리를 잡고 바나나 300개를 딴다. 이 경우 치타와 타잔의 경쟁력을 설명한 다음 보기 중 올바르게 설명한 것은?

① 타잔은 어디에서도 비교우위가 없다.
② 치타는 두 품목 모두에서 비교우위가 있다.
③ 물고기에는 치타가, 바나나에는 타잔이 비교우위가 있다.
④ 타잔은 놀고 치타가 모든 일을 하는 것이 좋다.
⑤ 타잔은 물고기에서 비교우위가 있다.

> 물고기를 잡는 것의 기회비용을 바나나로 표시하면 타잔은 20개(바나나), 치타는 37.5개(바나나)다. 기회비용 (생산비용)이 적은 쪽이 비교우위가 있으므로 타잔은 물고기에, 치타는 바나나에 비교우위가 있다.

09 다음 중 제한적인 무역장벽의 필요성을 주장하는 이론적 근거가 아닌 것은?

① 고용안정성
② 유치산업보호
③ 필수자원 확보 등 국가 안보
④ 국가 간 불공정한 경쟁 차단
⑤ 무역으로 인한 교역재 가격의 변동

〈보호무역론의 근거〉	
실업의 방지	자유로운 무역이 국내의 실업을 증가시키는 원인이 된다는 주장
국가 안보에 대한 우려	국가안보에 대한 정당한 우려가 있는 경우에는 주요산업이나 식량 등에 대한 보호가 필요하다는 주장
유치산업보호론	미숙한 단계에 있는 산업을 외국의 경쟁압력으로부터 보호 할 필요가 있다는 주장
협상의 수단	무역조치들은 국가 간의 약속을 안정적으로 유지시켜 주는 협상의 수단으로서 유용성이 있다는 주장

10 컴퓨터와 유리컵을 1개 제조하는 데 소요되는 노동력은 미국과 영국이 다음과 같다.

구 분	미 국	영 국
컴퓨터	50	250
유리컵	20	40

영국은 어떤 재화의 생산에 비교우위가 있는가?

① 컴퓨터   ② 유리컵
③ 컴퓨터와 유리컵   ④ 두 재화 모두 비교우위에 있지 않다.
⑤ 위 자료로는 알 수 없다.

영국이 컴퓨터를 생산할 때는 미국의 5배만큼의 노동을 투입해야 하고, 유리컵 생산에는 미국의 2배만큼의 노동을 투입해야 한다. 따라서 영국은 두 재화생산에서 모두 절대열위에 있다. 그런데 유리컵 생산의 경우에 상대적으로 더 적은 노동을 투입해도 되므로 영국은 유리컵 생산에 비교우위가 있다.

구 분	미 국	영 국
컴퓨터	50/20	250/40
유리컵	20/50	40/250

미국과 영국의 비교우위 수치를 비교하면, 미국은 컴퓨터 생산에 투여된 기회비용이 5/2이며, 영국은 25/4이다. 따라서 미국은 컴퓨터 생산에 비교우위를 갖고 있다. 유리컵의 경우에는 미국의 유리컵 생산에 투여된 기회비용은 2/5이지만, 영국의 유리컵 생산에 투여된 기회비용은 4/25이므로 유리컵 생산에 있어서는 영국이 비교우위에 있다. 따라서 미국은 상대적으로 생산비가 적게 들어가는 컴퓨터에 특화하고 영국은 유리컵에 특화해 서로 무역을 하게 된다.

11 **다음 중 비교우위론에 관한 설명으로 옳지 않은 것은?**

① 대기업의 CEO가 화단에 직접 물을 주지 않고 정원사를 고용하는 것은 비교우위론의 예측과 부합한다.
② 한 국가에서 모든 산업이 비교열위에 있는 경우도 종종 관찰된다.
③ 절대열위에 있는 산업이라도 비교우위를 가질 수 있다.
④ 국가 간의 무역뿐만 아니라 개인 간의 교역을 설명하는 데에도 응용된다.
⑤ 비교우위는 국가의 지원이나 민간의 투자에 의해 그 양상이 변할 수 있다.

어느 국가에 절대우위 또는 절대열위는 모든 재화에 대해 있을 수 있다. 그러나 비교우위 또는 비교열위는 모든 재화에 대해 있을 수 없다. 그래서 절대열위에 있는 산업이 비교우위를 가질 수도 있다. 한편 비교우위에 따른 교역은 개인이나 국가에 관계없이 모든 재화의 교환에 적용된다. 그래서 CEO가 화단에 물주기에 대한 기회비용이 정원사보다 크므로 정원사는 물주기에 비교우위가 있으나 CEO는 비교열위가 있어 CEO가 정원사를 고용한다. 그리고 비교우위는 산업 간 생산량의 상대가격에 의존하므로 민간투자와 정부지원에 의해 생산량이 변하면 비교우위도 달라진다.

12 한국과 미국은 노동만을 유일한 생산요소로 하는 직선형태의 생산가능곡선을 가진다고 하자. HDTV와 자동차를 생산하기 위해 한국은 각각 10명과 20명의 노동력이 필요한 반면 미국은 각각 12명과 21명이 필요하다고 한다. 다음 설명 중 적절한 것을 모두 고른 것은?(단, 한국과 미국만 있다고 가정한다)

> 가. 한국은 HDTV 생산에 있어 절대우위가 있다.
> 나. 미국은 자동차 생산에 있어 비교우위가 있다.
> 다. 한국은 HDTV를 수출하고 자동차를 수입할 것이다.

① 가   ② 가, 나
③ 가, 다   ④ 나, 다
⑤ 가, 나, 다

한국은 미국에 비해 HDTV와 자동차 생산에 노동투입량이 모두 적어 한국은 HDTV와 자동차 생산 모두에 절대우위를 갖는다. 한편 'HDTV로 표시한 자동차의 기회비용 = 자동차의 노동투입량 / HDTV의 노동투입량'이므로 한국의 자동차의 기회비용 = 20/10 = HDTV 2개이고, 미국의 자동차의 기회비용 = 21/12 = HDTV 7/4개이므로, 미국은 자동차 생산에 비교우위가 있고, 한국은 HDTV 생산에 비교우위가 있다. 그래서 미국은 자동차를 수출하고, 한국은 HDTV를 수출한다.

13 관세와 수입할당제 간의 근본적인 차이에 대한 설명으로 옳은 것은?

① 관세는 경제적 순손실을 발생시키지만, 수입할당제는 경제적 순손실을 발생시키지 않는다.
② 수입할당제는 경제적 순손실을 발생시키지만 관세는 경제적 순손실을 발생시키지 않는다.
③ 관세는 국내 소비자에게 도움이 되지만, 수입할당제는 국내 생산자에게 도움이 된다.
④ 수입할당제는 국내 소비자에게 도움이 되지만, 관세는 국내 생산자에게 도움이 된다.
⑤ 관세는 정부에 대해서 관세수입을 증가시키지만, 수입할당제는 수입면허 소유자의 잉여를 증가시킨다.

①, ② 관세와 수입할당제 모두 경제적 순손실을 야기한다.
③, ④ 관세 및 수입할당제는 해외 물품을 원활히 확보하기 어려워져 국내 소비자에게 불이익이 유발될 수 있다. 한편 관세와 수입할당제 모두 자유무역 이후 재화의 국내가격을 상승시켜 소비자잉여를 감소시키고, 생산자잉여를 증가시킨다.

14 다음 자료에서 자유무역협정(FTA) 체결 후에 대한 설명으로 옳지 않은 것은?

> 현재 A국은 해외에서 수입하는 종이컵에 일률적으로 20%의 관세를 부과하고 있다. A국은 B국과 C국에서 종이컵을 수입해 올 수 있는데, 그 수입가격은 관세부과 이전 기준으로 1상자당 B국 제품은 1,000원이고 C국 제품은 1,100원이다. A국에서는 (주)무한제지라는 독점기업이 종이컵을 생산하고 있는데, 항상 관세가 추가된 최종 수입가격에 맞춰 가격을 정한다. 단, A·B·C국에서 생산되는 종이컵은 색깔, 품질 등 제품의 특성에 차이가 없다.
>
> 그림은 A국의 종이컵 시장 수급 현황을 나타낸다. 현재 A국에서 총 Q_2만큼의 종이컵이 판매되는데, 이중 Q_1만큼은 A국 기업인 (주)무한제지에 의해 공급되고 나머지는 해외 수입으로 충당된다.

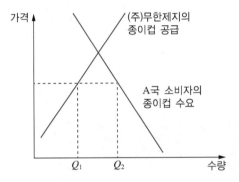

> 이러한 상황에서 A국은 C국과 FTA를 맺으면서 C국으로부터의 종이컵 수입에 대한 관세를 5%로 인하하였다.

① (주)무한제지의 이윤은 항상 감소하게 된다.
② A국은 C국으로부터만 종이컵을 수입하게 된다.
③ A국 정부의 관세 수입은 반드시 줄어들게 된다.
④ A국 소비자는 FTA 체결 전보다 항상 싼 가격에 종이컵을 구입할 수 있다.
⑤ 동일한 조건이라면 A국 소비자들에게는 C국보다 B국과 FTA를 맺는 것이 항상 이득이다.

FTA 체결의 결과 교역 상대국이 생산의 효율성이 상대적으로 높은 국가에서 낮은 국가로 전환될 때 나타나는 무역전환효과(Trade Diversion Effect)를 살펴보는 문항이다. FTA 체결 이전에는 B국과 C국에 동일한 수준의 관세가 부과되므로 종이컵을 더 싸게 공급하는 B국에서만 종이컵이 수입된다. 이 경우, A국 내에 판매되는 B국의 종이컵 가격은 관세 20%가 부가된 1,200원이 된다. 한편, C국과 FTA를 체결하면 B국 종이컵 가격은 여전히 1,200원이지만 관세율이 5%로 인하된 C국 종이컵 가격은 1,155원으로 낮아지면서 결과적으로 종이컵은 C국에서만 수입된다. 따라서 ②는 올바른 표현이다.

한편, 소비자는 FTA 체결 이후 종이컵을 더 싼 가격에 살 수 있으므로 후생이 증가한다. 따라서 ④는 올바른 표현이다. 그러나 (주)무한제지로서는 종이컵의 수입이 늘어나므로 판매량이 줄면서 이윤이 감소한다. 따라서 ①은 올바른 표현이다. 그리고 FTA 체결 이후 관세율은 낮아졌지만 수입량의 증가가 어느 수준인가에 따라 관세수입은 늘어날 수도, 줄어들 수도 있다. 마지막으로, 다른 조건이 동일할 때 B국과 FTA를 체결하면 C국과의 FTA에 비해 가격하락이 더 크게 나타나 소비자의 후생이 크게 증가한다.

15 다음 자료에 대한 설명으로 옳지 않은 것은?

다음은 우리나라 최종수요 항목별 수입유발계수의 추이이다. 수입유발계수는 최종수요 1원 증가가 유발하는 수입 증가분이다. 예를 들어, 2009년의 수입유발계수 0.328은 최종수요가 1,000원 증가할 때 수입이 328원 증가함을 의미한다.

구 분	1995년	2005년	2009년
최종수요 합계	0.254	0.281	0.328
소 비	0.197	0.214	0.253
투 자	0.309	0.296	0.316
수 출	0.302	0.383	0.439

① 투자재에 비해 소비재 생산의 수입의존도가 낮다.
② 2009년에 최종수요가 1,000원 증가하면 우리나라의 부가가치 창출액은 672원 증가한다.
③ 최종수요 한 단위 증가에 따른 부가가치 창출액은 지속적으로 감소하였다.
④ 소비재 및 투자재 생산에 비해 수출재 생산의 수입의존도가 상대적으로 크게 증가하였다.
⑤ 생산의 국제 분업이 심화될수록 수입유발계수는 감소한다.

높은 수입유발계수는 제품을 생산할 때 보다 많은 수입 중간재를 사용하여 제품 생산의 수입의존도가 높다는 점을 의미하므로, ①과 ④는 표에서 직접 관찰이 가능하다. ②와 ③은 최종수요가 증가할 때 수입의 증가와 부가가치 증가 간의 관계에서 추론될 수 있다. 최종수요는 소비, 투자, 수출과 (표에서 생략된) 정부지출로 구성된다. 최종수요에서 수입을 빼면 부가가치가 되므로, 최종수요가 한 단위 증가할 때 수입이 증가된 부분을 빼면 부가가치 증가분이 된다. 따라서 2009년의 수입유발계수가 0.328이라는 사실은 2009년에 최종수요가 1,000원 증가할 때 수입은 328원 증가하고 부가가치는 672원 증가했음을 나타낸다. 또한 1995~2009년에 수입유발계수가 지속적으로 증가하였다는 사실에서 동 기간에 최종수요 한 단위 증가에 따른 부가가치 창출액은 지속적으로 감소하였음을 알 수 있다. 한편, 세계화가 진행되면서 상품 생산의 단계에 따른 기업 간 협력 관계가 전 세계적으로 확대되고 있다. 이와 같이 생산의 국제 분업이 심화되면 해외 아웃소싱이 증가하므로 수입유발계수는 증가하게 된다. 따라서 ⑤는 옳지 않다.

PART **02**

제1편
상 식

CONTENTS

제1장   상식(용어)

(2등급 취득을 위한) TESAT 빈출문제분석

가장 많이 빈출된 문제
★★★★★

1. 인플레이션 관련 용어
   인플레이션을 유발하는 각 원인별로 인플레이션을 지칭하는 용어를 구분할 수 있는지 확인하는 문제

2. 주주 지분 변동 관련 용어
   감자, 증자 등 주주들의 지분변경 관련 용어를 묻는 문제

3. 부동산 관련 용어
   LTV 등 부동산 관련 용어의 개념을 묻는 문제

빈출된 문제
★★★

1. 주식회사 관련 용어
   회사의 종류(주식회사, 합명회사, 합자회사 등)와 회사 구성원(보통주, 우선주 등)을 구분할 수 있는지 확인하는 문제

2. 금융시장 시스템 관련 용어
   주식시장 등을 금융당국이 통제·관리하기 위해 도입한 일련의 시스템 관련 용어 문제

3. 최신 경제 이슈 관련 용어
   시험 출제 당시 가장 이슈가 되는 경제 관련 시사용어 문제

❑ 박스권

주가가 일정한 상한선과 하한선 사이의 가격 안에서만 등락을 거듭할 때 그 등락의 범위를 박스권이라 한다. 주가가 박스권을 형성하고 있으면 매수와 매도가 균형을 이루고 있는 상태라고 볼 수 있다.

❑ 시뇨리지(Seigniorage)

중앙은행이 발행한 화폐의 실질가치에서 발행비용을 제한 차익을 의미한다. 화폐의 액면가에서 화폐 제조비용과 유통비용을 뺀 차익으로, 중앙은행이 갖는 독점적 발권력에 의해 발생한다.

❑ 뱅크런(Bank Run)

은행의 대규모 예금인출 사태를 말한다. 은행이 부실해질 것을 두려워한 예금자들이 돈을 찾기 위해 은행으로 달려간다(run)는 데서 유래됐다. 예금보험공사는 뱅크런으로 인한 은행의 위기를 막기 위해 은행이 파산하더라도 5,000만 원까지는 보호를 해주는 예금자보호법을 시행하고 있다.

❑ 상계관세

특정 국가가 자국의 수출품에 장려금이나 보조금을 지급할 경우 수입하는 나라가 이로 인한 경쟁력을 상쇄시키기 위해 부과하는 누진관세를 말한다. 국내 산업의 경쟁력을 유지하기 위한 제도로, 수출하는 나라가 수출기업에 보조금이나 장려금을 지급하여 수출상품의 경쟁력을 높일 경우 수입국이 보조금이나 장려금에 해당하는 금액만큼 수입상품에 대해 추가로 부과하는 특별관세를 의미한다.

❑ 이지머니(Easy Money)

미국·유럽 등 선진국들이 금융위기 극복을 위해 막대한 유동성을 풀면서 조달비용이 낮아진 자금을 의미한다.

❑ 페어펀드(Fair Fund)

불공정거래 및 불완전판매 등 위법행위를 한 행위자에게 과징금을 부과한 후 그 과징금으로 피해를 본 투자자들을 구제하는 펀드를 말한다.

❑ 매파

경제정책의 관점에서 물가안정을 위해 금리를 올리고 통화량을 줄이자는 세력을 매파라고 한다. 이와 반대로 경제성장을 위해 금리를 내리고 통화량을 늘리자는 세력을 비둘기파로 분류한다.

❏ **BIS비율(자기자본비율)**

국제결제은행(BIS)에서 일반은행에게 권고하는 자기자본비율 수치이다. 은행의 건전성과 안정성을 확보할 목적으로 은행의 위험자산에 대해 일정비율 이상의 자기자본을 보유하도록 하는 것으로, 은행의 신용위험과 시장위험에 대비해 최소한 8% 이상이 되도록 권고하고 있으며, 10% 이상이면 우량은행으로 평가받는다.

❏ **스트레스 테스트(Stress Test)**

금융시스템 스트레스 테스트의 줄임말로 실현 가능성이 있는 시나리오를 가정하여 금융시스템의 잠재적 취약성을 측정하고 금융시스템의 건전성을 평가하는 것이다. 구체적으로 생산, 환율 등과 같은 특정 거시경제변수의 급격한 변동을 가정하고 이러한 상황에 대하여 금융시스템이 얼마나 안정적일 수 있는지 측정하는 것을 말한다.

❏ **테마주**

주식시장에 새로운 사건이나 현상이 발생해 증권시장에 큰 영향을 주는 일이 발생할 때 이런 현상에 따라 움직이는 종목군을 말한다.

❏ **가치주(Value Stock)**

현재가치에 비해 저평가돼 낮은 가격에 거래되는 주식으로 성장주에 비해 영업실적과 자산가치가 우수하다. 주가지수가 투자심리 위축 등으로 크게 떨어지는 시기에 가치주가 많이 생겨나는데 가치주는 성장주에 비해 주가변동폭이 크지 않아 주로 방어적인 투자자들이 선호한다.

❏ **달러인덱스(Dollar Index)**

경제규모가 크거나 통화가치가 안정적인 6개국 통화(엔화, 유로화, 캐나다 달러 등)를 기준으로 산정한 미 달러화의 평균적인 가치를 지수화한 것이다. 각 통화의 비중은 그 국가 경제규모에 따라 결정되며 원화, 주식시장, 국제원자재시장을 전망하는 주요 지표 중 하나로 쓰인다.

❏ **DSR(총체적상환능력비율)**

가계가 연소득 중 주택담보대출과 신용대출, 마이너스통장, 자동차할부대출 등 기타 대출의 원금 및 이자를 상환하는 데 쓰는 돈의 비율을 나타내는 것으로, 은행이 대출자에 대한 대출 여부나 대출 규모를 산정할 때 사용된다. 'DSR = 연간 총 금융부채 원리금상환액 / 연소득'으로 구한다.

❏ **변동성지수(VIX ; Volatility Index)**

스탠더드앤드푸어스(S&P)500지수의 향후 30일간 움직임에 대한 시장의 예상치를 나타내는 지수이다. 주식시장이 급락하거나 불안할수록 수치가 높아져 '공포지수(Fear Index)'라고도 불린다. 변동성지수가 클수록 투자자의 불안함이 크다는 것을 의미한다.

❏ **역모기지론**

보유주택을 은행에 맡기고 이를 담보로 생활비를 조달하는 제도이다. 주로 집은 있지만 다른 소득이 없는 노년층이 주택을 은행에 담보로 맡긴 후 연금 형태의 대출을 받아 생활비로 쓰고 만기에 원금과 이자를 한꺼번에 갚거나 주택처분권을 은행에 넘기는 것이다.

❏ **DTI(Debt To Income) vs. LTV(Loan To Value)**

DTI란 총부채상환비율, 즉 총소득에서 부채의 연간원리금상환액이 차지하는 비율을 말한다. 이는 대출 금융기관이 채무자의 소득을 기준으로 대출상환능력을 점검하기 위한 제도이다. 한편, LTV란 주택담보대출비율, 즉 집값 대비 대출액의 비율을 말한다. 주택을 담보로 빌릴 수 있는 대출가능한도를 의미하는 비율이다. DTI와 LTV를 올리면 부동산 구입을 위한 대출이 늘어나므로 부동산 시장은 활성화되며 가계 부채는 증가한다.

❏ **풍선효과**

하나의 문제가 해결되면 다른 문제가 발생하는 현상이다. 풍선의 한 곳을 누르면 다른 곳이 나오는 것처럼 문제 하나가 해결되면 다른 문제가 또다시 생겨나는 현상이다. 금융권에서는 제1금융 은행을 제재하는 경우, 제2금융으로 몰리는 현상을 의미한다.

❏ **애그플레이션**

농업과 인플레이션을 합성한 신조어로 농산물 가격이 치솟으면서 일반 물가 수준이 전반적으로 크게 높아지는 현상을 말한다.

❏ **에코플레이션**

'에코플레이션(Ecoflation)'이란 '생태학(Ecology)'과 '인플레이션(Inflation)'의 합성어로 환경적 요인에 의해 발생한 인플레이션을 뜻하는 단어다. 이는 기후변화로 인한 가뭄, 산불, 열대성 태풍 등의 잦은 발생으로 기업의 제조원가가 상승해 결과적으로 소비재 가격이 인상되는 것을 말한다.

❏ **스크루플레이션(Screwflation)**

쥐어짤 만큼 어려운 경제상황에서 체감물가가 올라가는 상태이다. '돌려 조인다', '쥐어짜다'라는 의미의 스크루(Screw)와 인플레이션(Inflation)의 합성어이며, 물가상승과 실질임금 감소, 주택가격 하락과 임시직의 증가 및 주가 정체 등으로 중산층의 가처분 소득이 줄어들었을 때 발생한다.

❏ **아이언플레이션**

철강(Iron)과 물가상승(Inflation)의 합성어로 철강 가격이 오르는 현상을 말한다.

❏ **합명회사**

합명회사는 무한책임사원으로만 구성되는 회사로, 사원전체가 회사 채무에 직접 무한책임을 지고 모든 사원이 업무진행의 권리를 갖는 회사 형태를 의미한다.

❏ **합자회사**

합자회사는 무한책임사원과 유한책임사원 각각 1인 이상으로 구성되는 형태의 회사로, 무한책임 사원은 경영에 참여, 유한책임사원은 자본적 참가를 하는 형식을 의미한다.

❏ **유한회사**

유한회사는 최소한 2인 이상의 사원이 출자액에 한해서만 책임을 지는 회사를 의미하며, 유한회 사는 물적회사와 인적회사의 요소가 가미된 중간형태의 회사이다.

❏ **주식회사**

주식회사는 주주가 주식의 인수가액만큼만 출자의무를 질 뿐 회사의 채무에 대해 아무런 책임을 지지 않는 회사를 의미하는 것으로, 많은 사람들의 자본을 모으는 데 가장 편리한 기업형태라고 할 수 있다.

❏ **보통주**

보통주는 보통 일반회사가 발행하는 주식으로, 특별한 권리내용이 정해지지 않은 일반주식을 의 미한다.

❏ **우선주**

우선주는 이익배당이나 잔여재산이 존재할 때 우선적으로 분배를 받을 수 있는 주식을 의미한다.

❏ **후배주**

후배주는 보통주보다 이익배당이나 잔여재산이 존재할 때 열후적 지위에 있는 주식을 의미한다.

❏ **감 자**

감자는 회사 분할, 합병, 사업 보전, 구조 조정 등의 목적으로 자본총액을 줄이는 '자본금 감소'를 말한다. 증자(增資)의 반대 개념이다. 감자의 방법으로는 주식의 액면금액을 감액하는 방법, 주 식소각(消却)이나 주식병합(倂合)을 통해 주식수를 줄이는 방법, 그리고 이 두 방법을 병용해 사 용하는 방법 등이 있다.

❏ **스톡옵션(Stock Option)**

기업이 임직원에게 일정수량의 주식을 일정한 가격으로 살 수 있는 권리를 부여하는 제도이다. 임직원의 임기 후에도 자사 주식 값이 오르면 그 차익을 볼 수 있게 하는 보상제도로, 주식매수선택권이라고도 불린다. 이는 회사가 임직원의 근로 의욕을 고취시키고, 우수 인력을 확보하려는 제도로 주로 벤처기업에서 많이 활용된다.

❏ **차등의결권(Dual Class Stock)**

최대주주나 경영진이 실제 보유한 지분보다 많은 의결권을 행사할 수 있도록 하는 것을 말한다. 이 제도가 도입되면 한 주만으로도 주주총회 의결사항에 대해 절대적 거부권을 행사할 수 있는 황금주 등을 발행할 수 있다.

❏ **동학개미운동**

2020년 초 들어 코로나19 사태로 유가증권시장을 중심으로 외국인 투자자가 기록적인 매도 행진을 이어가자 개미라고 불리는 국내 개인 투자자들이 매도 물량을 고스란히 받아주면서 시장을 방어하게 된 현상을 가리킨다.

❏ **공매도(Short Stock Selling)**

'없는 것을 판다'는 말 그대로, 물건을 가지고 있지도 않은 상태에서 판다는 의미다. 주식시장에서 자주 쓰이는 말로, 주식을 가지고 있지 않은 상태에서 매도주문을 내는 것을 가리킨다. 주가 하락이 예상되는 종목의 주식을 빌려서 판 뒤 실제로 주가가 내려가면 싼값에 다시 사들여 빌린 주식을 갚아 차익을 남기는 투자 기법이다.

❏ **벌처펀드(Vulture Fund)**

파산하거나 경영 위기를 겪는 기업을 싼값에 인수하여 경영을 정상화시킨 후 비싸게 되팔음으로써 단기간에 고수익을 올리는 자금이다. 벌처(Vulture)란 '대머리독수리'라는 뜻인데, 독수리가 썩은 고기를 먹고 산다는 의미에서 벌처펀드라는 이름이 붙여졌다. 벌처펀드는 수익성이 높은 한편 위험성도 크다는 특징이 있다.

❏ **ELS(Equity-Linked Securities)**

개별주식의 가격이나 주가지수에 연계되어 투자수익이 결정되는 유가증권을 말한다. 일반적으로는 투자금의 대부분을 채권 등 원금보장이 가능한 상품에 설정하고 나머지 소액을 코스피 200 같은 주가지수나 개별종목에 투자한다.

❏ **ETF(Exchange Traded Fund)**

인덱스펀드를 거래소에 상장시켜서 마치 주식처럼 거래할 수 있도록 만든 상품이다. 따라서 시장에서 언제든지 시장가에 따라 매매가 가능하므로 편리하다는 장점이 있다.

❑ **팹리스(Fabless)**

반도체를 생산하는 공장 없이 설계와 기술개발만을 전문으로 하는 회사다. 설계 데이터를 바탕으로 반도체 생산만을 전문으로 하는 파운드리에 위탁해 반도체를 생산한다. 1980년대 미국에서 등장하였으며, 대표적인 팹리스 기업으로는 퀄컴과 브로드컴 등이 있다.

❑ **네덜란드병(Dutch Disease)**

석유, 가스 등 천연자원 개발로 경기호황을 누리던 국가가 자원 수출 효과로 장기적으로는 경제가 침체되는 현상이다. 석유, 가스 등 자원이 개발된 후 단기적으로는 경기호황을 누리다가 자원 수출에 따른 부작용으로 장기적으로는 경제가 침체되는 현상을 일컫는 용어로, 1959년 네덜란드의 사례에서 유래하였다.

❑ **패닉 바잉(Panic Buying)**

가격이 오르거나 물량이 더 이상 공급되지 않을 것이라는 심리적 불안감 때문에 물품을 사들이는 것을 말한다. 이로 인해 물량 확보를 위한 거래량은 급격히 늘어나고 가격이 치솟는 현상이 나타난다. 우리말로 '공황 구매'라고 부르는 패닉 바잉은 주로 군중 심리 때문에 초래된다.

❑ **화이트존**

민간 자본을 통해 주거, 상업, 업무 등 다용도 융복합개발이 가능하도록 지정한 지역으로, '입지규제최소구역'이라고도 불린다. 싱가포르의 마리나베이샌즈와 일본의 롯폰기힐스가 대표적 사례에 속한다.

❑ **낸드플래시**

기기의 전원이 꺼져도 데이터가 계속 저장되는 비휘발성 저장장치인 플래시 메모리의 한 종류다. 낸드플래시의 특징은 반도체 셀을 직렬로 배열해 쓰기 속도가 빠르고 대용량·소형화가 가능하다는 점이다. 주로 카메라, 스마트폰에 사용된다. SK하이닉스가 인텔에서 옵테인(D램과 낸드의 장점을 합친 차세대 메모리)을 제외한 낸드플래시 사업 전체를 인수하면서 이슈가 되었다.

❑ **세일 앤드 리스백(Sale & Leaseback)**

기업이 소유하던 자산을 다른 기업에 매각하고 이를 다시 리스계약을 맺어 사용하는 방법이다. 기업 구조 조정에 주로 쓰이는 용어로, 기업이 소유하고 있는 자산을 다른 기업에 팔고 난 후에 그 자산을 다시 임차해서 쓰도록 하는 것이다.

❑ **기업경기실사지수(BSI)**

기업인들에게 설문조사를 하여 얻은 주요 업종의 경기동향과 전망을 바탕으로 경기를 판단하는 지수이다. 100보다 클수록 경기가 좋다고 판단한다는 의미이며, 100보다 작을수록 경기가 나쁘다고 판단한다는 의미이다. 'BSI = {(긍정적응답업체수 – 부정적응답업체수) / 전체 응답업체쉬} × 100'이다.

❑ **EVA(경제적부가가치)**

투자된 자본을 빼고 실제로 얼마나 이익을 냈는가를 보여주는 경영지표로서, 모든 경영활동의 목표를 현금흐름의 유입을 기준으로 기존사업의 구조조정과 신규 사업의 선택, 그리고 업무의 흐름을 재구축시켜 기업의 가치를 극대화하는 경영기법이다.

❑ **카니발리제이션(Cannibalization)**

동족살인을 뜻하는 카니발리즘에서 유래된 용어로, 한 기업에서 새로 출시하는 상품으로 인해 그 기업에서 기존에 판매하던 다른 상품의 판매량이나 수익, 시장점유율이 감소하는 현상을 가리킨다.

❑ **황금낙하산(Golden Parachute)**

적대적 M&A를 방어하는 대표적인 전략으로 인수대상 기업의 경영자가 임기 전 사임할 경우 일정기간 동안 보수나 상여금 등을 받을 권리를 미리 고용계약에 기재해 인수비용 부담을 주는 효과를 노리는 것이다.

❑ **황금주**

보유한 주식의 수량이나 비율에 관계없이 기업의 주요한 경영 사안에 대하여 거부권을 행사할 수 있는 권리를 가진 주식을 말한다. 보유 수량이나 비율에 관계없이, 극단적으로 단 1주만 가지고 있더라도 적대적 M&A 등 특정한 주주총회 안건에 대하여 거부권을 행사할 수 있는 권리를 가진 주식을 말한다.

❑ **토빈세**

국제투기자본의 무분별한 자본시장 왜곡을 막기 위해 단기외환거래에 부과하는 세금을 뜻한다. 토빈세는 이를 제안했던 노벨경제학상 수상자 제임스 토빈의 이름에서 유래했다.

❑ **ESG**

기업의 비재무적 요소인 환경(Environment)·사회(Social)·지배구조(Governance)를 뜻하는 말이다. 투자 의사결정 시 '사회책임투자'(SRI) 혹은 '지속가능투자'의 관점에서 기업의 재무적 요소들과 함께 고려한다. 지속가능한 발전을 위한 기업과 투자자의 사회적 책임이 중요해지면서 세계적으로 많은 금융기관이 ESG 평가정보를 활용하고 있다.

❑ **BDI 지수**

발틱해운거래소가 산출하는 건화물시황 운임지수로 1999년 말부터 발표하고 있다. 철강·곡물 등 포장 없이 내용물을 실어 옮기는 벌크선 운임지수로 통상적으로 사용된다.

❑ 테슬라(Tesla)

전기자동차를 만드는 기업으로 자동차 소프트웨어, ESS(에너지저장장치)도 생산 중에 있다. 기업 총수인 일론 머스크가 2003년 7월 1일에 설립했으며, 기업명은 전기공학자 니콜라 테슬라의 이름에서 가져왔다. 본사는 미국 캘리포니아 팔로알토에 위치해 있다. 테슬라는 전기자동차를 생각하면 떠오르는 투박한 이미지를 벗겨내고 세련된 외관, 자율주행기술 등 디자인과 기술 모두에서 혁신을 이룬 기업으로 평가받는다.

❑ 메세나(Mecenat)

미국, 유럽, 일본 등에서는 일찍부터 기업의 예술·문화활동에 대한 지원이 활발하게 이루어지고 있는데 미국의 경우 1967년 록펠러 재단의 주도로 기업예술지원위원회가 결성되어 활발한 활동을 하고 있다. 우리나라의 경우 1994년 4월 204개 기업이 참여한 한국메세나협회가 발족된 바 있다.

❑ 캐리 트레이드(Carry Trade)

저금리로 조달된 자금을 다른 국가의 고금리 상품에 투자함으로써 수익을 내는 거래를 의미한다. 미국에서 돈을 빌려 다른 국가에 투자할 때 조달된 자금은 달러-캐리 트레이드 자금이라 하고, 일본으로부터 나온 것이면 엔-캐리 트레이드 자금이 된다.

❑ 통화스왑(Currency Swaps)

다양한 계약조건에 따라 일정시점에 통화, 금리 등의 교환을 통해 이뤄지는 금융기법이다. 외국환을 거래하는 외환스왑, 통화를 교환하는 통화스왑, 동일한 통화의 이자를 서로 교환하는 금리스왑 등이 있다.

❑ 리세션(Recession)

경기순환 중 경기후퇴국면으로 경제활동이 활기를 잃어 그 규모가 전반적으로 축소되는 현상을 말한다. 즉 생산, 소비, 투자, 소득, 고용 등이 감소하고 재고와 실업이 증가하기 시작하여 기업 이윤은 감소한다. 또한 물가, 주가, 임금, 이자율 등도 오름세가 그치고 내림세로 반전한다.

❑ 로보어드바이저(Robo Advisor)

로봇을 의미하는 '로보(Robo)'와 자문 전문가를 의미하는 '어드바이저(Advisor)'의 합성어로, 컴퓨터 인공지능으로 이루어진 소프트웨어 알고리즘이다. 투자자가 입력한 투자 성향, 시장 상황 등의 정보를 바탕으로 알고리즘을 활용해 개인의 자산 운용을 자문하고 관리해주는 자동화된 서비스다.

❑ **디커플링(Decoupling)**

국가와 국가, 또는 한 국가와 세계의 경기 등이 같은 흐름을 보이지 않고 탈동조화되는 현상으로 동조화(Coupling)의 반대개념이다. 넓게는 경제 분야에서 사용되며, 좁게는 환율과 주가 등의 움직임을 설명하는 데도 사용된다.

❑ **소득 크레바스(Income Crevasse)**

직장에서 은퇴는 했지만 국민연금 등 공적연금이 나오기 전까지 소득이 없는 기간을 말한다. '은퇴 크레바스', '연금크레바스'라고도 한다.

❑ **카피타이거(Copytiger)**

유니콘(기업가치가 10억 달러 이상인 비상장 스타트업)의 사업모델을 벤치마킹한 후 자사만의 비즈니스 모델을 접목시켜 성장하는 기업이다. 독일의 '로켓인터넷'은 핀터레스트, 우버, 페이스북 등 글로벌 유명 스타트업의 사업 모델을 벤치마킹해 신흥국에서 사업을 성공시킨 대표적인 카피타이거 사례다.

❑ **디지털세**

구글, 애플 등 다국적 IT 기업을 대상으로 부과되는 콘텐츠 저작료·사용료 등의 각종 세금을 의미한다. 즉, 다국적 기업이 고세율 국가에서 얻은 특허료 등을 조세 조약이나 세금을 악용해 절세하는 것을 막기 위한 세금이다.

❑ **JIT(Just In Time)**

적기공급생산시스템으로 재고 없이 필요한 때 적기에 제품을 공급하는 생산방식이다. 즉, 팔 물건을 팔릴 만큼만 생산하여 파는 방식으로, 품질 유지에 적은 비용이 들고 적기에 제품을 인도할 수 있다. 일본의 도요타 자동차가 개발하였으며 낭비제거와 철저한 현장 중심의 개선을 추구하는 시스템으로 생산성 향상 등 큰 효과를 가져왔다.

❑ **차이니스 월(Chinese Wall)**

북방민족의 침입을 막기 위해 쌓은 만리장성에서 유래하는데, 최근에는 기업 내 정보 교류를 차단하는 장치 및 제도를 의미한다. 즉, 기업의 부서 및 계열사 간 중요한 비공개 정보가 교류되는 것을 원천적으로 차단 또는 개별적으로 운영하는 것을 의미한다.

❑ **탄소포인트제**

온실가스 배출을 줄이기 위해 전기, 가스, 수돗물 등의 사용을 아끼면 그에 비례해 현금이나 상품권 등으로 보상받는 제도이다. 절약한 양을 계산할 때는 과거 2년간 해당 월평균 사용량을 기준으로 이번 달 얼마나 절약했는지를 따져 계산한다.

❑ **포이즌 필**

기업이 적대적 인수·합병에 직면했을 때 기존 주주들에게 신주를 시가보다 훨씬 싼 가격에 매입할 수 있는 콜옵션을 부여, 적대적 인수·합병 시도자의 지분 확보를 어렵게 해 경영권을 방어할수 있도록 하는 것이다. 미국과 일본 등지에서 시행하고 있다. 이 제도는 경영자들이 경영권을 안정적으로 확보함으로써 외부 세력의 공격에 크게 신경 쓰지 않고 기업경영에 집중할 수 있다는 것이 장점으로 꼽힌다.

❑ **출구전략**

경제위기에서 취해진 비상조치들을 정상수준으로 복귀하는 조치를 말한다. G20회의에서는 각국이 정책공조를 하자고 했지만 미국, 영국, 일본 등은 경기가 여전히 나쁜 반면 호주, 한국, 중국 등은 경제상황이 상대적으로 개선되고 있어 국가별로 다른 정책을 펴야 한다는 주장이 나오고 있다.

❑ **역내포괄적경제동반자협정(Regional Comprehensive Economic Partnership)**

아시아·태평양 지역을 하나의 자유무역지대로 통합하는 '아세안+6' FTA로, 동남아시아국가연합(ASEAN) 10개국과 한·중·일 3개국, 호주·뉴질랜드 등 15개국이 참여한 협정이다. 2019년 11월 4일 협정이 타결됐으며, 2020년 11월 15일 최종 타결 및 서명이 이뤄졌다.

❑ **리디노미네이션**

화폐단위의 변경을 의미한다. 보통 인플레이션의 진전에 따라 경제량을 화폐적으로 표현하는 숫자가 커져서 문제가 발생할 때 실시한다. 최근 북한은 '리디노미네이션'을 넘어서는 포괄적인 화폐제도 개혁을 단행했다.

❑ **규제 샌드박스**

신산업, 신기술 분야에서 새로운 제품, 서비스를 내놓을 때 일정 기간 동안 기존의 규제를 면제 또는 유예시켜 주는 제도이다. 사업자가 새로운 제품, 서비스에 대하 규제 샌드박스 적용을 신청하면 법령을 개정하지 않고도 심사를 거쳐 시범 사업, 임시 허가 등으로 규제를 면제, 유예해 그동안 규제로 인해 출시할 수 없었던 상품을 빠르게 시장에 내놓을 수 있도록 한 후 문제가 있으면 사후 규제하는 방식이다.

❑ **해커톤(Hackerthon)**

해킹(hacking)과 마라톤(marathon)의 합성어로 한정된 기간 내에 기획자, 개발자, 디자이너 등 참여자가 팀을 구성해 쉼 없이 아이디어를 도출하고, 이를 토대로 앱, 웹서비스 또는 비즈니스 모델을 완성하는 행사를 말한다.

□ 코넥스(KONEX ; Korea New Exchange)

코스닥시장 상장 요건을 충족시키지 못하는 벤처기업과 중소기업이 상장할 수 있는 중소기업 전용 주식시장으로, 2013년 7월 1일 개장했다. 유가증권 및 코스닥 시장과 마찬가지로 코넥스 시장에 상장된 중소기업은 주권상장법인의 지위를 가지게 된다.

□ 웹루밍(Webrooming)

제품이나 서비스를 구매하기 전 미리 온라인을 통해 제품의 사양과 후기들을 살펴본 뒤, 이보다 더 저렴한 오프라인 매장에 방문해 직접 제품이나 서비스를 구매하는 행위다.

□ 현금성자산

큰 거래비용 없이 쉽게 현금화할 수 있는 유동성이 높은 자산이다. 대차대조표상 '현금 및 현금성자산'과 '단기금융상품'을 종합한 자산이다. 현금이나 수표, 통화대용증권, 당좌·보통예금, 만기 3개월 이내 단기금융상품 등이 이에 속한다.

□ 베블런 효과(Veblen Effect)

가격이 오르고 있음에도 불구하고 특정 계층의 허영심 또는 과시욕으로 인해 수요가 줄어들지 않고 오히려 증가하는 현상이다. 이는 주로 충분한 부를 가진 상류층 소비자로부터 나타난다. 그들은 주위의 시선을 의식하거나 자신의 계층을 과시하기 위해서 값비싼 물건을 소비한다.

□ 마일스톤 징크스(Milestone Jinx)

주가지수가 특정 분기점 도달을 앞두고 주춤거리는 현상을 말한다. 예를 들어 주가지수가 2000선에 가까워지다가 급락하거나 2500선을 앞두고 주춤하는 현상이다.

□ 통합재정수지(Consolidated Central Government Balance)

중앙정부가 집행하는 모든 수입과 지출을 합한 재정의 규모를 통합재정이라고 하며, 그 수입과 지출의 차이를 통합재정수지라고 한다. 통합재정은 정부부문의 전체적 재정규모의 파악이 가능하고 내부거래와 보전거래를 차감함으로써 순수한 재정활동의 규모파악이 가능하다는 점에서 정부재정이 건전하게 운용되는지를 판단하는 데 중요한 지표로 활용된다.

□ 리보(LIBOR)

국제금융거래의 기준이 되는 런던 금융시장에서 금융기관끼리 단기자금을 거래할 때 적용되는 금리로, 영국은행연합회(BBA)가 20개 은행을 대상으로 은행 간 차입금리 정보를 수집, 평균해 매일 전 세계 10개 통화에 대해 발표하고 있다. 최근 들어서는 뉴욕시장의 글로벌 영향력이 강력해졌기 때문에 런던이 아니라 뉴욕의 은행 간 거래금리, 즉 뉴욕 리보금리가 대부분 금융거래의 기준금리로 사용된다.

❏ **사이드카(Sidecar)**

선물시장이 급변할 경우 현물시장에 대한 영향을 최소화함으로써 현물시장을 안정적으로 운용하기 위해 도입한 프로그램 매매호가관리제도이다. 선물가격이 전일종가 대비 5% 이상 상승 또는 하락한 상태가 1분간 지속될 때 발동하며, 발동하면 프로그램 매매를 5분간 중단시킨다. 사이드카는 1일 1회에 한해서만 발동될 수 있으며, 주식시장 후장 매매 종료 40분 전(14시 20분) 이후에는 발동되지 않는다.

❏ **서킷 브레이커(Circuit Breaker)**

원래 전기 회로에 과부하가 걸렸을 때 자동으로 회로를 차단하는 장치를 말하는데 주식시장에서 주가가 급등 또는 급락하는 경우 주식매매를 일시 정지하는 제도이다. 서킷 브레이커는 3단계로 나뉘어 발동하는데 1단계는 종합주가지수가 전 거래일보다 8% 이상 하락하여 1분 이상 지속되는 경우, 2단계는 종합주가지수가 전 거래일보다 15% 이상 하락하여 1분 이상 지속되는 경우, 3단계는 종합주가지수가 전 거래일보다 20% 이상 하락하여 1분 이상 지속되는 경우에 발동된다. 서킷 브레이커가 발동되면 매매가 20분간 정지되고, 20분이 지나면 10분간 동시호가, 단일가매매 전환이 이루어진다. 서킷 브레이커는 각 단계별로 하루에 한 번만 발동할 수 있다. 1, 2단계는 주식시작 개장 5분 후부터 장종료 40분 전까지만 발동하고, 3단계 서킷 브레이커는 40분 이후에도 발동될 수 있다. 3단계 서킷 브레이커가 발동하면 장이 종료된다.

❏ **전환사채(CB ; Convertible Bond)**

일정한 조건에 따라 채권을 발행한 회사의 주식으로 전환할 수 있는 권리가 부여된 채권을 말한다. 전환을 하기 전에는 사채로서의 확정이자를 받을 수 있으며, 전환 후에는 주식으로서의 이익을 얻을 수 있다. 이러한 이점으로 인하여 이자율은 보통 회사채에 비하여 낮은 편이어서 발행회사 입장에서는 낮은 이자로 자금을 조달할 수 있는 수단이 된다.

❏ **양도성예금증서(CD ; Certificate of Deposit)**

은행이 정기예금에 대하여 발행하는 무기명의 예금증서로, 예금자는 이를 증권회사와 종합금융회사의 중개를 통하여 매매할 수 있다. 중도해지가 불가능하지만 자유롭게 양도할 수 있어 현금화가 쉽고 유동성이 높다. 이자지급식이 아닌 할인금액으로 거래된다.

❏ **오퍼레이션 트위스트(Operation Twist)**

장기국채를 사들이고 단기국채를 매도함으로써 장기금리는 끌어내리고 단기금리는 올리는 공개적인 시장 조작방식이다. 장기금리가 내려가면 일반적으로 기업은 투자를 늘리고 가계는 주택을 새로 매입하는 등 투자활성화의 효과가 있다. 장·단기 채권에 대해 엇갈리는 대응을 하는 것이 한때 유행했던 춤인 트위스트와 닮았다고 해서 이러한 명칭이 붙었다.

❑ 예금보험제도(Deposit Insurance System)

금융기관이 경영부실이나 파산 등의 이유로 예금자에게 예금을 지급할 수 없을 경우 예금보험공사가 대신 고객 예금을 지급하여 예금자를 보호하기 위한 제도이다. 이 제도는 금융기관의 연쇄도산을 방지함으로써 사전적으로 금융제도의 안정성을 제고할 수 있다. 예금보험공사는 평소에 금융회사로부터 예금보험료를 받아 기금으로 적립하며, 금융기관이 납부한 예금보험료만으로 예금을 대신 지급할 재원이 부족할 경우에는 예금보험공사가 직접 채권(예금보험기금채권)을 발행하는 방법을 통해 재원을 조성하게 된다. 보호한도는 한 금융회사당 원금과 이자를 포함해 1인당 5,000만 원까지이며, 보호대상 금융회사는 은행, 보험회사, 증권사, 저축은행, 농협·수협중앙회 등이다. 하지만 농·수협 지역조합, 신용협동조합, 새마을금고 등은 예금보험제도 가입 금융사가 아니며, 이들은 관련 법률에 따라 자체 기금에 의해 보호된다.

❑ 양적완화

정책금리 인하를 통한 통화정책으로는 좀처럼 경기침체에서 벗어나지 못할 때 발권력(채권이나 은행권 등을 발행할 수 있는 힘)을 가진 중앙은행이 시중에 직접 통화를 공급하는 정책을 말한다. 장기적으로는 부작용을 초래할 수 있어 사실상 중앙은행이 쓸 수 있는 마지막 카드라고 봐야 한다.

❑ 유동성함정

시장에 현금이 흘러 넘쳐 구하기 쉬운데도 기업의 생산, 투자와 가계의 소비가 늘지 않아 경기가 나아지지 않고 마치 경제가 함정(trap)에 빠진 것처럼 보이는 상태를 말한다.

최신 기출분석문제

01 다음 기사를 읽고, 빈칸에 알맞은 용어를 고르면?

> 다이어트를 결심하고 처음 먹는 고구마나 샐러드는 맛이 괜찮다. 하지만 일주일 혹은 한 달간 먹고 나면 더 이상은 손이 쉽게 가질 않는다. 자꾸 다이어트 전에 즐겨 먹던 초콜릿이나 햄버거가 생각난다. 다이어트를 하던 중에 이런 종류의 유혹에 빠지는 것을 아예 피할 수는 없겠지만 (   )을/를 이용하면 같은 유혹에서도 보다 합리적인 혹은 효율적인 선택을 할 수 있다. 같은 양의 초콜릿이나 치킨을 먹어도 한 번에 먹을 양을 적게 나눠 여러 차례에 걸쳐 먹으면 같은 양을 먹더라도 훨씬 큰 만족감을 느낀다.

① 역선택
② 한계효용체감의 법칙
③ 코즈의 정리
④ 외부 비경제
⑤ 매몰비용

해설 한계효용체감의 법칙이란 재화를 소비하는 소비자가 '재화 1단위당 추가로 얻는 효용(만족감)의 증가분'이 점점 줄어드는 현상을 말한다. 큰 초콜릿을 한꺼번에 다 먹는다고 한다면, 처음 초콜릿을 입속에 넣었을 때는 엄청 달콤하지만 자꾸 먹다 보면 초콜릿의 달콤함이 줄어든다. 하지만 큰 초콜릿을 며칠 동안 나눠 먹으면 매번 처음 먹을 때의 달콤함과 만족을 얻을 수 있다.

정답 ②

02 다음 기사를 읽고, 빈칸에 들어갈 말로 적절한 것은?

> 산업통상자원부와 한국중견기업연합회가 발표한 '2019년 중견기업 실태조사'에 따르면 2018년 말 기준 조사에 응한 1,400개 중견기업 중 5.1%는 중소기업으로 회귀를 검토했다고 응답했다. 중소기업에 제공되는 조세 혜택은 계속 받고, 규제는 피하기 위해 중견기업으로 성장하지 않으려는 (   )이 여전하다.

① 리플리증후군
② 스톡홀름증후군
③ 피터팬증후군
④ 서번트증후군
⑤ 파랑새증후군

해설 피터팬증후군이란 중소기업이 중견기업이 될 경우 그간 누리던 각종 세제 혜택이 사라지기 때문에 중견기업으로 성장하기를 꺼리면서 중소기업으로 남으려는 경향을 설명할 때 사용된다.
　① 리플리증후군 : 현실 세계를 부정하고 허구의 세계만을 진실로 믿으며 상습적으로 거짓된 말과 행동을 일삼는 반사회적 인격 장애를 말한다.
　② 스톡홀름증후군 : 공포심으로 인해 극한 상황을 유발한 대상에게 긍정적인 감정을 가지는 현상이다.

④ 서번트증후군 : 자폐증이나 지적장애를 가진 사람이 암산, 기억, 음악, 퍼즐 맞추기 등 특정 분야에서 매우 우수한 능력을 발휘하는 현상이다.

⑤ 파랑새증후군 : 급변하는 현대 사회에 발맞추지 못하고 현재의 일에는 흥미를 못 느끼면서 미래의 막연한 행복만을 추구하는 병적인 증상이다.

정답 ③

03 한 기업의 새 제품이 기존 자사 주력 제품의 시장 점유율이나 수익성, 판매량 등을 하락시키는 현상을 뜻하는 용어는?

① 메기효과
② 카니발라이제이션
③ 디노미네이션
④ 애그플레이션
⑤ 리스트럭처링

해설 한 기업에서 신제품을 출시했는데 이로 인해 해당 기업이 이미 출시해놓은 제품의 판매량이 감소하거나 점유율이 떨어지는 경우를 카니발라이제이션이라고 한다.

정답 ②

04 글로벌 경제가 침체조짐을 보이자 경기 하강에 대한 불안감을 나타내는 'R의 공포'라는 단어가 나오기 시작했다. 이때 R이 뜻하는 것은?

① retirement
② recession
③ redenomination
④ reshoring
⑤ recovery

해설 R은 경기침체(Recession)를 뜻하는 영어의 첫 글자를 따온 것이다. 정상적인 상황에서는 장기금리가 단기금리보다 높지만 경기침체가 예상되면 장기 안전자산에 자금이 쏠려 단기금리가 더 높아지는 현상이 생긴다. 그 외 물가상승에 대한 공포인 'D(Deflation)의 공포'나 실직에 대한 공포인 'J(Jobless)의 공포'도 있다.

정답 ②

05 기업의 보유자산 중에 현금, 수표, 당좌예금, 만기 3개월 이내 단기금융상품 등이 포함되며, 높은 환금성이 특징인 이것은?

① 투자자산 ② 고정자산
③ 재고자산 ④ 비유동성자산
⑤ 현금성자산

해설 기업의 현금성자산은 현금, 수표, 당좌예금 등 대차대조표상 현금과 현금성자산, 단기금융상품(정기예금, 정기적금, 기타 정형화된 상품으로 단기자금 운용 목적으로 소유하거나 기한이 1년 내 도래하는 것 포함)을 더해 산출한다.

정답 ⑤

06 단 1주만으로도 주주총회 결의사항에 대해 거부권을 행사할 수 있는 권리를 가진 주식으로, 지분 대부분을 매각한 이후에도 핵심 의사결정을 가질 수 있는 주식은?

① 우선주 ② 황금주
③ 자사주 ④ 황제주
⑤ 가치주

해설 황금주란 보유 주식 수량에 무관하게 기업의 주요한 경영 사안에 대하여 거부권을 행사할 수 있는 권리를 가진 주식을 말한다. 극단적으로 단 1주만 가지고 있더라도 주주총회 안건에 대하여 거부권을 행사할 수 있는 권리를 가진 주식을 말한다.

정답 ②

01 다음은 신문기사의 일부이다. 괄호 안에 공통으로 들어갈 기업으로 적절한 것은?

> 2010년 6월 29일 (   )은/는 적자에도 불구하고 미국 나스닥시장 상장에 성공했고, 기업공
> 개(IPO)에 성공함에 따라 많은 공모자금을 기초로 하여 세계적 기업으로 성장할 수 있었다.
> (   )은/는 2003년 창립 이래 2017년까지 46억 달러의 적자를 기록했지만 2020년부터 영
> 업이익이 나오기 시작하면서 주가는 천문학적으로 뛰고 있다.

① 알리바바홀딩스　　　　　　　　　② 테슬라
③ IBM　　　　　　　　　　　　　　④ 아마존
⑤ 구글

> 테슬라는 미국의 주 중에서 제일 배출가스 축소와 내연기관 자동차 축소에 힘을 쏟는 캘리포니아 주에 회사를
> 설립하였다. 2003년 창립 이래 2017년까지 46억 달러의 적자를 기록하는 등 생존 전망마저 불투명하다는 지적이
> 많았으나, 2020년에 들어와 그 위상이 지금과 현격하게 달라졌다. 2019년 12월 이후 테슬라 주가는 폭등하기
> 시작하여 2020년 10월 시가총액 기준, 토요타를 앞질러 전 세계 자동차 회사 1위, 보잉을 앞지르며 미국공업
> 제조사 1위, 미국 내에서 애플, 마이크로소프트, 아마존, 구글, 페이스북, 버크셔 해서웨이에 뒤이어 시가총액
> 7위의 기업이 되었다.

02 환경, 사회, 지배구조를 뜻하는 말로, 기업의 비(非)재무적 성과를 측정하는 지표로 활용되고 있는
이것은?

① ESI　　　　　　　　　　　　　　② ETF
③ ESS　　　　　　　　　　　　　　④ ESG
⑤ EPL

> 기업의 비재무적 요소인 환경(Environment)·사회(Social)·지배구조(Governance)를 뜻하는 말로, 지속가능
> 한 발전을 위한 기업과 투자자의 사회적 책임이 중요해지면서 세계적으로 많은 금융기관이 ESG 평가정보를 활용
> 하고 있다.

03 극단적으로 예외적이어서 발생가능성이 없어 보이지만 일단 발생하면 엄청난 충격과 파급효과를 가져오는 사건을 가리키는 말은?

① 블랙스완　　　　　　　　　　　② 화이트스완
③ 그레이스완　　　　　　　　　　　④ 어닝쇼크
⑤ 어닝서프라이즈

> 블랙스완은 도저히 일어날 것 같지 않은 일이 일어나는 것을 얘기하는 것으로, 월가 투자전문가인 나심 니콜라스 탈레브가 그의 저서 〈검은 백조(The black swan)〉를 통해 서브프라임 모기지 사태를 예언하면서 두루 쓰이게 됐다.
> ② 화이트스완 : 반복되어 오는 위기임에도 적절한 해결책을 제시하는 못하는 상황
> ③ 그레이스완 : 이미 알려진 악재이나 대처방안이 모호하여 위험요인이 계속 존재하는 상태
> ④ 어닝쇼크 : 어닝시즌에 발표한 영업실적이 시장의 예상치보다 크게 나빠 주가를 하락시키는 것
> ⑤ 어닝서프라이즈 : 어닝시즌에 발표한 영업실적이 시장의 예상치보다 크게 초과하여 주가를 상승시키는 것

04 기업 주가에 영향을 줄 만한 사안을 정기적으로 또는 수시로 투자자에게 알리도록 의무화한 제도는?

① 감 자　　　　　　　　　　　　　② 공 시
③ 스캘핑　　　　　　　　　　　　　④ 공 모
⑤ 종 가

> 공시란 사업의 내용이나 재무상황 또는 영업실적 같은 기업의 내용을 투자자 및 이해관계자들에게 알리는 제도이다.
> ① 감자 : 주식회사가 주식 금액이나 주식 수의 감면을 통해 자본금을 줄이는 것
> ③ 스캘핑 : 박리다매형 초단타 매매기법으로 하루 중에도 여러 번 분, 초 단위로 거래를 하여 단기 차익을 노리는 방식
> ④ 공모 : 증권을 공모하는 방법의 하나로 '신규'로 발행되는 증권에 대하여 50인 이상을 대상으로 증권의 취득의 청약을 권유하는 행위
> ⑤ 종가 : 주식 시장이 마감될 때 마지막으로 결정된 가격

05 보유한 부동산을 매각한 뒤 임차해 쓰는 것으로, 기업들이 자산 유동화를 목적으로 많이 활용하는 이 방식은?

① 워크아웃　　　　　　　　　　② 운용리스
③ 스톡옵션　　　　　　　　　　④ 세일 앤드 리스백
⑤ 액면분할

> 세일 앤드 리스백(Sale and Lease Back)은 주택담보 대출을 받은 집주인이 은행에 집을 팔면(Sales) 그 차액으로 은행 대출금을 갚고 대신 소유권을 갖게 된 신탁회사에 임차료(Lease Back)를 내며 일정기간 거주하는 것이다. 추후 돈이 생기면 원 집주인인 세입자가 다시 집을 살 수 있는 권리도 포함하고 있다.

06 다음 신문기사와 가장 밀접하게 관련된 용어는 무엇인가?

> 2006년 첫발을 내디딘 이래 많은 대기업과 중소·중견기업이 예술단체와 1대1 만남을 이어가고 있다. 특히 중소·중견기업 부문에서는 기업이 지원하는 금액에 비례해 예술단체에 추가로 정부 지원금이 주어지는 '예술지원매칭펀드' 프로그램이 운영되고 있다. 2020년 대기업 결연 지원건수가 36건, 중소·중견기업 결연인 '예술지원매칭펀드'는 지원건수 187건에 달해 지원금액이 도합 약 79억 원으로 집계됐다.

① 키덜트　　　　　　　　　　② 메세나
③ 오픈마켓　　　　　　　　　④ 랜드마크
⑤ 노블리스 오블리제

> 메세나란 문화·예술·스포츠 등에 대한 기업의 지원 활동을 총칭하는 프랑스어다. 기업에는 이윤의 사회적 환원이라는 기업 윤리를 실천하는 것 외에 기업의 문화적 이미지까지 높일 수 있는 홍보 수단이다.

07 프랑스 정부는 2020년 11월 25일 '이것' 과세 대상 기업들에 과세 방침을 통보한 것으로 전해졌다. 이어 캐나다 정부도 오는 2022년부터 구글, 페이스북 등 글로벌 정보기술(IT) 기업에 '이것'을 부과할 계획이라고 밝혔다. '이것'이 지칭하는 용어는?

① 디지털세　　　　　　　　　② 버핏세
③ 부유세　　　　　　　　　　④ 토빈세
⑤ 은행세

> 디지털세는 구글, 아마존, 페이스북 등 온라인·모바일 플랫폼 기업의 자국 내 디지털 매출에 법인세와는 별도로 부과하는 세금이다. 법인이나 서버 운영 여부와 관련 없이 이익이 아닌 매출이 생긴 지역에 세금을 내는 것이 특징이다.

08 다음 나열된 내용과 관련된 경제용어를 고르면?

> • 회생 가능성이 크지 않은데도 정부나 채권단 지원으로 간신히 연명하는 기업
> • 3년 연속 이자보상배율 1 미만

① 벤처기업   ② 복합기업
③ 좀비기업   ④ 모듈기업
⑤ 강소기업

> 좀비기업은 회생 가능성이 크지 않은데도 정부나 채권단의 지원으로 간신히 파산을 면하고 있는 기업이다. '되살아난 시체'를 뜻하는 '좀비(Zombie)'에 빗대어 부르는 말이다. 좀비기업과 건전한 기업을 나누는 기준은 '빚(부채)을 갚을 수 있는지'가 핵심이다. 3년 연속 이자보상배율이 1 미만인 기업을 좀비기업(한계기업)으로 간주한다. 3년 연속 이자조차 갚지 못할 정도라면 자체적인 생존능력이 없다고 보는 것이다.

09 주식시장에 새로운 사건이나 현상이 발생해 증권시장에 큰 영향을 주는 일이 발생할 때 이런 현상에 따라 움직이는 종목군은?

① 가치주   ② 성장주
③ 배당주   ④ 테마주
⑤ 우량주

> 테마주는 주식시장에서 정치, 경제, 사회적 이슈 등 일정한 주제와 관련된 주식이 등락을 함께하는 종목군을 말한다. 테마주는 주식시장 내에서 시대상황이나 경제상황 등과 어우러져 순식간에 나타났다 소리 없이 사라지기도 한다.

10 다음 내용과 밀접하게 관련된 경제용어는?

> 두 나라가 현재의 환율(양국 화폐의 교환 비율)에 따라 필요한 만큼의 돈을 상대국과 교환하고, 일정 기간이 지난 후에 최초 계약 때 정한 환율로 원금을 재교환하는 거래를 가리킨다.

① 통화스왑   ② 콜옵션
③ 풋옵션   ④ 선물환계약
⑤ 헤 징

통화스왑은 둘 이상의 거래기관이 사전에 정해진 만기와 환율에 의해 다른 통화로 서로 교환하는 외환거래를 말하며, 환시세의 안정을 도모하는 것이 목적이다.
② 콜옵션 : 옵션거래에서 특정한 기초자산을 만기일이나 만기일 이전에 미리 정한 행사가격으로 살 수 있는 권리
③ 풋옵션 : 옵션거래에서 특정한 기초자산을 장래의 특정 시기에 미리 정한 가격으로 팔 수 있는 권리
④ 선물환계약 : 계약 시점에 미래의 특정 시점의 환율을 미리 약정하고 그 약정된 환율로 거래를 하기로 하는 계약
⑤ 헤징 : 현물가격의 등락에서 발생될 수 있는 손해를 최대한 줄이기 위해 선물시장에서 현물과 반대되는 선물 포지션을 설정하는 것

11 다음 글이 설명하고 있는 증권 상품은?

특정 주식의 가격이나 지수에 연동된 증권이다. 만기까지 사전에 정해둔 일정 조건을 충족하면 정해진 수익률을 받는다. 지수형 상품의 경우 만기는 일반적으로 3년이며, 6개월 단위로 상품 조건을 충족하면 상환 시기에 맞게 환산된 수익률을 지급하고 중도 상환된다.

① BW   ② CB
③ ETN   ④ ELS
⑤ EB

주가연계증권(ELS)은 특정 기업의 주가나 주가지수에 연동해 수익률이 결정되는 상품이다. 주가지수 상승 시 일정한 수익을 얻을 수 있도록 하는 것부터 주가지수 등락구간별 수익률에 차이가 나게 하는 것 등 다양한 유형의 상품이 존재한다.

12 다음의 (가), (나), (다)에 들어갈 용어로 적절한 것으로만 짝지어진 것은?

(가) - 현물(주식)과 반대되는 선물거래를 통해 주가 변동위험을 상쇄시키는 전략
(나) - 선물가격이 일시적으로 고평가됐을 때는 선물을 팔고 상대적으로 저렴한 주식을 사서 이익을 얻는 전략
(다) - 주식선물의 위탁증거금률만큼의 투자금액만으로 100% 투자 효과를 누리는 전략

	(가)	(나)	(다)
①	헤지거래	차익거래	레버리지투자
②	차익거래	헤지거래	레버리지투자
③	레버리지투자	헤지거래	차익거래
④	레버리지투자	차익거래	헤지거래
⑤	헤지거래	레버리지투자	차익거래

(가) : 헤지거래를 통해 주식을 사둔 (매수) 투자자라면 주식선물 '매도' 포지션을 취해 주가변동 위험성을 줄일 수 있다.

(나) : 차익거래를 통해 언제나 수익이 발생하는 것은 아니다. 선물가격이 고평가 혹은 저평가된 상황이더라도 수수료를 제외한 범위 이상으로 차이가 발생해야만 실제 이익이 난다. 따라서 무조건 차익거래를 하면 오히려 손해가 날 가능성도 존재한다.

(다) : 레버리지 효과를 통해 주식 투자 원금보다 많게는 몇 배의 수익을 창출하는 것을 의미한다. 주식선물의 경우 위탁증거금률이 18%이고, 이를 통해 100%의 투자효과를 가져온다. 예를 들어 8월 17일 현대차 주식과 주식선물을 샀다가 일주일 후 팔았을 경우를 비교해 보자. 17일 현대차 주식은 89,600원이었고, 24일 주가는 107,500원이었다. 같은 기간에 현대차 주식선물은 89,400원과 107,500원이었다. 200만 원으로 투자를 시작한다고 가정하면 주식투자로는 22주만 살 수 있지만 주식선물 투자로는 주식 120주에 해당하는 12계약을 살 수 있다. 수수료와 세금까지 제하고 나면 주식수익률은 19.4%인 반면 주식선물로는 112.4%의 수익률이 나게 된다. 이러한 투자를 가리켜 레버리지 투자라 한다.

13 다음 빈칸에 들어갈 내용은 무엇인가?

채권을 사면 만기까지 들고 있어야 원리금을 받을 수 있다. 만기 이전에 디폴트가 나면 원리금을 챙기기 힘들어질 수 있다. 이런 위험을 피하기 위해 채권 만기에 원리금을 확실하게 보장받기 위해 수수료(프리미엄)를 주고 보험계약을 맺는데 이런 계약을 (   )(이)라고 한다. 한편, 디폴트 위험이 커질수록 프리미엄이 높아진다.

① 마이크로 크레딧　　　　　　② 리보금리
③ BIS비율　　　　　　　　　④ 신용부도스와프
⑤ 스트레스테스트

① 마이크로 크레딧이란 제도권 금융회사와 거래하기 힘든 저소득층에 생계형 창업이나 자활을 도울 수 있도록 담보 없이 대출해주는 제도를 말한다.
② 리보금리란 국제금융시장의 중심지인 영국 런던에서 우량은행끼리 단기자금을 거래할 때 적용하는 금리를 말한다.
③ BIS비율이란 국제결제은행(BIS)이 정한 자기자본비율로, 은행 종합금융사, 신용금고 등 일반금융회사 건전성과 안정성을 판단하는 국제기준으로 통한다.
⑤ 스트레스테스트란 금융회사가 얼마나 외부 충격에 견뎌내는지 진단하는 내성 테스트이다. 환율이나 금리 같은 변수를 최악의 상황까지 가정해 은행 수익성과 건전성을 진단하는 방법이다.

14 다음은 우리나라의 예금보호제도에 대한 설명이다. 옳지 않은 것은?

① 예금보험공사는 정보비대칭에 따른 대량예금인출(Bank Run)을 방지하기 위해 평소에 금융회사로부터 예금보험료를 받아 기금을 적립한다.

② 예금보장 한도는 1인 한 금융회사에서 원금과 이자를 포함해 5,000만 원이다.

③ 예금보호 대상인 금융회사에는 은행, 보험회사, 저축은행, 지역 농협, 새마을금고 등이 있다.

④ 저축예금이나 개인이 가입한 생명보험 등은 예금보험 대상이지만 후순위 채권, 기업어음(CP) 등은 예금보험 대상이 아니다.

⑤ 예금보험제도에 가입한 은행들은 지금까지 동일한 예금보험료를 지불하였으나 앞으로는 신용도에 따라 납부해야 하는 보험료가 달라진다.

> 예금보험제도란 금융기관이 경영부실이나 파산 등의 이유로 예금자에게 예금을 지급할 수 없을 경우 예금보험공사가 대신 고객 예금을 지급하여 예금자를 보호하기 위한 제도이다. 이 제도는 금융기관이 파산하더라도 사후적인 예금의 지급보증을 통해 대량예금인출(Bank Run)에 따른 금융기관의 연쇄도산을 방지함으로써 사후적으로 금융제도의 안정성을 제고할 수 있다. 예금보호 한도는 한 금융회사당 원금과 이자를 포함하여 1인당 5천만 원까지이며, 보호대상 금융회사는 은행, 보험회사, 증권사, 저축은행, 농협·수협중앙회 등이다. 하지만 농·수협 지역조합, 신용협동조합, 새마을금고 등은 예금보험제도 가입 금융사가 아니며, 이들은 관련 법률에 따라 자체 기금에 의해 보호된다.

15 2013년 코스닥시장 상장 요건을 충족시키지 못하는 벤처기업과 중소기업이 상장할 수 있도록 개설된 중소기업 전용 주식시장은?

① 코픽스(Cofix)   ② 코스피(Kospi)

③ 나스닥(Nasdaq)   ④ 코넥스(Konex)

⑤ 니케이225(Nikkei 225)

> ① 코픽스(Cofix) : 은행연합회가 제공한 자금조달 관련 정보를 기초로 하여 산출되는 자금조달비용지수
> ② 코스피(Kospi) : 증권시장에 상장된 상장기업의 주식변동을 기준시점과 비교시점으로 비교하여 나타내는 지표
> ③ 나스닥(Nasdaq) : 1971년 첫 거래를 시작한 미국의 장외주식시장
> ⑤ 니케이225(Nikkei 225) : 1975년부터 일본경제신문사가 산출, 발표하는 가격가중평균(다우식) 주가지수로 도쿄증권거래소에 상장된 주식 가운데 유동성이 높은 225개 종목을 대상으로 선정한다.

16 금융기관이 투자자 성향에 맞추어 자산구성부터 운용, 투자자문까지 통합적으로 관리해주는 종합 금융서비스는?

① 랩어카운트　　　　　　　　　　　② CMA

③ MMF　　　　　　　　　　　　　　④ MMDA

⑤ IRLS

---

② CMA(Cash Management Account) : 고객이 예치한 자금을 LP나 양도성예금증서(CD)·국공채 등의 채권에 투자하여 그 수익을 고객에게 돌려주는 금융상품 종합자산관리계정이라고도 한다.

③ MMF(Money Market Funds) : 정부가 발행하는 단기증권 등에 투자해서 원금의 안전성을 확보하면서 안정된 이율을 얻을 수 있게 하는 투자신탁의 일종

④ MMDA(Money Market Deposit Account) : 가입 당시 적용되는 금리가 시장금리의 변동에 따라 결정되는 시장금리부 수시입출금식 저축성예금 계좌

⑤ IRLS(Interest Rate Linked Securities)투자펀드 : CD금리, LIBOR금리 등의 이자율이 연계된 파생상품을 운용하는 펀드

---

17 다음 글과 관련이 깊은 용어는?

> 증권사에서 고객 자산을 운용하는 부서와 증권사 고유 자산을 운용하는 부서 간 정보 교류를 차단할 필요가 있다. 그렇지 않으면 고객의 이익보다는 회사의 이익을 위하는 방향으로 고객 투자를 유도할 가능성이 있기 때문이다.

① 내부자거래　　　　　　　　　　　② 내부거래

③ 차이니스 월　　　　　　　　　　　④ 파이어 월

⑤ 인포메이션 갭

차이니즈 월(Chinese Wall)은 기업 내 정보교류를 차단하는 장치나 제도를 일컫는다.

① 내부자거래 : 회사의 내부자가 자신의 직무 및 지위와 관련해 얻은 회사의 미공개 중요정보를 이용하여 회사증권을 거래하는 등의 부당이득을 취하는 불공정거래

② 내부거래 : 같은 기업집단에 속한 회사(계열사) 간에 상품이나 서비스를 사고파는 거래행위

④ 파이어 월 : 방화벽 또는 침입방지 시스템으로 풀이되는 컴퓨터 보안시스템

---

18 미국 대선에서 주요 격전지로 꼽히는 곳으로, 과거에는 제조업의 호황을 누렸으나 쇠퇴기에 접어든 북동부지역인 이곳은?

① 선벨트   ② 러스트벨트

③ 코튼벨트   ④ 그린벨트

⑤ 팜벨트

> 미국의 대표적 공업지대로, 제조업이 쇠퇴하면서 철강 · 석탄 · 방직 등 사양산업 지대로 추락한 미국 중서부와 북동부 지역을 일컫는다. 미국 제조업의 몰락을 상징적으로 보여주는 말로 사용돼 왔다. 2016년 미국 대선에서 세계화와 자유무역주의로 피해를 입은 러스트벨트 노동자들이 보호무역주의와 반이민 정책을 주장한 도널드 트럼프를 적극 지지하면서 트럼프의 대통령 당선에 기여했다.

19 다음 괄호 안에 들어갈 단어로 적절한 것은?

> (   ) 효과는 막강한 경쟁자의 존재가 다른 경쟁자들의 잠재력을 끌어올리는 효과를 말한다.

① 코끼리   ② 가물치

③ 메기   ④ 메뚜기

⑤ 코뿔소

> 메기 효과란 메기 한 마리를 미꾸라지 어항에 집어넣으면 미꾸라지들이 메기를 피해 다니느라 움직임이 빨라지면서 생기를 잃지 않는데 이를 기업경영에 적용한 말이다.

20 다음 빈칸에 공통으로 들어갈 말로 가장 적절한 것은?

> 포스트 코로나 시대를 앞두고 본의 아니게 온택트를 기반으로 한 (　　　) 시장이 빠르게 성장하는 중이다. TV 홈쇼핑과 비슷한 형태라고 이해할 수도 있지만, 엄연히 다르다. TV 홈쇼핑은 쇼핑호스트가 일방적으로 제품을 설명하는 방식이라 소비자가 당장 궁금증을 해소할 방법이 없지만, (　　　)은/는 홈쇼핑보다 정보 교류가 활발하고 실시간 소통이 가능하다. 판매자는 시청자들의 요청에 따라 해당 상품을 직접 사용하고 질문에 답변도 해준다. 시청자들이 오프라인 매장에서 상품을 간접적으로 체험해볼 수 있도록 도와주는 것이다.

① 티커머스 　　　　　② 라이브커머스
③ O4O마케팅 　　　　④ O2O마케팅
⑤ 그린마케팅

> 라이브커머스의 가장 큰 특징은 '상호소통'이다. 생방송이 진행되는 동안 이용자들은 채팅을 통해 진행자, 혹은 다른 구매자와 실시간 소통할 수 있다. 상품에 대해 다양한 정보를 주어 비대면 온라인 쇼핑의 단점을 보완한다.

21 컴퓨터가 투자자의 성향과 경제지표 등을 분석해 맞춤형 자산관리를 도와주는 자동화 서비스는?

① 불완전판매 　　　　② 프라이빗뱅킹
③ 로보어드바이저 　　④ 뱅크런
⑤ 스마트팩토리

> '로보어드바이저'(Robo-advisor)는 로봇(robot)과 투자전문가(advisor)의 합성어다. 고도화된 알고리즘과 빅데이터를 통해 인간 프라이빗뱅커(PB) 대신 모바일기기나 PC를 통해 포트폴리오 관리를 수행하는 온라인 자산관리 서비스를 일컫는다.

PART **02**

제2편
경 영

CONTENTS

제1장 회사법

제2장 회 계

제3장 재 무

제4장 금융시장과 상품

가장 많이
빈출된 문제
★★★★★

1. 회사의 종류 구분
   주식회사, 유한회사, 합명회사, 합자회사를 구분할 수 있는지 묻는 문제

2. 회사의 구성요소
   주식회사를 구성하는 이사회, 주주총회, 대표이사 등의 업무를 알고 있는지
   확인하는 문제

빈출된 문제
★★★

1. 주주의 의미
   주주의 역할을 이해하는지 확인하는 문제

1 회사의 종류

(1) 상법상의 회사 분류

① 합명회사

합명회사란 그의 사원이 회사채권자에 대하여 직접·연대·무한의 책임을 지는 회사를 말한다. 합명회사 사원의 수는 2인 이상이며 사원의 출자목적물은 재산(금전 또는 현물)·노무·신용이고, 그 이행 방법 및 시기에 대하여는 제한이 없다. 합명회사의 사원은 원칙적으로 회사의 업무집행권과 대표권을 가지며, 그 지위를 양도하고자 하는 경우에는 다른 사원 전원의 동의를 받아야 한다.

② 합자회사

합자회사는 무한책임사원과 유한책임사원으로 이원적으로 구성되는 회사로서 사원의 수는 2인 이상이어야 하며 그 한도에 대해서는 제한이 없다. 합자회사에서 무한책임사원의 출자는 합명회사 사원의 출자와 동일하나, 다만 유한책임사원의 출자목적물은 합명회사와는 달리 재산(금전 또는 현물)에 한하고, 신용 또는 노무를 출자목적물로 할 수 없다.

③ 주식회사

주식회사란 자본이 주식으로 분할되어 주식의 인수를 통해 출자하거나 이미 발행된 주식을 취득함으로써 사원(주주)이 되며, 사원은 주식 인수가액의 한도에서 출자의무를 질 뿐 회사 채무에 대해서는 직접 책임을 지지 않는 형태의 회사를 말한다. 주식회사의 설립에는 3인 이상의 발기인이 필요하나, 「사원이 1인이 된 때」에도 해산사유가 아니므로 1인 주식회사도 가능하며, 주주의 출자목적물은 재산(금전 또는 현물)에 한정된다.

④ 유한회사

유한회사란 그의 사원이 주식회사의 주주와 같이 회사 채권자에 대하여는 직접 아무런 책임을 지지 아니하고 회사에 대하여만 일정한 범위의 출자의무만을 부담하는(간접 유한책임) 사원만으로 구성되는 회사이다. 유한회사의 사원의 수는 50인을 초과하지 못하며, 사원 지위 양도에는 원칙적으로 사원총회의 특별결의를 요한다.

(2) 주식 소유 비율에 따른 분류

① 모회사

모회사란 다른 회사의 발행주식 총수의 100분의 50을 초과하는 주식을 가진 회사를 말한다. 모회사와 자회사의 구분은 자회사에 의한 모회사 주식의 취득을 제한하기 위함이다. 상법은 모회사와 자회사를 일체적으로 취급하므로 모회사는 영업보고서나 부속명세서에 자회사와의 관계에 대해 주주와 채권자에게 이를 보고하여야 하고, 모회사의 감사는 그 직무를 수행하기 위하여 필요한 때에는 자회사에 대하여 영업의 보고를 요구할 수 있으며, 자회사가 이를 보고하지 않을 때에는 자회사의 업무와 재산상태를 조사할 수 있다.

② 자회사

자회사란 다른 회사의 발행주식 총수의 100분의 50을 초과하는 주식을 가진 모회사의 다른 회사, 즉 그 회사에 주식 또는 출자를 소유당하고 있는 회사를 말한다. 공정거래법에서는 이를 '지주회사에 의하여 그 사업내용을 지배받는 국내회사'로 규정하고 있다.

(3) 경제상의 분류

① 지배회사

지배회사란 일반적으로 어떤 회사가 다른 회사를 자본참가(주식 또는 지분의 보유, 계약 임원겸임, 파견) 등에 의하여 지배하는 회사를 말한다. 앞에서 설명한 바 있는 상법상의 분류에서 모자회사는 지배·종속회사 형태의 하나인데 주식취득제한의 기준을 명확히 하기 위하여 상법에서 이를 규정하고 있다.

② 종속회사

종속회사란 일반적으로 어느 회사가 다른 회사에게 자본 참가, 계약, 임원겸임(임원의 파견) 등에 의하여 지배당하고 있는 경우에 그 지배당하는 회사를 말한다.

(4) 자본의 내외 구성에 따른 구분

① 내자회사

내자회사란 '회사의 자본이 내국자본인 회사'를 말한다.

② 외국인투자회사

외국인투자회사(기업)란 외국인투자자가 출자한 기업을 말한다. 즉 외국인투자촉진법에 따라 외국인이 대한민국 법인 또는 대한민국 국민이 영위하는 기업의 경영활동에 참여하거나 지속적인 경제관계를 수립할 목적으로 당해 법인이나 기업의 주식 또는 지분을 소유하고 있는 기업을 말한다.

③ 합작회사

합작회사란 회사의 자본이 내국자본과 외국자본이 합쳐진 회사를 말하며, 이를 「합작·투자회사」, 「합병회사」, 「국제회사」라고도 한다.

④ 다국적회사

동일자본이 다수의 국가에서 동종영업을 영위하여 출자되고 이 자본으로 다수의 회사가 설립되어 그 회사들이 서로 모자회사 등으로 연결되어 있는 회사를 말하며 이를 초국적회사(Multinational Corporation 또는 Transnational Corporation)라고도 한다.

② 주식회사의 개념

주식회사란 자본이 주식으로 분할되어 주식의 주주가 주식의 인수가액의 한도 내에서만 출자의무를 지는 유한책임의 회사이다. 주식회사의 3대 요소는 자본, 주식, 주주이다.

(1) 자본의 의의

자본은 회사가 발행할 주식의 액면총액을 의미한다. 상법에서는 자본을 발행주식의 액면총액으로 규정하고 있다.

회사는 기업의 유지와 채권자 보호를 위하여 설립과 동시에 주식 발행가액이 전액 납부되어야 한다. 또한 회사는 자본에 상당하는 순재산을 실질적으로 유지해야 하는 것을 원칙으로 한다.

① 이익배당의 제한
② 주식회사의 액면미달발행의 제한
③ 주식인수가액의 전액납입
④ 주금납입에 대한 상계의 금지
⑤ 변태설립에 대한 엄격한 감독
⑥ 자기주식취득의 제한
⑦ 발기인과 이사의 주식에 대한 인수·납입담보책임
⑧ 법정준비금제도

(2) 주주의 유한책임(인적요소)

주주는 회사에 대하여 주식의 인수가액 범위 내에서 출자의무를 다하면 된다는 원칙이다.

③ 주식회사의 설립

(1) 주식회사의 설립의 특징

주식회사에는 자본단체로서 자본유지(충실, 구속)의 원칙이 회사설립 시부터 적용되므로 그 설립절차가 복잡하고 엄격하다. 설립의 절차는 「① 발기인 조합 ② 정관작성 ③ 실체구성 ④ 설립등기」의 4단계로 이루어지며 각 단계별로 엄격한 강행규정을 두고 있다.

(2) 발기인조합

발기인조합이란 회사설립을 목적으로 하는 발기인 상호 간의 조합계약으로서, 그 법적 성질은 민법상의 조합계약의 규정을 적용한다. 발기인조합은 설립 중의 회사와 구별되나 양자는 설립 시까지 병존한다. 발기인은 회사의 설립사무에 종사하는 자로 정관에 발기인으로 날인 또는 서명한 자이다. 발기인은 1인 1주 인수의무가 있으며, 그 수는 1인만이라도 가능하다.

(3) 정 관

정관이란 회사의 목적과 조직, 활동에 관하여 규정한 근본규칙으로, 자치법규의 성질을 가지며 상법의 법원이 된다. 또한 정관은 공증인의 인증을 받아야 그 효력이 발생된다.

(4) 설립등기

① 회사는 실체구성완료 후 2주간 내 설립등기를 하면 법인격을 취득하고 사단법인이 된다.

② 설립등기 후에는 주식청약서의 요건흠결을 이유로 주식인수의 무효를 주장하거나 착오, 사기, 강박을 이유로 주식인수를 취소하지 못한다. 또한 설립등기에 의하여 주권발행이 허용되고 권리주의 양도의 제한이 해제된다.

(5) 설립 하자

주식회사의 설립에 하자가 있는 경우에는 설립무효소송제도가 인정이 된다. 설립무효의 사유는 강행법규를 위반한 경우이며 주주·이사·감사가 회사성립일로부터 2년 이내에 소송에 의해서만 주장할 수 있다. 원고승소의 경우에 판결의 효력은 소송당사자 이외에 제3자에게도 영향을 미치며(대세적 효력), 판결의 효력이 설립등기 시까지 소급하지 않으므로(비소급효) 판결 확정 전에 생긴 회사와 사원 및 제3자 간의 권리의무에 영향을 미치지 아니한다.

4 회사설립에 관한 책임

(1) 발기인의 책임

① 회사가 성립한 경우의 책임
  ㉠ 회사에 대한 책임(자본충실의 책임과 손해배상의 책임)
   • 자본충실의 책임
    – 인수담보의 책임 : 회사성립 시의 발행주식에 관하여 설립등기 후 인수되지 아니한 주식이 있거나, 주식인수의 청약이 취소된 때에는 발기인이 이를 공동으로 인수한 것으로 본다.
    – 납입담보의 책임 : 설립등기 후 납입이 완료되지 아니한 주식이 남아 있을 때에는 발기인이 연대하여 그 납입을 하여야 한다.
   • 손해배상의 책임(과실책임) : 발기인이 회사설립에 관하여 그 임무를 해태한 때에는 회사에 대하여 손해를 배상할 책임을 진다.
  ㉡ 제3자에 대한 책임
   발기인이 악의 또는 중대한 과실로 인하여 그 임무를 해태한 때에는 그 발기인은 제3자에 대하여 연대하여 손해를 배상할 책임을 부담한다.
② 회사가 성립하지 않은 경우의 책임
  회사가 성립하지 아니한 경우에는 그 설립에 관한 행위에 대하여 발기인 전원이 연대하여 책임을 지고, 지급한 비용 일체를 부담하여야 한다.

(2) 이사·감사 등의 책임

① 이사·감사가 업무해태로 제3자에 대하여 손해를 입힌 경우 연대배상할 책임을 진다.

② 검사인(공증인·감정인)이 악의 또는 중대한 과실로 인하여 그 임무를 해태한 때에도 회사나 제3자에 대하여 손해배상책임을 진다.

5 주식과 주권

(1) 주 식

① 주식의 개념

㉠ 주식은 자본의 구성분자인 단위금액을 의미하고, 회사에 대한 권리·의무의 단위인 주주권을 의미한다.

㉡ 특정주식을 수인이 분할하여 소유하는 것은 금지되며(불가분성), 주식의 공유는 인정하나 권리행사 시 1인을 특정하여야 한다(주식의 공유).

② 주식의 종류

㉠ 액면주·무액면주 : 정관과 주권에 주금액의 기재 여부에 따른 구별

㉡ 기명주식·무기명주식 : 주주의 성명이 주주명부와 주권에 표시 여부에 따른 구별

㉢ 종류주식 : 재산적 내용의 우열 여부
  • 보통주 : 수종의 주식 중 재산적 내용의 우열 여부의 기준
  • 우선주 : 재산적 내용(이익배당 등)에 우선적 지위
  • 후배주 : 잔여 미처분 이익에 한하여 배당
  • 혼합주 : 재산적 급여의 종류에 따라 보통주보다 우위 또는 열위

㉣ 상환주식 : 발행 시부터 이익소각이 예정된 주식

㉤ 전환주식 : 수종의 주식발행의 경우 다른 종류의 주식으로 전환청구가 가능한 주식

㉥ 무의결권주식 : 의결권을 부여하지 않으나 우선배당을 인정하는 주식(상장주식은 1/2까지)

(2) 주 권

① 주권의 의의 및 발행

㉠ 의의 : 주권은 주주의 지위를 표창하는 증권이며, 또한 주권에는 일정사항을 기재하여야 하므로 요식증권이다.

㉡ 발행 : 회사는 성립(주금 납입) 후 지체 없이 주권을 발행하여야 한다(주권강제주의).

② 주권의 불소지

주주의 주권의 분실, 도난에 대비하여 보호하기 위한 제도로, 주주가 불소지를 원할 때에는 주권을 발행하지 아니할 수도 있다. 이 경우 이미 발행한 주권은 회수·무효화하거나 명의개서 대리인에게 임치(보관)하여야 한다. 단, 주권 불소지제도는 정관에 의하여 그 적용을 배제할 수도 있다. 또한 주권불소지 경우에도 주주는 언제나 발행을 청구할 수 있다.

(3) 주 주

① 주주의 의의

주주란 주식을 인수(양수)함으로써 주식이 표창하는 권리의무의 주체가 되는 자를 말하며, 명의의 여하를 불문하고 실질적 법률관계에 의하여 주주가 된다.

② 주주의 자격, 수

주주의 자격에는 제한이 없으며, 자연인은 물론이고 법인 또는 행위무능력자나 외국인도 주주가 될 수 있다. 또한 회사설립 시 또는 설립 후에도 1인주주가 인정된다.

③ 주주평등의 원칙

회사는 주주가 보유한 소유주식수에 따라 평등하게 대우하여야 한다는 강행법적인 성질이 있다는 기본원칙을 말한다. 이에 위반한 규정이나 주주총회의 결의는 무효이다.

6 주식의 소각 · 합병 · 분할

(1) 주식의 소각

① 의의와 방법

㉠ 주식의 소각이란 회사의 존속 중 특정주식을 절대적으로 소멸시키는 회사의 행위를 말한다.

㉡ 주식 소각은 (ⅰ) 상법상 자본감소의 규정에 따라 주식의 수와 자본이 모두 감소되는 감자의 경우, (ⅱ) 정관의 규정에 따라 주식 수만 감소하고 자본은 감소되지 아니하는 이익소각, (ⅲ) 주총 특별결의에 의한 매입소각의 경우 일어날 수 있으며, 상장법인의 경우 정관에 의해 이사회결의로 가능하다.

② 이익소각

㉠ 이익소각은 배당가능이익으로 주식을 소각하는 것으로, 감자의 절차는 필요 없으나 전체주주의 동의에 의해 변경한 정관에 그 내용을 기재하여야 한다.

㉡ 이익소각에 관한 정관의 규정은 등기하여야 하며, 주식청약서와 신주인수권증서에도 기재하여야 한다. 이익소각의 효력은 강제소각인 경우는 주권제출기간이 만료된 때, 임의소각인 경우는 소각으로 인한 취득주식의 실효절차를 밟은 때이다.

(2) 주식의 병합

① 의의 : 주식의 병합이란 수개의 주식을 합하여 그보다 적은 수의 주식으로 합치는 것을 말하며, 감자나 합병 시에 양사의 재산상태가 다른 경우에 이용된다.

② 절차 : 회사는 주주 등에게 1개월 이상의 기간을 정하여 그 내용과 기간 내 주권의 제출을 공고하고, 주주명부에 기재된 주주와 질권자에게 통보하여야 한다. 병합은 채권자 보호절차가 완료된 후에 효력이 발생한다. 단주는 주식의 매각대금을 지분에 따라 분배한다.

(3) 주식의 분할

① 의의 : 회사의 자본이나 재산의 증가 없이 하나의 주식을 두 개 이상의 주식으로 나누는 것으로 주가가 과도하게 높은 경우에 단위주식의 시가를 낮추기 위해 이용되는 방법이다.

② 절차 : 주주총회의 특별결의가 필요하며 그 외의 절차와 방법은 주식병합과 동일하다.

7 회사의 기관

주식회사는 사단법인이므로 독자적인 권리능력을 가진다. 회사의 대내적인 의사결정기관은 주주총회, 업무집행기관은 이사회(대표이사), 감독기관은 감사이다. 개정 상법에서는 지배구조의 개선을 위하여 사외이사제도, 이사회 내 위원회, 감사위원회를 추가하였다.

(1) 주주총회

① 주주총회는 주주의 의사를 집약하여 회사 경영상의 중요사항을 결정하는 회사 내부 의사결정기관으로 필요상설기관이다. 그러나 우리 상법은 이사회의 권한은 강화하고 주총의 권한은 축소하여 이에 따라서 정관에 정하는 사항만을 의결하도록 하였다.

② 상법상의 주주총회의 고유권한으로는 이사 · 감사 · 청산인의 선임과 해임, 임원 보수의 결정, 정관의 변경, 재무제표의 승인, 영업권의 양도, 자본의 감소, 회사의 해산 등을 논의하고 결정한다.

(2) 이 사

이사는 이사회의 구성원이며 회사의 업무집행에 관한 의사결정에 참여하고, 이사회를 통하여 대표이사 등에 관한 업무를 감독할 권한을 가진 필요상설기관이다. 이사는 주총 보통결의로 선임하며 등기하여야 한다. 이사는 주총 특별결의로 해임할 수도 있으며, 직무에 관하여 부정행위, 법령 · 정관에 위반사실이 있음에도 불구하고 주총에서 해임을 부결한 경우 3% 이상 소수주주는 결의 후 1월 이내에 해임을 법원에 청구할 수 있다.

(3) 사외이사

사외이사는 사내이사의 업무집행을 감독하기 위한 제도로서 국내에서는 상장법인에 한하여 강제된다. 또한 반드시 사외이사후보추천위원회의 추천에 의하여 선임하여야 한다.

(4) 이사회

① 이사회는 주주총회의 권한 이외의 사항에 관한 회사의 업무집행에 관한 의사결정을 하는 필요적 상설기관이다. 그러나 이사가 1인인 경우에는 이사회가 존재하지 않는다.

② 상법상의 이사회의 고유권한으로는 이사의 직무집행에 대한 감독권, 회사의 중요자산 처분 및 양도, 주주총회의 소집, 대표이사의 선임, 사채나 신주 발행 등의 권한을 갖고 있다.

(5) 감 사

① 감사는 회사의 업무감사를 주된 직무로 하는 필요적 상설기관이다. 우리 상법은 이사회제도를 채용하여 업무집행에 대한 감독권을 이사회에 맡기는 동시에 감사에게도 회계감사권과 함께 업무감독권을 부여하고 있다.

② 기업경영의 투명성확보를 위해 정관에 따라 감사위원회를 설치하는 경우 감사를 둘 수 없다.

8 회사의 이익 공유 방식

(1) 이익배당

① 이익배당은 대차대조표의 순자산액에서 자본액과 결산기까지의 적립된 자본준비금과 이익준비금의 합계액과 그 결산기에 적립해야 할 이익준비금을 공제한 차액을 말한다. 그리고 정관 또는 주총결의로 임의준비금을 적립하기로 한 때에는 이것을 공제한 후의 잔액이 배당가능금액이 된다.

② 회사가 자본충실의 원칙에 반하여 이익배당을 하였을 때에는 그 배당은 무효이며, 주주에 대하여 반환청구를 할 수 있다. 그러나 현실적으로 이는 불가능하므로 이사가 회사에 대하여 연대하여 배상하여야 한다.

(2) 주식배당

주식배당은 이익배당 시 주식을 신규로 발행하여 주식으로 배당하는 것이다. 주식배당은 배당가능이익을 사외로 유출시키지 않고 유보하여 사업자금으로 사용할 수도 있고, 우선 배당할 현금이 부족한 경우 무리한 현금배당을 피하므로 기업의 신용을 든든히 할 수 있다. 그러나 배당 후에는 자본의 증가로 주식 수가 많아져 차기에 배당압박이 많아져서 주가하락의 원인이 되기도 한다.

9 회사의 분할·합병

(1) 회사의 합병

회사의 합병이란 둘 이상의 회사가 상호 간의 계약에 의하여 법정절차에 따라 청산을 거치지 않고 한 회사로 합동하는 것을 말한다. 이는 경제적으로는 경쟁의 회피, 비용의 절약, 시장의 독점 등을 위하여 인정되고, 법적으로는 소멸회사의 청산절차를 거치지 않고 기업을 계속할 수 있는 장점이 있다.

(2) 회사의 분할

회사의 분할이란 하나의 회사가 2개 이상의 회사로 분리하고, 회사재산의 일부가 포괄승계되며, 반대급부로 주식이 교부되는 현상을 말한다.

① 완전분할 / 불완전분할

완전분할은 재산양도회사가 양도 후 자신은 청산하는 회사를 말하며, 불완전분할은 재산의 일부를 넘겨주고 자신도 존속하는 형태의 분할이다.

② 신설분할 / 흡수분할

신설분할은 분할된 부분이 신설회사를 형성하는 형태이고, 흡수분할은 분할된 부분이 기존회사에게 넘겨지는 형태의 분할이다.

③ 인적분할 / 물적분할

인적분할은 재산 양수회사가 발행주식을 양도회사의 주주에게 교부하는 형태이고, 물적분할은 양수회사가 그 발행주식을 양도회사 자체에 교부하는 형태의 분할이다.

④ 단수분할 / 분할합병

단순분할은 분할된 부분이 독립하여 신설회사로 남아 있는 경우이며 신설분할에 해당한다. 분할합병은 분할된 부분이 기존회사와 합병되는 형태이며, 이 경우 기존회사가 분할된 부분을 흡수하면 흡수분할합병이고 기존회사와 분할된 부분이 합병하여 새로운 회사가 설립되면 신설분할합병이다.

최신 기출분석문제

01 상법상 주주총회의 권한에 속하지 않는 것은?

① 재무제표 승인권

② 다른 회사와의 합병 승인권

③ 회사 임직원에 대한 인사권

④ 이사보수 결정권

⑤ 주식매수 선택권 부여

해설 회사 임직원들에 대한 인사권은 주주들이 전문경영인에 위임한 권한이다. 주주총회는 이사 선출, 이사보수 결정, 재무제표 승인, 배당, 합병 등 회사의 주요 정책을 결정한다. 이러한 권한은 주주가 회사에 출자한 주인으로서 갖는 고유 권한이다. 쉽게 말해 회사 경영을 전문경영인에게 맡김으로써 발생하는 자연적인 권한이라고 할 수 있다. 전문경영인 즉 이사를 선출하고 그들의 보수와 스톡옵션을 정하는 일은 주주만이 할 수 있다. 주주들은 또 전문경영인이 제대로 일을 했는지 매 사업연도마다 전문경영인이 보고하는 재무제표를 승인하는 권한을 갖는다. 주주들은 이와 함께 회사 사업영역을 정해 놓은 정관을 변경할 때 승인하는 권한을 갖고, 전문경영인이 회사를 다른 회사와 합병할 경우에도 승인권을 갖는다.

정답 ③

02 주식회사 주주에 관한 다음 설명 중 옳지 않은 것은?

① 주주는 원칙적으로 회사가 발행하는 신주를 보유지분율만큼 배정받을 권리가 있다.

② 주주는 회사 주주총회에 참석해 의결권을 행사할 수 있다.

③ 주주는 자신의 뜻에 반해 주주 지위를 상실하지 않는다.

④ 상장회사 주주가 되려면 기존 주주들로부터 동의를 받아야 한다.

⑤ 주주는 회사가 청산할 때 잔여재산을 분배받을 수 있다.

해설 주주는 보유 주식 수에 따라 주주총회에서 의결권을 행사하는 기업의 실질적인 주인으로, 최고 의사결정 기관인 주주총회를 구성하는 요소이다. 따라서 주주는 주주총회에 참석해 주요 경영 안건에 대해 의사를 표시할 수 있다. 주주는 출자범위 내에서만 경영의 책임을 지며, 증권시장에서 거래되는 상장회사 주식은 기존 주주의 동의와 상관없이 자유롭게 사고 팔 수 있다.

정답 ④

03 다음 중 주식회사의 특징이라고 할 수 없는 것은?

① 법인격의 지위
② 소유와 경영의 분리
③ 출자자(주주)의 유한책임
④ 이해관계자에 대한 봉사
⑤ 출자 지분의 자유 양도성

해설 주식회사는 소유와 경영의 분리, 자본의 증권화, 출자자의 유한책임 등이 특징이다. 일정 수 이상의 주주들이 공동으로 발기해 전체 자본금을 지분으로 나눠 갖고, 주주들은 보유 지분 한도 내에서 책임을 지는 회사 형태이다.
주식회사는 법인격을 갖고 있어 스스로 거래의 주체가 될 수 있다. 자본의 증권화로 인해 출자 지분은 자유롭게 양도할 수 있다. 주식회사는 출자한 주주들이 주인이므로 이해관계자보다는 주주들의 이익을 우선 충족시키는 게 원칙이라고 볼 수 있다.

정답 ④

04 다음 보기 중 적대적 인수합병 시도에 대한 방어수단으로 바르게 연결된 것은?

> 가. 곰의 포용
> 나. 황금낙하산
> 다. 왕관의 보석
> 라. 팩 맨
> 마. 그린메일
> 바. 독약처방

① 가, 나, 마
② 나, 다, 라, 바
③ 나, 다, 마, 바
④ 나, 다, 바
⑤ 가, 다, 라

해설 적대적 M&A에 대한 방어수단으로는 황금낙하산, 왕관의 보석, 팩맨, 독약처방이 있다.
황금낙하산은 인수대상 기업의 이사가 임기 전에 물러나게 될 경우 일반적인 퇴직금 외에 거액의 특별 퇴직금이나 보너스, 스톡옵션 등을 주도록 하는 제도이다. 왕관의 보석이란 M&A 대상이 되는 회사의 가장 핵심적인 자산을 처분함으로써 대상 회사의 가치 및 매력을 감소시켜 기업인수를 무산시키는 방법이다. 팩맨은 적대적 M&A를 시도하는 공격 기업을 거꾸로 공격하는 반격 전략이다. 독약처방은 매수시도가 시작될 경우 매수비용을 높게 만드는 등 불리한 결과를 가져다주도록 하여 매수자의 시도를 단념시키려는 각종 수단을 총칭하는 말이다.

정답 ②

01 영세 자영업을 해왔던 윤지문은 회사를 설립해 규모를 키워야 치열한 경쟁을 이겨낼 수 있다는 조언을 들었다. 이때 윤지문은 회사를 설립했다가 망하면 갖고 있던 재산도 모두 잃게 될 것이라는 점 때문에 고민하고 있다. 만약 윤지문이 회사를 설립한다면 어떠한 종류의 회사를 설립하는 것이 가장 적합한가?

① 합명회사   ② 지주회사

③ 사원회사   ④ 주식회사

⑤ 합자회사

> 주식회사는 주주 유한책임이 원칙이다. 이 원칙은 주주가 인수한 주식의 가액을 한도로 출자 의무를 부담할 뿐이고, 그 밖에 다른 의무는 없다는 것을 말한다. 주주는 회사 채권자에 대해서도 책임이 없다. 따라서 윤지문이 주식회사 설립 후 사업에 실패하더라도 법률상 윤지문은 출자한 돈만 잃으면 된다.
> 하지만 합명회사는 무한책임사원만으로 구성된다. 합명회사의 사원은 회사 채권자에 대해 회사 채무를 변제할 무한책임을 진다. 합자회사는 무한책임사원과 유한책임사원으로 구성된다. 무한책임사원이 있는 점은 합명회사와 같지만 회사 채권자에 대해 출자액 한도에서만 책임을 지는 유한책임사원이 있는 점이 합명회사와 다르다. 지주회사는 다른 회사의 주식을 소유함으로써 그 회사의 사업활동을 지배하는 회사이다.

02 게임 회사를 설립하고 싶은 A는 현재 개발자가 필요한 상황이다. 하지만 개발자들에게는 개발만 그리고 회사 경영은 본인이 하고 싶은 상황이다. 대신 사업을 중단할 경우 발생하는 채무에 대해 A는 무한책임을 지고, 개발자는 투자금 한도에서 책임을 지는 동업 형태를 취하고 싶다. 물론 회사를 설립해 동업하고 싶지는 않다. 그 이유는 차후에 경영권 분쟁이 발생할 것을 우려해서다. 이 경우 가장 바람직한 동업 형태는?

① 익명조합   ② 협동조합

③ 합명회사   ④ 합자회사

⑤ 유한회사

> 무한책임사원과 유한책임사원을 함께 둘 수 있는 회사 형태는 합자회사(Limited Partnership)라고 한다. 이 회사는 무한책임사원이 있는 점이 합명회사와 같으나 유한책임사원이 회사 채권에 출자한 금액 내에서만 책임진다는 점이 합명회사와 다르다. 즉 합자회사는 무한책임사원과 유한책임사원으로, 합명회사는 무한책임사원으로만 구성된다.

03 다음은 애덤 스미스 국부론의 일부분이다. 읽고 물음에 답하시오.

> 주식회사의 업무는 늘 이사회에 의해 관리된다. 이사회는 자주 여러 면에서 주주총회의 통제를 받는다. 그러나 주주 대부분은 좀처럼 그 회사의 사업을 아는 체 하지 않고, 회사에 파벌이 없는 한 회사의 사업에 관여하려 하지 않으며, 이사회가 적절하다고 생각하는 배당금을 반년이나 1년 단위로 받는 것으로 만족한다. 성가신 일이나 일정금액 이상의 위험이 없기 때문에 만일 합명회사에서라면 결코 그들의 재산을 걸고 위험한 사업을 벌이지 않을 많은 사람들이 주식회사에서는 모험사업가가 되려고 한다. 그러므로 주식회사는 어떤 합명회사가 자랑하는 것보다 더 많은 자본을 끌어들인다. 남해회사(South Sea Company)의 영업 자본은 한때 3,380만 파운드 이상에 달했다. 잉글랜드은행의 주식자본금은 현재 1,078만 파운드에 달한다. 그러나 주식회사 이사들은 자기 자신의 돈이 아닌 다른 사람들 돈의 관리자이기 때문에 합명회사 공동경영자가 자기 돈을 감독하는 만큼의 주의력으로 남의 돈을 감독하기를 도저히 기대할 수 없다. 부자의 집사와 마찬가지로 그들은 작은 일에 신경 쓰는 것은 주인의 명예에 불리하다고 생각해 작은 일에는 신경을 쓰지 않는다. 따라서 주식회사의 업무처리에서는 태만과 낭비가 있게 마련이다. 이 점 때문에 외국무역에 종사하는 주식회사는 개인 모험사업가들과의 경쟁에서 뒤지게 된 것이다. 주식회사는 어떤 배타적인 특권 없이는 거의 성공할 수 없었고, 배타적인 특권을 가지고도 자주 성공하지 못했다. 일반적으로 그들은 배타적인 특권이 없는 경우 무역에 실패했으며, 배타적인 특권이 있는 경우에는 무역을 잘못 관리했을 뿐 아니라 무역을 제한하였다.

3-1 다음 보기 중 애덤 스미스가 우려하는 상황을 가장 잘 설명한 것은?

① 주인대리인 문제   ② 경영 판단의 원칙
③ 거품 방지의 필요성   ④ 보호무역에 대한 유혹
⑤ 위험 사업을 줄이는 방법

> 주인대리인 문제를 통한 도덕적 해이를 우려하는 내용이다. 주식회사에선 주주가 주인이고, 이사(경영진)가 대리인에 해당한다. 주식회사의 경영진이 주주의 이익을 침해하면서 자신들의 사적 이익을 도모해 문제가 되는 경우가 많다.

3-2 애덤 스미스의 논지를 가장 잘 설명한 것은?

① 주식회사는 시장경제의 꽃이다.
② 남해회사와 같은 형태의 기업이 많아야 한다.
③ 무역은 배타적 특권을 기초로 경영되어야 한다.
④ 소유·경영의 분리는 기업 경영의 태만을 조장한다.
⑤ 거대 자본을 끌어들이기 위해서는 합명회사가 좋다.

소유와 경영의 분리는 주식회사에서 주주의 이익과 경영진의 이익 사이에 불가피한 긴장을 만들어 낸다. 애덤 스미스는 남해회사의 예를 들어 주인대리인 문제, 소유·경영의 분리에 대해 지적하고 있다.

04 우리나라 주식회사의 특색에 관한 설명 중 틀린 것은?

① 대주주나 업무이사의 권한남용으로부터 소수주주를 보호하는 강행법규이다.

② 민사상 책임뿐만 아니라 주식회사에 대한 엄격한 형사상 제재도 있다.

③ 주식회사법에는 공시주의 원칙이 적용되고 있다.

④ 주식회사의 법률관계는 집단적이 아닌 개별적인 처리가 필요하다.

⑤ 주식회사는 상법상의 법률에 의거해 구분된 기준이다.

주식회사법은 단체를 규율하는 조직법규이므로 중요한 법률관계를 공시하도록 하고, 대내외적 관계를 개별적이 아닌 집단적으로 처리하여야 하는 것이기 때문에, 이를 강행법규로 규정하고 있으며, 여기에 위반한 경우에는 일정한 형사책임을 부여하고 있다.

* 주식회사법의 특징

① 강행법규 : 대주주, 이사의 권한남용으로부터 소수주주의 보호

② 공시주의 : 주주와 채권자의 예측불가한 손해로부터 보호

③ 단체주의 : 다수의 출자자로 형성되기 때문에 법률관계의 집단적 처리가 요구

④ 민·형사 제재 : 민사상 책임뿐만 아니라 주식회사에 대한 엄격한 형사상 제재

05 기업이 다수의 투자자로부터 자금을 조달할 목적으로 주식을 발행해 증권시장에 처음 상장시키는 과정을 가리키는 용어는?

① 기업공개　　　　　　　　　② 직접공개

③ 우회상장　　　　　　　　　④ 주식공개매수

⑤ 디스클로저(Disclosure)

기업은 필요한 자금을 조달하기 위해 주로 증권시장을 이용하는데, 이 과정에서 기업 주식이 처음으로 증권시장에 상장되는 것을 기업공개라 한다.

기업공개는 영어로는 IPO(Initial Public Offering)라고 부른다. 개인이나 소수 주주로 구성된 폐쇄적인 소유구조인 기업이 일반 대중에게 주식을 공개하고 기업 재무내용을 공시하는 것으로 우리나라에서는 주로 거래소 시장이나 코스닥에 등록한다는 의미로 많이 쓰인다.

상장하기 전 기업은 한정된 특정 개인들의 소유물이지만 상장된 이후 그 기업은 기업공개(IPO)로 인하여 다수의 대중이 주식을 거래하는 공공 회사로 성격이 바뀐다. 이러한 공공성 때문에 기업을 상장하려면 재무상태뿐만 아니라 기업의 총괄적인 사항을 심사받는다. 그뿐만 아니라 상장 후에는 모니터링 대상이 된다.

상장이 결정되면 기업 재정상태, 영업력 등을 반영한 주식가격을 산정해 투자자를 공모한다. 주식을 발행하는 기업에게는 자금 조달을 위해 공모가격이 높은 것이 유리할 수 있다. 그러나 지나치게 공모가격이 높으면 발행 주식이 시장에서 거래되지 않아 오히려 자금조달 비용이 증가하거나 기업공개를 주관한 증권사가 피해를 볼 수도 있다.

06 다음 중 M&A(기업 인수·합병)를 시도하는 회사의 관점에서 추진 절차에 대해 가장 적절하게 설명한 것은?

① M&A를 시도하는 전략적 목표와 타당성을 사전에 명확히 하고 실무적 절차를 추진해야 한다.
② 같은 기업을 타깃으로 인수를 시도하는 경쟁사가 많을수록 가격 협상에서 유리하다.
③ 비상장기업을 인수하려 하는 경우에는 수익가치보다 자산가치 위주로 기업가치를 평가해야 한다.
④ 우호적인 방법보다는 적대적인 방법을 취하는 것이 추진 효과를 높일 수 있다.
⑤ 문화 통합 단계에서는 피인수기업의 문화를 우리 회사 문화에 동화시켜야 한다.

기업 M&A(인수 합병)는 인수목적을 명확화하고 타겟기업을 철저히 분석한 후 다른 전략대안과 비교하는 과정을 밟으며 최대한 신중하게 의사결정을 할 필요가 있다. 동일한 타깃 기업을 인수하려는 경쟁사들이 많을수록 인수가격이 올라가고 인수자가 '승자의 저주'에 빠질 가능성이 높다. 기업가치 평가는 가급적 수익가치, 자산가치, 시장가치 등 다양한 방법을 고르게 사용해 계산한 후 비교 판단하는 것이 바람직하다. 적대적 M&A는 피인수기업의 임직원은 물론, 협력업체, 지역사회, 일반 국민 등으로부터 저항을 살 가능성이 크기 때문에 가급적 차선책으로 동원하는 것이 좋다. 인수 후 문화적 통합은 인수기업과 피인수기업의 전략 및 조직적 특성 차이를 감안해서 한쪽으로 동화시키거나, 서로 독자적인 문화를 유지하거나, 제3의 문화를 창출하는 대안을 선택해야 한다.

07 다음 중 주식회사에서 이익의 배당, 이사 해임과 같은 기업의 주요한 사항들을 결정하는 기관은?

① 감 사   ② 이사회
③ 채권단   ④ 주주총회
⑤ 최고경영자

주주들은 주주총회에서 이사 해임, 이익의 배당 결정, 재무제표의 승인과 같은 기업 경영에 가장 핵심이 되는 사항들을 감독하고 결정한다. 주주총회는 결산기마다 정기적으로 개최되는 정기총회와 필요에 따라 수시로 개최되는 임시총회가 있다.

08 다음 중 상법상 이사회의 권한에 속하지 않는 것은?

① 이사의 직무집행에 대한 감독권

② 중요 재산의 처분권

③ 대규모 재산의 차입권

④ 주주총회 소집권

⑤ 배당승인권

상법 제393조에서 기술하고 있는 이사회의 주요 권한은 다음과 같다.

㉠ 중요한 자산의 처분 및 양도, 대규모 재산의 차입, 지배인의 선임 또는 해임과 지점의 설치·이전 또는 폐지 등 회사의 업무집행은 이사회의 결의로 한다.

㉡ 이사회는 이사의 직무의 집행을 감독한다.

㉢ 이사는 대표이사로 하여금 다른 이사 또는 피용자의 업무에 관하여 이사회에 보고할 것을 요구할 수 있다.

㉣ 이사는 3월에 1회 이상 업무의 집행상황을 이사회에 보고하여야 한다.

배당승인은 주주총회의 권한이다. 합병 영업양수도 사업보고서의 승인 등 회사의 존속이나 주주의 이익과 직접적으로 관련이 있는 사항은 주주총회의 승인을 얻어야 한다.

09 다음 중 주주총회의 동의 없이 이사회에서 단독으로 결정할 수 있는 내용은?

① 합 병

② 영업 양도

③ 자본 감축

④ 집행임원의 선임

⑤ 이사의 보수 결정

주식회사는 집행임원을 둘 수 있는데 집행임원을 두는 회사는 이사회에서 선출하고 이사와 마찬가지로 성명과 주민등록번호를 등기해야 한다. 집행임원의 임기는 정관에 따른 규정이 없으면 2년을 초과하지 못하나 이사와 같이 임기만료 후에 재선이 가능하다. 이사회는 임기 중이라도 집행임원을 해임할 수 있다. 집행임원은 회사의 업무를 집행하고 정관이나 이사회의 결의에 의하여 위임받은 업무집행에 관한 의사결정을 한다. 집행임원을 둔 회사는 대표이사를 두지 못하는 대신 대표집행임원을 두어 대표이사의 역할을 하게 한다. 대표집행임원은 집행임원이 1인인 경우에는 그 집행임원이, 2인 이상인 경우에는 이사회의 결의로 선임된다.

10 주식회사에 대한 설명으로 옳지 않은 것은?

① 주주는 통상 자신의 의사에 반하여 주주로서의 지위가 상실되지 않는다.

② 출자자(주주)는 유한책임을 진다.

③ 소유와 경영의 분리가 특징이다.

④ 주주총회는 임원 보수의 결정, 대표이사의 선임, 정관의 변경 등의 권한을 갖는다.

⑤ 여러 사람으로부터 사업에 필요한 자금을 쉽게 조달할 수 있는 시장경제체제의 대표적인 기업이다.

> 대표이사는 주주총회가 아니라 이사회가 선임한다. 주식회사는 일정 수 이상의 주주들이 공동으로 발기해 전체 자본금을 지분으로 나눠 갖고, 주주들은 보유 지분 한도 내에서 책임을 지는 회사 형태이다. 소유와 경영의 분리, 자본의 증권화, 출자자의 유한책임 등을 특징으로 하는 회사 형태이기 때문이다. 따라서 주주들이 모여 회사 주요 사항을 결정하는 주주총회는 최고 의사결정기관이다.
> 보통 주주는 보유 주식 수에 따라 주주총회에서 의결권을 행사하는 것으로 경영에 참가하며, 이사의 선임과 해임, 임원 보수의 결정, 정관의 변경 등 회사의 주요한 내용을 논의하고 결정한다. 이에 반해 이사회는 회사의 업무집행에 관한 의사를 결정하기 위해 이사들로 구성되는 주식회사의 상설기관이다.

11 주식회사 주주에 관한 다음 설명 중 옳지 않은 것은?

① 주주는 회사가 청산할 때 잔여재산을 분배받을 수 있다.

② 주주는 회사 주주총회에 참석해 의결권을 행사할 수 있다.

③ 주주는 자신의 뜻에 반해 주주 지위를 상실하지 않는다.

④ 상장회사 주주가 되려면 기존 주주들로부터 동의를 받아야 한다.

⑤ 주주는 원칙적으로 회사가 발행하는 신주를 보유지분율만큼 배정받을 권리가 있다.

> 주주(株主)란 주식회사의 주식을 보유한 개인 또는 법인을 말한다. 12월 결산법인의 경우, 결제일 기준으로 12월의 장 마지막날 주식을 가진 사람들이 주주명부에 기록되며, 연말 배당금의 대상자들과 대주주 여부를 주주명부에서 판단한다. 주주총회에 참석해 주요 경영 안건에 대해 의사를 표시할 수 있다. 주주는 출자범위 내에서만 경영의 책임을 지며, 자신의 뜻에 반해 주주 지위를 상실하지 않는다. 증권시장에서 거래되는 상장회사 주식은 기존 주주의 동의와 상관없이 자유롭게 사고팔 수 있다.

12 다음 내용 중 주주총회에서 결정하지 않아도 되는 것은 어느 것인가?

① 이사의 선임   ② 감사의 선임

③ 합병의 승인   ④ 대표이사의 선임

⑤ 자본의 감소(감자)

상법 제389조에 따르면 대표이사는 이사회에서 선임토록 돼 있다. 주주는 보유 주식수에 따라 주주총회에서 의결권을 행사해 경영에 참가한다. 주주총회에는 결산기마다 정기적으로 열리는 정기주주총회와 필요할 때 수시로 열리는 임시주주총회가 있다. 주주총회는 이사회가 소집하는데, 임시주주총회는 청산인이나 소액주주의 청구로 소집될 수도 있다. 주주총회의 결의사항으로는 이사·감사·청산인의 선임과 해임, 임원 보수의 결정, 정관의 변경, 재무제표의 승인, 영업권의 양도, 자본의 감소, 회사의 해산 등이다.

13 창업 후 회사를 성장시키기 위해 고민하는 사람이 있다. 주변인들이 회사 규모를 키워야 할 시점이 되었다고 조언하고 있기 때문이다. 하지만 괜히 개인 재산을 더 많이 투자했다가 사업이 잘못되면 어떻게 하나 고민이 되는 것도 사실이다. 이러한 상황에서 회사를 설립한다면 어떠한 종류의 회사를 설립하는 것이 가장 적합한가?

① 합명회사   ② 지주회사
③ 사원회사   ④ 주식회사
⑤ 합자회사

신규 투자 후 모든 재산을 잃게 될 것을 우려하고 있으므로 자신이 투자한 범위 안에서만 책임지는 주식회사를 세워야 한다. 주식회사는 주주 유한책임의 원칙이 특징이기 때문이다. 이 원칙은 주주가 인수한 주식의 가액을 한도로 출자 의무를 부담할 뿐이고, 그 밖에 다른 의무는 없다는 것을 말한다. 주주는 회사 채권자에 대해서도 책임이 없다. 따라서 갑이 주식회사 설립 후 사업에 실패하더라도 법률상 갑은 출자한 돈만 잃으면 된다. 이와 달리 합명회사는 자신이 투자한 금액 이상을 책임지는 무한책임 사원만으로 구성된다. 합자회사는 무한책임 사원과 유한책임 사원으로 구성되어, 무한책임일 경우 출자 금액 이상의 책임을 져야 한다. 지주회사는 다른 회사의 주식을 소유함으로써 그 회사의 사업활동을 지배하는 회사다.

14 사업을 수행하고 있는 A는 자금력이 있는 B와 동업을 하고 싶어 한다. 하지만 A는 경영은 전적으로 자신이 맡고 B는 투자만 하고, 대신 사업수익 중 일부를 B에게 분배하고 싶어 한다. 사업을 중단할 경우 발생하는 채무에 대해 A는 무한책임을 지고, B는 투자금 한도에서 책임을 지는 동업 형태를 취하고 싶다. 이 경우 가장 바람직한 회사 형태는?

① 익명조합   ② 협동조합
③ 합명회사   ④ 합자회사
⑤ 유한회사

무한책임사원과 유한책임사원이 공존할 수 있는 회사 형태를 합자회사(Limited Partnership)라고 한다. 이 회사는 무한책임사원이 있는 점이 합명회사와 같으나 유한책임사원이 회사 채권에 출자한 금액 내에서만 책임진다는 점이 합명회사와 다르다. 즉 합자회사는 무한책임사원과 유한책임사원으로, 합명회사는 무한책임사원으로만 구성된다.

(2등급 취득을 위한) TESAT 빈출문제분석

가장 많이 빈출된 문제
★★★★★

1. 재무상태표와 손익계산서
   재무상태표와 손익계산서의 기본 구조와 내용을 이해하고 있는지 확인하는 문제

2. 계정과목에 대한 개념
   당기순이익, 영업이익, 매출액, 매출원가 등 기본적인 계정과목 내용을 숙지하고 있는지에 대한 문제

빈출된 문제
★★★

1. 재무제표 내용을 바탕으로 한 정보 분석 능력
   특정 재무제표 정보를 제시해 주었을 때 이를 바탕으로 해당 회사의 재무적 상황을 추론할 수 있는 능력

2. 재무제표 내용을 바탕으로 한 재무비율 도출
   재무제표상의 계정과목을 바탕으로 재무비율 분석을 수행할 수 있는 기초 개념

1 회계의 기초

(1) 회계 정보의 의미

회계정보란 기업경영활동 과정에서 수행되는 의사결정의 기본 바탕이 된다. 기업 내부뿐만 아니라 외부 이해관계인들까지도 기업에 대한 의사결정을 내릴 때에는 회계정보를 활용한다. 기업의 경영자와 근로자, 주주, 채권자, 소비자뿐만 아니라 금융기관과 정부기관까지 이르는 모든 경제주체들이 기업이 제공하는 회계정보에 기초하여 의사결정을 내리고 있다고 볼 수 있다. 따라서 회계정보를 인식할 줄 몰라서 원활한 의사소통이 이루어지지 않는다면 기업경영이 원활하게 수행될 수 없을 것이다.

회계는 기업이 일정기간 동안 경영활동을 통해 창출한 경영성과인 손익을 산출하는 수단임과 동시에, 일정시점 기업의 재산 상태를 나타내 주는 수단이다. 또한 회계는 현금흐름의 측정 수단이며, 경영의사결정을 위한 회계정보를 제공해준다.

> 참고 **일상적인 거래 vs. 회계적 거래**
> 모든 거래가 회계적 처리를 요하는 거래는 아니다. 회계처리를 요하는 회계적 거래는 기업의 자산, 부채, 자본의 증감을 가져오거나 수익, 비용의 발생을 가져오는 거래이다. 물품을 구입하거나, 부동산을 매매하는 등의 거래 행위는 기업의 자산, 부채, 자본의 변화를 가져오는 기업활동 과정이기도 하다. 따라서 이러한 내용들은 일상적인 거래이자 동시에 회계적 거래에 해당한다. 그러나 물품을 구매하거나 판매하기로 하는 계약만을 체결한 경우, 기업의 자산, 부채, 자본의 증감이나 수익, 비용의 발생을 가져오는 거래가 아니므로 일상적 거래에는 해당되지만 회계적 거래에는 해당되지 않는다. 비정상적으로 발생한 물품의 도난이나 손괴 등으로 인한 손실은 일상적 거래에는 해당되지 않지만 기업의 재산의 증감을 가져오므로 회계적 거래에는 해당된다.

(2) 회계의 순환과정

회계는 경영활동과정에서 발생하는 일련의 사건들 중에서 회계적인 거래로 인식가능한 것들을 기록 정리하는 과정을 거치게 된다. 회계는 일정한 회계기간을 주기로 거래를 기록하여 재무제표를 작성하게 되는데, 이러한 회계처리 절차는 일회적으로 끝나는 것이 아니라 기업이 존재하는 한 반복적으로 수행된다. 이를 회계순환과정이라 한다.

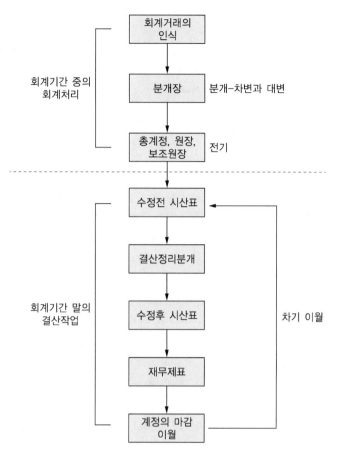

① 회계기간 중의 회계처리

기업의 경영활동과정에서 발생하는 거래 중에서 자산, 부채, 자본의 증감을 가져오거나, 수익, 비용의 발생이나 소멸을 가져오는 모든 행위 또는 사건들은 회계처리의 대상이 된다. 이러한 회계적 처리가 필요한 거래가 발생하게 되면, 우선 분개장이나 전표에 분개를 한다.

분개된 모든 결과는 다시 총계정 원장(계정별 원장)에 계정과목별로 정리하게 되는데 이를 전기라고 한다.

회계적 처리가 필요한 사건을 각 계정과목별로 정리하는 이유는 과목별로 증가액, 감소액, 잔액을 쉽게 파악할 수 있기 때문이다. 예를 들어 경영활동 과정에서 현금의 지출 내역만을 따로 확인하고 싶을 경우 현금계정을 살펴보면 해당 회계기간 중에 현금이 얼마나 증가하고 감소했는지를 바로 파악할 수 있다.

총계정 원장에서는 자산, 부채, 자본 계정에 대한 기초이월액과 그 회계기간 중 증가 혹은 감소한 금액이 정리되어 있으며, 수익과 비용 계정에서는 그 회계기간에 발생한 거래내역이 정리되어 있다. 회계기간 중에는 경영관리를 위하여 매입장, 매출장, 매입처원장, 매출처원장 등 보조원장도 기록한다.

> **참고** 용어 정리
> - 분개 : 복식부기의 일정한 법칙에 따라 기업에서 발생하는 거래를 차변과 대변으로 나누어 기입하는 일을 말한다. 하나의 거래행위를 양쪽에 중복해서 기재할 수 있는 이유는 거래가 갖고 있는 이중성 때문이다. 고객에게 서비스를 공급하는 것은 현금이나 매출채권의 수령이라는 변화도 가져온다. 따라서 거래로 인해 발생하는 자산, 부채, 자본의 증감 및 수익, 비용의 발생과 자산, 부채, 자본의 증감과 수익과 비용의 발생을 차변과 대변에 나누어 기입할 수 있다.
> - 계정과목 : 회계 처리 시 단위가 되는 각 계정의 명칭들을 의미한다. 예를 들어 매출채권, 미수금, 현금 등이 계정과목이다.
> - 결산 : 일정한 회계기간 동안 발생한 수입과 지출 내역을 정리하여 계산하는 일을 의미한다. 이 과정에서 재무제표와 부속명세서를 작성하게 된다. 재무제표에는 재무상태표, 손익계산서(포괄 손익계산서), 이익잉여금 처분계산서(한국채택기업회계기준에서는 재무제표에서 제외), 현금흐름표, 자본변동표, 주석이 있으며 부속명세서에는 제조원가명세서, 잉여금명세서가 있다.

② 회계기간 말의 회계처리

회계기간의 말에는 각 계정 원장의 내용을 취합하여 결산을 해야 한다. 이를 위해 총계정 원장의 각 계정별 차변과 대변의 합계와 잔액을 자산, 부채, 자본, 수익, 비용의 순서로 시산표에 집계해야 한다. 결산할 때 시산표에 집계된 내용 이외에 추가로 수정, 조정이 필요한 사항에 대해서는 결산정리분개(수정 분개)를 통해 수정한다. 결산을 거쳐 재무제표를 완성하기 위해서는 「수정 후 시산표 작성 → 재무상태표 포괄 손익계산서 작성」 순서의 과정을 거친다. 이를 바탕으로 최종적으로 현금흐름표, 자본변동표 등 재무제표를 작성한다.

재무제표에 대한 주석도 재무제표이므로 재무제표는 재무상태표, 포괄 손익계산서, 현금흐름표, 자본변동표, 주석으로 구성되어 있다고 볼 수 있다.

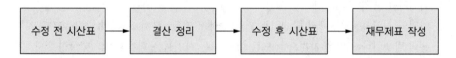

수정 전 시산표 → 결산 정리 → 수정 후 시산표 → 재무제표 작성

② 거래의 8요소

(1) 분개의 기본 원칙

자금의 사용내역은 차변에 기록하고 자금의 조달내역은 대변에 기록한다. 이때 사용내역과 조달내역을 각각 4개 요소로 분류할 수 있는데 이 둘을 합쳐 거래의 8요소라고 한다.

거래의 기본요소 중 자산, 비용은 차변에, 부채, 자본, 수익은 대변에 기록한다. 이를 정리하여 보면 차변에는 자산의 증가, 부채의 감소, 자본의 감소, 비용의 발생이 기록되며, 대변에는 자산의 감소, 부채의 증가, 자본의 증가, 수익의 발생이 기록된다.

〈거래의 8요소 기록방법〉
- 자산의 증가는 차변에, 자산의 감소는 대변에 기록한다.
- 부채의 증가는 대변에, 부채의 감소는 차변에 기록한다.
- 자본의 증가는 대변에, 자본의 감소는 차변에 기록한다.
- 수익의 발생은 대변에, 수익의 감소는 차변에 기록한다.
- 비용의 발생은 차변에, 비용의 감소는 대변에 기록한다.

(2) 분개의 사례

이하에 소개되는 사례들은 이해를 돕기 위해 전부 부가가치세에 대한 고려 없이 표현했음을 밝혀둔다.

상 황	A사로부터 컴퓨터를 20,000,000원에 구입하고 대금은 외상으로 한다.
분개 처리 방식	차변) 비품 20,000,000 대변) 미지급금 20,000,000
이 유	컴퓨터의 계정과목은 비품(또는 집기 비품)이고 컴퓨터 구입은 자산의 증가이므로, 차변에 비품 20,000,000원을 기록한다. 공급자에게 지급할 것에 대한 계정과목은 미지급금(기업의 일상적 상거래 이외에 발생하는 외상구입대금을 처리하는 계정)이 되며, 외상구입은 부채의 증가이므로 대변에 미지급금 20,000,000원을 기록한다.

상 황	1년 이내에 변제하기로 하고 은행에서 100,000,000원을 차입하여 보통예금에 넣어 두었다.
분개 처리 방식	차변) 보통예금 100,000,000 대변) 단기차입금 100,000,000
이 유	보통예금의 예입은 자산의 증가이므로 차변에 보통예금 100,000,000원을 기록한다. 1년 이내 또는 정상적인 영업주기 내에 지급기일이 도래하는 차입금을 처리하는 계정과목은 단기 차입금이며, 차입은 부채의 증가이므로 대변에 단기차입금 100,000,000을 기록한다.

상 황	B사로부터 원자재인 철판을 15,000,000원에 매입하고 대금은 외상으로 한다.
분개 처리 방식	차변) 원재료 15,000,000 대변) 외상매입금 15,000,000
이 유	원자재 구입을 처리하는 계정과목은 원재료이고 원재료 구입은 자산의 증가이므로 차변에 원재료 15,000,000원을 기록한다. 원자재를 외상으로 구입하였으므로 계정과목은 외상매입금(기업의 일상적 상거래에서 발생하는 외상구입 대금을 처리하는 계정)이 되며, 외상구입은 부채의 증가이므로 대변에 외상매입금 15,000,000원을 기록한다.

상 황	C사에 갑제품을 60,000,000원에 판매하고 대금은 외상으로 한다.
분개 처리 방식	차변) 외상매출금 60,000,000 대변) 제품매출 60,000,000
이 유	제품의 매출은 기업의 대표적인 수익 발생 계정이다. 따라서 대변에 제품매출 60,000,000을 기록한다. 공급받는 자로부터 받을 돈을 처리하는 계정과목은 외상매출금(기업의 일상적 상거래에서 발생하는 외상매출대금을 처리하는 계정)이 되며, 외상매출은 자산의 증가이므로 차변에 외상매출금 60,000,000원을 기록한다.

상 황	직원회식을 하고 회식비 150,000원을 신용카드로 결제했다.
분개 처리 방식	차변) 복리후생비 150,000 대변) 미지급금 150,000
이 유	직원의 회식비를 처리하는 계정과목은 복리후생비이며, 직원 회식비는 비용의 발생이므로 차변에 복리후생비 150,000원을 기록한다. 신용카드 결제대금은 차후에 공급자에게 지급해야 할 금액이다. 이 공급자에게 지급할 돈을 처리하는 계정과목은 미지급금이며, 미지급금의 증가는 부채의 증가이므로 대변에 미지급금 150,000원을 기록한다.

상 황	택시비 10,000원을 현금으로 지급하다.
분개 처리 방식	차변) 여비교통비 10,000 대변) 현금 10,000
이 유	택시비를 처리하는 계정과목은 여비교통비(또는 시내 교통비)이며 여비교통비는 비용의 발생이므로 차변에 여비교통비 10,000원을 기록한다. 현금의 지급은 자산의 감소이므로 대변에 현금 10,000원을 기록한다.

참고 **용어 정리**

- 미수금 : 일반 상거래에서 제품이나 상품을 판매하고 발생한 미수채권은 앞에서 보았던 것처럼 매출채권으로 처리가 된다. 반면 사업목적인 일반 상거래 이외의 거래에서 발생한 미수채권은 미수금으로 처리가 된다. 예를 들어 매도가능증권이나 유형자산을 매각하면서 대금을 외상으로 하는 경우에는 미수금으로 처리하게 된다.
- 매출채권 : 상거래에서 제품이나 상품을 매출하고 대금을 현금으로 받는 경우가 있으나 실질적으로 소매거래를 제외하고는 외상으로 거래하는 경우가 더 많다. 이러한 경우 판매한 제품이나 상품에 대한 외상대금은 외상매출금으로 회계처리 된다. 그리고 제품이나 상품 대금을 약속어음으로 받게 되면 받을 어음으로 회계처리 된다. 재무제표상에는 외상매출금과 받을어음을 합하여 매출채권으로 분류하여 나타낸다.
- 가지급금 : 지출은 이미 이루어졌으나 계정과목이나 거래내용, 금액이 확정되지 않은 경우에 임시로 처리하는 계정이다. 예를 들어 출장비, 임직원의 대여금, 업무무관 경비 등이 이미 지출되었으나 계정과목, 거래내용, 금액이 확정되지 않은 경우에 일시적으로 처리하는 계정이다. 가지급금은 계정과목과 거래내용, 금액이 확정되면 그 때 해당되는 계정과목으로 처리한다.
- 미지급금 : 기업의 일반적 상거래 이외의 목적으로 발생한 미지급채무를 처리하는 계정으로 외상으로 사무용품을 구입하거나 신용카드 사용으로 발생하는 미지급채무를 처리한다.
- 예수금 : 일반적인 상거래 이외의 목적으로 발생된 일시적 예수액을 처리하는 계정이다. 예를 들면 기업에서 근로소득세나 건강보험, 국민연금, 고용보험 등 종업원이 납부해야 할 것을 대납하기 위해 종업원 급여에서 차감하여 급여지급일에서 납부일까지 일시적으로 보관하고 있는 경우 등이 여기에 해당된다.

> **참고 ▶ 재고자산 평가 방법**
>
> 재고자산은 판매를 목적으로 보유하는 자산과 이러한 판매를 목적으로 보유하는 자산을 생산하는 데 필요한 자산을 말한다. 재고자산의 평가방법에는 선입선출법, 후입선출법, 총평균법, 이동평균법이 있다.
> - 선입선출법 : 먼저 입고된 재고가 먼저 출고되는 것으로 평가하는 방법이며 기말재고는 나중에 입고된 단가로 평가된다.
> - 후입선출법 : 나중에 입고된 재고가 먼저 출고되는 것으로 평가하는 방법이며 기말재고는 기초재고와 먼저 입고된 구입단가로 평가된다.
> - 총평균법(가중평균법) : 기초재고액과 당기매입액을 기초재고 수량과 당기매입 수량의 합계로 나눈 가중평균 단가로 평가한다.
> - 이동평균법 : 입고 시마다 직전재고액과 입고금액을 총평균하여 이동출고 단가로 평가하는 방법이다.

3 재무제표의 작성

(1) 재무제표의 구성

결산절차에서 재무제표를 작성해야 하는데 재무제표에는 재무상태표, 손익계산서(포괄손익계산서), 현금흐름표, 자본변동표, 주석이 있다.

① 재무상태표는 일정시점의 기업 자산, 부채, 자본에 대한 재무 상태를 보여준다. 재무상태표에서는 기업의 재무구조 및 자본구조에 대한 정보와 기업의 유동성 및 안정성에 대한 정보를 제공한다.

② 손익계산서는 일정기간 기업 경영활동의 결과인 손익 현황을 나타낸다.

③ 현금흐름표는 일정기간 어떠한 원인으로 현금이 증감하였는지에 대한 기업의 현금흐름을 나타낸다.

④ 자본변동표는 기업 자본의 크기와 자본의 변동에 관한 정보를 제공한다. 여기서는 재무제표 중 대차대조표와 손익계산서의 작성방법에 대해서만 다룬다.

(2) 재무제표 간의 상관관계

각 재무제표는 독립적으로 작성되는 것이 아니고 재무제표 간에는 아래와 같이 서로 상관관계를 가지고 있다.

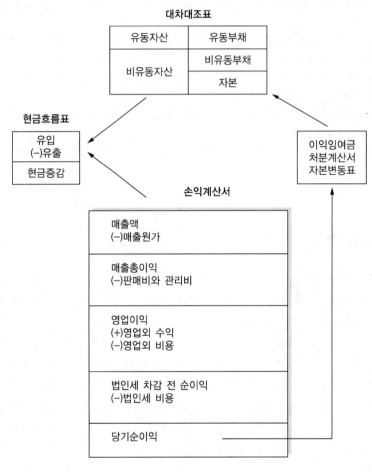

4 재무제표의 이해

(1) 재무제표

재무제표는 재무상태표, 손익계산서(포괄손익계산서), 이익잉여금 처분계산서(한국채택기업회계기준에서는 재무제표에서 제외), 현금흐름표, 자본변동표, 주석으로 구성된다.

① 재무상태표 작성

재무상태표는 일정시점에서의 기업 재무상태를 나타낸다. 재무상태표에서는 기업의 재무구조 및 자본구조에 대한 정보와 기업의 유동성 및 안정성에 대한 정보를 제공한다.

재무상태표

자 산	부 채
Ⅰ. 유동자산	Ⅰ. 유동부채
(1) 당좌자산	Ⅱ. 비유동부채
(2) 재고자산	
Ⅱ. 비유동자산	자 본
(1) 투자자산	Ⅰ. 자본금
(2) 유형자산	Ⅱ. 자본잉여금
(3) 무형자산	Ⅲ. 자본조정
(4) 기타 비유동자산	Ⅳ. 기타포괄손익누계액
	Ⅴ. 이익잉여금
자산총계	부채와 자본총계

㉠ 재무상태표 등식의 의의

㉮ 대차평균의 원리

거래의 이중성에 의하여 모든 회계거래는 차변과 대변에 같은 금액을 동시에 기록하게 되어 있다. 따라서 아무리 많은 거래를 기입하더라도 계정 전체를 놓고 보게 되면 차변금액의 합계와 대변금액의 합계는 반드시 일치하게 되어 있는데, 이것을 대차평균의 원리라고 한다. 대차평균의 원리로 인해 합계잔액시산표 등 전 계정과목의 차변합계액과 대변합계액이 일치하는가를 확인하여 기록·계산이 정확히 되었는가를 검증할 수 있다. 그 합계액이 틀리다면 그 계산이나 기록이 어디선가 오류가 있었다는 것을 의미하므로 그 오류를 찾아 정정할 수 있다.

④ 재무상태표 등식

> 자 산 = 부 채 + 자 본
> (왼쪽)　　　(오른쪽)

재무상태표는 일정시점의 기업 재산 상태를 나타내는 것이므로 재무상태표에 나타나 있는 자산, 부채, 자본은 그 시점에 남아 있는 잔액을 의미한다. 자산은 재무상태표의 차변에 기록되므로 자산의 잔액이 차변에 나타나며 자산이 증가할 때는 차변에 기록하고 감소할 때는 대변에 기록한다.

부채와 자본은 자산과는 반대로 재무상태표의 대변에 기록되어 있으므로 부채와 자본의 잔액이 대변에 나타날 수 있도록 부채와 자본이 증가할 때는 대변에 기록하고 감소할 때는 차변에 기록한다.

② 손익계산서 작성

㉠ 손익계산서의 의의

손익계산서는 일정기간 동안 기업의 경영성과가 어떠했는지를 알 수 있게 해준다. 즉, 기업이 경영활동을 통해 당해 회계연도에 어느 정도의 이익을 냈는지에 대한 정보를 제공한다. 즉, 수익성, 성장성에 관한 정보를 제공해 준다.

손익계산서

I. 매출액
II. 매출원가
III. 매출 총이익
IV. 판매비와 관리비
V. 영업이익
VI. 영업 외 손익
IX. 법인세 비용 차감 전 순이익
X. 법인세 비용
XI. 법인세 비용 차감 후 순이익

ⓛ 손익계산서의 내용

㉮ 매출총이익

매출액에서 매출원가를 뺀 금액을 말한다.

자 산	부 채
	자 본

매출총이익 = 매출액 − 매출원가

매출원가의 경우 상품매출원가는 상품매출과 대응되는 상품매입액(구입제비용 포함)이다. 제품매출원가는 상품매출과 대응되는 제품을 생산하는 데 소요된 재료비, 인건비, 제조경비 등의 합계액이다.

매출총이익을 통해 생산활동에서 얼마만큼 이익을 창출하였는가를 알 수 있다.

㉯ 영업이익

영업이익은 매출총이익에서 판매비와 관리비를 차감한 금액이다.

영업이익 = 매출총이익 − 판매비와 관리비

판매비는 상품이나 제품의 판매를 위하여 회사가 부담하는 비용으로 영업 등 판매를 담당하는 부서에서 사용한 인건비, 복리후생비 그 이외에 판매를 목적으로 사용한 모든 비용을 말한다.

관리비는 일반관리업무를 하는 총무, 인사, 경리, 기획 등 지원부문에서 사용한 인건비, 복리후생비 그 이외의 관리, 지원을 위하여 사용한 모든 비용을 말한다.

영업이익은 영업에서 어느 정도의 성과를 보였는지를 나타내 준다.

㉰ 법인세 차감 전 순이익

영업이익에 영업 외적인 활동에 의해 얻어지는 수익인 영업외 수익을 가산하고 영업의 외적인 원인으로 발생한 영업외 비용을 차감한 이익을 말한다.

법인세 차감 전 순이익 = 영업이익 + 영업외 수익 − 영업외 비용

㉱ 당기순이익

당기순이익은 발생된 이익에 대하여 부과된 법인세나 주민세를 공제한 금액으로, 기업의 총수익에서 총비용을 차감한 이익이며 기업의 순이익을 의미한다.

당기순이익 = 법인세 차감 전 순이익 − 법인세 비용

최신 기출분석문제

01 다음 중 회계의 기본적 기능에 대한 설명으로 가장 적절한 것은?

① 기업경영활동 과정에 발생하는 일련의 변화들을 측정하고 이를 기업 관련 이해관계자들에게 제공하여 그들의 합리적인 의사결정을 도와주는 데 기본적 기능이 있다.

② 회계의 기본적 기능은 기업 내부를 통제하는 것이다.

③ 외부 이해관계자들이 기업 관계자들이 수탁 책임을 잘 이행하고 있는지를 감시하기 위한 것이다.

④ 재무제표를 분석하는 데 그 목적이 있다.

⑤ 기업의 경영활동 과정에서 발생하는 재산의 증감 변화를 표시하기 위한 것이다.

해설 회계정보란 기업경영활동 과정에서 수행되는 의사결정의 기본 바탕이 된다. 기업 내부뿐만 아니라 외부 이해관계인들까지도 기업에 대한 의사결정을 내릴 때에는 회계정보를 활용한다. 기업의 경영자와 근로자, 주주, 채권자, 소비자뿐만 아니라 금융기관과 정부기관까지 이르는 모든 경제주체들이 기업이 제공하는 회계정보에 기초하여 의사결정을 내리고 있다고 볼 수 있다. 따라서 회계정보를 인식할 줄 몰라서 원활한 의사소통이 이루어지지 않는다면 기업경영이 원활하게 수행될 수 없을 것이다. 따라서 현대의 회계 작성의 목적은 회계 정보 이용자들이 합리적인 의사결정을 수행하는 데 도움을 줄 수 있는 경제적 정보를 식별, 측정, 전달하는 기능을 한다.

정답 ①

02 다음 중 재무제표가 갖고 있는 유용성에 대한 설명으로 가장 적절한 것은?

Ⓐ 정보이용자의 합리적인 의사결정을 돕는다.
Ⓑ 사회 전체적으로 자원배분이 효율적으로 이루어질 수 있도록 돕는다.
Ⓒ 경영자의 관리적 의사결정에 기초자료로 활용된다.
Ⓓ 공정한 재무정보는 이해관계자의 이해 조정을 위한 기초자료로 활용된다.

① Ⓐ, Ⓑ, Ⓒ
② Ⓑ, Ⓒ, Ⓓ
③ Ⓒ, Ⓓ
④ Ⓐ, Ⓑ, Ⓒ
⑤ Ⓐ, Ⓑ, Ⓓ

해설 재무회계는 회계정보 이용자가 기업실체와 관련하여 합리적인 의사결정을 할 수 있도록 재무상의 자료를 일반적으로 인정된 원칙하에 처리하여 제공한다. 이는 사회 전체적인 자원배분의 효율성을 높일 뿐만 아니라 이해관계자의 이해 조정을 위한 기초 자료로 활용된다.

정답 ⑤

출제예상문제

01 다음 중 회계상 거래에 속하지 않는 것은?

① 화재로 재고들이 소실되었다.
② 건물을 임차하기로 계약하였다.
③ 회사의 사정이 어려워 당월 지급해야 할 월급을 지급하지 못했다.
④ 차입금에 대한 이자를 수표로 지급한다.
⑤ 주주에게 배당금을 지급한다.

> 물품을 구매하거나 판매하기로 계약만을 체결한 경우, 기업의 자산, 부채, 자본의 증감이나 수익, 비용의 발생을 가져오는 거래가 아니므로 일상적 거래에는 해당되지만 회계적 거래에는 해당되지 않는다.

02 새로이 사업을 시작하는 김훈민 씨는 700만 원을 주고 차량을 구입하고, 200만 원을 현금으로 지급하였으며, 나머지 잔금은 1년 만기의 어음을 발행해 주었다. 이 거래에 대한 올바른 회계처리 방법은?

① 자산이 700만 원, 부채가 500만 원 증가하였다.
② 자산은 500만 원, 자본은 그 금액만큼 감소한다.
③ 총자산에는 변동이 없다. 그러나 부채가 500만 원 증가하고 그 금액만큼 자본이 감소한다.
④ 자산과 부채가 각각 500만 원씩 증가하였고, 자본에는 변동이 없다.
⑤ 자본이 200만 원 감소하였고, 부채가 500만 원 증가하였다.

> 자동차라는 자산이 700만 원 증가하지만, 현금 지급으로 인해 현금 자산이 200만 원 감소하게 되므로, 자산의 순 증가액은 500만 원이다. 또한 자동차를 구입하기 위해 어음을 500만 원 발행하였으므로, 부채가 500만 원 증가하였다.

03 (주)석흥실업은 총자산과 총부채를 각각 600만 원씩 증가시키는 거래를 하였다. 다음 중 이러한 유형에 해당하는 거래는?

① 현금 400만 원과 약속어음 600만 원을 발행하여, 기계를 구입한 거래
② 현금 200만 원과 약속어음 400만 원을 발행하여, 차량을 구입한 거래
③ 원가 600만 원의 토지를 현금을 주고 매각한 거래
④ 원가 400만 원의 토지를 약속어음 400만 원을 발행하여 구입한 거래
⑤ 현금 400만 원과 약속어음 200만 원을 주고 600만 원짜리 차량을 구입한 거래

현금 400만 원과 약속어음 600만 원을 가지고 1,000만 원짜리 기계를 구입할 경우, 기계 1,000만 원 증가와 현금 400만 원 감소로 인해 총자산은 600만 원 증가하고 약속어음 발행으로 총부채는 600만 원 감소한다.

04 과거의 거래 또는 사건의 결과로서 특정의 실체가 소유 또는 통제하고 있는 장래의 경제적 효익은?

① 자 산   ② 부 채
③ 자 본   ④ 수 익
⑤ 매출채권

① 자산 – 과거의 거래 또는 사상의 결과로서 특정의 실체가 소유 또는 통제하고 있는 장래의 경제적 효익을 말한다.
② 부채 – 특정 실체의 과거 거래의 결과로 장래에 다른 실체나 개인에게 자산이나 용역을 제공하여야 할 의무를 말한다.
③ 자본 – 총자산에 대한 소유주의 청구권으로 소유주지분이라고도 한다.
④ 수익 – 일정기간 동안 기업의 계속적인 영업활동의 결과로서 발생된 현금이나 기타 자산의 유입을 말한다.
⑤ 매출채권 – 상거래에서 제품이나 상품을 매출하고 대금을 현금으로 받는 경우가 있으나 실질적으로 소매거래를 제외하고는 외상으로 거래하는 경우가 더 많다. 이러한 경우 판매한 제품이나 상품에 대한 외상대금은 외상매출금으로 회계처리된다.

05 다음 중 유동자산으로 분류할 수 없는 것은?

① 현금 및 현금성자산   ② 감채기금
③ 매출채권   ④ 상 품
⑤ 선급비용

유동자산은 크게 당좌자산, 재고자산으로 분류된다. 당좌자산에는 현금 및 현금성자산, 단기투자자산, 매출채권, 미수금, 미수수익, 선급금, 선급비용이 있고, 재고자산에는 상품, 제품, 재공품, 원재료 등이 있다.

06 다음 중 자본에 대한 설명 중 올바른 내용으로 연결된 것은?

> Ⓐ 자본은 소유주지분이다.
> Ⓑ 자본은 총자산에서 총부채를 차감한 것이다.
> Ⓒ 기업의 자산에 대한 청구권은 소유주가 채권자보다 우선한다.
> Ⓓ 자본은 잔여지분이다.
> Ⓔ 자본은 기업의 소유주가 투자하여 회사에 납입한 자본금과 영업활동 결과 이익을 낸 이익잉여금으로 구성된다.

① Ⓐ, Ⓑ ② Ⓐ, Ⓑ, Ⓓ
③ Ⓐ, Ⓑ, Ⓒ ④ Ⓐ, Ⓑ, Ⓒ, Ⓓ
⑤ Ⓐ, Ⓑ, Ⓒ, Ⓓ, Ⓔ

> 기업의 자산에 대한 청구권은 채권자가 소유주보다 우선한다. 자본에는 기업의 소유주가 투자하여 회사에 납입한 자본금과 영업활동 결과 이익을 낸 이익잉여금, 그리고 자본의 운용 등에서 발생한 자본잉여금, 자본조정, 기타 포괄손익누계액이 해당된다.

07 다음 중 비용에 관한 설명으로 옳은 것을 모두 고르면?

> Ⓐ 비용은 실제의 현금유입이나 예상되는 현금유입을 표시한다.
> Ⓑ 비용과 지출은 동일한 개념이다.
> Ⓒ 비용은 반드시 당장 현금유출을 수반하지는 않는다.
> Ⓓ 비용은 소모된 자산이나 원가의 소멸로 정의되기도 한다.

① Ⓑ, Ⓒ, ② Ⓑ, Ⓒ, Ⓓ
③ Ⓐ, Ⓑ, Ⓒ ④ Ⓐ, Ⓒ, Ⓓ
⑤ Ⓐ, Ⓑ, Ⓓ

> 비용과 지출은 일치하는 개념이 아니다. 지출은 현금의 실제적 유출을 의미하지만, 비용은 반드시 당장의 현금유출을 수반하지 않을 수도 있다. 비용은 소모된 자산이나 사용된 용역에 따라 매출원가, 판매비와 관리비, 영업외비용, 특별손실, 법인세 비용으로 구분된다.

08 현영건설이 타회사의 사채를 90,000,000의 현금으로 인수할 경우 거래요소의 결합관계로 적합한 것은?

① 자산의 증가 - 자산의 감소　　　② 자산의 증가 - 부채의 증가

③ 자산의 증가 - 자본의 증가　　　④ 자산의 증가 - 수익의 발생

⑤ 자산의 증가 - 비용의 감소

> 다른 회사의 사채를 현금으로 인수할 경우 투자자산이 증가하고, 현금자산은 감소한다. 따라서 차변의 자산 증가와 대변의 자산 감소가 결합하게 된다.

09 다음 중 결산의 순서로 맞는 것은 어느 것인가?

① 시산표 작성 → 원장의 마감 → 재고조사표 작성 → 결산 정리 → 재무제표 작성

② 원장의 마감 → 시산표의 작성 → 재고조사표 작성 → 결산 정리 → 재무제표 작성

③ 원장의 마감 → 결산 정리 → 시산표 작성 → 재고조사표 정리 → 재무제표 정리

④ 시산표 작성 → 재고조사표 정리 → 결산 정리 → 원장의 마감 → 재무제표 작성

⑤ 재고조사표 정리 → 원장의 마감 → 시산표의 작성 → 원장의 마감 → 재무제표 작성

> 결산은 「시산표 작성 → 재고조사표 작성 → 정리 분개 → 수정 후 시산표 작성 → 원장 마감 → 이월시산표 → 재무제표 작성」 순으로 이루어진다.

10 기말에 지급하지 못한 당기 급여에 대하여 정리를 하지 않았을 경우 계정에 미치는 영향은?

① 자산의 과대평가와 비용의 과소평가

② 자산의 과소평가와 수익의 과소평가

③ 부채의 과대평가와 수익의 과소평가

④ 비용의 과소평가와 부채의 과소평가

⑤ 자산의 과소평가와 부채의 과소평가

> 미지급급여는 미지급비용에 해당한다. 미지급비용은 대차대조표일에 비용이 발생했으나, 현금을 지급하지 않아 기록되지 않은 비용이다. 미지급비용은 미수수익과 같은 원인에 의하여 발생한다. 미지급비용에 대한 정리는 재무상태표에 존재하는 부채를 기록하고 당해 회계기간에 적용할 수 있는 비용을 인식하기 위해 필요하다.

11 대영기업으로부터 받은 약속어음 100,000원을 은행에 할인받고 할인료 5,000원을 공제한 후 실수금을 당좌예금하였을 때의 분개는?

① (차)	이자비용	5,000	(대) 받을 어음		100,000
	당좌예금	95,000			
② (차)	이자비용	5,000	(대) 지급 어음		100,000
	당좌예금	95,000			
③ (차)	이자비용	5,000	(대) 할인어음		100,000
	당좌예금	95,000	어음배서 의무대충		100,000
	어음배서의무	100,000			
④ (차)	할인어음	100,000	(대) 이자비용		5,000
			당좌예금		95,000
⑤ (차)	이자비용	5,000	(대) 할인 어음		100,000
	당좌예금	95,000			

> 어음을 받았을 때는 받을 어음 계정을 사용한다. ①의 경우 우발채무를 표시하지 않는 방법으로 가장 사용 바람직하다.

12 수호회사에 상품을 주문하였으나 품귀현상으로 상품을 구입하기가 쉽지 않았다. 그리하여 계약금으로 100,000원의 수표를 발행하여 지급하였을 때 처리하는 계정은?

① 선급금　　　　　　　　　　② 선수금
③ 미수금　　　　　　　　　　④ 미지급금
⑤ 매출채권

> ① 선급금 – 상품, 원재료의 매입을 위해 미리 선급한 금액
> ② 선수금 – 일반적 상거래에서 발생한 선수액
> ③ 미수금 – 일반적 상거래 이외의 거래로 인해 발생한 미수채권
> ④ 미지급금 – 일반적 상거래 이외의 거래에서 발생한 미지급 채무
> ⑤ 매출채권 – 상거래에서 제품이나 상품을 매출하고 대금을 현금으로 받는 경우가 있으나 실질적으로 소매거래를 제외하고는 외상으로 거래하는 경우가 더 많다. 이러한 경우 판매한 제품이나 상품에 대한 외상대금은 외상매출금으로 회계처리 된다.

13 회계처리의 기준은 경제활동의 기준과 다르다. 통상적으로 회계처리의 시점으로 받아들여지는 기준은 언제인가?

① 현금주의   ② 실현주의
③ 발생주의   ④ 실질주의
⑤ 권리의무 확정주의

> 회계적 거래는 현금이 들어오고 나갔을 때 기록하는 현금주의가 아니라 경제활동이 발생했을 때 기록하는 발생주의를 따른다. 경제적 거래가 발생했다는 것은 경제활동으로 인해 회사와 거래 상대방 간에 채권 채무가 형성됐다는 의미다. 발생주의는 현금주의(現金主義)와 상반된 개념으로, 현금의 수수와는 관계없이 수익은 실현되었을 때 인식되고, 비용은 발생되었을 때 인식되는 개념이다. 기업의 기간손익(期間損益)을 계산함에 있어서 수익과 비용을 대응시켜야 하고 이에 따라 수익과 비용을 경제가치량의 증가 또는 감소의 사실이 발생한 때를 기준으로 하여 인식하는 것을 말한다.

14 다음 경제활동 내용 중에서 그 내역을 회계장부에 반영해야 하는 사항이 아닌 것은?

① 3억 원 상당의 건물을 매각했다.
② 2억 원 상당의 건물을 아버지로부터 상속받았다.
③ 신규 거래처와 신제품 10억 원어치를 팔기로 합의했다.
④ 1년분 자재비 5,000만 원을 거래처에 앞당겨 지급했다.
⑤ 채권 발행으로 들어온 대금 10억 원을 은행에 정기예금했다.

> 회계장부상에 기재되기 위해서는 자산·부채·자본 등의 변동 사항이 발생해야 한다. 건물의 매각, 증여 및 상속, 대금 지급, 채권 수령 등은 금전적인 증감이 유발되어 회계장부 기재사항에 해당하지만 단순히 신제품을 팔기로 합의한 내용 자체는 금전적인 변화가 없으므로 회계적 거래가 아니다.

15 다음 중 손익계산서의 당기순이익을 증가시키는 것은?

① 유통회사가 뉴타운이 형성된 곳에 새로운 판매장을 열었다.
② 텔레콤회사가 명문대학 출신 신입사원을 대거 영입했다.
③ 플랜트회사가 중남미 국가와 체결하고 계약금을 받았다.
④ 제조회사가 내용연수가 완료된 기계를 고철 시가로 매각했다.
⑤ 다른 금융회사 지분 80%에 해당하는 주식을 영업권을 포함한 가액으로 인수했다.

내용연수가 끝나 감가상각이 완료되어 가치가 없어진 기계를 고철 시가로 판매할 경우 판매가격 전부가 이익이된다. 새로운 판매장 개설, 다른 금융회사 지분 인수는 비용이 유발되었을 경우 당기순이익을 줄어들게 만드는요인이거나 비용이 유발하지 않을 경우 당기순이익에 영향을 미치지 않는 거래다. 회사가 신규 인력을 대거 충원할경우 임금을 지급해야 하므로 비용이 증가해 당기순이익은 감소한다. 계약을 체결하고 계약금을 받으면 자산(현금)과 부채(선수금) 항목이 동시에 증가한다. 계약으로 인한 이익은 완공할 때 기록한다.

16 다음과 같은 재무 상태를 보이고 있는 회사가 있다면, 당기순이익은 얼마인가?(단 당기에 배당금의 선언이나 지급이 없는 것으로 가정한다)

- 기초자산 8,000원
- 기중 유상증자 3,000원
- 기말자본 8,000원
- 기초자본 5,000원
- 기말자산 9,000원

① 0원
② 1,000원
③ 2,000원
④ 3,000원
⑤ 5,000원

A회사의 기초자본(5,000원)과 기말자본(8,000원)의 차이는 3,000원으로, 이는 기중 유상증자한 금액과 같다.회사가 유상증자를 하거나 이익을 내면 자본이 늘어나게 된다. 따라서 당기순이익은 0원이다. 자산은 자본과 부채로 구성되므로 이 회사의 기초부채는 3,000원(기초자산 8,000원 – 기초자본 5,000원), 기말부채는 1,000원(기말자산 9,000원 – 기말자본 8,000원)으로 추정할 수 있다. 유상증자한 자금 3,000원을 활용해 부채 2,000원을상환한 셈이다.

17 다음과 같은 재무상태에 놓인 회사의 기초 부채비율에 대비한 기말 부채비율의 변화를 바르게 설명한 것은?(부채비율은 부채총액을 자본총액으로 나눠 100을 곱한 것이다)

- 기초 자산 100억 원
- 기중 당기순이익 30억 원
- 기말 부채 80억 원
- 기초 부채 50억 원
- 기말 자산 160억 원

① 60% 증가한다.
② 37.5% 증가한다.
③ 30% 감소한다.
④ 60% 감소한다.
⑤ 변화가 없다.

부채비율은 부채총액을 자본총액으로 나눠 계산한다. 보기에 제시된 내용을 바탕으로 기초에 부채는 50억 원이고 자본도 50억 원이다. 자본은 자산(100억 원)에서 부채(50억 원)를 빼서 구한다. 따라서 기초 부채비율은 50 ÷ 50 × 100 = 100(%)이다. 이에 반해 기말의 경우 부채는 80억 원이고, 자본은 당기순이익이 30억 원 발생한 덕분에 50억 원에서 80억 원으로 늘었다. 따라서 기말 부채비율도 기초와 동일한 80 ÷ 80 × 100 = 100(%)이다.

18 외부 회계감사를 실시한 결과 감사 대상 회사가 계속기업으로 존속할 가능성에 대한 중대한 의문이 제기되는 경우 감사인은 감사보고서에 다음 중 어떤 감사의견을 표명하게 되는가?

① 적정의견　　　　　　　　　　　② 한정의견
③ 의견거절　　　　　　　　　　　④ 부적정의견
⑤ 부정적의견

감사의견이란 '주식회사의 외부 감사에 관한 법률'에 상장사나 일정 규모 이상의 회사들은 공인회계사나 회계법인이 회사의 재무제표를 객관적으로 감사해 재무 상태와 경영 성과를 정확하게 반영하고 있는지 그 의견을 사업보고서상에 기술한 내용이다.

감사의견에는 크게 ▷적정의견 ▷한정의견 ▷부적정의견 ▷의견거절 등 4가지가 있다. 적정의견은 재무제표의 모든 항목이 적절히 작성돼 회계기준에 일치하고 불확실한 사실이 없을 때 표시하는 의견이다. 한정의견은 회계처리 방법과 재무제표 표시 방법 중 일부가 기업 회계에 위배될 경우에 해당한다. 부적정의견은 재무제표가 전체적으로 합리적으로 기재되지 못하고 왜곡 표시됨으로써 무의미하다고 인정되는 경우에 표시하는 의견이다. 마지막으로 의견거절은 합리적 증거물을 얻지 못해 재무제표 전체에 대한 의견 표명이 불가능한 경우, 기업 존립에 관계될 정도의 객관적 사항이 특히 중대한 경우 등이 있을 때 표시하는 의견이다. 상장사는 감사의견이 '한정'이나 '거절' 또는 '부적정' 판정을 받으면 관리종목으로 지정되거나 상장이 폐지된다.

19 손익분기점은 일정 기간 수익과 비용이 꼭 같아서 이익도, 손실도 생기지 않는 지점을 의미한다. 이를 표현한 약자는?

① BIS　　　　　　　　　　　　　② BEP
③ PER　　　　　　　　　　　　　④ PBR
⑤ ROE

손익분기점이란 일정 기간 수익과 비용이 같아서 이익도 손실도 생기지 않는 경우의 매출액을 말한다. 이익과 손실의 갈림길이 되는 매출액이다. 이윤 극대화를 목적으로 하는 기업은 경기 침체나 경쟁 회사 등장 등 어떤 경영 환경 변화에도 손익분기점 이상의 매출액을 달성해야 장기적으로 기업의 지속성을 유지할 수 있다. 이를 영어로는 BEP(Break-Even Point)로 표시하여 손익분기점을 뜻한다.

20 어느 회사는 신제품을 생산하는 데 100만 원의 고정비용이 들었으며 상품 1개당 2,500원의 가변비용이 추가로 들었다. 이 제품의 손익분기점은 몇 개인가?(단, 해당 회사는 새로 판매하는 신제품의 가격을 개당 3,000원으로 책정했다)

① 1,000개
② 2,000개
③ 3,000개
④ 4,000개
⑤ 5,000개

> 손익분기점이란 일정 기간 수익과 비용이 같아서 이익도 손실도 생기지 않는 경우의 매출액을 말한다. 따라서 손익분기점은 총수입(매출액)과 총비용이 일치해야 한다. 위의 문제에서는 총비용은 '고정비용(100만 원) + 가변비용(2500원 × 생산량(Q))'에 해당하며, 총수입은 '3,000원 × Q'이 된다. 따라서 100만 원 + 2500원 × Q = 3000원 × Q라는 방정식이 성립한다. 이는 (3000 − 2500)Q = 100만 원으로 고쳐 쓸 수 있다. 즉 손익분기 수량은 고정비를 '판매가격에서 변동비를 뺀 500원'으로 나누면 된다.

21 특정 회사가 상품을 만들어 판매할 때 1개의 단가는 1만 원이며 재료비 등 변동비용은 6,000원이라고 가정하자. 이때 손익분기점은 얼마인가?(단, 시설비(고정비)가 100만 원이고, 기타 비용은 고려하지 않고 상품은 모두 팔린다고 가정한다)

① 100개
② 200개
③ 250개
④ 300개
⑤ 400개

> 손익분기점(Break-Even Point)은 총 매출액과 총 비용이 같아지는 판매수량 또는 판매액이다. 따라서 고정비 100만 원을 개당 판매가격 1만 원에서 변동비 6,000원을 차감한 4,000원으로 나누면 손익분기 판매수량은 250개이다.

재 무

**가장 많이
빈출된 문제
★★★★★**

1. PER, PBR 개념
   재무분석의 대표격인 PER, PBR 등의 지수에 영향을 미치는 문제와 해당 지수
   의 수치를 해석할 수 있는 문제

2. 주요 재무분석 개념
   회계장부를 통해서 도출할 수 있는 재무분석의 분류 체계 및 세부 개념들에
   대한 내용

**빈출된 문제
★★★**

1. 레버리지분석
   레버리지의 개념과 레버리지에 영향을 미치는 요인

2. 재무제표분석
   재무제표 내용을 바탕으로 해당 기업의 재무상태 등에 대한 종합적 분석 능력

1 재무분석의 정의

재무분석은 과거와 현재의 경영 상황을 기반으로 하지만 단순히 과거나 현재의 상황뿐만 아니라 미래의 경영 상황에 대해 예측하는 데도 중요한 비중을 둔다. 재무분석은 재무제표분석에 비해 광의의 개념으로 재무분석은 재무제표뿐만 아니라 기업과 관련된 수치화된 자료들은 모두 활용 범위에 포함된다. 재무분석은 기업의 재무활동 전반에 대한 내용 분석을 의미한다. 다시 말해 자금흐름과 관련된 모든 기업활동을 분석하여, 이를 바탕으로 기업의 운영을 위한 의사결정에 도움을 주기 위한 활동을 말한다. 이러한 재무분석을 수행한 내용은 단순히 기업 내부 경영자뿐만 아니라 잠재적 투자자, 감독당국, M&A 관련 기업 등에 모두 유용하게 활용된다.

〈유사 개념 비교〉

구 분	재무제표분석	재무분석	경영분석
의 미	재무제표의 내용을 바탕으로 기업 현황에 대한 분석이 주된 관심	재무제표와 같은 회계자료 이외에도 기업 내외부에서 작성된 계량화된 자료를 중심으로 분석	가장 광의의 개념으로 기업과 관련된 전반적인 내용을 모두 포괄하여 수행된 분석
조사대상 내용	재무상태표, 포괄손익계산서, 현금흐름표 등의 재무제표	재무제표, CRM 자료, 시장점유율, 제품불량률, 주가, 거래량, 변동률	• 생산, 판매, 재무 등의 제반 자료로 계량화되지 못한 자료도 포함 • 비계량 자료로는 해당 회사에 대한 고객들의 충성도, CEO의 경영 능력, 제품에 대한 평판, 국가 정책적 지원 여부

〈재무분석의 종류〉

종 류	내 용
비율 정보	재무제표의 항목들을 바탕으로 해당 회사의 유동성 상황, 레버리지 상황, 안정성 상황, 수익성 상황 등을 분석하기 위해 필요한 다양한 비율을 계산하여 제시하는 내용
실수 정보	비율 정보가 재무제표 두 개 이상의 항목을 가공하여 작성한 것에 반해 실수 정보는 기업 상황을 있는 그대로 표현해 주는 수치들과 관련된 내용임. 대표적으로 비용구조분석, 현금구조분석 등이 여기에 해당
예측 정보	해당 기업의 미래 상황을 진단하기 위해 기업 상황에 따른 투입 요소를 변화시켜 이로 인해 기업 경영 성과가 어떻게 달라질 수 있는지에 대한 분석 내용
가치 정보	해당 기업이 내포하고 있는 가치 수준을 다양한 관점에서 진단하기 위한 방법으로 주식, 채권, 무형자산 등의 가치를 바탕으로 해당 기업이 보유하고 있는 가치를 분석하는 내용

(1) 재무분석의 한계

재무분석은 유용한 회계정보 분석방법임에도 아래와 같은 한계가 있다.

① 기업의 이해관계자들은 기업을 평가할 때 기업의 미래가치에 더 관심을 갖는데 재무분석의 분석대상은 주로 기업의 과거자료이다.

② 각 기업 간에 회계처리 방법이 다를 수 있기 때문에 경영성과 및 재무상태의 분석결과가 회계처리 방법에 따라 달라질 수 있다.

③ 비율분석의 비교기준이 되는 표준비율 설정이 곤란하다. 표준비율은 산업평균비율, 과거평균비율, 일반적 경험비율, 목표비율이 있는데 선택된 비율이 가장 적합한 비교기준 비율인가를 판단하기가 어렵다.

④ 재무분석의 기초 자료인 재무제표는 계절적 변동, 물가변동 등 기업 가치의 변화를 그때그때 적절히 나타내지 못한다.

⑤ 자금흐름에 대한 정보를 적절히 반영하지 못한다. 매출 신장되는 경우라도 매출채권의 과다, 불량채권의 보유로 흑자도산이 되는 경우도 있다.

⑥ 의도적인 분식결산에 대한 고려도 필요하다. 분식결산은 기업에서 암적인 존재이다.

(2) 재무분석의 활용

위에서 언급한 재무분석의 한계는 재무자료가 갖고 있는 문제이지 재무분석 자체의 문제점이라고 보기 어렵다. 재무분석은 위에서 언급한 한계에도 불구하고 가장 기본적이고 유용한 분석기법으로 자리를 잡고 있다. 한계점에 초점을 맞추어 얘기하기보다는 한계점을 극복할 수 있도록 좀 더 과학적이고 전문적으로 접근하는 것이 더 중요한 과제일 수 있다. 재무분석이 갖는 장점은 다음과 같다. 먼저 재무제표는 기업의 이해관계인이 용이하게 얻을 수 있는 객관적인 자료이다. 다음으로 장부가치기준의 회계자료를 절대금액으로 분석하지 않고 비율로 전환하여 분석함으로써 위에서 언급한 한계성을 완화할 수 있다.

2 재무비율분석

재무비율분석이란 재무제표에 나타난 수치를 근거로 하여 수익성, 안정성, 활동성, 성장성 등을 분석하는 방법을 말한다. 재무제표를 이용하여 경영성과를 측정하는 가장 기본적인 방법이 재무비율분석이다.

〈재무비율의 분류〉

구 분	내 용
유동성비율	단기적인 지급능력을 평가하는 비율을 의미한다.
수익성비율	기업이 보유하고 있는 자산으로 얼마의 수익을 얻고 있는가를 보는 방법이다.
안정성비율	부채상환능력과 경기변동 대처능력을 평가하는 비율이다.
활동성비율	기업자산의 활용정도를 보는 비율로서 손익계산서상의 매출액을 재무상태표상의 각 자산항목(총자산, 고정자산, 재고자산 등)으로 나누어 보는 비율을 의미하며, 다른 말로 회전율이라고도 한다.
성장성비율	성장성분석이란 기업의 성장 정도를 비교해 보는 방법으로서 자사의 작년과 금년을 비교하는 방법과 자사를 동업 타사 또는 업계평균과 비교하는 방법이 있다.
레버리지비율	기업활동을 수행함에 있어 타인자본에 의존하는 수준을 측정하는 비율을 확인하는 방법이다.
생산성비율	투입 대비 산출 수준을 확인하는 비율이다.
시장가치비율	기업활동이 현재 시장에서 어떻게 평가받고 있는지를 확인하는 비율이다.

(1) 수익성분석

기업이 보유하고 있는 자산으로 얼마의 수익을 얻고 있는가를 보는 방법이다. 즉, 보유자산의 효율적 운영을 평가하는 분석 방법이다.

① 총자본이익률(ROI ; Return On Investment)

ROI란 회사의 이익을 자본으로 나눈 비율로 기업에 투하된 총자본에 비해 어느 정도의 수익을 올렸는가 하는 지표로서 수익성을 보는 대표적 비율이다. ROI 수치가 높을수록 해당 회사는 작은 자산으로 큰 이익을 거두고 있음을 의미하기 때문에 수익성이 개선되었다고 평가할 수 있다.

$$\text{총자본이익율(ROI)} = \frac{\text{순이익}}{\text{총자본}} \times 100(\%) = \frac{\text{순이익}}{\text{매출액}} \times \frac{\text{매출액}}{\text{총자본}} \times 100(\%)$$

② 자기자본이익률(ROE ; Return On Equity)

자기자본이익률은 앞의 식에서 총자본 대신에 자기자본을 대체하면 된다. 이는 총자본에서 부채를 제외한 순수한 주주의 지분에 대한 이익을 나타낸다. 한두 개의 지표에 의존하여 기업 전체의 건전성을 판단하기보다는 다양한 방면의 지표를 종합적으로 검토하는 것이 중요하다. 그런 점에서 ROE의 장점은 다른 비율분석에 비해 탁월하다. 듀퐁의 분해공식에 의하면 자기자본이익률을 높이기 위한 수단은 세 가지 방법이 있다. 매출액이익률은 매출액에 비하여 얼마의 이익을 냈는지를 나타내고(수익성 지표), 총자산회전율은 총자산에 비하여 얼마의 매출을 올렸는지를 나타내며(활동성 지표), 자기자본비율의 역수는 총자산 중에서 자기자본이 어느 정도인지를 나타내는 지표(안정성 지표)이다.

$$자기자본이익률(ROE) = \frac{순이익}{자기자본} \times 100(\%)$$

③ 매출액순이익률

기업의 매출액과 당기순이익과의 비율을 나타내는 비율로서 기업의 전반적인 경영활동을 평가하는 지표이다. 매출액순이익률과 함께 보아야 할 비율로서 매출액영업이익률이 있다. 매출액이익은 영업활동과 직접 관계가 없는 이익이므로 영업활동과 직접 관계가 있는 영업이익을 중심으로 보는 비율이다.

$$매출액순이익률 = \frac{당기순이익}{매출액} \times 100(\%)$$

④ 주당순이익(EPS ; Earning Per Share)

주당순이익은 당기순이익을 발행주식 총수로 나누어 도출된다. 이러한 EPS가 내포하고 있는 의미는 1주당 기업 활동으로 얻어진 이익이 얼마만큼 주주에게 돌아가는지를 확인할 수 있게 해준다. 이를 통해 지난 1년간 올린 수익에 대한 주주의 몫이 어느 정도 수준인지 가늠할 수 있는 기회를 제공해 준다.

〈수익성분석 관련 비율 정리〉

구 분		수 식	내 용
매출 수익성 비율	매출액총이익률	$\frac{매출총이익}{매출액} \times 100(\%)$	생산활동을 통한 마진 정도를 확인할 수 있는 비율
	매출액영업이익률	$\frac{영업이익}{매출액} \times 100(\%)$	영업활동을 통한 마진 정도를 확인할 수 있는 비율
	매출액세전순이익률	$\frac{세전순이익}{매출액} \times 100(\%)$	기업 본연의 활동뿐만 아니라 재무활동으로 인한 수익까지 포괄하여 수익성을 확인하는 비율

매출 수익성 비율	매출액순이익률	$\dfrac{당기순이익}{매출액} \times 100(\%)$	기업이 최종적인 수익성을 확인하는 비율
자본 수익성 비율	총자본영업이익률	$\dfrac{영업이익}{총자본(기초기말\ 평균값)} \times 100(\%)$	부채로 인한 이자비용을 영업활동으로 인해 어느 정도까지 감당할 수 있는지 여부를 확인하기 위한 비율
	기업세전순이익률	$\dfrac{세전순이익 + 이자비용}{총자본(기초기말\ 평균값)} \times 100(\%)$	영업외적인 부분의 경영활동에 대한 내용을 확인할 수 있는 비율
	자기자본순이익률 (ROE)	$\dfrac{순이익}{자기자본(기초기말\ 평균값)} \times 100(\%)$	주주가 투자 대비 얻은 수익률을 확인하기 위한 비율
	총자본순이익률 (ROI)	$\dfrac{순이익}{총자본(기초기말\ 평균값)} \times 100(\%)$	주주와 채권자가 투자한 금액 대비 수익률을 확인하기 위한 비율
자산 대비 수익성 비율	총자산영업이익률 (ROA)	$\dfrac{영업이익}{총자산(기초기말\ 평균값)} \times 100(\%)$	기업이 보유한 자산으로 기업 본연의 활동인 영업활동을 통해 거둔 수익률의 상황을 확인하기 위한 비율

(2) 안정성분석

안정성비율은 부채상환능력과 경기변동 대처능력을 평가하는 비율이다.

① 유동비율

유동부채에 대한 유동자산의 비율로서, 이 비율이 높으면 기업의 지급능력은 양호하다고 보며, 200%가 표준비율이다. 그리고 단기적인 지급능력을 평가하는 비율로서 당좌비율이 있다. 이 비율은 유동자산 대신에 당좌자산을 넣어 계산한 비율이며 산성시험비율이라고도 하며, 100%를 상회하면 유동성이 양호하다고 할 수 있다. 그리고 가장 단기적인 유동성을 측정하는 현금포지션비율이 있다.

$$유동비율 = \frac{유동자산}{유동부채} \times 100(\%)$$

$$당좌비율 = \frac{당좌자산(유동자산 - 재고자산)}{유동부채} \times 100(\%)$$

② 부채비율

자기자본에 대한 타인자본의 비율을 나타낸 지표로서, 자본구성의 건전성 여부를 판단하는 지표이다. 일반적으로 100% 이하를 표준비율로 본다. 자기자본비율은 총자본에 대한 자기자본의 비율로서 주주들의 관심을 위한 비율이다.

$$\text{부채비율} = \frac{\text{타인자본(부채)}}{\text{자기자본(자본)}} \times 100(\%)$$

$$\text{자기자본비율} = \frac{\text{자기자본}}{\text{총자본}} \times 100(\%)$$

$$\text{이자보상비율} = \frac{\text{EBIT}}{\text{이자비용}} \times 100(\%)$$

EBIT : 이자 및 납세 전 이익

③ 고정비율

자기자본이 고정자산에 어느 정도 투입되었는지 알아보는 비율로서 일반적인 기준은 100% 이하로 본다. 그러나 자기자본만으로 고정자산에 투자한다는 것은 현실적으로 무리가 있기에 자기자본과 장기타인자본을 포함한 고정장기적합률을 함께 분석한다. 고정장기적합률은 고정비율 보조비율로 사용되며 고정자산을 자기자본과 장기타인자본으로 나누어 구한다.

$$\text{고정비율} = \frac{\text{고정자산}}{\text{자기자본}} \times 100(\%)$$

(3) 활동성분석

활동성비율은 기업자산의 활용정도를 보는 비율이다. 다시 말하면 손익계산서상의 매출액을 재무상태표상의 각 자산항목(총자산, 고정자산, 재고자산 등)으로 나누어 보는 비율로서 회전율이라 한다. 이 비율이 높을수록 기업의 영업활동이 왕성하며 자산운용의 효율성이 높다.

$$\text{총자산회전율} = \frac{\text{매출액}}{\text{총자산}} \times 100(\%)$$

$$\text{고정자산회전율} = \frac{\text{매출액}}{\text{평균고정자산}} \times 100(\%)$$

〈활동성분석 비율〉

구 분	수 식	내 용
총자산회전율	$\dfrac{\text{매출액}}{\text{총자산(기말기초 평균)}}$	총자산을 1년 동안 몇 번 회전했는지를 확인하는 비율
총자산회전기간	$\dfrac{1}{\text{총자산회전율}}$	총자산 수준만큼의 매출을 거두는 데 걸리는 기간
자기자본회전율	$\dfrac{\text{매출액}}{\text{자기자본(기말기초 평균)}}$	주주의 투자 자본을 얼마만큼 활용했는지를 확인하는 비율
자기자본회전기간	$\dfrac{1}{\text{자기자본회전율}}$	주주투여자본만큼의 매출을 거두는 데 걸리는 기간
비유동자산회전율	$\dfrac{\text{매출액}}{\text{비유동자산(기말기초 평균)}}$	비유동자산을 기업활동과정에서 얼마나 활용했는지를 알아보는 비율
비유동자산회전기간	$\dfrac{1}{\text{비유동자산회전율}}$	비유동자산만큼의 매출을 달성하는 데 걸리는 기간
재고자산회전율	$\dfrac{\text{매출액}}{\text{재고자산(기말기초 평균)}}$	재고자산이 일정기간 동안에 당좌자산으로 몇 번 전환되었는지 측정하는 비율
재고자산회전기간	$\dfrac{1}{\text{재고자산회전율}}$	재고자산금액만큼의 매출을 달성하는 데 걸리는 기간
매출채권회전율	$\dfrac{\text{매출액}}{\text{매출채권(기말기초 평균)}}$	매출채권을 현금화하는 속도
매출채권평균회수기간	$\dfrac{1}{\text{매출채권회전율}}$	매출채권을 회수하는 데 걸리는 기간
매입채무회전율	$\dfrac{\text{매출액}}{\text{매입채무(기말기초 평균)}}$	매입채무를 갚는 데 걸리는 기간
매입채무회전기간	$\dfrac{1}{\text{매입채무회전율}}$	매입채무를 변제하는 데 걸리는 기간
1회전 운전자본	(매출액 − 영업이익 − 감가상각비) × 1회전 운전기간	1회전 운전기간 동안 소요되는 비용
1회전 운전기간	재고자산회전기간 + 매출채권회수기간 − 매입채무회전기간	설비 투자 이후 제품 생산 및 판매에 투여된 비용이 현금으로 회수되는 데 걸리는 기간

(4) 성장성분석

성장성분석이란 기업의 성장 정도를 비교해 보는 방법으로서 자사의 작년과 금년을 비교하는 방법과 자사를 동업 타사 또는 업계평균과 비교하는 방법이 있다. 매출액증가율, 총자산증가율, 영업이익증가율 등이 있다.

$$\text{매출액증가율} = \frac{\text{당기매출액} - \text{전기매출액}}{\text{전기매출액}} \times 100(\%)$$

$$\text{총자산증가율} = \frac{\text{기말총자산} - \text{기초총자산}}{\text{기초총자산}} \times 100(\%)$$

〈성장성분석 비율〉

구 분	수 식	내 용
매출액증가율	$\frac{\text{당기 매출액} - \text{전기 매출액}}{\text{전기 매출액}} \times 100(\%)$	기업이 영업활동으로 인한 외형적 성장세를 확인하는 비율
총자산증가율	$\frac{\text{당기 말 총자산} - \text{전기 말 총자산}}{\text{전기 말 총자산}} \times 100(\%)$	자산의 증가 정도를 통한 외형적 성장세를 확인하는 비율
자기자본증가율	$\frac{\text{당기 말 자기자본} - \text{전기 말 자기자본}}{\text{전기 말 자기자본}} \times 100(\%)$	장부가치를 바탕으로 한 주주가치 증가분을 확인하는 비율
순이익증가율	$\frac{\text{당기 순이익} - \text{전기 순이익}}{\text{전기 순이익}} \times 100(\%)$	실질적 성장세를 확인하는 비율
주당이익증가율	$\frac{\text{당기 주당이익} - \text{전기 주당이익}}{\text{전기 주당이익}} \times 100(\%)$	직접적으로 주주에게 귀속되는 주당이익의 증가추이를 확인하는 비율

(5) 레버리지분석

레버리지분석이란 고정비가 매출액이 변동함에 따라 순이익에 어떠한 영향을 미치는지를 분석하는 것을 말하며, 영업레버리지와 재무레버리지로 구분하여 분석한다.

① 영업레버리지분석

　㉠ 영업레버리지 : 총비용 중에서 고정비가 차지하는 비중으로 구한다. 영업레버리지 비중이 높은 기업일수록 매출액 증가에 따라 영업이익이 큰 폭으로 상승하고, 반대로 매출액이 감소하면 영업이익의 폭이 큰 폭으로 줄어든다.

　㉡ 영업레버리지도의 측정 : 영업비 중에서 고정비의 비중이 높을수록 기업의 수익력은 개선될 수 있지만, 영업위험이 증가되므로 적절한 위험수준에서 수익력을 높일 수 있는 비용구조를 결정하여야 한다. 일반적으로 고정영업비가 클수록, 매출액이 작을수록, 판매단가가 낮을수록, 단위당 변동비가 클수록 영업레버리지는 크게 나타난다.

② 재무레버리지분석

⊙ 재무레버리지 : 총비용 중에서 고정재무비용(이자)이 차지하는 비중을 의미한다. 재무레버리지 비중이 높은 기업일수록, 영업이익 증가에 따라 순이익이 큰 폭으로 상승하고, 반대로 영업이익이 감소하면 순이익은 큰 폭으로 떨어진다.

ⓒ 재무레버리지도의 측정 : 재무레버리지는 영업이익이 클수록, 고정재무비용이 작을수록 그 크기가 작게 나타난다. 주주들은 재무레버리지도가 높은 기업에 대하여 위험을 크게 느끼고 높은 기대수익률을 요구하게 된다.

③ 결합레버리지분석

결합레버리지란 매출액 변동에 따른 주당순이익의 변동 정도 즉, 영업레버리지와 재무레버리지를 결합한 것으로, 총비용 중에서 고정비와 고정재무비용이 차지하는 비중으로 측정이 가능하다.

3 시장가치비율

(1) 주가수익비율(PER ; Price Earning Ratio)

① 의 미

PER은 주가를 주당순이익으로 나눈 비율로서 주가가 주당순이익의 몇 배인가를 나타낸다. 기업의 이익 한 단위에 대하여 투자자가 지불하고 있는 대가를 나타낸 것으로 투자승수라고도 한다. PER은 기업 수익력의 성장성, 위험, 회계처리방법 등 질적인 측면이 총체적으로 반영된 지표이다.

② PER 결정요인

PER은 배당성향과 성장률이 클수록 높아지며, 요구수익률이 증가할수록 낮아진다.

⊙ 배당성향 : 배당성향이 높을수록 미래성장에 중요한 영향을 미치기 때문에 성장률과 종합적으로 검토해야 한다.

ⓒ 성장률 : 다른 조건이 일정하다면 성장률이 높을수록 PER은 높아지게 된다.

ⓒ 요구수익률 : 요구수익률은 증권의 위험과 경제상황에 따라 달라진다. 강세시장에는 낮은 요구수익률이 요구되지만, 약세시장에는 보다 높은 요구수익률이 요구될 것이다. 그리고 위험이 커짐에 따라 PER은 낮아지지만 동일증권에 대해서도 강세시장에서는 높은 PER이 적용된다.

$$PER = \frac{주가}{주당순이익} (배)$$

③ PER 계산상 문제점

PER 계산 시에 어느 시점의 주가를 이용하느냐가 중요하다. 또한 주당순이익은 다음 기의 추정치를 이용하는 것이 더욱 합리적이다. 그리고 주당순이익은 특별손익을 제외한 경상이익을 이용하는 것이 일반적이다.

(2) 주가순자산비율(PBR ; Price Book-value Ratio)

PBR은 주가를 주당장부가치로 나눈 비율로서 주가가 주당순자산의 몇 배인가를 나타낸다. PBR이란 보통주의 주당 가치를 시장가격과 장부가격으로 대비한 지표이다.

$$PBR = \frac{주가}{주당순자산}(배)$$

(3) 주가현금흐름비율(PCR ; Price Cash flow Ratio)

주가를 1주당 현금흐름으로 나눈 것으로 PCR이 낮으면 주가가 저평가된 것으로 볼 수 있다. 단, PER이 높은 경우에도 PCR이 낮으면 해당주가가 낮은 것이고, PER이 낮은 경우에 PCR이 높다면 현재의 주가는 높다고 할 수 있다. 현금흐름이란 당기순이익에 현금지출을 수반하지 않는 감가상각비, 외환 및 유가증권평가차손 등을 더하고 현금유입을 수반하지 않는 외환 및 유가증권평가차익을 차감한 것이다.

$$PCR = \frac{주가}{주당현금흐름}(배)$$

(4) 주가매출액비율(PSR ; Price Sales Ratio)

PER은 벤처기업과 같이 수익이 나지 않는 신생기업 등에서는 이익이 (0)이기 때문에 사용할 수 없다. 그리하여 주가를 주당매출액으로 나눈 비율인 PSR을 구하여 사용한다.

$$PSR = \frac{주가}{주당매출액}(배)$$

(5) 토빈의 q

토빈의 q는 기업의 부채 및 자기자본의 시장가치를 보유자산의 대체비용으로 나눈 비율이다. 대체비용이란 보유자산에 대한 장부가치가 아니라 재조달비용을 의미한다. 따라서 토빈의 q가 1보다 크면 자산의 시장가치가 대체비용보다 크다는 의미이므로 기업가치가 증가하고 있다는 의미이다. 만일 토빈의 q가 1보다 낮다면 기업은 투자의욕을 가지지 못하고 대체비용보다 저평가되어 M&A의 대상이 된다.

최신 기출분석문제

01 자기자본이익률(ROE)에 대한 설명 중 잘못된 것은?

① 자기자본이익률은 이익을 자기자본으로 나눈 비율이다.

② 분해공식에 의하면, 자기자본이익률을 높이기 위한 수단은 세 가지 방법이 있다.

③ ROE의 세 개의 세부비율은 각각 매출액이익률, 총자본회전율, 그리고 자기자본비율이다.

④ 자기자본에 대하여 얼마의 이익을 얻었는지를 평가하는 지표이다.

⑤ 재무비율분석 중 수익성을 확인하기 위한 지표이다.

해설 분해된 세 개의 세부비율은 각각 매출액이익률, 총자본회전율, 그리고 자기자본비율의 역수(逆數)로 구성되어 있다.

정답 ③

02 토빈의 q에 관한 설명 중 잘못된 것은?

① 자산의 시장가치를 대체비용으로 나눈 값이다.

② 토빈의 q가 1보다 크면 기업은 설비투자의 동기를 가진다.

③ 시장가치란 부채 및 자기자본을 매각할 경우 시장에서 매각가치를 말한다.

④ 대체비용이란 기업이 보유한 자산을 재조달할 경우의 가치를 말한다.

⑤ 재무비율분석 중 수익성을 확인하기 위한 지표이다.

해설 시장가치란 기업의 부채 및 자기자본의 시장가치를 말하며, 대체비용은 기업이 보유하고 있는 모든 자산의 실제로 대체하는 데 드는 비용을 말한다. 토빈의 q가 1보다 크면 자본설비가 그 대체비용보다 더 큰 가치를 지니고 있다는 의미이다. 따라서 기업은 설비투자의 동기를 가진다.

정답 ③

03 PER 수치를 크게 만드는 요인을 모두 고른 것은?

> 가. 기대수익률
> 나. 배당성향
> 다. 배당성장률
> 라. 이익성장률
> 마. 주식의 위험도

① 나, 다, 라
② 가, 나, 다
③ 가, 다, 라
④ 가, 라, 마
⑤ 가, 다, 마

해설 가. 기대수익률 : 기대수익률이 큰 주식은 작은 PER을 갖는다.
나. 배당성향 : 배당성향이 큰 주식은 큰 PER을 갖는다.
다. 배당성장률 : 배당성장률이 큰 주식은 큰 PER을 갖는다.
라. 이익성장률 : 기대되는 이익성장률이 클수록 PER도 커진다.
마. 주식의 위험도 : 위험이 큰 주식의 PER은 낮고 위험이 작은 주식의 PER은 높다. 위험이 클수록
투자자들이 요구하는 기대수익률이 크기 때문이다.

정답 ①

04 금융자산 운용 중 바람직한 주식투자 전략과 가장 거리가 먼 것은?

① EPS가 높은 주식을 매수한다.
② PBR이 낮은 주식을 매수한다.
③ PER이 높은 주식을 매수한다.
④ 배당성향이 높은 주식을 매수한다.
⑤ 토빈의 q 비율이 높은 주식을 매수한다.

해설 PER이 낮은 주식을 매수하는 것이 유리하다. 주식 투자지표로 PER(주가수익비율)은 주가가 주당순
이익(EPS)의 몇 배 수준인지, PBR(주가순자산비율)은 주가가 주당순자산의 몇 배 수준인지를 나타
낸다. 낮을수록 내재가치 대비 주가가 저평가돼 있다는 뜻이다.

정답 ③

CHAPTER 03 출제예상문제

01 다음 재무비율 중 안정성비율이 아닌 것은?

① 자기자본비율
② 자기자본회전율
③ 고정비율
④ 유동비율
⑤ 이자보상비율

> 자기자본회전율은 기업의 활동성비율이다.

PART 1

PART 2

부록

02 다음 재무비율에 관한 설명 중 틀린 것은?

① 유동비율은 기업의 단기채무 지급능력을 나타낸다.
② 유동비율이 높아질수록 기업자산의 수익성이 높아진다.
③ 당좌비율은 재고자산 없이 단기채무지급능력을 나타낸다.
④ 당좌비율이 유동비율보다 엄격한 기준이다.
⑤ 고정비율은 자기자본을 고정자산에 어느 정도 투입되었는지를 알아보는 비율이다.

> 유동비율은 안정성비율로서 기업자산의 수익성과는 관계가 없다.

03 다음 기사문에 나와 있는 내용을 바탕으로 하여 기업들의 상황을 파악하려고 할 때 다음 중 관련 없는 사항은 무엇인가?

> 건설사에 대한 금융권의 신용위험 평가 발표를 앞두고 중견·중소건설사들이 유동성 확보와 재무구조 개선에 잰걸음을 하고 있다.
>
> 기업개선작업(워크아웃)을 진행 중이거나 최근 재무상태가 악화된 중견·중소건설사들이 보유부동산 등 각종 자산을 매각하고 있고 채권단 등에 자금수혈을 요청하는 사례가 잇따르고 있다. 일부 기업은 대주나 오너가 직접 자신의 지분을 매각하는 사례까지 등장하고 있다. 비교적 재무구조가 양호하고 유동성에 큰 문제가 없는 일부 중견건설사들도 택지 매입을 미루거나 신규 사업을 축소하는 등 긴축 경영을 펼치고 있다.
>
> 18일 건설업계에 따르면 주택시장 장기침체 등 시장여건이 악화되면서 중견중소건설사들의 유동성 확보와 재무구조 개선 움직임이 가속화되고 있다. 공동경영을 진행 중인 남광토건은 오너 경영자가 보유지분을 모두 내놓고 최근 위기 극복에 노력하고 있다. 한 건설사회장은 보유지분 18%를 대주주에 매각키로 하고 최근 유동성 위기 극복에 총력을 기울이고 있다. 관계자는 "이번 지분 매각으로 대한전선의 단독경영으로 들어가면 유동성이 크게 개선될 것"이라고 기대했다.

① 유동비율
② 당좌비율
③ 현금포지션비율
④ 부채비율
⑤ 총자산회전율

> 총자산회전율은 기업의 활동성을 분석하는 데 사용되는 지표이지 기업의 유동성 여부를 확인하기 위한 지표가 아니다.

04 다음 제시문에 나와 있는 내용을 바탕으로 할 때 당시 조선 관련 업종의 재무지표들의 내용으로 짐작하기 어려운 것은?

> 한 증권은 14일 올해 조선업종이 저평가 돼 있으나 신조선가 상승과 영업실적 급증세가 예상된다며 저점 매수 전략이 필요하다고 조언했다. 모 증권사의 연구원은 "최근 해운지수가 하락하고 있고 미국의 서브프라임 사태 확산으로 향후 선박금융이 위축될 것이라는 우려 때문에 세계 조선 산업에 대한 불안 심리가 높아지고 있다."고 밝혔다.
>
> 송 연구원은 그러나 "현재 수급 상황을 살펴본다면 이러한 우려는 시기상조"라며 "올해에는 신조선가 상승과 영업실적 급증세가 예상된다."고 분석했다.
>
> 전 세계 연간 신조선 발주량은 2009년에 2,751척, 2010년 3,489척으로 점차 늘어났으며, 2011년에는 총 4,082척으로 역대 최대 물량을 기록했다.
>
> 특히 탱커는 올해 들어 발주량이 급감했으며, 최근 유류의 해양오염 문제가 부각되면서 탱커의 이중선체구조 의무화와 노후선박 해체 문제가 이슈화되고 있다.
>
> 결국 이러한 선박규제 강화 논의가 나타나면서 탱커는 2012년에 다른 선종에 비해 가장 두드러진 발주가 전개될 전망이다. 또한 2012년 하반기부터는 LNG선도 크게 이슈화될 것으로 예상된다. 또 다른 증권사의 김 모 연구원은 "현재 조선업의 주가는 저평가돼 있는 상황이어서 조선업종에 대한 저점 매수 전략이 유효하다."고 말했다.

① 당시 조선업을 둘러싸고 있는 경영환경이 좋지 않은 관계로 ROA와 ROE의 값이 과거에 비해 떨어졌을 가능성이 높다.

② 발주량은 급감하고 있는 상태이므로 특정 기업에 따라서는 유동비율과 부채비율이 높아지는 기업이 있을 수 있다.

③ 조선업체의 주가가 저평가되어 있다는 증권사 연구원의 주장은 조선업체의 PER이나 PBR이 적정 수준보다 낮아졌다는 의미와 유사하다.

④ 조선업종은 노후선박 해체 문제 등의 선박 규제가 강화될 경우 신규 발주 물량이 늘어나게 되어, 각종 성장성 분석 관련 지표들이 개선될 것이다.

⑤ 당시 조선업종의 PCR은 과거에 비해서 낮아졌을 가능성이 높다.

> 유동비율이 높을수록 기업은 많은 유동성을 확보하는 것으로 평가되어 부채상환능력이나 경기변동에 대한 대처능력이 높은 것으로 평가받는다. 따라서 발주량이 급감하여 영업환경이 안좋아진 경우에는 유동비율이 낮아져야 한다.

05 다음 중 재무제표 간의 상호 관련성에 대해 잘못 설명한 것은?

① 영업활동에 필요한 자산, 원재료 등의 보유 정보는 재무상태표에 기재되어 있다.
② 자본 사용에 대한 현금 유출의 정보는 포괄손익계산서를 통해 확인할 수 있다.
③ 계속사업이익과 중단사업이익은 영업활동과 관련된 이익이다.
④ 포괄손익계산서는 재무상태표의 자산을 활용해 얻어진 기업 활동의 내용이다.
⑤ 기업이 사용하는 자본에 대한 대가는 타인자본비용과 자기자본비용을 함께 고려해야 한다.

> 기업의 영업활동을 통해 얻어진 이익은 매출액에서 매출원가를 차감하여 얻은 매출총이익과 여기서 다시 판매비와 관리비를 추가로 차감하여 얻은 영업이익에 해당한다. 이외에 포괄손익계산서에 표현되는 여타의 이익들인 계속사업이익과 중단사업이익 등은 재무활동과 관련된 내용이다.

06 재무제표상에서의 생산성비율분석에 대한 다음 설명 중 가장 잘못된 것은?

① 자본생산성은 투여자본이 1년 동안 산출한 부가가치의 정도로 측정한다.
② 사양산업일수록 부가가치율이 낮고, 성장기업일수록 부가가치율이 높다.
③ 부가가치율은 흔히 생산액 중에서 부가가치가 차지하는 비율을 도출한다.
④ 노동소득분배율은 부가가치 배분의 적정성을 확인하는 비율이다.
⑤ 물가 상승은 노동소득분배율을 하락시키는 요인 중 하나이다.

> 부가가치율은 생산액에서 부가가치가 차지하는 비율을 의미하는 것은 사실이다. 그러나 재무제표를 통해서는 생산액을 도출하기가 어렵기 때문에 매출액을 많이 활용한다.

07 다음은 성장성을 분석할 수 있는 비율들에 대한 설명이다. 이 중 잘못된 내용으로 묶인 것은?

> 가. 경쟁기업에 비해 매출액증가율이 더 크게 증가할 경우 시장점유율이 높아졌다고 볼 수 있다.
> 나. 매출액증가율은 안정기에 접어든 기업의 성장성을 확인하는 데 더 중요하다.
> 다. 매출액증가율은 외형적 성장성을 보여주는 지표이고, 총자산증가율은 내형적 성장성을 보여주는 지표이다.
> 라. 자기자본증가율은 실질가치를 기준으로 주주의 가치가 얼마인지를 확인하는 비율이다.
> 마. 매출액증가율은 외형적 성장세를, 순이익증가율은 실질적 성장세를 의미한다.

① 가, 나, 라   ② 가, 나, 다
③ 나, 다, 라   ④ 가, 다, 마
⑤ 가, 라, 마

나. 매출액증가율은 성장기에 놓인 기업의 성장성을 분석하는 데 더 적합한 비율이다.
다. 매출액증가율과 총자산증가율 모두 외형적 성장성을 보여주는 지표이다.
라. 자기자본증가율은 장부가치를 기준으로 측정한 비율이다.

08 다음 중 PBR에 대한 설명 중 잘못된 것은?

① PBR도 PER와 마찬가지로 배당성향, 성장률, 위험 정도에 따라 결정된다.
② PBR는 장부가치와 주가와의 비교를 수행하기 위한 비율이다.
③ PBR이 1보다 낮은 경우 기업이 보유하는 잉여금이 주가에 충분히 반영되지 않았다는 내용이다.
④ 주당장부가치는 총자본의 장부가치를 발행주식 수로 나눈 값이다.
⑤ 장부가치란 매입가격에서 감가상각비를 제외하고 남은 가치를 의미한다.

주당장부가치는 자기자본의 장부가치를 발행주식 수로 나눈 값이다. 자기자본의 장부가치란 자산에서 부채를 장부가치 기준으로 차감한 내용이다.

09 비율분석을 통해서 해당 기업을 분석하는 방식에 해당하지 않는 것은?

① 유동성분석
② 안정성분석
③ 수익성분석
④ 활동성분석
⑤ 유지성분석

비율분석은 재무제표상의 표기된 한 항목의 수치를 다른 항목의 수치로 나눈 것으로, 기업의 재무상태나 경영성과를 파악하는 데 사용된다. 일반적으로 비율분석은 유동성분석, 레버리지(부채성)분석, 활동성분석, 수익성분석, 생산성분석 등으로 구분하여 기업의 안정성, 성장성, 활동성을 판단한다. 비율분석을 통해서 확인하고자 하는 내용은 기업의 현상 유지가 아니라 향후 성장성에 대한 내용이다.

정답 08 ④ 09 ⑤

10 다음 글을 읽고 물음에 답하시오.

㈜한국개발이 X재를 생산하는 데 임대비용과 인건비만 들어간다. 임대비용은 생산량에 관계없이 월 1억 원이다. 1인당 인건비는 월 100만 원이고 생산량에 따른 인건비는 표와 같다. 단, 생산량은 생산 공정상 1억 개 단위로 결정되며 X재의 가격은 개당 10원이라고 가정한다.

월 생산량(억 개)	월 인건비(억 원)
0	0
1	4
2	10
3	20
4	32
5	45

10-1 위의 생산과 비용의 관계에 대한 추론으로 옳은 것은?

① 생산량이 0일 때 비용은 0원이다.

② 최대로 얻을 수 있는 이윤은 0원이다.

③ 1개당 비용이 가장 적은 생산량은 3억 개이다.

④ 월 1억 개를 생산할 때 인건비는 판매 수입보다 크다.

⑤ 생산량이 증가함에 따라 1개를 추가적으로 생산하는 데 들어가는 비용은 증가한다.

① 항상 임대비용이 존재하기 때문에 이를 포함하여 비용을 계산하면 생산량이 0개일 때 월 1억 원의 비용이 발생한다.

②, ③, ④ 1개당 비용이 가장 적은 생산량은 1억 개이며, 이때 이윤은 5억 원(= 10억 원 – 4억 원 – 1억 원)이고 판매 수입이 인건비보다 크다. 한편, 최대로 얻을 수 있는 이윤은 생산량이 2억 개 또는 3억 개일 때 9억 원이다.

⑤ 생산량이 증가함에 따라 추가적인 비용은 증가한다.

10₋₂ 위의 고용과 생산의 관계에 대한 옳은 추론을 〈보기〉에서 고른 것은?

┤보 기├

ㄱ. 월 1억 개를 생산할 때 400명을 고용한다.

ㄴ. 월 1억 개에서 2억 개로 생산을 늘릴 때 1,000명의 추가적인 고용이 필요하다.

ㄷ. 생산량이 증가할수록, 추가적으로 고용된 1명이 생산하는 생산량은 감소한다.

ㄹ. 0개에서 1억 개를 생산할 때, 추가적으로 고용된 1명이 벌어들이는 판매 수입의 증가액은 100만 원보다 적다.

① ㄱ, ㄴ
② ㄱ, ㄷ
③ ㄴ, ㄷ
④ ㄴ, ㄹ
⑤ ㄷ, ㄹ

> 1억 개를 생산할 때 400명을 고용한다. 그리고 0개에서 1억 개로 생산을 늘릴 때 추가적으로 늘어나는 판매 수입은 1인당 250만 원으로 인건비 100만 원보다 크다. 1억 개에서 2억 개로 생산을 늘릴 때 600명을 추가적으로 고용한다. 생산량이 증가할수록 1명이 생산하는 생산량은 감소한다. 예를 들어, 1억 개를 생산할 때 400명이 1억 개(1인당 25만 개), 2억 개를 생산할 때 600명이 1억 개(1인당 약 17만 개)를 추가적으로 생산하게 된다.

11 다음 글을 읽고 물음에 답하시오.

(가) 기대이윤은 모든 상황에 대해 각 상황이 일어날 확률과 그 상황에서의 이윤을 곱한 것을 모두 더하여 구한다. 예를 들어, 동전의 앞면과 뒷면이 나올 확률이 모두 0.5라고 하자. 이 때 동전의 앞면이 나오면 10원을 받고 뒷면이 나오면 5원을 잃는 게임에서의 기대이윤은 0.5 × 10원 + 0.5 × (−5원) = 2.5원이다.

(나) 추신성은 1년 후에 121만 원을 지급하는 (주)티라 채권을 100만 원에 매입할지 또는 동일한 금액으로 이자율 10%인 국채를 매입할지 고민하고 있다. (주)티라는 정상적인 경우에는 약속한 금액을 전부 상환할 수 있지만, 부도가 날 경우에는 약속한 금액 중에서 11만 원만 상환할 수 있다. 반면, 국채는 어떤 경우라도 원금과 이자가 확실히 보장된다. 추신성은 (주)티라가 발행한 채권에 투자할 경우에는 투자 위험을 제거하기 위해서 일정 수준의 보험료를 내면 1년 후 (주)티라가 약속한 금액 전체를 보장받는 보험을 (주)아라보험과 계약할 것을 고려하고 있다. 한편, (주)아라보험은 기대이윤이 0 이상일 때 계약을 체결한다.

11₋₁ 추신성이 (주)티라가 발행한 채권을 매입하기로 결정했다면 현재 시점에서 채권 투자에 따른 위험을 제거하기 위해 지불할 의사가 있는 최대 보험료는 얼마인가?

① 8만 원
② 9만 원
③ 10만 원
④ 11만 원
⑤ 12만 원

추신성이 국채에 투자하면 1년 후 원리금은 확실하게 110만 원이 된다. 반면, (주)티라 채권을 구입하면 1년 후 원리금은 (주)티라의 부도 여부에 따라 달라진다. 이때 추신성이 (주)아라보험에 보험료(β)를 내고 보험계약을 매입함으로써 (주)티라 채권 투자에 따른 위험을 제거할 수 있다. 추신성이 (주)아라보험에 낼 의사가 있는 보험료는 (주)티라 채권에 투자해서 얻을 수 있는 원리금이 국채에 투자해서 1년 후에 받게 되는 원리금과 크거나 같은 수준에서 결정된다. 따라서 '121만 원인 수령 예정 금액에서 보험료를 1년 전에 지불한 금액인 (1 + 0.1) × 보험료를 차감한 금액'이 이자율 10%의 100만 원짜리 국채를 구매했을 때 얻게 되는 이윤(100만 원 + (1 + 0.1) × 10%)보다 크게 형성되는 범위에서 보험료를 최대한 지불하게 된다. 즉 '121 − (1 + 0.10) × β ≥ 100 × (1 + 0.10)'에서 결정된다. 이를 풀면 β ≤ 10만 원이며 따라서 최대 보험료는 10만 원이다.

11₋₂ (주)아라보험이 추신성과 보험계약을 체결할 때 손해를 보지 않으려면 1년 동안 (주)티라가 부도가 날 확률은 최대 얼마 이하이어야 하는가?

① 8%
② 9%
③ 10%
④ 11%
⑤ 12%

추신성이 지불 의사가 있는 최대 보험료는 10만 원이므로 현재 시점에서 (주)아라보험의 최대 수익은 10만 원이다. 만약 1년 후 정상적인 경우라면 (주)아라가 원리금을 모두 변제할 수 있으므로 (주)아라보험은 추신성에게 보험금을 지급하지 않아도 되지만, (주)티라가 부도 나면 (주)아라보험은 원리금에서 상환액만큼을 제외한 110만 원을 추신성에게 보험금으로 지급해야 한다. 1년 후 (주)티라가 부도날 확률을 p라고 하면 (주)아라보험의 1년 후의 기대이윤은 '10 × (1 + 0.10) − [p × 110 + (1 − p) × 0]'이 된다. 이때 (주)아라보험이 추신성과 보험계약을 체결하기 위해서는 이 기대이윤이 0 이상이어야만 한다. 이 조건을 만족하는 p는 10% 이하이므로 (주)티라가 부도날 확률이 10%를 초과하면 (주)아라보험은 손해를 보게 되어 추신성과 보험계약을 체결하지 않을 것이다.

12 다음 자료에서 지혜와 보아가 생각하는 것과 같은 문제를 해소할 수 있는 방안을 〈보기〉에서 찾아 순서대로 바르게 나열한 것은?

> 교사 : 최근 정부는 상환 능력은 있는데 신용이 좋지 않아 일반 은행을 이용하기 어려운 사람들의 자활을 돕기 위해 무담보·무보증으로 대출을 해 주는 '미소금융제도'를 도입했어요. 오늘은 이에 대해 토론해 볼까요?
>
> 지혜 : 우리나라에서 미소금융제도가 필요한 이유는 저신용자를 위한 대출시장이 미약하기 때문이에요. 담보와 거래 실적이 부족한 저신용자의 경우, 은행이 차입자의 상환 능력과 상환 의지에 대한 정보를 가지고 있지 않아 차입자가 높은 이자를 부담한다고 해도 선뜻 대출을 해 줄 수 없겠죠.
>
> 보아 : 담보나 보증이 없는 상황에서 차입자가 돈을 갚을 유인이 있을지 의문이 들어요.

—| 보기 |—

ㄱ. 기업이 임원의 보수 중 일부를 스톡옵션으로 제공한다.
ㄴ. 주식시장에 상장된 기업은 기업의 정보를 충분히 공시하도록 한다.
ㄷ. 중고차 시장에서 전문 지식을 보유한 딜러가 품질보증서를 발급한다.
ㄹ. 자동차보험에 가입한 운전자가 교통사고를 내면 수리비의 일부를 보험 가입자가 부담하게 한다.

	지 혜	보 아
①	ㄱ, ㄴ	ㄷ, ㄹ
②	ㄱ, ㄷ	ㄴ, ㄹ
③	ㄱ, ㄹ	ㄴ, ㄷ
④	ㄴ, ㄷ	ㄱ, ㄹ
⑤	ㄴ, ㄹ	ㄱ, ㄷ

'미소금융제도'를 정보의 비대칭성과 연결하여 해석하도록 하는 문항이다. 저신용자들은 상환능력에 대한 정보의 비대칭성이 심하여 기존 은행을 통한 대출이 어려운 점이 있다. 지혜는 이러한 '역선택'의 문제를 들어 저신용자를 대상으로 한 대출시장이 미약함을 지적하고, 이러한 문제를 해결하는 데에 미소금융제도가 필요하다고 이야기하였다. 실제 미소금융기관은 시중 은행보다 강화된 대출 심사를 통해 정보의 비대칭성을 줄이고자 한다. 반면, 보아가 지적하는 바와 같이 대출상환을 유도하는 적절한 장치가 없으면 '도덕적 해이'가 발생해 상환율이 떨어지고 결국 미소금융사업이 장기적으로 지속되기 어려울 수 있다. 〈보기〉에서 ㄴ과 ㄷ은 역선택의 문제를 해결하기 위해 정보를 더 많이 알고 있는 거래 상대자가 정보를 공개하도록 하는 방안이며, ㄱ과 ㄹ은 도덕적 해이의 문제를 해소하기 위해 인센티브를 부여하는 방안이다.

가장 많이
빈출된 문제
★★★★★

1. 주식과 채권의 개념
   대표적인 자금 조달 방법인 주식과 채권의 특성을 구분하여 이해하고 있는지 확인하는 문제

2. 신종 금융상품의 구분
   전환사채, 신주인수권부사채, 교환사채 등 다양한 자본 조달 방법에 대한 이해 여부를 확인하는 문제

1 주식과 채권의 의미

(1) 주식의 의의

주식은 회사의 자본을 구성하는 단위로 주식회사의 사원으로서 권리발생의 기초인 주주의 자격(주주권)을 의미한다. 또한 발행주식의 액면총액이 회사의 자본금이 되며, 시가발행 시 액면초과금액은 주식발행초과금으로서 자본잉여금으로 적립된다.

(2) 주식의 종류

① 액면금액의 기재 여부에 따른 분류

   ㉠ 액면주식 : 정관과 주권에 1주의 금액이 기재된 주식

   ㉡ 무액면주식 : 주권에 주금액의 기재가 없고, 주식수만 기재된 주식(우리나라 상법상 인정되지 않고 있다)

② 기명유무에 따른 분류

   ㉠ 기명주식 : 주주의 성명이 주주명부 및 주권에 기재된 주식(원칙)

   ㉡ 무기명주식 : 주주의 성명이 주주명부 및 주권에 기재되지 않은 주식(정관의 정함이 있는 경우에만 발행 가능)

③ 재산적 내용에 따른 분류

   ㉠ 보통주 : 회사의 이익, 이자의 배당, 잔여재산의 분배에 관해 표준이 되는 보통의 주식

   ㉡ 우선주 : 이익배당, 잔여재산의 분배 등에 있어 다른 종류의 주식에 대해 우선적 지위가 인정되는 주식

     • 참가적 우선주 : 일정률의 이익배당을 받고 다시 잔여이익의 배당에도 보통주와 함께 참여할 수 있는 우선주

     • 비참가적 우선주 : 일정률의 우선배당을 받을 뿐 잔여이익에 대해서는 배당이 배제되는 우선주

     • 누적적 우선주 : 회계 연도의 배당이 소정의 우선배당률에 미달할 때 그 부족액을 후년도의 이익에서 우선적으로 배당받을 수 있는 우선주

     • 비누적적 우선주 : 회계 연도의 배당이 소정의 우선배당률에 미달하더라도 그 부족액을 후년도에 우선적으로 배당받을 수 없는 우선주

     • 후배주 : 이익배당, 잔여재산의 분배 등에 있어 다른 종류의 주식에 비해 열등한 지위에 있는 주식

     • 혼합주 : 이익배당, 잔여재산의 분배 등에 있어 어떤 권리는 보통주보다 우선하고 다른 권리에 대해서는 열등한 지위에 있는 주식

④ 의결권의 유무에 따른 분류
  ㉠ 의결권주식 : 회사의 경영참가나 지배권을 획득하고 유지하기 위한 권리가 부여된 주식
  ㉡ 무의결권주식 : 경영참가가 아닌 배당에만 관심이 있는 주식이며, 의결권을 부여받지 않으나
   배당우선권이 실현되지 않을 때는 의결권이 부활된다.

(3) 채권의 개념

채권에서는 원금과 이자를 지급하는 시기가 미리 정해져 있기 때문에 비교적 안전하고 수익성도 높은 편이다. 따라서 채권은 투자금액에 대하여 주식에 비해 우선권을 갖는다. 반면, 주식은 채권자들의 권리가 인정된 후에 남는 권리를 요청할 수 있기 때문에 잔여지분청구권이라고 한다.

(4) 채권의 특성

① 수익성(Profitability)
 투자자가 채권을 보유함으로써 얻을 수 있는 이자소득과 자본소득을 말한다. 이자소득은 채권을 보유함으로써 발생하는 이자에 대한 소득이고, 자본소득은 채권의 가격변동으로 인해 채권의 매수가격보다 시장가격이 높을 때 발생하는 소득이다.

② 안정성(Safety)
 채권은 정부나 공공기관, 특수법인, 금융기관 및 신용도가 높은 주식회사 등이 주로 발행하므로 안정성이 높다. 주식회사가 발행하는 회사채의 경우도 원리금의 지급을 대부분 금융기관이 보증하기 때문에 안정성이 높다.

③ 유동성(Liquidity)
 화폐가치의 손실 없이 바로 현금으로 전환될 수 있는 정도를 의미한다. 채권유통시장에서 거래하여 당일결제로 현금화할 수 있다.

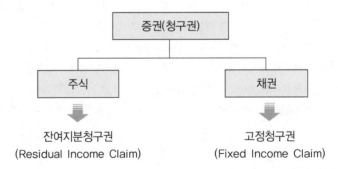

주식과 채권의 차이

구 분	주 식	채 권
자금 조달방법	자기자본	타인자본
소유자의 법적 지위	주 주	채권자
소유 시 과실	결산 시 배당금	원금과 이자
존속기간	영구 증권	기한부 증권
손익의 안정성	불확정 소득	확정 소득
투자 위험	높 음	낮 음
발행 주체	상법상 주식회사	정부, 공공법인, 기업
경영참가권	있 음	없 음

참고 **채권관련용어**

① 액 면

책권 1장마다 권면에 표시되어 있는 1만 원, 10만 원, 100만 원 등의 금액을 채권액면이라고 한다.

② 표면금리

채권보유자에게 지급할 이자를 결정하는 금리로서 액면이자율이라고도 하는데, 이는 액면에 대한 1년 단위의 이자율로 표현된다.

③ 만 기

채권이 발행되고 난 후 원금이 상환되는 시점까지의 기간을 만기라고 한다.

④ 잔존기간

이미 발행된 채권을 만기 이전에 중도매매할 때에 매매일로부터 만기까지 남은 기간을 잔존기간이라고 한다.

⑤ 단 가

유통시장에서 채권의 매매단가란 액면 10,000원의 거래가격을 말한다.

2 증권 투자의 가치 측정

(1) 순현재가치법(NPV)

투자안으로 발생하는 현금흐름을 적정 할인율로 할인하여 산출한 현재가치에서 투자비용을 차감한 순현재가치를 기준으로 투자안을 평가하는 방법이다.

$$\frac{C_1}{1+R} + \frac{C_2}{(1+R)^2} + \frac{C_3}{(1+R)^3} + \frac{C_4}{(1+R)^4} + \cdots + \frac{C_N}{(1+R)^N} - C_0 = 순현재가치$$

단, C_t : t시점 현금흐름

C_0 : 투자비용

R : 할인율

예 시

중소건설회사를 운영하는 김지환 사장은 대학가 근처에 원룸 건물을 신축하려 한다. 원룸 건물을 신축하는 데 4천 500만 원의 비용이 소요될 예정인 반면, 원룸 임대를 통해 3년 동안 매년 2천만 원의 순현금 유입이 예상된다고 한다. 순현재가치법을 통해 투자안의 경제성을 평가하자(단, 할인율은 연 10%로 적용한다).

이 투자안으로 발생할 현금흐름의 현재가치를 구하면 다음과 같다.

$$\frac{2천만\ 원}{(1+0.1)} + \frac{2천만\ 원}{(1+0.1)^2} + \frac{2천만\ 원}{(1+0.1)^3} \fallingdotseq 4천\ 970만\ 원$$

따라서 이 투자안을 실행했을 경우 발생할 순현재가치는 4천 970만 원 − 4천 500만 원 = 470만 원으로 예상된다.

(2) 내부수익률법(IRR)

내부수익률법을 이용한 투자의사결정에서는 내부수익률과 할인율과의 비교를 통해서 이루어진다. 내부수익률이란 투자안을 수행할 경우 발생할 미래 현금흐름의 현재가치와 투자비용을 같게 만드는 할인율을 의미한다. 순현재가치를 0으로 만드는 할인율이 내부수익률이다.

기업은 내부수익률이 이자율보다 크면 투자하고, 내부수익률이 이자율보다 작으면 투자하지 않는다.

예 시

중소건설회사를 운영하는 김지환 사장은 대학가 근처에 원룸 건물을 신축하려 한다. 원룸 건물을 신축하는 데 4천 500만 원의 비용이 소요될 예정인 반면, 원룸 임대를 통해 3년 동안 매년 2천만 원의 순현금유입이 예상된다고 한다. 이를 내부수익률법을 통해 투자안의 경제성을 평가하자(단, 이자율은 연 10%로 적용한다).

$$\frac{2천만\ 원}{(1+X)} + \frac{2천만\ 원}{(1+X)^2} + \frac{2천만\ 원}{(1+X)^3} \fallingdotseq 4천\ 500만\ 원$$

위의 식을 만족시키는 X의 값은 15.9%이다. 따라서 이자율 10%보다 수익률이 높은 투자안이므로 김지환 사장은 원룸 건축을 선택하는 것이 합리적이다.

순현가치법과 내부수익률법에 의한 투자안의 경제성 평가 결과가 다른 경우

투자안에 대하여 순현재가치법과 내부수익률법에 의한 평가결과가 상이하게 나타날 수 있다. 투자안평가에 차이가 발생하는 요인은 투자 규모나 투자안 수명 주기의 현격한 차이, 현금흐름의 양상 간 차이 등이다. 이처럼 투자안에 대한 평가 결과가 상이한 경우, 순현재가치법의 결과에 따르는 것이 보다 합리적이다. 내부수익률법에 의한 평가결과가 보다 낙관적인 가정 속에 도출된 결과이며, 경우에 따라서는 복수의 결과가 나오거나 결과가 도출되지 않는 경우가 있기 때문이다. 또한 순현재가치법은 여러 투자안에 동시에 투자할 경우의 결과를 도출할 수 있다. 하지만 내부수익률법은 투자안이 바뀔 때마다 다시 계산해야 하는 번거로움이 있다.

(3) 채권가격의 결정

① 채권가격 계산을 위한 기본 개념

채권은 정부가 지자체, 일반 기업 등이 투자자로부터 자금을 조달하기 위해서 발행하는 차용증서를 말한다. 채권에서는 원금과 이자를 지급하는 시기가 미리 정해져 있다는 특징이 있다.

 • **액면금액** : 채권 액면에 표시되어 있는 금액으로 채권을 보유하고 있는 투자자는 만기에 이 액면금액을 수령하게 된다.
• **표면금리** : 채권보유자에게 지급할 이자금액을 결정하는 금리로, 액면이자율, 약정이자율, 쿠폰이자율이라도 불린다.
• **만기** : 채권이 발행되고 난 후 원금이 상환되는 시점을 만기라 한다.
• **잔존기간** : 이미 발행된 채권을 만기 이전에 중도매매할 때에 매매일로부터 만기까지 남은 기간을 잔존기간이라고 한다.

예시

액면금액이 100만 원, 만기 5년이고, 표면금리는 8%인 채권을 발행한 후 2년 경과한 시점에서 취득하였다. 이자는 연말에 수령하는 조건이라고 할 때 이 채권을 취득한 이후의 현금흐름을 나타내면?

위의 사례에서 제시된 채권의 잔존기간은 3년이다. 매년 수령할 수 있는 이자지급액은 다음과 같다.

이자 수령액 = 액면금액 × 표면금리 = 100만 원 × 0.08 = 8만 원

따라서 해당 채권을 취득할 경우에는 다음과 같은 현금흐름을 얻을 수 있다.

② 채권평가모형

③ 이자부 채권

이자부 채권이란 가장 일반적인 형태의 채권으로서 일정기간 동안 이자를 지급하다가 만기에 원금을 상환해 주는 채권을 말한다. 이러한 특성을 가진 채권은 이표채라고도 불린다. 이러한 형태의 채권을 보유할 경우 이자와 원금이라는 두 가지 현금흐름이 발생하게 되는데, 이를 적정 할인율로 현재가치화하면 다음과 같다.

$$B_0 = \frac{C}{(1+k)} + \frac{C}{(1+k)^2} + \cdots + \frac{C}{(1+k)^n} + \frac{F}{(1+k)^n}$$

단, C : 이자, F : 액면금액, n : 잔존기간, k = 이자율

ⓛ 할인채

할인채란 만기까지 아무런 이자도 지급하지 않다가 만가에 가서 단 1회에 액면금액만 상환하는 형태의 채권이다. 우리나라의 경우에는 재정증권, 통화안정증권, 산업금융채권 등이 이러한 형태를 취하는 경우가 많다.

$$B_0 = \frac{F}{(1+k)^n}$$

단, F : 액면금액, n : 잔존기간, k = 이자율

ⓒ 영구채

영구채란 만기가 없는 채권을 말한다. 영구채는 원금상환 없이 무한 기간 동안 이자만을 지급하는 현금흐름을 보이고 있다. 따라서 계산 방법은 다음과 같다.

$$B_0 = \frac{d}{(1+k)} + \frac{d}{(1+k)^2} + \cdots + \frac{d}{(1+k)^n} + \frac{d}{(1+k)^{n+1}} + \cdots + \frac{d}{(1+k)^\infty} = \frac{d}{k}$$

예시

시장이자율이 10%라는 가정 하에 다음과 같은 형태의 채권들의 적정가격을 산출하면?(단, 이자는 연
1회 지급한다고 가정하자).

㉮ 잔존기간 3년, 액면금액 100만 원, 표면금리는 8%인 채권의 가격은 얼마인가?

㉯ 만기까지 3년 남은 액면금액 100만 원인 할인채의 가격은 얼마인가?

㉰ 액면금액이 100만 원이고 표면금리는 8%인 영구채권의 가격은 얼마인가?

㉮ $B_0 = \dfrac{80,000}{(1+0.1)} + \dfrac{80,000}{(1+0.1)^2} + \dfrac{80,000}{(1+0.1)^3} = 950,263$원

㉯ $B_0 = \dfrac{1,000,000}{(1+0.1)^3} = 751,315$원

㉰ $B_0 = \dfrac{80,000}{0.1} = 800,000$원

(4) 채권가격과 채권 관련 변수와의 관계

① 시장이자율과 채권가격

채권가격은 시장이자율과 역의 관계를 갖고 있다. 시장이자율이 높으면, 채권가격이 낮아지고, 시
장이자율이 낮으면 채권가격이 높아진다.

- 시장이자율 < 액면이자율 → 채권가격 > 액면금액 : 할증거래
- 시장이자율 = 액면이자율 → 채권가격 = 액면금액 : 액면거래
- 시장이자율 > 액면이자율 → 채권가격 < 액면금액 : 할인거래

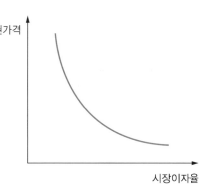

② 만기와 채권가격

채권가격은 시장이자율에 의해 영향을 받는데, 시장이자율이 동일한 크기로 변동할 때에 만기가 긴 채권의 가격은 만기가 짧은 채권의 가격보다 더 민감하게 변동하게 됨을 알 수 있다. 이는 다른 조건이 동일한 경우에 만기가 길수록 위험에 대한 보상으로 더 높은 이자율이 요구되는 것이 일반적이라는 점을 시사한다.

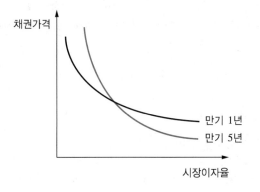

③ 채권수익률

채권의 가격을 산출할 때 이용하는 시장이자율을 채권수익률이라고 부른다. 또한 시장이자율이란 채권을 구입해서 만기까지 보유할 경우에 얻게 되는 수익률을 의미하기 것이기 때문에 만기수익률이라고도 한다.

㉠ 채권수익률의 계산 방식

채권수익률을 알게 되면, 채권 매입 시 얻게 되는 현금흐름을 할인하여 채권의 현재가치가 얼마인지 계산할 수 있다.

$$B_0 = \frac{C}{(1+R)} + \frac{C}{(1+R)^2} + \cdots + \frac{C}{(1+R)^n} + \frac{F}{(1+R)^n}$$

단, C : 이자, F : 액면금액, n : 잔존기간

위의 식에서 할인율은 R을 제외하고 액면이자(C)와 만기(n)에 상환되는 원금(F) 및 만기(n)는 채권을 발행할 때 계약에 의해 확정되는 요인들이다.

예시

액면금액이 10,000원이고 표면금리가 연 10%, 이자는 연 1회 지급하고, 만기가 3년 남은 채권이 있다. 현재 채권시장에서 이 채권의 가격이 8,858원에 거래되고 있다고 하면 채권수익률은 얼마인가?

$$\frac{1,000}{(1+R)} + \frac{1,000}{(1+R)^2} + \frac{1,000}{(1+R)^3} = 8,858원$$

이를 계산하면 R = 15%가 된다.

ⓒ 채권수익률의 결정요인

- 자본의 한계생산성(Marginal Productivity of Capital : MPC)

  자본의 한계생산성은 추가로 1단위 자본을 실물자산에 투자할 경우 얻게 되는 수익률을 의미한다. 만약 시장이 균형 상태라면 이는 실질이자율과 동일할 것이다. 따라서 경기가 호황일 때에는 자본의 생산성이 높고 이에 따라서 실질이자율도 높게 형성된다. 이는 투자수익률이 높다면 투자자들은 이자율을 부담하더라도 자금을 쓰려고 할 것이기 때문이다.

- 물가상승률

  물가수익률은 채권수익률에 영향을 미친다. 물가상승률과 실질이자율 그리고 명목이자율 사이에는 다음과 같은 관계식이 성립하는데 이를 피셔의 공식(Fisher's Formula)이라 한다.

$$1 + R = (1+r)(1+\text{inf})$$

단, R : 명목이자율, r : 실질이자율, 물가상승률 : inf

- 만기까지의 잔존기간

  만기가 긴 채권의 경우에는 상대적으로 만기가 짧은 채권보다 시장이자율의 변화에 대해서 더 큰 폭으로 채권가격이 변동하게 된다. 따라서 다른 조건이 동일하다면 만기가 긴 채권의 가격변동위험이 더 크므로 이러한 위험에 대한 보상으로 더 높은 수익률을 요구하게 된다. 이러한 만기와 채권수익률의 관계를 이자율의 기간구조라 한다.

- 채무불이행위험

  채권수익률을 결정하는 마지막 요인은 채무불이행위험이다. 채무불이행위험이란 채권의 발행주체가 원리금을 제때에 상환하지 못할 가능성을 의미한다. 회사채의 경우에는 국가가 발행하는 국채의 경우보다 더 낮은 가격으로 거래된다. 그것은 개인 기업은 국가에 비해서 파산하여 채무를 상환하지 못할 가능성이 더 높기 때문에 이에 대한 보상이 있어야 하기 때문이다.

③ 기타 금융상품

(1) 전환사채(Convertible Bonds : CB)

전환사채란 일정기간 중에 발행 시에 미리 정해진 전환조건에 따라 발행회사의 주식으로 전환을 청구할 수 있는 권리가 부여된 채권이다. 주식으로 바꿀 것인가의 여부는 투자자에 의해 결정되며, 만약 주식으로 바꾸지 않은 채 전환사채를 계속 보유하면 일반 채권과 마찬가지로 일정기간마다 이자와 원금을 지급받게 된다.

따라서 전환사채란 채권과 주식의 성격을 동시에 지니고 있는 복합 유가증권으로 투자자의 입장에서 보면 전환사채는 사채성격과 주식성격의 두 가지를 합한 유가증권이므로 일반사채나 주식에서는 맛볼 수 없는 독특한 매력을 지니고 있다.

장 점	단 점
① 발행회사 측면 　㉠ 일반사채보다 낮은 금리로 발행되므로 자금조달 비용이 경감된다. 　㉡ 사채와 주식의 양면성을 지니므로 상품성이 크다. 　㉢ 주식으로의 전환 시 고정부채가 자기자본이 되므로 재무구조의 개선효과가 크다. ② 투자자 측면 　㉠ 사채로서의 투자가치의 안정성이 있다. 　㉡ 잠재적 주식으로서의 시세차익에 따른 고수익을 기대할 수 있다.	① 발행회사 측면 　㉠ 주식전환에 따라 경영권 지배에 영향을 받을 수 있다. 　㉡ 잦은 자본금 변동으로 사무처리가 번잡하다. ② 투자자 측면 　㉠ 보통사채보다 이자율이 낮다. 　㉡ 주가의 하락 등으로 전환권을 행사하지 못할 위험이 있다.

(2) 신주인수권부사채(Bond with Warrants : BW)

신주인수권부사채는 채권의 발행회사가 발행하는 신규 주식을 일정한 가격으로 인수할 수 있는 권한이 부여된 회사채를 말한다. 따라서 사채권자가 신주인수권을 행사하여 미리 정해진 일정기간(행사기간) 내에 일정 수의 신주를 일정가액(행사가격)으로 발행하여 줄 것을 청구하게 되면 해당 회사는 당연히 신주를 발행하여야 할 의무를 지게 된다. 예를 들어 액면가 1만 원에 2주를 인수할 수 있는 신주인수권이 결합된 신주인수권부사채에 투자하였다면 투자자는 시가(時價)에 관계없이 주당 1만 원에 2주를 인수할 수 있다. 물론 주가가 액면가인 1만 원 미만으로 떨어질 경우 신주인수권을 포기하면 그만이다.

(3) 교환사채(Exchangeable Bond ： EB)

교환사채란 상장법인이 발행하는 회사채의 일종으로서 사채권 소지인에게 일정기간(교환청구기간) 내에 사전에 합의된 조건으로 해당 회사의 주식 내지 해당 회사가 보유하고 있는 상장유가증권으로의 교환을 청구할 수 있는 권리가 부여된 채권을 말한다. 일반적으로는 교환사채의 교환대상 주식이 한 종류이지만 두 종류 이상인 경우도 있는데, 이러한 교환사채를 오페라본드(Opera Bond)라고 부른다.

구 분	전환사채	신주인수권부사채	교환사채
사채에 부여된 권리	전환권	신주인수권	교환권
대상증권	사채발생회사의 주식	사채발행회사의 주식	사채발행회사가 보유하고 있는 상장유가증권
발행사 요건	상장 또는 등록기업	상장 또는 등록기업	상장 및 협회등록기업
권리행사 시	사채 소멸, 사채발행 회사의 주식으로 전환	사채 존속, 사채발행 회사의 신주 인수	사채 소멸, 타회사 주식 인수
자본금변동	있 음	있 음	없 음
추가자금유입	없 음	있 음	없 음

교환사채는 발행회사 입장에서는 보유주식을 조기에 자금화할 수 있고 보유주식의 직접 매각 시 발생할 수 있는 주가의 하락을 방지할 수 있다. 반면 직접매각에 비해 업무가 복잡해지며 예탁기관에 소정기간 동안 예치해야 하므로 담보화 내지 고정자산화를 초래하는 단점이 있다.

(4) 이익참가부사채(Participating Bond ; PB)

이익참가부사채란 일반적인 채권과 마찬가지로 일정한 이자가 지급됨과 동시에 주식과 마찬가지로 회사의 이익분배에도 참가할 수 있는 권리가 부여된 사채를 의미한다. 흔히 이익분배부사채 또는 참가사채라고도 한다. 이익참가부사채는 최소한의 확정이자는 지급을 보장받으면서 일정률 이상의 이익이 발생했을 때 이익배당에도 참가할 수 있는 사채로서 발행회사는 최소한 확정이자의 부담만 있고 사채권자는 발행회사의 수익상황에 따라 더 많은 이자를 받을 수 있는 사채이다. 이러한 방식은 확정이자는 없이 발행회사의 수익상황에 따른 이자만 받게 되는 수익사채(Income Bond)와는 다르다.

4 선물 · 옵션의 기초

(1) 선물(Futures)

미래의 일정시점에 미리 정한가격으로 기초자산을 사거나 팔아야 하는 의무가 부과된 계약으로 거래소를 통하여 거래되는 것을 말한다.

(2) 옵션(Option)

① 개 념

ㄱ 옵션이란 어떤 상품의 일정량을 정해진 가격으로 일정기간 내에 "매입할 수 있는 권리(Call Option)" 또는 "매도할 수 있는 권리(Put Option)"를 말하며 옵션거래는 해당 권리를 매매하는 것이다.

ㄴ 옵션매입자 또는 옵션보유자가 권리를 사는 대가인 옵션프리미엄을 옵션매도자에게 지불하는데 이 프리미엄을 옵션가격이라고 한다.

ㄷ 옵션의 행사가격이란 미래에 거래할 기준으로서 계약서상에 명시되는 가격을 말한다.

ㄹ 옵션매수자는 권리만 옵션매도자는 의무만 보유한다.

ㅁ 옵션매수자는 매도자에게 권리에 대한 대가(옵션프리미엄)를 지불한다.

ㅂ 옵션매수자는 손실은 제한적이면서 무한한 이익기회가 제공되고 옵션매도자는 이익은 제한적이면서 무한한 손실위험을 가진다.

구 분	옵션거래	선물거래
권리와 의무	• 매입자는 권리만 가진다. • 매도자는 의무만 가진다.	• 매입자와 매도자 모두 권리 및 의무를 가진다.
거래의 대가	• 매입자가 매도자에게 권리에 대한 대가 (옵션프리미엄) 지급	• 계약대가를 지불할 필요가 없음
리스크	• 매입자 – 지불한 프리미엄으로 제한 • 매도자 – 무제한이지만 받은 프리미엄 만큼 감소	• 매입자와 매도자 모두 무한대
위탁증거금	• 매도자에게만 부과	• 매입자와 매도자 모두 부과
일일정산	• 매도자에게만 부과	• 매입자와 매도자 모두 부과

② 옵션의 종류

콜옵션	풋옵션
• 미래의 특정시점에 대상자산(코스피200 선물지수)을 권리 행사가격에 살 수 있는 권리를 매매대상으로 하는 거래	• 미래의 특정시점에 대상자산(코스피200 선물지수)을 권리 행사가격에 팔 수 있는 권리를 매매대상으로 하는 거래
• 매수자는 살 권리를 취득, 매도자는 매수자의 권리행사에 응해야 하는 의무가 발생하는 거래	• 매수자는 팔 권리를 취득, 매도자는 매수자의 권리행사에 응해야 하는 의무가 발생하는 거래
• 매수자는 향후 지수가 상승할 것이라 기대되는 경우에 매수함	• 매수자는 향후 대상자산이 하락할 것이라 기대되어지는 경우 매수함

참고 효율적 시장가설의 구분

① 약형(Weak Form) 효율적 시장 : 현재의 주가는 과거의 주가변동 양상과 거래량 추세에 관한 정보가 완전히 반영되어 있으므로, 어떤 투자자도 과거의 주가변동과 거래량을 바탕으로 한 투자전략으로는 초과수익을 얻을 수 없다는 가설이다.

② 준강형(Semi-strong Form) 효율적 시장 : 현재의 주가는 공개적으로 이용가능한 모든 정보를 완전히 반영하고 있으므로, 투자자는 공개된 정보를 바탕으로 한 투자전략으로 초과수익을 얻을 수 없다는 가설이다.

③ 강형(Strong Form) 효율적 시장 : 현재의 주가는 공개정보뿐만 아니라 사적인 정보까지도 반영되어 있으므로, 투자자는 어떤 정보에 의해서도 초과이익을 얻을 수 없다는 가설이다.

최신 기출분석문제

01 최근 저금리 시대를 맞아 채권이 주목을 받고 있다. 다음 중 채권 가격 결정에 영향을 미치는 요인과 가장 거리가 먼 것을 고르면?

① 채권 액면가　　　　　　　　　② 표면금리
③ 시장금리　　　　　　　　　　　④ 채권 만기
⑤ 채권 발행 시점

해설　이자율(금리)이 높을수록 채권 가격은 하락하게 된다. 반대로 이자율이 낮을수록 채권 가격은 상승하게 된다. 흔히 채권 금리라고 하면 표면금리를 말하지 않는다. 시장에서 이 채권에 대해 적정하다고 생각하는 금리를 뜻한다. 신문에 보도되는 채권 금리도 표면금리가 아닌 시장금리다. 채권에는 정부가 발행하는 국채가 있고, 기업이 발행하는 회사채가 있다. 국채와 회사채의 가장 큰 차이점은 부도 가능성이다. 국채는 회사채에 비해 돈을 돌려받지 못할 가능성이 일반적으로 낮다고 평가된다. 국가도 파산할 가능성이 없지는 않지만 사기업에 비해서는 안전한 편으로 분류된다.

정답 ⑤

02 첫해에 1,000억 원이 투자되는 A, B 두 가지 사업이 있다. A 사업은 투자 1년 후 600억 원, 2년 후 0원, 3년 후 550억 원의 수익이 발생하고 B 사업은 투자 3년 후 1,200억 원의 수익이 한꺼번에 들어온다. 할인율이 연 1%, 5%, 7%일 때 미래에 들어올 A, B 사업 순편익의 현재가치가 아래 표와 같다고 하자. 다음 중 옳은 설명으로 짝지은 것은?

할인율	A 사업 순편익의 현재가치	B 사업 순편익의 현재가치
연 1%	128억 원	165억 원
연 5%	46억 원	37억 원
연 7%	10억 원	−21억 원

가. B 사업의 순편익 총액은 1,200억 원으로 A 사업의 1,150억 원보다 많아 B 사업이 유리하네.
나. 그렇지 않아. 시중 이자율을 따져 봐야지. 이자율이 높으면 A 사업이 유리해.
다. 음, 현재 가치를 0으로 만들어 주는 내부수익률은 A사업이 B보다 높군.
라. 위험 분산을 위해 A, B 두 사업에 골고루 분산해 투자하는 것이 최선이야.

① 가, 나　　　　　　　　　　　② 가, 다
③ 나, 다　　　　　　　　　　　④ 나, 라
⑤ 다, 라

해설　현재가치법은 미래의 현금흐름을 동일한 기준으로 평가하기 위해 각 현금흐름에 할인율을 적용해 현재 가치로 바꾼다. 이자율이 상승하면 할인율도 높여야 한다. B 사업은 A 사업보다 더 먼 미래에 수익이 발생하기 때문에 할인율 상승에 따른 현재 가치 하락 폭이 크다. 내부수익률은 현재 가치로 바꾼 수익과 비용을 동일하게 만들어 주는 할인율이다. A의 내부수익률이 B보다 높다.

정답 ③

01 채권을 보유한 사람이 이익을 보는 시장 상황은?

① 물가가 상승할 때

② 채권가격이 떨어질 때

③ 금 가격이 상승할 때

④ 코스피지수가 상승할 때

⑤ 시중 이자율이 하락할 때

⑤ 채권가격은 시중 이자율과 역의 상관관계를 가진다. 시중 이자율이 상승하면 미래소득흐름의 할인율도 높아지기 때문에 채권가격은 떨어진다.

① 물가가 상승하면 채권가격은 하락한다.

④ 코스피지수가 상승하면 채권시장에 있던 자금이 주식시장으로 옮겨가 가격이 하락할 가능성이 높다.

채권은 정부, 공공기관, 기업이 일반인들에게 돈을 빌리기 위해 발행하는 차용증이다. 채권은 발행당시에 보유자에게 돈을 상환하는 시기인 만기일, 만기일에 상환하기로 약정한 원금인 액면가, 정해진 시기마다 지급하는 이자 등이 정해진다. 채권은 액면가대로 팔리지 않는다. A라는 기업이 연 5%라는 이자율로 채권을 발행한다고 하자. 단, 이 기업이 시장에서 돈을 빌릴 때 내는 조달금리는 연 10%다. 이 경우 사람들은 직접 A기업에 대출을 해주는 게 유리하기 때문에 액면가대로 채권을 구입하지 않을 것이다. 따라서 채권가격은 이자와 원금으로 구성된 '미래소득흐름'에 A기업의 조달금리와 같은 연 10%의 할인율을 적용해 구한 현재가치까지 떨어진다. 채권가격은 액면가보다 낮은 수준에서 결정된다. 거꾸로 조달금리보다 이자율이 높으면 채권가격은 액면가보다 높게 형성될 것이다. 따라서 조달금리는 채권의 수익률과 같다. 그리고 채권가격은 수익률이 높을수록 낮다.

02 갑은 A주식회사의 발행주식 중 51%의 지분을 소유하고 있는 최대주주이다. 최근 들어 재정이 악화되면서 자금조달의 어려움을 겪고 있는 중, 지배권의 변동이 없으면서도 자본을 증가시키는 방법으로 자금을 조달하고 싶다. 다음 중 가장 타당하지 않은 것은?

① 상환주식의 발행
② 전환주식의 발행
③ 우선주식의 발행
④ 무의결권주식의 발행
⑤ 전환사채(CB)의 발행

> 전환사채는 일정기간 후 주식으로 전환할 수 있는 권리가 부여된 사채이므로 주식으로 전환될 경우 보통주의결권이 희석되는 효과를 가져 오게 된다. 우선주식도 배당을 하지 않으면 의결권이 생긴다는 점에서 의결권 희석 효과를 가져 올 수 있으나 배당을 하게 되면 의결권이 없어지는 일시적인 현상이므로 전환사채가 가장 타당한 정답이라고 할 수 있다.
> 전환주식도 의결권 희석 효과를 가져올 수 있으나 주식으로 전환될 수 있는 무의결권우선주식 수의 발행이 제한(총 발행주식 수의 4분의 1)되는 등 의결권 희석 측면에서 전환사채보다 발행조건이 훨씬 엄격하므로 의결권 희석 효과가 전환사채보다 덜 하다. 전환사채는 사채이므로 발행총액이 상대적으로 자유롭고 전환으로 발행할 보통주식 수를 미리 정관에 확보해 두어야 하는 규정이 없다. 전환주식은 주로 우호지분 확보수단으로 활용된다.

03 내부수익률에 대한 설명으로 가장 바르지 않은 것은?

① 내부수익률은 투자로부터 기대되는 현금유입의 현가와 현금유출의 현가를 같게 하는 할인율을 의미한다.
② 내부수익률은 투자안의 순현가가 0이 되는 할인율이다.
③ 혼합현금흐름인 경우에는 내부수익률이 존재하지 않거나 복수의 내부수익률이 존재할 수 있다.
④ 내부수익률은 자본비용과 비교하여 의사결정을 한다.
⑤ 채권만기수익률은 곧 가중평균자본비용이다.

> 채권수익률은 채권의 현재 시장가격과 채권을 만기까지 보유했을 때 얻게 될 이자 및 원금의 현재가치를 같게 해주는 할인율이므로 채권투자의 내부수익률(IRR)이다.

04 투자안의 경제성평가와 관련된 다음 설명 중 맞지 않는 것은?

① 순현가법과 내부수익률법은 화폐의 시간가치를 고려한 투자안평가기법으로서 투자안의 현금흐름을 기회자본비용으로 할인하여 계산한다.

② 내부수익률법과 수익성지수법은 투자규모의 차이를 무시하는 평가기법이다.

③ 증분 IRR이 자본비용보다 크다면 자본비용은 피셔의 수익률보다 작아진다.

④ 현금흐름의 발생시점이 상이한 상호배타적 투자안이라도 피셔의 수익률이 없을 수 있다.

⑤ 상호배타적 투자안이라고 하더라도 항상 상반된 평가결과를 가져오는 것은 아니다.

> 내부수익률법과 순현가법의 결과가 상반되는 경우는 투자규모, 투자수명, 현금흐름의 양상이 다른 경우에 발생한다. 상반되는 이유는 순현가법에서는 재투자수익률을 자본비용으로 가정하고 내부수익률법에서는 그 투자안 IRR(내부수익률)을 재투자수익률로 가정하기 때문이다.

05 수익률법(IRR)에 관한 설명으로 가장 바르지 못한 것은?

① 내부수익률은 투자로부터 기대되는 현금유입의 현가와 현금유출의 현가를 같게 하는 할인율이다.

② 내부수익률은 평균투자수익률 개념으로 현금흐름의 시간성을 고려하였다.

③ 내부수익률은 순현가가 '0'이 되는 할인율이다.

④ 내부수익률이 자본비용보다 크면 투자채택을 결정한다.

⑤ 투자안이 복수인 경우 내부수익률 적용에는 어려움이 있다.

> 내부수익률이란, 투자안을 수행할 경우 발생할 미래 현금흐름의 현재가치와 투자비용을 같게 만드는 할인율을 의미한다. 순현재가치를 0으로 만드는 할인율이 내부수익률이다.
> 기업은 내부수익률이 이자율보다 크면 투자하고, 내부수익률이 이자율보다 작으면 투자하지 않는다.

06 다음은 어느 금융상품에 대한 설명이다. 이 금융상품은?

> • 회사채의 일종이다.
> • 발행회사가 보유하고 있는 다른 기업의 주식으로 바꿀 수 있다.

① EB   ② BW

③ CB   ④ 코코본드

⑤ 커버드본드

① · ③ 교환사채(EB)는 발행회사가 보유하고 있는 다른 기업 주식과 교환할 수 있는 권리가 주어진 사채이다. 채권을 주식으로 바꿀 수 있는 전환사채(CB)와 비슷하지만, 채권을 발행한 회사의 주식이 아닌 다른 회사의 주식으로 바꿀 수 있다는 점이 차이다.
② 신주인수권부사채(BW)는 일정 기간이 지나면 사채를 발행한 회사의 주식을 인수할 수 있는 권리가 주어진 사채이다.
④ 코코본드(CoCo Bond)는 일정한 조건 아래 다른 증권으로 전환할 수 있는 채권을 뜻한다. 평소에는 채권이지만 자기자본비율이 일정 수준 이하로 떨어지거나 공적자금 투입이 불가피할 정도로 은행이 부실해지면 주식으로 전환되거나 상각된다.
⑤ 커버드본드(Covered Bond)는 금융회사가 보유한 우량 자산을 담보로 발행하는 일종의 담보부채권이다.

07 다음에서 설명하는 금융상품은?

> 주식으로 바꿀 수 있는 채권으로, 영어 약자로는 CB라고 부른다. 처음 발행할 땐 일반적인 채권과 같지만 일정 기간이 지난 뒤 주가가 상승하면 주식으로 교환해 차익을 얻을 수 있다.

① 이표채   ② 전환사채

③ 후순위채권   ④ 상장지수펀드

⑤ 신주인수권부사채

③ 후순위채는 발행회사가 파산했을 경우 다른 채권자들의 부채를 모두 청산한 다음에 마지막으로 상환받을 수 있는 채권이다.
④ 상장지수펀드(ETF)는 펀드이면서 증권시장에 상장돼 거래되는 상품으로 수수료가 싼 게 특징이다.
⑤ CB처럼 사채와 주식의 중간 형태인 금융상품에는 BW(Bond with Warrant · 신주인수권부사채)도 있다.

08 순현가법과 내부수익률법에 관한 설명으로 바르지 못한 것은?

① 두 방법 모두 현금흐름 할인모형이다.

② 동일한 폭의 자본비용이 감소할 경우에는 증가할 경우보다 순현가의 변동이 크다.

③ 단일투자안일 경우 항상 동일한 결론을 갖는다.

④ 순현가법이 내부수익률법보다 우수한 방법이다.

⑤ 복수의 베타적인 투자안일 경우 항상 상반된 결과를 갖는다.

투자안에 대하여 순현재가치법과 내부수익률법에 의한 평가결과가 상이하게 나타날 수 있다. 투자안에 대한 평가가 상이하게 나타나는 경우는 투자 규모나 투자안의 수명 주기가 현격히 차이가 나거나, 현금흐름의 양상이 차이가 날 때 등이다. 이처럼 투자안에 대한 평가 결과가 상이한 경우, 순현재가치법의 결과에 따르는 것이 보다 합리적이다. 상호배타적인 투자안인 경우에도 투자규모나 수명이 현저히 다른 경우에만 상반된 결과가 나올 수 있다.

09 기초자산 가격이 변화하지 않을 것으로 예상되는 경우 옵션을 이용한 투자전략으로 가장 적절한 것은?

① 기초자산과 행사가격, 만기가 같은 콜옵션 2개와 풋옵션 1개를 매입한다.

② 기초자산과 행사가격, 만기가 같은 콜옵션 1개와 풋옵션 2개를 매입한다.

③ 기초자산과 만기가 동일하지만 행사가격이 낮은 풋옵션 1개를 매입하고 높은 콜옵션 1개를 매입한다.

④ 기초자산과 만기가 동일한 콜옵션 중에서 행사가격이 낮은 콜옵션 1개와 높은 콜옵션 1개를 매입하고 중간인 콜옵션 2개를 매도한다.

⑤ 기초자산과 만기가 동일한 콜옵션 중에서 행사가격이 낮은 콜옵션 1개와 높은 콜옵션 1개를 매도하고 중간인 콜옵션 2개를 사들인다.

두 개 이상의 콜옵션 또는 풋옵션을 결합시키거나 콜옵션과 풋옵션을 결합시키는 등 옵션을 이용해 여러 조합을 만들면 기초자산 변화에 따른 수익 창출 기회를 얻을 수 있다.

④ 기초자산 가격이 변화하지 않을 때 이익을 창출할 수 있는 전략으로 나비형 스프레드를 이용한 매입 전략이다.

① 기초자산 가격 변동이 클 것으로 예상되나 방향을 알지 못할 때, 특히 하락보다는 상승할 때 유리한 전략이다.

② 기초자산 가격 변동이 클 때, 특히 상승보다는 하락할 가능성이 더 높을 때 유리한 전략이다.

③ 기초자산 가격 변동이 클 때 수익을 창출할 수 있다.

⑤ 나비형 스프레드 매도에 대한 설명으로 수익 창출은 ④의 경우와 정반대이다. 즉 기초자산 가격이 변화하지 않을 때 손실이 발생한다.

10 다음은 채권 금리가 결정되는 일반적인 원칙이다. 옳은 것을 모두 고르면?

> 가. 다른 조건이 같으면 만기가 길수록 채권 금리는 높아진다.
> 나. 경기가 좋아지면 국채와 회사채 간 금리 차이가 줄어든다.
> 다. 일반적으로 국채 금리가 회사채 금리보다 높다.

① 가 　　　　　　　　　　　　　② 나
③ 다 　　　　　　　　　　　　　④ 가, 나
⑤ 나, 다

> 채권 이자율은 만기에 따라 달라진다. 일반적으로 만기가 길면 길수록 투자금의 유동성에 제약을 받기 때문에
> 이자율은 높아진다. 유동성선호이론에 따르면 단기채권 금리보다 장기채권 금리가 높을 경우에만 투자자들은 단
> 기채권을 반복적으로 구입하는 대신 장기채권을 구입하게 된다. 채권의 만기와 이자율의 이런 관계를 그림으로
> 그린 것을 이자율의 기간구조(Term Structure of Interest Rate)라고 하는데 이는 경기 상황을 진단하는 지표로
> 활용되기도 한다.
> 만기가 같다면 국채와 회사채의 금리 차이(스프레드)는 신용도의 차이라고 할 수 있다. 회사채는 국채보다 채무불
> 이행 위험(Default Risk)이 훨씬 크기 때문에 금리가 국채보다 높게 형성된다. 채무불이행 위험은 경기기 좋아지
> 면 줄어들게 된다.

11 아래 사례에서 이투자 씨가 선물거래에서 얻게 되는 손익은 가마당 얼마인가?

> 농부인 박경영 씨는 쌀 10가마를 보유하고 있다. 쌀 1가마는 현재 시장에서 5만3천 원에 거래된
> 다. 쌀 가공업자인 이투자 씨는 만기일인 내년 3월 1일에 쌀 10가마를 가마당 5만4천 원에 농부
> 박경영 씨에게서 매입하기로 하는 선물계약을 맺었다고 가정해 보자. 내년 3월 1일 현물시장에서
> 쌀 가격은 5만6천 원이다.

① 2,000원 손실 　　　　　　　　② 2,000원 이익
③ 4,000원 이익 　　　　　　　　④ 4,000원 손실
⑤ 손익은 0

선물거래에서 매입(Long Position)은 만기일에 기초자산을 선물가격으로 매입할 것을 계약한 것이며, 선물거래에서 매도(Short Position)는 만기일에 기초자산을 선물가격으로 매도할 것을 계약한 것이다. 선물거래를 매입한 투자자는 기초자산 가격이 오를수록 이익을 보게 되며, 선물거래를 매도한 투자자는 기초자산 가격이 떨어질수록 이익을 보게 된다.

선물 계약 후 만기일까지 그 거래를 보유한다면 만기 시점에서 얻게 되는 기초자산 1단위당 이익은 다음 식과 같다.

선물매입 거래의 이익 = 만기일 현물가격 − 선물계약 시 선물가격

따라서 선물매입 계약을 맺은 이투자 씨는 만기 시점 현물가격(5만6,000원)이 선물가격(5만4,000원)보다 상승했으므로 가마당 5만6,000원 − 5만4,000원 = 2,000원의 이익을 얻는다.

12 농산물 가격이 크게 변동할 것을 우려하는 농부가 다음과 같은 두 계약을 오늘 체결했다.

- 계약A : 수확 시점에 배추를 1,000평에 1,000만 원 받고 팔 수 있는 권리를 100만 원에 구입했다. 만약 수확 시점에 배추가격이 1,000평에 1,000만 원 이상이라면 이 권리를 포기할 것이다.
- 계약B : 수확 시점에 배추를 1,000평에 1,000만 원 주고 살 수 있는 권리를 80만 원에 구입했다. 만약 수확 시점에 배추가격이 1,000평에 1,000만 원 이하라면 이 권리를 포기할 것이다.

만약 수확 시점에 실제 배추가격이 1,000평에 700만 원으로 폭락했다면 손실 또는 이익액은?

① 180만 원 손실
② 80만 원 손실
③ 20만 원 이익
④ 120만 원 이익
⑤ 200만 원 이익

이 문제는 옵션에 관한 설명을 실생활에 적용한 것이다. 옵션이란 특정 상품을 일정 기간 안에 일정한 가격(행사가격)으로 매매하는 권리를 돈(프리미엄)을 주고 사고파는 것을 뜻한다. 계약A는 행사가격이 1,000만 원인 풋옵션을 100만 원의 프리미엄을 주고 매입했다는 의미이고 계약B는 행사가격이 1,000만 원인 콜옵션을 80만 원의 프리미엄을 주고 매입했다는 의미다. 따라서 만약 수확시기에 실제 배추가격이 1,000평에 700만 원으로 폭락했다면, 계약A로부터 200만 원의 이익을, 계약B로부터 80만 원의 손실을 얻기 때문에 총 120만 원의 이익을 보게 된다. 즉 계약A를 통해서는 수확시점에 시장에서 배추를 700만 원에 구입해서 1,000만 원에 판매할 수 있으므로 300만 원의 이익을 보고, 여기서 권리매입 가격을 차감하면 200만 원의 이익을 본다. 또한 계약B를 통해서는 시장에서 700만 원에 구입할 수 있으므로 900만 원에 살 이유가 없어져 권리를 포기함으로써 권리매입 가격인 80만 원 손해 보게 되는 것이다.

13 시장 가격에 관계없이 특정 상품을 특정 시점, 특정 가격에 매도할 수 있는 권리를 뜻하는 용어는 무엇인가?

① 풋옵션   ② 콜옵션

③ 바이아웃   ④ 스톡옵션

⑤ 셀&바이

> 옵션(Option)은 파생상품의 하나로 미래의 일정 기간 내에 특정 상품이나 외환, 유가증권 등의 자산을 미리 정한 가격에 사거나 팔 수 있는 권리다. 옵션의 종류에는 풋옵션과 콜옵션이 있다. 풋옵션은 미리 정한 가격으로 팔 수 있는 권리이고, 콜옵션은 미리 정한 가격으로 살 수 있는 권리이다. 옵션 매수자는 꼭 사거나 팔아야 하는 거래 이행의 의무는 없다. 불리할 경우 옵션을 포기할 수 있다. 바이아웃은 차입이나 채권 발행을 통해 조달한 자금으로 기업을 인수한 후 기업 가치를 높인 뒤 되팔아 수익을 챙기는 것을 의미한다. 스톡옵션은 기업이 임직원에게 일정수량의 자기회사 주식을 시세보다 적은 금액으로 살 수 있도록 하는 제도로, 인센티브의 일종이다. 셀&바이는 현물을 팔고 선물을 사는 것이다.

14 다음 옵션 거래 중 기초자산 가격이 하락할수록 큰 이익을 낼 수 있는 상황은?

① 콜옵션 매도   ② 콜옵션 매수

③ 풋옵션 매도   ④ 풋옵션 매수

⑤ 콜옵션과 풋옵션 동시 매도

> 풋옵션을 매수하는 경우 기초자산 가격이 하락하는 것이 유리하다.
> 선택권이란 뜻을 가진 옵션(Option)은 특정한 기초자산(금리나 주식, 통화 등)을 계약당사자가 미리 정한 가격에 장래의 특정 시점에 사거나 팔 수 있는 권리를 의미한다. 예를 들어 삼성전자 주식을 지금부터 한 달 뒤인 11월 5일에 주당 130만 원에 사거나 팔 수 있는 권리이다. 옵션엔 살 수 있는 권리(콜옵션)와 팔 수 있는 권리(풋옵션) 두 가지가 있다.
> 옵션을 사는 데는 일정한 비용을 지불해야 하는데 이게 바로 프리미엄이다. 가령 위의 사례에서 삼성전자 주식을 한 달 뒤 130만 원에 살 수 있는 권리(콜옵션)를 주당 1만 원에 구입했다면 1만 원이 바로 프리미엄이다. 그런데 삼성전자 주가가 10월 5일 현재 125만 원에서 11월 5일 135만 원으로 뛰었다고 하자. 그러면 삼성전자 콜옵션을 산 투자자는 옵션을 행사, 130만 원에 삼성전자 주식을 사서 135만 원에 팔면 옵션을 사들이는 데 들인 1만 원을 제외하고 한 달 만에 주당 4만 원의 이익을 얻게 된다.
> 반대로 삼성전자 주가가 11월 5일 120만 원으로 하락했다면 옵션을 행사하지 않고 1만 원의 프리미엄만 손해 보면 된다. 옵션은 권리이기 때문에 꼭 사거나 팔아야 할 의무가 없다. 미래 특정 시점에 특정 가격으로 매매의무가 주어지는 선물과는 다른 셈이다. 팔 수 있는 권리인 풋옵션의 경우 기초자산 가격이 오를수록 이익인 콜옵션과는 달리 기초자산 가격 하락폭이 클수록 더 많은 이익을 낼 수 있다.

15 아래 글로부터 추론할 수 있는 현상으로 가장 적절한 것은?

> 투자자들은 회사채의 이자율이 회사채를 발행하는 우량 기업과 불량 기업의 채무불이행 위험 평균을 상쇄할 경우에만 회사채에 투자할 것이다. 우량 기업의 경영자는 그들이 지급하고자 하는 이자율보다 더 많이 지불할 것이라는 사실을 알고 있기 때문에 회사채를 발행하려 하지 않는다. 오직 불량 기업만이 회사채를 발행할 것이고, 투자자들은 불량 기업이 발행한 채권에 투자하고 싶어 하지 않을 것이기 때문에 어떤 회사채도 사지 않을 것이다.
>
> 따라서 시장에서 거래되는 채권은 소수에 불과하며, 그러므로 채권 발행은 좋은 자금조달 방법이라고 할 수 없다. 어느 한 쪽이 거래 상대방에 대해 불충분한 정보를 갖고 있을 때에는 거래를 할 것인가에 대한 정확한 판단을 내리기 힘들다.
>
> 반대로 은행과 같은 금융 중개기관은 기업에 대한 정보 획득이 용이하기 때문에, 우량 기업과 불량 기업을 가려낼 수 있다.

① 채권 수익률이 주식 수익률보다 높다.
② 채권은 이자율이 변동하기 때문에 위험이 높은 금융자산이다.
③ 기업들은 회사채 발행보다는 주로 은행대출을 통해 자금을 조달한다.
④ 기업의 경영자는 자금을 빌려 준 투자자의 이익을 크게 고려하지 않는다.
⑤ 회사채는 주식 발행이 어려운 회사만 발행한다.

> 제시문은 금융시장에서 정보의 비대칭성 문제로 인하여 어떠한 결과가 나타날 수 있는가를 설명한 글이다. 기업들이 회사채 발행을 통해 자금을 조달하고자 할 때, 만일 투자자가 우량 기업과 불량 기업을 구별할 수 있다면 우량 기업이 발행한 채권에는 낮은 이자율을, 불량 기업에게는 높은 이자율을 받으려 할 것이다. 그러나 많은 경우 투자자 입장에서는 사전적으로 어느 기업이 우량 기업이고 어느 기업이 불량 기업인지 알 수가 없다. 따라서 투자자들은 적어도 평균적인 기업에 해당하는 이자율을 받으려 할 것이다. 기업의 경영자가 이러한 사실을 인지하게 되면 우량 기업은 자신이 제공할 것으로 기대되는 이자율보다 높은 이자율을 주어야 할 것이므로 회사채를 발행하려 하지 않을 것이다. 즉, 회사채를 발행하려는 기업은 모두 불량 기업이라고 할 수 있다. 이를 투자자가 인지하면 회사채에 투자하지 않을 것이다. 결국 회사채를 통한 자금조달이 활발하지 못할 것으로 예상할 수 있다. 반면 은행은 과거의 영업 활동과 정보 수집을 통해 우량 기업과 불량 기업을 더 잘 구별할 수 있다. 따라서 기업의 자금조달은 회사채 발행보다는 은행대출에 의존하는 경우가 많다.

부록

실전모의고사

CONTENTS

제1회~제4회 실전모의고사

제1회~제4회 정답 및 해설

I wish you the best of luck!

㈜시대고시기획
㈜시대교육

www.**sidaegosi**.com

시험정보·자료실·이벤트
합격을 위한 최고의 선택

시대에듀

www.**sdedu**.co.kr

자격증·공무원·취업까지
BEST 온라인 강의 제공

실전모의고사

01 다음 재화 중에서 버스와 전철과 같은 조합이 아닌 것은?

① 빵과 버터
② 돼지고기와 닭고기
③ 사이다와 콜라
④ 버터와 마가린
⑤ 연필과 샤프

02 국내 이동전화 서비스 시장에서 1분당 통화 요금을 상승시킬 가능성이 가장 큰 것은?

① 휴대폰(단말기) 가격의 인하
② 이동전화 사업자 간의 번호이동성 허용
③ 외국 이동전화 사업자의 국내 시장 진입
④ 새로운 무선통신 기술의 개발
⑤ 전반적인 경기침체

03 동일한 경제학 개념으로 설명할 수 있는 현상이 아닌 것은?

① 주인 없는 산은 남벌로 인해 나무가 별로 없다.
② 신용카드의 남발로 채무를 진 사람이 늘고 있다.
③ 오염 물질의 배출로 지구의 온난화가 진행되고 있다.
④ 어부들의 남획으로 바다에서 잡히는 생선의 수가 줄고 있다.
⑤ 어린이들이 너무 뛰어 놀아 동네 공원의 잔디밭이 황폐해지고 있다.

04 총수요의 감소를 초래할 수 있는 요인은?

① 소비 증가
② 환율 상승
③ 이자율 상승
④ 투자 증가
⑤ 정부지출 증가

05 규모의 경제(Economies of Scale)가 발생할 가능성이 가장 큰 경우는?

① 생산요소의 가격이 하락하는 경우
② 고정비용이 낮은 산업인 경우
③ 생산량을 증가시킬 때 장기평균비용이 감소하는 경우
④ 재화 둘 이상을 각각 다른 생산자가 생산하는 것이 아니라 생산자 한 명이 생산하는 경우
⑤ 생산요소의 투입량을 3배 증가시킬 때 생산량이 3배 이하로 증가하는 경우

06 완전경쟁시장에서 물건을 살 때에 합리적인 행위는?

① 다른 사람이 무엇을 사는지 알아본다.
② 다른 사람이 무엇을 어디에서 사는지 알아본다.
③ 여러 상점에 가서 품질을 비교해 본다.
④ 여러 상점을 돌아다니며 물건 값을 흥정한다.
⑤ 한 상점에 가서 물건을 그냥 산다.

07 독점시장에 대한 설명 중 타당하지 않은 것은?

① 독점기업의 수요곡선은 우하향하는 시장수요곡선 그 자체이다.
② 독점기업의 경우 한계수입은 가격보다 낮다.
③ 독점기업의 수요곡선과 평균수입곡선은 일치한다.
④ 한계수입곡선 기울기는 수요곡선 기울기의 2배가 된다.
⑤ 한계수입이 0일 때, 총수입은 극대화되며 독점이윤 또한 극대화된다.

08 모든 상품의 가격이 2배 오르고, 소비자의 소득도 2배 늘었다. 이때 예상할 수 있는 결과는?

① 기존에 소비하던 상품의 수요는 불변
② 모든 상품의 수요가 감소
③ 소득이 증가할 때 소비가 증가하는 정상재의 소비만 증가
④ 소득이 증가할 때 소비가 빠르게 증가하는 사치재의 소비만 증가
⑤ 모든 상품의 수요가 증가

09 다음 설명 중에서 저량변수와 관련된 것은?

① 박사장은 우리 동네에서 부동산을 가장 많이 가진 사람이다.
② 내 컬러프린터는 1분에 20장씩 인쇄할 수 있다.
③ 한국식당의 하루 매상고는 500만 원이 넘는다.
④ 아빠 월급은 줄었는데도 우리 가족 씀씀이는 커져서 걱정이다.
⑤ 햄버거 가게 아르바이트생의 임금은 시간당 2,000원이다.

10 국내총생산(GDP)에 관한 설명 중 옳지 않은 것은?

① 자가 아파트의 임대료 상승분은 국내총생산에 포함되지 않는다.
② 중고 자동차의 거래는 국내총생산에 포함되지 않는다.
③ 국내총생산은 생산자의 국적과 관계가 없다.
④ 포항제철에 재고로 남아있는 강철은 생산연도의 국내총생산에 포함된다.
⑤ 최루탄의 생산은 국내총생산에 포함된다.

11 경제성장에 관한 서술 중 옳지 않은 것은?

① 교육을 통한 인적자본 축적은 경제성장의 요인이 된다.
② 경제성장을 위해서는 내수와 수출 둘 다 중요하다.
③ 인구가 국민총소득보다 빨리 증가하면 경제가 성장해도 1인당 소득은 감소한다.
④ 경제성장은 환경오염이나 자원고갈을 초래할 수 있다.
⑤ 외국인의 국내 직접투자는 경제성장을 제약한다.

12 인플레이션의 영향에 대한 설명으로서 타당하지 않은 것은?

① 채무자에게 유리하고, 채권자에게는 불리하게 소득분배가 이루어진다.

② 완만한 인플레이션은 경기가 활성화되는 데 도움을 줄 수 있다.

③ 국제수지에 악영향을 준다.

④ 개인의 현금 보유비용을 감소시킨다.

⑤ 가계의 실질구매력을 감소시킨다.

13 총수요−총공급 거시경제모형에서 총공급곡선을 이동시키는 요인이 아닌 것은?

① 노동인구의 변화 　　　　② 자본량의 증가

③ 천연자원의 개발 　　　　④ 기술진보

⑤ 통화공급 증대

14 실업에 대한 설명으로 옳지 않은 것은?

① 생산가능인구는 경제활동인구와 비경제활동인구로 구성된다.

② 구직단념자는 경제활동인구에 포함된다.

③ 현역군인이나 형이 확정된 교도소 수감자 등은 노동가능인구에서 제외한다.

④ 경제활동인구는 취업자와 실업자로 구성된다.

⑤ 부모님의 가게에서 일주일에 18시간 이상 무급으로 일손을 도운 사람은 취업자에 포함된다.

15 한국은행이 물가 상승을 우려하여 콜금리 목표치를 인상하는 경우 환율 및 수입에 미칠 영향은?

① 환율 하락과 수입 증가

② 환율 상승과 수입 증가

③ 환율 하락과 수입 감소

④ 환율 상승과 수입 감소

⑤ 환율과 수입에 변화 없음

16 물가수준이 하락할 때 총수요가 증가하는 이유를 모두 고른 것은?

> ㄱ. 실질화폐공급이 증가하여 실질이자율이 하락하고 투자가 증가
> ㄴ. 수입가격에 비해 수출가격이 상대적으로 하락하여 순수출이 증가
> ㄷ. 가계의 실질자산가치가 하락하여 소비가 증가

③ ㄱ   ② ㄴ
③ ㄱ, ㄴ   ④ ㄴ, ㄷ
⑤ ㄱ, ㄴ, ㄷ

17 정부는 재원조달 수단으로 조세부과와 국채발행을 활용하고 있다. 조세와 비교한 국채의 경제적 효과를 서술한 것으로 타당하지 않은 것은?

① 국채는 민간부문의 저항을 덜 유발한다.
② 국채는 민간소비를 더 많이 위축시킨다.
③ 국채는 유사시 대규모 긴급 자금동원 능력이 크다.
④ 국채는 재원조달 부담을 미래세대로 전가시킬 가능성이 있다.
⑤ 국채는 원리금 상환의무가 있으므로 재정부담을 가중시킨다.

18 통화량 증가를 가져오는 경제활동은?

① 한국은행이 외환시장에서 달러를 매도하였다.
② 개인이 주식을 팔고 그 대금을 증권회사로부터 받았다.
③ 기업이 은행예금에서 현금을 인출하였다.
④ 은행이 기업에 신규로 대출하였다.
⑤ 개인이 보유현금으로 기업의 신규발행 회사채를 매입하였다.

19 다음 중 통화량의 증감방향이 다른 것은?

① 중앙은행이 재할인율을 인하하였다.
② 가계가 예금을 줄이고 현금보유를 늘렸다.
③ 중앙은행이 법정 지급준비율을 인하하였다.
④ 국내은행이 국제금융시장에서 자금을 차입하였다.
⑤ 중앙은행이 공개시장조작을 통해 국공채를 매입하였다.

20 이자율에 대한 설명으로 옳지 않은 것은?

① 채권 가격이 상승하면 이자율이 하락한다.
② 물가 상승이 예상되면 이자율이 상승한다.
③ 통화 공급이 감소하면 단기에 이자율이 하락한다.
④ 경기가 활성화되면 이자율이 상승한다.
⑤ 화폐수요가 증가하면 이자율이 상승한다.

21 다음 자료에서 밑줄 친 부분의 근거로 적절한 것은?

> 어느 나라에서 A음료 시장 점유율이 1위인 회사가 B음료 시장 점유율 1위인 회사를 인수・합병
> 하겠다는 계획을 발표하였다. 소비자 단체는 이러한 인수・합병이 독과점을 형성할 것이라고 주
> 장하고 있다.

① A음료는 여름에, B음료는 겨울에 잘 팔린다.
② A음료의 맛과 향은 B음료와 큰 차이가 있다.
③ A음료의 가격이 오른 시기에는 B음료가 잘 팔렸다.
④ A음료는 청년층이, B음료는 장년층이 선호한다.
⑤ A음료와 B음료를 반반씩 섞어 먹는 사람들이 늘어나고 있다.

22 ㈜동막골은 팝콘 포장 작업에 노동자를 대신할 로봇의 도입을 검토하고 있다. 로봇의 도입이 기존에 포장을 담당하던 노동자들의 임금과 고용량에 미칠 영향은?

① 임금 상승, 고용량 증가
② 임금 상승, 고용량 감소
③ 임금 하락, 고용량 증가
④ 임금 하락, 고용량 감소
⑤ 임금 불변, 고용량 증가

23 남한은 상대적으로 자본이 풍부하고 북한은 노동력이 풍부하다. 만일 남북한이 하나의 시장경제로 통합된다면, 남한의 임금과 이자율은 통합 이전과 비교하여 어떻게 변화할까?(단, 남북한 노동력은 숙련도 차이가 없으며, 외국과의 자본, 노동 이동이 없다고 가정한다)

① 임금은 상승하고 이자율은 하락할 것이다.
② 임금은 하락하고 이자율은 상승할 것이다.
③ 임금과 이자율 모두 하락할 것이다.
④ 임금과 이자율 모두 상승할 것이다.
⑤ 임금과 이자율 모두 불변일 것이다.

24 다음 〈보기〉 중 국내총생산(GDP) 계산에 포함되는 것은?

┌─ 보 기 ─
ㄱ. 국내에 신설된 반도체 공장
ㄴ. 학생이 구입한 교과서
ㄷ. 국내기업이 해외에 건설한 주택
ㄹ. 해외기업이 국내에서 생산한 제품
ㅁ. 암시장에서 거래된 밀수입품
ㅂ. 로또복권의 당첨금
ㅅ. 그 해 생산되었으나 판매되지 않은 자동차
└─

① ㄱ, ㄴ, ㄹ, ㅅ   ② ㄱ, ㄷ, ㄹ
③ ㄴ, ㄷ, ㅁ   ④ ㄴ, ㄷ, ㅂ, ㅅ
⑤ ㄷ, ㄹ, ㅂ, ㅅ

25 ○○학교는 통학버스를 한 대 구입했다. 이 학교가 버스를 이용하는 학생들에게서 받는 요금 수입 만으로 운영비를 충당하려고 할 경우, 단기적으로 효율적인 운영 방안은?(단, 버스는 당분간은 되팔 수 없다고 가정)

① 이미 버스를 구입했으므로, 수입에 관계없이 버스를 운행한다.

② 요금 수입으로 버스 구입비용을 회수할 수 없을 경우 운행을 중단한다.

③ 요금 수입으로 운영비를 충당할 수 있는 한 운행을 계속한다.

④ 요금 수입으로 버스 구입비용과 운영비를 충당하지 못하면 운행을 중단한다.

⑤ 요금 수입으로 버스 구입비용과 운영비는 충당할 수 있으나 추가수익을 올리지 못하면 운행을 중단한다.

26 다음 자료에 나타난 실업과 동일한 유형에 해당하는 것은?

> 대구에서 돼지고기 전문점을 운영하던 명수는 서울로 이사한 뒤에 닭고기 전문점을 차리기 위해 장소를 알아보고 있다.

① 스키 강사인 재석은 여름이 되자 동네 편의점에서 아르바이트 자리를 알아보고 있다.

② 대학을 졸업하고 일자리를 알아보던 전진은 좀처럼 취업이 여의치 않자 유학할 대학원을 알아보고 있다.

③ 글로벌 금융위기에 따른 회사의 감원으로 실직한 준하는 하하와 함께 커피 전문점을 동업할 계획을 세우고 있다.

④ 음대를 갓 졸업한 후 일자리를 알아보고 있는 형돈은 강마에처럼 카리스마가 넘치는 지휘자가 있는 오케스트라를 찾고 있다.

⑤ B종 운전면허로 택시 영업을 하던 홍철은 모든 택시 운전사들이 A종 운전면허를 취득해야 한다는 새로운 법률이 시행되면서 현재 실직 상태이다.

27 유동성함정과 관련된 다음 설명 중 옳지 않은 것은?

① 극심한 경기불황하에서 나타날 수 있다.

② 화폐수요의 이자율 탄력성이 매우 낮은 상태이다.

③ 대부분의 사람들이 이자율이 상승할 것으로 예상하는 상태이다.

④ 화폐공급이 증가하더라도 투자가 증가할 것으로 기대하기 어렵다.

⑤ 조세감면을 통한 재정정책이 효과적일 수 있다.

28 우리나라 증권시장에서 선물과 옵션거래를 위해 1990년 1월 3일을 기준으로 만들어진 주가지수는 무엇인가?

① KOSPI지수
② KOSPI 100지수
③ KOSPI 200지수
④ KRX 100지수
⑤ KOSDAQ지수

29 선물시장의 급변동으로 인한 'Wag The Dog' 현상을 줄이기 위해 선물시장의 가격이 상하 5% 이상 변동할 경우 프로그램 매매호가를 관리하는 제도를 말하는 것은?

① 서킷브레이크
② 사이드카
③ 선샤인
④ 숏셀링
⑤ 숏커버링

30 주식으로 자본을 조달하는 경우와 채권으로 자본을 조달하는 경우를 비교한 것으로 잘못된 것은?

	구 분	채권으로 자본 조달	주식으로 자본조달
①	자본조달 방법	타인자본조달	자기자본조달
②	증권소유의 지위	채권자	주 주
③	재무구조	재무구조 악화	재무구조 개선
④	증권소유의 권리	배당청구권	이자청구권
⑤	존속기간	기한부증권	영구증권

31 이것은 자산운용사 등 기관투자가들이 투자수익률을 끌어올리기 위해 보유 중인 주식을 추가로 매수하는 관행이다. 증시에서는 성과급을 기대하는 펀드 매니저들이 연말 같은 기준일에 좋은 성과를 내기 위해 종목이나 수익률을 조정하는 현상을 말한다. 인위적인 주가조정으로 비판을 받기도 하는 이것은?

① 공매도
② 사이드카
③ 윈도드레싱
④ 프로그램매매
⑤ 어닝서프라이즈

32 채권가격과 금리 간의 관계를 설명한 것 중 잘못된 것은?

① 출구전략이 시작되면 채권형 펀드에 넣었던 자금이 빠져나갈 것이다.

② 정부가 기준금리를 당분간 인상하지 않는다는 방침을 밝히자 채권가격이 올랐다.

③ 선진국의 채권금리는 후진국의 채권금리보다 높은 편이다.

④ 3년 만기 국고채 가격이 올랐다는 것은 수익률이 떨어졌다는 얘기다.

⑤ 신용등급이 AA인 회사의 채권금리는 일반적으로 BB인 회사보다 낮다.

33 파생상품에 투자하는 경우 주가가 하락할 때 수익을 얻을 수 있는 포지션으로 적절한 것은?

① 콜매수 – 풋매수　　　　　② 콜매수 – 풋매도

③ 풋매수 – 콜매도　　　　　④ 풋매수 – 선물매수

⑤ 콜매수 – 선물매도

34 증권회사의 대표적인 자산관리 상품으로 고객의 투자성향에 따라 적절한 운용배분과 종목추천 등의 서비스를 제공하고 그 대가로 일정률의 수수료를 받는 것은?

① ELS　　　　　　　　　　② ELW

③ ELF　　　　　　　　　　④ Wrap Account

⑤ 적립식펀드

35 다음 중 이사회의 의결만으로는 부족하여 주주총회의 결의를 받아야 하는 것은?

① 정관의 변경

② 대표이사 선정과 공동대표의 결정

③ 주식발행의 결정

④ 사채발행의 결정

⑤ 이사와 회사 간의 거래에 대한 승인

36 다음에 열거한 재무의사결정 방법 중 회사입장에서 자산의 증가가 나타나지 않는 자본조달 방법은?

① 신주인수권부사채의 권리행사
② 전환사채의 권리행사
③ 유상증자 실시
④ 사채의 발행
⑤ 은행차입

37 주식회사의 감자에 대한 내용으로 잘못된 것은?

① 실질적 감자는 자본을 감소시킨 만큼 생긴 돈을 주주들에게 지분 비율에 따라 지급하는 것이다.
② 실질적 감자를 실시하는 이유는 자본금이 과다한 경우 자본금을 적정하게 줄임으로써 기업가치를 높이기 위한 것이다.
③ 형식적 감자는 명목상으로만 자본금이 줄어들고 실제 자산총액은 변함이 없는 것이다.
④ 형식적 감자를 하는 이유는 누적결손금이 커질 경우에 자본금 규모를 줄여 회계상의 부실을 털어내기 위한 것이다.
⑤ 형식적 감자가 이루어지면 통상 주가가 상승하는 것이 일반적이다.

38 다음 중 기업에서 자사주를 매입하려는 이유로 적절치 못한 것은?

① 기업의 영업활동을 축소하기 위하여
② 기업의 주가상승을 유도하기 위하여
③ 기업의 발행주식을 감소시켜 주당이익을 높이기 위하여
④ 재무구조를 개선시키기 위하여
⑤ 적대적 인수합병에 대비해 경영권을 보호하기 위하여

39 다음 중 적대적 M&A의 대상기업으로 보기 어려운 것은?

① 토빈의 q 비율이 높은 기업
② PER이 낮은 기업
③ 현금흐름이 풍부하면서 저평가된 기업
④ 내부유보율이 높은 기업
⑤ 진입장벽이 있는 업종의 기업

40 민주 기업이 속한 산업의 경쟁강도를 알아보기 위해 잠재적 진입자의 진입장벽이 얼마나 높은지를 파악하려고 한다. 다음 중 진입장벽이 높아지는 경우로 보기 어려운 것은?

① 진입비용이 높다.
② 기존 기업에서 규모의 경제가 발생하고 있다.
③ 제품차별화 정도가 낮다.
④ 전환비용이 높다.
⑤ 기존 기업들이 유통망을 장악하고 있다.

41 효율성 임금이론의 내용 중 옳지 않은 것은?

① 효율임금은 노동자의 이직을 줄이게 한다.
② 효율임금은 노동자의 태만을 줄이게 한다.
③ 효율임금은 시장의 균형임금보다 높은 임금을 지급한다.
④ 효율임금은 노동 고용량을 줄여 노동시간을 증가시킨다.
⑤ 효율임금은 노동자의 일에 대한 노력의 강도를 높여 생산성이 향상된다.

42 다음을 읽고 물음에 답하시오.

> (가) 벤담과 밀로 대표되는 공리주의의 관점에서는 정부가 '최대 다수의 최대 행복'의 원칙에 따라 사회 구성원 전체의 총효용을 극대화하는 정책을 선택해야 한다. 반면, 롤즈가 주창한 점진적 자유주의의 관점에서는 정부가 ⊙'최소극대화 기준'에 따라 모든 사람의 총효용보다는 최저 효용을 극대화하는 정책을 선택해야 한다.
>
> (나) 자동차에 비교우위가 있는 A국과 쌀에 비교우위가 있는 B국이 최근 자유무역협정(FTA)을 체결하였다. FTA 체결로 자동차와 쌀의 교역 규모는 크게 늘어나 두 나라 모두 그에 따른 수혜를 얻을 수 있을 것으로 기대된다. 그러나 A국과 B국에서는 FTA 체결에 대한 찬성론과 반대론이 날카롭게 대립하고 있다. 단, FTA 발효 전후에 소득이 변하더라도 두 나라 모두 자동차 산업에 종사하는 사람들이 농업에 종사하는 사람들보다 소득이 높다.

만일 (나)의 A국과 B국에서 소득재분배 정책이 제대로 이루어지지 않는 상황에서 자국의 이익을 우선으로 생각하는 각국의 정치인이 ⊙의 원칙을 따른다면 FTA에 대해 취하게 될 견해를 옳게 연결한 것은?

	A국 정치인	B국 정치인		A국 정치인	B국 정치인
①	찬 성	찬 성	②	찬 성	반 대
③	반 대	찬 성	④	반 대	반 대
⑤	반 대	중 립			

43 다음 자료에서 (가)에 적절한 것은?

> (가) is subcontracting a process, such as product design or manufacturing, to a third-party company. There is a strong public opinion regarding (가) that it damages a local labor market. (가) is the transfer of the delivery of services which affects both jobs and individuals. It is difficult to dispute that (가) has a detrimental* effect on individuals who face job disruption** and employment insecurity; however, its supporters believe that (가) should bring down prices, providing greater economic benefit to all.
>
> *detrimental : 유해한
> **disruption : 붕괴, 와해

① 단체협상(Collective Bargaining) ② 아웃소싱(Outsourcing)

③ 자동화(Automation) ④ 인수·합병(M&A)

⑤ 정리해고(Layoff)

44 다음 자료의 밑줄 친 (가) ~ (다)에 해당하는 변화를 순서대로 바르게 나열한 것은?

> 1970년대에 2.2%에 머물렀던 미국의 GDP 대비 재정수지 적자 비율이 1980년대에는 3.9%로 높아졌다. 이와 같은 재정정책의 결과, 1980년대의 총저축은 (가)하였고 이자율은 (나)하였다. 그러나 총투자는 큰 변화가 없었다. 그 이유는 무역적자가 큰 폭으로 (다)했기 때문이다.

	(가)	(나)	(다)
①	증 가	상 승	증 가
②	증 가	하 락	감 소
③	감 소	상 승	증 가
④	감 소	하 락	증 가
⑤	감 소	상 승	감 소

45 다음의 우리나라 경제성장률 추이를 보고 바르게 추론한 것을 〈보기〉에서 모두 고르면?(단, 전 기간에 걸쳐 우리 경제의 총생산능력 증가율에는 변화가 없었다고 가정한다)

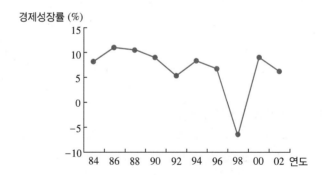

경제성장률 (%)

┤보 기├
ㄱ. 1986, 1988년은 경기가 호황이었을 것이다.
ㄴ. 1992년에는 1988, 1990년에 비해 물가상승률이 높았을 것이다.
ㄷ. 1998년에는 교역 대상국들의 경제성장률에 큰 변화가 없었다면 무역수지가 개선되었을 것이다.
ㄹ. 2000년에는 총수요가 1998년에 비해 감소하였을 것이다.

① ㄱ, ㄴ   ② ㄱ, ㄷ
③ ㄴ, ㄷ   ④ ㄴ, ㄹ
⑤ ㄷ, ㄹ

46 화폐수요, 화폐유통속도, 통화정책과 관련된 다음 주장 중에서 옳지 않은 것을 모두 고르면?

> 가. 통화론자들은 화폐수요와 소득 사이의 관계가 안정적이라고 주장한다.
> 나. 케인즈학파는 화폐유통속도가 이자율 변동에 영향을 받지 않는다고 주장한다.
> 다. 경제가 유동성함정에 빠지면 사람들은 이자율이 더 이상 오르지 않을 것이라 예상하여 화폐 수요의 이자율탄력성이 매우 낮아진다.
> 라. 동태적 비일관성의 문제가 존재하면 중앙은행에 대한 신뢰가 높을수록 인플레이션 억제정책의 유효성이 커진다.
> 마. 물가변동에 대한 연동계약이 일반화될수록 통화정책의 경기안정화 효과가 커진다.

① 가, 나   ② 나, 라
③ 다, 마   ④ 가, 나, 라
⑤ 나, 다, 마

47 빵과 책만 소비하는 어느 경제에서 가격과 소비량은 다음과 같다. 2014년도를 기준연도로 할 때 2018년의 실질GDP와 GDP디플레이터의 값은?

구 분	빵 가격	빵 소비량	책 가격	책 소비량
2014년	10	6	10	4
2018년	12	4	9	6

① 실질GDP : 98, GDP디플레이터 : 100
② 실질GDP : 98, GDP디플레이터 : 102
③ 실질GDP : 100, GDP디플레이터 : 100
④ 실질GDP : 100, GDP디플레이터 : 102
⑤ 실질GDP : 102, GDP디플레이터 : 98

48 다음과 같은 가계의 소비지출 구성으로 소비자물가지수를 만들었다고 하자.

식료품비	30%
교통비	10%
주거비	20%
교육, 의료	30%
의류, 기타	10%
계	100%

전년도에 비해 식료품비가 10%, 주거비가 20% 상승하였고 나머지 품목에는 변화가 없다면 소비자물가지수의 상승률은?

① 3% ② 5%

③ 7% ④ 9%

⑤ 12.5%

49 A, B, C 세 나라는 서로 수출 · 수입하고 있으며, 모든 나라가 수입품에 대해 10%의 관세를 부과하고 있다. 이제 A국과 B국이 자유무역협정(FTA)을 맺을 때 발생하는 변화로 적절한 것을 〈보기〉에서 모두 고르면?

┌─보 기─┐
ㄱ. A국과 B국 간의 교역규모가 증가한다.
ㄴ. A국과 B국의 모든 생산자는 관세 철폐로 인해 편익을 누리게 된다.
ㄷ. A국과 B국의 모든 소비자는 관세 철폐로 인해 편익을 누리게 된다.
ㄹ. C국은 종전과 같은 수준의 관세를 유지하고 있어 수출과 수입에 변화가 없다.

① ㄱ, ㄴ ② ㄱ, ㄷ

③ ㄴ, ㄷ ④ ㄴ, ㄹ

⑤ ㄷ, ㄹ

50 경제가 성장하고 발전해야 고용이 늘어나고 국민복지가 확대된다. 성장과 발전에 관련된 다음 〈보기〉의 설명 중 옳은 것을 모두 고르면?

┌─보 기───┐
│ 가. 성장은 경제의 양적 확대를 가리키며, 발전은 국민의 삶의 질적 향상을 가리킨다. │
│ 나. 성장이 있어도 발전이 없을 수 있으며, 성장이 없어도 발전은 있을 수 있다. │
│ 다. 성장과 분배는 장기에는 경쟁관계에 있으나 단기에는 보완관계에 있다. │
└───┘

① 가   ② 나
③ 다   ④ 가, 나
⑤ 나, 다

51 동화기업은 2018년 10억 원의 매출을 기록했다. 이 기업의 매출액이익률은 10%이고 동사가 발행한 주식 수는 5,000주이다. 동사의 과거 5년간의 평균 PER이 15배인데 지금 동사의 주가는 350,000원이다. 동화기업의 적정주가는 얼마이고 지금 주가가 저평가상태인지, 과대평가상태인지 판단하시오.

① 적정주가 300,000원 – 저평가
② 적정주가 300,000원 – 과대평가
③ 적정주가 350,000원 – 저평가
④ 적정주가 350,000원 – 과대평가
⑤ 적정주가 350,000원 – 적정평가

52 ㈜동화산업은 보수적인 경영을 하는 기업으로 안정적인 영업을 통해 재무구조를 개선시키고 있으며 서서히 투자를 회수하려고 한다. ㈜동화산업의 현금흐름표는 어떤 모습이 바람직한가?

구 분	영업활동 현금흐름	투자활동 현금흐름	재무활동 현금흐름
①	+	+	+
②	+	+	–
③	+	–	–
④	+	+	–
⑤	–	–	–

53 대통령 선거에 출마한 어느 후보가 자신이 당선되면 내년부터 '투자세액공제제도'를 실시하겠다고 하였다. 만약 모든 기업들이 이 후보가 당선될 것으로 믿는다면 올해와 내년의 투자가 원래 계획과 비교할 때 어떻게 변화할까?(※투자세액공제제도 : 기업이 납부해야 하는 총 세금에서 투자 금액의 일정 부분만큼을 감면해 주는 제도)

① 올해와 내년의 투자가 모두 증가한다.
② 올해와 내년의 투자가 모두 감소한다.
③ 올해의 투자가 증가하고 내년의 투자가 감소한다.
④ 올해의 투자가 감소하고 내년의 투자가 증가한다.
⑤ 올해와 내년의 투자에 전혀 영향을 미치지 않는다.

54 〈보기〉의 정부정책 중에서 장기적으로 실업률을 낮추는 데 도움이 되는 것은?

┌─보 기─
ㄱ. 실업보험 혜택을 늘린다.
ㄴ. 최저임금 수준을 높인다.
ㄷ. 정부가 직업훈련 프로그램을 운영한다.
ㄹ. 장래 유망직종에 대한 정보를 제공한다.
└─

① ㄱ, ㄴ　　　② ㄱ, ㄷ
③ ㄴ, ㄷ　　　④ ㄴ, ㄹ
⑤ ㄷ, ㄹ

55 다음 자료에 대한 설명으로 옳지 않은 것은?

> 글로벌 금융위기 이전에 금리가 2% 수준이던 국가는 미국과 스위스뿐이었지만 그 이후에는 신흥국들의 금리도 미국과 비슷한 수준으로 떨어졌다.
>
> 일각에서는 선진국과 신흥국의 금리 하락의 원인에는 차이가 있다고 지적한다. 선진국에서는 최근 경기가 더디게 회복되면서 디플레이션에 대한 우려가 높아지고 있기 때문이지만, 신흥국에서는 인플레이션에 대한 우려가 높아지고 있는데도 환율 변화에 따른 수익을 노려 돈이 몰리기 때문이라는 것이다.

① 선진국에서의 물가 변화는 채무자보다 채권자에게 유리하다.

② 선진국에서의 물가 변화는 국채에 대한 수요를 증가시키는 요인이다.

③ 신흥국에서의 물가 변화는 임금 소득에 의존하는 사람보다는 실물 자산을 보유한 사람에게 유리하다.

④ 신흥국에 투자하는 사람들은 신흥국의 통화가 절하될 것으로 예상하고 있다.

⑤ 환율 변화에 대한 예상은 신흥국 채권에 대한 수요를 증가시키는 요인이다.

56 A국과 B국은 명품 가방과 자동차를 생산하고 있다. 이 두 나라가 명품 가방과 자동차를 생산하기 위해 필요한 단위 노동 투입량은 다음과 같다. 다음 중 옳은 것은?(단, 생산요소는 노동밖에 없다)

구 분	A국	B국
명품 가방	100	25
자동차	160	80

① A국은 두 상품에 대해 절대우위를 가진다.

② A국은 명품 가방에 특화하여 생산한다.

③ B국은 명품 가방과 자동차에서 모두 비교우위를 가진다.

④ A국과 B국이 무역을 한다면 B국은 자동차를 수입할 것이다.

⑤ A국과 B국이 무역을 한다면 A국은 두 상품 모두를 수출할 것이다.

57 다음은 고용률과 실업률에 대한 설명이다. 옳은 설명을 모두 고르면?

> a. 고용률이 100%면 실업률이 0%가 된다.
> b. 대학생도 고용률 통계에 포함된다.
> c. 고용률은 경제활동인구 대비 취업자 수 비율을 의미한다.
> d. 경제활동인구 변화로 실업률이 감소하더라도 고용률은 변하지 않을 수 있다.
> e. 일할 능력은 있으나 구직활동 자체를 포기한 사람이 늘어나면 고용률은 하락한다.

① a, b   ② a, c
③ b, d   ④ c, e
⑤ d, e

58 다음 자료에서 밑줄 친 조치가 시행되지 않았을 경우와 비교해서 이 조치가 시행되었을 경우에 나타날 수 있는 효과로 적절한 것은?

> 1929년의 주가 폭락 이후 미국 경제가 침체하기 시작하자, 미국 의회는 이듬해 7월에 대폭적인 관세 인상 법안을 통과시켰다. 발의자의 이름을 따서 'Smoot-Hawley 법안'이라 불리는 <u>이 조치</u>로 기존의 관세 부과 품목에 대한 세율이 인상되고 10,000건에 달하는 무관세 품목에도 새로운 관세가 부과되었다.

① 수입량이 관세 부과 이전과 동일할 경우 미국 정부의 관세 수입이 감소했을 것이다.
② 미국 내 기업이 내수용으로 판매하는 상품의 가격이 상승했을 것이다.
③ 관세가 부과된 상품의 경우 미국 내 기업의 생산이 감소했을 것이다.
④ 수입 제품의 미국 내 판매 가격이 하락했을 것이다.
⑤ 미국 제품의 해외 수출이 감소했을 것이다.

59 다음 글의 필자가 주장하는 내용과 가장 가까운 것은?

> 더 분명해 보이는 것은 성장률이 실망스러울 경우 경제적인 측면은 물론 정치적 사회적으로도 큰 위험에 직면할 것이라는 점이다. 인도네시아의 경제가 비틀거렸을 때 갑자기 소수 화교들을 겨냥했던 잔인한 폭력성은 소득 하락에 내재된 위험을 보여준 단적인 징후였다. 러시아의 취약하며 불완전한 민주주의와 관련, 경제 붕괴가 어떤 의미를 지닐지에 대해 종종 제기되는 두려움 또한 심각하게 고려해 볼 필요가 있다.
>
> – 벤저민 프리드먼, 《The Moral Consequences of Economic Growth》

① 곳간에서 인심 난다.
② 신뢰가 사회적 자본이다.
③ 경제 성장은 환경을 파괴한다.
④ 무소유 정신이 인간을 완성시킨다.
⑤ 정치 제도의 정비가 성장을 이끈다.

60 다음 신문 기사와 같은 경제 상황으로 인해 나타날 수 있는 현상으로 가장 적절한 것은?

> 아프리카 남부의 국가인 짐바브웨는 2008년 2억 3100만%라는 경이적인 물가상승률로 세계를 놀라게 했다. 짐바브웨 중앙은행은 0이 14개 찍힌 100조 짐바브웨 달러 지폐를 발행할 정도로 화폐를 마구 찍어냈다.
> 100억 짐바브웨 달러 내고 달걀을 3개밖에 살 수 없는 짐바브웨 국민들의 상황을 가장 잘 표현하는 말은 아마도 '굶주리는 억만장자(Starving Billionaire)'일 것이다.

① 실물 자산 소유자가 상대적으로 불리해진다.
② 시장에서 화폐의 교환매개 기능이 원활하게 작동된다.
③ 고정 급여를 받는 사람의 실질 임금은 하락하게 된다.
④ 화폐의 구매력이 과도하게 높아지는 문제점이 초래된다.
⑤ 채무자에서 채권자에게 실질 소득과 구매력이 재분배된다.

61 다음 표는 어떤 나라의 실업률 및 물가상승률의 변화를 기간별로 나타낸 것이다. 각 기간별 실업률 과 물가상승률의 변화를 설명할 수 있는 요인으로 적절하지 않은 것은?

(단위 : %)

기 간	실업률	물가상승률
1964 → 1969	5.0 → 3.4	1.3 → 5.5
1973 → 1975	4.8 → 8.3	6.2 → 9.1
1978 → 1980	6.0 → 7.0	7.6 → 13.5
1995 → 1999	5.6 → 4.2	2.8 → 2.2
2001 → 2004	4.0 → 5.5	3.4 → 2.7

① 1964~69년에는 정부 지출 및 통화량이 증가하였다.

② 1973~75년에는 유가가 상승하고 농산물 생산이 감소하였다.

③ 1978~80년에는 자본시장 개방으로 해외 자본이 대량 유입되었다.

④ 1995~99년에는 새로운 기술의 도입으로 생산성이 향상되었다.

⑤ 2001~04년에는 금융기관의 부실로 신용경색이 발생하였다.

62 다음 그림은 시기 T를 100으로 보았을 때, 시기 T+1에서 측정한 세 경제 변수를 나타낸 것이다. 이로부터 옳게 추론한 것을 〈보기〉에서 모두 고른 것은?

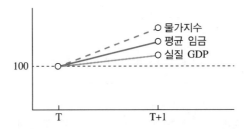

┤보 기├

가. 실질 임금이 하락하였을 것이다.

나. 스태그플레이션이 발생했을 것이다.

다. 경제성장률이 마이너스를 기록하였을 것이다.

라. 부(富)가 채권자로부터 채무자로 이전되었을 것이다.

① 가, 나   ② 가, 라

③ 나, 다   ④ 나, 라

⑤ 다, 라

63 다음 자료에서 공원 설립이 가능한 최대 건설비용으로 옳은 것은?

> 인구 750명 규모의 지방 소도시인 놀러와시에서는 놀이공원을 건설하려고 한다. 놀러와시에서는 여러 가지 건설안에 따른 각각의 비용을 제시하고 건설안이 정해지면 그 비용은 전체 시민이 똑같이 부담해야 한다고 발표하였다. 놀이공원의 건설 여부는 최종적으로 시민들의 투표를 통해 다수결로 결정된다. 현재 공원 건립에 대한 시민들의 지불 의사 금액은 다음과 같다.
>
> | 주민 수 | 1인당 지불 의사 금액 |
> | :---: | :---: |
> | 200명 | 0원 |
> | 300명 | 4만 원 |
> | 250명 | 10만 원 |

① 1,200만 원   ② 2,500만 원

③ 3,000만 원   ④ 3,700만 원

⑤ 7,500만 원

64 현재 고시를 준비하느라 소득이 없는 '박문수' 씨는 식비를 절약하려고 매일 세 끼를 시리얼로 해결하고 있다. 그는 시리얼을 먹을 때 항상 우유를 부어 먹으며, 시리얼 값이 오르면 식빵으로 끼니를 때운다. 가끔 그는 과거 회사에 다니면서 매일 쌀밥과 고기반찬을 먹었던 시절을 돌이켜보기도 한다. 박문수 씨의 소비 행태로부터 추론할 수 있는 것을 〈보기〉에서 모두 고르면?

> ┤보 기├
>
> ㄱ. 박문수 씨에게 시리얼은 열등재이다.
> ㄴ. 박문수 씨에게 시리얼과 우유는 보완재 관계에 있다.
> ㄷ. 박문수 씨에게 시리얼과 식빵은 대체재 관계에 있다.
> ㄹ. 박문수 씨는 고시에 합격하면 세 끼를 시리얼로 해결하지는 않을 것이다.

① ㄱ, ㄴ   ② ㄱ, ㄴ, ㄹ

③ ㄱ, ㄷ, ㄹ   ④ ㄴ, ㄷ, ㄹ

⑤ ㄱ, ㄴ, ㄷ, ㄹ

65 A나라에 사는 민수의 소득은 2010년 1,000만 원에서 2011년 1,050원으로 높아졌다. 하지만 2011년 물가가 5% 올라 민수의 실질소득은 변화가 없다. A나라의 소득세율이 표와 같을 때 민수는 2011년 세금을 2010년보다 얼마를 더 내야 하나? 또 경직된 소득구간 때문에 추가로 부담하게 된 세금은 얼마인가? (단위 ; 만 원)

소득구간	세 율
• 0~1,000 이하	• 소득의 10%
• 1,000 초과	• 0~1,000까지는 소득의 10% • 1,000 초과분은 소득의 20%

	2011년 세금-2010년 세금	추가부담분
①	5	2.5
②	5	4
③	10	5
④	10	7
⑤	10	10

66 경기 순환을 나타낸 다음 그림에서 A시기의 경제 문제를 해결하기 위한 적절한 정책을 [보기]에서 고른 것은?

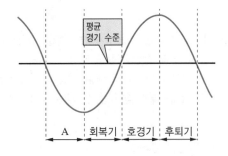

┤보 기├
가. 소득세율 인상 　　　　　　　　　 나. 기준금리 인하
다. 정부의 공공 투자 확대 　　　　　 라. 은행의 대출 한도 축소

① 가, 나　　　　　　　　　② 가, 다
③ 나, 다　　　　　　　　　④ 나, 라
⑤ 다, 라

67 다음 자료에서 밑줄 친 조치의 근거로 들 수 있는 경제 개념을 〈보기〉에서 고른 것은?

> 1927년 이전 미국 정부는 주파수를 이용하여 방송 사업을 하려는 사람들에게 무조건 면허를 부여해야만 했다. 그 결과, 주파수 자원은 한정된 반면 이를 이용하여 자신의 방송신호를 송신하려는 방송국들은 너무 많아서 방송신호 간에 간섭이 생겼고, 결국 청취자들이 방송 신호를 제대로 수신하지 못하는 상황이 발생했다. 이에 따라 1927년 미국 의회는 '라디오 법'을 제정하여 라디오 방송 간에 전파 간섭이 발생하지 않도록 했다.

┤보 기├
ㄱ. 공공재   ㄴ. 외부 효과
ㄷ. 공유자원   ㄹ. 시장 지배력

① ㄱ, ㄴ   ② ㄱ, ㄷ
③ ㄴ, ㄷ   ④ ㄴ, ㄹ
⑤ ㄷ, ㄹ

68 다음의 경제정책에서 기대하는 효과를 얻기 위해 정책 주체들이 반드시 고려해야 할 개념이 있다. 이 개념을 응용하지 않은 것은?

> • 서울시는 예산 적자를 모면하기 위해 지하철 요금을 인상하였다.
> • 미국 정부는 1981년 저축을 늘리기 위해 이자소득세율을 대폭 낮추었다.
> • 최근 우리나라는 원화의 (대달러화) 가치 상승이 무역수지를 악화시킬 것을 우려하여 외환시장에 개입하였다.

① 패스트푸드점에서 할인 쿠폰을 제공한다.
② 청소년들에게 극장의 입장료를 할인해 준다.
③ 기업의 전화 요금을 비싸게 하고, 가계의 전화 요금을 싸게 책정한다.
④ 공해 배출을 원하는 경제주체에게 공해 배출권을 시장에서 판매한다.
⑤ 주류업자는 업소에 제공하는 술보다 일반 할인점에 공급하는 술의 가격을 높게 책정한다.

69 다음에서 (가), (나), (다), (라)에 알맞은 숫자는?

> 지후는 2접시의 인절미를 먹을 때 반드시 1잔의 수정과를 마신다. 또한 지후는 수정과나 인절미만을 따로 먹지는 않는다. 인절미는 1접시에 500원이고, 수정과는 1잔에 800원이다. 떡집에 간 지후는 지갑에 2,800원이 있다는 것을 알고 (가)접시의 인절미와 (나)잔의 수정과를 사 먹었다. 일주일 후 이 떡집은 인절미 가격을 1접시에 250원으로 내렸다. 그 날 3,100원을 가지고 떡집에 간 지후는 (다)접시의 인절미와 (라)잔의 수정과를 사 먹었다. 지후는 지갑에 있는 돈으로 최대한 사 먹는다고 가정한다.

	(가)	(나)	(다)	(라)
①	4	1	6	2
②	2	1	4	2
③	4	2	4	2
④	2	1	6	3
⑤	2	2	6	3

[70～71] 다음을 읽고 물음에 답하시오.

> 전교생이 560명인 한국개발고등학교의 전교회장 선거에 동철과 혜린이 입후보하였다. 이번 선거의 최대 관심사는 자율학습 시간의 조정이다. 학생들은 자신이 선호하는 시간과 가장 가까운 시간을 공약하는 후보에게 반드시 투표한다. 예컨대, 동철이 2시간, 혜린이 5시간을 공약한다면 3시간을 선호하는 학생은 동철에게 투표한다. 만약 두 후보가 공약한 시간과 자신이 선호하는 시간의 차이가 같다면 둘 중 한 명을 50%의 확률로 선택한다. 설문조사 결과 학생들의 자율학습 시간 선호 분포는 그림과 같다.

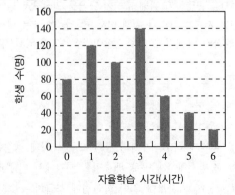

70 위 자료에 대한 옳은 설명을 〈보기〉에서 고른 것은?

┤보 기├

ㄱ. 0~2시간을 선호하는 학생들이 4~6시간을 선호하는 학생들보다 많다.

ㄴ. 혜린이 2시간을 공약하고 동철이 3시간을 공약한다면 동철이 더 많은 표를 얻을 수 있다.

ㄷ. 혜린이 5시간을 공약한다면 동철은 4시간을 공약하는 것이 5시간을 공약하는 것보다 많은 표를 얻을 수 있다.

ㄹ. 동철이 1시간을 공약한다면 혜린은 3시간을 공약하는 것이 2시간을 공약하는 것보다 많은 표를 얻을 수 있다.

① ㄱ, ㄴ   ② ㄱ, ㄷ

③ ㄱ, ㄹ   ④ ㄴ, ㄹ

⑤ ㄷ, ㄹ

71 각 후보가 자신이 당선될 가능성이 가장 높은 자율학습 시간을 공약으로 내세울 때, 동철과 혜린의 공약으로 적절한 것은?

① 동철은 2시간을 공약하고 혜린은 3시간을 공약한다.

② 동철은 3시간을 공약하고 혜린은 2시간을 공약한다.

③ 동철과 혜린 모두 2시간을 공약한다.

④ 동철과 혜린 모두 3시간을 공약한다.

⑤ 동철과 혜린 모두 4시간을 공약한다.

72 그림은 서영국의 연령대별 경제활동참가율, 고용률 및 실업률을 나타낸 것이다. 이에 대한 옳은 설명을 〈보기〉에서 고른 것은?

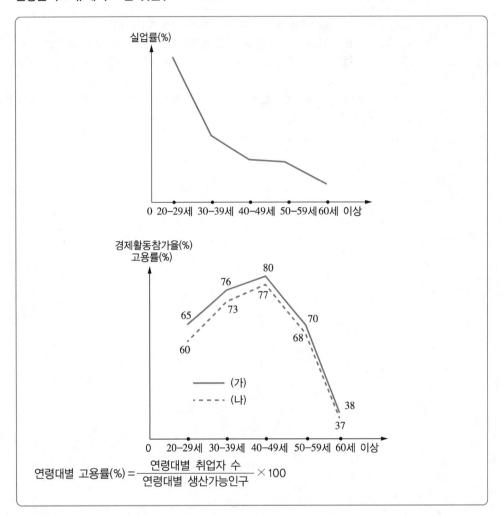

$$연령대별 \ 고용률(\%) = \frac{연령대별 \ 취업자 \ 수}{연령대별 \ 생산가능인구} \times 100$$

⊣ 보 기 ├─

갑 : (가)는 고용률을, (나)는 경제활동참가율을 보여 줘.

을 : 20대의 생산가능인구가 100만 명이라면 실업자 수는 5만 명일 거야.

병 : 그렇다면 20대의 실업률은 5%겠네.

정 : 40대 이후 실업률이 하락하는 이유는 경제활동참가율이 고용률보다 더 급격히 하락하기 때문이야.

① 갑, 을   ② 갑, 병

③ 을, 병   ④ 을, 정

⑤ 병, 정

73 다음은 어느 가상경제의 취업과 실업에 대한 조사결과인데, 관리상의 문제로 인해 데이터 분실이 발생하였다.

구 분	데이터 값
15세 이상 인구	200명
비경제활동인구	40명
실업인구	40명
전체인구	분 실
경제활동인구	분 실
취업인구	분 실

이러한 조사결과에 대한 다음 설명 중 옳은 것을 모두 고르면?

> 가. 경제활동인구 수는 80명이다.   나. 취업인구는 60명이다.
> 다. 경제활동참가율은 80%이다.   라. 실업률은 25%이다.
> 마. 취업률은 60%이다.

① 가, 나   ② 가, 마
③ 나, 다   ④ 다, 라
⑤ 라, 마

74 증시 침체 속에 주식시장 활성화를 위한 방안으로 글로벌 시장보다 상대적으로 높은 증권거래세를 폐지해야 한다는 요구가 빗발치는 상황이다. 전국경제인연합회 산하 한국경제연구원은 "국내 증권 거래세 수준이 해외보다 과도해 자본시장 활성화 차원에서 단계적 인하를 거쳐 폐지해야 한다"고 주장했다. 이러한 상황에서 주식시장을 활성화시킬 수 있는 법안 마련을 정부는 준비하고 있다. 아래 법안 가운데 주가가 상승할 것으로 기대되는 법안을 고르면?

> ㉠ 부동산 취득 및 채권 발행의 전면 금지
> ㉡ 주식의 현물 증여에 대한 상속세 폐지
> ㉢ 국민연금 적립액의 50%를 주식적립 의무화
> ㉣ 주식 공매도 전면 허용 확대

① ㉠, ㉡, ㉢   ② ㉡, ㉢, ㉣
③ ㉠, ㉡, ㉣   ④ ㉠, ㉢, ㉣
⑤ ㉠, ㉡, ㉢, ㉣

75 베네수엘라 의회에서 지난해 11월 이후 1년간 누적된 물가상승률이 130만퍼센트(%)에 달한다고 발표하면서 기존 국제통화기금(IMF)가 예측한 100만%를 크게 상회한 것으로 나타났다. 다국적 기업들도 줄지어 철수를 시작하면서 베네수엘라의 경제위기는 더욱 심화될 것으로 예상된다. IMF 가 내년 베네수엘라의 물가상승률을 1000만%대로 전망한 가운데, 과거 2차대전 직후 지금까지 깨지지 않고 있는 세계 최고의 물가상승률, 4200조%를 기록했던 헝가리의 기록을 넘어설지 여부 에도 관심이 주목되고 있다. 이러한 상황에서 다음의 예측 가운데 올바르지 않은 것은?

① 긴급한 의료사고에 대한 진료가 신속하게 이루어지지 않는다.

② 베네수엘라정부가 고정환율제를 채택하면 암시장이 활성화될 것이다.

③ 베네수엘라의 노동생산성이 하락할 것이다.

④ 베네수엘라의 투자가 위축될 것이다.

⑤ 발권력(發券力)을 가진 기관의 노동자 외에 다른 노동자들은 물가상승으로 고통받을 것이다.

76 물건을 살 때 가게에서 주는 영수증을 살펴 보면, 구입 금액의 10%에 해당하는 부가세가 있음을 발견할 수 있다. 아래 그림은 과세 대상 금액에 따라 세액과 세율이 달라지는 세금 구조를 보여 주고 있다. (가)~(라)의 세금에 대한 옳은 설명은?

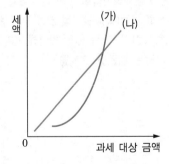
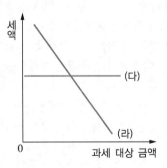

① (가)는 조세 전가성이 높은 세금에서 주로 나타난다.

② (나)의 예로는 상속세나 증여세를 들 수 있다.

③ (가)는 과세의 공평성을 높이나 (라)는 그렇지 않다.

④ (나)는 누진세, (다)는 비례세이다.

⑤ (라)는 (다)에 비해 조세 저항이 거의 나타나지 않는다.

77 두 연도의 세출 예산과 비교하여 세출 예산의 특성에 해당하는 것을 고르시오

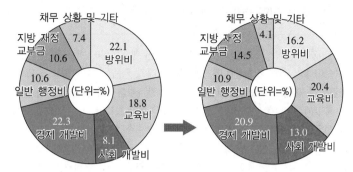

① 방위비가 줄었다.
② 큰 정부를 지향하였다.
③ 흑자 재정이 실현되었다.
④ 복지 지출의 비중이 늘었다.
⑤ 지방 재정의 자립도가 높아졌다.

78 아래는 신문기사 내용 중 일부다. 이 기사에 대한 논평으로 옳지 않은 것은?

> 블룸버그 통신은 전날 수개월 동안 주가가 하락했음에도 연준이 또 기준금리를 인상하자 파월 의장에 대한 트럼프 대통령의 불만이 증폭됐다며 그를 해임 방안을 논의하고 있다고 4명의 소식통을 인용해 전했다.
> 소식통들은 트럼프 대통령이 지난 며칠 동안 수차례나 파월 의장을 해임하는 방안을 비공개적으로 말했다고 설명했다.

① A국으로 외국자본 유입이 늘어날 것으로 기대된다.
② 중앙은행이 금리를 올리게 된 이유는 경기 회복이 가속된다는 판단 때문이다.
③ A국 중앙은행이 경기 부양을 가속화하기 위해 내린 정책이다.
④ A국 기업 투자에는 부정적인 영향을 미칠 수 있다.
⑤ A국 화폐가치는 상승하고, 달러 대비 환율은 하락할 것이다.

79 효율적 시장 가설에 따르고 다른 모든 조건들은 변하지 않았다면, 실제 순수익 변화가 확인된 시점의 주식시장에서는 어떤 변화가 일어나겠는가?

> 12일 서울지방경찰청 지능범죄수사대에 따르면 현대건설이 반포1단지 1·2·4지구의 재건축 시공권을 따내기 위해 조합원들에게 수 억 원대의 금품을 뿌린 정황이 드러났다. 경찰조사 결과 현대건설이 재건축 조합원에게 총 1억1000만 원 상당의 금품을 건넨 것으로 확인됐다. 수 억 원대 홍보예산을 책정한 정황이 있어 혐의 액수가 보다 늘어날 가능성도 배제할 수 없게 됐다. 현재 전무를 비롯한 7명의 현대건설 임직원이 수주과정에서 금품을 뿌린 정황이 드러나 검찰에 송치돼 사태의 심각성을 여실히 보여주고 있다. 지난해 9월 말 현대건설은 치열한 수주전 끝에 반포1단지의 시공권을 확보했다. 재건축 사업 규모만 10조 원에 이르는 반포1단지는 '단군이래 최대어'로 주목받았던 터라 수주 당시 현대건설의 위상도 제고됐다는 게 업계의 평가였다. 이러한 와중 현대건설의 실적이 예상보다 아쉬운 성적표를 받게 된 박 사장의 어깨를 보다 무겁게 하고 있다. 현대건설의 올해 3분기 누적 매출은 12조2645억 원으로 지난해 같은 기간 보다 2.6% 증가했으나, 영업이익은 6772억 원으로 작년보다 25% 증가할 것으로 발표했다. 하지만 현재까지의 실적은 목표치에 못미치는 20%수준이다.

① 기업 주식 가격이 상승한다.
② 기업과 경쟁 관계에 있는 다른 기업 주식 가격이 하락한다.
③ 실적 발표 직후에는 기업 주식 가격이 하락하다가 일정 시간이 흐른 후에 다시 상승한다.
④ 기업 주식 가격이 하락한다.
⑤ 기업 주식 가격은 변화하지 않는다.

80 패션업계에 변화의 조짐이 보이고 있다. 다른 패션 업체들은 전부터 신사업 기회를 찾아 나섰다. 브랜드 인수로 사업을 확장하고 가구·화장품·리빙 소품 등 다양한 분야에 진출해 라이프스타일 기업으로 변화를 꾀했다. LF는 지난 몇 년간 패션을 넘어 생활문화 기업으로 도약하기 위해 다양한 분야로 사업 영역을 확대해 왔다. LF는 2007년 LF푸드를 100% 자회사로 설립해 외식 사업에 진출, 현재 일식 라멘 전문점 '하코야', 시푸드 뷔페 '마키노차야' 등의 브랜드를 운영하고 있다. 2015년에는 LF푸드를 통해 베이커리 카페, '퍼블리크'의 지분을 인수했고 지난해에는 일본 식자재 유통 전문 기업 모노링크와 유럽 식자재 전문 기업 구르메F&B코리아를 인수, 외식에 국한됐던 사업 영역을 식품 분야로 넓혔다. 이상과 같은 기업 전략을 추구하는 이유로 가장 적합하지 않은 것은?

① 성장 추구   ② 위험 분산
③ 범위의 경제 추구   ④ 시장지배력 강화
⑤ 해외시장 진입

실전모의고사

01 소비자물가지수와 GDP디플레이터에 관한 설명으로 옳지 않은 것은?

① 소비자물가지수는 소비자들이 상대적으로 가격이 높아진 재화 대신 가격이 낮아진 재화를 구입할 수 있다는 사실을 감안하지 않는다.

② 수입품은 GDP디플레이터에는 영향을 미치지만 소비자물가지수에는 영향을 미치지 않는다.

③ 소비자물가지수는 새로운 상품의 도입으로 인한 화폐의 구매력 변화를 고려하지 않는다.

④ 소비자물가지수는 재화와 서비스의 질적 변화로 인해 왜곡될 수 있다.

⑤ 소비자물가지수는 기준연도 구입량을 가중치로 사용하므로 물가변화를 과대평가하는 반면, GDP 디플레이터는 비교연도 거래량을 가중치로 사용하므로 물가변화를 과소평가하는 경향이 있다.

02 다음 중 마찰적 실업에 대한 이유로서 가장 적절치 않은 것은?

① 근로자들의 다양한 선호와 능력

② 불완전한 정보

③ 지리적인 이동

④ 직장을 탐색하는 데 걸리는 시간

⑤ 최저임금제

03 도덕적 해이(moral hazard)의 예에 해당하지 않는 것은?

① 화재보험에 가입한 후에는 화재예방의 노력을 소홀히 한다.

② 직원들은 직장에 취업을 하고 나서 근무를 태만하게 한다.

③ 암보험에는 암에 걸릴 확률이 높은 사람이 가입하는 경향이 있다.

④ 금융기관에서 자금을 차입한 후에 보다 위험이 높은 투자안에 투자한다.

⑤ 실직자가 실업급여를 받자 구직 활동을 열심히 하지 않는다.

04 딸기 값이 현재 1,000원일 때 위 표에서 총 소비자잉여를 계산하면?

구 분	A	B	C	D
지불하려는 가격	2,000원	3,000원	4,000원	1,000원

① 10,000원   ② 9,000원

③ 6,000원   ④ 5,000원

⑤ 3,000원

05 두 재화 X와 Y를 소비하는 A씨의 효용함수(U)는 U = X + Y이다. A씨의 소비에 대한 설명 중 다음 보기 중 옳은 것은?

> ㉠ X재와 Y재는 완전대체제이다.
> ㉡ 두 재화의 교차탄력성은 0과 1사이이다.
> ㉢ X재의 Y재에 대한 한계대체율은 체감한다.
> ㉣ X재와 Y재의 가격이 다르다면 한 재화만 소비한다.

① ㉠, ㉡   ② ㉠, ㉢

③ ㉡, ㉢   ④ ㉢, ㉣

⑤ ㉠, ㉣

06 이윤극대화 선택에 관한 다음 설명 중 옳지 않은 것은?(단, 이윤함수의 제2계 도함수는 음(−)의 값을 갖는다)

① 한계수입이 한계비용에 비해서 크다면 산출량을 증가시킴으로써 이윤을 높일 수 있다.

② 한계수입과 한계비용이 같아지는 점에서는 산출량을 증가시키면 한계이윤도 증가한다.

③ 이윤극대화를 추구하는 기업은 생산 활동에 있어서 수입과 비용을 동시에 고려해야 한다.

④ 이윤극대화 산출량 수준에서는 산출량을 증가시키든 감소시키든 항상 이윤이 감소한다.

⑤ 생산요소의 가격이 변화되면 이윤극대화 산출량도 변화된다.

07 건전지의 시장수요량과 공급량은 가격에 대해 다음과 같은 관계를 갖는다고 하자. 건전지 시장이 완전경쟁시장이라면, 개별기업의 한계수입은 얼마인가?

가 격	0	1	2	3	4	5
수요량	20	18	16	14	12	10
공급량	2	4	6	9	12	15

① 1
② 2
③ 3
④ 4
⑤ 5

08 독점의 제1차 완전가격차별에 의하면 독점기업의 특징으로 옳지 않은 것은?

① 소비자잉여가 최대화된다.
② 전체잉여가 극대화된다.
③ 생산자잉여가 최대화된다.
④ 독점 생산량과 완전경쟁의 생산량이 일치한다.
⑤ 사회적잉여가 극대화된다.

09 다음 중 우리 경제의 총수요를 증가시키는 요인으로 가장 적절한 것은?

① 소득세율 인상
② 미국의 경기 침체
③ 국제 원유 가격 인상
④ 파업으로 인한 조업 단축
⑤ 지방 정부의 재정 지출 확대

10 다음 중 '자원의 희소성'이라는 경제학의 전제를 가장 잘 설명한 것은?

① 2~3년 안에 자원이 고갈된다는 의미이다.

② 자연 자원은 그 공급량이 유한하다는 의미이다.

③ 사람들은 자원을 낭비하는 속성이 있다는 의미이다.

④ 중국의 금수조치로 논란이 되고 있는 희토류가 그런 사례이다.

⑤ 사람들의 욕구를 충족시키기에는 자원이 부족하다는 의미이다.

11 인기 연예인 J씨는 유명 영화사로부터 출연료 5억 원에 영화 출연 제의를 받았으나 작품이 마음에 들지 않아 이를 거절하고 다른 영화에 3억 원의 출연료를 받고 출연하였다. J씨가 이 영화에 출연하는 것과 관련된 기회비용은 얼마인가?

① 2억 원   ② 3억 원

③ 5억 원   ④ 8억 원

⑤ 15억 원

12 자연독점에 대한 설명으로 타당하지 않은 것은?

① 최소효율규모의 수준 자체가 매우 크거나, 생산량이 증가할수록 평균총비용이 감소하는 '규모의 경제'가 나타날 경우에 발생한다.

② 생산량이 증가할수록 평균비용은 지속적으로 하락한다.

③ 자연독점인 시장에 새로운 기업이 진입하도록 하면 개별기업의 생산량이 감소하게 되고, 각 기업의 평균비용은 증가한다.

④ 자연독점기업이 부과할 가격이 한계비용과 일치하도록 규제한다면, 이 독점기업은 양의 이윤을 얻고 경제적 효율성을 달성한다.

⑤ 자연독점기업이 부과할 가격을 평균비용과 일치하도록 규제한다면, 이 독점기업의 이윤은 0이 되고, 자원배분의 비효율성이 초래된다.

13 개인 생산을 기업 생산으로 전환하는 이유로 가장 거리가 먼 것은?

① 분업효과   ② 규모의 경제

③ 거래비용 절감   ④ 원자재의 저가구입

⑤ 자원의 효율적 관리

14 공유지의 비극(the tragedy of the commons)에 대한 설명으로 가장 옳지 않은 것?

① 배제성과 비경합성이 있는 재화의 경우 발생한다.

② 소유권이 분명하지 않은 상태에서 각 개인은 자원을 아껴 쓸 유인을 갖지 못해 발생하는 문제이다.

③ 외부효과를 내부화함으로써 어느 정도 해결이 가능하다.

④ 하딘(G.Hardin)은 소유권을 명확하게 하여 공유상태를 근본적으로 제거하는 것이 가장 바람직하다고 보았다.

⑤ 사유재산제도의 정당화에 사용된다.

15 독점기업에 대해 일정액의 정액세를 부과하면 이 기업은 어떻게 대응할 것인가?

① 생산량은 변화시키지 않고 가격을 인하할 것이다.

② 생산량은 변화시키지 않고 가격을 인상할 것이다.

③ 생산량은 감소시키고 가격은 인상할 것이다.

④ 생산량과 가격에 아무런 변화가 없을 것이다.

⑤ 생산량은 증가시키고 가격은 인하할 것이다.

16 다음 보기 중 속담과 경제개념 간 연결이 가장 적절한 것은?

① 기회비용 : 같은 값이면 다홍치마

② 구성의 오류 : 절약만 하고 쓸 줄 모르면 친척도 배반한다

③ 희소성의 원칙 : 사촌이 땅을 사면 배가 아프다

④ 소비자 균형 : 산토끼 잡으려다 집토끼 놓친다

⑤ 외부불경제 : 바다는 메워도 사람 욕심은 못 메운다

17 국내총생산(GDP)과 관련된 설명으로 옳은 것은?

① 폐쇄경제에서는 국내총생산(GDP)와 국민총소득(GNI)가 같아진다.

② 국내총생산(GDP)은 특정한 시점의 한 나라의 총 생산량이다.

③ 자동차 회사에서 자동차 재고가 증가했을 경우 국내총생산(GDP) 계산에 포함되지 않는다.

④ 정부의 이전지출도 국내총생산(GDP)에 포함된다.

⑤ 국내총생산(GDP)에는 한국 기업이 베트남에서 생산한 재화의 가치도 포함된다.

18 다음의 여러 가지 경제지표 중 경기에 선행하는 지표로 보기 어려운 것은?

① 내수출하지수   ② 구인구직비율

③ 건설수주액   ④ 소비자기대지수

⑤ 재고순환지표

19 인플레이션에 관한 설명으로 옳은 것은?(단, 다른 조건은 일정하다)

① 예상인플레이션율이 증가하면 실질이자율이 상승한다.

② 합리적 기대가설에 의하면 예상인플레이션율이 증가할 경우 인플레이션이 심화된다.

③ 예상치 못한 인플레이션이 발생하면 자연실업률이 하락한다.

④ 인플레이션율이 예상보다 높으면 고정된 연금으로 생활하는 사람들에게 유리해진다.

⑤ 인플레이션을 완전히 예상할 수 있다면 메뉴비용이 발생하지 않는다.

20 글로벌 금융위기로 국제 투자 자금이 상대적으로 안정적인 국가로 집중되면 그 국가에 나타날 수 있는 경제 현상을 순서대로 바르게 나열한 것은?

	이자율	경상수지		이자율	경상수지
①	상승	개선	②	상승	악화
③	하락	개선	④	하락	악화
⑤	하락	불변			

21 애그플레이션의 원인으로 적합하지 않은 것은?

① 농산물 사재기

② 개량된 신품종 곡물의 대량생산

③ 이상 기온으로 인한 농산물 흉작

④ 중국, 인도의 경제성장에 따른 농산물 수요의 증가

⑤ 바이오연료(옥수수 등)에 대한 수요 증가

22 거시경제에 관한 다음 견해 중 가장 타당한 것은?

① 경상수지 흑자는 클수록 좋다.
② 외환 보유액은 많을수록 좋다.
③ 국내 저축률은 높을수록 좋다.
④ 물가 상승률은 낮을수록 좋다.
⑤ 경기 변동의 폭은 작을수록 좋다.

23 다음 자료에 대한 추론으로 옳지 않은 것은?

> A국, B국, C국은 동일한 품질의 커피를 생산하는데, 생산 비용은 A국이 가장 높고, 다음으로 B국, C국의 순이다. A국은 C국에서 커피를 수입하고 있었는데, 최근 A국과 B국이 자유무역협정을 체결하고 커피에 대한 관세를 없애기로 합의하였다. 그 결과 관세가 붙지 않는 B국으로부터의 커피 수입 가격이 C국으로부터의 커피 수입 가격보다 낮아졌다.

① A국은 B국에서 커피를 수입할 것이다.
② 위의 협정으로 A국 국민의 후생이 증가할 것이다.
③ 위의 협정으로 B국 국민의 후생이 증가할 것이다.
④ 위의 협정으로 C국 국민의 후생이 감소할 것이다.
⑤ 위의 협정으로 자원 배분의 효율성이 개선될 것이다.

24 ㈜민주상사는 현재 300%인 부채비율을 200%로 낮추려고 한다. 이때 적절하지 못한 방법은?

① 유상증자를 실시한다.
② 전환사채를 발행하여 전환권 행사를 유도한다.
③ 채권자들에게 자본출자로의 전환을 유도한다.
④ 자사주를 매입하여 주당이익을 높인다.
⑤ 자산재평가를 실시한다.

25 금융투자협회가 운영하던 비상장주식 장외 매매시장인 '프리보드'를 확대 개편한 장외주식시장으로 2014년 8월 25일 개장한 주식시장은 무엇인가?

① 코스닥시장　　　　　　　　② K-OTC
③ KONEX　　　　　　　　　　④ 장외거래시장
⑤ KRX

26 회사를 인수할 때 적정가보다 싸게 인수할 경우 발생하는 일시적인 초과 수익으로 보통 기업의 순이익을 집계할 때 일회성 요인으로 반영하는 것은 무엇인가?

① 부의 영업권　　　　　　　　② 초과 영업권
③ 지분법이익　　　　　　　　④ 자본조정
⑤ 자산수증이익

27 다음 내용이 설명하는 용어는?

> • 철강과 곡물 등의 원자재를 포장 없이 실어 나르는 벌크선의 운임지수
> • 영국 런던 발틱해운거래소가 주요 노선을 운항하는 선박들의 운임을 평균하여 산출
> • 세계 경기를 예측하는 선행지표의 기능

① BDI　　　　　　　　　　　② BSI
③ CPI　　　　　　　　　　　④ CRB
⑤ IBD

28 이자율과 관련된 설명 중 적절하지 않은 것은?

① 화폐수요와 화폐공급에 의해 결정된다.
② 채권 가격은 이자율과 역의 관계에 있다.
③ 현재의 소비를 미루는 행동에 대한 보상의 의미가 있다.
④ 이자는 현금이라는 유동성을 포기하는 대가로서 지급된다.
⑤ 주어진 명목이자율에서 인플레이션이 발생하면 실질이자율은 상승한다.

29 세금은 크게 국가가 재정수입을 위해 걷는 국세와 지방자치단체가 부과하는 지방세로 나뉜다. 다음 중 나머지 세금과 분류가 다른 것은?

① 법인세
② 소득세
③ 재산세
④ 개별소비세
⑤ 부가가치세

30 자원 부국의 경제가 자원 수출 등으로 일시적인 호황을 누리지만 제조업이 쇠토하면서 결국 침체에 빠지는 현상을 뜻하는 말은?

① 영국병
② 핀란드병
③ 네덜란드병
④ 뉴질랜드병
⑤ 스웨덴병

31 다음 중 빈 칸에 들어갈 적절한 용어는?

> 국내에서 판매되는 브라질 채권의 만기는 주로 6년 이상의 장기채이다. 장기채가 판매되는 주요 이유는 채권을 살 때 부과하는 (   ) 때문이다.

① 버핏세
② 토빈세
③ 부유세
④ 종합소득세
⑤ 로빈후드세

32 국내기업 소유의 이탈리아 공장에서 생산된 구두가 국내로 수입되어 철수가 샀을 때 나타나는 변화는?

	한국 소비지출	한국 순수출	한국 GDP	이탈리아 GDP
①	불 변	불 변	불 변	증 가
②	증 가	감 소	증 가	불 변
③	증 가	감 소	증 가	감 소
④	증 가	감 소	불 변	증 가
⑤	불 변	증 가	증 가	증 가

PART 1

PART 2

부록

33 개발도상국들이 생산하는 원자재에 대해 선진국들이 수입 관세를 낮추는 정책의 효과로 적절한 것은?

① 개발도상국과는 무관한 정책이다.

② 선진국의 원자재 생산업체를 돕는다.

③ 선진국의 완제품 제조 및 수출에 피해를 준다.

④ 원자재를 수출하는 개발도상국에 피해를 준다.

⑤ 완제품을 제조하여 수출하는 개발도상국에 피해를 준다.

34 공매도에 대한 다음 설명 중 옳은 것끼리 올바르게 짝지어진 것은?

> a. 공매도는 주가하락이 예상될 경우 사용하는 투자전략이다.
> b. 공매도는 대주 또는 대차거래와 정확하게 일치하는 개념이다.
> c. 국내시장에서 공매도의 대부분은 외국인투자자에 의해 시행된다.
> d. 국내에서 무차입공매도(Naked Short Selling)도 허용되고 있다.

① a, b   ② a, c

③ a, d   ④ b, c

⑤ b, d

35 기업의 사회적 책임 수행(CSR ; Corporate Social Responsibility) 측면에서 바람직하지 않은 결정은?

① 기업지배구조를 개선하기 위해 이사회에서 사외이사 비율을 높이기로 했다.

② 종업원 복리후생비를 절감해 올해 이익을 늘려서 내년 초에 주주들에게 배당금을 더 지급하기로 했다.

③ 탄소지표를 만들어 공장에서 발생하는 탄소 배출량을 상시 측정·관리하면서 줄여 나가기로 했다.

④ 기업의 장기적 성장을 위해 기술혁신을 위한 연구개발(R&D) 투자액을 늘리기로 했다.

⑤ 장학재단을 설립·운영해 국내외 우수한 학생들에게 매년 장학금을 수여하기로 했다.

36 중앙은행이 하는 업무가 아닌 것은?

① 정부의 은행

② 최종대부자

③ 외환관리

④ 화폐발행

⑤ 신용창조

37 기업의 투자의욕은 침체되었으나 기술진보가 일어난 경우, 한 국가의 균형물가수준과 국민소득은 어떻게 변하는가?

① 균형 물가는 상승하고, 국민소득은 증가한다.

② 균형 물가는 하락하고, 국민소득은 감소한다.

③ 균형 물가는 하락하나, 국민소득의 증감은 예측하기 어렵다.

④ 균형 물가는 상승하나, 국민소득의 증감은 예측하기 어렵다.

⑤ 국민소득은 감소하나, 균형 물가의 등락은 예측하기 어렵다.

38 조만간 중국 위엔화의 평가절상이 예상되는 경우 발생할 수 있는 상황은?

① 환투기자는 원화를 보유하고자 할 것이다.

② 한국기업은 중국에 대한 수출은 앞당기고 수입은 늦추려고 할 것이다.

③ 중국여행을 당분간 연기하는 한국 여행자의 수가 증가할 것이다.

④ 중국에 대한 투자를 계획했던 한국기업은 대(對) 중국투자를 서두를 것이다.

⑤ 위엔화의 평가절상의 경우에는 중국 기업들 간의 내부 거래가 보다 활성화된다.

39 미국의 경기회복과 중국의 고도성장이 단기적으로 우리나라의 수출과 물가에 미치는 영향은?

① 수출 증가, 물가 상승

② 수출 감소, 물가 상승

③ 수출 감소, 물가 불변

④ 수출 증가, 물가 하락

⑤ 수출 감소, 물가 하락

40 다음 중 미국 달러화에 대하여 유로화 가치가 하락하는 경우는?

① EU 중앙은행이 고금리정책을 실시한다.

② 미국의 경기회복으로 EU로부터의 수입이 증가한다.

③ 미국의 물가상승률이 EU의 물가상승률보다 높다.

④ 미국의 EU에 대한 해외직접투자가 증가한다.

⑤ EU의 미국에 대한 증권투자가 증가한다.

41 다음 자료에 나타난 경제 개념으로 적절하지 않은 것은?

> 인간은 거의 언제나 다른 사람들의 도움을 필요로 한다. 그런데 자신만의 이익을 위해 도움을 바라면 허사가 될 수 있다. 어떤 사람이 만약 다른 사람들의 개인적 이익이 자신에게도 유리하게 발휘되도록 한다면, 그리고 자신에게 필요한 것을 그들이 제공해 주는 것이 그들에게도 이익이 된다고 설득한다면 훨씬 더 성공을 거둘 수 있을 것이다. (중략) 우리가 매일 아침 식사를 마련할 수 있는 것은 정육점 주인, 양조장 주인, 빵집 주인의 호의 때문이 아니라 그들이 자신들의 이익을 얻기 위해 기울이는 노력 덕분이다.

① 분 업   ② 형평성

③ 기회비용   ④ 인센티브

⑤ 비교 우위

42 다음 자료에서 밑줄 친 변화로 인해 나타나는 경제 현상으로 옳은 것은?

> A 마을 사람들은 커피와 치즈 케이크를 꼭 함께 먹는다. 최근 커피 원두 가격이 상승하여 <u>커피의 가격이 상승</u>했다. 단, 위 재화는 모두 수요의 법칙을 따른다.

① 커피의 수요량이 증가한다.

② 커피의 공급 곡선이 우측으로 이동한다.

③ 치즈 케이크의 가격이 상승한다.

④ 치즈 케이크의 수요량이 증가한다.

⑤ 치즈 케이크의 수요 곡선이 좌측으로 이동한다.

43 다음 보기 내용이 설명하는 것은?

> 주어진 기술수준과 인구 규모 하에서 물가상승률을 더 높이지 않고도 지속적으로 달성할 수 있는 최대의 GDP를 말한다.

① 명목GDP

② 실질GDP

③ 잠재GDP

④ GDP갭

⑤ GDP디플레이터

44 다음 자료에서 배의 개당 가격은?

> 연재는 용돈을 모두 사용하여 감과 배를 소비한다. 예전에는 감 39개와 배 12개를 구입할 수 있었지만 현재 연재의 용돈이 두 배로 늘어나 감 48개와 배 34개를 구입할 수 있게 되었다. 감의 개당 가격은 900원이다.

① 300원

② 600원

③ 1,200원

④ 2,700원

⑤ 3,700원

[45 ~ 46] 다음 글을 읽고 물음에 답하시오.

> (가) 현재 A국의 감귤에 대한 수요와 공급은 다음과 같다.
>
> $Q_d = 269 - 9P$
>
> $Q_s = 9 + 4P$
>
> Q_d : 감귤의 수요량, Q_s : 감귤의 공급량
>
> P : 단위당 감귤 가격
>
> (나) A국 정부는 감귤 가격의 하한선을 단위당 24원으로 정하고 이 가격에서 시장에서 초과 공급된 감귤을 전량 수매하여 폐기하기로 했다.

45 (가)에서 감귤의 균형 거래량과 균형 가격으로 옳은 것은?

	균형 거래량	균형 가격
①	91	19
②	89	19
③	89	20
④	88	20
⑤	88	22

46 (나)에서 A국 정부가 폐기해야 하는 감귤의 양은?

① 25   ② 52

③ 56   ④ 57

⑤ 61

[47 ～ 49] 다음 글을 읽고 물음에 답하시오.

윤근과 준근은 각각 A국과 B국의 유일한 국민이며 노동만을 사용하여 아래 재화들을 생산한다. 재화 1단위를 생산하는 데 소요되는 노동 시간은 표와 같다. 단, 무역 이전에 윤근은 매일 각 재화를 2단위씩, 준근은 1단위씩 생산하여 소비하고 있다.

(단위 : 시간)

구 분	A국(윤근)	B국(준근)
쌀	1.5	4
옷	3	4
자동차	1	2
석 유	0.5	2

47 위에 대한 옳은 설명을 〈보기〉에서 고른 것은?

┤보 기├

ㄱ. A국은 B국에 비해 모든 재화 생산에 절대우위가 있다.
ㄴ. A국은 B국에 비해 모든 재화 생산에 비교우위가 있다.
ㄷ. 쌀과 옷 두 재화만 비교하면 A국은 B국에 비해 쌀 생산에 비교우위가 있다.
ㄹ. 자동차와 석유 두 재화만 비교하면 A국은 B국에 비해 자동차 생산에 비교우위가 있다.

① ㄱ, ㄴ   ② ㄱ, ㄷ
③ ㄴ, ㄷ   ④ ㄴ, ㄹ
⑤ ㄷ, ㄹ

48 두 나라가 자유 무역을 할 때 각 재화를 수출하는 국가의 조합으로 가능한 것은?

	쌀	옷	자동차	석 유
①	A국	A국	B국	B국
②	A국	B국	A국	A국
③	A국	B국	B국	B국
④	B국	A국	B국	A국
⑤	B국	B국	A국	A국

49 위에 대한 설명으로 옳은 것은?

① 윤근의 임금 수준이 준근보다 높다면 A국은 B국과의 자유 무역으로 손해를 본다.
② 윤근의 임금 수준이 준근보다 높다면 B국은 A국과의 자유 무역으로 손해를 본다.
③ 절대 열위에 있어 국가 경쟁력이 약한 B국은 A국과 자유 무역을 하게 되면 손해를 본다.
④ 자유 무역을 하는 A국이 옷 산업을 보호하기 위해 옷에 대한 무역을 금지하면 두 나라 모두 손해를 본다.
⑤ 준근이 윤근에 비해 각 재화 1단위를 생산하는 데 소요되는 시간이 2배라도 자유 무역으로 두 나라는 이득을 얻는다.

50 유가 하락과 소비세 인상이 동시에 발생했을 때 실질GDP와 물가 수준에 미치는 영향은?

① 실질GDP는 증가할 것이나, 물가 수준은 상승할지 하락할지 알 수 없다.

② 실질GDP는 감소할 것이나, 물가 수준은 상승할지 하락할지 알 수 없다.

③ 실질GDP는 증가하고 물가 수준은 상승한다.

④ 실질GDP가 증가할지 감소할지 알 수 없으나, 물가 수준은 상승한다.

⑤ 실질GDP가 증가할지 감소할지 알 수 없으나, 물가 수준은 하락한다.

51 다음 자료의 (가)~(라)에 들어갈 용어로 옳은 것은?

> 명목 이자율이 일정한 상태에서 인플레이션율이 상승하면 이자 소득의 실질 가치는 (가)한다. 이와 같은 상태가 지속될 경우 사람들은 (나)보다 (다) 보유 비율을 높이고 부채 비율을 (라) 경향을 나타낸다.

	(가)	(나)	(다)	(라)
①	감 소	금융 자산	실물 자산	높이려는
②	감 소	실물 자산	금융 자산	낮추려는
③	감 소	금융 자산	실물 자산	낮추려는
④	증 가	실물 자산	금융 자산	낮추려는
⑤	증 가	금융 자산	실물 자산	높이려는

52 다음 자료의 밑줄 친 변화가 중국의 경제 상황에 미치는 영향에 대한 설명으로 옳은 것은?

> 글로벌 금융위기 전후 환율을 달러당 6.83위안으로 고정해 왔던 중국은 2010년 6월 환율을 둘러싼 미국과의 무역 분쟁을 해결하기 위해 고정 환율 제도에서 관리 변동 환율 제도로 복귀하였다. 이와 함께 인플레이션 압력을 해소하기 위한 방안으로 기준 금리를 0.25%p 인상하였다.

① 중국의 총수요가 감소한다.

② 중국의 소비 지출이 증가한다.

③ 중국의 물가 상승 압력이 커진다.

④ 중국 기업의 국내 투자가 증가한다.

⑤ 중국으로부터 자본 유출이 증가한다.

53 다음 중 장기실업자가 될 가능성이 가장 낮은 경우는?

① 좋지 않은 날씨로 일거리를 잃은 제조업 근로자
② 고립된 지역의 공장에서 일하다가 실직한 제조업 근로자
③ 고속도로의 개통으로 직업을 잃은 철도산업 근로자
④ 회사가 새로운 용접기계를 설치함에 따라 실직한 교육수준이 낮은 용접공
⑤ 글로벌 금융위기로 인해 회사 상황이 안 좋아져 구조조정 당한 사람

54 매경이는 학교를 졸업하고 직장을 찾기 시작했으나 아직 고용되지 못했다. 이러한 경우 국내의 실업률과 경제활동참가율은 어떻게 되는가?

① 실업률은 증가하고, 경제활동참가율은 변함이 없다.
② 실업률은 증가하고, 경제활동참가율도 증가한다.
③ 실업률은 변함이 없고, 경제활동참가율은 증가한다.
④ 실업률은 증가하고, 경제활동참가율은 감소한다.
⑤ 실업률과 경제활동참가율 모두 변함없다.

55 총수요와 총공급의 흐름을 나타낸 그림이다. 정부가 추진할 정책으로 (가), (나)에 해당하는 것은?

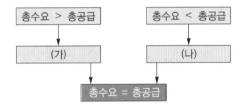

	(가)	(나)
①	세율 인상	정부지출 축소
②	통화량 감소	국공채 매각
③	국공채 매각	세율 인하
④	정부 지출 확대	통화량 감소
⑤	흑자예산 편성	이자율 인상

56 정호는 만기가 도래한 적금 1,000만 원을 주식에 투자해야 할지, 이자율 10%의 예금에 저축을 해야 할지 고민에 빠져 있다. 결국 정호는 1,000만 원을 주식에 투자하기로 결정했다. 이 경우는 정호는 주식 투자의 기대 수익률을 20%라고 생각했다. 이 선택의 연간 기회비용은 얼마인가?

① 0원
② 100만 원
③ 200만 원
④ 1,000만 원
⑤ 1,200만 원

57 'N-11' 혹은 'Next Eleven'이란, 'BRIC'이라는 표현을 유행시킨 골드만삭스의 짐 오닐이 향후 세계경제를 이끌어갈 것으로 지목한 11개 국가를 지칭하는 표현이다. 다음 중 N-11에 대하여 잘못된 설명은?

① N-11은 향후 세계경제를 이끌어갈 국가들로 이에 속한 국가들은 모두 현재 고도의 산업화를 이룬 것으로 평가되는 국가들이다.
② N-11은 향후 세계 경제를 이끌어갈 국가들로 그 경제성장률이 현재의 선진국들에 비해 월등히 높은 국가들이다.
③ N-11에는 중국, 인도, 미국에 이어 인구가 가장 많은 국가들이 포함되어 있다.
④ 골드만삭스의 보고서는 2050년 1인당 GDP 기준으로 한국이 세계에서 2위 국가가 되어 있을 것으로 전망했다.
⑤ 골드만삭스는 N-11을 선정함에 있어 거시경제 안정성, 정치적 성숙도, 무역과 투자의 개방성 그리고 교육의 질을 그 평가의 기준으로 삼았다.

58 장기적으로 경제 성장에 도움이 되는 것을 〈보기〉에서 모두 고르면?

┤ 보 기 ├
ㄱ. 교육 수준 향상   ㄴ. 재산권 보호 강화
ㄷ. 수입 관세율 인상   ㄹ. 연구개발 투자 증가
ㅁ. 외국인 국내 직접투자 제한

① ㄱ, ㄴ, ㄹ
② ㄱ, ㄷ, ㅁ
③ ㄴ, ㄷ, ㄹ
④ ㄴ, ㄹ, ㅁ
⑤ ㄷ, ㄹ, ㅁ

59 다음 중 관련된 경제학적 개념이 다른 것은?

① A 백화점은 70억 원을 들여 새 백화점 건물 건축을 시작하였으나, 이 자리에 세워질 것으로 예상되던 지하철역 건설이 무산되자 완공을 포기하였다.

② 농민 김갑돌 씨는 배추 농사가 잘되어 기분이 좋았지만, 전국적으로 배추가 대풍년이라는 저녁 뉴스에 밥맛이 떨어졌다.

③ 경제 분석가 이갑순 씨는 달러화에 대한 원화 가치 상승으로 인해 단기적으로 무역수지 개선이 예상된다고 전망하였다.

④ 정부는 담뱃값 인상으로 담배 소비에 따른 조세 수입이 대폭 증가할 것으로 예상하였다.

⑤ B 백화점은 수입 화장품과 향수 가격을 통관 가격보다 5배 높게 책정하였다.

60 다음 지문 속의 상황을 유발하게 된 원인은 무엇인가?

> 정현영 씨는 기업에서 수출 부문을 책임지고 있는 임원으로 승진했다. 평소 회사에서 수출 부분에 대한 문제점이 많다고 판단하여 전격적으로 경제학과 출신의 정현영 씨를 승진시킨 것이다. 이러한 상황에서 정현영 씨는 승진 후 곧바로 부하 직원들에게 한국은행 정책금리 결정에 주의를 기울이라고 지시했다.

① 기준금리가 인상되면 국내 물가가 하락 압력을 받아 수출에 악영향을 주기 때문에

② 기준금리가 인하되면 국내 물가가 하락 압력을 받아 수출에 악영향을 주기 때문에

③ 기준금리가 인상되면 원화 가치가 상승 압력을 받아 수출에 악영향을 주기 때문에

④ 기준금리가 인상되면 원화 가치가 하락 압력을 받아 수출에 악영향을 주기 때문에

⑤ 기준금리가 인하되면 원화 가치가 상승 압력을 받아 수출에 악영향을 주기 때문에

61 다음 자료의 밑줄 친 주장을 고용 관련 지표에 반영할 때 나타날 수 있는 변화로 옳은 것은?

> 우리나라를 비롯한 대부분의 국가에서는 실업 상태가 오래 지속되어 구직 활동조차 포기한 구직 단념자를 비경제활동인구로 분류하고 있다. 이로 인해 체감 실업률과 통계상 실업률 사이에 차이가 있어 일각에서는 <u>구직 단념자를 실업자로 간주하여 실업률 통계를 작성해야 한다</u>고 주장하고 있다.
>
> $$* \ 고용률(\%) = \frac{취업자}{15세\ 이상\ 인구} \times 100(\%)$$

	경제활동참가율	실업률	고용률
①	상 승	상 승	불 변
②	불 변	상 승	불 변
③	상 승	상 승	상 승
④	불 변	하 락	상 승
⑤	상 승	하 락	하 락

62 다음 자료를 통해 도출할 수 있는 추론으로 적절하지 않은 것은?

> 다음 표는 A국의 연도별 민간 소비 지출, 민간 투자 지출, 정부 지출, 순수출을 나타낸다. 단, 모든 변수는 실질 변수이다.
>
> (단위 : 조원)
>
> | 구 분 | 2017년 | 2018년 |
> | --- | --- | --- |
> | 민간 소비 지출 | 60 | 140 |
> | 민간 투자 지출 | 10 | 20 |
> | 정부 지출 | 20 | 40 |
> | 순수출 | 10 | 0 |

① 2018년에 수출과 수입이 같았다.
② 2017년~2018년 기간 중 실질GDP 증가율은 100%이다.
③ 2017년~2018년 기간 중 해외 부문은 실질GDP 증가에 기여하지 못했다.
④ 2017년~2018년 기간 중 GDP에서 수출이 차지하는 비중의 변화는 알 수 없다.
⑤ GDP에서 민간 소비 지출이 차지하는 비중은 2017년과 2018년이 동일하다.

63 다음 자료에 대한 설명으로 옳은 것은?

표1은 어떤 재화의 시장 수요와 시장 공급을 나타내고, 표2는 각 생산량에 따라 추가적으로 늘어나는 사회적 비용을 나타낸다.

〈표1 : 시장 수요와 시장 공급〉

가격(만 원)	수요량(개)	공급량(개)
2	7	1
3	6	2
4	5	3
5	4	4
6	3	5
7	2	6
8	1	7

〈표2 : 생산량과 사회적 비용〉

생산량(개)	사회적 비용(만 원)
1	4
2	5
3	6
4	7
5	8
6	9
7	10

① 사회적인 최적 생산량은 4개이다.
② 긍정적인 외부 효과가 존재하여 시장실패가 발생한다.
③ 정부가 개당 2만 원의 세금을 생산자에게 부과하면 시장실패를 개선할 수 있다.
④ 정부가 개당 2만 원의 보조금을 생산자에게 지급하면 시장실패를 개선할 수 있다.
⑤ 정부가 개당 2만 원의 보조금을 소비자에게 지급하면 시장실패를 개선할 수 있다.

64 다음 자료에서 밑줄 친 현상이 실현되었을 경우에 미국에서 나타나게 될 경제 현상으로 가장 적절한 것은?

> 미국에서 2001년 시행되었던 소득세율 인하의 시한이 최근 만료되는 한편 국가 부채 수준이 법적 상한선에 근접하였다. 이 때문에 2013년 1월 1일부터 모든 소득 계층에 대한 소득세율의 인상과 연방 정부 재정 지출의 급격한 감축이 의무적으로 시행되는 재정절벽(Fiscal Cliff)이 논란이 되었다.

① 민간 소비가 증가한다.
② 스태그플레이션이 발생한다.
③ 가구당 세율이 평균적으로 하락한다.
④ 고용이 증가하고 실업률이 하락한다.
⑤ 총공급보다 총수요 측면의 충격이 더 강하다.

[65 ～ 66] 다음 글을 읽고 물음에 답하시오.

> 연아와 연재는 자매지간이다. 어느 날 부모님은 이들에게 세탁 12통과 창고 안의 쓰레기 24묶음을 치우라고 말씀하셨다. 그리고 일을 마칠 때까지는 어느 누구도 놀 수 없다고 하셨다. 연아와 연재는 최대한 빨리 일을 마치고 놀고 싶어 한다. 연아와 연재가 10분당 할 수 있는 일의 양은 표와 같다. 단, 두 사람은 일을 같이 시작하며 두 가지 일을 모두 마쳐야만 놀 수 있다.

구 분	세탁(통)	쓰레기(묶음)
연 아	2	6
연 재	2	2

65 부모님이 자매애를 다지기 위해 항상 두 사람이 같은 일을 함께하도록 하였을 때, 일을 마치고 두 사람이 놀 수 있을 때까지 걸리는 최단 시간으로 옳은 것은?

① 30분   ② 40분
③ 50분   ④ 60분
⑤ 70분

66 연아와 연재가 어떤 일을 하든지 일을 다 마치고 놀 수 있을 때까지 걸리는 최단 시간으로 옳은 것은?

① 30분   ② 40분

③ 50분   ④ 60분

⑤ 70분

67 다음 자료로부터 자산과 부채의 변화를 추론한 내용으로 옳지 않은 것은?

> • 승기는 통장에서 10만 원을 인출했다.
> • 중기는 친구에게 1만 원을 빌렸다.
> • 서영 부모님은 재산세를 20만 원 납부하셨다.

① 승기의 자산은 증가했다.   ② 승기의 부채는 변화하지 않았다.

③ 중기의 자산은 증가했다.   ④ 중기의 부채는 증가했다.

⑤ 서영 부모님의 자산은 감소했다.

[68 ~ 69] 다음 글을 읽고 물음에 답하시오.

> 2008년 금융위기 이후 영국의 중앙은행은 2009년 3월 ~ 2010년 1월 기간 중 자국의 비은행 금융 기관으로부터 2,000억 파운드 규모의 영국 장기 국채를 사들였다. 당시 영국의 기준 금리는 실질적인 하한치(Lower Limit)라고 할 수 있는 0.5%였고 목표 인플레이션율은 2%였다. 이와 같이 <u>중앙은행이 민간으로부터 자산을 직접 매입하여 시중의 유동성을 확대하는 정책</u>을 양적 완화(Quantitative Easing : QE)라고 한다. 사람들은 이러한 정책이 세계 경제가 안정될 때까지 지속될 것으로 확신하고 있었다.

68 밑줄 친 정책 변화의 배경으로 가장 적절한 것은?

① 외채 감소에 따라 국가 부도의 위험이 낮아졌다.

② 금리 인하를 통한 경기 부양을 기대하기 어려워졌다.

③ 물가가 지속적으로 높아져 인플레이션에 대한 우려가 커졌다.

④ 경상 수지 적자가 누적되어 영국 파운드화 가치의 하락 위험이 커졌다.

⑤ 금융위기 이후 지속된 흑자 재정 정책으로 추가적인 재정 정책의 여력이 커졌다.

69 다른 조건이 일정할 때, 밑줄 친 정책 변화의 단기적인 영향으로 가장 적절한 것은?

① 영국의 실질 이자율이 하락한다.
② 영국 파운드화의 가치가 상승한다.
③ 영국 장기 국채의 수익률이 상승한다.
④ 영국 민간 기업의 채권 거래가 줄어든다.
⑤ 영국의 물가가 하락하고 고용이 증가한다.

70 국내 쌀시장에서의 수요곡선과 공급곡선이 다음 그림에서와 같이 주어졌다고 하자. 국제시장의 쌀 가격이 10이고, 국내시장의 개방이 국제시장 균형가격에 영향을 미치지 않는다고 하자. 다음 설명 중 옳은 것은?

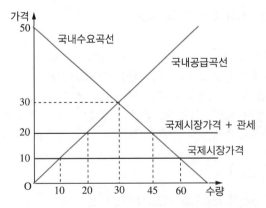

① 쌀시장의 개방으로 인하여 국내 소비자잉여와 국내 생산자잉여가 모두 증가한다.
② 쌀시장 개방 후 국내 소비자들의 쌀 소비량은 60이고 이 중에서 국내균형생산량 30을 뺀 나머지가 수입된다.
③ 쌀시장 개방 후 10의 관세를 부과하면 국내 생산자잉여는 관세 부과전보다 200 증가한다.
④ 쌀시장 개방 후 10의 관세를 부과하면 관세부과 전보다 125의 자중손실이 발생한다.
⑤ 10의 관세 대신 15의 수입할당을 하더라도 국내 소비자잉여는 동일하다.

71 한국, 스웨덴, 캐나다 여성의 연령별 경제활동참가율을 나타낸 아래 그림으로부터 유추할 수 있는
　　 내용으로 적절한 것은?

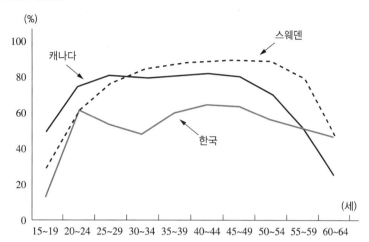

① 한국과 캐나다에서 60대 초반 여성의 실업률이 동일하다면, 이들 중 취업하는 여성의 비중은
　 캐나다보다 한국에서 낮을 것이다.

② 여성의 경제활동이 활발한 스웨덴과 캐나다에서도 50대부터는 여성의 실업률이 점차 높아지는
　 것으로 추론할 수 있다.

③ 한국 정부가 출산장려금을 지원하면 20대 후반~30대 초반 한국 여성의 경제활동참가율이 높아
　 질 것이다.

④ 출산과 육아가 여성의 경제활동 참가율 하락에 미치는 영향은 스웨덴이나 캐나다보다 한국에서
　 클 것이다.

⑤ 기혼 여성의 단시간(Part Time) 근로 기회는 스웨덴보다 캐나다에 많은 것을 짐작할 수 있다.

72 다음과 같은 경제 상황 변화에 따라 형성될 수 있는 새로운 균형점을 바르게 짝지은 것은?

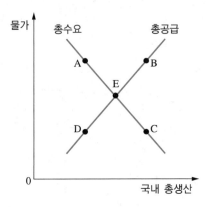

> (가) OO국으로부터 핸드폰의 핵심 부품 수입이 많아졌다.
> (나) 정부는 경기 회복을 위해 대규모 공공 사업을 추진하였다.
> (다) 주5일 근무제의 실시로 주당 근로 시간이 줄어 생산이 감소하였다.
> (라) 우리나라의 조선업계는 첨단 LNG선의 수출로 많은 외화를 벌었다.
> (마) 물가를 안정시키기 위해 최근 정부가 각종 규제를 강화한바 민간 소비가 줄었다.

① (가) – A ② (나) – B
③ (다) – C ④ (라) – D
⑤ (마) – E

73 다음의 내용들을 바탕으로 앞으로 정부에서 취해야 할 적합한 태도로 추론하기 어려운 것은?

> 추석 명절을 앞둔 이번주 아파트 시장은 거래와 전세 모두 수요가 줄어들면서 비교적 한산한 모습을 보였다. 9일 부동산정보업체 부동산114에 따르면 아파트 매매값은 서울과 신도시가 지난주보다 0.02%씩 떨어졌고 수도권은 가격 변동이 없었다. 서울에서는 송파구(−0.06%)와 강남구(−0.04%)의 내림폭이 컸고, 동대문(−0.03%)·마포(−0.02%)·강동(−0.02%)구도 가격이 떨어졌다. 신도시와 수도권도 과천시(−0.05%), 분당(−0.03%), 평택시(−0.03%), 용인시(−0.02%), 일산(−0.01%) 등에서 소폭 하락세를 보였다. 다만, 전세에서 매매로 전환하는 수요자들이 많은 수원(0.02%)·성남(0.01%)·구리시(0.01%)는 매매가격이 약간 올랐다.

① 부동산 취득세와 등록세를 감면해 주는 정책을 추진할 수 있다.

② 1가구 2주택 중과세 등의 규제를 추가로 완화할 수 있다.

③ DTI와 LTV 규제를 완화하는 정책을 추구할 수 있다.

④ 시중 금리를 인하하는 조치를 추진할 수 있다.

⑤ 뉴타운 등 추가적인 아파트 공급 방안을 추진할 수 있다.

74 다음 자료에 대한 옳은 설명을 〈보기〉에서 고른 것은?

> (A회사에 근무하는 김 부장, 오늘도 나 대리를 혼낸다.)
>
> 김 부장 : 이봐, 나 대리. ㉠ 지난달에 가격을 조금 내리면 판매 수입이 증가할 거라며? 이게 뭐야! 판매 수입이 오히려 줄었잖아. 수요 예측도 못하고 도대체 잘하는 게 뭐야?
>
> (나 대리, 자리로 돌아오면서 혼잣말로 불평을 늘어놓는다.)
>
> 나 대리 : 그래, ㉡ 당신이 나보다 뭐든지 잘한다 이거지. ㉢ 그렇게 잘하면 자기가 다 하지, 왜 나를 시켜! ㉣ 다른 직장을 알아봐야지, 원.

┌─ 보 기 ─────────────────────────────
ㄱ. ㉠으로부터 나 대리는 수요가 가격에 대해 비탄력적이라고 생각했음을 알 수 있다.
ㄴ. ㉡은 비교 우위의 개념과 관련된다.
ㄷ. ㉢은 기회비용의 관점에서 옳지 않다.
ㄹ. ㉣의 이유로 나 대리가 현재 직장을 그만두면 마찰적 실업에 해당된다.
└──────────────────────────────────

① ㄱ, ㄴ   ② ㄱ, ㄷ

③ ㄴ, ㄷ   ④ ㄴ, ㄹ

⑤ ㄷ, ㄹ

75 다음 자료에 대한 설명으로 옳은 것은?

아래 그림은 경작지 면적이 일정할 때 쌀 생산에 드는 노동 비용을 나타낸다. 쌀 생산에는 경작지
와 노동만 필요하며, 노동 비용은 노동 투입량에 임금을 곱한 값이다. 임금은 시장에서 일정하게
주어져 있다.

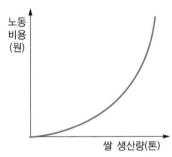

① 쌀 생산을 두 배로 늘리려면 노동 투입량을 두 배로 늘려야 한다.
② 노동 투입량을 늘림에 따라 경작지의 단위면적당 생산량이 점차 감소한다.
③ 쌀 생산량을 늘림에 따라 노동 투입 단위당 쌀 생산량이 증가한다.
④ 쌀 생산량을 늘림에 따라 쌀 1톤 생산에 드는 평균 노동 투입량이 감소한다.
⑤ 위와 같은 경작지가 여러 개 있을 경우, 각 경작지의 노동 투입량을 같게 하는 것이 효율적이다.

76 다음 그림은 데스크톱 컴퓨터의 지난 네 분기의 가격 및 거래량 관측치를 나타낸다. 이러한 변화가
나타날 수 있는 상황으로 옳은 조합을 〈보기〉에서 고른 것은?

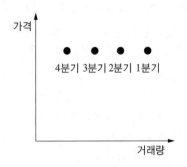

┤ 보 기 ├

ㄱ. 데스크톱 컴퓨터 대신 쓸 수 있는 태블릿 컴퓨터의 가격이 하락하였다.
ㄴ. 데스크톱 컴퓨터의 대당 생산 비용이 생산량에 관계없이 일정하다.
ㄷ. 데스크톱 컴퓨터의 주요 부품인 메모리의 가격이 하락하였다.
ㄹ. 호황으로 소비자의 소득이 증가했다.

① ㄱ, ㄴ

② ㄱ, ㄷ

③ ㄴ, ㄷ

④ ㄴ, ㄹ

⑤ ㄷ, ㄹ

77 어떤 통신회사는 초고속인터넷과 IPTV서비스를 두 명의 고객에게 판매한다. 고객별로 가격차별을 할 수 없으며, 분석의 편의상 초고속인터넷과 IPTV서비스의 공급비용은 0이라고 가정하자. 두 고객의 최대지불용의금액이 다음 표와 같을 때 옳은 것은?

구 분	최대지불용의금액	
	초고속인터넷	IPTV
고객 A	200	100
고객 B	300	60

① 초고속인터넷과 IPTV서비스를 결합하여 판매하는 경우 얻을 수 있는 최대이윤은 600이다.

② 초고속인터넷과 IPTV서비스를 결합하여 판매하는 경우 얻을 수 있는 최대이윤은 660이다.

③ 초고속인터넷과 IPTV서비스를 결합하여 판매하는 경우 얻을 수 있는 최대이윤은 800이다.

④ 초고속인터넷만 판매할 때 얻을 수 있는 최대이윤은 300이다.

⑤ IPTV서비스만 판매할 때 얻을 수 있는 최대이윤은 160이다.

78 아래 글의 밑줄 친 이것에 대해 옳게 설명한 사람을 〈보기〉에서 모두 고른 것은?

┤보 기├

갑 : 경쟁 기업의 수가 많아지면 이것이 사라진다.

을 : 이것이 발생하면 자원 배분이 비효율적으로 된다.

병 : 이것은 정부 실패가 발생하는 원인 가운데 하나이다.

정 : 자가용 이용자가 이웃 주민에게 배출가스를 내뿜는 것은 이것의 사례다.

① 갑, 을

② 갑, 병

③ 을, 병

④ 을, 정

⑤ 병, 정

[79 ~ 80] 다음 자료를 읽고 물음에 답하시오.

식당 주인인 갑은 주방장 을을 고용하여 식당을 운영하고 있다. 갑은 다른 사업 때문에 자리를 비우는 일이 잦아 을이 얼마나 정성을 들여 음식을 만드는지 관찰할 수 없다. 이 식당의 하루 매출액은 6 아니면 12인데, 각각의 확률은 을이 얼마나 정성을 들이는지에 따라 다음과 같이 주어진다.

구 분	매출액이 6일 확률	매출액이 12일 확률
정성을 들일 때	1/3	2/3
정성을 들이지 않을 때	2/3	1/3

을이 정성을 들일 때와 정성을 들이지 않을 때의 노동 비용은 각각 2와 1이다. 을이 식당을 그만둘 경우 갑은 영업을 할 수 없으며 을은 다른 곳에서 돈을 벌 수 없다.
갑의 기대 이윤은 매출액의 기댓값에서 일당의 기댓값을 뺀 금액이다. 을은 일당의 기댓값에서 노동 비용을 뺀 값을 최대화하려고 한다.

79 갑이 을에게 매출액에 관계없이 고정급을 지불할 경우에 관한 옳은 설명을 〈보기〉에서 고른 것은?

┤보 기├

ㄱ. 고정급이 2보다 높으면 을은 정성을 들일 것이다.
ㄴ. 고정급이 1보다 낮으면 을은 식당을 그만 둘 것이다.
ㄷ. 고정급이 높을수록 갑의 기대 이윤은 증가한다.
ㄹ. 을이 식당을 그만두지 않는 한, 고정급 수준이 낮을수록 갑의 기대 이윤은 증가한다.

① ㄱ, ㄴ   ② ㄱ, ㄷ
③ ㄴ, ㄷ   ④ ㄴ, ㄹ
⑤ ㄷ, ㄹ

80 이제 갑이 매출액이 6일 때와 12일 때 을에게 각각 다른 일당을 제시한다고 하자. 다음의 X에 올 수 있는 숫자로 가장 작은 것은?

을이 정성을 들이게 하려면 매출액이 12일 때의 일당이 매출액이 6일 때의 일당보다 X만큼 높아야 한다. 단, 같은 조건이라면 을은 정성을 들인다.

① 1   ② 2
③ 3   ④ 4
⑤ 5

01 다음 중 시장실패의 요인이 아닌 것은?

① 생산과정에서 외부성이 존재하는 경우
② 공급되는 재화가 공공재인 경우
③ 시장에서 정보가 불완전한 경우
④ 재화가 동질적인 경우
⑤ 자연독점이 발생하는 경우

02 과점에 관한 다음 설명 중 옳은 것은?

① 과점시장에 있는 기업들은 모두 동질의 상품만을 생산한다.
② 과점시장에 있는 기업들은 모두 가격수용자들이다.
③ 모든 기업들의 한계비용이 증가하면(모든 기업들의 고정비용은 0이라 가정) 꾸르노 균형에서 각 기업의 생산량은 감소할 수 있다.
④ 기업들의 한계비용이 다르더라도 꾸르노 균형에서는 동일한 생산량을 생산한다.
⑤ 과점시장에 진입하려는 새로운 기업들은 항상 기존기업들의 아무런 진입저지를 받지 않고 자유롭게 진입한다.

03 완전경쟁시장에 관한 다음 설명 중 옳은 것은?

① 단기에 가격이 평균비용보다 낮아지면 조업을 중단한다.
② 장기균형에서는 정상이윤이 사라진다.
③ 단기에 가격이 평균가변비용보다 높으면 초과이윤이 발생한다.
④ 산업전체의 장기공급곡선은 우상향한다.
⑤ 장기균형에서는 가격, 평균비용과 한계비용이 일치한다.

04 독점적 경쟁시장에 참여하는 기업이 장기균형에서 Q*개의 상품을 생산하고 있다고 하자. Q*에 대한 설명으로 옳은 것은?(단, 생산요소시장은 완전경쟁적이다)

① Q*는 가격과 한계비용이 같은 생산량 수준보다 작다.
② Q*는 한계수입과 한계비용이 같은 생산량 수준보다 크다.
③ Q*는 한계비용과 평균총비용이 같은 생산량 수준보다 크다.
④ Q*는 수요곡선과 평균총비용이 접하는 생산량 수준보다 작다.
⑤ Q*는 평균총비용이 최소화되는 생산량 수준보다 크다.

05 독점적 경쟁의 특징으로 맞는 것은?

> 가. 기업들은 제품차별화로 독점력을 얻는다.
> 나. 과소생산의 비효율성이 발생한다.
> 다. 유휴생산능력이 존재한다.
> 라. 상품의 질, AS 등의 비가격경쟁을 한다.
> 마. 이윤극대화보다는 판매극대화 전략을 세운다.

① 가, 나, 다   ② 가, 라, 마
③ 가, 나, 다, 마   ④ 가, 나, 다, 라
⑤ 나, 다, 라, 마

06 다음 그림은 시대 씨의 예산선과 무차별곡선을 나타내고 있다. 다음 그림에 대한 설명으로 옳지 않은 것은?

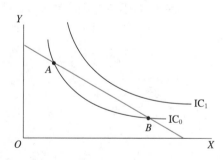

① 무차별곡선 IC₀에서의 상품묶음이 IC₁에서의 어떤 상품묶음보다도 효용이 작다.
② 한계대체율이 B점보다 A점에서 크다.
③ 소비자가 A점에서 얻는 총효용의 크기는 B점에서 얻는 총효용의 크기와 같다.
④ A점에서 X재 1원당 한계효용은 Y재 1원당 한계효용보다 크다.
⑤ B점에서 소비하는 경우, 효용을 극대화하기 위해서는 X재의 소비를 증가시키고, Y재의 소비를 감소시켜야 한다.

07 지니계수에 대한 설명으로 옳지 않은 것은?

① 소득분배의 불평등정도를 나타낸다.
② 로렌츠곡선으로부터 계산할 수 있다.
③ 0에서 1 사이의 값을 가진다.
④ 0에 가까울수록 소득분배가 균등하다.
⑤ 경제성장률과 항상 반비례의 관계를 갖는다.

08 외부성에 관한 다음 설명 중 옳은 것은?

① 어떤 재화의 생산에 의해 외부불경제가 발생한다면 사적 최적산출량은 사회적 최적산출량에 비해 과소하게 된다.
② 외부경제의 경우에는 정부개입의 근거가 없으나 외부불경제가 있을 경우에는 정부가 개입할 필요가 있다.
③ 외부불경제가 문제가 되는 것은 사적 비용과 사회적 비용 간에 차이가 발생하기 때문이다.
④ 외부불경제의 경우는 시장실패를 야기하지만 외부경제의 경우는 그렇지 않다.
⑤ 외부성은 항상 당사자 간에 대칭적으로 발생한다.

09 지민이는 "난 사과 네 개와 배 한 개를 함께 먹는 것이나 사과 두 개와 배 세 개를 함께 먹는 것이나 똑같이 좋아해. 하지만 그보다는 사과 세 개와 배 두 개를 함께 먹는 것이 더 좋아."라고 말했다. 사과와 배에 대한 지민이의 무차별곡선 형태로 적합한 것은?

① 우하향하는 직선
② 우하향하는 아래로 오목한 곡선
③ 수평선
④ 우하향하는 아래로 볼록한 곡선
⑤ 우상향하는 아래로 오목한 곡선

10 다음 중 기펜재에 대한 설명으로 옳지 않은 것은?

① 수요곡선은 양의 기울기를 가진다.
② 재화의 가격이 상승할 때 대체효과에 의해서는 수요량이 감소한다.
③ 재화의 가격이 상승할 때 소득효과에 의해서는 수요량이 증가한다.
④ 반드시 열등재일 필요는 없다.
⑤ 소득효과의 크기가 대체효과보다 큰 재화이다.

11 지원이는 청바지를 구입하려는 계획을 세웠다. 그런데 청바지 가격이 하락하여, 이 소비자는 구매량을 변경하기로 하였다. 다음 설명 중 옳지 않은 것은?

① 청바지가 정상재이면 대체효과와 소득효과에 의해 청바지를 더 산다.
② 청바지가 정상재이면 대체효과와 소득효과에 의해 청바지를 덜 산다.
③ 청바지가 열등재이면 대체효과의 절댓값이 소득효과의 절댓값보다 커야 청바지를 더 산다.
④ 청바지가 열등재이면 대체효과의 절댓값이 소득효과의 절댓값보다 작아야 청바지를 덜 산다.
⑤ 청바지가 기펜재이면 대체효과의 절댓값이 소득효과의 절댓값보다 작아서 청바지를 덜 산다.

12 소득분배에 관한 다음 설명 중 옳은 것을 모두 묶어 놓은 것은?

> A. 로렌츠곡선이 대각선에 가까울수록 소득분배가 평등하다.
> B. 지니계수가 0에 가까울수록 소득분배가 평등하다.
> C. 지니계수와 로렌츠곡선은 서로 독립된 별개의 소득분배지수이다.

① A   ② B
③ A, B   ④ B, C
⑤ A, B, C

13 거시변수들에 대한 다음 설명 중 가장 옳지 않은 것은?

① 파업에 참가한 근로자는 취업자로 분류된다.

② 이미 발행된 국채에 대한 이자지급은 GDP에 포함되지 않는다.

③ 수출재의 국제가격이 수입재에 비하여 상승하였을 경우, GNI증가율이 GNP증가율보다 높게 나타난다.

④ 전년에 비해 공무원수는 변화가 없고 급여가 5% 감소하였다면 명목GDP는 감소하지만 실질GDP에는 변화가 없다.

⑤ GDP디플레이터는 기준년도의 고정된 재화와 서비스 품목구성에 대한 가격 변화를 측정하는 지수이다.

14 내생적 성장이론에 대한 설명 중 가장 옳지 않은 것은?

① 금융시장이 발달하면 저축이 증가하고 투자의 효율성이 개선되어 경제성장이 촉진된다.

② 외부효과를 가지는 지식의 경우에는 수확체감의 법칙이 적용되지 않는다.

③ 정부소비지출의 증가는 경제성장을 촉진한다.

④ 교육은 인적자본의 축적을 통해 경제성장을 촉진한다.

⑤ 국가간 소득수준의 수렴현상이 나타나지 않을 수 있다.

15 중앙은행의 본원통화 공급과 관련된 설명 중 옳은 것은?

① 재정적자가 증가하면 본원통화는 감소한다.

② 중앙은행의 예금은행에 대한 대출이 증가하면 본원통화는 증가한다.

③ 수출이 증가하면 본원통화는 감소한다.

④ 외채상환액이 증가하면 본원통화는 증가한다.

⑤ 중앙은행의 유가증권 매입액이 증가하면 본원통화는 감소한다.

16 물가지수, 인플레이션과 관련된 다음 주장 중 옳지 않은 것은?

① 기대되는 인플레이션율이 높을수록 명목이자율은 높게 형성된다.

② GDP디플레이터를 계산할 때 최종재가 아닌 중간재의 가격변화는 포함되지 않는다.

③ 예상보다 높은 인플레이션이 발생하였을 경우 실질이자율은 예상보다 낮게 나타난다.

④ 소비자물가지수 산정에 편입되어 있는 수입재의 가격상승은 소비자 물가지수에 직접적으로 영향을 미친다.

⑤ 명목이자율이 인플레이션에 연동되었다면 인플레이션율이 낮을수록 실질이자율이 낮아진다.

17 필립스곡선에 대한 설명으로 옳은 것은?

① 자연실업률이 증가하면 필립스곡선은 왼쪽으로 이동한다.

② 필립스곡선은 실업률과 물가상승률 간의 상충관계를 보여준다.

③ 기대물가상승률이 상승하면 필립스곡선은 왼쪽으로 이동한다.

④ 단기필립스곡선이 장기필립스곡선보다 가파르다.

⑤ 자연실업률 가설에 의하면 장기필립스곡선은 수평선이 된다.

18 국제수지표에 외자도입에 따른 이자지급은 어느 항목에 기록되는가?

① 경상거래의 수취   ② 경상거래의 지급

③ 자본거래의 수취   ④ 자본거래의 지급

⑤ 로열티 지급 수취

19 다음 중 정부가 마찰적 실업을 줄이기 위해 실시할 수 있는 대책으로 가장 적절한 것은?

① 정부가 구인 정보 제공 서비스를 강화한다.

② 실업보험제도의 보험금 지급기간을 늘린다.

③ 실업을 확대시키는 최저임금제를 폐지한다.

④ 임금을 노동생산성 이하 수준으로 억제한다.

⑤ 정부가 기업 투자를 촉진하는 정책을 마련한다.

20 다음 중 총수요가 증가한다고 볼 수 없는 경우는?

① 감세 정책을 실시한다.　　　　② 정부 지출이 증가한다.

③ 국내 이자율이 하락한다.　　　　④ 해외 경제가 호황이 된다.

⑤ 경기 전망이 불확실하다.

21 두 국가가 상호자유무역협정(FTA)을 체결할 때 발생할 수 있는 현상으로 볼 수 없는 것은?

① 당사국의 소비자 물가를 하락시키는 경향이 있다.

② 당사국 간의 수입에 의하여 대체되는 산업에는 실업자가 발생할 수 있다.

③ 당사국 간의 무역규모가 증가한다.

④ 전 세계의 경제적 후생을 증가시킨다.

⑤ FTA 체결은 주변 국가와의 교역 증대에 기여하지 않는다.

22 쇠고기 수입 자유화의 영향으로 볼 수 없는 것은?

① 돼지고기에 대한 국내 수요의 감소

② 한우 사육농가의 생산자잉여 감소

③ 국내 쇠고기 소비자의 소비자잉여 증가

④ 달러화에 대한 원화표시 환율의 하락

⑤ 한우 사육 농가의 소득 감소

23 다음 중 주주총회의 결의 없이 이사회의 결의만으로 결정이 가능한 것은 무엇인가?

① 이사 및 감사의 선임과 해임

② 지배인의 선임 또는 해임

③ 결산 등의 계산서류의 승인

④ 정관의 변경

⑤ 합병보고의 승인

24 우리나라 주식회사의 특징으로 올바르지 않은 것은?

① 기업을 경영하는 것과 소유하는 것을 분리할 수 있다.

② 주식 보유 비율에 따라 회사에 권리를 행사할 수 있다.

③ 대주주는 보유한 지분을 매매 양도하는 데에 제약이 있다.

④ 사업에 필요한 대규모 자본조달이 다른 기업 형태에 비해 용이하다.

⑤ 주주는 주식의 인수가액을 한도로 한 출자 의무를 지닐 뿐 회사 채무에 대해 어떤 책임도 지지 않는다.

25 다음에서 설명하는 이 기업의 형태는?

> 이 기업은 사원이 회사에 대해 유한책임을 갖지만 설립 절차와 사원총회(주주총회) 소집 절차가 상대적으로 간단하다. 지분 양도가 상대적으로 어려운 특징이 있어 보통 신규 자금 조달 규모가 크지 않다. 마이크로소프트, 애플, 구글, 야후, 페이스북, 그루폰 등 글로벌 기업들의 한국법인은 모두 이러한 형태로 설립됐다. 외부감사 의무와 공시 의무가 없는 비공개적 성격도 특징 중 하나 이다.

① 유한회사   ② 합명회사

③ 합자회사   ④ 익명조합

⑤ 협동조합

26 기업의 단기부채 상환능력을 알아보는 지표로 제조와 판매과정을 거쳐야 하는 재고자산을 제외한 유동자산만으로 안정성을 알아보는 지표는?

① 유동비율   ② 당좌비율

③ 고정비율   ④ 이자보상비율

⑤ 고정금융비용 보상률

27 기업의 유보자금이 많이 쌓여 유보율이 높아지는 것에 대한 설명으로 잘못된 것은?

① 유보율이 높아지면 부채비율이 낮아진다.

② 유보율이 높아져도 주당순이익은 낮아지지 않는다.

③ 유보율이 높은 기업은 불황에 더 잘 견딜 수 있다.

④ 유보율이 높아져도 기업의 무상증자 여건은 좋아지는 것이 아니다.

⑤ 유보율이 높아지면 M&A의 대상이 될 가능성이 크다.

28 자기자본이익률을 구성하는 요소로 바르게 짝지어진 것은?

① 수익성, 활동성, 레버리지

② 수익성, 성장성, 활동성

③ 수익성, 활동성, 안정성

④ 수익성, 안정성, 레버리지

⑤ 수익성, 레버리지, 시장가치비율

29 다음 중 채권의 이자율이 상승하는 요인으로 보기 어려운 것은?

① 경기가 호황을 보이고 있다.

② 물가가 상승하고 있다.

③ 중앙은행이 기준금리를 인상했다.

④ 중앙은행이 공개시장에서 매입조작을 하고 있다.

⑤ 원화가 약세를 보이고 있다.

30 환율하락기의 재테크 전략으로 적절치 못한 것은?

① 해외송금은 늦추고 달러는 빨리 환전해야 한다.

② 유학비용 송금은 늦출수록 부담을 줄일 수 있다.

③ 해외여행 시에는 현금을 사용하는 것이 유리하다.

④ 내수기업 중심의 펀드에 가입하는 것이 수출기업 펀드에 가입하는 것보다 유리하다.

⑤ 환헤징으로 손실을 줄일 수 있다.

31 다음 중 한 나라 경제의 잠재성장률과 가장 무관한 것은?

① 공무원 수를 늘린다.
② 경제개방을 촉진한다.
③ 이자소득세를 감면한다.
④ 저축장려정책을 추진한다.
⑤ 교육에 대한 투자를 늘린다.

32 인플레이션이 연 4%로 예상되었으나, 실제로는 6%로 상승한 경우를 가정하자. 이러한 예상하지 못한 인플레이션으로 이득을 얻는 경제주체는?

① 채권자
② 금융자산 구입자
③ 부채가 많은 정부
④ 정액 급여의 근로자
⑤ 국채에 투자한 국민연금

33 두 나라 간의 자유무역협정(FTA)이 체결되어 농산물 수입관세가 철폐되었다. 이 자유무역협정으로부터 이득을 보기 어려운 계층을 모두 묶은 것은?

> ㄱ. 농산물 수입국의 농가   ㄴ. 농산물 수입국의 소비자
> ㄷ. 농산물 수입국의 정부   ㄹ. 농산물 수출국의 농가
> ㅁ. 농산물 수출국의 소비자

① ㄱ, ㄷ   ② ㄴ, ㄹ
③ ㄴ, ㄹ, ㅁ   ④ ㄱ, ㄷ, ㅁ
⑤ ㄴ, ㅁ

34 다음 중 환율의 하락 압력이 커지는 요인이 아닌 것은?

① 수출액이 증가한다.
② 국내 이자율이 상승한다.
③ 국가 신용등급이 상승한다.
④ 내국인의 해외투자가 증가한다.
⑤ 해외 거주 근로자의 국내 송금이 증가한다.

35 다음 중 내부적 규모의 경제에 관한 서술 중 옳지 않은 것은?

① 세계 전체의 반도체는 주로 미국, 일본, 한국 및 대만에서 생산된다.
② 미국에서 판매되는 혼다자동차는 수입되거나 오하이오주에서 생산된다.
③ 스위스가 세계 시계산업을 주도하고 있다.
④ 세계 민간비행기 시장은 미국과 유럽에 의해 양분하고 있다.
⑤ 우리나라 울산은 세계 조선산업의 40%를 점유하고 있다.

36 다음은 정부의 재정적자에 관한 설명이다. 옳지 않은 내용은?

① 경기불황기에는 경기호황기보다 재정적자가 더욱 커지기 마련이다.
② 세율인하는 이에 따른 일시적인 재정적자를 대 민간 국채로 보전할 경우 총수요를 변화시키지 않을 수 있다.
③ 적자재정지출의 재원으로 대 민간 국채발행에 의존할 경우는 중앙은행의 국채매입에 의존할 경우보다 물가를 더욱 상승시키는 효과가 있다.
④ 재정적자의 증가는 경상수지를 악화시킨다.
⑤ 재정적자를 통한 경기 부양정책은 장기적으로 지속되기 어렵다는 한계점이 있다.

37 다음 그림은 금리와 주가의 일반적인 관계를 나타낸 것이다. 빈 칸 (가), (나), (다)에 들어갈 내용을 바르게 짝지은 것은?

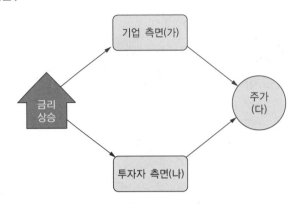

	(가)	(나)	(다)
①	투자 촉진	예금의 기대수익률 상승	상 승
②	투자 위축	예금의 기대수익률 하락	상 승
③	금융비용 감소	예금의 기대수익률 하락	상 승
④	금융비용 증가	예금의 기대수익률 상승	하 락
⑤	금융비용 감소	예금의 기대수익률 상승	하 락

38 '소비가 미덕이다'라는 말에 대한 설명으로 옳지 않은 것은?

① 구성의 오류에 해당한다.

② 저축의 역설에 해당한다.

③ 경기가 과열일 때 적용된다.

④ 고전학파 모형에서는 절약의 역설이 일어나지 않는다.

⑤ 불경기에 더더욱 불황이 극심해지는 이유 또한 여기에 있다.

39 다양한 관찰을 통하여 '사회 · 경제체제가 어떻든 그 구성원의 20%가 80%의 일을 해 80%의 소득 또는 부(富)를 얻고, 나머지 80%가 20%의 소득 또는 부를 얻을 것이다'라는 '80-20 법칙(80-20 Rule)'을 말한 사상가는 누구인가?

① Karl Marx　　　　　　　　　② Vilfredo Pareto
③ Herbert Spencer　　　　　　　④ Rosa Luxembourg
⑤ Thomas Robert Malthus

40 세금에 대한 다음 설명 중 올바르지 않은 것은?

① 소득 수준에 따라 부과되는 세율이 다르다.
② 세금은 크게 직접세와 간접세로 분류할 수 있다.
③ 소득이 적은 사람은 간접세를 내지 않는다.
④ 원칙적으로 사람들이 얻는 모든 소득에는 세금이 부과된다.
⑤ 물건을 살 때 물건 값에는 부가가치세나 소비세가 부과된다.

41 아래 그림에서와 같이 가격이 P₁일 때 최초의 수요자들은 Q₁만큼 소비를 하며 A만큼 소비자잉여를 향유하고 있다. 만약 가격이 P₁에서 P₂로 하락하여 소비량이 Q₂로 증가하는 경우에 소비자잉여가 변하게 되는데, 새로운 수요자들이 향유하는 소비자잉여는 얼마인가?

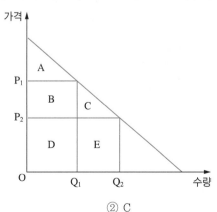

① B　　　　　　　　　　　　② C
③ B + C　　　　　　　　　　　④ C + E
⑤ D + E

42 다음 표는 A국에서 지난 5년간 전자책(e-book)의 시장가격과 판매량의 변화 추이를 나타낸다. 이러한 변화의 원인으로 적절한 것은?

(단위 : 원, 백만 개)

연 도 구 분	2015	2016	2017	2018	2019
시장가격	1,800	2,100	2,300	2,500	2,600
판매량	16	22	27	31	33

① 전자책 단말기 가격이 하락했다.
② 전자책 제작 비용이 감소했다.
③ 전자책 인세가 증가했다.
④ 온라인 서점의 책값이 하락했다.
⑤ 오프라인 서점의 책값이 하락했다.

43 다음 〈보기〉에서 제시된 각 속담에 관련된 경제적 개념을 순서대로 바르게 나열한 것은?

┤ 보 기 ├

(가) 놓친 고기가 더 커 보인다.
(나) 산중(山中) 놈은 도끼질, 야지(野地) 놈은 괭이질
(다) 바다는 메워도 사람 욕심은 못 메운다.
(라) 전어 굽는 냄새에 집 나갔던 며느리가 돌아온다.

	(가)	(나)	(다)	(라)
①	매몰비용	비교우위	희소성	경제적 유인
②	매몰비용	비교우위	탄력성	경제적 유인
③	매몰비용	공유자원	희소성	외부성
④	기회비용	비교우위	탄력성	외부성
⑤	기회비용	공유자원	탄력성	외부성

44 다음 자료에 나타난 문제점의 개선과 관련된 사례로 옳은 것은?

> 중고차 시장에서 판매자는 차의 성능을 잘 알지만 구매자는 겉모습만 보고는 차의 성능을 잘 알기 어렵다. 따라서 구매자는 평균적인 성능을 가진 차에 합당한 금액을 제시하려 할 것인데, 이 금액은 성능이 평균 이상인 차의 판매자가 수락하기에는 낮은 수준일 가능성이 높다. 이에 따라 성능이 좋은 차는 시장에서 사라지고 성능이 좋지 않은 차만 거래되어, 정보가 잘 갖추어진 경우에 비해 거래로부터의 이득이 줄어들게 된다.

① 의료보험 가입 시 보험회사에서 가입자에게 신체검사를 시행한다.

② 자산 투자 시 성격이 다른 자산에 골고루 분산 투자한다.

③ 정부가 국민에게 전염병 예방 접종 비용의 일부를 대준다.

④ 피고용인의 급여에 성과급 요소를 도입한다.

⑤ 자동차 보험에 가입했더라도 사고를 내면 일정액은 본인이 부담한다.

45 다음 자료에 대한 추론으로 옳지 않은 것은?

> 아래 그림은 우리나라의 CPI와 GDP디플레이터의 전년 대비 상승률을 나타내고 있다. 단, 두 물가지수는 모두 기준연도인 2010년을 100으로 하여 작성하였다.

(%)

CPI 상승률

GDP 디플레이터 상승률

CPI

GDP디플레이터

5.0

4.0

3.0

2.0

1.0

0.0

-1.0

2004 2005 2006 2007 2008 2009 2010 2012

① 2010년에는 실질GDP와 명목GDP가 같다.

② 2006년에는 실질GDP가 명목GDP보다 크다.

③ 2006년 GDP디플레이터는 내수 상품의 가격이 올랐는데도 수출 상품의 가격이 큰 폭으로 떨어져서 전년보다 하락하였다.

④ 2010년에 GDP디플레이터 상승률이 CPI 상승률보다 높은 것은 소비재의 수입 가격이 상승했기 때문이다.

⑤ 2011년에 두 물가지수의 상승률이 크게 차이가 난 것은 농산물 가격이 다른 품목에 비해 더욱 상승했기 때문이다.

46 다음 자료의 밑줄 친 현상이 초래된 원인으로 적합한 설명은?

'낙양지가귀(洛陽紙價貴)'란 낙양의 종잇 값이 오른다는 뜻으로 어떤 저작물이 호평을 받아 베스트셀러가 된 것을 가리킨다. 이는 서진(西晉)의 문학가인 좌사(左思)가 쓴 〈삼도부(三都賦)〉가 걸작이었기 때문에 <u>여러 사람이 앞을 다투어 베껴, 당시 수도인 낙양의 종잇값이 올랐다는 고사에서 유래한 말이다.</u>

① 저작물의 비배제성 및 종이의 비경합성
② 저작물의 비배제성 및 종이의 경합성
③ 저작물의 배제성 및 종이의 비경합성
④ 저작물의 배제성 및 종이의 경합성
⑤ 저작물의 경합성 및 종이의 배제성

47 다음 〈대화 1〉과 〈대화 2〉에 공통으로 나타난 경제 개념으로 가장 적절한 것은?

〈대화 1〉
수인 : 오늘 자전거를 샀는데, 자물쇠를 살까 말까 고민하다가 자전거 도난 보험에 가입했어.
동선 : 나도 자전거 도난 보험에 가입했어. 그랬더니 자꾸 자물쇠로 잠그지 않게 돼.

〈대화 2〉
종현 : 네가 2,000만 원 예금한 홍릉은행이 곧 망할지 모른다던데, 예금을 인출해야 하지 않겠니?
병수 : 괜찮아. 5,000만 원까지는 예금보호가 되잖아. 그리고 홍릉은행이 다른 은행보다 이자율이 조금 높거든.

① 외부성
② 도덕적 해이
③ 기펜재
④ 공공재
⑤ 역선택

48 다음 대화에서 밑줄 친 내용의 효과에 대한 설명으로 옳은 것은?

> 유리는 2019년 새해를 맞이하여 노트북 컴퓨터를 구입하려고 A전자 대리점에 갔다.
>
> 점원 : 이 노트북이 싸고 성능도 좋아요.
> 유리 : 이 노트북이 왜 싸죠?
> 점원 : 중국에서 작년에 생산되어 재고로 있던 것을 올해 초에 한국으로 가져왔거든요.
> 유리 : 좋아요. 그걸로 주세요.

① 한국의 2018년 GDP와 2019년 투자가 증가한다.
② 한국의 2018년 수입은 증가하고 2019년 수입은 불변이다.
③ 한국의 2019년 GNP는 증가하고 GDP는 불변이다.
④ 중국의 2019년 수출은 증가하고 GDP는 불변이다.
⑤ 중국의 2019년 GDP와 GNP가 모두 증가한다.

49 다음 보기 내용의 빈칸에 들어갈 말로 적절한 것은?

> 이번주 강원도 아파트값 상승률이 역대 최고를 기록했다. 전국 대부분이 규제지역으로 묶이자 비규제지역인 강원도로 매수세가 몰리는 (   )이/가 나타나고 있다. 한국부동산원은 14일 1월 둘째주 주간 아파트가격 동향을 내고 이번주(11일 기준) 강원도 아파트 매매가격이 0.30% 올랐다고 발표했다.

① 풍선효과   ② 메기효과
③ 베블런효과   ④ 스놉효과
⑤ 분수효과

50 그림의 곡선 BC는 주어진 양의 생산요소와 생산기술을 사용하여 최대한 생산할 수 있는 빵과 과자의 조합을 나타낸다. 이에 대한 설명으로 옳지 않은 것은?

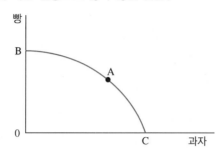

① 점 A는 효율적인 빵과 과자 생산량의 조합 중 하나이다.
② 점 A에서 빵의 생산을 늘리려면 과자의 생산은 반드시 줄여야 한다.
③ 빵과 과자를 모두 점 A보다 적게 생산할 수 있다.
④ 기술진보가 일어나면 빵과 과자를 모두 점 A보다 많이 생산할 수 있다.
⑤ 과자를 더 많이 생산할수록 포기해야 하는 빵의 생산량은 줄어든다.

51 다음 자료의 밑줄 친 여러 정책에 해당될 수 있는 것으로 옳은 것은?

> 사과와 배를 생산하고 소비하는 호빗국은 주변국들이 합의한 '중간계 자유무역지대'에 참여하기 위하여 의회의 비준을 기다리고 있다. 의회의 비준이 완료되면 국민투표를 거쳐서 참여가 결정된다. '중간계 자유무역지대'에서 통용되는 가격은 사과는 호빗국보다 높고, 배는 호빗국보다 낮다. 호빗국 정부는 국민투표에서 자유무역지대 참여에 대한 찬성률을 높이기 위하여 자유무역지대 가입이 승인되는 조건으로 시행을 약속하는 여러 정책을 고려하고 있다. 이 정책들의 목적은 자유무역지대 가입을 통하여 이익을 본 사람으로부터 손실이 발생한 사람들에게 소득을 이전하려는 것이다.

① 사과 생산자에게서 세금을 거두어 배 생산자에게 보조금을 지급한다.
② 배 생산자에게서 세금을 거두어 사과 소비자에게 보조금을 지급한다.
③ 사과 소비자에게서 세금을 거두어 배 생산자에게 보조금을 지급한다.
④ 사과 소비자에게서 세금을 거두어 배 소비자에게 보조금을 지급한다.
⑤ 배 소비자에게서 세금을 거두어 사과 생산자에게 보조금을 지급한다.

52 1985년이 기준연도인 2017년의 소비자 물가지수가 340이라고 하자. 이 경우 340이 의미하는 바를 옳게 설명한 것은?

① 1985년에 100원이었던 상품을 구입하려면 2017년에는 340배를 더 지불해야 한다.

② 1985년에 100원이었던 상품을 구입하려면 2017년에는 340원을 더 지불해야 한다.

③ 1985년에 100원이었던 상품을 구입하려면 2017년에는 240원을 더 지불해야 한다.

④ 1985년에 100원이었던 상품을 구입하려면 2017년에는 100/340배를 지불해야 한다.

⑤ 1985년에 100원이었던 상품을 구입하려면 2017년에는 100/240배를 더 지불해야 한다.

53 다음 자료의 밑줄 친 정책의 영향으로 가장 적절하지 않은 것은?

> 행성 A에는 '대국'과 '소국' 두 개의 국가만 존재한다. 양국 간 경제 규모의 격차가 커서 대국에서 발생한 경제 여건의 변화는 소국 경제에 크게 영향을 주는 반면, 소국이 대국에 미치는 영향은 미미하다. 한편, 양국은 생산에 필요한 생산 요소를 상대국으로부터 수입하고 있다. 이때, 대국 정부가 경기 과열을 방지하고 재정 건전성을 높이기 위해 재정 지출을 감소시켰다. 단, 양국이 사용하는 화폐는 같다.

① 대국에서는 물가 수준이 하락한다.

② 대국에서는 국내 총생산이 감소한다.

③ 소국에서는 물가 수준이 하락한다.

④ 소국에서는 대국으로의 수출이 감소한다.

⑤ 소국에서는 대국으로부터의 수입이 증가한다.

54 다음 그림은 세계 30개국의 1960년 1인당 국민소득 수준과 1960~1995년까지의 기간 동안 연평균 1인당 국민소득 증가율을 나타낸 것이다. 이와 같은 현상을 설명할 수 있는 요인으로 적절한 것은?

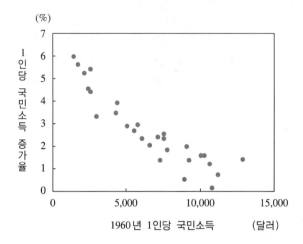

① 소득 수준이 낮은 나라에서 높은 나라로 자본이 이동하였다.
② 소득 수준이 높은 나라에서 낮은 나라로 기술이 이전되었다.
③ 소득 수준이 낮은 나라에서 높은 나라로 고급 인력이 이동하였다.
④ 소득 수준이 낮은 나라가 높은 나라보다 인구 증가율이 높았다.
⑤ 소득 수준이 높은 나라가 낮은 나라보다 1인당 투자 증가율이 높았다.

55 다음 그림은 산업별 시장 집중도와 연구개발 활동의 관계를 나타낸다. (가)와 (나)에서 연구개발 활동이 활발한 경제적 이유를 〈보기〉에서 골라 순서대로 바르게 나열한 것은?

※ 시장 집중도는 소수의 기업에 의해 시장이 지배되는 정도를 나타낸다.

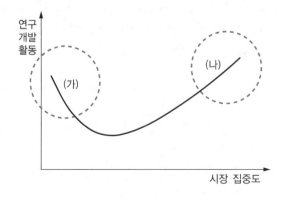

ㄱ. 경쟁 압력　　　　　　　　ㄴ. 연구개발 이익 독점
ㄷ. 무임승차　　　　　　　　　ㄹ. 비교우위

	(가)	(나)			(가)	(나)
①	ㄱ	ㄴ		②	ㄱ	ㄷ
③	ㄴ	ㄷ		④	ㄴ	ㄹ
⑤	ㄷ	ㄹ				

56 A와 B는 보완재이다. 생산량에 비례하여 A에는 세금이 부과되고 B에는 보조금이 지급될 경우, B의 균형생산량과 균형가격에 미치는 효과를 순서대로 바르게 나열한 것은?(단, 두 재화의 수요곡선은 우하향하고 공급곡선은 우상향한다)

	균형생산량	균형가격
①	증 가	하 락
②	증 가	불확실
③	불확실	하 락
④	감 소	불확실
⑤	불확실	불확실

57 노동시장에서 교육의 신호이론에 대한 다음 〈보기〉의 설명 중 옳은 것은?

가. 교육은 한계생산성이 낮은 노동자의 생산성을 향상시킨다.
나. 교육은 그 사람의 사회적 위치에 대한 신호이다.
다. 천부적인 능력에 따라 한계생산성이 결정된다.
라. 높은 학력은 높은 한계생산성을 가진 사람이 보내는 신호이다.

① 가, 나　　　　　　　　　　　② 다, 라
③ 가, 라　　　　　　　　　　　④ 나, 다
⑤ 가, 다, 라

58 다음 자료에 대한 설명으로 옳지 않은 것은?

> 현재 A국은 해외에서 수입하는 TV에 20%의 관세를 부과하고 있다. A국은 B국과 C국에서 TV를 수입할 수 있는데, 수입 가격은 관세 부과 이전 기준으로 각각 180만 원과 190만 원이다. A국에서는 ㈜개발전자만이 TV를 생산하고 대당 200만 원에 판매하고 있다. 해외와 국내에서 생산되는 TV는 품질, 색상, 성능 등에 차이가 없다.

① 수입 관세를 철폐하면 C국 TV의 수입이 증가한다.
② 수입 관세를 철폐하면 A국 소비자는 항상 이득을 얻는다.
③ 수입 관세의 철폐는 ㈜개발전자의 이윤을 감소시키는 요인이다.
④ 수입 관세를 철폐하더라도 A국의 관세 수입은 영향을 받지 않는다.
⑤ 현 관세율 수준에서는 ㈜개발전자가 시장을 독점하게 된다.

59 최근 금융시장 불안으로 기업들의 투자심리가 악화되었다고 하자. 폐쇄경제의 총수요-총공급모형을 이용하여 이러한 투자심리의 악화가 단기적으로 거시경제에 미치는 영향을 분석한 것 중 가장 옳지 않은 것은?(단, 다른 여건에는 변화가 없고, 총수요곡선은 우하향하며, 단기 총공급곡선은 우상향한다)

① 물가수준이 하락한다.
② 생산비용이 상승하여 단기 총공급곡선이 왼쪽으로 이동한다.
③ 실업률이 상승한다.
④ 총수요관리정책이 효과적일 수 있다.
⑤ 국민소득이 감소한다.

60 어떤 나라의 채권시장에서는 중앙정부가 발행한 국채와 지방정부가 발행한 지방채만 거래되고 있으며, 채권 보유에 따른 수익에 대해 세금이 부과된다. 새로 들어선 정부는 국채 보유에 따른 수익에 이전과 같은 세금을 부과하는 반면, 지방채 보유에 따른 수익에는 세금을 면제할 계획이다. 이 때 두 채권의 이자율은 어떻게 변화할 것인가?

① 국채 이자율과 지방채 이자율 모두 상승할 것이다.
② 국채 이자율은 하락하고 지방채 이자율은 상승할 것이다.
③ 국채 이자율은 상승하고 지방채 이자율은 하락할 것이다.
④ 국채 이자율은 변화가 없으나 지방채 이자율은 하락할 것이다.
⑤ 국채 이자율은 변화가 없으나 지방채 이자율은 상승할 것이다.

61 실업에 관한 보기의 설명 중 옳지 않은 것은?

> ㄱ. 자연실업률은 마찰적 실업과 경기적 실업에 해당하는 부분이다.
> ㄴ. 실업률이 증가할 때 통상적으로 청년들과 미숙련 노동자들의 실업률이 상승한다.
> ㄷ. 적절한 통화정책으로 자연실업률을 낮출 수 있다.
> ㄹ. 경제활동참가율이 떨어지면 실업률이 하락할 수도 있다.

① ㄱ, ㄴ, ㄷ   ② ㄴ, ㄷ, ㄹ
③ ㄱ, ㄷ   ④ ㄴ, ㄹ
⑤ ㄱ, ㄹ

62 다음 자료에 대한 옳은 설명을 〈보기〉에서 고른 것은?

> 아래 표는 특정 기간 재화 W, X, Y, Z의 가격 변화분과 이에 따른 판매 수입 변화분을 나타낸다.
> 단, 이 기간 동안 수요의 변화는 없었다.
>
> | 구 분 | 가격 변화분(원) | 판매 수입 변화분(원) |
> |---|---|---|
> | W | 100 | 0 |
> | X | −50 | −50 |
> | Y | 100 | −1,000 |
> | Z | 10 | 1,000 |

┤보 기├
> ㄱ. W는 수요의 법칙을 만족한다.
> ㄴ. X의 가격탄력성은 10이다.
> ㄷ. Y의 가격탄력성은 Z의 가격탄력성보다 크다.
> ㄹ. Z의 가격을 낮추면 판매 수입이 증가할 것이다.

① ㄱ, ㄴ   ② ㄱ, ㄷ
③ ㄴ, ㄷ   ④ ㄴ, ㄹ
⑤ ㄷ, ㄹ

63 다음 자료에서 (가)의 밑줄 친 정책이 A국 전세시장에 미칠 영향으로 옳은 것은?

> (가) A국 중앙은행은 <u>기준 금리를 4%에서 2%로 낮추고 향후 2년간 올리지 않을 것임을 천명하</u>였다.
>
> (나) A국의 주택 임차는 보증금을 내고 임차한 후 기간이 만료되면 보증금을 돌려받는 전세의 형태로 이루어진다. 주택 임차인은 전세 보증금을 은행에서 빌려 전세를 얻으며, 주택 임대인은 전세 보증금을 은행에 맡겨 이자 소득을 얻고 있다. 다음 그림은 A국의 전세 시장을 나타낸다.

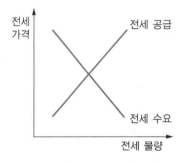

	전세 수요	전세 공급			전세 수요	전세 공급
①	증 가	증 가		②	증 가	불 변
③	증 가	감 소		④	감 소	증 가
⑤	감 소	감 소				

64 다음 자료에 대한 설명으로 옳은 것은?

> 한국 지사에 1년간 파견 근무를 나온 미국인 로버트는 집을 구하던 중 마음에 드는 주택을 찾았다. 그 주택의 주인인 김 씨는 로버트에게 월 50만 원에 월세 계약을 맺거나, 전세금 1억 원에 전세 계약을 맺거나, 아니면 1억 원에 구입할 수 있다고 말했다. 로버트는 그 주택의 가격이 1년 뒤에도 변하지 않을 것으로 예상하고 있다. 만약 로버트가 그 주택을 구입한다면 1년 뒤에 미국으로 돌아갈 때는 주택을 다시 팔아야 한다. 예금 이자율과 대출 이자율은 연 5%이며, 전세 계약이나 매매 계약에 따른 추가 비용은 없다.

① 로버트에게 월세 계약이 전세 계약보다 유리하다.
② 로버트에게 월세 계약이 주택 구입보다 유리하다.
③ 로버트에게 주택 구입이 전세 계약보다 유리하다.
④ 로버트에게 주택 구입과 전세 계약은 차이가 없다.
⑤ 로버트에게 월세 계약과 전세 계약은 차이가 없다.

[65 ～ 66] 다음 글을 읽고 물음에 답하시오.

수요탄력성에는 가격탄력성, 소득탄력성, 교차탄력성이 있다. 가격탄력성은 어떤 상품의 가격이 1% 변할 때 그 상품의 수요량이 몇 % 변화하는가를 나타내는 지표이다. 소득탄력성은 소비자의 소득이 1% 변할 때 어떤 상품의 수요량이 몇 % 변화하는가를 나타내는 지표이다. 교차탄력성은 어떤 상품의 가격이 1% 변할 때 다른 상품의 수요량이 몇 % 변화하는가를 나타내는 지표이다.

65 위에 대한 옳은 설명을 〈보기〉에서 고른 것은?

┤보 기├
ㄱ. 우리 생활에 반드시 필요한 상품일수록 대개 소득탄력성과 가격탄력성의 절댓값이 크다.
ㄴ. 교차탄력성이 양(+)의 값을 갖고 절댓값이 클수록 두 상품은 유사한 상품이다.
ㄷ. 소득탄력성은 음(-)의 값을 가질 수 없다.
ㄹ. 교차탄력성은 음(-)의 값을 가질 수 있다.

① ㄱ, ㄴ   ② ㄱ, ㄷ
③ ㄴ, ㄷ   ④ ㄴ, ㄹ
⑤ ㄷ, ㄹ

66 탄력성에 관한 다음의 추론 가운데 옳지 않은 것은?

① 안심스테이크에 대한 대학생의 소득탄력성은 일반적으로 부유층보다 높을 것이다.
② 장기 호황이 예상된다면 홍삼의 소득탄력성이 클수록 홍삼 관련 사업에 대한 투자가 증가할 것이다.
③ 전력 소비와 통신 서비스의 가격탄력성이 각각 -1.1과 -0.2라면 전력 소비가 통신 서비스보다 생활에 덜 필수적이라는 증거일 수 있다.
④ 소주와 막걸리의 교차탄력성이 0.8이고 소주와 맥주의 교차탄력성이 0.1이라면 소주가 품절됐을 때 소비자들은 맥주보다는 막걸리를 찾을 것이다.
⑤ 초코파이의 가격탄력성이 -0.5라면 초코파이에 대한 소비세를 개당 5원에서 6원으로 인상할 경우 조세 수입이 감소할 것이다.

67 주택 시장에 대한 다음의 추론에서 옳지 않은 것은?

> ㉠ 주택 보유에 대한 재산세를 높이면 주택에 대한 수요가 위축된다. ㉡ 이와 같은 수요 위축은 주택 공급업자의 수익성을 악화시키는 요인으로 작용하여, ㉢ 전반적인 주택 공급량을 감소시킨다. 따라서 재산세 인상이 주택 가격을 하락시킬 것이라는 일반의 기대와는 달리, ㉣ 재산세 인상은 공급 위축을 통해 주택 가격을 상승시키는 요인으로 작용한다. 단, 수요곡선은 우하향하고 공급곡선은 우상향한다.

① ㉠　　　　　　　　　　　　　② ㉡

③ ㉢　　　　　　　　　　　　　④ ㉣

⑤ 없음

68 다음 자료에서 (가), (나), (다)에서의 실업률을 비교한 것으로 옳은 것은?

> (가) 대학을 졸업한 철수와 영희는 졸업 후 2개월간 함께 직장을 구해 왔다.
> (나) 철수와 영희는 A기업 채용 면접을 함께 보았는데, 영희만 취업에 성공하였다. 실망한 철수는 6개월간 쉬며 진로를 다시 생각하기 위해 고향으로 내려갔다.
> (다) 영희는 A기업이 적성에 맞지 않아 취업 2개월 뒤 사직하고 B기업 면접시험 준비를 시작하였고, 철수는 아직도 고향에서 쉬고 있다.
> ※ 단, 영희와 철수를 제외한 실업자와 취업자는 각각 3명과 100명으로 고정되어 있다.

	(가)에서 (나)	(가)에서 (다)
①	하락	하락
②	하락	불변
③	불변	하락
④	불변	불변
⑤	상승	상승

69 다음 자료에서 밑줄 친 판단에 부합하는 1년 후 환율 수준으로 옳은 것은?

> 치과 의사인 노명의는 은행에서 운영 자금 100만 원을 1년간 빌리기로 했다. 원화로 대출받으면 1년 동안의 대출 금리가 21%인 반면, 동일한 금액을 엔화로 대출받으면 대출 금리는 10%이지만 대출금은 반드시 엔화로 상환해야 한다. 한편, 치과병원을 1년 동안 운영할 경우에 기대되는 수익은 150만 원이며, 현재 원화와 엔화 사이의 환율은 100엔당 1,000원이다. 노명의는 두 대출 조건이 동일하다고 생각한다.

① 1,000원 / 100엔　　　　　　　② 1,050원 / 100엔

③ 1,100원 / 100엔　　　　　　　④ 1,150원 / 100엔

⑤ 1,200원 / 100엔

70 갑국장은 다음과 같은 〈상황〉에서 10억 원의 예산을 경제학적 원리에 따라 지출하여 순편익(총편익 – 총비용)을 극대화하고자 한다. 〈보기〉에서 옳은 것을 모두 고르면?

> 〈상 황〉
> • 신규프로젝트인 A 프로젝트의 총비용은 10억 원이며 총편익은 25억 원이다.
> • B 프로젝트에는 이미 20억 원이 투자되었으며, 프로젝트를 완성하기 위해서는 추가적으로 10억 원의 예산이 필요하다. 더 이상 예산을 투자하지 않으면 10억 원의 금액을 회수할 수 있다. 프로젝트가 완성되면 30억 원의 총편익이 발생한다.
> • 모든 비용과 편익은 현재가치로 환산한 액수이며, 다른 상황은 전혀 고려하지 않는다.

┤보 기├

가. 10억 원을 A 프로젝트에 투자할 때의 기회비용은 15억 원이다.

나. 추가로 10억 원을 B 프로젝트에 투자할 때의 기회비용은 25억 원이다.

다. B 프로젝트의 매몰비용은 10억 원이다.

라. 갑국장은 B 프로젝트에 예산 10억 원을 투자한다.

① 가, 나　　　　　　　② 가, 다

③ 나, 다　　　　　　　④ 나, 라

⑤ 다, 라

[71 ~ 72] 다음을 읽고 물음에 답하시오.

서울에서는 원화(₩)와 미국 달러화($)가, 도쿄에서는 원화와 일본 엔화(¥)가, 뉴욕에서는 미국 달러화와 일본 엔화가 거래되고 있다. 현재 서울에서는 $1가 ₩1,200에, 도쿄에서는 ¥1이 ₩11에, 뉴욕에서는 $1 가 ¥120에 거래되고 있다. 모든 시장에서 통화 거래에 수반되는 비용은 없다.

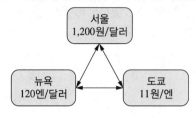

71 다음 자료의 (가) ~ (라)에 들어갈 내용을 옳게 짝지은 것은?

외환 딜러인 김선달은 현재의 환율 구조하에서 ㉠ 통화들 간의 매매로 돈을 벌 수 있는 기회가 있는지를 알아보기로 했다. 그래서 그는 서울과 뉴욕 외환시장의 교차매매를 이용하여 도출되는 원/엔 환율과 도쿄 외환시장에서 거래되는 원/엔 환율을 비교해 보았다.
서울의 원/달러 환율과 뉴욕의 엔/달러 환율로 도출되는 원/엔 환율은 (가)원/엔으로 도쿄 외 환시장에서 거래되는 원/엔 환율보다 (나). 따라서 서울과 뉴욕 외환시장을 이용하여 엔화를 (다)하고 도쿄 외환시장에서는 엔화를 (라)하면 차익을 얻을 수 있다.

	(가)	(나)	(다)	(라)
①	10	낮 다	매 입	매 각
②	10	낮 다	매 각	매 입
③	11	같 다	매 입	매 각
④	12	높 다	매 입	매 각
⑤	12	높 다	매 각	매 입

72 이제 많은 외환 딜러들이 ㉠이 있음을 알고 시장에 진입하게 되었다. 이 경우 서울, 도쿄, 뉴욕 외환시장에서 발생할 수 있는 현상으로 가장 적절한 것은?

① 서울 외환시장에서 원화 공급 증가

② 서울 외환시장에서 달러화 수요 감소

③ 뉴욕 외환시장에서 달러화 공급 감소

④ 뉴욕 외환시장에서 엔화 수요 감소

⑤ 도쿄 외환시장에서 원화 수요 감소

73 다음 신문 기사를 읽고 타당하게 추론한 사람을 〈보기〉에서 모두 고르면?

> 물가는 지난해 12월 소비자물가가 전년동기대비 3.6%나 올라 3년 2개월 만에 가장 높은 상승률을 기록하는 등 10월 이후 크게 오르고 있고, 새해 들어서도 가파른 상승세를 지속해 서민생활에 주름을 드리우고 있다. 또한 12월 중 곡물 등 원자재 가격의 상승으로 수입물가 상승률도 15.6%에 달해 1998년 10월 이후 9년여 만에 최고 수준을 나타냈다.

┤보 기├

소희 : 수입물가 상승은 경상수지 적자 요인이 되었을 거야.
혜교 : 지난해 초 정기예금을 든 사람들이 유리하게 될 거야.
태희 : 부동산을 가지고 있는 사람들이 불리하게 될 거야.
지현 : 고정금리보다 변동금리로 대출 받은 사람들이 불리하게 될 거야.

① 소희, 혜교   ② 소희, 지현

③ 혜교, 태희   ④ 혜교, 지현

⑤ 태희, 지현

74 아래의 그림은 개방경제하에서 국민소득과 국제수지가 어떻게 결정되는지를 단순케인지안 모형의 저축–투자 측면에서 파악하고 있다. 다음 중 완전고용과 국제수지의 균형을 동시에 달성할 수 있는 정책을 옳게 제시한 것을 고르면?(단, S는 저축, I는 투자, X는 수출, M은 수입, Y는 국민소득, Y_f는 완전고용수준 국민소득)

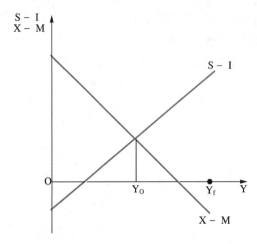

① 확장적 재정정책과 자국통화의 평가절하
② 확장적 재정정책과 자국통화의 평가절상
③ 긴축적 재정정책과 자국통화의 평가절하
④ 긴축적 재정정책과 자국통화의 평가절상
⑤ 긴축적인 재정정책과 자국통화 변화 없음

75 다음 글에서 추론할 수 있는 내용으로 가장 적절한 것은?

> 경제 위기의 한복판에 있었던 1998년은 경제성장률이 무려 −5%를 하회할 정도로 급락하여 한국전쟁 이후 우리 경제사에서 가장 고통스러웠던 해였다. 한편, 경상수지는 GNP의 12%에 이르는 대규모 흑자를 기록하여, 1998년은 한국전쟁 이후 가장 큰 폭의 경상수지 흑자를 달성한 해였기도 하다.

① 1998년의 경상수지 흑자는 경기 급락의 주요 원인이었을 것이다.
② 1998년에는 수출이 급증하였을 것이다.
③ 1998년에는 총지출(소비, 투자, 정부지출의 합)이 GNP보다 더욱 급락하였을 것이다.
④ 1998년에는 외채가 증가하였을 것이다.
⑤ 1998년에는 자본이 대규모로 순유입되었을 것이다.

76 다음 기업 중 불황에 가장 안정적인 경영상태를 보일 것으로 예상되는 곳은?

구 분	A	B	C	D	E
총자산	100억 원	100억 원	100억 원	100억 원	100억 원
자기자본	60억 원	50억 원	40억 원	30억 원	20억 원
부 채	40억 원	50억 원	60억 원	70억 원	80억 원
자본총계	100억 원	100억 원	100억 원	100억 원	100억 원

① A   ② B

③ C   ④ D

⑤ E

77 다음은 동화기업의 재무내용이다. 동화기업의 적정주가를 구하고 현재상태를 평가하면?

- 매출액 : 1억 원
- 부채비율 : 200%
- 발행주식수 : 1,000주
- 동화기업의 현재주가 : 500,000원
- 매출액 이익률 : 30%
- 자본총계 : 5,000만 원
- 동업종의 평균 PER : 15배

① 400,000원 - 저평가

② 400,000원 - 과대평가

③ 450,000원 - 과대평가

④ 550,000원 - 저평가

⑤ 550,000원 - 과대평가

78 다음 자료에 대한 설명으로 옳지 않은 것은?

우돈국 사람들은 쇠고기와 돼지고기만 소비한다. 우돈국 식량청은 1999년부터 2007년까지 돼지고기 가격과 거래량을 조사한 결과 그림과 같은 관찰치를 수집하였다. 이 기간 동안 쇠고기는 해외에서 고정된 가격으로 전량 수입했으며 돼지고기는 축산 기술의 발전으로 공급이 매년 증가하였다. 단, 위 기간 동안 소비자의 소득과 선호 등 다른 조건은 변하지 않아 수요는 변함이 없었다.

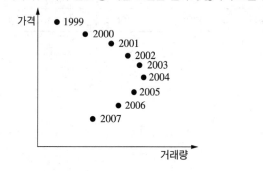

① 1999~2004년 중 돼지고기 소비량은 늘었다.

② 2004~2007년 중 쇠고기 소비량은 줄었을 것이다.

③ 그림의 점을 이은 선은 우돈국의 돼지고기 수요 곡선을 나타낸다.

④ 우돈국 국민들에게 돼지고기는 열등재의 성격을 갖는다.

⑤ 우돈국에서 수요 법칙의 예외적인 상황이 나타났다.

79 다음 자료에서 1990년대 이후 고용 탄성치의 변화에 대한 근거로 적절하지 않은 것은?

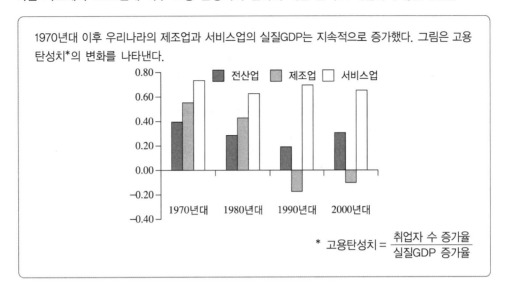

1970년대 이후 우리나라의 제조업과 서비스업의 실질GDP는 지속적으로 증가했다. 그림은 고용 탄성치*의 변화를 나타낸다.

$$* \text{ 고용탄성치} = \frac{\text{취업자 수 증가율}}{\text{실질GDP 증가율}}$$

① 제조업의 취업자 수는 감소했다.

② 외국인 노동자들이 국내 제조업으로 대거 유입되었다.

③ 제조업은 생산이 증가하고 있는데도 고용 여건은 크게 나아지지 않았다.

④ 노동 집약적 산업을 중심으로 기업들이 생산 비용이 저렴한 해외로 생산 기지를 이전했다.

⑤ 산업 구조의 고도화로 제조업에서 고용 창출력이 높은 노동 집약적 산업의 비중이 낮아졌다.

80 다음 자료에 대한 옳은 설명을 〈보기〉에서 고른 것은?

> A기업과 B기업의 사업 분야는 유사하다. A기업과 B기업이 합병하면 시너지 효과가 생겨 A기업에게 B기업의 가치는 실제 가치의 1.5배가 되므로 A기업은 B기업을 인수할 의향이 있다.
>
> A기업은 'B기업의 주주가 이미 자기 기업의 실제 가치를 정확히 알고 있다'는 사실을 파악하고 있다. 그러나 A기업은 B기업의 실제 가치가 정확히 얼마인지는 아직 모르고 단지 각각 1/3의 확률로 0원, 1만 원, 2만 원 중 하나일 것으로만 추측하고 있다.
>
> A기업은 인수를 통해 이득을 극대화하고자 한다. B기업의 주주는 ㉠ A기업이 제시한 인수 금액이 자사의 실제 가치보다 크거나 같으면 인수에 동의한다.

┤보 기├

ㄱ. ㉠이 1만 원이고 B기업의 실제 가치가 2만 원이면 인수가 성사된다.
ㄴ. ㉠이 1만 원이면 A기업이 생각하는 인수 확률은 2/3이다.
ㄷ. ㉠이 1만 원이면 A기업이 기대하는 이득은 0.5만 원이다.
ㄹ. A기업이 합리적이라면 B기업의 실제 가치가 얼마이든지 ㉠은 0원이다.

① ㄱ, ㄴ   ② ㄱ, ㄷ
③ ㄴ, ㄷ   ④ ㄴ, ㄹ
⑤ ㄷ, ㄹ

실전모의고사

01 다음 중 공공재적 성격이 강하지 않은 것은?

① 안전한 학교　　　　　　　　　② 튼튼한 국방
③ 발달된 학원교육　　　　　　　　④ 성숙한 법치문화
⑤ 고도의 금융시스템

02 어떤 재화에 대한 여러 사람의 설명이다. 다른 재화를 말하고 있는 사람은?

① 이런 재화를 단위탄력적이라고 하지.
② 재화가격과 수요량은 정확히 반비례할거야.
③ 이 재화의 수요곡선은 기울기가 −1인 직선이구나.
④ 이 재화는 모든 구간에서 수요의 가격탄력성이 1이네.
⑤ 그럼 수요곡선상에서 기업의 수입은 항상 일정하겠구나.

03 시장의 자유경쟁으로 인해 나타나는 결과가 아닌 것은?

① 가격 하락　　　　　　　　　　② 경기 안정
③ 서비스 개선　　　　　　　　　　④ 제품의 다양성
⑤ 제품의 품질 향상

04 자동차와 타이어는 서로 보완재이다. 자동차의 생산요소인 철강재 가격 인상에 따른 자동차 가격 상승의 영향으로 옳은 것은?

① 타이어의 수요 감소　　　　　　② 타이어의 균형가격 상승
③ 자동차의 균형공급량 증가　　　④ 자동차의 균형수요량 증가
⑤ 타이어의 균형공급량 증가

05 다음 중 배추 공급의 가격탄력성에 가장 크게 영향을 미치는 요소는?

① 양배추의 수급
② 무 가격의 변화
③ 김치의 필수재 여부
④ 배추 수입의 용이성
⑤ 가계 지출에서 배추의 비중

06 정부가 시장에 개입할 수 있는 근거로 가장 적절하지 않은 것은?

① 자장면 가격의 상승
② 출산율의 가파른 하락
③ 일부 기업의 가격 담합
④ 항만의 하역 능력 포화 상태
⑤ 평균 수명 연장으로 인한 노령인구 증가

07 다음 중 정보의 비대칭에서 비롯되는 경제적 현상과 관계가 없는 것은?

① 서해 공해상에서 중국 어선들이 저인망식의 싹쓸이 조업을 일삼는다.
② 기업들은 신입사원 채용시 다양한 내용의 자기소개서를 쓰도록 요구한다.
③ 생명보험회사들은 젊은 사람보다 노인들에 대해 가입 조건을 까다롭게 한다.
④ A사의 CEO가 분식회계를 함으로써 이 회사 주식에 투자한 사람들에게 막대한 손실을 끼쳤다.
⑤ 소방방재청은 모든 건물에 대해 적정 수준의 소방 설비를 갖추도록 의무화하고 있다.

08 다음 사례와 관련된 실업의 종류가 올바르게 짝지어진 것은?

> ㉠ 시대 씨는 더 좋은 직장을 찾기 위해 헤드헌터의 정보를 기다리고 있다.
> ㉡ 가위로 옷을 재단하는 일에 종사해온 섬유 기술자들은 컴퓨터를 이용한 새로운 재단 기술을
>   익히지 못해 실업이 발생하였다,

	㉠	㉡
①	마찰적 실업	계절적 실업
②	마찰적 실업	구조적 실업
③	경기적 실업	구조적 실업
④	경기적 실업	마찰적 실업
⑤	구조적 실업	탐색적 실업

09 다음 중 경기변동상의 변동성이 가장 큰 변수부터 순서대로 나열된 것은?

① 투자, 국내총생산, 소비
② 투자, 소비, 국내총생산
③ 국내총생산, 투자, 소비
④ 국내총생산, 소비, 투자
⑤ 소비, 투자, 국내총생산

10 다음 중 GDP(국내총생산)와 관계가 없는 것은?

① 자동차 공장의 증설
② 제약회사의 신약 개발 연구
③ 곶감을 만들어 장에 내다팔기
④ 지방자치단체의 도청 이전 용지 개발
⑤ 기업의 연말 불우이웃 돕기 성금 모금

11 다음 중 원·달러 환율이 상승한다고 보기에 가장 어려운 상황은?

① 수입의 증가
② 국내 소득의 감소
③ 국내 물가의 상승
④ 국내 이자율 상승
⑤ 우리나라의 국가신용등급 하락

12 우리 경제는 1997년 외환위기 이후 완전 변동환율제를 도입했다. 다음 중 변동환율제의 가장 큰 장점이라고 볼 수 있는 것은?

① 국가 간 무역증가
② 환율 변동성 증대
③ 외환보유액 증가
④ 국가 간 자본이동 증가
⑤ 독자적인 통화정책 운용

13 다음은 화폐의 어떤 기능에 대한 설명인가?

> 예를 들면, 물물교환 경제에서는 쌀을 가진 사람이 옷을 구하고자 할 때, 자신이 가진 쌀로 얼마만큼의 옷을 살 수 있는지를 알기 위해서는 다른 상품 간의 교환비율까지 모두 알아야 한다. 그러나 화폐 경제에서는 모든 물건의 가치가 같은 화폐 단위로 표시되므로 모든 상품 간의 교환비율을 즉시 알 수 있다.

① 교환매개   ② 가치척도
③ 가치저장   ④ 지급수단
⑤ 결제수단

14 2차 세계대전 이후 세계는 국제통화기금(IMF) 및 세계은행(IBRD) 창설에 합의하고 국제통화시스템으로서의 브레턴우즈 체제를 출범시켰다. 다음 중 브레턴우즈 체제 하에서의 환율제도와 거리가 먼 것은?

① 달러화가 국제거래에서 기축통화가 되었다.
② 금과 달러의 교환비율을 고정시킨 금환본위제였다.
③ IMF 출연금은 가맹국들이 같은 규모로 출연했다.
④ 국제수지의 근본적 불균형으로 환율을 조정할 필요가 있을 때는 IMF의 승인을 얻어야 했다.
⑤ IMF의 환율안정 기능을 보조하기 위해 무역장벽을 철폐하는 내용의 GATT(관세 및 무역에 관한 일반 협정)가 함께 출범했다.

15 다음 필립스곡선에 대한 설명 중 옳은 것은?

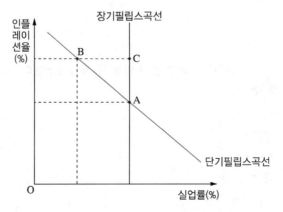

① 경제가 B에 있는 경우 기대인플레이션율은 실제인플레이션율과 같다.

② 경제가 A에 있는 경우 적응적 기대 하에서 확장적 통화정책은 단기적으로 경제를 A에서 B로 이동시킨다.

③ 경제가 A에 있는 경우 합리적 기대 하에서 예상치 못한 확장적 통화정책은 단기적으로 경제를 A에서 C로 이동시킨다.

④ 기대인플레이션율의 상승은 단기 필립스곡선을 왼쪽으로 이동시킨다.

⑤ 1970년대 스태그플레이션은 단기 필립스곡선상의 움직임으로 나타낼 수 있다.

16 만일 미국에서 한국으로 대규모 이민과 같이 어떤 경제의 전체 노동자 수가 갑자기 증가하는 일이 발생하면 단기적으로 이 경제의 GDP에 발생할 변화로서 가장 타당한 것은?

① 경제 전체의 실질GDP와 1인당 실질GDP가 모두 증가할 것이다.

② 경제 전체의 실질GDP는 증가하고 1인당 실질GDP는 감소할 것이다.

③ 경제 전체의 실질GDP는 감소하고 1인당 실질GDP는 증가할 것이다.

④ 경제 전체의 실질GDP는 증가하고 명목GDP는 감소할 것이다.

⑤ 경제 전체의 명목GDP는 증가하고 실질GDP는 감소할 것이다.

17 거시경제학에서는 저축은 소득 중 소비되지 않은 부분을 의미한다. 이러한 '저축'의 거시경제적 효과와 의미에 대한 다음 평가 중 가장 적절한 것은?

① 거시경제적으로는 소비가 미덕이므로 저축을 항상 0으로 하는 것이 가장 바람직하다.

② 경제가 완전 고용상태에 있는 경우, 저축 성향이 줄어들면 디플레이션이 유발될 수 있다.

③ 불황에 빠진 경제에서는 이에 대응해 사람들이 저축을 줄이고 소비를 늘리면서 경제가 더욱 침체된다.

④ 금융기관이 발달하여 저축이 투자로 바로 이어지는 경우에도 저축은 소비를 줄인다는 면에서 결코 바람직하지 못하다.

⑤ 폐쇄경제에서 저축이 없으면 투자가 있을 수 없으므로 저축은 장기적으로 생산 및 소득수준을 높이기 위해서 바람직하다.

18 다음 중 시중의 통화량이 증가하는 경우가 아닌 것은?

① 재할인율 인하
② 통화승수의 상승
③ 중앙은행의 공채 매입
④ 법정지급준비율의 인하
⑤ 신용카드 발급조건 강화

19 아래 박스의 괄호에 들어갈 단어를 순서대로 바르게 나타낸 것은?

> 통화량의 증가는 국민경제에 산출량을 (   )시키고 물가수준을 (   )시키는 결과를 초래한다.

① 증가, 상승   ② 증가, 하락
③ 감소, 상승   ④ 감소, 하락
⑤ 알 수 없음

20 다음의 글과 관련하여 옳지 않은 것은?

> 최근 들어 정보통신기술의 급속한 발달로 인터넷뱅킹을 비롯한 각종 전자자금이체, 온라인 증권 거래, 전자화폐 도입, 모바일 결제 등이 보편화되면서 전자방식에 의한 금융거래가 급속도로 확산되고 있다.

① 전자화폐는 가치 저장의 기능을 가진다.
② 중앙은행의 금리 조절 능력을 약화시킬 수 있다.
③ 통화 정책 관련 통계지표의 왜곡을 초래할 수 있다.
④ 통화 정책의 파급 경로가 변화할 수 있다.
⑤ 금융 거래비용이 늘어난다.

21 정부가 재정적자를 확대시키면서 지출을 늘릴 경우 나타나는 현상이 아닌 것은?

① 물가가 하락한다.
② 민간투자가 감소한다.
③ 자금시장에서 이자율이 상승한다.
④ 정부저축과 국민저축의 감소를 가져온다.
⑤ 자금시장에서 공급곡선이 왼쪽으로 이동한다.

22 정부부채에 대한 견해 중 잘못된 것은?

① 재정적자는 경상수지 적자로 이어질 가능성이 높다.
② 정부부채는 다음 세대에 전가되는 세금일 수 있다.
③ 통화량을 늘리지 않은 채 정부 지출이 늘어나면 이자율을 상승시키게 된다.
④ 불황을 극복하거나 복지 확대를 위해 정부 지출을 늘리면 재정적자가 늘어난다.
⑤ 재정의 승수효과가 1 이상일 경우 감세에 따른 재정적자가 정부 지출을 늘린 결과 발생한 재정적자보다 경기부양에 효과적이다.

23 다른 조건이 일정한 상황에서 중앙은행이 기준금리를 올렸을 때 예상되는 경제 현상으로 볼 수 없는 것은?

① 저축이 늘어난다.   ② 소비가 줄어든다.
③ 투자가 줄어든다.   ④ 수출이 늘어난다.
⑤ 물가가 하락한다.

24 다음은 국민소득 통계와 이를 이용한 경제분석 지표에 대한 설명이다. 옳지 않은 것은?

① 1인당 국민소득은 명목 국민총소득을 한 나라의 인구수로 나눈 것이다.
② 국민소득 통계와 이를 이용한 분석지표는 분기 또는 연간 단위로 작성한다.
③ 소비율과 저축률을 산정할 때는 분모에 보통 국민총처분가능소득을 사용한다.
④ 경제구조를 분석할 때는 해당 부문 부가가치의 국내총생산에 대한 구성비를 많이 사용한다.
⑤ 국민소득은 한 나라의 가계와 기업이 1년간 생산한 재화와 서비스의 시장가치로, 정부가 생산한 재화와 서비스는 포함되지 않는다.

25 환율이 오직 구매력평가설에 의해 결정된다면 미국의 물가상승률이 우리나라의 물가상승률보다 높을 때 원화로 표시한 달러화 환율은 어떻게 변할 것으로 예상되는가?

① 실질환율이 하락한다.　　　　　　② 실질환율이 상승한다.

③ 명목환율이 상승한다.　　　　　　④ 명목환율이 하락한다.

⑤ 실질환율의 변동은 알 수 없다.

26 외환시장에서 달러를 매입한 중앙은행이 불태화(Sterilization) 정책을 펴고 있다. 그 과정은?

① 줄어든 화폐공급에 대응하여 채권을 매입한다.

② 늘어난 화폐공급에 대응하여 채권을 매입한다.

③ 줄어든 화폐공급에 대응하여 채권을 매각한다.

④ 늘어난 화폐공급에 대응하여 채권을 매각한다.

⑤ 보유 달러를 이용하여 미국 국채를 매입한다.

27 한국은행의 역할에 대한 설명 중 옳지 않은 것은?

① 최종 대부자의 기능을 담당한다.

② 주요 정책목표는 물가와 금융시장의 안정이다.

③ 이자율과 통화량을 각각 독립적인 정책목표로 삼을 수 있다.

④ 은행의 지급준비율을 높이면 통화량이 감소한다.

⑤ 시중의 국채를 매입하면 통화량이 증가한다.

28 다음은 우리나라에서 걷고 있는 세금이다. 이 중 세수가 가장 큰 세금은?

① 관 세　　　　　　② 법인세

③ 재산세　　　　　　④ 부가가치세

⑤ 종합소득세

29 다음 중 금융기관이 파산했을 때 예금자보호제도를 적용받지 않아 원금에 손실이 날 수 있는 금융상품은?

① 보통예금 ② 정기적금
③ 적립식 펀드 ④ 정기예금
⑤ 연금보험

30 은행의 BIS(국제결제은행) 자기자본비율에 대한 설명으로 옳은 것은?

① 은행의 총자산 대비 부채 비율을 말한다.
② 보통 6% 이상이면 우량은행으로 평가된다.
③ BIS는 이 비율이 5% 이상이 되도록 권고하고 있다.
④ BIS가 은행 주주를 보호하기 위해 정한 기준이다.
⑤ 은행들이 해외에서 자금을 빌리려면 BIS가 8%는 넘어야 한다.

31 다음은 금융기관과 그 금융기관이 취급하는 고유한 금융업무 또는 금융상품을 연결한 것이다. 거리가 가장 먼 것은?

① 은행 – CMA(자산관리계좌)
② 증권회사 – 증권저축
③ 종합금융회사 – 리스업무
④ 상호저축은행 – 어음할인
⑤ 외국은행 국내지점 – 금전신탁

32 예금 이자를 계산하는 방법으로 단리법과 복리법이 있다. 다음의 조건으로 예금을 했을 경우 단리법과 복리법에 따른 이자의 차이는?

> • 10만 원을 이자율이 연 5%인 정기예금에 가입하여 2년 동안 예금한 경우

① 100원 ② 150원
③ 200원 ④ 250원
⑤ 300원

33 금리에 대한 다음 설명 중 맞지 않은 것은?

① 명목금리는 인플레이션을 감안하지 않은 금리다.

② 표면금리는 금융거래를 할 때 계약증서상에 기재한 약속금리이다.

③ 변동금리는 시중금리의 변동에 따라 적용금리가 수시로 변하는 것이다.

④ 복리는 원금에 대한 이자뿐만 아니라 이자에 대한 이자도 함께 계산하는 것이다.

⑤ 실질금리는 이자지급 방법, 상환방법, 수수료 등 부대 조건을 조정한 후의 순자금조달비용이다.

34 자산시장에 대한 설명으로 적합하지 않은 것은?

① 일반적으로 자산가격이 비쌀 때 판다.

② 시장이 효율적이면 자산가격 변화를 예측하기 쉬워진다.

③ 자산가격이 비싸더라도 더 오를 것으로 예상하면 팔지 않는다.

④ 시장이 효율적이면 시장 평균 수익률보다 높은 수익률을 거두기 어렵다.

⑤ 자산시장에서 거래가 이루어지는 것은 자산가격에 대한 참가자들의 예상이 다르기 때문이다.

35 통계청은 매달 경기 선행지수, 동행지수, 후행지수를 조사해 발표한다. 다음 중 경기 선행-동행-
후행지수 조사의 대상이 되는 지표를 순서대로 나열한 것은?

① 비농가취업자수-건설수주액-생산자제품 재고지수

② 건설수주액-도소매판매액지수-생산자제품 재고지수

③ 수입액-회사채 유통수익률-금융기관 유동성

④ 제조업가동률지수-가계소비지출-회사채 유통수익률

⑤ 도소매판매액지수-제조업 가동률지수-생산자제품 재고지수

36 세율을 올린다고 해서 반드시 세금이 많이 걷히는 건 아니다. 세율이 높으면 일할 인센티브가 위축
되어 돈벌기 대신에 여가를 선택한다. 그래서 과세할 소득이 감소하고 세수가 줄어든다. 다음 중
이런 원리를 나타내는 그래프는?

① 래퍼 커브(Laffer Curve)　　　　② 로렌츠 커브(Lorenz Curve)

③ 디맨드 커브(Demand Curve)　　　④ 필립스 커브(Philips Curve)

⑤ 쿠즈네츠 커브(Kuznets Curve)

37 다음 중 회사의 신규 자금조달과 관련이 없는 것은?

① 전환사채의 발행
② 상환주식의 발행
③ 전환주식의 발행
④ 무상신주의 발행
⑤ 신주인수권부 사채의 발행

38 A주식회사는 주식배당과 현금배당을 동시에 결의하고 결의 시점에 현금 및 주식 지급을 완료했다. 그 결과가 재무상태에 미치는 영향에 대한 설명 중 틀린 것은?

① 자본총계가 감소한다.
② 자본잉여금이 감소한다.
③ 이익잉여금이 감소한다.
④ 당기순이익에는 변동이 없다.
⑤ 현금유출로 인해 자산총계가 감소한다.

39 원·달러 환율이 회계연도 중에 지속적으로 오를 경우 기업 재무상태에 추가적으로 미치는 영향을 바르게 설명한 것은?

① 외화채권을 보유한 기업은 부채비율이 높아진다.
② 외화채무가 있는 기업은 외화환산차익이 생긴다.
③ 외화선수금을 선물환계약에 따라 매도한 기업의 이익은 증가한다.
④ 외화채무를 전기말과 동일하게 유지한 기업의 부채비율은 변동이 없다.
⑤ 해외공사 미수금을 장기간 분할해 회수하도록 약정한 기업의 이익은 증가한다.

40 아래 〈보기〉의 정부정책들 중에서 장기적으로 실업률을 낮추는 데 도움이 되는 것은?

> ┤보 기├
>
> A. 실업보험 혜택을 늘린다.
> B. 최저임금 수준을 낮춘다.
> C. 정부가 직업훈련 프로그램을 운용한다.
> D. 노동조합을 활성화한다.
> E. 통화량과 재정지출을 늘린다.

① A, B, E   ② A, C, E

③ B, C   ④ B, D, E

⑤ C, D

41 다음은 기본적인 경제 문제에 관한 개념을 정리한 것이다. 이에 대한 설명으로 옳은 것은?

> • 경제 문제의 발생 원인
>   ㉠ 자원의 희소성
> • 기본적인 경제 문제의 종류
>   ㉡ 무엇을 생산할 것인가
>   ㉢ 어떻게 생산할 것인가
>   ㉣ 누구에게 분배할 것인가

① 자원이 절대적으로 적으면 항상 ㉠이 발생한다.

② 공장 자동화 여부를 결정하는 것은 ㉡에 해당한다.

③ ㉢은 생산요소의 선택과 결합방법에 대한 문제이다.

④ ㉣은 농부가 어떤 작물을 재배할지 선택하는 문제를 들 수 있다.

⑤ 시장경제체제는 ㉡과 ㉢의 해결 기준으로, 효율성보다 형평성을 우선한다.

42 두 사람이 커피에 대해 얘기하고 있다. 대화 내용 중 올바른 것은?

> • 창수 : "다른 변화가 없다면 커피 가격이 하락하면 사람들이 커피를 더 많이 마실 것이야."
> • 영희 : "커피 가격이 하락하더라도 사람들이 커피를 더 많이 마실 것 같지 않아. 예를 들어 커피 가격이 하락한다는 것을 아는 것과 동시에 커피가 위장병의 원인이라는 사실도 알았다면 사람들은 커피가격이 떨어진다고 해도 커피를 더 많이 마시지 않을 것이기 때문이야."

① 둘 다 맞다.
② 영희가 틀렸다.
③ 둘 다 틀렸다.
④ 창수가 틀렸다.
⑤ 창수가 틀릴 수도 있고, 영희가 틀릴 수도 있다.

43 단기생산에서 다양한 비용함수를 그래프로 그렸을 때 이들 사이의 관계를 설명한 내용 중 잘못된 것은?

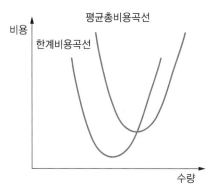

① 평균총비용이 감소하면, 한계비용 < 평균총비용
② 평균총비용이 감소하면, 한계비용 < 평균가변비용
③ 평균가변비용이 감소하면, 한계비용 <평균총비용
④ 평균가변비용이 감소하면, 한계비용 < 평균가변비용
⑤ 평균가변비용이 상승하고 평균총비용이 하락하는 구간이면 한계비용상승

44 1985년 미국 자동차의 평균 중량은 1,400kg 정도였으나 SUV(Sports Utility Vehicle)의 수요 증가에 따라 1988년에는 2,000kg으로 늘어났다. 이로 인해 도로는 심하게 마모되었고 대기는 더 오염되었다고 한다. 이는 무엇을 제거하지 못해 나타난 현상인가?

① 외부성 ② 역선택

③ 역차별 ④ 정보의 비대칭

⑤ 도덕적 해이

45 명목GDP가 2017년 300억 원에서 2018년에는 360억 원으로 증가하였다고 한다. 같은 기간에 GDP디플레이터는 100에서 120으로 상승하였다. 2018년 실질GDP는 2017년에 비해 얼마나 변동했나?

① 3억 원 증가 ② 30억 원 증가

③ 3억 원 감소 ④ 30억 원 감소

⑤ 변화 없음

46 포도주 시장이 완전경쟁시장이고, 우리나라는 포도주 생산에 비교우위가 없다고 하자. 관세 등 무역장벽으로 인해 포도주 수입은 많지 않았다. 이때 포도주 수입이 완전 자유화되면 발생하는 현상으로 타당하지 않은 것은?

① 정부의 세수가 감소한다.

② 국내 생산자의 포도주 생산이 증가한다.

③ 국내 생산자의 생산자잉여가 감소한다.

④ 국내 소비자의 포도주 소비량이 증가한다.

⑤ 포도주 가격이 하락하면서 국내 소비자의 후생이 증가한다.

47 다음은 무역의 원리를 설명하고자 작성한 가상의 표이다. 이 표에 대한 설명으로 적절한 것은?

〈표〉 두 상품에 대한 A, B 두 나라의 생산비

구 분	A국	B국
신 발	2	4
컴퓨터	4	6

① 신발의 기회비용은 A국이 낮다.
② 신발과 컴퓨터 모두 A국이 생산비가 높다.
③ 신발과 컴퓨터 모두의 기회비용은 A국이 낮다.
④ 주어진 상황에서는 무역이 이루어질 수 없다.
⑤ A국은 컴퓨터에, B국은 신발에 특화하면 무역으로 이익을 얻을 수 있다.

48 다음과 같이 수요곡선이 이동한 요인을 〈보기〉에서 모두 고르면?

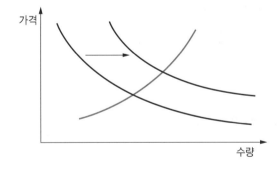

┤보 기├

가. 인구 수가 줄어든 경우
나. 개인의 소득이 높아진 경우
다. 보완할 수 있는 다른 재화의 가격이 오른 경우
라. 대체할 수 있는 다른 재화의 가격이 오른 경우

① 가, 나   ② 가, 다
③ 나, 다   ④ 나, 라
⑤ 다, 라

49 고전학파의 거시경제모형에서 일시적으로 소득이 잠재GDP에 못 미친다고 가정하자. 이 경제가 잠재GDP 수준으로 복귀하기까지의 조정과정을 잘 나타낸 것은?

① 이자율이 상승하여 총수요가 증가한다.
② 이자율이 하락하여 총수요가 증가한다.
③ 이자율이 하락하여 총공급이 증가한다.
④ 물가가 하락하여 총수요가 증가한다.
⑤ 물가가 상승하여 총수요가 증가한다.

50 다음 대화에서 '갑'이 헷갈리고 있는 개념은?

> 갑 : 2018년 동계올림픽을 드디어 우리나라에서 개최하게 되었어!
> 을 : 그러게. 참 대단한 일이지?
> 갑 : 동계올림픽을 개최한 대부분 나라들은 1인당 국민소득이 3만달러 이상이래. 우리나라도 동계올림픽을 치르게 됐으니 곧 3만달러가 될거야.
> 을 : 응?

① 공공재와 외부효과   ② 상관관계와 인과관계
③ 고정비용과 가변비용   ④ 역선택과 도덕적 해이
⑤ 규모의 경제와 범위의 경제

51 한국은행 금융통화위원회는 금리정책을 담당한다. 금리정책에 관련된 다음 보기 중 옳은 것을 모두 고르면?

---| 보 기 |---

> 가. 해외로의 자본유출이 심화될 것으로 예상되면 국내금리를 상향 조정한다.
> 나. 환율이 빠르게 상승해 통화가치의 하락이 예상되면 금리를 하향 조정한다.
> 다. 경기가 급격히 냉각될 조짐을 보이면 선제적으로 금리를 상향 조정한다.
> 라. 수출이 부진하면 내수를 진작하기 위해 금리를 하향 조정한다.

① 가, 나   ② 가, 라
③ 나, 다   ④ 나, 라
⑤ 가, 나, 라

52 다음은 은행의 재무상태표이다. 옳은 것은?

①

자 산	부 채
지급준비금 대 출	예 금 자기자본

②

자 산	부 채
현 금 유가증권	책임준비금 자기자본

③

자 산	부 채
예 금 자기자본	지급준비금 대 출

④

자 산	부 채
책임준비금 자기자본	현금 유가증권

⑤

자 산	부 채
매출채권 재고 유형자산	대출채권 자기자본

53 복권 1등에 당첨되어 세금을 제외하고 3억 원을 지급받게 되었다. 지급방식은 문제의 지문과 같을 때 가장 많은 돈을 지급받을 수 있는 것은 어떤 경우인가?(단, 이자율은 매년 5%이고 복리로 계산되며 현금지급은 매 기간 말에 이루어진다고 가정한다)

기 간	현재 가치	연금의 현재 가치
5년	0.78원	4.33원
10년	0.61원	7.72원

위의 표는 해당 기간 후 1원의 현재가치와 해당 기간 중 매년 1원씩 연금을 받을 경우 연금합계액의 현재가치다.

① 현재 3억 원
② 5년 후 4억 원
③ 10년 간 매년 4,000만 원
④ 영원히 매년 1,500만 원
⑤ 현재 1억 원, 5년 후 1억 원, 10년 후 2억 원

54 수출 6개월 후 대금을 달러로 받기로 한 ㈜열정은 달러가치 하락 위험에 대비해 수출 대금 1만달러를 6개월 후 달러당 1,100원에 팔 수 있는 달러화 풋옵션을 총 50만 원(달러당 50원)에 매입했다. 그런데 6개월이 지난 후 국제 금융시장 불안으로 원·달러 환율이 1,020원으로 급락했다. ㈜열정이 달러화 풋옵션을 매입함으로써 얻은 이익은?

① -50만 원   ② -30만 원

③ 0원   ④ 30만 원

⑤ 50만 원

55 아래 지문은 한 신문의 사설이다. 괄호에 들어갈 적합한 운동 이름은?

> 헨리 포드가 자동차 대량생산 혁신을 일으켰을 당시 미국 마차업자들은 일자리가 줄어든다고 아우성쳤다. 페이스북으로 지난해 새로 창출된 업종만도 18만여 개이며, 일자리는 100만개가 만들어졌다. 비관론자들은 로봇 등으로 일자리 98%가 줄어들 것이라고 본다. 근대 산업화 초기의 ( )과 다를 것 없는 셈법이다. 대부분 반시장 경제주의자들은 이런 셈법에 익숙하다. 정치에서 문제를 풀어보려는 많은 청년들도 이런 셈법에 갇혀 있다.
>
> — OO신문, 2011년 12월 13일

① 종획운동   ② 기계파괴운동

③ 노동조합운동   ④ 반산업혁명운동

⑤ 자유무역반대운동

56 2011년은 유럽발 금융위기와 대규모 자연재해로 인한 소비심리 위축 등 경제의 불확실성이 높았던 한 해였다. 이처럼 불확실한 경제에 대응하는 경기부양책의 일종으로 보기 어려운 것은?

① 실업급여 지급 기간을 늘린다.

② 사회간접자본 투자를 확대한다.

③ 대형 유통업체의 출점을 규제한다.

④ 주택담보대출 자격을 완화한다.

⑤ 고용확대 기업에 대해 세금을 감면한다.

57 우리나라 가계부채는 900조 원에 이른다. 정부가 가계부채를 우리 경제의 심각한 문제로 보는 요인이 아닌 것은?

① 부동산 시장 침체가 지속되고 있다.

② 고소득층에 가계부채가 집중되어 있다.

③ 소득 대비 가계부채 규모가 증가하고 있다.

④ 제2금융권에서의 가계대출 비중이 높아지고 있다.

⑤ 주택담보대출 중 변동금리 대출 비중이 90%를 넘는다.

58 그리스 파산 우려가 고조될 당시, 이 문제가 국내 경제에 미치는 영향에 대한 관심도 컸다. 이와 관련한 다음의 추론 중 잘못된 것은?

① 투자수요의 감소는 실업률 상승을 초래할 수 있다.

② 달러 수요가 증가하여 원화가치가 하락할 수 있다.

③ 해외에서 국내 자본시장으로 자본 순유입이 늘어 국내 이자율이 하락할 수 있다.

④ 환율(원·달러) 상승으로 수입 원자재 가격이 올라 인플레이션이 발생할 수 있다.

⑤ 세계경제의 불확실성 고조로 국내 투자 수요가 감소할 수 있다.

59 최근 부유세 도입 여부가 이슈가 되고 있다. 특히 과거에는 없던 세금이 등장하면서 독특한 이름이 붙여지기도 한다. 여러 세금에 대한 설명으로 옳지 않은 것은?

① 독신세 : 저출산 대비책으로 제안되었다.

② 로빈후드세 : 저소득층 지원 재원을 마련하기 위해 고소득층에 부과한다.

③ 비만세 : 비만을 유도하는 고칼로리 식품에 붙이며 덴마크에서 최초로 도입하였다.

④ 버핏세 : 자본소득에 적용되는 세율을 근로소득 세율보다 높여야 한다는 주장에서 시작되었다.

⑤ 토빈세 : 국제 단기 투기자본에 대한 수수료 부과로 경제학자인 토빈이 제안했으나 실제로 도입한 나라는 없다.

60 다음 글의 주장에 부합하는 정부 정책을 〈보기〉에서 고른 것은?

> 산과 바다 자원을 부유한 자가 마음대로 이용하는 것을 금지하면 백성은 도산하지 않을 것이고, 물가가 일정하면 백성이 의심하지 않을 것입니다. 이권이 있는 곳은 반드시 깊은 산과 넓은 바다 속이므로 부유한 자가 아니면 그 이익을 개발할 수 없습니다. (… 중략 …) 지금 염철(鹽鐵)*의 관영(官營)을 폐지하면 부유한 자가 천하의 재물을 차지하여 그 이익을 독점할 것입니다. 그러고는 집에서 시장을 통제하여 물가의 높고 낮음이 그들의 입에 의지하게 됩니다.
>
> — 중국 한나라 시대의 『염철론』
>
> * 염철: 소금과 철제 농기구

┤보 기├
ㄱ. 소비자 보호   ㄴ. 민간 독점 규제
ㄷ. 해외 유전 개발   ㄹ. 공기업 민영화

① ㄱ, ㄴ   ② ㄱ, ㄷ
③ ㄴ, ㄷ   ④ ㄴ, ㄹ
⑤ ㄷ, ㄹ

61 다음의 신문기사 내용과 가장 거리가 먼 것은?

> 금리인상 시기를 놓쳐 올해 물가안정에 실패했다는 비난을 받고 있는 한국은행은 '2012년 통화신용정책 운용방향'에서 "통화정책 및 금융안정 수단으로 지급준비금 제도의 활용 가능성을 검토하겠다"고 29일 밝혔다.
>
> — ○○신문, 2011년 12월 30일

① 지급준비율을 인상하면 금융기관의 금융중개비용이 높아진다.
② 지급준비율을 올리면 예금통화승수(혹은 신용승수)가 작아진다.
③ 지급준비율 인상은 공개시장조작에서 국공채 매도와 유사한 효과가 있다.
④ 지급준비율 정책은 정책시차가 비교적 짧아 최근 들어 활발하게 시행돼 왔다.
⑤ 지급준비금 제도는 금융기관으로 하여금 예수금의 일정 비율을 현금으로 갖고 있거나 중앙은행에 예치하도록 의무화한 것을 말한다.

62 총자본 규모가 각 100억 원인 다섯 회사가 있다. 이들 5개 회사의 순이익은 2017년, 2018년, 2019년 각각 100억 원, −30억 원, 70억 원으로 해마다 똑같았다. 이때 자기자본수익률의 변동폭이 가장 작은 재무구조를 갖춘 회사는?(단위 : 억 원)

① 부채 10, 자기자본 90

② 부채 25, 자기자본 75

③ 부채 50, 자기자본 50

④ 부채 75, 자기자본 25

⑤ 부채 90, 자기자본 10

[63~64] 다음 글을 읽고 물음에 답하시오.

> 전자부품업체인 ㈜충정은 정상적으로 공장을 가동할 경우 최대 월 1만개를 생산할 수 있다. 1만개까지는 생산량에 비례한 재료비 등 변동비가 개당 500원 들어간다. 하지만 1만개 이상 생산하면 야간작업 수당 등으로 개당 50원의 변동비가 추가 발생한다. 생산량에 관계없이 발생하는 고정비는 월 100만 원이다. 회사 영업 담당 임원은 1만개 생산 기준 개당 고정비 배분액 100원과 100원의 이윤 등을 합쳐 판매가격을 개당 700원으로 정했다.

63 제품을 개당 700원에 판매할 때 회사의 손익분기 판매 수량은?

① 2,000개   ② 3,000개

③ 3,333개   ④ 4,000개

⑤ 5,000개

64 월 1만 개를 생산하고 있는 상황에서 기존 고객이 아닌 해외 고객이 1,000개를 구매하겠다고 제안해왔다. 해외 고객에게 별도의 가격으로 판매한다면 주문을 받아들일 수 있는 개당 최소 가격은?

① 550원   ② 600원

③ 650원   ④ 700원

⑤ 750원

65 여행사에서 매달 400만 원의 월급을 받고 있던 김길동이 직접 여행업을 하기 위해 회사를 그만두고 2억 원을 들여 여행사를 설립했다. 여행사 운영에는 전화비, 전기료, 인건비 등 각종 비용이 한 달에 평균 2,000만 원 들어간다. 시중 이자율은 월 1%이다. 김길동 씨가 회사를 그만두고 여행업을 잘 시작했다는 평가를 받기 위해서는 월 매출이 평균 얼마 이상이어야 하는가?

① 2,000만 원 　　　　　　　　　② 2,200만 원

③ 2,400만 원 　　　　　　　　　④ 2,600만 원

⑤ 2,800만 원

66 다음 자료를 통해 도출할 수 있는 추론으로 적절하지 않은 것은?

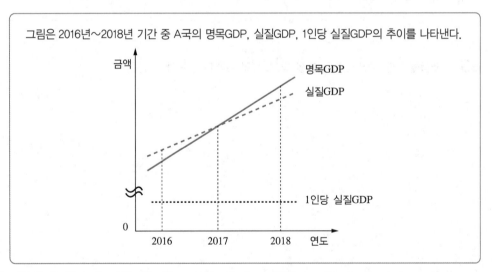

그림은 2016년~2018년 기간 중 A국의 명목GDP, 실질GDP, 1인당 실질GDP의 추이를 나타낸다.

① 2017년의 GDP디플레이터는 100이다.

② 주어진 기간에 화폐의 구매력이 감소하였다.

③ 주어진 기간에 1인당 명목GDP는 감소하였다.

④ 주어진 기간에 명목 금리는 실질 금리보다 높게 형성되었다.

⑤ 주어진 기간에 실질GDP 증가율과 인구 증가율은 동일하였다.

67 다음 자료로부터 도출할 수 있는 추론으로 옳은 것을 〈보기〉에서 고른 것은?

그림은 A국에서 관찰된 실질GDP 증가율과 실업률 변화의 관계를 나타낸다. 이를 경제학에서는 '오쿤의 법칙'이라고 한다.

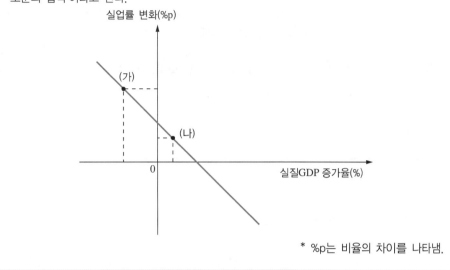

* %p는 비율의 차이를 나타냄.

┤보 기├

ㄱ. (가) 시기에 실질GDP가 증가하고 실업률은 상승했다.

ㄴ. (가) 시기에 경기 안정화 정책을 편다면 총수요 증대 정책을 시행할 것이다.

ㄷ. (나) 시기에 수출이 급격히 감소하고 실업률이 하락했다.

ㄹ. 위 관계에 따르면 실질GDP가 증가해도 실업률이 변하지 않을 수 있다.

① ㄱ, ㄴ　　　　　　　　　② ㄱ, ㄷ

③ ㄴ, ㄷ　　　　　　　　　④ ㄴ, ㄹ

⑤ ㄷ, ㄹ

[68 ~ 70] 다음 글을 읽고 물음에 답하시오.

A 마을에는 주민들이 공동으로 이용하고 있는 마을 호수가 있다. 주민들은 물고기를 잡거나 집에서 민속품을 만들어 생계를 유지할 수 있지만 두 가지 직업을 동시에 가질 수는 없다. 민속품을 만들면 1인당 월 90만 원의 소득을 얻지만, 고기잡이를 하면 몇 사람이 고기를 잡느냐에 따라 표와 같이 소득이 달라진다. 단, 마을 주민들은 누가 얼마의 소득을 올리는지 서로 잘 알고 있다.

고기잡이 인원(명)	1인당 월 소득(만 원)
1	300
2	200
3	100
4	0

68 위 상황에서 다음 자료로부터 도출할 수 있는 추론으로 옳지 않은 것은?

A 마을에는 연재, 중기, 연아, 승기 4명의 주민이 있다. 이 마을에 처음에는 연재만 살고 있었고 연재가 직업을 선택한 이후 중기가 이사 왔다. 마찬가지로 중기가 직업을 선택한 이후 연아가 이사 왔고, 연아가 직업을 선택한 이후 승기가 이사 왔다. 승기도 직업을 선택하여 이 마을에는 4명이 모두 직업을 갖게 되었다.

① 연재가 혼자 살고 있을 때, 연재는 고기잡이를 하고 월 소득은 300만 원이다.
② 연재와 중기만 살고 있을 때, 중기는 민속품을 만든다.
③ 연재와 중기만 살고 있을 때, 연재의 월 소득은 200만 원이다.
④ 연재, 중기, 연아만 살고 있을 때, 세 사람의 직업은 모두 같다.
⑤ 마을에 4명이 모두 살고 있을 때, 승기의 월 소득은 90만 원이다.

69 위 상황에서 (가)~(다)를 옳게 짝지은 것은?

> 이제 마을 주민들이 각자 직업을 동시에 선택하기로 했다. 연재, 중기, 연아, 승기는 심사숙고한 끝에 3명은 고기잡이를 하고 1명은 민속품을 만들기로 결정했다.
>
> 이 경우 고기잡이를 선택한 3명은 모두 1인당 (가)의 소득을 얻기 때문에 (나)의 소득을 얻게 되는 민속품 만들기를 선택하지 않는다. 또한 민속품 만들기를 선택한 1명도 고기잡이를 선택하게 되면 소득이 (다)이 되기 때문에 자신의 선택을 바꾸지 않을 것이다. 따라서 3명은 고기잡이를 하고, 1명은 민속품을 만들게 될 것이다.

	(가)	(나)	(다)
①	300만 원	100만 원	90만 원
②	200만 원	90만 원	0원
③	100만 원	90만 원	0원
④	90만 원	90만 원	90만 원
⑤	0원	90만 원	0원

70 문제 68번과 문제 69번의 결과로부터 도출할 수 있는 추론으로 옳은 것은?

> ┤보 기├
>
> ㄱ. 고기잡이의 기회비용은 몇 명의 주민들이 고기잡이를 선택하든 0원이다.
> ㄴ. 마을에 네 사람이 살고 있을 때, 주민 소득의 합은 문제 68번의 결과와 문제 69번의 결과가 같다.
> ㄷ. 마을에 네 사람이 살고 있을 때, 연재가 호수의 소유권을 독점하여 혼자만이 고기잡이를 하게 되면 주민 소득의 합은 문제 68번의 결과보다 줄어든다.
> ㄹ. 연재, 중기, 연아, 승기가 합의하여 두 명이 고기잡이를 하고, 두 명이 민속품 만들기를 하면 주민 소득의 합은 문제 69번의 결과보다 늘어난다.

① ㄱ, ㄴ   ② ㄱ, ㄷ
③ ㄴ, ㄷ   ④ ㄴ, ㄹ
⑤ ㄷ, ㄹ

[71 ~ 72] 다음 글을 읽고 물음에 답하시오.

A국은 주어진 노동을 이용하여 유일한 소득원인 닭을 생산하고 있다. 매년 생산한 닭 중 80%는 닭고기로 소비하고, 나머지 20%는 다음해의 생산을 위해 씨암탉으로 남겨둔다. 매년 전체 씨암탉 중 5%는 폐사된다. 닭 생산 기술은 씨암탉 수와 닭 생산량 사이의 관계로 그림과 같이 나타난다. 노동량은 변하지 않으며, 현재 A국의 소득은 증가하고 있다.

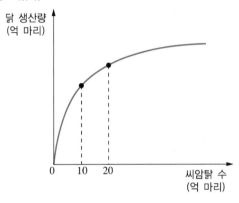

71 A국 경제에 대한 설명으로 옳지 않은 것은?

① 씨암탉의 수는 시간이 지남에 따라 줄어들지 않는다.
② 매년 추가적으로 생산하는 닭의 증가율은 줄어든다.
③ 씨암탉의 수가 증가함에 따라 닭고기 소비량은 늘어난다.
④ 씨암탉의 수가 증가함에 따라 닭 생산의 증가율은 감소한다.
⑤ 올해에 비해 내년에 추가적으로 늘어나는 씨암탉의 수는 올해 닭 생산량의 20%이다.

72 B국은 A국과 동일한 닭 생산 기술을 가지고 있고 닭 소비율, 닭 폐사율 및 노동량도 같다. 현재 A국과 B국 씨암탉 수는 각각 10억 마리와 20억 마리이다. 양국의 소득이 증가하는 과정에서 올해 이후 양국의 소득 비율(= $\dfrac{\text{B국 소득}}{\text{A국 소득}}$)에 대한 설명으로 옳은 것은?

① 현재 양국의 소득 비율은 2이다.
② 양국 간 씨암탉 수의 차이로 양국의 소득 비율이 더욱 벌어진다.
③ 양국 간 씨암탉 수 증가율의 차이로 양국의 소득 비율이 줄어든다.
④ 동일한 닭 생산 기술을 가지고 있어 양국의 소득 비율이 일정하게 유지된다.
⑤ 닭고기 소비율에 차이가 없어 양국의 소득 비율은 일정하게 유지된다.

73 다음 자료에서 밑줄 친 ㉠과 ㉡의 근거를 〈보기〉에서 찾아 순서대로 바르게 나열한 것은?

> 경기 침체가 지속되면서 정부는 소득세의 대폭 감면을 통해 경기 회복을 꾀하고 있다. 하지만 정부가 세금 감면에 따른 적자를 보전하기 위해 국채를 발행하게 되면 이러한 재정정책의 결과로 ㉠ 소비가 증가한다는 주장과 ㉡ 그렇지 않다는 주장이 팽팽하게 맞서고 있다.

> ─┤보 기├─
> ㄱ. 감세는 정부지출을 줄여 민간 소비지출을 자극한다.
> ㄴ. 감세는 가처분소득을 증가시켜 소비지출을 증가시킨다.
> ㄷ. 감세는 금리를 하락시켜 소비지출과 차입을 자극한다.
> ㄹ. 소비자들은 미래에 세금이 증가될 것이라고 생각한다.
> ㅁ. 소비자들은 미래 세대의 후생을 고려하지 않는다.
> ㅂ. 소비자들은 정부가 '작은 정부'를 지향할 것으로 기대한다.

	㉠	㉡			㉠	㉡
①	ㄱ	ㄹ		②	ㄱ	ㅁ
③	ㄴ	ㄹ		④	ㄴ	ㅁ
⑤	ㄷ	ㅂ				

[74 ～ 75] 다음 글을 읽고 물음에 답하시오.

> (가) 국내 최고의 인기 작가 서영은 자신이 탈고한 소설 '찰리포터'에 대해 동건출판사와 출판 계약을 맺었다. 계약에 따르면 출판사는 소설의 출판 및 판매권을 독점하는 대신 이에 수반되는 일체의 관련비용을 부담하고 서영에게 판매수입의 50%를 인세(Royalty)로 지불한다. 현재 출판사는 자사의 이윤을 극대화할 수 있는 가격을 책정하고 있다. '찰리포터'에 대한 수요량은 가격이 상승함에 따라 감소하고, 관련비용은 판매량이 커짐에 따라 증가한다. 이에 대한 구체적인 정보는 양자가 공유하고 있다.
> (나) 서영은 될수록 인세를 더 많이 받기를 원한다. 국내 최고의 시인 조동파와 식사하던 중에 ㉠ 자신과 출판사에게 모두 이득이 될 수 있는 계약 변경이 가능한지 궁금해졌다.

74 (가)에 대한 설명으로 옳지 않은 것은?

① 현재 가격은 '0.5 × 판매수입 − 관련비용'을 극대화하는 수준에서 결정되어 있다.
② 판매수입을 극대화하는 가격이 책정되면 서영은 더 이득을 얻을 수 있다.
③ 현재 가격은 '판매수입 − 관련비용'을 극대화하는 가격보다 낮다.
④ 현재 가격은 판매수입을 극대화하는 가격보다 높다.
⑤ 서영은 현재 수준보다 판매량이 늘어나기를 원한다.

75 (나)에서 ㉠에 해당하는 변경안으로 적절한 것은?

① 현재 가격에서 인세 비율을 높인다.

② 출판·판매와 관련한 일체의 비용을 서영이 부담한다.

③ 인세 비율을 높이되 '판매수입－인세－관련비용'을 극대화하는 가격을 책정하도록 한다.

④ 인세를 '판매수입－관련비용'의 일정한 비율로 변경한다.

⑤ 양자 모두를 더 좋게 하는 계약 내용 변경은 불가능하다.

76 다음 자료를 바탕으로 ㈜수로전자의 의사 결정에 대해 추론한 것으로 옳은 것은?

㈜수로전자는 매월 150대의 전자계산기를 생산할 수 있는 설비를 갖추고 있으며 현재 국내 시장에서 매월 100대의 전자계산기를 대당 2만 원에 팔고 있다. 하루는 수출업자인 수경이 ㈜수로전자를 찾아와 수출용으로 50대의 전자계산기를 대당 9천 원에 팔 것을 제안하였다. ㈜수로전자가 매월 100대 생산할 때의 대당 평균비용은 1만 2천 원이며, 매월 150대 생산할 때의 대당 평균비용은 1만 원이다.

① 이윤이 증가하므로 제안을 받아들여야 한다.

② 이윤은 감소하지만 대당 생산비용이 감소하므로 제안을 받아들여야 한다.

③ 이윤은 감소하지만 설비 가동률을 높일 수 있으므로 제안을 받아들여야 한다.

④ 50대를 더 생산하면 국내 시장가격이 하락하므로 제안을 받아들이지 말아야 한다.

⑤ 대당 생산비용보다 판매가격이 낮으므로 제안을 받아들이지 말아야 한다.

[77 ~ 78] 다음 글을 읽고 물음에 답하시오.

(가) 명목이자율과 예상인플레이션율은 모두 경기가 호황일 때 높아지고 경기가 침체일 때 낮아지는 경향
이 있다. 기업의 투자활동은 명목이자율이 아닌 물가상승률을 감안한 실질이자율(= 명목이자율 − 예
상인플레이션율)의 영향을 받는다.

(나) 최근 A, B국은 경기 침체를 겪고 있다. 이들 국가에 대한 조사 결과에 따르면 A국의 명목이자율이
정부 규제로 인플레이션율에 관계없이 일정 수준에 고정되어 있는 반면, B국의 명목이자율은 예상인
플레이션율의 변화를 그대로 반영하여 같은 크기만큼 변화하는 것으로 나타났다.

(다) 재정정책은 정책 집행의 시차 때문에 단기적으로는 효과가 적다는 단점이 있다. 그러나 경제에는 이런
시차를 피할 수 있는 자동안정화 장치가 있다. 이 장치는 경기 침체 또는 경기 호황이 발생할 때 정부
가 별도로 조치를 취하지 않더라도 총수요가 증가하거나 감소하도록 만드는 변동을 말한다.

77 위에 대한 설명으로 옳지 않은 것은?

① (가)에 의하면 총수요 증가는 명목이자율을 높이는 요인이다.

② (가)에 의하면 총수요 증가는 예상인플레이션율 상승을 통해 기업의 투자를 위축시킨다.

③ (가)에 의하면 명목이자율이 예상인플레이션율보다 더 상승하면 기업 투자의 기회비용은 높아진다.

④ (다)에 의하면 정부의 실업급여 지급은 자동안정화 장치의 기능을 한다.

⑤ (다)에 의하면 경기 변동에 따른 소득 변화로 세금의 규모가 변동하는 것은 자동안정화 장치의
기능을 한다.

78 (나)에서 경기 침체에 따른 예상인플레이션율의 변화가 A, B국의 경제에 미치는 영향을 (가) ~
(다)에서 추론한 것으로 옳은 것은?

① A국의 경기 침체를 더욱 크게 한다.

② A국의 경기에 영향을 미치지 못한다.

③ B국의 실질이자율을 높인다.

④ B국의 경기 침체를 더욱 크게 한다.

⑤ A국보다 B국의 경기 침체를 더 크게 한다.

79 그림을 보고 옳게 추론한 것을 〈보기〉에서 고른 것은?

〈연령 계층별 인구 구성비 전망〉

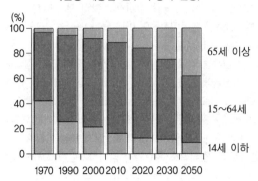

── 보 기 ──

ㄱ. 노인 1명에 대한 부양자 수는 계속 증가할 것이다.

ㄴ. 15~24세 연령층 인구의 비중은 계속 낮아질 것이다.

ㄷ. 15~64세 생산가능인구가 차지하는 비중은 계속 낮아질 것이다.

ㄹ. 양(+)의 저축을 하는 연령대의 비중은 늘고 음(−)의 저축을 하는 연령대의 비중은 줄 것이다.

① ㄱ, ㄴ   ② ㄱ, ㄷ

③ ㄴ, ㄷ   ④ ㄴ, ㄹ

⑤ ㄷ, ㄹ

80 다음 자료에서 2019년 말 원화 기준으로 순자산(= 자산 − 부채)의 크기가 가장 큰 기업과 가장 작은 기업을 순서대로 바르게 배열한 것은?

각 기업의 자산과 부채는 표와 같이 상이한 통화로 구성되어 있으며, 2017년 말 원화 기준으로 각각 100억 원이었다. 그림은 2018년 말 대비 2019년 말 주요 통화의 대달러 절상률을 나타낸다.

	A기업	B기업	C기업	D기업
자 산	달러화	유로화	위안화	원 화
부 채	위안화	엔 화	유로화	달러화

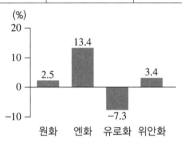

	가장 큰 기업	가장 작은 기업
①	A	D
②	B	C
③	C	B
④	D	A
⑤	A	B

실전모의고사 정답 및 해설

01	02	03	04	05	06	07	08	09	10	11	12	13	14	15	16	17	18	19	20
①	①	②	③	③	⑤	⑤	①	①	①	⑤	④	⑤	②	①	③	②	④	②	③

21	22	23	24	25	26	27	28	29	30	31	32	33	34	35	36	37	38	39	40
③	④	②	①	③	④	②	③	②	④	③	③	③	④	①	②	⑤	④	①	③

41	42	43	44	45	46	47	48	49	50	51	52	53	54	55	56	57	58	59	60
④	③	②	④	②	⑤	④	②	②	④	②	②	④	⑤	④	④	③	②	①	③

61	62	63	64	65	66	67	68	69	70	71	72	73	74	75	76	77	78	79	80
③	②	③	⑤	③	③	③	④	②	②	③	④	④	①	⑤	③	④	③	④	⑤

01 어느 한 재화의 가격이 상승함에 따라 다른 재화의 수요가 증가할 때 그 두 재화 간의 관계를 대체재라고 한다. 버스와 전철, 돼지고기와 닭고기, 사이다와 콜라, 버터와 마가린, 연필과 샤프는 대체 관계에 있다. 버터와 빵과 같이 한 재화의 가격이 상승함에 따라 다른 재화의 수요가 감소하는 재화를 보완재라고 한다.

02 이동전화 서비스와 휴대폰은 보완관계에 있다. 단말기 가격 인하는 전화통화 수요 증가를 가져오고, 이는 요금상승의 요인이 된다.

03 ②를 제외한 다른 현상은 '공유지의 비극'을 다룬 것이다. 즉, 모든 사람이 공유하여 자신의 행위가 유발하는 비용을 자신이 완전히 부담하지 않게 되면 개인의 비용과 사회적 비용에 차이가 발생한다. 따라서 사회적으로 비효율이 존재하게 된다.

04 이자율 상승은 투자를 감소시켜 총수요가 감소한다(나머지는 증가요인). 환율이 상승하면 순수출을 증대시키고 총수요를 증가시킨다.

05 규모의 경제란 기업이 생산량을 증가시킬 때 장기평균비용이 감소하는 현상이다. 대규모 생산 설비를 갖추는 데 초기 비용은 많이 소요되지만, 그 이후로 재화의 생산이 시작되면 총비용을 생산량으로 나눈 평균비용은 감소하는 것이다. 재화 둘 이상을 각각 다른 생산자가 생산할 때보다 생산자 한 명이 생산할 때 비용이 감소하는 것은 범위의 경제에 해당한다.

06 완전경쟁시장은 재화의 품질이 같고 가격이 동일하며 이에 대한 정보도 시장참여자 모두가 알고 있다. 따라서 어떤 상점에 가든지 재화를 그냥 구입하면 되고 품질을 비교해 보거나 다른 사람이 어떻게 할 것인지에 대해서 알 필요는 없다.

07 독점시장은 공급자가 하나만 존재하는 시장이다. 독점기업은 우하향의 시장수요곡선에 대응하여 가격과 생산량을 결정한다. 그러나 우하향의 시장수요곡선의 경우, 그 한계수입곡선이 가격을 나타내는 수요곡선보다 아래에 있으므로 한계비용과 한계수입이 교차하는 독점균형 생산량에서는 결과적으로 가격이 한계수입보다 크다. 한계수입이 0일 때 총수입은 극대화되지만 이윤극대화는 한계수입과 한계비용이 일치(MR=MC)할 경우에 이루어진다.

08 모든 상품가격이 2배 오르더라도 상대가격은 변화하지 않으며, 소득이 2배 오르더라도 실질소득은 변함이 없다(예산집합 불변).

09 유량변수는 일정한 기간단위로 측정되는 변수이고, 저량변수는 특정시점에서의 누적단위로 측정되는 변수이다. 부동산은 특정시점 현재의 자산상태를 나타내는 저량변수인 반면에, 프린터의 분당 인쇄매수, 식당의 일일매출, 아빠의 월급, 알바생의 시급은 모두 일정한 기간단위로 측정되는 유량변수이다.

10 국내총생산은 시장에서 거래되지 않는 재화나 서비스라 할지라도 국내총생산에서 차지하는 비중이 커서 중요도가 높은 재화와 서비스는 추계하여 국내총생산에 포함시킨다. 아파트의 소유주가 본인인 경우 실제로 임대료가 발생하지는 않으나 주거서비스의 중요성으로 자가 주택의 임대료는 국내총생산에 포함시킨다. 그리고 최루탄도 하나의 재화로서 국내에서 생산되면 국내총생산에 포함된다.

11 외국인의 국내 직접투자는 고용 증가, 설비투자 증대 등의 긍정적 효과를 가져오므로 경제성장을 제약하는 것이 아니라 경제성장을 촉진한다.

12 인플레이션은 화폐의 가치를 하락시켜 현금보유의 기회비용을 증가시킨다.

13 통화공급의 증대는 이자율을 하락시켜 투자수요가 증가하여 총수요곡선을 오른쪽으로 이동시킨다.

14 구직단념자는 경제활동인구가 아닌 비경제활동인구에 포함된다.

15 금리인상은 곧 수익률의 인상을 의미한다. 이 경우 더 높은 수익을 좇아 외국 자본이 국내에 유입된다. 따라서 외환시장에서 달러와 같은 외국 돈의 공급이 늘고 한국 돈의 상대적 가치가 증가하므로 환율은 하락한다. 환율 하락은 수입의 증가를 초래한다.

16 ㄱ. 실질화폐공급은 명목화폐공급을 물가수준으로 나눈 것으로 물가수준이 하락하면 실질화폐공급이 증가하여 실질화폐의 초과공급으로 이자율이 하락한다. 그래서 총수요의 구성요소인 투자가 증가하여 총수요도 증가한다.
　　ㄴ. 물가수준이 하락하면 국산품의 가격이 수입품의 가격보다 저렴해진다. 그래서 국내에서 수입품의 소비가 감소하고, 해외에서 국산품의 수출이 증가한다. 그래서 총수요의 구성요소인 순수출이 증가하여 총수요가 증가한다.
　　ㄷ. 실질자산은 명목자산을 물가수준으로 나눈 것으로 물가수준이 하락하면 실질자산이 증가하여 부의 효과로 소비가 증가한다. 그래서 총수요의 구성요소인 소비의 증가로 총수요가 증가한다.

17 국채가 아닌 조세가 가처분소득을 감소시킴으로써 민간소비를 위축시킨다.

18 ④ 신규 대출 증가는 통화량 증가 요인이다.
　　① 한국은행이 달러를 매도할 경우 이 과정에서 시중에서 원화를 회수하게 됨으로 통화량이 감소한다.
　　② 개인이 주식을 판매하여 그 대금을 현금화할 경우 시중 통화량의 형태만 주식에서 현금으로 변경된 것이지 통화량 증가라 볼 수 없다.
　　③ 은행예금은 수시로 현금화가 가능하기 때문에 통화에 해당한다. 따라서 예금인출을 통화량 증가로 평가할 수 없다.
　　⑤ 현금으로 회사채를 매입한 경우는 시중 유통 통화량이 현금에서 채권으로 형태만 변경된 것이다.

19 가계가 예금보다 현금보유 선호도가 높아지면 현금통화비율이 높아진다. 현금통화비율이 높아지면 통화승수가 작아지므로 통화량이 감소한다. 재할인율과 법정 지급준비율 인하, 공개시장조작을 통한 국공채 매입 등은 중앙은행의 확장적 통화정책과 관련 있다. 국제시장에서의 자금 차입도 통화량 증가의 원인이 된다.

20 통화 공급이 감소하면 이자율이 상승한다.

21 A음료와 B음료가 대체재라면 두 음료는 사실상 동일한 시장에 속한 재화이므로 인수·합병이 시장에서 독과점을 형성할 수 있을 것이다. ③에서 A음료 가격이 오르자 B음료에 대한 수요가 증가했다는 것은 두 재화가 서로 대체재의 관계에 있음을 의미하므로, 소비자 단체의 주장을 뒷받침하는 근거가 될 수 있다. 한편 ①, ②, ④는 A음료와 B음료가 수요시기, 제품 성질 및 수요 계층에 있어 차이가 난다는 것이므로 두 음료(시장)의 동일성보다는 차별성을 강조한다. ⑤는 A음료와 B음료가 대체재가 아닌 보완재로 소비되는 경우가 늘어나고 있다는 것을 의미하는데, 보완재를 생산하는 기업들은 경쟁 관계에 있지 않으므로 합병하더라도 독과점을 형성했다고 볼 수 없다.

22

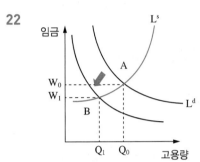

로봇의 도입은 포장을 담당하는 노동자에 대한 수요곡선을 왼쪽 아래로 이동시키므로, 균형 임금 수준은 하락하고, 균형 고용량은 감소한다. 따라서 균형점은 A에서 B로 변경된다.

23 통합된 경제는 통합 이전의 남한과 비교할 때 노동력은 상대적으로 풍부한 반면, 자본은 상대적으로 부족하다. 따라서 통합된 경제의 임금은 통합 이전의 남한보다 낮고, 이자율은 통합이전의 남한보다 높을 것이다.

24 ㄱ은 투자, ㄴ은 소비, ㄹ은 외국인의 직접 투자, ㅅ은 재고투자이므로 GDP에 포함된다(ㄷ은 GNP에 포함되고, ㅁ은 시장에서 거래되지 않은 경우이며, ㅂ은 이전거래이다).

25 단기적으로 고정비용(통학버스 구입비용)은 통학버스 운행에 대한 의사결정에 영향을 줄 수 없다(이를 매몰비용이라 부른다). 따라서 요금수입으로 현재의 운영비를 충당할 수 있다면 통학버스 운행을 계속한다.

26 자료에 제시된 실업은 직업탐색 과정에서 정보부족 등에 의해 발생하는 마찰적 실업에 해당하며 ④의 경우와 유사하다. ①은 계절적 실업, ③은 경기적 실업, ⑤는 구조적 실업을 의미한다. 한편 ②는 비경제활동인구로 분류되어 실업자에 포함되지 않는다.

27 유동성함정은 극심한 불황기에 나타나는 현상으로, 더 이상 이자율이 하락하지 않는 - 앞으로 이자율의 상승이 예상되는 - 최저이자율에서 화폐수요가 무한대인 구간이다. 그래서 화폐수요의 이자율탄력성이 완전탄력적이다. 유동성함정에서는 화폐수요곡선이 수평선이므로 화폐공급을 증가시켜도 이자율이 불변이므로 투자수요가 증가하지 않는다. 따라서 조세감면을 이용하여 직접적으로 총수요를 증가시키는 재정정책이 효과적이다.

28 주가지수 선물과 옵션의 거래를 위해 만들어진 주가지수는 KOSPI 200지수이다.

29 프로그램 매매호가관리 제도는 사이드카 제도로, 선물시장이 기준가 대비 5% 이상 변동해서 1분간 지속되는 경우 프로그램 매매호가를 5분간 중단시키는 제도를 말한다.

30 채권은 소지자가 이자를 청구할 권리가 있고 주주는 배당을 청구할 권리가 있다.

31 윈도우(Window)는 기관투자가들이 실제로 투자하고 있는 포트폴리오를 말한다. 분기말, 반기말 또는 결산기말에 주가 수익률을 높이기 위해 주가를 움직이는 것을 윈도드레싱이라 한다.

32 일반적으로 국가신용등급이 높은 선진국의 채권금리가 후진국의 채권금리보다 낮다.
① 출구전략이 시작되면 금리가 올라 채권가격이 떨어지므로 채권형펀드의 자금이 빠져나간다.
② 정부가 기준금리를 당분간 인상하지 않는다는 방침을 밝히면 시중금리가 하락해 채권가격은 상승한다.
④ 채권가격은 확정된 미래현금흐름을 채권수익률로 할인한 값이다.
⑤ 채권의 신용등급이 높을수록 원리금 상환능력이 뛰어나므로 채권금리는 낮다.

33 주가가 하락할 때 수익이 나는 포지션은 풋매수, 콜매도, 선물매도 포지션이다.

34 랩어카운트는 고객이 예탁한 재산에 대해 증권회사의 금융자산관리사가 고객의 투자 성향에 따라 적절한 운용 배분과 투자종목 추천 등의 서비스를 제공하고 그 대가로 일정률의 수수료(Wrap Fee)를 받는 상품이다. 증권회사에 계좌를 개설하고 자신이 선택한 종목을 매매하는 기존의 투자 방식과는 달리 증권회사에서 고객이 예탁한 재산에 대해 자산 구성에서부터 운용 및 투자 자문까지 통합적으로 관리해주는 종합금융서비스라고 할 수 있으며, 선진국에서는 투자은행의 보편적인 영업 형태이다.

35 주주총회의 보통결의 사항은 이사·감사·청산인의 선임 및 보수 결정, 재무제표 승인, 이익배당 및 배당금 지급시기의 특정 등이 있고, 주주총회의 특별결의 사항은 정관의 변경, 이사 또는 감사의 해임 등이 있다.

36 전환사채의 경우 사채권자가 전환권을 행사하면 사채를 소멸시키는 대신 주식을 발행하게 되므로 권리행사 시에는 기업의 자산항목은 변화가 없고 부채감소, 자본증가가 나타난다.

37 형식적 감자는 대주주들의 부실경영에 대한 징벌적 수단으로 활용되기 때문에 감자시 악재로 인식되어 주가가 급락하는 것이 일반적이다.

38 기업에서 자사주를 매입하려는 이유는 다음과 같다.
① 기업의 영업활동을 축소하기 위하여
② 특정인의 소유지분을 매입하기 위하여
③ 기업의 주가상승을 유도하기 위하여
④ 주주 및 채무자에 대한 청구권을 해결하기 위하여
⑤ 기업의 발행주식수를 감소시켜 주당이익을 높이기 위하여
⑥ 회사 합병으로 주식가치가 떨어지는 것을 막기 위하여
⑦ 종업원에 대한 주식보상계약을 이행하기 위하여

39 토빈의 q 비율은 (자산의 시장가치 / 자산의 대체가치)로 구해지는데 일반적으로 이 비율은 1보다 낮은 경우 M&A의 대상이 된다.

40 특정산업에서 제품의 차별화 정도가 높으면 높을수록 그 제품에 대한 소비자의 신뢰는 매우 높다. 이러한 경우, 새로운 제품이 기존제품과 소비자 간의 신뢰를 비집고 파고 들어가기에는 무척 많은 노력과 비용이 들어간다. 따라서 제품의 차별화가 잘 되어 있으면 진입장벽은 매우 높은 것을 의미한다.

41 효율성 임금이론이란 시장의 균형임금보다 높은 수준의 임금을 지급하면 생산성을 높일 수 있다고 보는 이론이다. 효율성 임금이론에서는 생산성이 임금을 결정하는 것이 아니라 임금이 생산성을 결정한다고 본다. 기업이 시장균형 임금보다 높은 효율임금을 지급하면 노동자의 생산성이 높아지므로 오히려 효율임금을 지급하는 것이 이윤극대화에 부합된다. 노동 고용량 변화로 인한 노동시간의 변화는 효율성임금이론과는 관련성이 없다.

42 양국 모두 자동차 산업 종사자보다 농민의 소득이 낮으므로 최소극대화 기준에서 A국 정치인은 자국 농민의 소득 저하를 이유로 FTA를 반대할 것이고 B국 정치인은 자국 농민의 소득 향상을 이유로 찬성할 것이다.

43 상품 디자인이나 제조 등의 과정을 하청계약을 통해 외부의 제3자에게 맡기는 과정을 '아웃소싱'이라고 한다.

> **[영문 해설]**
> 아웃소싱은 상품의 디자인이나 제조 과정을 제3자에게 맡기는 하청계약이다. 일각에서는 아웃소싱이 국내 고용시장에 악영향을 끼친다고 주장하기도 한다. 아웃소싱은 서비스 전달을 이전하는 행위로, 일자리와 개인 모두에게 영향을 미친다. 아웃소싱이 해고와 고용불안에 직면한 사람들에게 유해한 영향을 준다는 것에 대해 이의를 제기하기는 힘들지만, 아웃소싱을 지지하는 사람들은 아웃소싱이 제품가격을 인하시켜 모든 사람들에게 더 큰 경제적 이득을 제공할 것이라고 주장한다.

44 1980년대 레이건 행정부가 시행한 감세정책 때문에 재정수지 적자는 큰 폭으로 증가하였다. 이렇게 재정적자가 늘어나면 정부저축이 감소하고 이자율이 상승한다. 일반적으로 이자율이 상승하면 투자는 감소하는데 1980년대 미국의 경우, 해외부문에서 대량으로 자본이 유입되어 투자가 크게 변화하지 않았다. 1980년대 미국은 재정과 무역수지가 거의 동시에 적자로 전환되었기 때문에 이러한 적자를 '쌍둥이 적자(Twin Deficits)'라고 부른다.

45 ㄱ. 1986년과 1988년은 다른 기간에 비해 경제성장률이 높았던 시기이다.
　　ㄷ. 1998년에는 경제성장률이 음의 값을 나타내고 있는데, 이는 교역 대상국들의 경제성장률에 큰 변화가 없어 수출에도 큰 변화가 없었다면 내수가 크게 부진하였음을 의미한다. 따라서 수출에 큰 변화가 없는 상황에서 수입이 부진하였을 것이므로 무역수지는 개선되었을 것이다.
　　ㄴ. 전 기간에 걸쳐 경제의 통생산능력 증가율에 변화가 없었다고 가정하였으므로, 1986년과 1988년에는 생산 능력에 비해 수요가 상대적으로 크게 증가하였을 것으로 추론할 수 있다. 1992년의 경우 1988년과 1990년에 비해 경제성장률이 낮았던 시기이므로 물가상승률도 낮았을 것이다.
　　ㄹ. 2000년의 경제성장률이 양의 값을 기록하고 있으므로 총수요는 증가하였음을 알 수 있다.

46 나. 케인즈학파는 투기적 화폐수요로 인해 화폐유통속도가 이자율에 민감하게 반응한다고 본다.
　　다. 유동성함정에서는 최저이자율에서 화폐수요가 무한대이므로 화폐수요의 이자율탄력도가 완전탄력적이다.
　　마. 물가연동계약은 확장적 통화정책으로 물가가 높아지면 명목임금도 같이 높아져서 불경기에 실질임금이 하락하지 않아 경기침체를 심화시킨다.
　　가. 통화주의자들에 따르면 마샬의 k가 안정적이므로 화폐수요와 소득 간의 관계는 안정적이다.
　　라. 동태적 비일관성이 있으면 중앙은행의 통화정책에 대한 신뢰성이 높을수록 물가변화에 대한 기대심리가 안정되어 물가안정의 효과가 크다.

47 실질GDP = 각 재화의 기준연도의 가격 × 해당연도의 재화묶음 = $10 \times 4 + 10 \times 6$ = 100이고, GDP 디플레이터 = 비교연도의 명목GDP/실질GDP × 100 = $(12 \times 4 + 9 \times 6)/100 \times 100$ = 102

48 소비자물가지수는 기준연도의 재화묶음의 구매비용이 고정되고, 기준연도의 각 재화의 소비량이 고정되어, 가중치로 기준연도의 각 재화의 소비량을 재화묶음의 구매비용으로 나누어 사용한다. 그래서 소비자물가지수 증가율 = 비교연도의 가격변화율 × 각 재화의 가중치 = $10\% \times 30\% + 20\% \times 20\%$ = 7%

49 ㄱ. FTA는 일반적으로 당사국의 교역량을 증가시킨다.

ㄴ, ㄷ. 이렇게 해당 국가의 교역량이 증가할 경우 이로 인해 해당 국가의 소비자들은 보다 싼 값에 재화를 소비할 수 있는 기회를 갖게 되어 편익이 증가한다. 하지만 자유로운 교역 과정에서 특정 생산자의 경우에는 경쟁력을 상실하여 편익이 줄어들 수 있다.

ㄹ. 제3국과의 교역량에 대한 변화는 일부는 대체될 수 있어 변화할 수 있다.

50 성장은 경제의 양적 확대를 말한다. 일반적으로 국내총소득의 증가율을 의미한다. 발전은 국민 삶의 질을 높이는 것이라고 할 수 있다. 국민 삶의 질을 높이려면 양적으로 늘어난 소득이 적절하게 분배되고 활용되도록 해야 한다. 일반적으로 발전을 위해서는 성장이 뒷받침되어야 하나 반드시 그렇지는 않다. 지속적인 성장을 위해서는 적절한 분배가 전제되어야 하므로 성장과 분배는 단기적으로 경쟁관계이나 장기적으로는 보완관계에 있다고 할 수 있다.

51 동화기업의 순이익은 10억 원×10%이므로 1억 원이다. 이때 주당순이익은 1억 원 / 5,000주＝20,000원, 따라서 적정주가는 20,000원×15배＝300,000원이다. 현재 주가가 350,000원이므로 적정주가보다 50,000원 과대평가 상태이다.

52 ㈜동화산업은 영업활동에서 현금유입을 바탕으로 부채를 갚기 위해 재무활동에서는 현금유출이 있어야 하며, 투자를 회수하므로 투자활동에서는 현금유입이 나타나야 한다.

53 기업의 투자결정은 일차적으로 투자로부터 얻어지는 기대수익과 투자비용을 비교하여 이루어진다. '투자세액공제'가 내년에 실시된다면, 내년의 투자비용이 올해의 투자비용보다 낮아지게 된다. 따라서 기업은 올해 시행하려던 동일한 투자계획을 내년으로 연기함으로써 투자비용을 줄일 수 있다.

54 ㄱ은 구직활동 감소, ㄴ은 기업의 비용부담 증가(노동수요 감소)로 실업증가 요인이 된다.

55 선진국에서의 디플레이션은 채무자의 원금 및 이자에 대한 상환 부담을 가중시킨다. 또한 디플레이션은 실물 자산보다는 국채와 같은 자산에 대한 수요를 증가시킨다. 반면, 신흥국에서의 인플레이션은 화폐의 가치를 낮춰 임금 소득에 의존하는 사람보다는 실물 자산을 보유한 사람에게 유리하다. 인플레이션이 발생하더라도 신흥국 통화의 가치가 향후 높아질 것으로 예상된다면 이들 국가의 통화로 표시된 자산의 가치가 그만큼 높아지게 되어 제시문에서 나타난 바와 같이 신흥국 채권에 대한 수요가 증가한다.

56 B국은 명품가방과 자동차 품목에서 모두 A국 보다 투입노동량이 적기 때문에 A국에 비해 절대우위를 갖는다. A국과 B국의 가방과 자동차에 대한 기회비용을 계산해보면 다음과 같다.

구 분	A국	B국
명품 가방의 기회비용	100/160 = 0.625	25/80 = 0.312
자동차의 기회비용	160/100 = 1.6	80/25 = 3.2

따라서 A국은 자동차 생산에 비교우위를 갖고, B국은 명품 가방 생산에 비교우위를 갖는다.

57 고용률은 취업자 수를 생산가능인구(경제활동인구+비경제활동인구)로 나눈 값인 반면 실업률은 경제활동인구 대비 실업자 수의 비율이다. 일할 능력은 있으나 구직활동을 단념한 사람은 비경제활동인구로 구분되기 때문에 고용률에는 변화가 없다. 만일 실업자 수가 0이고 실업률이 0%라 하더라도 고용률은 비경제활동인구까지 포함하여 계산하므로 100%가 아닐 수 있다.

58 '이 조치'는 관세 부과 조치를 의미한다. 관세 부과는 수입 제품의 국내 가격을 상승시킨다. 이러한 관세 부과는 이 조치가 없었을 때에 비해 수입품과 경쟁하는 미국 기업들의 내수용 상품의 국내 가격을 인상시키는 한편, 생산도 증대시키는 요인으로 작용한다. 또한 관세 부과에도 불구하고 수입량의 변동이 크지 않다면 정부의 관세 수입은 증가할 것이다.

59 프리드먼 교수는 경제 성장으로 생활수준이 향상되면 사람들이 선해지는 효과가 발생한다고 주장한다. 거꾸로 경제가 불황으로 바뀌면 정치 상황이 불안정해지며 범죄율이 증가하고 인종 갈등을 부추기는 극우파가 득세하는 현상이 발생한다. 프리드먼 교수와 가까운 견해는 ①번이다.

60 인플레이션은 화폐가치를 떨어뜨리기 때문에 채무자가 채권자보다 유리하다. 또 고정 급여를 받는 사람의 실질임금을 하락시키는 효과도 발생한다. 따라서 이전에 결정된 고정급을 받고 있는 사람들의 경우에는 물가 인상으로 인해 실질적으로 구매할 수 있는 재화가 적어지기 때문에 실질임금이 떨어지는 효과가 있다.

61 총수요가 증가(감소)하면 실업률은 하락(상승)하는 반면 물가상승률은 상승(하락)하게 된다. 한편 총공급이 증가(감소)하면 실업률과 물가상승률이 함께 하락(상승)한다. 정부지출 및 통화량이 증가하는 것은 총수요 증가를 나타내고, 유가 상승과 농산물 생산의 감소는 총공급의 감소를 의미한다. 해외자본 유입은 통화량 증가를 초래하여 총수요를 증가시키게 되며, 새로운 기술의 도입으로 생산성이 향상되면 총공급이 증가하게 된다. 신용경색이 발생하면 총수요가 감소할 것이다.
이러한 내용을 바탕으로 할 때
① 1964~1969년 동안 실업률은 낮아진 반면 물가가 상승한 경우 정부 지출 증가로 인한 경기부양과 통화량이 증가하였다고 볼 수 있다.
② 1973~1975년 동안 실업률과 물가 상승이 함께 유발되는 경우는 스태그플레이션과 같은 형태로, 유가 상승, 농산물 생산의 감소와 같은 총공급감소로 인한 현상이다.
③ 자본시장 개방으로 인한 해외 자본 대량 유입은 물가 하락을 유발하는 요인인데 해당 기간에는 큰 폭의 물가 상승이 있었으므로 때문에 적절치 않다.
④ 1995~1999년 동안 새로운 기술의 도입은 총공급 증대요인으로 이는 물가 하락과 실업률 증가의 요인으로 작용한다.
⑤ 2001~2004년 동안 물가 상승이 긴축재정운영으로 야기된 것이라면 금융기관의 부실로 신용경색이 발생하였다볼 수 있다.

62 실질임금은 근로자가 실질적으로 받는 임금수준을 의미한다. 주어진 화폐 소득으로 살 수 있는 재화와 서비스의 양을 의미하지만, 이를 정확히 측정하기란 어렵다. 따라서 명목임금과 물가상승률을 이용해서 구한다. 물가지수는 동일한 재화와 서비스를 구매하는 데 필요한 화폐의 양이 얼마나 변했는지 관찰해 계산한다. 물가지수가 100에서 115로 높아졌다면, 동일한 재화와 서비스를 구입하는 데 필요한 화폐가 15% 늘었다는 의미이다. 그림처럼 물가가 임금보다 더 많이 올랐다면 실질임금은 하락하게 된다. 실질GDP가 늘어났기 때문에 경제성장률은 플러스(+)이며, 스태그플레이션이 아니라 인플레이션이 발생했다고 해석할 수 있다. 인플레이션 상황에서는 돈을 빌린 사람(채무자)이 빌려준 사람(채권자)보다 이득을 보게 된다.

63 만일 개인이 지불해야 하는 금액이 4만 원을 초과하게 되면 250명만 공원 건설을 찬성할 것이므로 과반수를 충족하지 못해 공원 건립이 불가능하다. 반면, 개인이 지불해야 하는 금액이 4만 원 이하라면 언제나 과반수의 주민이 찬성하게 되므로 공원 건립이 가능해진다. 따라서 공원 건립이 가능한 최대 건설비용은 3,000만 원(= 4만 원×750명)이다.

64 ㄱ. 박문수는 과거 소득이 높을 때 쌀밥과 고기를 먹었으므로, 그에게 시리얼은 열등재이다.
ㄴ. 그가 시리얼을 먹을 때는 우유를 부어 먹으므로 두 재화는 보완재이다.
ㄷ. 시리얼 가격이 오르면 대신 식빵을 먹으므로 두 재화는 대체재이다.
ㄹ. 시리얼이 열등재이므로 고시 합격 후 소득이 올라가면 이를 소비하지 않을 것이다.

65 1,000만 원 초과소득에 대해 누진세율 20%가 적용되지 않으면 민수는 소득증가분 50만 원의 10%인 5만 원을 추가 세금으로 내면 된다. 하지만 1,000만 원 초과분에 세율이 20%가 적용되므로 민수는 소득증가분 50만 원의 20%인 10만 원을 추가 세금으로 내야 한다.

66 경제가 호경기화 불경기를 반복하는 것을 경기순환이라고 한다. 경제상황이 성장의 장기추세선(잠재성산률) 위에 있으면 호경기, 아래 있으면 불경기다. 경기순환은 △투자와 생산이 크게 줄어 실업이 나타나는 침체기(slump) △침체기에서 서서히 벗어나면서 기업 활동이 다시 활성화되는 회복기(recovery) △투자가 활발해지고 생산과 소비가 크게 증가하는 호경기(또는 호황기·boom) △과잉 생산이 나타나고 재고가 늘어나는 후퇴기(recession)의 4개 국면으로 대개 나뉜다. A시기는 경기가 침체되어 기업이 투자와 생산을 줄이고 이에 따라 소득이 감소한 가계도 소비를 줄이는 침체기에 해당된다. 경제 상황이 계속 악화되고 있어 정부는 경기부양책을 내놓으려 할 것이다. 이를 위해 재정지출을 늘려 총수요를 진작하고 금리를 인하해 통화량을 증가시키는 정책이 집행된다. 반면 소득세율 인상과 은행 대출한도 축소는 민간소비와 기업활동을 둔화시킨다.

67 자료에서 방송 사업을 운영하기 위한 주파수 이용은 배제가 불가능한 반면 경합적이라는 점에서 주파수는 공유 자원에 해당한다. 또한 방송 신호 간에 간섭이 발생하여 방송 신호가 제대로 수신되지 못했다는 사실은 방송국 간에 부정적인 외부효과가 발생하였음을 의미한다.

68 지하철 요금을 인상하였을 때, 가격탄력성이 작다면 서울시는 적자를 면할 수 있으나 가격탄력성이 크다면 수요가 대폭 감소하여 총수입은 줄고 적자를 면하기 어렵다. 이자소득세율에 대해 저축이 얼마나 탄력적인가에 따라 저축도 역시 증감한다. 정부의 외환시장 개입은 환율변동으로 인한 무역 상품의 가격변동을 야기하지만 무역 상품들에 대한 가격탄력성이 어떠한가에 따라 무역수지 또한 변동한다. ④를 제외한 모든 항목들이 탄력성에 따라 변동한다. ④는 공해배출권 정책을 설명할 뿐이다.

69 인절미와 수정과는 완전 보완재로서 2접시의 인절미와 1잔의 수정과가 한 묶음으로 소비된다고 볼 수 있다. 인절미와 수정과의 가격이 각각 500원, 800원일 때 이 묶음의 가격은 1,800원이고, 2,800원의 소득이 있으면 1묶음만을 소비할 수 있어 2접시의 인절미와 1잔의 수정과를 사 먹는다. 인절미 가격이 250원이 되면, 이 묶음의 가격은 1,300원이고, 3,100원의 소득으로 2묶음까지 소비할 수 있어 4접시의 인절미와 2잔의 수정과를 사 먹는다.

70 ㄴ : 혜린이 2시간을 공약하고 동철이 3시간을 공약한다면, 0~2시간을 선호하는 학생들은 혜린에게, 3~6시간을 선호하는 학생들은 동철에게 투표할 것이다. 따라서 혜린이 더 많은 표를 얻을 것이다.
ㄷ : 동철이 5시간을 공약하면 모든 학생이 50%의 확률로 동철에게 투표하므로 학생의 절반이 동철에게 투표한다고 할 수 있다. 동철이 4시간을 공약하면 0~4시간을 선호하는 학생들이 동철에게 투표한다. 따라서 4시간을 공약하면 더 많은 표를 얻을 수 있다.
ㄹ : 동철이 1시간을 공약할 때 혜린이 2시간을 공약하면 2~6시간을 선호하는 학생들이 혜린에게 투표한다. 3시간을 공약하면 3~6시간을 선호하는 학생과 2시간을 선호하는 학생의 절반(2시간을 선호하는 학생이 50%의 확률로 동철에게 투표)이 혜린에게 투표한다. 따라서 2시간을 공약하면 더 많은 표를 얻을 수 있다.

71 동철이 0시간 혹은 1시간을 공약하면 혜린은 동철보다 1시간 더 많은 시간을 공약하는 것이 더 많은 표를 얻을 수 있다. 동철이 3, 4, 5, 6시간을 공약하면 혜린은 동철보다 1시간 더 적은 시간을 공약하는 것이 더 많은 표를 얻을 수 있다. 동철이 2시간을 공약하면 같은 2시간을 공약하는 것이 가장 많은 표를 얻을 수 있다. 이는 동철에게도 마찬가지이다. 따라서 동철과 혜린 모두 2시간을 공약하게 될 것이다.

72 갑 : 경제활동참가율은 고용률보다 높다.
을·병 : 경제활동참가율과 고용률의 차이는 생산가능인구 중 실업자의 비중이다. 이는 경제활동인구 중 실업자의 비중인 실업률과는 다르다.
정 : 40대 이후 고용률이 감소(취업자가 감소)하고 있음에도 불구하고 실업률 역시 감소하는 것은 경제활동참가율이 더욱 급격히 감소(경제활동인구가 감소)하고 있기 때문이다. 고용률보다 경제활동참가율이 더욱 빨리 감소하면 실업률이 감소함을 알 수 있다.

73 가. '15세 이상 인구 = 경제활동인구 + 비경제활동인구'이므로, 경제활동인구 = 200 - 40 = 160이다.
  나. '경제활동인구 = 취업인구 + 실업인구'이므로 취업인구 = 160 - 40 = 120이다.
  다. 경제활동참가율 = {경제활동인구/노동가능인구(15세 이상 인구) × 100(%)} = (160/200) × 100(%) = 80%이다.
  라. 실업률 = 실업인구/경제활동인구 × 100(%) = 40/160 × 100(%) = 25%이다.
  마. 취업률 = 취업인구/경제활동인구 × 100(%) = 120/160 × 100(%) = 75%이다.

74 부동산 및 채권시장을 통한 거래를 전면 금지한다고 한다면 시중의 유동성은 주식시장으로 몰려 주가지수를 상승시킬
  가능성이 높다.
  또한 주식의 현물 증여에 대한 상속세를 폐지할 경우에 상속세가 존재할 경우보다 주식의 기대수익률이 높아져 주식수
  요가 늘어날 것이다. 또한 국민연금 적립액의 50%를 주식적립 의무화하는 경우, 주식이 시장에서 매매되거나 거래되는
  상황과는 큰 상관없이 주식보유를 일정 수준 유지해야 하기 때문에 주식시장의 수급측면에서 긍정적인 영향을 미칠
  수 있다. 공매도(short selling)란 현재 주식을 보유하고 있지 않은 상태에서 해당 주식에 대해 매도주문을 내는 것을
  지칭한다. 결제일에 해당 공매도 주식 매입자에게 해당 주식을 양도하면 공매도포지션을 정리하게 된다. 향후 주식시장
  의 약세장이 전개될 경우 공매도를 통해서 시세차익을 얻을 수 있다.
  공매도 허용 자체가 주가 상승의 직접적인 원인이기보다는 공매도 거래의 증가는 시장참여자들의 주식시장방향에 대한
  기대를 나타내준다고 볼 수 있다. 참고로 작년 전 세계적인 금융위기로 금융당국에 의해 중지되었던 주식 공매도가 올해
  6월부터 재개되었고, '개인공매도'라 불리는 대주대차거래도 다시 활성화되고 있다. 상기한 법안 중 ㉠, ㉡, ㉢는 주식
  에 대한 수요를 증가시키므로, 시행 시 주가가 상승할 것으로 기대할 수 있다. 따라서 정답은 ①번이다.

75 하이퍼인플레이션(Hyperinflation)이란 통제상황을 벗어나 1년에 수백% 이상으로 물가상승이 일어나는 경우를 지칭하는
  개념이다. 일반적으로 정부나 중앙은행이 과도하게 통화량을 증대시킬 경우에 발생할 수 있다.
  하이퍼인플레이션이 발생할 경우 물가상승으로 인한 거래비용이 급격히 증가하여 실물경제가 원활하게 작동하지 않는다.
  예를 들어 긴급한 의료사고라도 현재와 미래의 진료비 격차가 심하므로 진료비에 대한 이견이 발생하고 필요한 진료가 신속하게
  이루어지지 않을 수 있고 따라서 진료거부 및 우수한 의료진의 이탈 등으로 의료서비스의 질이 상당 수준 하락할 것이다.
  또한 화폐의 가치가 급락하는 가운데 고정환율제를 실시하면, 실제로는 외화의 가치가 상대적으로 매우 높기 때문에
  정부의 공식적인 환율로는 거래가 발생하지 않고 거대한 암시장이 형성될 가능성이 매우 높다.
  이와 같은 하이퍼인플레이션 하에서는 경제에서 효율적인 생산과 분배가 일어나기 어렵기 때문에, 노동생산성이 하락하고
  투자가 위축되는 것이 당연하다. 이리하여 발권력을 가진 기관에서 근무하는 노동자 역시 이러한 위험에 노출되어 있다.

76 세율이 어떻게 적용되는가에 따라 조세는 크게 누진세와 비례세, 역진세로 분류할 수 있다. 누진세는 과세 대상 금액이
  커질수록 높은 세율을 적용하는 조세이고, 비례세는 과세 대상 금액에 관계없이 동일한 세율을 적용하는 조세이며, 역진
  세는 과세 대상 금액이 커질수록 세율이 낮아지는 조세를 말한다. 제시된 그림에서 (가)는 누진세, (나), (다)는 비례세,
  (라)는 역진세에 해당한다. 누진세는 과세의 공평성을 높일 수 있다. 납세자의 경제적 능력에 맞게 세금을 내는 게 공평
  하다고 보기 때문이다. 이와 달리 (라)와 같은 역진세는 가난한 사람이 부유한 사람에 비해 높은 세율이 적용되기 때문
  에 공평 과세의 원칙을 저해하는 세금이라고 할 수 있다.
  ① (가)는 누진세로 주로 누진세율이 적용되는 세금은 직접세이며, 직접세의 경우 납세자와 담세자가 일치하기 때문에
    조세 전가성이 높지 않다.
  ② (나)는 비례세로 상속세나 증여세와 같은 직접세는 주로 누진세율이 적용되고, 부가가치세나 개별 소비세와 같은
    간접세는 주로 비례세율이 적용된다.
  ④ (나)와 (다)는 비례세를 서로 다르게 나타난다.
  ⑤ (라)와 같은 역진세는 저소득층에서 조세 저항이 나타날 수 있다.

77 재정 지출의 목적에 따라 정부의 지출(세출)은 경제 개발비, 교육비, 방위비, 사회 개발비, 일반 행정비, 지방 재정 교부금, 채무 상환과 기타 등으로 분류할 수 있다. 복지 지출과 관련된 비용은 사회 개발비와 교육비를 들 수 있다. 그런데 사회 개발비와 교육비의 비중은 각각 4.9%포인트, 1.6%포인트 늘었다.

① 전체 예산에서 방위비 비중이 준 것은 사실이나 방위비의 절대액수가 줄었는지는 알 수 없다. 즉 전체 예산의 크기를 알 수 없기 때문에 절대 액수의 변화는 추론할 수 없다.

② 복지 지출 관련 비용의 비중은 늘고 경제 개발 관련 비용의 비중은 줄었다. 큰 정부 또는 작은 정부 중 어느 것을 지향하였다고 단정적으로 말할 수 없다.

③ 세출 구성비를 가지고 흑자 재정이 실현되었는지는 알 수 없다. 흑자 재정은 세출보다 세입이 많은 경우를 말한다.

⑤ 지방 재정 교부금 비중이 높아진 것으로 볼 때 지방자치단체의 재정이 중앙 정부에 더 의존하게 된 것으로 볼 수 있다.

78 기준금리란 각국 통화정책의 목표가 되는 단기금리를 말한다. 즉 중앙은행이 시중의 통화량을 조절하기 위해 정책적으로 결정하는 정책금리다. 금리란 돈에 대한 이자를 의미한다. 따라서 경기가 좋지 않을 때는 기준금리를 내려 시중에 보다 많은 자금을 유통시켜 경기 부양 효과를 유도할 수 있으며, 반대로 기준금리를 올리면 물가 상승을 억제하고 경기를 진정시키는 효과를 기대할 수 있다.

또한 기준금리가 상승하면 은행 대출금리도 일반적으로 높아지기 때문에 기업으로서는 이자 부담이 증가하게 되고, 인상된 금리만큼 더 높은 기대수익이 나타날 때 투자를 하게 되므로 투자에 부정적인 영향을 미치게 된다.

환율은 시장에서 그 나라 통화에 대한 수요와 공급에 의해 결정되는데, 일반적으로 금리가 인상되면 더 높은 이자율을 따라 외국자본이 유입되어 A국 화폐 수요가 늘어나게 되며 이에 따라 A국 화폐가치가 올라가고 달러 대비 환율은 하락한다.

79 효율적 시장 가설에 따르면 어떤 자산의 가격은 가능한 한 모든 정보를 동원한 최선의 예측과 동일한 수준에서 결정되고, 형성된 가격은 새로운 정보가 추가될 때 즉각적으로 추가된 정보를 반영해서 변화한다. 문제에서 기업이 2009년 개최한 기업설명회에서 2분기에 25%의 순수익 증가가 예측된다고 발표했기 때문에 5월 말 주식 가격은 25% 순수익 증가가 반영돼 형성된다. 하지만 실제 확인된 순수익 증가가 20%였다면, 이미 주식 가격에 반영돼 있는 25% 순수익 증가에 미치지 못하기 때문에 실적 발표 이후 주식 가격은 하락하게 된다.

80 사업 다각화란 기업이 기존에 운영하고 있던 사업 이외의 다른 사업에 진출해 사업 범위를 넓히는 행위를 말한다. 이유에는 여러 가지가 있는데, 기업들이 동일한 사업으로 다각화를 할 경우에도 그 이유는 서로 다를 수 있다.

첫째, 기업의 지속적인 성장을 추구하기 위해서다. 또한 미래의 유망 사업에 미리 진입하면 선발 기업의 이점을 누릴 수 있기 때문에 다각화 전략을 채택하기도 한다.

둘째, 위험을 분산하기 위한 목적에서 신규 사업에 투자하기도 한다. 기업이 한 가지 사업에만 몰두할 경우 그 사업에 전적으로 의존하는 데 따른 위험에 노출된다. 경영진은 이런 위험에 대비하기 위해 다각화를 추구하기도 한다.

셋째, 범위의 경제를 실현하기 위해서다. 빅펜(BIC Pen)의 사례를 보자. 빅펜은 원래 일회용 볼펜만 생산하는 회사였지만 자신만의 플라스틱 사출성형 기술과 유통경로 이점을 잘 파악하여 일회용 라이터 사업에도 뛰어들었다. 일회용 라이터를 만들기 위해 동일한 사출성형 기술이 요구되고, 유통경로 또한 비슷하기 때문에 빅펜은 일회용 라이터 생산을 통해 한계비용과 평균비용을 절감할 수 있었다.

넷째, 시장지배력을 강화하기 위한 목적으로 다각화를 추진하기도 한다. 다각화된 기업은 자체 사업부가 뭉쳐 공동으로 대규모 구매나 자금조달을 하거나 유통채널을 장악함으로써 시장지배력을 행사할 수 있다. 또한 경쟁력이 떨어지는 사업부가 수익성이 높은 사업부의 보조를 받아 약탈적 가격정책으로 경쟁사를 제압할 수도 있다. 해외시장 진입은 통상적으로 동일 사업에서의 지역적 다변화를 의미한다.

01	02	03	04	05	06	07	08	09	10	11	12	13	14	15	16	17	18	19	20
②	⑤	③	③	⑤	②	④	①	⑤	⑤	③	④	⑤	①	④	②	①	①	②	④
21	22	23	24	25	26	27	28	29	30	31	32	33	34	35	36	37	38	39	40
②	⑤	⑤	④	②	①	①	⑤	③	③	②	④	⑤	②	②	⑤	③	④	①	⑤
41	42	43	44	45	46	47	48	49	50	51	52	53	54	55	56	57	58	59	60
②	⑤	③	④	③	②	②	④	②	④	⑤	①	①	①	③	②	①	①	①	③
61	62	63	64	65	66	67	68	69	70	71	72	73	74	75	76	77	78	79	80
①	⑤	③	⑤	④	③	①	②	①	④	④	②	⑤	⑤	⑤	①	①	④	④	③

01
② 소비자물가지수는 수입품을 포함하므로 수입품의 가격변화를 반영하지만 GDP디플레이터는 GDP에 속한 재화와 서비스의 가격만을 반영하여 수입품의 가격변화를 반영하지 못한다.

①, ③, ④ 소비자물가지수는 기준연도의 재화묶음을 가중치로 사용하여 물가를 측정한다. 그래서 기준연도 이후 재화별로 가격차이에 따른 대체효과로 발생한 재화묶음의 변동을 반영하지 않는다. 그래서 싼 재화가 비싸지면 재화구매량이 적어져 가중치가 낮아져야 하나 기준연도에 설정한 높은 가중치를 그대로 적용하여 물가를 과대 평가한다. 그리고 기준연도의 재화묶음이 고정되어 비교연도의 신상품이 재화묶음에 포함되지 못하여 재화와 서비스의 질적 변화가 반영되지 않는다.

⑤ 반면에 GDP 디플레이터는 비교연도의 재화묶음을 가중치로 사용하여 물가를 측정한다. 그래서 소비자물가지수와 반대로 물가를 과소평가한다.

02
마찰적 실업은 더 나은 직장을 찾기 위한 자발적 실업이나, 최저임금제는 정부의 인위적인 임금규제로 노동의 수요를 감소시켜 비자발적 실업을 초래한다.

03
도덕적 해이(Moral hazard)란 어떤 계약 거래 이후에 대리인(Agent)의 감추어진 행동으로 인해 정보격차가 존재하여 상대방의 향후 행동을 예측할 수 없거나 본인이 최선을 다한다 해도 자신에게 돌아오는 혜택이 별로 없을 경우에 발생한다. ③ 역선택과 관련한 예이다.

04
소비자 잉여는 지불할 의사가 있는 최대가격인 수요가격과 실제로 지불한 가격인 지불가격의 차이를 모든 소비자에게서 합하여 계산한다. 그러므로 아래 표에 따라 소비자 잉여는 6,000원이다.

구 분	A	B	C	D
지불하려는 가격	2,000원	3,000원	4,000원	1,000원
지불가격	1,000원	1,000원	1,000원	1,000원
소비자 잉여	1,000원	2,000원	3,000원	0원

05 ㉠ U = X + Y 의 효용함수는 선형 효용함수로서 두 재화는 완전대체관계이다.
　　㉡ 두 재화의 교차탄력성은 완전대체관계이므로 양의 무한대 값을 가진다.
　　㉢ 한계대체율은 1로 일정하다.
　　㉣ 예산선의 기울기의 절댓값인 상대가격 $\dfrac{P_X}{P_Y}$ 가 1이 되면 무차별곡선과 예산선이 겹치면서 무수히 많은 해가 존재하

　　　지만 1이 아닌 경우 X재와 Y재 중에서 한 재화만 소비하는 구석해가 존재한다.

06 이윤은 수입에서 비용을 차감한 것이다. 한계수입이 한계비용보다 크면 생산량이 증가할수록 이윤이 증가하고, 한계수입이 한계비용보다 작으면 생산량이 감소할수록 이윤이 증가한다. 그래서 한계수입과 한계비용이 일치하는 생산량에서 이윤이 극대화된다. 즉 이윤극대화 생산량을 벗어나면 이윤은 항상 감소한다. 한편 생산요소가격의 변화가 한계비용에 영향을 주면 이윤극대화 생산량도 바뀐다.

07 완전경쟁시장에서 시장가격은 시장수요곡선과 시장공급곡선이 교차하는 균형가격이다. 시장가격이 4일 때 시장수요량과 시장공급량이 일치하므로 완전경쟁시장의 시장가격은 4이다. 그리고 완전경쟁기업의 한계수입은 시장가격과 일치하므로 한계수입도 4이다.

08 1급 가격차별(완전가격차별)에서는 독점기업이 각 소비자의 수요가격으로 가격을 차별화하여 소비자잉여가 전부 생산자 잉여로 전환되어 사회적 총잉여는 생산자잉여와 같으며 소비자잉여는 없다. 그리고 가격은 한계비용에서 결정되어 자중손실이 발생하지 않고 생산량은 완전경쟁시장에서의 생산량과 동일하다.

09 국제 원유가격 인상과 조업 단축은 총공급을 감소시키는 요인이다. 소득세율 인상, 미국의 경기 침체는 총수요를 감소시키는 요인인 반면, 지방 정부의 재정 지출 확대는 총수요를 증가시키는 요인이다.

10 경제학에서 전제하는 '희소성'은 사람들이 가지고 싶은 만큼 다 가질 수 없다는 사실을 의미한다. 한 사회가 그 구성원들이 원하는 최고의 생활수준을 누구에게나 보장해 줄 수 없다.

11 3억 원의 출연료를 받는 영화에 출연하기 위해 포기해야 하는 다른 영화 출연료 5억 원이 기회비용이다.

12 한계비용가격설정에서 가격을 한계비용과 일치하도록 규제하면 생산은 사회적인 최적수준까지 효율적으로 이루어지나 손실이 발생한다. 자연독점이란 규모가 가장 큰 단일 공급자를 통해 재화의 생산 및 공급이 최대 효율을 나타내는 경우 발생하는 경제 현상을 의미한다. 자연독점의 경우에는 생산량이 증가할수록 평균비용은 지속적으로 하락한다. 자연독점인 시장에 새로운 기업이 진입하도록 하면 개별기업의 생산량이 감소하게 되고, 각 기업의 평균비용은 증가한다.

13 개인 생산을 기업 생산으로 전환하는 이유는 대량생산에서 오는 장점을 누리기 위해서라고 할 수 있다. 대량생산의 장점으로는 분업, 규모의 경제, 거래비용의 절감과 원자재 대량구입에서 오는 비용절감 등을 들 수 있다. 자원은 개인이든 기업이든 모두 효율적으로 관리할 수 있으며 경쟁시장에서 자원을 비효율적으로 이용한다면 개인이나 기업이나 퇴출될 것이다. 기업은 거래비용 절감이나 규모의 경제 등으로 인해 개인보다 더 많은 자원을 효율적으로 관리할 수 있는 것이지 개인단위로 생산하는 것이 언제나 기업에 비해 비효율적인 생산을 한다고는 할 수 없다.

14 공유지 즉, 공유자원은 소비에 있어서 배제성은 없지만 경합성은 존재한다. 배제성이 없다는 것은 원하는 사람은 모두 무료로 사용할 수 있다는 것이고, 경합성은 한 사람이 공유자원을 사용하면 다른 사람이 사용에 제한을 받게 되는 것을 말한다. 목초지나 바다어장이 공유지에 포함된다.

15 일정액의 정액세는 고정비용으로 한계비용과 무관하여 독점기업의 이윤극대화 생산량과 가격은 불변이다. 그러나 독점기업의 이윤은 감소한다.

16 개별적인 것을 합한 것이 전체의 모습과 다를 수 있다는 것을 구성의 오류라고 한다. 개별 경제적 관점에서 절약이 미덕이 될 수 있으나 국가 전체적 관점에서는 해악이 될 수 있다는 절약의 역설이 대표적이다.
① 소비자 균형 : 같은 값이면 다홍치마
③ 외부불경제 : 사촌이 땅을 사면 배가 아프다
④ 기회비용 : 산토끼 잡으려다 집토끼 놓친다
⑤ 희소성의 원칙 : 바다는 메워도 사람 욕심은 못 메운다

17 폐쇄경제에서는 노동과 상품의 국제거래가 발생하지 않으므로 GDP와 GNI가 같아진다.
② GDP는 특정한 시점이 아니라 '일정 기간' 동안 '한 나라' 안에서 생산된 최종 재화와 서비스 가치를 더한 것이다(유량변수).
③ 재고의 증가 즉 재고투자의 항목으로 GDP 계산에 포함된다.
④ 정부의 이전지출은 정부가 당기의 생산활동과 무관한 사람에게 반대급부 없이 지급하는 것은 GDP에 포함되지 않는다.
⑤ GDP에는 해외에서 생산된 상품 가치나 기업 매출에 포함된 중간재는 포함되지 않는다.

18 내수출하지수는 경기에 동행하는 지표 중 하나이다.

19 ① 피셔방정식 '명목이자율 = 실질이자율 + 예상인플레이션율'에서 예상인플레이션율은 실질이자율과 무관하며 명목이자율에만 비례한다.
③ 예상치 못한 인플레이션이 발생하여도 자연실업률은 인플레이션과 무관하므로 변하지 않는다.
④ 고정된 연금생활자는 (명목)연금의 구매력이 감소하여 불리해진다.
⑤ 비록 인플레이션을 완전히 예상할 수 있어도, 메뉴비용이나 구두창비용이 발생해서 인플레이션은 실질적인 비용을 유발한다.

20 국제투자자금이 국내에 유입되면 외환시장에서는 외환의 공급 증가로 환율이 하락(자국 통화가치 상승)하고 국내자금시장에서는 통화량 증가로 이자율은 하락하게 된다. 한편 환율 하락은 수출상품의 외화표시 가격 상승을 초래하여 결국 경상수지는 악화된다.

21 농산물의 가격상승은 총수요의 증가 또는 총공급의 감소로 발생한다. 일부 국가들의 농산물 사재기, 중국과 인도의 농산물 수요증가 그리고 바이오연료의 수요증가는 농산물에 대한 총수요를 증가시키고, 농산물 흉작은 농산물의 총공급을 감소시켜 농산물 가격을 상승시킨다. 반면에 신품종 곡물의 대량생산은 총공급을 증가시켜 농산물 가격을 하락시킨다.

22 ⑤ 경기변동이 커지면 불확실성이 높아지고 조정비용이 커지므로 경기변동은 작을수록 바람직하다.
① 경상수지 흑자는 국내 재화 및 서비스 생산에 비해 소비, 투자 등 국내 수요가 부족함을 의미하므로 클수록 좋다고 할 수 없다.
② 국내금리가 해외금리보다 높으면 외환보유액에 대해 국내외금리 차이만큼의 비용을 지불해야 한다.
③ 저축은 미래소비를 위해 현재소비를 포기하는 것이므로 저축률이 높은 것이 반드시 바람직한 것은 아니다.
④ 물가상승률이 너무 낮아 0에 가까워지면 디플레이션의 위험이 발생한다.

23 자유무역협정의 체결로 관세가 철폐되어 한 상품가격이 하락한다고 해서 항상 자원이 효율적으로 배분되는 것은 아니다. 예를 들어, 자유무역협정 이전의 커피 100g 당 B국의 생산비용은 1,200원, C국은 1,000원이고 A국에서 수입관세를 300원을 부과한다고 가정하면 B국 커피가격은 1,500원, C국 커피가격은 1,300원이 되어 C국 커피가 A국에서 팔릴 것이다. 그러나 A국과 B국이 자유무역협정을 맺어 수입관세가 철폐되면 B국 커피의 가격은 1,200원이 되나, C국 커피

의 가격은 그대로이므로 이제 B국의 커피가 A국에서 팔리게 된다. 결국 낮은 비용으로 커피를 생산할 수 있는 C국이 아닌 B국이 커피 생산을 하게 되므로 자원이 효율적으로 배분되지 않는 결과를 낳는다.

24 ① 유상증자의 경우에는 주주들로부터 자본금을 추가로 확보하는 방법이므로 이는 부채 비율을 낮추는 방법이다.
② 전환사채의 경우 일정 조건에 부합할 경우 사채를 주식으로 변경할 수 있기 때문에 부채를 자본으로 변경하는 방법이다.
③ 채권자들이 자신이 대여한 자금을 출자로 전환할 경우 부채가 자본으로 변경된다.
⑤ 자산재평가란 과거에 구매·보유하여 저평가된 자산들을 현재 시세로 평가하는 것으로 기업이 보유하고 있는 자본금을 늘릴 수 있다.

25 K-OTC 시장에서 매매하기 위해서 투자자는 증권사에서 증권계좌를 개설하고 전화, 컴퓨터(HTS) 등을 이용해 매매주문을 내면 된다. 증권계좌를 보유하고 있는 경우에는 해당 계좌를 이용할 수 있다. 다만 투자자는 증권사가 고지하는 비상장주식 투자위험성 등 유의사항을 확인해야 주문을 할 수 있다.

26 부의 영업권이란 회사를 인수할 때 적정가보다 싸게 인수할 경우 발생하는 일시적인 초과 수익이다. 보통 기업의 순이익을 집계할 때 일회성 요인으로 반영된다. 국제회계기준(IFRS)은 부의 영업권이 발생하더라도 매수 회사가 먼저 피매수 회사의 모든 자산과 부채가 정확하게 산출됐는지 재검토해야 한다. 재검토를 통해 추가로 자산이나 부채가 식별되면 이를 인식하고 그 후에도 남는 금액이 있으면 매수일에 즉시 당기이익으로 인식하게 된다.

27 발틱운임지수(BDI ; Baltic Dry Index)란 석탄, 철광석, 시멘트, 곡물 등 원자재를 싣고 26개 주요 해상운송경로를 지나는 선적량 15천 톤 이상 선박의 화물운임과 용선료 등을 종합해 산정하는 지수로, 배들이 원자재를 '얼마나 많이' 싣고, '얼마나 자주' 돌아다니는지를 알려주는 지표다.

28 실질이자율은 하락한다.
화폐가 즉시 구매력을 행사하는 것을 유동성이라고 한다. 유동성은 현금과 같은 화폐가 완전한 반면, 예금이나 부동산은 화폐의 기능을 복구하는 데에 시간이 걸리므로 유동성이 떨어진다. 이자는 현금이라는 유동성을 지금 사용하지 않는 데에 대한 대가이다. 또한 현재의 소비를 미래로 미루는 행동에 대한 보상도 이자이다. 가격 10,000원의 채권이 1년 뒤에 1,000원의 수익을 지급하기로 되어 있다고 하자. 이 경우에 채권시장에서 가격이 10,000원인 어느 채권이 수요 증가로 11,000원에 거래되었다면 채권의 수익률은 10%에서 9%로 하락한 셈이다. 즉, 이자율이 하락한 것이다. 따라서 채권 가격과 이자율은 역의 관계에 있다고 할 수 있다.

29 법인세, 소득세, 개별소비세, 부가가치세는 국세이며, 일정한 재산(주택, 선박, 항공기 등)을 소유한 자에게 과세하는 재산세는 지방세이다.

30 네덜란드병은 천연자원에 의존해 급성장을 이룩한 국가가 산업 경쟁력 제고를 등한시함으로써 결국 경제가 뒷걸음치고 국민 삶의 질도 하락하는 현상을 뜻하는 말로 자원의 저주라고도 한다. 1950년대 말 북해에서 대규모 천연가스 유전을 발견한 네덜란드가 당시에는 수입을 올렸지만 시간이 지나면서 통화가치 급등과 물가상승, 급격한 임금상승 등으로 제조업의 경쟁력이 떨어져 결국 극심한 경제적 침체를 맞았던 역사적 경험에서 유래했다.

31 국내에서 판매되는 브라질 채권의 만기는 주로 6년 이상의 장기채인데, 장기채가 판매되는 주요 이유는 채권을 살 때 부과되는 토빈세 때문이다. 단기채를 살 경우 토빈세로 인해 실익이 크지 않기 때문에 장기채가 판매된다.

32 철수가 수입된 구두를 샀으므로 한국의 소비지출은 증가하지만, 순수출(= 수출 − 수입)이 감소하게 된다. 이탈리아에서 생산된 구두이므로 이탈리아의 GDP가 증가하는 반면 한국의 GDP는 변화가 없다(소비증가와 수입증가가 서로 상쇄된다).

33 선진국들이 수입 원자재에 대한 관세를 인하하면, 개발도상국의 원자재 수출이 증가해 원자재 가격은 상승한다. 반면 선진국의 원자재 가격은 수입이 늘어나면서 하락한다. 따라서 선진국의 완제품 생산자와 개발도상국의 원자재 생산자에게는 이익이 되지만, 개발도상국의 완제품 생산자와 선진국의 원자재 생산자에게는 피해를 준다.

34 공매도(Short Sale)란 먼저 주식을 빌려 매도한 후에 해당 주식을 매입하여 되갚아 이익을 시현하는 투자전략이다. 예를 들어 A주식의 현재가치가 1만 원이고 주가하락이 예상되는 경우 투자자는 A주식을 빌려 매도한다. 이후 예상대로 8,000원으로 하락했다면 시장에서 A주식을 매입해 증권사에 주식을 상환하면 2,000원의 이익을 시현할 수 있는 것이다. 공매도는 크게 주식을 차입한 후에 매도주문을 내는 차입공매도(Covered Short Selling)와 주식을 보유하고 있지 않은 상태에서 매도주문을 내는 무차입공매도(Naked Short Selling)로 구분할 수 있는데 국내에서는 차입공매도만을 허용하고 있다. 한편 실무에서는 대주 또는 대차거래와 혼용해서 사용되는데 정확하게는 기관과 개인투자자 간의 주식 대여는 대주거래로, 기관 간 주식대여는 대차거래로 불린다. 공매도는 이같이 대여한 주식을 실제로 주식시장에서 매도하는 행위를 일컫는 것으로 단순히 주식대여 관계를 나타내는 대주, 대차거래와는 엄밀한 의미에서는 다른 개념이다.

35 기업에서 사외이사는 경영진을 감시·견제함으로써 경영 투명성을 제고하는 역할을 하게 되므로, 사외이사 비율 제고는 주주와 잠재적 투자자를 보호하는 데 크게 도움이 될 수 있다. 탄소 배출량을 줄이려는 노력은 지역사회는 물론이고 범세계적 환경에도 큰 영향을 미치는 공해 문제에 기업들이 적극적으로 대처해야 한다는 요구에 부합한다.
기술혁신을 통한 R&D 투자 증액은 일견 기업 자신만을 위한 것으로 보일 수 있으나 기업 본연적인 기능이 지속적인 성장으로 이윤을 창출하는 것인 만큼 이를 통해 경제 활성화와 인류 발전에 기여하는 것 역시 사회적 책임 수행과 맥을 같이한다. 장학금 수여는 기업이 창출한 이윤을 사회에 환원하는 기부행위의 전형적인 유형 가운데 하나다.
배당금 증액은 주주에 대한 환원을 늘린다는 측면에서 바람직한 측면이 있지만 복리후생비를 절감해 그 재원을 마련할 경우 또 다른 주요한 이해관계자인 종업원의 사기를 저하시키고 나아가 기업 성과에도 부정적인 영향을 미칠 가능성이 크다.

36 중앙은행은 정부의 수입이나 지출을 관리하는 정부의 은행, 일반은행에게 최종적으로 대출을 해주는 최종 대부자(또는 은행의 은행), 화폐발행을 하는 발권은행, 외환보유고를 관리하는 외환관리자 그리고 통화정책을 수립하는 통화당국의 역할을 한다. 하지만 예금을 받아서 대출하는 신용창조의 역할은 하지 않는다.

37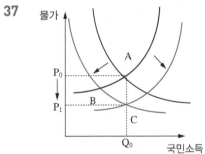
투자의욕이 침체되면 투자수요의 감소로 총수요가 감소하고, 기술진보가 발생하면 총공급이 증가한다. 그래서 균형 물가는 하락하나 국민소득의 변화는 알 수 없다.

38 위엔화가 평가절상되면 위엔화의 가치가 높아진다. 원화가 표시한 위엔화의 환율이 상승한다. 그러므로 환투기자는 위엔화를 보유하려 할 것이고, 한국기업은 가격경쟁력이 높아질 것이므로 수출을 지연하려 할 것이며, 수입원자재 가격의 상승이 예상되어 수입을 앞당기려 한다. 그리고 중국관광객이나 한국기업의 원화표시 지출액이나 투자액이 커질 것이므로 관광과 투자를 앞당기려 할 것이다.

39 주요 교역 대상국의 소득 증가는 우리나라의 수출을 증가시키고, 수출 증가는 물가 상승으로 이어질 가능성이 크다.

40 EU의 중앙은행이 고금리정책을 실시하여 미국에서 EU로 해외직접투자가 증가하거나 미국의 경기회복으로 미국의 물가상승률이 EU보다 높으면 EU로부터 미국의 수입이 증가한다. 그래서 유로화에 대한 수요증가로 유로화의 가치가 상승한다. 반면에 EU에서 미국에 증권투자가 증가하면 달러화의 수요가 증가해서 달러화의 가치는 상승하고 상대적으로 유로화의 가치는 하락한다.

41 주어진 자료에서는 분업이나 교환에 필요한 기회비용, 인센티브, 비교 우위를 고려하고 있다. 그러나 형평성은 주어진 자료에 나타나지 않았다.

42 A 마을 사람들에게 커피와 치즈 케이크는 보완 관계에 있다. 커피 원두 가격의 상승으로 커피의 공급이 감소하여 커피 가격이 상승하고 커피의 수요량이 감소하므로, 보완재인 치즈 케이크의 수요가 감소하고 치즈 케이크의 가격은 하락하게 된다.

43 잠재GDP는 자연실업률 상태의 GDP이다.

44 주어진 자료에서 배의 가격을 p_y라고 한다면,
$(39 \times 900 + 12 \times p_y) \times 2 = (48 \times 900 + 34 \times p_y)$로 나타난다. 이를 풀면, 배의 가격 p_y = 2,700이다.

45 균형에서 $Q_d = Q_s$를 가정하여 두 식을 계산하면 269 − 9P = 9 + 4P이다. 따라서 P는 20이고, Q는 89이다.

46 $P = 24$에서 수요량(269 − 9 × 24)과 공급량(9 + 4 × 24)을 구하면 각각 53과 105이므로 초과 공급되어 정부가 폐기해야 하는 수량은 52이다.

47 A국이 B국에 비해 모든 재화 생산에 절대우위가 있지만, 각 재화 생산에 따른 기회비용의 차이가 존재하기 때문에 A국이 모든 재화 생산에 비교우위를 가지지는 못한다. 쌀과 옷 두 재화만 비교하면 A국은 B국에 비해 쌀 생산에 비교우위가 있다. 자동차와 석유 두 재화만 비교하면 B국은 A국에 비해 자동차 생산에 비교우위가 있다.

48 두 재화 간의 비교우위를 계산할 경우 포기한 다른 재화를 대상으로 기회비용을 계산할 수 있지만, 다수 재화 간에 비교우위를 계산할 때는 특정국가가 더 생산한 것으로 인해 다른 국가가 포기한 것으로 계산한다. 주어진 보기 내용을 바탕으로 비교우위를 계산하면, 다음 표와 같다. A국이 쌀을 생산하기 위한 기회비용은 1.5/4이지만, B국의 기회비용은 4/1.5이므로 A국의 기회비용이 보다 저렴하다. 따라서 쌀 생산에서는 A국이 비교우위를 갖고 있다. 옷의 경우에는 A국이 옷을 생산하기 위한 기회비용이 3/4이지만, B국의 경우에는 4/3이다. 따라서 옷 생산에 있어 기회비용이 낮은 것은 A국이다. 이 두 수치를 비교할 때 A국은 옷에 비해 쌀 생산을 보다 저렴하게 생산할 수 있기에 쌀과 옷 두 재화만 비교할 경우 A국은 B국에 비해 쌀 생산에 비교우위가 있다.

구 분	A국(윤근)	B국(준근)
쌀	1.5/4	4/1.5
옷	3/4	4/3
자동차	1/2	2/1
석 유	0.5/2	2/0.5

같은 방법으로 자동차와 석유의 비교우위를 도출해보면, A국은 자동차를 생산하기 위한 기회비용이 1/2이지만, B국은 2/1이다. 석유의 경우에는 A국이 석유 생산을 위한 기회비용은 0.5/2이지만, B국은 2/0.5이다. 자동차와 석유 두 재화만 비교하면 B국은 A국에 비해 자동차 생산에 비교우위가 있다. 양국 간 교역이 되는 상황에서 A국의 경우 기회비용이 가장 낮은 쌀을, B국의 경우 옷을 생산하게 되면 무역의 이익이 존재한다. 자동차와 석유는 양국의 임금 수준에 따라 생산국이 결정된다. 이 문제는 교과 과정의 2국 · 2재화 비교 우위 모형을 2국 · 4재화 비교 우위 모형으로 확장한 것이다. 리카도 비교우위 이론의 응용은 재화의 수에 따라 제한을 받지 않는다.

49 리카도의 비교 우위 이론에 따르면 노동 시간으로 표현되는 양국의 기회비용 차이로 무역의 이익이 존재한다. 윤근의 임금 수준이 준근의 임금 수준보다 높더라도 A국과 B국의 재화 생산 시 기회비용의 차이가 존재한다면 양국이 모두 자유 무역으로 이익을 볼 수 있다. 또한 모든 재화 생산에 절대 열위에 있는 B국도 양국 간 기회비용의 차이가 존재한다면 자유 무역으로 이익을 볼 수 있다. A국이 옷 무역을 금지하면 윤근은 옷 2단위를 스스로 생산해야 하기 때문에 자유 무역의 이익이 줄어든다. ⑤의 경우 양국의 기회비용 차이가 없어 무역의 이익이 존재하지 않는다.

50 유가 하락은 총공급을 증가시키고, 소비세 인상은 총수요를 감소시킨다. 즉, 유가 하락은 실질GDP를 증가시키고 물가를 하락시키는 요인인 반면, 소비세 인상은 실질GDP를 감소시키고 물가를 하락시키는 요인이다.

51 이자 소득의 실질 가치는 명목 이자 소득을 인플레이션율로 할인해 주어야 한다. 명목 이자율과 명목 이자 소득이 일정한 상태에서 인플레이션율이 상승하면 이자 소득의 실질 가치는 감소하게 된다. 이와 같은 상태가 지속될 경우 금융 자산의 실질 가치는 하락하므로 금융 자산의 보유 비율을 낮추려 하는 반면, 상대적으로 가치가 높게 유지되는 실물 자산의 보유를 높이려고 한다. 한편, 부채가 주는 가치는 자산이 주는 가치와는 그 방향이 반대이므로 부채 비율을 높이려는 경향을 보인다.

52 중국 정책 당국이 기준 금리를 인상하면 시중 금리 상승으로 민간 소비 지출과 민간 투자 지출이 감소함에 따라 총수요가 감소하고 물가가 하락한다. 한편, 중국의 시중 금리가 상승하면 해외로부터 자본이 유입된다.

53 산업구조의 변화나 기술혁신 등으로 인한 구조적 실업은 장기화되는 경향이 있다. 그래서 고속도로의 개통에 따른 철도 산업의 위축으로, 새로운 용접기계의 도입으로 인해 구조적 실업이 나타난다. 게다가 고립된 지역에서의 실직자는 달리 취업을 하기가 어려워 실업이 장기화될 수 있다. 경기적 실업의 경우에는 국내외적인 수요감소 등의 일시적인 효과 등으로 인해 야기되는 실업으로 구조적 실업과는 달리 경기상황이 호전되는 경우 쉽게 개선되는 경우가 많다는 차이점이 있다.

54 재학 중이어서 비경제활동인구에 속한 사람이 졸업 후 직장을 구하기 시작하면 일할 능력과 일할 의사가 있어 경제활동인구에 포함되어 경제활동참가율이 높아진다. 그러나 아직 취업하지 않아 실직상태에 있다면 경제활동인구 중 실업인구가 증가해서 실업률이 높아진다.

55 총수요 > 총공급인 경우, 재고가 감소하여 활발한 생산이 이루어지고, 물가가 상승하게 된다. 따라서 경기 과열의 가능성이 있기 때문에 국내 수요를 억제하기 위해 긴축 정책을 실행할 필요가 있다. 반대로 총수요 < 총공급인 경우, 재고가 증가되고, 생산이 위축되어 실업이 증가하게 된다. 따라서 경기 침체의 가능성이 있기 때문에 국내 수요를 확장하기 위해 확장 정책을 시행할 필요가 있다.

총수요 > 총공급인 경우, 재정정책으로 세율 인상, 정부지출 축소 등의 긴축 정책을 시행하여야 하며, 통화정책으로는 재할인율 인상, 지급준비율 인상, 국공채 매각, 이자율 인상 등의 정책을 시행해야 한다.

반대로 총수요 < 총공급의 경우, 세율 인하, 정부지출 확대 등의 확장정책(적자 재정정책)을 시행하여야 하며, 통화정책으로는 재할인율 인하, 지급준비율 인하, 국공채 매입, 이자율 인하 등의 정책을 시행해야 한다.

56 어떤 행위의 기회비용은 이를 선택함으로써 포기해야 하는 여러 행위 중에서, 가장 가치가 높게 평가되는 행위의 가치로 나타낸다. 정호가 주식에 투자함에 따라 포기해야 하는 연간 기회비용은 예금에 대한 이자 수익 100만 원(1,000만 원 × 10%)이다.

57 N-11이란 향후 세계경제를 이끌어갈 11개 국가(나이지리아, 멕시코, 방글라데시, 베트남, 이란, 이집트, 인도네시아, 터키, 파키스탄, 필리핀 그리고 한국)들을 묶어 부른 표현이다. 이중 방글라데시와 같이 '최빈국'으로 분류되는 국가들도 있고 나이지리아, 베트남, 이집트, 인도네시아, 파키스탄과 같은 '개발도상국'으로 분류되는 국가들이 대거 포함되어 있다. 또한 인구수 기준으로 인도네시아는 세계 4위, 파키스탄은 세계 6위를 기록하고 있다.

58 유가 하락은 총공급을 증가시키고, 소비세 인상은 총수요를 감소시킨다. 즉, 유가 하락은 실질GDP를 증가시키고 물가를 하락시키는 요인인 반면, 소비세 인상은 실질GDP를 감소시키고 물가를 하락시키는 요인이다.

59 탄력성과 관련된 현상들이 나열되어 있다. 예를 들어, ③에서 원화의 대달러 가치 상승은 수출 가격을 인상시켜 수요가 이에 반응하면 무역수지를 악화시키지만 단기적으로는 무역수지가 개선된다. 이는 수요의 단기 탄력성이 작기 때문이다. ②, ④, ⑤에서도 탄력성과 관련된 현상이 설명되어 있다. 그러나 ①은 매몰 비용에 관련된 것이다.

60 중앙은행이 기준금리를 인상하면 상대적으로 높아진 이자 수익을 얻으려 외국 자본이 해당 국가로 유입되고, 이에 따라 해당 국가 통화 수요가 늘어나면서 통화가치가 상승하는 경향이 나타난다. 통화가치 상승은 해당 국가 수출 기업들의 가격경쟁력을 떨어뜨리고 본국 통화로 환전할 때도 수익이 줄어드는 부정적 효과를 낳는 경향이 있다. 다른 조건이 동일할 때 국내 물가 하락은 수출경쟁력을 강화하는 경향이 있다.

61 구직 단념자를 실업자로 분류하면 기존의 고용 관련 지표에 비해 경제활동 인구와 실업자 수가 늘어나지만 취업자 수는 변함이 없다. 따라서 경제활동 참가율과 실업률은 상승하지만 고용률은 변하지 않는다.

62 ⑤ GDP 대비 민간 소비 지출의 비중은 2017~2018년 기간 중 높아졌다.
① 2018년에 순수출이 0원이므로 수출과 수입이 같았다.
② 2017년~2018년 기간 중 실질GDP는 100조 원에서 200조 원으로 100% 증가하였다.
③ 2017년~2018년 기간 중 순수출이 감소하였으므로 실질GDP 증가에 대한 해외 부문의 기여는 음(−)이다.
④ 주어진 자료만으로는 GDP에서 수출이 차지하는 비중을 알 수 없다.

63 시장 공급 곡선이 나타내는 사적 비용(표1 가격)은 1개 생산시 2만 원, 2개 생산시 3만 원, 3개 4만 원 수준으로 증가하지만, 사회적 비용(표2 사회적비용)은 각각 이보다 높은 4만 원, 5만 원, 6만 원 등을 지불해야 한다. 따라서 각 생산량에 따라 사적비용보다 높은 비용을 지불함을 확인할 수 있다. 이러한 경우는 부정적인 외부효과가 유발되는 경우로 시장 균형에서는 사회적으로 최적인 생산량보다 많은 생산량을 생산하게 된다(②). 이와 같이 부정적인 외부 효과가 발생하고 있기 때문에 보조금이 아니라 세금으로 균형 거래량을 줄이는 정책이 필요하다(③, ④, ⑤). 외부효과를 고려하지 않을 경우에는 시장 수요량과 공급량이 4개로 일치하는 5만 원이 시장균형점이지만, 이 경우에는 외부효과가 유발되고 있기 때문에 4개보다 적은 수량을 생산하는 것이 사회적으로 최적 생산이 된다(①).

64 ⑤ 연방 정부 재정 지출의 급격한 감축은 총수요를 감소시키는 요인인 반면, 총공급을 직접적으로 변동시키는 요인은 아니기 때문에 총공급보다는 총수요 측면의 충격이 더 강하다. 결과적으로 물가가 하락하고 총소득은 감소한다.
①, ③ 모든 소득 계층의 소득세율이 인상되면 가구당 세율이 평균적으로 상승하여 개인들의 처분 가능 소득이 줄어들고 이에 따라 소비가 줄어든다.
② 스태그플레이션은 불황 속 물가 상승 현상을 설명한 내용으로 재정절벽과는 무관하다.
④ 재정절벽 현상이 유발될 경우 고용 감소와 실업률 상승이 기대된다.

65 연아와 연재는 항상 함께 같은 일을 해야 한다. 세탁을 할 때 10분당 4통을 처리하므로 12통일 때 30분, 쓰레기는 10분당 8묶음을 처리하므로 24묶음일 때 30분이 소요된다. 따라서, 일의 순서와 무관하게 총 60분이 걸린다.

66 연아와 연재는 항상 함께 같은 일을 할 필요가 없이 잘하는 일을 처리하고 나머지 시간에 다른 사람을 도와주면 된다. 10분 동안 연아와 연재가 할 수 있는 일은 아래의 표와 같다. 표에서 연아와 연재의 비교우위 내용을 상호 비교해 보면, 연아는 세탁을 하기 위해 쓰레기 3개를 포기해야 하지만, 연재는 1개를 포기해야 한다. 따라서 연재는 세탁에 있어 연아보다 비교우위가 있다. 이에 반해 쓰레기의 경우에는 쓰레기를 처리하기 위해 연아는 세탁 1/3을 포기해야 하고 연재는 2/2를 포기해야 하므로 연아가 쓰레기 처리로 인한 기회비용이 더 저렴하다. 따라서 연아가 쓰레기 처리에 비교우위가 있다.

〈기회비용〉

구 분	세 탁	쓰레기
연 아	쓰레기 6/2 묶음	세탁 2/6 통
연 재	쓰레기 2/2 묶음	세탁 2/2 통

연아는 쓰레기 24묶음을 40분 동안에 처리한 후 연재의 세탁이 끝나지 않았다면 이를 도와줄 수 있다. 연재가 세탁을 혼자하게 되면 12통을 처리하는 데 60분이 걸리므로 40분 동안 8통을 처리한다. 그리고 나서 10분 동안 연아와 연재가 함께 세탁 4통을 처리한다면 일을 모두 마치는 데 50분이 걸린다.

67 승기가 통장에서 10만 원을 인출한 것은 저축한 자산에서 현금 자산으로만 변한 것이므로 자산은 변화하지 않았고 부채의 변화도 없다. 중기의 경우는 1만 원을 빌렸으므로 부채가 증가하고 빌린 돈은 자산의 증가로 나타난다. 서영 부모님은 세금을 납부했으므로 자산의 감소가 나타났다.

68 영국의 양적 완화 정책은 기준 금리가 실질적인 하한치에 도달하여 더 이상 금리 인하를 통한 경기 부양을 기대하기 어려워진 데 따라 취해졌다. 자료에서 외채 및 국가 부도 위험, 경상 수지 적자, 흑자 재정 정책에 대한 내용은 제시되어 있지 않다. 만약 인플레이션에 대한 우려가 커졌거나 파운드화 가치의 하락 위험이 커졌다면 통화량을 늘리는 양적 완화 정책을 시행하기 어려웠을 것이다.

69 명목 금리인 기준 금리가 하한치에 도달해 있었으므로 명목 이자율은 더 이상 하락하기 어려운 상태에 있었다. 중앙은행이 민간 부문의 비은행 금융 기관으로부터 2,000억 파운드 규모의 채권을 매입하면 결과적으로 시중에 상당량의 통화량이 증가하게 되고 이는 경제 전반의 물가를 상승시키는 요인으로 작용한다. 이때 물가의 상승 폭은 채권 매입이 없을 때보다 더 컸을 것이며 이는 인플레이션율의 상승과 영국의 실질 이자율의 하락이라는 결과를 가져 오게 된다. 다른 조건이 일정하다고 가정할 때 영국 금융 시장에서 외환의 공급에 비해 영국 파운드화의 공급이 증가하므로 이는 파운드화의 가치 하락(절하)을 가져오게 된다. 한편, 영국 장기 국채를 대규모로 매입하게 되면 해당 국채에 대한 수요가 증가하여 가격이 상승하고 수익률은 하락하게 될 것이다. 또한 시중에 늘어난 유동성으로 채권 거래가 늘어난다.

70

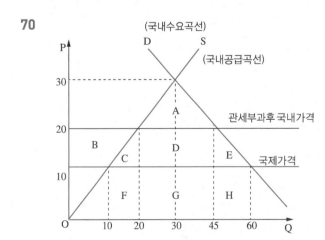

④ 쌀시장 개방 후 관세를 10만큼 부과하면 과잉생산손실이 0.5 × 10 × 10 = 50인 C만큼, 과소소비손실이 0.5 × 10 × 15 = 75인 E만큼 발생하여 후생손실은 125만큼 발생한다. D구간은 관세로 인한 국내 정부의 소득분에 해당한다.

① 쌀시장을 개방하면 쌀의 국내가격이 30에서 10으로 하락하여 소비자잉여는 증가하나 생산자잉여는 감소한다.

② 가격 10에서 쌀의 국내수요량이 60이고 국내생산량이 10이므로 수입량은 50이 된다.

③ 쌀시장 개방 후 관세를 10만큼 부과하면 국내가격은 20으로 상승한다. 그래서 생산자잉여는 0.5 × 10 × (20 + 10) = 150인 B만큼 증가한다.

⑤ 10의 관세 대신 수입량을 25로 제한하는 수입할당제를 도입하는 경우 생산량은 20(45 − 25)이 되고 이 때 가격은 20이 되므로, 관세부과의 경우만큼 국내가격이 상승한다. 따라서 수입할당과 관세부과의 소비자잉여는 동일하다.

71 ① 60대 초반 여성의 실업률이 동일하다면 그래프에서 나타난 경제활동참가율의 차이는 취업률의 차이로 해석될 수 있으므로, 이들 중 취업 여성의 비중은 캐나다보다 한국에서 높을 것이다.

② 스웨덴과 캐나다 여성의 경제활동 참가율이 50대부터 낮아지고 있는 것을 보고 실업률의 상승을 판단할 수는 없다.

③ 캐나다와 스웨덴의 경우 20대 초반 여성의 경제활동참가율에 비해 20대 후반~30대 초반 여성의 경제활동참가율이 하락하지 않고 있다. 그러나 우리나라의 경우 출산·육아가 집중된 20대 후반~30대 초반에 여성의 경제활동참가율이 하락했다가 30대 후반부터 다시 높아지고 있다. 우리나라 정부가 20대 후반~30대 초반 여성의 경제활동참가율을 끌어올리기 위해서는 출산장려금보다는 보육시설 지원이 효과적일 것이다(출산장려금은 출산 여성의 수는 늘릴 수 있으나 보육시설 지원이 없는 경우에는 해당 연령대 여성의 경제활동참가율을 떨어뜨릴 수 있다).

⑤ 한편 기혼 여성의 단시간 근로 기회가 많은 것은 이들의 경제활동참가율을 높일 수 있는 요인이다.

72 총수요는 모든 경제주체들이 소비와 투자를 목적으로 사려고 하는 재화와 서비스의 총합이며, 총공급은 모든 경제주체들이 일정 기간 동안 팔려고 하는 재화와 서비스의 총합을 말한다. 따라서 (가)는 수입 증가로 인한 총공급증가로 C방향, (나)는 정부지출 증가, (라)는 수출 증가로 인한 총수요 증가로 B방향으로 이동한다. 또한 (다)는 생산 감소로 인한 총공급 증가로 A방향, (마)는 민간 소비 감소로 인한 총수요 감소로 D방향으로 이동할 것이다.

73 보기의 내용은 아파트 매매와 전세 수요가 줄어들고 있다는 사실을 언급하고 있다. 이러한 상황에서 정부가 취할 수 있는 정책은 아파트를 매매하기 보다 용이한 조건을 조성해 주는 데 있을 것이다. 따라서 아파트 취득 과정에서 발생하는 제반 비용들인 세금과 대출이자 부담을 줄여주는 것이 정부가 취할 수 있는 방법이다. 하지만 위의 보기의 내용은 아파트 공급 부족에 대한 내용이 아니기 때문에 뉴타운 조성 등이 정부가 취할 수 있는 올바른 정책 방향으로 보기 어렵다.

74 가격을 내릴때 판매 수입이 증가하려면 수요가 가격 변화에 탄력적으로 반응해야 하므로 'ㄱ'은 옳지 않다. 'ㄴ'은 비교우위가 아닌 절대 우위의 개념과 관련되므로 옳지 않다. 직무를 감안할 때 김 부장은 나 대리보다 중요한 일을 한다고 생각하는 것이 합리적이다. 따라서 'ㄷ'에서와 같이 김 부장이 나 대리가 해야 할 일까지 모두 해야 한다는 것은 정작 본인이 해야 할 중요한 일을 하지 못하게 된다는 의미이므로 기회비용의 관점에서 옳지 않다. 마지막으로 'ㄹ'에서와 같이 직장을 옮기는 과정에서 일시적으로 발생한 실업은 마찰적 실업에 해당한다.

75 생산량 증가에 따라 노동 비용이 급격히 증가하므로, 이와 같은 경작지가 여러 개 있다면 동일한 양을 생산할 때 비용을 최소화하기 위해서는 각 경작지의 노동 투입량을 같게 해야 한다. 따라서 ⑤가 옳은 설명이다.

① 생산량을 두 배로 늘리려면 노동 투입량을 두 배 이상 늘려야 한다.

② 경작지 면적은 일정하고 노동 투입량을 늘리면 생산량이 증가하므로 단위면적당 생산량은 점차 증가한다.

③ 노동 투입 단위당 쌀 생산량은 감소한다.

④ 쌀 1톤 생산에 드는 평균 노동 투입량은 증가한다.

76 ㄱ은 수요 감소, ㄴ은 수평인 공급 곡선, ㄷ은 공급 증가, ㄹ은 수요 증가를 나타낸다. 따라서 그림과 같은 변화가 나타날 수 있는 조합은 ㄱ, ㄴ이다.

77 ①, ②, ③ 초고속인터넷과 IPTV를 결합하여 판매하는 경우 패키지 가격이 300이면 고객 A와 B에게 모두 팔 수 있어 이윤이 600이나, 패키지 가격이 360이면 고객 B에게만 팔 수 있어 이윤이 360이다. 초고속인터넷과 IPTV를 결합하여 판매하는 경우 최대이윤은 600이다.

④ 초고속인터넷만 판매할 경우 초고속인터넷의 이용료가 200이면 고객 A와 B에게 모두 서비스할 수 있어 이윤이 400이나, 이용료가 300이면 고객 B에게만 서비스할 수 있어 이윤이 300이다. 그러므로 초고속인터넷만 서비스할 경우 최대이윤은 400이다.

⑤ PTV만 판매할 경우 IPTV의 이용료가 100이면 고객 A에게만 서비스할 수 있어 이윤이 100이다. 그러나 이용료가 60이면 고객 A와 B에게 모두 서비스할 수 있어 이윤이 120이다. 그러므로 IPTV만 서비스할 경우 최대이윤은 120이다.

78 <u>이것</u>은 외부 불경제이다. 외부 불경제는 시장실패를 초래하는 요인 가운데 하나이다. 정부 실패의 요인이 아니다. 외부 불경제가 있으면 소비량이나 생산량이 사회 최적 수준보다 많아지므로, 자원이 비효율적으로 배분된다. 자가용 운전자가 주변 사람들에게 배출가스 피해를 입히는 것은 외부 불경제의 사례이다.

79 고정급을 지불하면 을은 고성급 수준에 관계없이 징성을 들이지 않을 것이다. 또한 정성을 들이지 않을 때의 노동 비용인 1보다 고정급이 낮으면 아예 식당을 그만둘 것이다. 을은 어차피 정성을 들이지 않을 것이므로, 을이 식당을 그만두지 않는 한 고정급 수준이 낮을수록 갑의 기대 이윤은 증가한다.

80 매출액이 12일 때의 일당을 w_H, 매출액이 6일 때의 일당을 w_L이라고 하자. 을이 열심히 일하게 하려면 다음이 성립해야 한다.

$$\frac{1}{3}w_H + \frac{2}{3}w_L - 2 \geq \frac{2}{3}w_H + \frac{1}{3}w_L - 1$$

이를 정리하면 $w_H - w_L \geq 3$을 얻는다.

실전모의고사 정답 및 해설

01	02	03	04	05	06	07	08	09	10	11	12	13	14	15	16	17	18	19	20
④	③	⑤	②	④	⑤	⑤	③	④	④	②	③	⑤	③	②	⑤	②	②	①	⑤
21	22	23	24	25	26	27	28	29	30	31	32	33	34	35	36	37	38	39	40
④	④	②	③	①	②	④	①	④	③	①	③	④	④	③	③	④	③	②	③
41	42	43	44	45	46	47	48	49	50	51	52	53	54	55	56	57	58	59	60
②	①	①	①	④	②	②	④	①	⑤	①	③	⑤	②	①	③	②	①	②	③
61	62	63	64	65	66	67	68	69	70	71	72	73	74	75	76	77	78	79	80
③	②	③	④	④	⑤	④	①	③	③	①	①	②	①	③	①	③	①	②	④

01 재화의 동질성은 완전경쟁의 조건이다(나머지는 시장실패의 요인임).

02 과점기업들은 시장에 소수의 생산자로서 시장지배력을 가지므로 가격조정자들이며, 과점기업 간에 비가격경쟁이 치열하여 동질의 상품만을 생산하지 않을 뿐만 아니라 진입장벽이 매우 높아 다른 기업의 진입이 어렵다. 한편 꾸르노균형은 두 기업의 반응곡선이 교차하는 생산량으로 반응곡선이 한계비용에 영향을 받는다. 따라서 한계비용이 증가하면 반응곡선이 위축되어 생산량이 감소하고, 기업 간 한계비용이 다르면 기업 간 생산량도 다르다.

03 어떤 기업이든 단기에 가격이 평균비용보다 크면 초과이윤이 발생하고, 가격이 평균비용보다 낮다고 해도 가격이 평균가변비용보다 크면 조업을 지속한다. 한편 장기에 완전경쟁시장에 속한 모든 기업은 이윤극대화 생산량에서 정상이윤만을 얻는다. 그래서 장기균형에서 가격이 한계비용, 평균비용과 일치하도록 가격은 최소 장기평균비용과 같고, 이윤극대화 생산량도 최소 장기평균비용에서의 생산량이다. 그리고 생산요소의 제한이 없다면 최소 장기평균비용이 일정하여 완전경쟁시장의 장기공급곡선은 수평선이다.

04 독점적 경쟁기업은 장기에 정상이윤만을 얻으므로 시장수요곡선과 우하향하는 장기평균비용곡선이 접하여 시장가격과 장기평균비용이 일치하는 생산량을 결정한다. 이 생산량에서 이윤극대화조건도 성립하므로 한계수입과 장기한계비용이 일치한다. 한편 독점적 경쟁기업의 장기균형은 시장가격과 한계비용이 일치하여 장기평균비용이 최소가 되는 생산량보다 적다.

05 독점적 경쟁기업은 차별화된 제품으로 인해 각각의 공급자들이 나름의 독점적 지위를 누리는 시장을 의미한다(가). 이러한 차별화된 제품은 가격 이외의 상품의 질, A/S 등 경쟁 요인이 있기 때문에 비가격경쟁이 가능하다(라). 이러한 비가격경쟁은 각 공급자마다 과소생산으로 인한 비효율을 유발하기도 하며(나), 이로 인해 유효생산능력이 발생하는 요인이다(다). 독점적 경쟁기업뿐만 아니라 모든 기업의 목적은 이윤극대화에 있다. 따라서 마 보기는 잘못된 보기이다.

06 B점에서는 무차별곡선의 접선의 기울기인 한계대체율이 예산선의 기울기인 상대가격보다 작기 때문에 X재의 소비를 감소시키고 Y재의 소비를 늘려야 효용이 극대화된다.
① 무차별곡선은 원점에서 멀리 떨어질수록 효용이 크다.
② 한계대체율은 무차별곡선의 기울기로 A가 B보다 크다.
③ 동일한 무차별곡선에서의 총효용은 같다.
④ A점에서는 무차별곡선의 접섭의 기울기(한계대체율)이 예산선의 기울기인 상대가격보다 크기 때문에 X재 1원의 한계효용이 Y재 1원의 한계효용보다 크다.

07

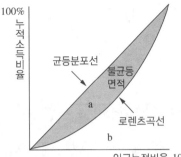

로렌츠 곡선이 45도 대각선에 가까울수록 해당 사회는 더 평등한 상태에 놓여 있다고 말할 수 있다. 따라서 45도 대각선과 실제의 로렌츠곡선 사이의 면적이 얼마나 큰가에 따라 불평등한 정도를 측정할 수 있는데, 이를 이용한 것이 지니계수이다.

$$\text{지니계수} = \frac{\text{빗금친 렌즈모양의 면적}}{45도선이 이루는 직삼각형의 면적} = \frac{a}{a+b}$$

로렌츠곡선이 완전균등분배선과 같으면 면적 a가 0이 되어 지니계수의 최소값은 0이며, 로렌츠곡선이 직각삼각형과 같으면 면적 a가 1이 되어 지니계수의 최대값은 1이다. a값이 작을수록 로렌츠곡선이 완전균등분배선에 가까워지므로 지니계수가 작을수록 소득분배가 균등하다. 한편 경제성장률과 지니계수의 관계는 명확하지 않다.

08 생산의 외부불경제는 기업이 사회적 한계비용을 고려하지 않고 그보다 낮은 사적 한계비용만을 고려하여 사회적 최적생산량보다 과잉생산하여 발생하는 손실이다. 그리고 생산의 외부경제는 높은 사적 한계비용만을 고려하여 과소생산하여 발생하는 손실이다. 그러므로 외부효과가 발생하면 시장실패로 사회에 손실이 발생하여 정부가 개입할 필요가 있다.

09

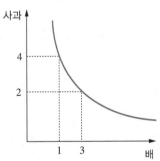

사과 4개와 배 1개의 구매묶음 그리고 사과 2개와 배 3개의 구매묶음이 갖는 효용이 같아서 동일한 무차별곡선상에 있다. 한편 두 소비묶음의 중점에 해당하는 사과 3개와 배 2개의 구매묶음이 더 큰 효용을 가지므로 무차별곡선이 원점에서 더 멀리 있다. 따라서 무차별곡선은 원점에 대해 볼록하며 우하향하는 형태를 갖는다.

10 기펜재는 열등재의 하나로서 소득효과가 대체효과보다 커서 가격과 소비량이 비례하여 우상향의 수요곡선을 가진다. 대체효과에서는 항상 가격과 소비량이 반비례하고, 열등재의 소득효과는 가격과 소비량이 비례한다.

11 재화의 가격하락은 항상 소비량을 증가시키는 대체효과와 소득을 증가시켜 소비량을 증가시키는 정상재의 소득효과 또는 소비량을 감소시키는 열등재의 소득효과를 보인다. 청바지의 가격하락으로 청바지를 더 구매하려면, 청바지가 정상재이거나 대체효과가 소득효과보다 큰 열등재여야 한다. 반면에 청바지의 가격하락으로 청바지를 덜 구매하려면, 청바지가 기펜재로서 소득효과가 대체효과보다 커야 한다.

12 지니계수는 로렌츠곡선의 형태에서 도출되므로 지니계수와 로렌츠곡선은 밀접하다. 로렌츠곡선이 완전균등분배선(대각선)에 가까워질수록 소득분배가 균등하며, Z값이 작아져서 지니계수도 0에 가까워져 소득분배가 균등하다.

13 ⑤ GDP디플레이터는 비교연도의 고정된 재화와 서비스의 품목구성에 대한 기준연도와 비교연도의 가격차이를 반영한 파세지수이다.
① 파업한 근로자는 실직상태가 아니므로 취업자로 분류된다.
② 국채의 이자는 생산활동에 따른 요소소득으로 분배되지 않으므로 GDP에 포함되지 않는다.
③ 수출재의 국제가격이 수입재의 국제가격보다 크면 교역조건의 개선으로 실질무역이익이 발생하여 GNI증가율이 GNP증가율보다 높다.
④ 급여감소는 물가에 반영되어 명목GDP를 감소시키나 공무원수는 불변이므로 실질GDP는 일정하다.

14 저축률이 상승해야 지속적인 경제성장이 가능하므로 정부소비지출의 증가는 저축률을 하락시켜 경제성장을 저해한다.

15 정부가 정부지출의 재원을 중앙은행에서 차입하여 조달하거나, 중앙은행이 시중은행에 대출해주거나, 중앙은행이 수출로 유입된 외환(달러) 또는 유가증권 등의 자산을 매입하면 중앙은행이 돈을 찍어내어 본원통화가 증가한다. 한편 외채를 상환하려고 중앙은행으로부터 외환(달러)를 매입하면 돈이 중앙은행에 흡수되어 본원통화가 감소한다.

16 피셔방정식 "명목이자율 = 실질이자율 + 기대인플레이션율"에서 기대인플레이션율은 실질이자율에 무관하고 명목이자율에 비례한다. 그래서 명목이자율이 인플레이션에 연동된다면 인플레이션율이 낮을수록 명목이자율은 하락하지만 실질이자율은 불변이다. 그러나 기대치 않은 인플레이션율이 발생하는 경우 명목이자율은 일정하므로 (사전적)실질이자율이 하락한다. 한편 GDP 디플레이터는 GDP의 변화로 물가지수를 산정하므로 GDP에 포함되지 않는 중간투입물의 가격변화를 반영하지 못한다. 그리고 소비자물가지수는 수입품의 가격변화를 포함하므로 수입재의 가격상승은 소비자물가지수를 상승시킨다.

17

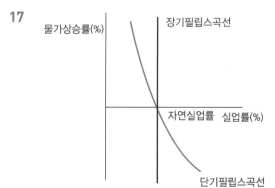

① 자연실업률이 증가하면 장단기필립스곡선은 우측이동한다.
③ 기대물가상승률이 상승하면 단기필립스곡선은 우측이동한다.
④, ⑤ 자연실업률가설에서 장기필립스곡선은 수직이고 단기필립스곡선은 우하향하여 장기필립스곡선의 기울기가 더 가파르다.

18 외자도입에 대한 이자비용의 지급은 경상수지 중 소득수지에 포함된다. 그래서 이자지급은 경상거래의 지급이다. 로열티지급은 경상수지 수취에 해당한다.

19 마찰적 실업이란 자발적인 실업의 유형으로 자기 스스로 보다 적합한 직업을 찾기 위해 일시적으로 실업 상태에 놓여 있는 경우를 말한다. 이러한 마찰적 실업을 줄이기 위한 정부차원의 대안으로는 보다 적합한 직업 탐색의 시간을 줄이기 위해 구인 정보 관련 서비스 강화, 재취업을 위한 교육 프로그램 강화 등의 방법이 있다.

20 총수요가 증가하는 경우는 시중에 통화가 많이 풀리거나 소비 또는 투자가 늘어날 때 등이다. 정부가 세금을 줄여 주면 개인의 가처분소득이 늘어나 소비를 촉진할 수 있다. 정부 지출이 증가하는 것은 정부의 투자가 늘어난다는 의미다. 국내 이자율이 하락하면 돈을 빌리기 쉽기 때문에 시중 통화량이 늘어난다. 해외경제가 호황이 되면 해외 소비가 늘어나 우리나라 수출이 증가할 가능성이 높다. 경기 전망이 불확실해지면 투자나 소비가 줄어 총수요가 줄어들 가능성이 크다.

21 자유무역협정은 지역경제통합의 일종으로 두 국가 간의 자유무역으로 무역규모가 증가하며, 상대국의 저렴한 재화를 수입하므로 양국의 물가가 하락하나 양국의 수입대체산업이 위축되어 실업자가 발생할 수 있다. 자유무역협정으로 양국의 후생은 증가할 수 있으나 협정국이 아닌 국가에 대해서는 보호무역을 하므로 전 세계의 후생을 증가시키지는 않는다.

22 ④ 쇠고기 수입을 위해 달러(외환)의 수요가 증가해서 환율이 상승한다.
① 대체재인 돼지고기 수요는 상대가격 상승으로 인하여 감소한다.
②, ⑤ 쇠고기의 수입가격이 국내가격보다 저렴하여 쇠고기 수입을 자유화하면 쇠고기의 국내가격이 하락하게 되어 국내 한우농가의 생산량이 감소하여 한우농가의 생산잉여와 소득이 감소한다. 그리고 대체관계에 있는 돼지고기에 대한 국내수요도 감소한다.
③ 국내 소비자는 더 싼 가격에 쇠고기를 소비할 수 있어 소비량이 증가하여 소비자잉여가 증가한다.

23 이사회의 권한내용으로서 그 의결사항은 (1) 회사의 업무집행, 지배인의 선임 또는 해임, 지점의 설치·이전 또는 폐지 (2) 이사의 직무집행에 대한 감독 (3) 주주총회의 소집 (4) 대표이사 선정과 공동대표의 결정 (5) 업무집행의 감독 (6) 이사와 회사 간의 거래에 대한 승인 (7) 주식발행의 결정 (8) 회사채발행의 결정과 같은 법정권한이 있다.

24 주식회사의 특징은 (1) 증권의 발행, (2) 주주의 유한책임, (3) 소유와 경영의 분리, (4) 기업의 영속성, (5) 소유권의 양도성, (6) 대규모 자본조달에 따른 기업확장의 용이성 등이다. 따라서 대주주 지분 매매 양도시 제약이 있어서는 안 된다.

25 유한회사에 대한 설명이다.

26 당좌비율은 산성시험비율이라고도 하는 것으로, 유동자산 중 제조와 판매의 과정을 거쳐야 하는 재고자산을 제외한 자산을 당좌자산이라 한다. 즉, 유동자산 − 재고자산 = 당좌자산. 이 당좌비율은 표준비율이 100% 이상이다.

27 유보율이 높아지면 기업의 무상증자 가능성이 커지게 된다.

28 $\text{ROE} = \dfrac{\text{순이익}}{\text{매출액}} \times \dfrac{\text{매출액}}{\text{총자산}} \times \dfrac{\text{총자산}}{\text{자기자본}} = \text{매출액이익률} \times \text{총자산회전율} \times \text{레버리지}$

29 중앙은행이 공개시장에서 매입조작을 한다는 것은 통안채를 매입하고 시중에 자금을 공급하는 것이다. 따라서 매입조작의 결과는 금리 하락을 불러오는 요인이 된다.

30 이런 원·달러 환율 하락기에 해외에 나갈 일이 있다면 현금보다 신용카드를 사용하는 게 더 유리하다. 보통 해외에서 신용카드로 결제한 뒤 국내 은행이 청구하는 대금을 확정하는 데까지 3 ~ 4일이 소요된다. 이 기간에 환율이 더 떨어지면 현찰로 결제할 때보다 이득을 볼 수 있다. 게다가 신용카드 결제는 현찰매도 환율이 아니라 이보다 낮은 전신환(TT)매도율이 적용돼 추가로 이익을 얻을 수 있어 일석이조의 혜택을 누릴 수 있다.

31 이자소득세를 감면할 경우, 금융자산의 재투자 등이 보다 활성화되어 이를 바탕으로 경제성장률이 높아질 수 있는 요인이 된다. 하지만 공무원 수와 성장률 간에는 직접적인 관계가 없다.

32 명목임금이나 명목이자율은 기존 수치에 물가상승률만 더해서 계산하면 된다. 따라서 고용량, 실질소득, 실질이자율 등 실질변수에 아무 영향을 미치지 않는다. 하지만 현실경제에서 완벽하게 인플레이션을 예상하기는 불가능하다. 예상치 못한 인플레이션은 뜻하지 않게 소득이 재분배되는 결과가 나타난다. 인플레이션은 화폐가치가 떨어지는 것이기 때문에 물가가 상승하면 채무자는 이득을 보고 채권자는 손해를 본다. 고정된 명목임금을 받고 있는 근로자는 손해를 보고 임금을 지급하는 기업은 이익을 본다. 고정된 연금을 받아 생활하는 사람, 명목가치에 고정된 금융자산을 보유하고 있는 사람 등도 뜻하지 않은 손해를 볼 수 있다.

33 수입관세가 철폐되면 수입국의 생산자는 국내가격이 하락하여 생산자잉여가 감소하고, 소비자는 소비자잉여가 증가한다. 그리고 수입국의 정부는 관세수입이 없어진다. 반면에 수출국의 생산자는 수출가격이 상승해서 생산자잉여가 증가하나, 소비자는 수출가격의 상승으로 국내가격도 상승해서 소비자잉여가 감소한다.

34 국내 이자율이 상승하면 해외투자자들이 높은 금리를 얻기 위해 국내 채권 등에 투자할 가능성이 높다. 국가 신용등급이 상승하면 경제에 대한 신뢰도가 높아져 역시 해외투자자들이 국내 채권이나 주식 등에 대한 투자를 늘릴 수 있다. 해외 거주 근로자의 국내 송금도 달러화가 국내 유입되는 사례다. 내국인의 해외투자가 증가하는 것은 달러화가 유출되는 사례다. 내국인이 해외에 투자하기 위해 원화를 달러화로 바꿀 것이기 때문에 달러 수요가 늘어난다.

35 반도체, 혼다자동차, 민간비행기 시장은 모두 무역쌍방국 간에 동종산업 내에서의 무역으로 규모의 경제효과로 무역이득이 발생한다. 그러나 스위스의 시계는 학습효과에 따른 무역이득이다.

36 불황기에는 실업급여 등의 복지지출이 많고, 조세수입이 감소하여 호황기에 비해 재정적자가 더욱 커진다. 정부지출의 재원을 조세삭감과 민간에 국채발행으로 조달하면 리카도의 대등정리가 성립할 경우 소비가 변하지 않아 총수요는 불변이다. 그런데 정부지출의 재원을 중앙은행에 국채매입으로 조달하면 통화량의 증가로 인플레이션을 초래한다. 한편 재정적자로 이자율이 상승하면 해외에서 외환의 유입으로 환율이 하락하여 경상수지가 악화될 수 있다.

37 금리가 상승하면 기업 입장에서는 차입금에 대한 금융비용이 증가한다. 또 은행 예금자는 예금에 대한 기대수익률이 상승한다. 주식가격은 이론적으로 투자자가 미래에 받을 수 있는 현금흐름의 현재가치이다. 금리가 오르면 할인율이 높아지고, 주식 대신 채권 투자나 예금을 하려는 사람들이 많아지므로 주가는 하락한다.

38 케인즈의 견해로 불경기에 가계가 저축을 증가하면 소비가 위축되어 기업의 판매가 감소한다. 그래서 기업이 생산을 줄이고 고용을 감축하므로 국민소득이 감소하고 결국에는 총저축도 감소하는 절약의 역설이 나타난다. 그래서 불경기에는 소비가 미덕이다. 절약의 역설은 경제전체의 일부인 가계의 최선이 경제전체적으로 최선이지 못한 구성의 오류의 한 사례이다.

39 ② 80-20의 법칙을 말한 학자는 파레토이다.
① 자본주의를 비판하며 자본주의 사회는 언젠가 끝나고 프롤레타리아 혁명을 통해 사회주의를 거쳐 공산주의 사회에 도달할 것이라고 주장한 철학자
③ 다윈의 생물진화론을 받아들여, 진화를 생물뿐 아니라 세계 전체로 확대, 적용한 영국의 철학자이자 사회학자
④ 폴란드 출신 독일의 사회주의 이론가이자 여성혁명가. 사회주의자 가운데서도 가장 이상적이고 급진적인 혁명론을 펼쳤다.
⑤ 영국의 경제학자이며 [인구론]의 저자. 사상 최초의 전업 경제학자이며, 인구 문제를 처음 경고한 인물. 인구론은 빗나간 예언이었지만, 공황론은 간과된 예언이 되었다.

40 간접세는 소득 수준에 관계없이 동일한 세금을 낸다. 하지만 직접세인 소득세는 누진세로 소득에 따라 부과되는 세율이 다르다. 모든 소득에 세금이 부과되는 것이 원칙이다.

41 가격이 하락하면 이전에는 구매하지 못하던 소비자들도 구매할 수 있게 된다. 가격하락으로 추가된 구매량에 대하여 새로운 수요자의 소비자잉여가 증가하므로 C이다.

42

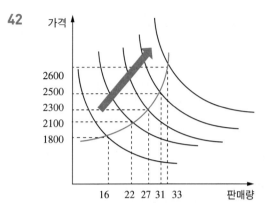

표에서 제시된 가격과 판매량 정보는 2015년에서 2019년 동안 수요곡선이 지속적으로 우측으로 이동하였음을 의미한다. 전자책 단말기 가격의 하락은 보완재의 가격 하락이므로 전자책에 대한 수요곡선을 우측으로 이동시킨다. 전자책 인세의 증가와 제작비용의 감소는 공급곡선의 이동을 의미한다. 오프라인 서점의 책값 하락과 온라인 서점의 책값 하락은 전자책에 대한 대체재의 가격 하락이므로 전자책에 대한 수요곡선을 좌측으로 이동시킨다.

43 (가)는 매몰비용의 오류를 나타내며, (나)는 상대적인 부존자원량에 따라 기술 특화가 이루어지는 비교우위의 개념과 관련된다. (다)와 (라)는 각각 희소성과 경제적 유인과 관련된 속담이다.

44 자료는 역선택에 관한 내용이다. ①은 역선택을 완화하기 위한 장치이며, ②는 위험 분산과 관련이 있다. ③은 외부성의 개선과 관련이 있으며, ④, ⑤는 도덕적 해이를 완화하기 위한 장치이다.

45 GDP 디플레이터는 '$\frac{명목\ GDP}{실질\ GDP} \times 100$'이다. 이 식을 통해 GDP 디플레이터 증가율은 명목GDP 증가율에서 실질GDP 증가율을 차감한 것이라는 것을 알 수 있다(GDP 디플레이터 증가율 ≒ 명목GDP 증가율−실질GDP 증가율). 2006년 GDP 디플레이터 증가율이 음(−)의 값을 보였다는 것은 실질GDP 증가율이 명목GDP 증가율보다 컸음을 뜻한다. 따라서 2006년에는 실질GDP가 명목GDP보다 큰 값을 가지는 것이다. 특히 2006년에는 내수상품의 가격 상승에도 불구하고 반도체를 비롯한 수출상품의 가격이 큰 폭으로 하락하여 GDP 디플레이터가 하락하는 결과를 낳았다. 또한 소비재 가격의 상승은 GDP 디플레이터보다 CPI에 더 큰 영향을 미쳐 CPI 상승률이 GDP 디플레이터 상승률보다 높게 만든다.
① 2010년에는 디플레이터 상승률이 1이기 때문에 실질GDP와 명목GDP가 같다.
② 2006년에는 디플레이터 상승률이 1보다 작기 때문에 실질GDP가 명목GDP보다 크다.
③ 2006년 GDP 디플레이터를 바탕으로 한 실질가격 등으로 볼 때 내수 상품의 가격이 올랐는데도 수출 상품의 가격이 큰 폭으로 떨어져서 전년보다 하락하였다.
⑤ 2011년에 두 물가지수의 상승률이 크게 차이를 유발하는 것은 농산물, 소비재와 같은 품목의 가격이 다른 품목에 비해 더욱 상승했기 때문에 유발될 수 있다.

46 서진에서 〈삼도부〉를 다투어 베꼈다는 사실은 당시에는 저작권이 없어 저작물이 배제성을 가지고 있지 않았음을 의미하며, 〈삼도부〉를 적는 종이에 대한 수요가 증가하여 종이 값이 올랐다는 사실은 종이가 경합성을 가진 재화임을 의미한다. 영광굴비 같은 일반적인 재화는 영광굴비에 대한 수요가 증가하면 (영광굴비 포장재 가격이 아니라) 영광굴비의 가격이 오르는 데 비해, 〈삼도부〉와 같은 지적 재산에 대한 수요가 증가하는 경우에는 삼도부 가격이 오르지 않고 종이 값만 오른다는 점이 이 고사가 시사하는 바이다.

47 도덕적 해이란 '감추어진 행동이 문제가 되는 상황에서, 정보를 갖지 못한 측에서 보면 정보를 가진 측이 바람직하지 않은 행동을 하는 경우'를 말하며, 보험이 가장 대표적인 예이다. [대화 1]에서 자전거 보험회사는 보험 가입자들이 가입 후에도 자물쇠를 열심히 잠그기를 바라지만 실제로 가입자들이 그렇게 할지에 대한 정보를 갖지 못하며, (그 정보를 가지고 있는) 가입자에게는 애써 자물쇠를 잠글 유인이 없다. [대화 2]에서 '정보를 갖지 못한 측'은 예금보험공사이고 '정보를 가진 측'은 예금주이다.

48 국민계정의 수요 측면 항목 분류에 대한 질문이다. GDP = 소비 + 투자 + 정부지출 + (수출 − 수입)의 관계를 이해하여 야 하고, 국민계정의 투자에는 재고투자도 포함된다는 점을 알아야 한다. 2018년 중국에서 생산된 노트북이 재고로 남게 되면 2018년 재고투자로 분류되면서 2018년 중국의 GDP가 그만큼 증가한다. 이 노트북이 2019년 한국으로 수출 되면 2019년 중국의 수출 증가, 재고투자 감소가 동시에 같은 크기로 발생하므로 2019년 중국의 GDP는 불변이다. 한국의 관점에서는 2019년 노트북을 수입하여 대리점이 판매를 위하여 보유하게 되면 국민계정 상으로는 그만큼 수입 과 재고투자가 동시에 같은 크기로 발생하므로 한국의 GDP는 불변이다. 문제에서 묻지는 않았지만, 만일 우리가 노트 북을 구입한 시점에서 한국 국민계정의 변화를 생각해보면 소비 증가, 재고투자 감소가 동시에 같은 크기로 발생하므로, 여전히 한국의 GDP는 불변이다.

49 풍선효과란 어떤 부분에서 문제를 해결하면 또 다른 부분에서 새로운 문제가 발생하는 현상을 가리키는 말이다. 즉, 사회적으로 문제가 되는 특정 사안을 규제 등의 조치를 통해 억압하거나 금지하면 규제조치가 통하지 않는 또 다른 경로로 우회하여 유사한 문제를 일으키는 사회적 현상을 의미한다.

50 생산가능곡선에서 과자를 더 많이 생산할수록 포기해야 하는 빵의 생산량(기회비용)은 증가한다.

51 무역협정을 통해 사과 가격은 오르고 배 가격은 내린다. 따라서 이익을 보는 측은 사과 생산자와 배 소비자이고, 손해를 보는 측은 사과 소비자와 배 생산자이다. 따라서 사과 생산자나 배 소비자에게 세금을 거두어 사과 소비자나 배 생산자 에게 보조금을 주는 것이 정책 목적에 부합한다.

52 소비자 물가지수는 기준연도를 100으로 하여 대표적인 소비재 묶음을 구입하는 데 드는 비용을 비교하여 전반적인 물가수준 을 나타내는 지표이다. 기준연도인 1985년의 물가지수가 100인데 비해 2017년의 물가지수가 340이라는 것은 1985년에 100원이었던 상품이 2017년에는 340원이 되어 240원을 더 지불해야 구입할 수 있음을 의미한다.

53 대국의 재정 지출 감소는 자국의 국내 총생산을 감소시키는 동시에 물가를 하락시키는 요인이다(①, ②). 양국은 생산 요소의 일부를 상대국에서 수입하고 있으므로, 대국의 국내 총생산 감소는 소국으로부터의 수입 감소, 즉 소국에서 대국 으로의 수출 감소를 초래한다(④). 이러한 대국에서의 변화는 소국의 총수요와 총공급에 상이한 영향을 미친다. 소국의 대국에 대한 수출 감소는 소국의 총수요를 감소시키는 요인인 반면, 대국의 물가 하락에 따른 수입 가격의 하락은 소국 의 총공급을 증가시키는 요인이다. 따라서 대국의 경제 여건 변화에 따른 소국 국내 총생산의 변동은 두 요인의 상대적 크기에 따라 다를 수 있다. 다시 말해, 대국의 재정 지출 감소에 따른 소국 국내 총생산의 증감 여부는 확실치 않다. 대국의 재정 지출 증가가 소국의 국내 총생산에 미치는 영향이 확실치 않으므로, 소국의 대국으로부터의 수입이 감소할 것인지 여부도 확실치 않다(⑤). 한편, 대국의 경제 여건 변화에 따른 소국의 총수요 감소와 총공급 확대는 모두 소국의 물가 수준을 하락시키는 요인이므로 소국의 물가는 하락한다(③)

54 그림에서 소득 수준이 낮은 나라가 상대적으로 높은 소득 증가율을 기록하고 있는데, 기술 이전과 투자 증가 등이 이를 가능하게 한 요인으로 알려져 있다. 반면 다른 조건이 일정한 경우 높은 인구 증가율과 고급 인력의 해외 유출은 1인당 소득을 낮추는 요인이다.

55 시장집중도가 낮아 다수의 기업들이 시장에서 경쟁하는 상태에서는 정상이윤을 넘는 초과이윤이 적어 연구개발 자금도 부족하고 연구개발 성과가 다른 경쟁기업에 의해 모방될 개연성도 높다. 하지만 기업들 사이에 존재하는 경쟁압력은 개별 기업들에게 적극적인 연구개발 활동을 하게 하는 유인이 된다. 이와 반대로 시장집중도가 높아 소수의 기업만 시장에 존재하는 상태에서는 기업 간 경쟁압력이 약하다는 사실이 연구개발 활동을 수행할 유인에 부정적인 영향을 미치지만, 초과이윤이 많아 충분한 연구개발 자금을 확보하고 있으며 연구개발 성과를 온전히 독점할 수 있다는 장점으로 인해 활발한 연구개발 활동이 수행될 수 있다.

56 A에 세금이 부과되면 A의 가격이 올라서 보완재인 B의 수요곡선이 왼쪽으로 이동한다. B에 보조금이 지급되면 B의 공급곡선이 오른쪽으로 이동한다. 따라서 B의 균형가격은 하락하며 균형생산량은 수요·공급곡선의 상대적인 이동 폭에 따라 증가·감소·불변일 수 있다.

57 교육의 신호이론은 교육이 한계생산성에 미치는 영향이 없다고 할지라도, 정보가 비대칭적인 상황에서 교육수준이 높은 사람일수록 기업에게 자신의 한계생산성이 높다는 신호를 보낸다.

58 관세 철폐 이전에는 ㈜개발전자의 TV 가격이 수입 TV의 가격(B : 216만 원, C국 : 228만 원)보다 낮고 품질, 성능, 색상 등의 차이가 없으므로 ㈜개발전자는 국내 시장에서 독점적 지위를 누린다. 그러나 관세가 철폐되면 B국으로부터 수입한 TV 가격(180만 원)이 가장 낮아 B국으로부터 TV가 수입된다. 관세 철폐 이전에는 수입이 없고 관세 철폐 이후에는 관세가 없으므로 관세 수입은 모두 0이다.

59 ② 금융시장에서의 투자심리의 악화가 경제 내에 실질변수인 노동량, 자본량 그리고 기술진보와는 무관하여 단기총공급곡선은 이동하지 않는다.
① 금융시장에서 투자심리가 악화되어 투자수요가 감소하면 총수요의 감소로 물가수준이 하락한다.

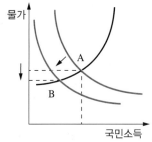

③, ⑤ 국민소득이 감소하며 실업률이 상승한다.
④ 총수요의 부족에 따른 문제이므로 정부가 확대적 재정정책과 금융정책으로 총수요를 증가시킴으로써 총수요의 부족 문제를 해결할 수 있다.

60 국채 보유에 대해선 세금이 계속 부과되는 반면 지방채 보유에 대한 세금은 면제되었으므로, 지방채에 대한 수요는 증가하고 대체재인 국채에 대한 수요는 감소하게 된다. 따라서 다른 조건에 변화가 없다면 국채 가격은 하락하고 지방채에 대한 가격은 상승한다. 이자율은 가격과 역의 관계가 있으므로 국채 이자율은 상승하고 지방채 이자율은 하락하게 된다.

61 자연실업률은 마찰적 실업과 구조적 실업만이 존재하는 실업률이다. 통화정책에 의한 통화량의 증가는 물가만을 상승시키며 실질변수인 자연실업률과는 무관하다. 한편 실업자가 비경제활동인구로 되어 경제활동참가율이 떨어지면 실업률이 하락할 수 있다. 그리고 실업률의 증가는 일반적으로 불경기에 노동의 한계생산이 낮은 청년실업의 증가에 기인한다.

62 W는 가격이 상승했는데 판매 수입이 불변이므로 수량이 하락했음을 알 수 있다. 따라서 수요의 법칙을 만족한다. 수요의 가격탄력성은 가격 변화와 이로 인한 판매수입 간의 관계를 설명해 준다. 수요의 가격탄력성이 비탄력적인 경우, 가격을 올리는 것이 판매수입을 증대시키는 방법이며, 수요의 가격탄력성이 탄력적인 경우, 가격을 내리는 것이 판매수

입을 증대시키는 방법이다.

주어진 보기 내용을 바탕으로 할 때 X재는 가격을 하락시켰더니 판매 수입이 오히려 감소하였으므로 X재는 비탄력적인 재화이다. Y재의 경우에는 가격을 올렸음에도 불구하고 판매 수입은 줄어들었으므로 탄력적인 재화이다. Z재의 경우에는 가격을 올림으로 인해 오히려 판매 수입이 증가하였으므로 비탄력적인 재화임을 알 수 있다.

63 기준금리가 낮아지면 시중의 대출이자율과 예금이자율 모두 낮아진다. 대출이자율이 낮아지면 은행에서 대출을 받아 전세를 얻을 때에 주택 임차자가 실질적으로 부담하는 비용이 감소하므로 전세에 대한 주택임차자의 지불의사액이 증가한다. 예금이자율이 낮아지면 동일한 액수의 전세보증금을 은행에 맡겨 얻을 수 있는 이자소득이 감소하므로 주택 임대자는 더 높은 전세가격을 요구하게 된다.

64 월세계약을 맺으면 로버트에게 연간 600만 원(월 50만 원×12개월)의 주거비용이 발생한다. 한편, 1년 후 주택가격에 대한 로버트의 예상하에서는 전세계약을 맺거나 주택을 구입하더라도 주거비용은 연간 500만 원(1억 원×0.05)으로 동일하다.

65 ㄱ. (틀림) 생활에 필수적인 상품은 소득이 줄거나 가격이 오르더라도 소비를 줄이기 어려우므로 소득탄력성과 가격탄력성이 작다.

ㄴ. (옳음) 콜라 값이 오르면 대신 사이다를 마시듯이 유사한 상품의 경우 한 상품의 가격이 오르면 소비자들이 다른 상품을 찾기 때문에 교차탄력성이 양의 값을 갖는다. 이런 두 재화를 대체재라고 한다.

ㄷ. (틀림) 소득이 늘면 대중교통을 이용하던 사람이 자가용을 구입하여 대중교통을 덜 이용하게 되므로, 대중교통 서비스에 대한 소득탄력성은 음의 값을 갖는다. 이와 같은 재화를 열등재라 한다.

ㄹ. (옳음) 스키장 입장료가 많이 오르면 소비자들이 스키를 덜 타게 되어 스키용품의 수요도 줄어드는데 이 경우 교차탄력성은 음의 값을 갖는다. 이런 두 재화를 보완재라고 한다.

66 ① (옳음) 소득이 낮은 대학생은 안심스테이크 가격이 조금 오르면 바로 포기할 가능성이 높지만, 소득이 높은 사람은 안심스테이크 가격이 조금 올라도 개의치 않고 소비할 것이다.

② (옳음) 홍삼의 소득탄력성이 높다는 것은 경기호황으로 소비자들의 소득 수준이 높아지면 홍삼의 수요가 크게 늘어날 것임을 의미한다.

③ (옳음) 가격탄력성의 절댓값을 비교해 보면 전력소비의 경우가 통신서비스보다 높으므로 전력소비가 덜 필수적이다.

④ (옳음) 교차탄력성이 클수록 유사한 상품이므로 소비자는 소주 대신으로 맥주보다는 막걸리를 찾을 것이다.

⑤ (틀림) 조세율을 t, 상품의 판매량을 q라고 하면 조세 수입은 t·q가 된다. 문항에서 t는 1원, 즉 20% 증가하였다. 여기에서 가격탄력성이 음수이므로 가격상승 시 수요량이 증가하여 조세수입 t·q는 증가한다.

67 수요·공급 곡선 자체의 이동과 곡선 위에서의 이동을 구분하는 문제이다. 재산세 인상은 주택 수요곡선을 좌측으로 이동시키는 요인이고, 여기에서 공급업자의 수익성 악화는 공급곡선이 이동한 것이 아니라 수요곡선이 이동한 결과 공급곡선을 따라 가격이 하락한 것을 의미한 것이다. 따라서 균형 주택 공급량(=수요량)은 재산세 인상 이전의 균형에 비해 감소한다. 여기까지의 모든 기술에는 문제가 없으나, ㉣의 기술에는 문제가 있다. 즉, 재산세 인상에 의한 '공급위축'은 공급곡선 위에서의 이동을 나타내는 것이며, 균형가격은 하락한다.

68 실업률(= 실업자 / 경제활동인구 = 실업자 / [취업자 + 실업자])의 관계를 정확히 이해하는지를 묻는 질문이다. (가)에서 영희, 철수는 둘 다 실업자이다. (나)에서 영희는 취업자로 전환되었고, 철수는 '구직 단념자'로서 비경제활동인구에 속하게 되었다. (다)에서 영희는 다시 실업자가 되었고, 철수는 여전히 비경제활동인구에 속한다. 이제 (가)에서 (나)로의 변화를 살펴보면, 분자에서 2(철수와 영희)가 줄어들고 분모에서는 철수의 구직 단념으로 1이 줄어들어 실업률은 하락한다. 한편 (가)에서 (다)로의 변화를 살펴보면, 실업자 1(철수)이 감소한 것이 유일한 차이이므로 분자와 분모 모두 1이 감소하면서 실업률은 역시 하락한다. 일반적으로 구직자의 구직 단념은 실업률의 분모와 분자를 같이 감소시키면서 수치상의 실업률 하락을 초래하여, 실업률을 기준으로 한 노동시장의 상황 판단에 혼란을 일으킨다. 이와 같이 구직 단념자의 발생이 실업률 통계의 착시 현상을 유발할 수 있으므로, 노동시장 상황을 정확히 평가하기 위해서는 경제활동참가율(= 경제활동인구 / 생산가능연령인구)과 고용률(= 취업자 / 생산가능연령인구) 등의 지표를 같이 살펴보아야 한다.

69 S를 1년 후의 환율이라 하며, 노명의가 원화와 엔화로 대출할 경우에 대한 이익을 각각 다음과 같이 쓸 수 있다.
- 원화 : 150만 원 – 100만 원 × (1 + 0.21)
- 엔화 : 150만 원 – 10만엔 × (1 + 0.10) × S

노명의는 두 대출 조건이 동일하다고 판단하였으므로 두 경우의 이익은 차이가 없어야 한다. 그러므로 1년 후의 환율은 1,100원 / 100엔임을 알 수 있다.

70 (1) 지문의 문구해석
- "B 프로젝트에는 이미 20억 원이 투자되었으며", "더 이상 예산을 투자하지 않으면 10억 원의 금액을 회수할 수 있다" → 매몰비용은 의사결정과 무관하게 발생하는 비용이다. 의사결정과 무관한 비용은 회수할 수 없는 투자금액인 10억 원이다.
- 갑국장은 다음과 같이 세 가지 중에 하나를 선택할 수 있고, 각 선택안에 대한 순편익은 다음과 같다.
  ① A 프로젝트의 순편익 = 총편익 25억 원 – 총비용 10억 원 + 10억 원(B 프로젝트의 회수액) = 25억 원
  ② B 프로젝트의 순편익 = 총편익 30억 원 – 총비용 10억 원 = 20억 원
  ③ Non 프로젝트의 순편익 = 투자예산 10억 원 + 10억 원(B 프로젝트의 회수액) = 20억 원

(2) 문제풀이

기회비용은 포기한 대안들 중 최선의 가치이며, 합리적 선택은 기회비용이 최소인 선택이다. 각 선택안마다의 기회비용을 비교해보면 아래와 같으므로 프로젝트 A를 선택하는 것이 합리적이다.

선택안	A	B	Non
기회비용	20억 원	25억 원	25억 원

71 서울과 뉴욕 외환시장의 교차매매를 통해 결정되는 원 / 엔 환율은 $\dfrac{1,200원 / 달러}{120엔 / 달러}$ = 10원 / 엔이 된다. 반면 도쿄 외환시장에서 단순매매로 거래되는 원 / 엔 환율은 11원 / 엔이므로 도쿄 시장에서 엔화가 고평가되어 있다. 김선달은 서울과 뉴욕 외환시장의 교차매매를 통해 저평가된 엔화를 매입하고 도쿄 외환시장에서 고평가된 엔화를 매각함으로써 차익을 실현할 수 있다.

72 외환 딜러들은 차익을 실현하기 위해 서울과 뉴욕 외환시장의 교차매매를 통해 저평가된 엔화를 매입한다. 이 과정은 서울 외환시장에서 원화를 매각하고 달러화를 매입하며, 뉴욕 외환시장에서는 달러화를 매각하고 엔화를 매입하는 것이다. 마지막으로 엔화가 고평가된 도쿄 외환시장에서 엔화를 매각하고 원화를 매입함으로써 차익이 실현된다. 따라서 서울 외환시장에서는 달러화 수요 증가, 원화 공급 증가, 뉴욕 외환시장에서는 엔화 수요 증가, 달러화 공급 증가, 그리고 도쿄 외환시장에서는 원화 수요 증가, 엔화 공급 증가가 발생한다.

73 수입물가의 상승, 특히 수입의 가격탄력성이 낮은 원자재 가격의 상승은 경상수지 적자 요인으로 작용한다. 인플레이션은 금융자산보다 실물자산을 보유한 사람에게 유리하게 작용한다. 고정금리 대출은 계약 당시 대출이자율이 정해지는 반면, 변동금리 대출은 시장이자율의 변동에 따라 대출이자율이 변동된다. 인플레이션에 따른 시장이자율의 상승은 변동금리 대출이자율에 전가되므로 변동금리로 대출한 사람에게 불리하다.

74 확장적 재정정책으로 정부지출이 증가하면 일정한 소득수준에서 총저축이 감소하여 S–I곡선이 아래로 또는 오른쪽으로 이동한다. 그리고 환율이 상승하면 순수출의 증가로 X–M이 위로 또는 오른쪽으로 이동한다. 그래서 완전고용수준에서 S–I곡선과 X–M곡선이 교차하여 국제수지균형을 이룬다.

75 한 경제의 지출 측면은 "GNP = 소비 + 투자 + 정부지출 + 경상수지" 혹은 "GNP = 총지출 + 경상수지"라는 항등식으로 나타낼 수 있다. 이 식은 우변과 좌변의 인과관계를 의미하는 식이 아니라 항상 성립하는 '항등식'임에도 불구하고, 경상수지 흑자 확대가 GNP를 증가시키는 요인인 것처럼 흔히 해석되고 있다. 그러나 1998년에 경상수지 흑자가 급증했는데도 성장률이 급락함으로써 그와 같은 해석에 문제가 있음을 보여주었다. 위의 항등식은 "경상수지 = GNP − 총지출"로 변환될 수 있으며, 경상수지가 단지 GNP와 총지출의 격차를 나타내는 지표임을 나타낸다. 즉, 용어의 정의상, 경상수지 흑자 확대는 GNP 증가 규모보다 총지출의 증가 규모가 작았음(혹은 감소 규모가 컸음)을 나타내는 것이다.

76 각 기업의 불황에 대한 경영상태의 안정성을 상호 비교하기 위해서는 자기자본 대비 부채비율을 비교함으로써 가능하다. 이 경우 A기업은 40/60, B기업은 50/50, C기업은 60/40, D기업은 70/30, E기업은 80/20이다. 따라서 A기업은 상대적으로 부채비율이 낮아 레버리지가 낮다. 레버리지가 낮다는 것은 불황에는 안정적인 경영이 가능하지만 호황을 맞아서는 상대적으로 수익성이 떨어질 수 있다는 단점도 있다.

77 당기순이익은 1억 원 × 30% = 3,000만 원
주당순이익 = 3,000만 원 / 1000주 = 3만 원
적정주가 = 30,000원 × 15배 = 450,000원

78 가격과 거래량의 관찰치에서 수요의 특성을 알아보는 문항이다. 기출 문제와 달리 소비자의 소득과 선호 등 다른 조건이 변하지 않아 수요가 변하지 않았다는 가정에 유의해야 한다. 따라서 관찰치는 수요 곡선을 나타낸다. 2004~2007년 중의 돼지고기의 가격 하락과 거래량 감소에서 돼지고기가 기펜재이며, 수요 법칙의 예외가 나타났음을 알 수 있다. 즉, 돼지고기의 가격 하락으로 인한 구매력(실질 소득)의 상승은 열등재인 돼지고기의 소비를 줄이고 정상재인 쇠고기의 소비를 증가시키는 요인이 된다.

79 1990년대 이후 제조업에서 실질GDP는 증가했으나 고용 탄성치가 음(−)으로 나타난 것은 취업자 수가 감소하는 등 고용 여건이 나아지지 않는 상황을 말해준다. 그 원인으로는 노동 집약적 산업을 중심으로 기업들이 생산 비용이 저렴한 해외로 생산 기지를 이전하거나, 산업 구조의 고도화로 제조업에서 고용 창출력이 높은 노동 집약적 산업의 비중이 낮아진 점을 들 수 있다.

80 이 문항은 기업의 인수합병 과정에서 정보의 비대칭성으로 발생할 수 있는 문제를 제시한다. A기업이 1만 원을 인수 가격으로 제시하면 B기업은 자사 가치가 0원이거나 1만 원일 경우에만 인수에 동의하고, 2만 원일 경우에는 인수에 동의하지 않는다.

따라서 A기업이 생각하는 인수 확률은 2/3이고 A기업이 기대하는 이득은 $\frac{1}{3} \times (0 \times 1.5 - 1) + \frac{1}{3} \times (1 \times 1.5 - 1) = -\frac{1}{6}$ 만 원이다. 마찬가지로 A기업이 2만 원을 인수 가격으로 제시해도 기대할 수 있는 이득은 음(−)임을 알 수 있다. 따라서 A기업은 인수 가격으로 0원을 제시하는 것이 합리적이며 이때 인수로 기대할 수 있는 이득도 0원이다.

실전모의고사 정답 및 해설

01	02	03	04	05	06	07	08	09	10	11	12	13	14	15	16	17	18	19	20
③	③	②	①	④	①	①	②	①	⑤	④	⑤	②	③	②	②	⑤	⑤	①	⑤
21	22	23	24	25	26	27	28	29	30	31	32	33	34	35	36	37	38	39	40
①	⑤	④	⑤	④	④	③	④	③	⑤	①	④	⑤	②	②	①	④	②	⑤	③
41	42	43	44	45	46	47	48	49	50	51	52	53	54	55	56	57	58	59	60
③	①	②	②	⑤	②	②	③	②	②	①	②	④	②	④	③	②	③	⑤	①
61	62	63	64	65	66	67	68	69	70	71	72	73	74	75	76	77	78	79	80
④	①	⑤	④	④	③	④	②	③	④	③	③	③	④	③	④	①	②	①	③

01 학원비를 내지 않은 학생은 학원교육을 수강할 수 없으므로 공공재에 해당하지 않는다.

02 단위탄력적인 수요곡선은 직각 쌍곡선 모양이다. '단위탄력적'이라는 말은 가격의 변화율만큼 수요량의 변화율도 같을 때, 즉 가격탄력성이 1일 때를 의미한다. 가격탄력성이 1일 경우 재화가격과 수요량은 정확히 반비례하며 수요가 수요곡 선상 어느 위치에 있어도 기업의 수입은 일정하다. 가격변화만큼 수요량이 변화하기 때문이다.

03 시장경제체제에서 경기 안정화와 빈부격차 해소를 위한 대책은 정부가 해야 할 역할 중 하나다.

04 컴퓨터와 소프트웨어, 프린터와 잉크 카트리지, 자동차와 휘발유 등은 보완재로 볼 수 있다. 자동차와 타이어가 보완재 라면 철강재 가격이 올라 자동차 가격이 상승할 경우 자동차 수요가 줄어들고 따라서 타이어 수요도 감소한다. 타이어 수요가 줄어들면 타이어의 균형가격(시장가격)은 하락하고 공급량은 감소한다. 마찬가지로 자동차의 수요량과 공급량 도 줄어들게 된다.

05 배추 수입이 용이해지면 배추 가격이 조금만 올라도 수입이 늘어날 수 있다. 즉, 수입이 허용되면 공급이 가격에 탄력적 이 된다.

06 개별상품인 자장면 가격의 상승은 시장에서 해결될 문제이지 정부가 개입할 문제는 아니다. 정부가 개입하는 경우는 시장실패로 크게 △공공재 △외부효과 △독과점 등의 이유로 발생한다. 공공재는 시장기구에 맡기면 사회적으로 바람 직한 수준보다 과소 생산된다. 외부효과는 한 사람의 행위가 제3자의 경제적 후생에 영향을 미치는 현상으로 환경오염 이나 발명 등이 한 예이다. 독과점은 한 사람이나 소수의 사람들이 시장가격에 대해 임의로 영향을 미치는 상태로 역시 효율적인 자원배분을 저해한다. 문제에서 출산율 하락이나 가격담합, 항만 하역능력, 노령인구 증가 등은 시장의 기능만 으로 해결하기 어려운 문제다.

07 서해 공해상에서 중국 어선들이 싹쓸이 조업을 하는 것은 공유자원이 낭비되는 '공유지의 비극'의 일종이다.

08 마찰적 실업이란 새로운 일자리를 탐색하거나 이직을 하는 과정에서 일시적으로 발생하는 실업을 의미한다. 구조적 실 업이란 산업구조의 변화로 사양산업에서 발생한 실업자가 성장산업으로 이동하지 못하여 발생하는 실업이다.

09 국내총생산 GDP = 소비 + 투자 + 정부지출 + 순수출로 구성된다. 경기변동은 GDP의 변동을 말하므로 소비, 투자, GDP의 변동성을 비교하면 GDP는 평균에 가깝다고 할 수 있다. 소비와 투자 중 경기에 따라 더 크게 변화하는 것은 투자로 볼 수 있다.

10 GDP는 일정 기간(보통 1년이나 1분기) 동안에 한 나라 안에서 생산된 모든 최종 재화와 서비스의 시장가치다. 따라서 GDP에 포함되기 위해서는 당해연도에 무언가 새로이 생산되어야 한다. 그런데 불우이웃 돕기 성금의 경우에는 별도의 생산활동이 전개되지 않았기 때문에 GDP에 포함되지 않는다.

11 수입이 늘어날 경우엔 수입대금을 결제하기 위한 달러화 수요가 증가해 달러화 가치가 오르게 되며, 한국의 국가신용등급 하락도 원화 가치를 떨어뜨리는(원화 환율 상승)요인으로 작용한다.

12 환율제도는 크게 고정환율제도와 변동환율제도로 나뉜다. 고정환율제도는 정부가 환율을 특정 단위 통화(주로 미국달러화)나 복수 통화에 대해 일정 수준으로 고정시키는 제도다. 이를 유지하기 위해 중앙은행은 외환시장에서 꾸준히 외환을 사고 팔게 된다. 외환을 팔게 되면 그만큼 국내 통화를 사들이며, 거꾸로 외환을 사면 국내 통화를 방출한다. 따라서 독자적인 통화정책 운용에 제약을 받게 된다. 반면, 변동환율제도에서는 중앙은행이 외환시장에 개입해 환율을 유지할 필요가 없으며, 외환시장의 수급 상황이 국내 통화량에 영향을 미치지 않는다. 따라서 독자적인 통화정책의 운용이 가능하다. 하지만 자유로운 외환이동을 전제로 하는 변동환율제는 통화가치의 변동성이 높아지고 대외 교역에서 불확실성이 커지는 단점이 있다. 자본이동이 활발한 상황에서 중앙은행이 보유해야 하는 외환보유액 규모도 늘어나게 된다. 한편 유로화 위기에서 볼 수 있듯이 고정환율제의 채택은 재량적인 거시경제정책을 어렵게 한다. 특히 외환이 유출되는 무역 적자국의 경우 긴축적 통화정책이 불가피하다. 안정적인 환율, 자유로운 자본이동, 재량적 통화정책의 세 가지 정책은 동시에 채택할 수 없는 데 이를 '불가능한 삼위일체(Impossible Trinity)'라고 부르기도 한다.

13 화폐를 사용하면 재화와 서비스의 교환가치는 화폐로 표시된다. 계산도 화폐단위로 이루어진다. 이를 화폐의 가치척도 기능이라 한다.

14 브레턴우즈 체제는 1944년 7월 미국 뉴햄프셔주의 브레턴우즈에서 열린 연합국 회의에서 승인된 새로운 국제통화 체제를 말한다. 세계 주요국들이 경제 규모 등에 따라 자금을 출연해 설립한 IMF가 브레턴우즈 체제의 핵심이다. 브레턴우즈 체제는 2차 세계대전 이전 각국의 자국통화 평가절하 경쟁과 보호무역주의가 세계 경제를 파탄에 이르게 만들었다는 반성에 따라 출범했다. △통화가치를 고정시킨 고정환율제를 골자로 하는 브레턴우즈 체제는 GATT와 함께 전후세계 경제의 발전에 크게 공헌했다.

15 적응적 기대 하에서 단기에 예상인플레이션율이 고정되어 있으므로 확장적 통화정책은 단기필립스곡선상에서 실업률을 낮추고 인플레이션율을 높인다. 그래서 경제는 점 A에서 점 B로 이동하며, 점 B에서는 예상인플레이션율이 실제 인플레이션율보다 낮다. 또한 합리적 기대 하에서라도 예상치 못한 확장적 통화정책은 단기필립스곡선상에서 실업률을 낮추고 인플레이션율을 높인다. 한편 기대인플레이션의 상승이나 스태그플레이션은 인플레이션율과 실업률을 동시에 높여 단기필립스곡선이 오른쪽으로 이동한다.

16 노동자의 수는 실질변수로서 노동자의 수가 증가하면 생산과 소비가 모두 증가하여 실질 국내총생산도 증가한다. 그러나 인구증가에 따라 노동의 한계생산이 체감하면 인구의 증가속도보다 실질 국내총생산의 증가속도가 느려서 1인당 실질 국내총생산은 감소할 것으로 예측할 수 있다.

17 불황에 빠졌을 때는 저축을 줄이고 소비를 늘려야 경기 회복에 도움이 된다. 금융기관이 발달해 저축이 투자로 바로 이어진다면 투자의 총수요 진작 효과가 커질 것이다. 폐쇄경제에서는 외부에서 들어오는 자본이 없기 때문에 투자는 저축에 의존할 수밖에 없다. 또한 저축은 소득 중 소비되지 않은 부분을 의미하며, 장기적으로는 투자로 연결돼 성장잠재력을 높일 수 있다. 호황일 때는 소비를 줄이고 저축을 늘리는게 바람직하다. 경기 과열을 막는 역할을 할 수 있기 때문이다.

18 ⑤ 신용카드 사용도 일종의 통화량으로 볼 수 있으므로 신용카드 발급조건 강화는 통화량이 증가하는 경우로 볼 수 없다.

① 재할인율은 은행들이 중앙은행으로부터 자금을 빌릴 때 물어야 하는 금리다. 중앙은행이 재할인율을 인하하면 은행들이 중앙은행으로부터 돈을 싸게 빌릴 수 있기 때문에 통화량이 늘어난다.

② 통화승수가 늘어나도 통화량이 증가한다.

③ 중앙은행이 국공채를 매입하면 시장에 매입대금을 지급하기 때문에 돈이 풀린다.

④ 중앙은행이 법정지급준비율을 인하하면 은행이 보유해야 하는 지급준비금이 줄어들기 때문에 대출을 더 많이 할 수 있다.

19 통화공급을 늘리면 시중에서 돈을 구하기 쉬워지기 때문에 이자율이 내려간다. 이자율이 하락하면 기업 투자가 늘어날 것이다. 또한 빚을 지고 있는 가계의 이자 부담이 줄어들고, 내구재에 대한 할부 구매 등 소비를 증가시키는 효과가 있다.

국내 이자율이 낮아지면 높은 이자 수익을 얻기 위해 국내 자본이 해외로 이동한다. 해외 투자를 위해 원화를 달러로 환전하려는 수요가 늘어나면서 원·달러 환율이 올라간다. 환율의 상승은 수출을 늘리고 수입을 줄인다. 이 모든 상황은 총수요를 자극하는 것으로 해석할 수 있다. 결론적으로 중앙은행이 통화량을 늘리면 이자율이 낮아지고 기업 투자, 민간 소비, 순수출이 늘어나 총수요가 확대된다.

20 인터넷뱅킹, 온라인 증권거래, 전자화폐 등의 전자 금융이 확산됨에 따라 기존 금융거래 모습이나 중앙은행의 통화 정책에 변화가 나타난다. 전자화폐에도 가치가 저장될 수 있으며, 이를 이용하여 거래할 수 있다. 특히 인터넷뱅킹 등으로 은행을 방문하는 횟수가 줄어들어 거래 비용이 감소한다. 한편 기존 화폐 이외의 전자화폐 도입으로 인해 기존 통화지표, 통화정책의 파급경로, 금리조절기능 등의 변화가 발생할 수 있다.

21 정부가 국채발행 등을 통해 재정 소요자금을 조달하면 자금시장에서 이자율이 오르게 되며 이는 역시 민간의 투자와 소비를 줄이는 요인으로 작용한다. 정부지출의 확대는 정부저축과 국민저축의 감소를 초래하고 물가를 올리는 요인이 되기도 한다.

22 재정승수(Budget Multiplier)는 재정정책의 효과를 측정하기 위해 만들어진 지표로, 정부의 재정지출이 1단위 늘었을 때 국민소득이 얼마나 증가하는가를 보여주는 지표다. 재정승수가 3이라면 추가적인 지출액의 3배만큼 GDP가 늘어난다는 의미다. 감세는 가계의 가처분소득을 증가시켜 경기부양효과를 갖게 된다. 다만 감세로 늘어난 가처분소득 전체가 아니라 한계소비성향을 곱한 만큼 소비가 늘어날 것이다. 그리고 이는 연쇄반응을 일으킨다. 이를 측정하기 위한 지표는 조세승수(또는 감세승수)라 불린다.

23 기준금리 인상으로 해외로부터 자본이 유입되어 원화 강세가 초래되면 수출이 줄어들 가능성이 있다.

24 국민소득이란 한 나라의 가계, 기업, 정부 등 모든 경제주체가 일정기간에 새로 생산한 재화와 서비스의 가치를 시장가격으로 평가해 합산한 것으로 흔히 국민총소득(GNI)으로 불린다. 일정기간이란 통상 1년 또는 분기이다. 1인당 국민소득은 국민총소득을 인구수로 나눈 것이다.

25 구매력평가설은 환율이란 각국 화폐의 구매력 차이를 반영하는 지표일 뿐이라고 설명한다. 똑같은 제품은 어느 나라에서든 동일한 실질가격에 판매되기 때문이다. 만약 실질가격에서 차이가 난다면 이를 이용해서 차익을 벌기 위한 상거래가 일어나고 결국 동일한 가격이 될 것이다. 즉, 일물일가의 법칙을 전제로 하는 것이다. 미국의 물가상승률이 한국보다 높을 경우 미국 달러화의 구매력은 한국 원화에 비교해 낮아지게 된다. 따라서, 구매력평가설에 따르면 원화와 비교한 달러화의 가치는 그만큼 낮아진다. 명목환율은 물가상승률의 차이만큼 떨어지게 된다. 실질환율은 이렇게 물가변동이 환율에 미치는 영향을 제거하겠다는 의도로 만들어진 지표다. 실질환율 = 명목환율 × (한국의 물가지수 / 미국의 물가지수)라는 공식을 통해 산출된다. 일물일가의 법칙이 적용되는 세계에서 실질환율은 1로 유지된다.

26 불태화(不胎化)는 해당 정책이 외환의 유출입에 따른 국내 통화량 변동 효과를 없애는 것이다. 한국은행은 이러한 불태화 정책 수단으로 통화안정증권을 이용한다. 국내에 달러가 유입되면 그만큼 통화안정증권을 발행해 시장에 내다 팔게 된다. 이를 사는 기관은 채권 대금을 한국은행에 지불하게 되고, 따라서 시중 자금이 한은으로 돌아가는 방식이다. 거꾸로 달러가 유출되면 통화안정증권을 매입할 것이다. 문제처럼 중앙은행이 달러를 매입하면 그만큼 원화가 늘어날 것이다. 따라서 통화안정증권을 매각해 늘어난 화폐공급을 흡수하게 된다.

27 한국은행(=한은)은 각급 은행과 금융기관들의 최종대부자로서 역할을 수행한다. 금융기관 간 지급결제제도의 운영과 관리도 맡고 있다. 한은은 발권력을 가진 기관으로서 물가 안정과 금융시장 안정이라는 역할을 맡고 있다. 한은은 거시경제 안정을 위해 기준금리를 조절한다. 기준금리는 통화정책의 목표가 되는 금리다. 기준금리가 낮아지면 은행의 예금 및 대출 금리를 비롯한 각종 금리도 낮아지면서 시중에 유통되는 통화량이 늘어난다. 기준금리가 높아지면 이와 반대 현상이 발생한다. 한은은 또 지급준비율과 재할인율 조정, 공개시장 조작 등을 통해 시중 통화량을 조절한다.

28 우리나라 국세 중 비중이 가장 높은 세금은 부가가치세이다.

29 예금보험제도는 금융회사가 파산 등으로 인해 예금 등을 지급하지 못할 경우 공적 기관이 예금자에게 예금보험금을 지급하는 공적 보험제도다. 우리나라에서는 특별법에 의해 설립된 공적 기관인 예금보험공사(예보)가 예금을 대신 지급(대지급)하게 된다. 예금을 대지급하는 돈은 예보가 예금보험 가입(부보)대상인 금융사로부터 매년 일정한 보험료를 거둬 마련한다. 부보 금융회사는 은행, 보험, 증권, 종합금융, 저축은행 등이다. 새마을금고나 신용협동조합, 농협·수협 지역조합(단위조합)은 예금보험 대상이 아니라 자체 기금을 활용해 예금자를 보호하고 있다. 예금 지급이 보장되는 금융상품은 부보 금융회사가 판매하는 상품 중 만기에 원리금 지급이 보장되는 상품이다. 정기예금, 정기저금, 보통예금, 개인이 가입한 보험상품, 퇴직보험 등이 그것이다. 이들 상품은 원금 + 약속된 이자 포함 5,000만 원까지 예보가 대지급 보장한다. 반면 양도성 예금증서(CD), 변액보험, 펀드와 같은 실적배당상품이나 투자상품은 예금자보호제도 대상이 아니다.

30 1992년 말부터 은행들에 BIS 비율 8% 이상을 유지하도록 권고하고 있다. 보통 8% 이상이면 우량은행으로 평가된다. BIS 비율은 자기자본을 위험가중자산으로 나눠 100을 곱해 구한다. 따라서 자기자본이 많고 위험가중자산이 적으면 BIS 비율이 높고, 그 반대이면 BIS 비율이 낮다. 위험가중자산은 거래 상대방의 신용위험도에 따라 가중치를 적용해 은행자산을 구분한 것을 말한다.

31 CMA(자산관리계좌)는 증권회사에서 취급한다.

32 이자에 대해 이자를 붙이는 것이 복리법이다. 1년 후 이자 5%에 대한 잔여 1년간의 이자는 5,000원에 대한 5%이므로 250원이 단리법과 복리법의 차이이다.

33 금리는 돈을 빌린 데 대한 대가로 지불하는 이자율로, 자금의 수요와 공급에 의해 결정된다. 금리는 △필요한 부문에 자금을 적절히 배분해주는 자금배분기능 △과열된 경기를 진정시키거나 침체된 경기를 부양시키는 기능(경기조절기능)을 한다. 금리는 가계의 저축, 기업가의 투자활동, 물가수준, 국가 간의 자금흐름에 영향을 미친다. 명목금리는 인플레이션을 감안하지 않고 외부로 표현된 숫자상의 금리이며, 실질금리는 명목금리에서 물가상승률을 차감한 금리이다. 대출이나 예금 때 약정한 금리가 만기 때까지 바뀌지 않고 똑같으면 고정금리, 바뀌면 변동금리라고 한다. 이자 계산에는 두 가지 방법이 있는데 단리는 원금에 대해서만 약정된 이자율과 기간을 곱해서 이자를 계산한다. 반복 복리는 일정 기간마다 이자를 원금에 합쳐 그 합계 금액에 대한 이자를 다시 계산한다.

34 증권이나 부동산 등 자산시장에서 정보가 모든 투자자들에게 신속하고 정확하게 전달된다고 하자. 그러면 새로운 정보가 나타나면 증권(주식과 채권)과 부동산 가격은 이에 대해 신속하게 반응할 것이고, 무작위적인 움직임을 보일 것이다. 따라서 효율적인 시장에서는 이용 가능한 정보를 이용해 시장 평균보다 높은 초과수익을 올릴 수 없다. 이를 '효율적 시장가설(Efficient Market Hypothesis)'이라고 한다. 일반적으로 자산가격이 비쌀 때 팔고, 자산가격이 비싸더라도 더 오를 것으로 예상되면 팔지 않는다. 자산시장에서 거래가 이뤄지는 것은 자산가격에 대한 참가자들의 예상이 다르기 때문이다.

35 경기란 경제 각 부문의 평균적인 상태, 즉 '국민경제의 총체적인 활동수준'을 의미한다. 경기 판단 방법에는 크게 △개별 경제지표 △개별경제지표를 합성해 만든 종합경기지표 △경제주체들에 대한 설문조사에 의한 방법 △경제변수들의 상호 의존관계를 계량경제학적으로 분석하는 계량모형에 의한 방법 등이 있다. 통계청이 발표하는 선행지수 등은 종합경기지표에 해당한다. 동행지수는 현재의 경기상태, 선행지수는 가까운 장래의 경기동향 예측, 후행지수는 경기변동을 사후에 확인하는 지표이다. 선행지수는 건설수주액, 소비자기대지수, 코스피지수 등의 개별지표를 가공해 산출하며, 동행지수는 광공업생산지수, 도소매판매액지수 등이다. 후행지수는 상용근로자 수, 생산자제품 재고지수, 도시가계소비지출 등을 가공해 산출한다.

36 '래퍼 커브'는 미국의 경제학자 래퍼(A Laffer)가 제시한 세율과 세수에 관한 곡선을 말한다. 래퍼 커브의 이론 구조는 단순하다. 세율이 0%면 정부의 조세수입은 없다. 또 세율이 100%면 누구도 일할 인센티브가 없기 때문에 소득이 없을 것이고 따라서 조세수입 역시 없다. 이런 양 극단을 생각하면 세수가 가장 커지는 세율t(x)은 0%와 100% 사이 어딘가에 존재할 것이다. 이를 x(세율) – y(세수) 평면에 그래프로 그리면 0과 100에서 x축과 만나면서 사발을 엎어놓은 것과 같은 모양의 곡선을 만들 수 있다. 이게 래퍼 커브이다. t(x)보다 세율이 낮은 상태에서는 세율을 올리면 세수가 늘어나겠지만, 반대로 t(x)보다 높은 세율의 구간에서는 오히려 세율을 낮춤으로써 세수를 증대시킬 수 있는 것이다. 로렌츠 커브는 소득분포의 불평등도 나타내는 곡선이며, 필립스 커브는 인플레이션과 실업률 사이의 관계를 나타내는 곡선이다. 쿠즈네츠 커브는 국민소득과 환경 간의 상관관계를 나타내는 '역(逆) U자' 모양의 곡선이다.

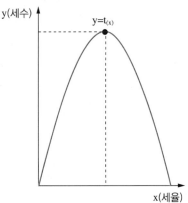

37 전환사채, 상환주식, 전환주식, 신주인수권부 사채 등을 발행하면 이를 인수한 투자자로부터 자금을 받게 된다. 하지만 무상 신주는 주식을 발행해 주주에게 무상으로 나눠주는 것으로 회사에 자금이 들어오지 않는다.

38 배당은 잉여금으로 한다. 주식배당을 하면 자기자본 내에서 이익잉여금이 줄어들면서 그만큼 자본금이 늘어난다. 현금배당을 하면 자기자본의 이익잉여금과 자산의 현금이 동시에 줄어들게 된다. 따라서 자산, 자본총계, 이익잉여금이 각각 감소하게 된다. 자본잉여금, 당기순이익은 변동이 없다.

39 재무제표에서 외화 자산과 부채는 원화로 환산돼 표시된다. 환율이 달러당 1,000원에서 1,500원으로 급등했다고 가정해 보자. 이때 원화로 환산되는 외화채권의 가치는 50% 증가하고 그만큼 이익으로 표시될 것이다. 거꾸로 원화로 환산된 외화 부채의 규모도 50% 늘어나고, 그만큼 손실을 입었다고 기록된다. 회계적으로 외화 자산이 많은 기업은 자산가치와 이익이 늘어나지만 외화 부채가 많은 기업은 부채와 손실이 증가한다.
환율 변동에 따른 이런 리스크를 피하기 위해 기업들은 다양한 방식으로 헤징(Hedging)을 시도한다. 즐겨 사용되는 방법 가운데 하나가 미래에 정해진 조건으로 외화를 사거나 팔기로 약정하는 것이다. 이를 선물환계약이라 한다. 현재 상황에서 달러당 1,300원에 달러를 파는 계약을 체결한 기업은 그만큼 손실을 입을 것이다. 기업들은 영업활동 과정에서 외화 자금의 유출입 흐름을 조정해 자연스럽게 헤징 효과를 얻기도 한다. ⑤와 같은 상황에서 미수금은 매출채권으로 간주되며 순조롭게 자금을 회수할 경우 환율 상승으로 이익이 증가한다.

40 직업훈련 프로그램을 운영하면 직업탐색기간이 짧아지고, 최저임금을 낮추면 노동수요가 증가해서 자연실업률이 낮아진다. 그러나 실업급여를 늘리면 직업탐색이 지연되고, 노동조합이 강해지면 조합원의 임금이 높아져서 노동의 초과공급이 발생하여 자연실업률이 높아진다. 한편 통화량과 정부지출을 늘리면 경기적 실업의 감소로 실제 실업률은 낮아지지만 자연실업률과는 무관하다.

41 자원의 희소성은 자원은 한정된 데 비해 사람들의 수요(욕구)는 많기 때문에 생긴다. 어떻게 생산할 것인가는 곧 생산요소의 선택과 결합방법에 관한 문제이다.

42 창수의 주장은 시장 균형이 수요곡선 위를 따라 이동하는 것을 말한다. 영희는 수요곡선상의 이동과 수요곡선 자체의 이동을 함께 말하고 있다.

43 평균총비용과 한계비용 간의 관계는 아래의 그래프와 같다. 여기서 평균총비용 = 평균고정비용 + 평균가변비용이다. 평균가변비용은 평균총비용에서 평균고정비용을 차감한 것이므로, 그 곡선은 평균총비용곡선 아래쪽에 위치하며 한계비용곡선이 그 최저점을 통과하게 된다. 따라서 평균총비용이 감소하더라도 한계비용곡선이 평균가변비용곡선의 최저점을 통과하기 전에는 평균가변비용이 한계비용보다 많지만, 한계비용이 평균가변비용곡선을 통과한 후에는 한계비용이 평균가변비용보다 많아지게 된다. 기업들은 장기적으로 한계비용과 평균총비용이 만나는 점에서 정상이윤을 누리면 균형을 이루게 된다.

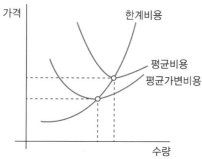

44 외부효과는 시장 기능이 자원을 효율적으로 배분하지 못하는 시장실패의 일종으로 오염물질의 배출, 신기술 개발 등이 대표적 사례다. 자동차 배기가스는 대기를 오염시키기 때문에 부정적 외부효과라고 할 수 있다. 부정적 외부효과 문제를 해결하기 위한 방법으로는 세금을 부과하거나 법으로 규제하는 길이 있다. 역선택이나 도덕적 해이는 경제주체마다 갖고 있는 정보에 차이가 있는 정보의 비대칭에서 비롯된다.

45 GDP디플레이터 = 명목GDP / 실질GDP × 100으로 계산된다. 2016년의 경우 명목GDP와 실질GDP가 동일한 300억 원으로 GDP디플레이터는(300/300) × 100 = 100으로 계산된다. 이에 반해 2017년의 경우 명목GDP는 360억 원, 실질GDP는 300억 원으로 GDP디플레이터는 360/300 × 100으로 120으로 계산된다. 따라서 실질GDP는 변화가 없다.

46 경쟁력이 없는 산업을 보호하기 위해 수입제품에 높은 관세를 부과하다가 시장을 완전 개방했을 때 나타날 수 있는 현상을 물어 보는 문제이다. 해외에서 값싼 포도주가 들어오게 되므로 국내 포도주 생산업자는 생산량을 줄일 가능성이 높다.

47

구 분	A국	B국
신 발	2/4	4/6
컴퓨터	4/2	6/4

A국은 신발 1켤레를 생산할 수 있는 자원으로 컴퓨터 2분의 1대를 만들 수 있는 반면, B국은 신발 1켤레를 생산할 수 있는 자원으로 컴퓨터 3분의 2대를 생산할 수 있다. 신발을 생산하는 데 뒤따르는 기회비용은 A국이 더 낮다. 거꾸로 컴퓨터를 생산하는 데 따른 기회비용은 B국이 더 낮다. A국이 신발만을 생산한 뒤 이를 B국의 컴퓨터와 맞바꾼다면 신발과 컴퓨터의 소비량은 각각 증가할 것이다. A국은 B국보다 신발과 컴퓨터 두 재화 모두 저렴하게 생산할 수 있다. 하지만 A국은 신발을, B국은 컴퓨터를 생산한 뒤 이를 맞바꾸는 것이 더 효율적이다.

48 보기와 같은 수요곡선의 변화는 수요 증가를 의미한다. 수요 증가 요인은 아래와 같다.

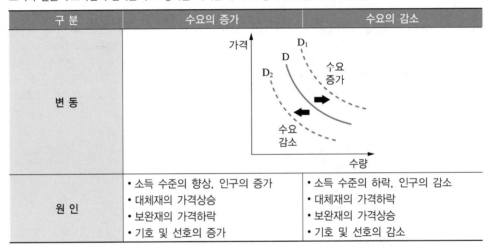

구 분	수요의 증가	수요의 감소
변 동		
원 인	• 소득 수준의 향상, 인구의 증가 • 대체재의 가격상승 • 보완재의 가격하락 • 기호 및 선호의 증가	• 소득 수준의 하락, 인구의 감소 • 대체재의 가격하락 • 보완재의 가격상승 • 기호 및 선호의 감소

1인당 소득이 같아도 인구가 증가하면 비슷한 효과가 발행한다. 다른 재화의 가격변동도 수요곡선을 이동시킬 수 있다. A라는 특정 대체재의 가격이 오를 경우 이전에 A를 샀던 사람들 가운데 일부는 이 재화를 구매하려고 할 것이다. 따라서 수요곡선은 우상향으로 움직이다. 반면 B라는 보완재의 가격이 상승하면 이 재화를 구매하려는 수요가 자연스럽게 줄게 된다. 따라서 수요곡선은 좌하향으로 이동할 것이다.

49 고전학파는 경기침체가 있으면 대부자금시장에서 이자율이 하락하여 투자수요의 증대로 총수요가 증가한다고 주장한다.

50 상관관계란 두 가지 사물 사이에서 유사한 정도의 통계적 차이이다. 인과관계는 원인과 결과가 되는 관계이다. 대부분의 동계올림픽 개최 국가들이 1인당 국민소득 3만달러 이상이 되었다고 하나 우리나라 또한 3만달러가 될 것이라는 것은 우리나라와 다른 개최국 간의 상관관계와 인과관계를 잘못 해석한 것이다.

51 환율이 빠르게 상승하면 그만큼 외화가 빠져나가고 있다는 의미이므로 금리를 상향 조정할 것이다. 거꾸로 환율이 빠르게 하락해 원화 가치가 높아지면 금리를 하향 조정해 해외 자본의 유입을 막는다. 중앙은행은 경기순환의 진폭을 완만하게 하기 위해 통화정책을 사용한다. 경기가 냉각될 경우에는 금리를 낮춰 소비와 투자를 진작시키고 거꾸로 경기가 과열 양상을 보이고 있을 때에는 금리를 올리게 된다. 한편 경상수지가 적자를 기록하는 등의 상황에서는 원화 가치를 하향 조정(평가절하)해 내수경쟁력을 갖추게 하는 방책도 고려될 수 있다. 따라서 가.와 라.가 옳은 설명이다.

52 재무상태표의 오른쪽은 자금의 조달 원천을, 왼쪽은 조달된 자금의 활용 상황을 표시한다. 계정과목으로 보면 오른쪽은 크게 부채와 자기자본(자본)으로, 왼쪽은 자산(유동자산, 고정자산, 투자자산)으로 구분된다. 자기자본은 다시 자본금과 잉여금으로 나눠진다. 은행 재무상태표의 특징은 예금이 부채라는 점이다. 지급준비금은 예금 중 일부를 유보하는 것이므로 자산으로 분류된다.

53 화폐의 시간가치를 구하는 문제로 모든 보기를 현재가치화하면 된다. ②의 경우 5년 후 4억 원의 현재가치는 3억1,200만 원(4억 원×0.78)이고 ③의 경우는 매년 돈을 지급받는 연금이므로 현재가치는 3억 880만 원(4,000만 원×7.72)이 된다. ④의 경우는 영구연금을 의미하는 것으로 지급액을 이자율로 나눔으로써 가치를 산출할 수 있는데 3억 원(1,500만원 ÷0.05)이 된다.

⑤의 경우 5년 후 1억 원의 현재가치는 7,800만 원(1억 원×0.78), 10년 후의 2억 원은 1억 2,200만 원(2억 원×0.61)이 되므로 총 현재가치는 3억 원이 된다.

54 옵션은 금융파생상품의 일종의 미래의 일정 기한 내에 특정 상품을 정해진 가격에 팔거나(풋옵션) 살 수 있는(콜옵션)권리를 매매하는 거래다. 옵션 거래는 △외환이나 주식, 금리 등 기초상품의 가격변동 리스크(위험)를 회피(헤지)하거나 △순전히 투기적 목적을 위해 이뤄진다. 문제에서 ㈜열정은 환율 하락 리스크를 헤지하기 위해 수출대금 1만달러를 1,100원에 팔수 있는 풋옵션을 50만 원에 사들였다. 6개월 후 만기 때 환율이 1,020원으로 하락했으므로 달러를 원화로 바꾸기 위해 외환시장에서 달러화를 팔면 1,020만 원(1만 달러×1,020원)을 손에 쥘 수 있게 된다. 하지만 실제로는 풋옵션 계약으로 달러당 1,100원에 보유 달러를 매각할 수 있으므로 1,100만 원을 얻는다. 80만 원의 이득을 보는 셈이다. 여기에 풋옵션을 사들이는 데 들인 50만 원을 뺀 30만 원이 풋옵션 계약으로 ㈜열정이 얻은 최종 이익이다.

55 19세기 초 산업혁명으로 직물공장에 근무하던 근로자들이 기계파괴운동을 일으켰다. 일명 러다이트 운동이라고도 한다. 새로운 기술이 발명되거나 시장이 개방되면 산업 구조조정이 일어나게 마련인데 이때 퇴출 대상 업종의 실업자를 구제하는 문제가 큰 과제다. 역사적으로 보면 산업 구조조정 자체를 막을 수 없으므로, 이 산업에 종사하는 사람들을 재교육시켜 다른 산업으로 배치시키거나 특화된 장점을 살려 나가는 것이 옳은 길이다.

56 경제의 불확실성이 높을 때에는 정부 재정정책의 중요성이 더욱 부각된다. 재정정책은 정부가 다양한 형태의 사업에 예산을 투입해 민간 경제 활성화를 돕는다. 투자와 고용을 늘리는 기업들에 대해 세금을 감면해 주는 등 일종의 보조금을 주는 정책도 널리 쓰인다. 하지만 대형 유통업체 출점을 규제하는 방안은 경기부양과는 거리가 멀다. 유통업체 출점을 규제하면 신규 투자가 감소하고 민간소비도 줄어들게 된다.

57 부채로 자금을 조달한 투자자는 투자 대상 사업에서 수익이 발생하지 않을 경우 이자 비용이 큰 부담이 되는 문제가 생긴다. 고소득층의 가계부채는 사회적으로 큰 문제가 되지 않는다.

58 유럽 재정위기의 핵심은 그리스, 스페인 등 남유럽 국가들이 누적된 국가 채무를 갚지 못할 위험이 커지고 있다는 데에서 비롯된다. 특히 그리스의 경우 방만한 재정 지출과 뒤떨어지는 조세 제도라는 이중의 문제가 심각하다. 이들 국가가 파산하거나 유로존에서 탈퇴할 경우 유럽뿐만 아니라 국제 금융시장도 심각한 불확실성에 직면하게 될 것이다. 유럽 재정위기가 심각해질수록 미국에는 글로벌 자금이 모이는 경향이 있다. 안전자산이라 평가받는 미 국채 등이 각광받기 때문이다. 반면 국내 금융시장은 외국인 투자자금이 빠져나갈 가능성이 높다. 따라서 원화 가치는 하락하며, 국내 이자율은 상승하게 된다. 원화 가치가 하락하면 수출 경쟁력이 높아지지만 원자재 가격은 오르게 된다. 세계 경제 불확실성이 늘어나고 유럽 경제 상황이 악화되면 수출 감소와 그에 따른 국내 투자 수요 감소 가능성이 크다.

59 토빈세는 미국의 경제학자로 노벨 경제학상 수장자인 제임스 토빈이 단기 투기성 외환거래에 따른 경제교란을 방지하기 위해 제안한 세금이다. 브라질 등이 외국 투기자본의 빈번한 유출입에 따른 경제적 충격을 완화하기 위해 일종의 토빈세를 부과하고 있다. 로빈후드세는 금융회사, 석유회사 등 자산가치 상승으로 이득을 본 업체에 추가 세금을 부과해 저소득층을 지원하는 데 쓰자는 취지로 제안된 세금이다. 버핏세는 미국의 투자 대가인 워런 버핏이 부유층이 부담하는 세금이 중산층보다 적은 수준이라며 이들에게 많은 세금을 부과하자고 밝힌 데서 이름을 따왔다. 비만세는 고칼로리 식품에 물리는 세금으로 덴마크 등에서 현재 부과되고 있다. 독신세는 결혼을 하지 않은 독신 남성을 대상으로 한다.

60 제시문의 주장은 부유한 자들의 독점으로부터 백성을 보호하기 위해 소금과 철제 농기구는 정부가 직접 생산·공급해야 한다는 것이다. 이는 현대적 의미에서 소비자 보호 및 민간 독점 규제와 맥락이 같다. 공기업 민영화는 제시문의 주장과 반대되는 정부 정책이며, 해외 유전 개발은 국가의 부(富)를 증가시키려는 정부 정책이므로 제시문의 주장과는 거리가 있다.

61 지급준비율(지준율)은 은행이 고객으로부터 받아들인 예금 중에서 예금 반환 요구에 대비, 중앙은행에 의무적으로 적립해야 하는 비율을 뜻한다. 지준율이 높아지면 은행은 더 많은 수신 예금을 한은에 예치하게 된다. 그만큼 자유롭게 운용할 수 있는 자금이 감소해 대출이 줄어들게 된다. 또 이자수입이 줄어 금융중개비용이 높아지고, 신용창출 효과가 감소한다. 통화승수도 작아진다. 국공채를 매도해 통화량을 줄이는 것과 마찬가지 효과를 발휘한다. 하지만 지준율 정책은 정책시차가 비교적 길어 일부 국가를 제외하고는 잘 사용하지 않는다. 지준율 변경은 실제 효과보다 정부의 정책 의지를 알리려는 목적이 강하다.

62 레버리지 효과를 묻는 문제이다. 자기자본수익률의 변동폭이 부채비율에 따라 변화한다. 일반적으로 부채비율이 높으면 자기자본에 대한 순이익률 변동폭이 커진다. 따라서 비교 대상 다섯 회사의 총자본은 모두 동일한 수준의 100억 원이므로 이 중에서 타인자본인 부채금액이 가장 낮은 회사가 자기자본에 대한 순이익률 변동폭이 가장 작게 된다. 따라서 부채 금액이 가장 작은 1번 보기의 회사가 정답이다.

63 손익분기 판매량은 고정비를 개당 공헌이익으로 나누면 된다. 공헌이익은 한 개 팔았을 때 변동비를 커버하고 남길 수 있는 마진이다. ㈜충정의 제품 한 개당 공헌이익은 700 − 500 = 200원이다. 따라서 손익분기 판매량은 고정비 100만 원/200원, 즉 5,000개이다.

64 시설투자 등에 소요된 고정비용은 매몰비용이다. 따라서 이후 의사결정에 영향을 미치지 않는다. 제품 1개를 더 생산할 때 추가로 드는 비용인 변동(한계)비용만을 고려하면 된다. 추가 주문을 받아들일 경우 제품 개당 변동비용은 원래 변동비 500원에 추가 비용 50원을 더해 550원이 소요된다. 따라서 550원 이상을 받으면 된다.

65 어떤 대안을 선택했을 때 그 선택이 합리적이었다는 평가를 얻으려면 경제적 이윤이 발생해야 한다. 경제적 이윤은 매출액에서 경제적 비용, 즉 기회비용을 차감한 것이다. 김길동의 월 기회비용은 기존에 받고 있던 월급 400만 원 + 여행사 운영비용 2,000만 원 + 2억 원에 대한 이자 월 1% 200만 원 = 2,600만 원이다.

66 2017년에 명목GDP와 실질GDP가 동일하므로 2017년 GDP디플레이터는 100이다. 주어진 기간에 명목GDP 증가율이 실질GDP 증가율보다 높게 나타나므로 GDP디플레이터로 표현한 물가 상승률이 양(＋)의 값을 기록하였다. 이러한 인플레이션은 화폐의 구매력 감소를 의미하며, 명목 금리가 실질 금리보다 높게 형성되는 이유가 된다. 한편 주어진 기간에 1인당 실질GDP는 변화가 없으므로 실질GDP 증가율과 인구 증가율은 같다. 주어진 기간에 물가가 상승하는 가운데 1인당 실질GDP의 증가율이 0이므로 1인당 명목GDP는 증가한다.

67 (가) 시기에 실질GDP 증가율이 음(−)의 값을 기록하였으므로 실질GDP는 감소하였다. 만약 (가) 시기에 경기안정화 정책을 편다면 총수요 증대 정책을 시행할 것이다. (나) 시기에는 실업률의 변화가 양(+)의 값을 기록하였으므로 실업률은 상승하였다. 실질GDP 증가율이 양(+)의 값을 갖더라도 실업률 변화가 0인 경우를 찾을 수 있다.

68 마을의 주민이 늘어날수록 공유 자원에서 얻는 1인당 소득이 감소함을 묻는 문제이다. 주민 1인당 소득은 1명만 살 때는 300만 원, 2명이 살 때는 200만 원, 3명이 살 때는 100만 원으로 하락한다. 4명이 살 때는 모두 고기잡이를 하면 1인당 소득이 0원이 되는 것을 알기 때문에 중기는 민속품 만들기를 선택한다. 따라서 중기는 90만 원을 벌게 되고 나머지는 1인당 100만 원을 벌게 된다.

69 자료에서 마을 주민의 직업 선택 결과를 주고 각자가 이 상태에서 벗어날 유인이 없음을 묻는 문제이다. 주민 3명이 고기잡이를 선택하면 현재 고기잡이를 선택한 주민은 1인당 100만 원의 소득을 얻기 때문에 민속품 만들기를 선택하지 않는다. 이 상황에서 민속품 만들기를 하는 사람도 고기잡이를 선택하면 소득이 0원이 되기 때문에 90만 원의 소득에 만족한다.

70 고기잡이의 기회비용은 항상 90만 원이다. 위의 두 문제에서 주민 4명이 살 때 소득의 합은 390만 원이다. 주민 1명이 자원을 독점하면 그 사람의 소득은 300만 원이고 나머지 주민의 소득 합은 270만 원이므로 전체 소득은 570만 원으로 오히려 증가한다. 마을 주민 중 2명만 고기잡이를 하고 나머지 2명이 민속품 만들기를 하면 전체 소득은 580만 원으로 역시 증가한다.

71 생산된 닭을 매년 다 소비하지 않고 남겨둔 씨암탉은 이듬해 닭 생산을 증가시키는 요인이 된다. 닭 생산이 유일한 생산물인 A국에서는 닭 생산의 증가가 소득 증대를 의미한다. 매년 추가적으로 늘어나는 씨암탉으로 인해 총 씨암탉 수는 증가하지만, 그림에서 보듯이 추가적 씨암탉이 닭 생산에 추가적으로 기여하는 양이 점점 줄어들게 되어, 시간이 지남에 따라 더해지는 씨암탉 수는 줄어든다. 이때 추가되는 씨암탉 수가 폐사되는 씨암탉 수와 정확히 일치할 때 A국 경제는 균형에 이르게 되고 총 씨암탉 수는 일정한 수준에 머물게 되어 닭 생산량 역시 일정한 수준에 머물게 되며 A국의 소득 성장은 멈추게 된다. 위의 설명에서 알 수 있듯이, 씨암탉의 수는 시간이 지남에 따라 줄어들지 않고(①), 매년 추가적으로 생산하는 닭의 증가율은 줄어들며(②), 씨암탉의 수가 증가함에 따라 닭 생산량이 늘어나고 닭 생산의 일정 비율(80%)이 소비되므로 소비 역시 늘어나지만(③), 씨암탉의 수가 증가함에 따라 추가적인 닭 생산량은 줄어든다(④). 올해 대비 내년에 추가적으로 늘어나는 씨암탉의 수는 닭 생산량의 20%가 아니라 닭 폐사율까지 고려한 15%이다.

72 양국에서 닭이 유일한 생산물이므로 닭 생산량은 소득을 의미한다. 주어진 생산 기술에 의하면 현재의 씨암탉 수가 증가함에 따라 추가적으로 증가하는 씨암탉의 증가율은 줄어들고 이에 소득의 증가율은 줄어든다. 따라서 B국의 씨암탉 수 20억 마리는 A국의 씨암탉 수 10억 마리의 2배이지만 주어진 닭 생산 기술에 의하면 씨암탉 수를 2배 늘릴 경우 닭 생산량은 2배보다 덜 늘어나고 B국 소득 대 A국의 소득 비율은 2보다 작다. 같은 이유로 현재 양국 간의 씨암탉 수의 차이로 인해 A국의 소득 증가율이 B국의 소득 증가율보다 크게 된다. 따라서 양국에서 생산 기술, 닭 소비율, 닭 폐사율 및 노동량이 같으므로, 양국 간의 소득 비율은 줄어들게 된다.

73 소비가 증대된다는 주장은 감세를 통해 소비자의 지출가능소득 즉, 가처분소득이 증가하여 소비가 진작되고 이를 통해 총수요가 늘어나 생산이 증대하여 다시 소득이 늘어난다는 전통적인 재정정책 효과를 상정하고 있다. 반면에 소비가 증가하지 않는다는 주장은 소비자가 미래지향적이고 합리적이어서 자신들의 소비를 현재의 소득뿐만 아니라 미래의 소득에도 의존한다고 보아, 현재의 삭감된 세금이 미래에 자신 및 후손들의 조세부담으로 연결되므로 현재의 소비를 증가시키지 않는다고 본다.

74 이 문항은 경제주체의 목적이 다르면 최적 의사결정이 상이하게 나타날 수 있음을 보여 준다. (가)에서 동건출판사는 '찰리포터'의 독점공급자로서 출판에 관련된 제반 비용을 고려하여 '이윤=판매수입－인세－관련비용=0.5×판매수입－관련비용'을 극대화하는 가격을 책정한다. 반면, 서영은 판매수입이 커질수록 인세가 늘어나므로 현재보다는 가격을 낮춰 판매량이 늘어나는 것을 원한다. ③에 제시된 방식은 동건출판사의 가격책정 방식에 비해 판매수입을 더 고려함으로써, 현재보다 낮은 수준에서 가격이 결정된다.

75 ①의 방안을 따르면 출판사가 서영에게 인세를 더 지급해야 하므로 동건출판사의 이윤이 줄게 되고, ②의 방안을 따르면 동건출판사가 '판매수입－인세＝0.5×판매수입'을 극대화하게 되어 동건출판사와 서영의 이해관계가 바뀔 뿐 추가적인 이익은 생기지 않는다. ③의 방안을 따라 인세 비율을 올리면 동건출판사는 판매수입을 덜 고려하게 되어 현재보다 높은 가격을 책정하게 되고, 따라서 '판매수입－관련비용'이 감소하므로 모두를 만족시킬 수는 없다.
반면, 동건출판사와 서영은 '판매수입－관련비용'을 이윤과 인세로 나누어 가지므로 '판매수입－관련비용'을 극대화하는 가격을 책정한 후에 이를 적절히 분배하면 모두에게 이득이 될 수 있다. 즉, 인세를 '판매수입－관련비용'의 일정 비율로 변경하는 것이 바람직하다.

76 자료에서 제시된 숫자들을 통해 규모의 경제가 존재함을 이해할 수 있는지를 파악하기 위한 문항이다. ㈜수로전자가 수경의 제안을 받아들이지 않을 때, ㈜수로전자는 매월 100대의 전자계산기를 대당 2만 원에 팔고 이때 대당평균비용 은 1만 2천 원이므로 매월 80만 원(100대 × 2만 원 - 100대 × 1만 2천 원)의 이윤을 얻는다.

반면, ㈜수로전자가 수경의 제안을 받아들여 월 생산량을 150대로 늘리면 전체 생산비용은 150대 × 1만 원으로 150만 원이 투여되지만, 이로 인한 판매금액은 (100대 × 2만 원 + 50대 × 9천 원)으로 총 245만 원의 판매금액을 얻는다. 따라서 수경의 제안을 받아들이면 매월 95만 원의 이윤을 얻게 되므로, 수경의 제안을 받아들이지 않을 경우에 비해 이윤이 증가한다.

비록 수경과의 거래에서는 대당 1천 원씩 월 5만 원의 손해가 발생하지만, 생산량의 증가로 대당 평균비용이 감소함에 따라 국내 시장에서는 대당 2천 원씩 월 20만 원의 추가적인 이윤이 발생하기 때문이다.

이와 같이 생산량이 증가하면 평균비용이 감소하는 것을 '규모의 경제(Economies of Scale)'라고 한다.

77 주요 경제지표에 대한 이해를 묻는 문항이다.

② (가)에서 명목이자율과 예상인플레이션율은 모두 호황일 때 높아지고 침체일 때 낮아진다고 서술하고 있다. 따라서 총수요 증가로 경기가 좋아지면 실질이자율이 어떤 방향으로 변화할지는 자료를 통해서는 파악할 수 없다. 특히 예상인플레이션율의 상승은 실질이자율을 낮추는 요인이기 때문에 총수유의 증가가 예상인플레이션의 상승을 통해 기업의 투자를 위축시킨다는 진술은 옳지 않다.

① (가)에서 명목이자율은 호황일 때 높아지고 침체일 때 낮아진다고 서술하고 있다. 따라서 총수요 증가로 경기가 좋 아지면 명목이자율이 높아진다는 것을 유추할 수 있다.

③ (가)에서 명목이자율이 예상인플레이션율보다 더 상승하면 실질이자율을 높여 기업 투자의 기회비용이 높아진다는 것을 유추할 수 있다.

④ 정부의 실업급여는 침체일 때 늘고 호황일 때 줄어 (다)와 같이 정부가 별도의 조치를 취하지 않더라도 총수요가 증가하거나 감소하도록 만드는 자동안정화 장치의 기능을 한다.

⑤ 소득의 변화에 따른 세금 규모는 침체일 때 줄고 호황일 때 늘어 (다)와 같이 정부가 별도의 조치를 취하지 않더라도 총수요가 증가하거나 감소하도록 만드는 자동안정화 장치의 기능을 한다.

78 경제개념을 현실 사례에 적용할 수 있는지를 묻는 문항이다.

A국에서는 명목이자율이 고정되어 있어 (가)에서 제시한 바와 같이 경기 침체로 예상인플레이션율이 하락하면 실질이 자율이 상승한다. 반면 B국에서는 명목이자율이 예상인플레이션율의 변화를 그대로 반영하고 있어 실질이자율이 고정 되어 있다.

① 경기 침체에 따른 예상인플레이션율 하락으로 실질이자율이 상승하면 기업의 투자가 위축되어 경기 침체가 더 커진다.

② 이 진술은 ①의 이유로 옳지 않다.

③ B국의 실질이자율은 고정되어 있으므로 옳지 않다.

④ B국의 실질이자율은 고정되어 있어 경기에 영향을 미치지 못하므로 옳지 않다.

⑤ A국의 경기에는 침체를 더욱 크게 하지만 B국의 경기에는 영향을 미치지 못하므로 옳지 않다.

79 저출산·고령화를 통해 우리나라의 인구구조는 14세 이하 인구와 15세 ~ 64세 생산가능인구 비중이 감소하며 65세 이상의 노인층이 급증하는 모습을 보일 것으로 전망된다. 즉, 노인 1명당 부양자 수는 계속 감소할 것이며, 15 ~ 24세 인구 비중은 14세 이하 인구 비중의 감소로 역시 감소할 것이다. 또한 양(+)의 저축을 하는 연령대인 장년층(40 ~ 50 대)의 비중은 감소하고 음(-)의 저축을 하는 연령대인 65세 이상 고령층 인구의 비중은 늘 것이다.

80 2019년 말 원화 기준으로 순자산의 크기를 비교하려면, 먼저 주어진 주요 통화의 대달러 절상률 자료에서 원화의 주요 통화에 대한 환율 변화를 추론해야 한다. 예를 들어, 엔화는 대 달러 절상률이 13.4%에 이른 반면 원화는 2.5%에 머물 렀으므로 2019년에 원화의 대 엔화 환율(원화 / 엔화)은 크게 상승했을 것이다. 같은 방식을 적용하면, 원화의 대 유로 화(원화 / 유로) 환율은 큰 폭으로 하락한 반면 대 위안화 환율(원화 / 위안화)은 소폭 상승하였음을 추론할 수 있다. 이 상에서 파악한 원화의 주요 통화 대비 환율 변화를 고려하면, 자산으로 엔화나 위안화를 보유한 기업이나 부채로 유로화 나 달러화를 가진 기업의 순자산이 상대적으로 크게 증가했음을 알 수 있다.

좋은 책을 만드는 길 독자님과 함께하겠습니다.

도서나 동영상에 궁금한 점, 아쉬운 점, 만족스러운 점이
있으시다면 어떤 의견이라도 말씀해 주세요.
시대고시기획은 독자님의 의견을 모아 더 좋은 책으로 보답하겠습니다.

www.sidaegosi.com

TESAT(테셋) 초단기 완성

개정3판1쇄 발행	2021년 3월 5일 (인쇄 2021년 1월 26일)
초 판 발 행	2018년 3월 5일 (인쇄 2018년 1월 12일)
발 행 인	박영일
책 임 편 집	이해욱
저 자	박정호 · 김광석
편 집 진 행	김준일 · 김은영 · 이보영
표지디자인	김도연
편집디자인	하한우 · 임하준
발 행 처	(주)시대고시기획
출 판 등 록	제 10–1521호
주 소	서울시 마포구 큰우물로 75 [도화동 538 성지 B/D] 9F
전 화	1600–3600
팩 스	02–701–8823
홈 페 이 지	www.sidaegosi.com
I S B N	979–11–254–9158–3 (13320)
정 가	23,000원

제1회 실전모의고사 OMR 답안지

1	① ② ③ ④ ⑤	21	① ② ③ ④ ⑤	41	① ② ③ ④ ⑤	61	① ② ③ ④ ⑤
2	① ② ③ ④ ⑤	22	① ② ③ ④ ⑤	42	① ② ③ ④ ⑤	62	① ② ③ ④ ⑤
3	① ② ③ ④ ⑤	23	① ② ③ ④ ⑤	43	① ② ③ ④ ⑤	63	① ② ③ ④ ⑤
4	① ② ③ ④ ⑤	24	① ② ③ ④ ⑤	44	① ② ③ ④ ⑤	64	① ② ③ ④ ⑤
5	① ② ③ ④ ⑤	25	① ② ③ ④ ⑤	45	① ② ③ ④ ⑤	65	① ② ③ ④ ⑤
6	① ② ③ ④ ⑤	26	① ② ③ ④ ⑤	46	① ② ③ ④ ⑤	66	① ② ③ ④ ⑤
7	① ② ③ ④ ⑤	27	① ② ③ ④ ⑤	47	① ② ③ ④ ⑤	67	① ② ③ ④ ⑤
8	① ② ③ ④ ⑤	28	① ② ③ ④ ⑤	48	① ② ③ ④ ⑤	68	① ② ③ ④ ⑤
9	① ② ③ ④ ⑤	29	① ② ③ ④ ⑤	49	① ② ③ ④ ⑤	69	① ② ③ ④ ⑤
10	① ② ③ ④ ⑤	30	① ② ③ ④ ⑤	50	① ② ③ ④ ⑤	70	① ② ③ ④ ⑤
11	① ② ③ ④ ⑤	31	① ② ③ ④ ⑤	51	① ② ③ ④ ⑤	71	① ② ③ ④ ⑤
12	① ② ③ ④ ⑤	32	① ② ③ ④ ⑤	52	① ② ③ ④ ⑤	72	① ② ③ ④ ⑤
13	① ② ③ ④ ⑤	33	① ② ③ ④ ⑤	53	① ② ③ ④ ⑤	73	① ② ③ ④ ⑤
14	① ② ③ ④ ⑤	34	① ② ③ ④ ⑤	54	① ② ③ ④ ⑤	74	① ② ③ ④ ⑤
15	① ② ③ ④ ⑤	35	① ② ③ ④ ⑤	55	① ② ③ ④ ⑤	75	① ② ③ ④ ⑤
16	① ② ③ ④ ⑤	36	① ② ③ ④ ⑤	56	① ② ③ ④ ⑤	76	① ② ③ ④ ⑤
17	① ② ③ ④ ⑤	37	① ② ③ ④ ⑤	57	① ② ③ ④ ⑤	77	① ② ③ ④ ⑤
18	① ② ③ ④ ⑤	38	① ② ③ ④ ⑤	58	① ② ③ ④ ⑤	78	① ② ③ ④ ⑤
19	① ② ③ ④ ⑤	39	① ② ③ ④ ⑤	59	① ② ③ ④ ⑤	79	① ② ③ ④ ⑤
20	① ② ③ ④ ⑤	40	① ② ③ ④ ⑤	60	① ② ③ ④ ⑤	80	① ② ③ ④ ⑤

제2회 실전모의고사 OMR 답안지

문번						문번						문번						문번					
1	①	②	③	④	⑤	21	①	②	③	④	⑤	41	①	②	③	④	⑤	61	①	②	③	④	⑤
2	①	②	③	④	⑤	22	①	②	③	④	⑤	42	①	②	③	④	⑤	62	①	②	③	④	⑤
3	①	②	③	④	⑤	23	①	②	③	④	⑤	43	①	②	③	④	⑤	63	①	②	③	④	⑤
4	①	②	③	④	⑤	24	①	②	③	④	⑤	44	①	②	③	④	⑤	64	①	②	③	④	⑤
5	①	②	③	④	⑤	25	①	②	③	④	⑤	45	①	②	③	④	⑤	65	①	②	③	④	⑤
6	①	②	③	④	⑤	26	①	②	③	④	⑤	46	①	②	③	④	⑤	66	①	②	③	④	⑤
7	①	②	③	④	⑤	27	①	②	③	④	⑤	47	①	②	③	④	⑤	67	①	②	③	④	⑤
8	①	②	③	④	⑤	28	①	②	③	④	⑤	48	①	②	③	④	⑤	68	①	②	③	④	⑤
9	①	②	③	④	⑤	29	①	②	③	④	⑤	49	①	②	③	④	⑤	69	①	②	③	④	⑤
10	①	②	③	④	⑤	30	①	②	③	④	⑤	50	①	②	③	④	⑤	70	①	②	③	④	⑤
11	①	②	③	④	⑤	31	①	②	③	④	⑤	51	①	②	③	④	⑤	71	①	②	③	④	⑤
12	①	②	③	④	⑤	32	①	②	③	④	⑤	52	①	②	③	④	⑤	72	①	②	③	④	⑤
13	①	②	③	④	⑤	33	①	②	③	④	⑤	53	①	②	③	④	⑤	73	①	②	③	④	⑤
14	①	②	③	④	⑤	34	①	②	③	④	⑤	54	①	②	③	④	⑤	74	①	②	③	④	⑤
15	①	②	③	④	⑤	35	①	②	③	④	⑤	55	①	②	③	④	⑤	75	①	②	③	④	⑤
16	①	②	③	④	⑤	36	①	②	③	④	⑤	56	①	②	③	④	⑤	76	①	②	③	④	⑤
17	①	②	③	④	⑤	37	①	②	③	④	⑤	57	①	②	③	④	⑤	77	①	②	③	④	⑤
18	①	②	③	④	⑤	38	①	②	③	④	⑤	58	①	②	③	④	⑤	78	①	②	③	④	⑤
19	①	②	③	④	⑤	39	①	②	③	④	⑤	59	①	②	③	④	⑤	79	①	②	③	④	⑤
20	①	②	③	④	⑤	40	①	②	③	④	⑤	60	①	②	③	④	⑤	80	①	②	③	④	⑤

성 명

주민등록번호

수 험 번 호

교시 ① ②
문제형 ① ②

감독위원 확인

인

제3회 실전모의고사 OMR 답안지

성 명

번호	①	②	③	④	⑤
1	①	②	③	④	⑤
2	①	②	③	④	⑤
3	①	②	③	④	⑤
4	①	②	③	④	⑤
5	①	②	③	④	⑤
6	①	②	③	④	⑤
7	①	②	③	④	⑤
8	①	②	③	④	⑤
9	①	②	③	④	⑤
10	①	②	③	④	⑤
11	①	②	③	④	⑤
12	①	②	③	④	⑤
13	①	②	③	④	⑤
14	①	②	③	④	⑤
15	①	②	③	④	⑤
16	①	②	③	④	⑤
17	①	②	③	④	⑤
18	①	②	③	④	⑤
19	①	②	③	④	⑤
20	①	②	③	④	⑤

번호	①	②	③	④	⑤
21	①	②	③	④	⑤
22	①	②	③	④	⑤
23	①	②	③	④	⑤
24	①	②	③	④	⑤
25	①	②	③	④	⑤
26	①	②	③	④	⑤
27	①	②	③	④	⑤
28	①	②	③	④	⑤
29	①	②	③	④	⑤
30	①	②	③	④	⑤
31	①	②	③	④	⑤
32	①	②	③	④	⑤
33	①	②	③	④	⑤
34	①	②	③	④	⑤
35	①	②	③	④	⑤
36	①	②	③	④	⑤
37	①	②	③	④	⑤
38	①	②	③	④	⑤
39	①	②	③	④	⑤
40	①	②	③	④	⑤

번호	①	②	③	④	⑤
41	①	②	③	④	⑤
42	①	②	③	④	⑤
43	①	②	③	④	⑤
44	①	②	③	④	⑤
45	①	②	③	④	⑤
46	①	②	③	④	⑤
47	①	②	③	④	⑤
48	①	②	③	④	⑤
49	①	②	③	④	⑤
50	①	②	③	④	⑤
51	①	②	③	④	⑤
52	①	②	③	④	⑤
53	①	②	③	④	⑤
54	①	②	③	④	⑤
55	①	②	③	④	⑤
56	①	②	③	④	⑤
57	①	②	③	④	⑤
58	①	②	③	④	⑤
59	①	②	③	④	⑤
60	①	②	③	④	⑤

번호	①	②	③	④	⑤
61	①	②	③	④	⑤
62	①	②	③	④	⑤
63	①	②	③	④	⑤
64	①	②	③	④	⑤
65	①	②	③	④	⑤
66	①	②	③	④	⑤
67	①	②	③	④	⑤
68	①	②	③	④	⑤
69	①	②	③	④	⑤
70	①	②	③	④	⑤
71	①	②	③	④	⑤
72	①	②	③	④	⑤
73	①	②	③	④	⑤
74	①	②	③	④	⑤
75	①	②	③	④	⑤
76	①	②	③	④	⑤
77	①	②	③	④	⑤
78	①	②	③	④	⑤
79	①	②	③	④	⑤
80	①	②	③	④	⑤

제4회 실전모의고사 OMR 답안지

성 명						

주민등록번호

	①	①	①	①	①	①	—	①	①	①	①
	②	②	②	②	②	②		②	②	②	②
	③	③	③	③	③	③		③	③	③	③
	④	④	④	④	④	④		④	④	④	④
	⑤	⑤	⑤	⑤	⑤	⑤		⑤	⑤	⑤	⑤
	⑥	⑥	⑥	⑥	⑥	⑥		⑥	⑥	⑥	⑥
	⑦	⑦	⑦	⑦	⑦	⑦		⑦	⑦	⑦	⑦
	⑧	⑧	⑧	⑧	⑧	⑧		⑧	⑧	⑧	⑧
	⑨	⑨	⑨	⑨	⑨	⑨		⑨	⑨	⑨	⑨
	⓪	⓪	⓪	⓪	⓪	⓪		⓪	⓪	⓪	⓪

교시 ① ② **문제형** ① ②

수험번호

감독위원 확인 (인)

1	① ② ③ ④ ⑤	21	① ② ③ ④ ⑤	41	① ② ③ ④ ⑤	61	① ② ③ ④ ⑤
2	① ② ③ ④ ⑤	22	① ② ③ ④ ⑤	42	① ② ③ ④ ⑤	62	① ② ③ ④ ⑤
3	① ② ③ ④ ⑤	23	① ② ③ ④ ⑤	43	① ② ③ ④ ⑤	63	① ② ③ ④ ⑤
4	① ② ③ ④ ⑤	24	① ② ③ ④ ⑤	44	① ② ③ ④ ⑤	64	① ② ③ ④ ⑤
5	① ② ③ ④ ⑤	25	① ② ③ ④ ⑤	45	① ② ③ ④ ⑤	65	① ② ③ ④ ⑤
6	① ② ③ ④ ⑤	26	① ② ③ ④ ⑤	46	① ② ③ ④ ⑤	66	① ② ③ ④ ⑤
7	① ② ③ ④ ⑤	27	① ② ③ ④ ⑤	47	① ② ③ ④ ⑤	67	① ② ③ ④ ⑤
8	① ② ③ ④ ⑤	28	① ② ③ ④ ⑤	48	① ② ③ ④ ⑤	68	① ② ③ ④ ⑤
9	① ② ③ ④ ⑤	29	① ② ③ ④ ⑤	49	① ② ③ ④ ⑤	69	① ② ③ ④ ⑤
10	① ② ③ ④ ⑤	30	① ② ③ ④ ⑤	50	① ② ③ ④ ⑤	70	① ② ③ ④ ⑤
11	① ② ③ ④ ⑤	31	① ② ③ ④ ⑤	51	① ② ③ ④ ⑤	71	① ② ③ ④ ⑤
12	① ② ③ ④ ⑤	32	① ② ③ ④ ⑤	52	① ② ③ ④ ⑤	72	① ② ③ ④ ⑤
13	① ② ③ ④ ⑤	33	① ② ③ ④ ⑤	53	① ② ③ ④ ⑤	73	① ② ③ ④ ⑤
14	① ② ③ ④ ⑤	34	① ② ③ ④ ⑤	54	① ② ③ ④ ⑤	74	① ② ③ ④ ⑤
15	① ② ③ ④ ⑤	35	① ② ③ ④ ⑤	55	① ② ③ ④ ⑤	75	① ② ③ ④ ⑤
16	① ② ③ ④ ⑤	36	① ② ③ ④ ⑤	56	① ② ③ ④ ⑤	76	① ② ③ ④ ⑤
17	① ② ③ ④ ⑤	37	① ② ③ ④ ⑤	57	① ② ③ ④ ⑤	77	① ② ③ ④ ⑤
18	① ② ③ ④ ⑤	38	① ② ③ ④ ⑤	58	① ② ③ ④ ⑤	78	① ② ③ ④ ⑤
19	① ② ③ ④ ⑤	39	① ② ③ ④ ⑤	59	① ② ③ ④ ⑤	79	① ② ③ ④ ⑤
20	① ② ③ ④ ⑤	40	① ② ③ ④ ⑤	60	① ② ③ ④ ⑤	80	① ② ③ ④ ⑤